Johann Heinrich Voß

Der Göttinger Dichterbund

Erster Teil

Johann Heinrich Voß

Der Göttinger Dichterbund

Erster Teil

ISBN/EAN: 9783959132350

Auflage: 1

Erscheinungsjahr: 2017

Erscheinungsort: Treuchtlingen, Deutschland

*Literaricon Verlag UG (haftungsgeschränkt), Uhlbergstr. 18, 91757
Treuchtlingen. Geschäftsführer: Günther Reiter-Werdin, www.literaricon.de.
Dieser Titel ist ein Nachdruck eines historischen Buches. Es musste auf alte
Vorlagen zurückgegriffen werden; hieraus zwangsläufig resultierende
Qualitätsverluste bitten wir zu entschuldigen.*

Printed in Germany

*Cover: Die Dichter des Hainbundes, aus: Illustrierte Literaturgeschichte,
Otto von Leixner, Abb. gemeinfrei*

Der

Göttinger Dichterbund

Erster Teil

—

Johann Heinrich Voß

Herausgegeben

von

Prof. Dr. August Sauer

Berlin und Stuttgart,

Verlag von W. Spemann

Druck von B. G. Teubner in Leipzig

Der Göttinger Dichterbund.

Einleitung.

Die Dichter des Göttinger Hains gehören der Sturm= und Drang=
periode unserer Litteratur an; sie helfen mit, Goethe und Schiller den
Weg zu bereiten, und treten der Mehrzahl nach zurück, als diese die sieg=
reiche Bahn nach aufwärts beschreiten; wie den Stürmern und Drängern
im engeren Sinne ist aber Goethe mehreren von ihnen enge verbunden
und überhaupt beginnen die Grenzen des Bundes zu verfließen, nach=
dem die örtliche Vereinigung aufhört.   Wir haben in der Einleitung zu
Bd. 79 der Deutschen National=Litteratur ein Bild von den Bestre=
bungen der ganzen Epoche zu geben versucht; indem wir jene Einleitung
voraussetzen, soll der äußere Verlauf der Bundesjahre nach den Quellen
im folgenden einfach erzählt werden.

I. Göttinger Anfänge.
1769—1772.

Nicht die wissenschaftlichen Anfänge Göttingens, sondern die dich=
terischen Anfänge der Stadt bis zur Gründung des Bundes haben wir
zu schildern.   Die Geschichte des Hains bildet eine kurze Episode in der

a *

ruhmvollen Laufbahn der Univerſität; die Muſen, die ſich eingedrängt
hatten in die Hallen der Wiſſenſchaft, mußten weiterziehen und zerſtreuten
ſich weithin durch die deutſchen Lande.

Von vornherein ſchien Göttingen gar nicht dazu geeignet zu ſein,
den Mittelpunkt eines dichteriſchen Vereines zu bilden. Als ernſte Stätte
des Wiſſens und der ſtrengen Arbeit war die Univerſität gegründet
worden und daß neben Geßners lateiniſchen Verſen die Töne von Hallers
Leier ihren Urſprung verherrlicht hatten, war längſt in Vergeſſenheit
geraten. Zwar hatte ſchon Mosheim dem Gründer der Univerſität,
dem Miniſter von Münchhauſen, die Errichtung einer „Deutſchen
Geſellſchaft" ans Herz gelegt, „die auf die Ausbeſſerung unſerer Sprache
ſiehet und die Aufſätze der jungen Leute in gebundener und ungebun-
dener Sprache überſiehet, verbeſſert und polieret". Neben der deutſchen
Sprache ſollte ſie auch Tugend und Freundſchaft pflegen und eines patrio-
tiſchen Hintergrundes nicht entbehren.*) 1739 wurde ſie von dem Philologen Geßner, der die Mängel in ſeinem deutſchen Stile ſelbſt ſchmerzlich
empfand, wirklich ins Leben gerufen, 1740 vom Könige beſtätigt; unter
den Gründern der Geſellſchaft begegnet uns der Name von Höltys Vater,
der eine Zeit lang Sekretär derſelben geweſen ſein ſoll. Daß ein Dich-
terling wie Duſch ihr angehörte, iſt weniger von Bedeutung; ob Helferich
Peter Sturz Mitglied derſelben geweſen iſt, ſcheint ſich nicht feſtſtellen zu
laſſen; aber die Entwicklung eines unſerer beſten Proſaiker, Juſtus Möſers,
iſt mit dieſer Geſellſchaft verbunden, 1743 hat er in ihrem Namen ebenſo
den Präſidenten Geßner**) wie „die Gerechten und ſiegreichen Waffen
Seiner Königlichen Majeſtät in Großbrittanien und churfürſtlichen Durch-
laucht zu Hannover Georgs des Andern"***) langatmig beſungen.
„Wie wenn ein ſtolzer Nord aus Felſenklüften ſtürmt," — heißt es in
letzterem Gedichte —

> „Dem Himmel wütend droht und Berg auf Berge türmt,
> Ein Blitz den andern ſchlägt, der Schlag die Welt betäubet,
> Und das gewälzte Meer den Schaum zum Pole treibet;
> Der Meergott königlich den wilden Frevel dräut,
> Sein fürchterliches Wort dem Wind und Meer gebeut,
> Der Winde zitternd Heer zerdrängend ſich verklüftet,
> Und den beſchimpften Zorn aus banger Tiefe lüftet;
> Des Meers verwegner Schaum ſich ängſtiglich verkriecht
> Und den erzürnten GOtt in blauen Wellen wiegt:
> So Herr! verfährſt auch Du; wenn ſtolze Feinde raſen,
> Wenn Unrecht Liſt und Tod nach Deinen Freunden graſen,

---

*) Archiv f. Lit. Geſch. XII, 61 ff.
**) Vgl. A. v. Hallers Gedichte, hrsgg. von Hirzel (Frauenfeld 1882) S. 364.
***) Göttingen, gedruckt bey Johann Friedrich Hager. 12 Bl. 4".

Wenn dort der Feinde Blitz in roten Flammen ziſcht,
Und ungeſtraft die Welt mit Glut und Tod vermiſcht;
Du zeigſt mir Deine Macht; das Wetter iſt zerteilet,
Der Deutſchen Heiland kommt; ein trotzig Kriegsheer eilet,
Das ſich im Buſen ſchämt, ſich bangſam froh verkreucht,
Gleich einem blaſſem Reh wenn es der Donner ſcheucht."

So reimte man damals in Göttingen; niemand wird den Einfluß
Hallers auf dieſe Verſe verkennen und dieſer dürfte bis zu ſeinem Weg=
gang überhaupt dominierend geweſen ſein. Später verfiel die Geſell=
ſchaft immer mehr dem ſtarren Gottſchedianismus, beſonders unter
Rudolf Wedekind, der von 1745—1748 Sekretär derſelben*) war. Seit
1762 ſtand Käſtner als Älteſter an der Spitze, Dieſe war Sekretär; wenn
aber auch erſterer fortſchrittlichen Regungen nicht ganz abgeneigt war,
ſo hüteten doch die erbgeſeſſenen Beiräte ängſtlich die traditionellen An=
ſichten gegen mutige und kühne Neulinge. Die Geſellſchaft hielt wöchent=
lich Sonnabends nachmittags ihre Zuſammenkünfte, wobei von ihren
Mitgliedern paſſende Aufſätze vorgeleſen und beurteilt wurden; von
Zeit zu Zeit wurden feierliche öffentliche Verſammlungen abgehalten.
Überdies hatte man längſt das Gebiet der deutſchen Litteratur ſo weit
als möglich ausgedehnt, indem man nicht nur Sprache, Beredſamkeit
und Dichtkunſt, ſondern auch Länderkunde, Geſchichte deutſcher Alter=
tümer und deutſches Recht darunter begriff. Die Poeſie war zur Neben=
ſache geworden.

Auch die „Göttinger Gelehrten Anzeigen" hielten eine gewiſſe Ver=
bindung mit den ſchönen Wiſſenſchaften aufrecht, indem beſonders Haller
durch viele Jahre hindurch deutſche und ausländiſche Belletriſtik in dieſen
Blättern kritiſierte. Aber die Mehrzahl der Profeſſoren ſtand der Dich=
tung kühl und ablehnend gegenüber. Unter den Profeſſoren der philo=
ſophiſchen Fakultät, welche den meiſten Einfluß auf unſere jungen Freunde
ausübten, obwohl ſie offiziell meiſt der theologiſchen angehörten, war
der Philolog Heyne ohne Zweifel der berühmteſte; ein vielſeitiger ge=
ſchäftsgewandter Gelehrter, der durch ein halbes Jahrhundert hindurch
ſeine Kräfte der Univerſität widmete. Als ausgezeichneter Homerkenner,
als Archäolog und Interpret ſtand er damals auf der Höhe ſeines
Könnens; obwohl Voß es ſpäter nicht Wort haben wollte, hat er dennoch
mächtige Anregung durch ihn empfangen und auch auf ſein Urteil über
deutſche Dichtungen großes Gewicht gelegt. Durch ſeine erſte Frau, eine
leidende, etwas krittelige Dame, blieben die Dichter auch ſpäter, als ſie
ſeiner Vorleſungen entraten zu können glaubten, noch mit ihm in Ver=
bindung.

---

*) Pütter, Verſuch einer akademiſchen Gelehrtengeſchichte von der Georg=Auguſtus=
Univerſität zu Göttingen. 1765. I, 270. Rößler, Die Gründung der Univerſität Göt=
tingen. 1855. Goedeke, Grundriß II, 569.

Neben Heyne scheinen die beiden Popular=Philosophen Feder und
Meiners die meisten Beziehungen zu den Dichtern gehabt zu haben, be=
sonders der erstere, dessen Gutmütigkeit und Liebenswürdigkeit die Herzen
der Jugend rasch entzündete: „er ist ein vortrefflicher Mann — schreibt
Stolberg nach dem ersten Besuche an seine Schwester*) — fromm wie ein
Kind, gefällig wie die Freude, und so voll Verstandes, vielen Geschmackes
und des edelsten Herzens"; er war ein Freund Garves, ein Anhänger der
eudämonistischen Tendenz der Wolffschen Sittenlehre und hielt die Glück=
seligkeit für den Daseinszweck aller lebenden Wesen; später ein Gegner der
„sonderbaren" Kantischen Philosophie, als deren Erfolg er nur Verwirrung
der Begriffe und der Sprache prophezeite.**)   Der Historiker Gatterer,
dessen Tochter Philippine später als Dichterin hervortrat, damals aber
diese Leidenschaft noch so geheim hielt, daß selbst ihre eigenen Verwandten
nichts davon wußten, übte wenig Anziehung aus; um so mehr muß
Schlözers kräftige Natur sie ergriffen haben.   Cramer ruft in seinem
Streit mit Professor Erxleben Schlözers und Lessings Geist auf sich herab
und wenn auch Schlözers epochemachende Zeitschriften, in denen er dem
Despotismus der Fürsten energisch entgegentrat, erst später fallen, so
mag manches seiner Worte im persönlichen Verkehre zu dem Freiheits=
taumel der Bundesmitglieder Veranlassung gegeben haben.   Kästner und
Lichtenberg, die Vertreter der mathematisch=physikalischen Fächer, waren
selbst hervorragende deutsche Schriftsteller; der erste freilich aus einer
überwundenen Epoche in eine neue Zeit herüberragend; Lichtenberg, der
mit Boie freundschaftlich verkehrte, war damals viel abwesend und stellte
sich den eigentlichen Tendenzen des Bundes schroff gegenüber.   Der
pedantische Böhmer und der Weltmann Pütter in der juridischen Fakul=
tät, Zachariä, Michaelis, Miller in der theologischen müssen erwähnt
werden.   Bei letzterem war Martin Miller Haus= und Tischgenosse.
Michaelis galt als Feind des Haines; Miller hat ihn später sehr un=
günstig charakterisiert, seine Hartherzigkeit hervorgehoben: wer sein Kolleg
nicht bezahlt habe, müsse auf der Armenbank sitzen.

Über die akademischen Zustände wissen wir gerade aus jenen Jahren
nicht sehr viel.   Bei der Gründung der Universität stand es mit der
Disziplin recht übel.   Leß sagte in der Jubelpredigt im Jahre 1788
von der Zeit der Einweihung, die Studenten seien mehr ein Schwarm
von Bacchanten und Unsinnigen als eine Gesellschaft von Söhnen der
Musen und Lieblingen der Wissenschaften gewesen; in den Hörsälen hätte
Tumult, Grobheit, Barbarei geherrscht; auf den Straßen Geschrei und
fürchterliches Getümmel am Tage und des Nachts Schrecken und Ver=
wüstung! Viel grobe Unthaten, auch Morde der Studierenden!***)   Das
war nun freilich im Laufe der Jahre besser geworden: erinnern wir uns

*) Hennes, Aus F. L. von Stolbergs Jugendjahren S. 27.
**) Oppermann, Die Göttinger gelehrten Anzeigen (Hannover 1844) S. 35 f.
***) Pütter II, 409.

aber des Unfugs im Haus der Witwe Sachse, wo Bürger herbergte, beziehen wir Millers Schilderungen im „Briefwechsel dreier akademischer Freunde"*) auch nur zum Teile auf die Göttinger Zustände und lesen wir in Piter Poels Selbstbiographie**), wie noch in den achtziger Jahren die Duellwut in Göttingen grassierte, so müssen wir annehmen, daß es noch immer toll und wüst genug unter den Studenten zugegangen sei. Um so leichter fanden die wenigen Edlen sich zusammen zum Bunde der Tugend und Freiheit, zur Pflege deutschen Wesens und deutscher Dichtung.

Kein Zweifel nun, daß, wenn durch zufälliges Zusammenwirken günstiger Umstände auf diesem Boden die Dichtung gepflegt werden sollte, die englische Luft, die in Göttingen wehte, auch sie beeinflussen würde, daß jungen Dichtern die englische Litteratur hier Muster und Maßstab an die Hand geben und daß der breiten brittischen Strömung im deutschen Geistesleben reiche Nahrung von hier aus zufließen würde.

Ein Freund der englischen Sprache und Litteratur, kam der 25jährige Ditmarse Heinrich Christian Boie im Jahre 1769 nach Göttingen und wurde am 17. April daselbst immatrikuliert. Er hatte von Ostern 1764 — Sommer 1767 in Jena die Rechtswissenschaften studiert, dann anderthalb Jahre im väterlichen Pfarrhause zu Flensburg reichere Bildung sich erworben und bereits eine Reihe wertvoller litterarischer Verbindungen besonders in Berlin und Halberstadt angeknüpft, wie er gewissermaßen seinen Lebensberuf darin fand, zwischen den zerstreuten Schriftstellern Deutschlands ein Mittel- und Bindeglied abzugeben. Als Hofmeister, Begleiter und Freund junger Engländer hat der gewandte Lebenskünstler die nächsten Jahre an der Akademie verbracht und auf jüngere Leute von Anfang an eine Anziehung ausgeübt. Im Vereine mit Friedr. Wilh. Gotter (1746—1797), einem graziösen Dichter aus französischer Schule, gab Boie in Nachahmung des französischen Almanac des Muses im Jahre 1769 einen deutschen „Musenalmanach für das Jahr 1770. Göttingen bey Johann Christian Dieterich" heraus, eine Blumenlese neuerer gedruckter Gedichte, denen sie eine Reihe von ungedruckten hinzufügten. Die angesehensten Namen der damaligen Lyrik, wie Klopstock, Gleim, Ramler, Gerstenberg, Denis waren vertreten und um sie reihten sich, geschmackvoll geordnet, die kleineren Versemacher. Gotter hatte 28, Kästner 21, Boie 11 Gedichte geliefert. Das Ganze machte keinen unerfreulichen Eindruck und fand auch freudige Aufnahme, so daß Boie sich durch die Streitigkeiten mit den räuberischen Herausgebern des gleichzeitig in Leipzig erscheinenden „Almanach der

---

*) 2. Aufl. 1778 S. 57: „Mit wem soll ich hier umgehn? Der halbe Theil von Burschen sind schlechte Kerls. Die andern sind schon unter sich verbunden" und 261: „Hier thut man nichts als Possenreißen, Zweideutigkeiten sagen und sich aufziehen"; besonders aber S. 178.
**) Bilder aus vergangener Zeit. Hamburg 1884.

deutschen Musen"*) nicht abschrecken ließ, das Experiment im nächsten
Jahre zu wiederholen. Sein Mitarbeiter Gotter war im Herbst 1770
von Göttingen abgegangen, Boie aber hatte inzwischen auf einer anregenden
Berliner Reise neue Verbindungen angeknüpft und begann den jungen,
begabten Gottfried August Bürger aus etwas verlotterten Verhält=
nissen an sich heran zu ziehen. Dieser ist neben Boie und Gotter als
dritter Göttinger im Musenalmanach für 1771 mit einem Stücke ver=
treten. Ein anderer Schützling Boies, der Dorfschulmeister Johann
Heinrich Thomsen (1749—1776), ein strebsamer Autodidakt, wurde der
Fürsorge eines Menschenfreundes durch die Bekanntmachung dreier Gedichte
empfohlen. Der Lieutenant von Knebel aus Ramlers Schule sah sich
hier wohl zum erstenmale gedruckt. Der Kreis der älteren Dichter war
vermehrt, besonders war der liebenswürdige Johann Nicolas Götz
mit 7 Stücken vertreten. Er verbarg sich unter der Chiffre Q, wie=über=
haupt nur ein Teil der Mitarbeiter ausdrücklich bei Namen genannt
war. Boie behauptete sich ehrenvoll vor Kritik und Konkurrenz: aber
das Wehen eines neuen Geistes war nur ganz leise in den Blättern des
zierlichen Duodezbändchens zu verspüren.

Das Jahr 1771 führte Boie neben seinen englischen Schülern auch
deutsche Freunde zu oder verband sie ihm enger, so die Grafen Cajus
und Friedrich Reventlow, die im Geistesleben Norddeutschlands später
eine nicht unwichtige Rolle spielten, den Mecklenburger Freiherr Christian
Albrecht von Kielmannsegge und den Darmstädter Ernst Friedrich
Viktor von Falcke, beide aus Goethes Leben bekannt. Die Verbindung
mit Bürger knüpfte sich enger und bildete sich langsam zur Freundschaft
heran, die durchs Leben andauerte. Aus der Ferne kam ihm die erste
Kunde von Johann Heinrich Voß zu, der Beiträge zum Musenalmanach
einsendete. Unter dem Buchstaben V. brachte der Musenalmanach 1772
dessen Gedicht „Rückkehr"; diesem reihten sich von Bürger (U) drei Gedichte
an und ebensoviele entnahm Boie dem Wandsbecker Boten von Claudius.
Boie selbst erschien unter verschiedenen Chiffren mit 9 Gedichten, Gotter
nur mit 4 unter seinem Namen, darunter die Romanze Blaubart und
mit zweien unter der Chiffre G. Herder, unter der Chiffre O, war unter
den neu hinzugetretenen der bedeutendste. Mit Ausnahme von Klopstock
waren fast alle lebenden Lyriker vertreten; friedlich standen die ver=
schiedenen Gattungen nebeneinander; aber mehr wie in einem Herbarium
verbucht als zu neuem frischen Leben erweckt. Man fühlt, daß die alte
Zeit hier zu Grabe getragen worden sei.

Schritt vor Schritt können wir nun vom Beginn des Wintersemesters
von 1771 auf 1772 verfolgen, wie Boie talentierte junge Leute um sich
versammelt, wenn wir auch nicht genau die Zeit angeben können, in der

---

*) Vgl. darüber Karl Weinhold, Heinrich Christian Boie. Halle 1868. S. 234 ff. und
Musmanns Aufsatz: „Dodsley u. Compagnie" in dem Buche: „Aus Leipzigs Vergangen=
heit". Leipzig, 1885. S. 236 ff.

er mit jedem einzelnen in Verbindung trat. Unter dem Völkchen, das er als parnassum in nuce Ende Januar 1772 bezeichnet, versteht er neben Bürger: den Hannoveraner Hölty, der seit März 1769 in Göttingen weilte, und die beiden Ulmer Vettern Miller, von denen der ältere Johann Martin am 15. Oktober 1770 als Theolog, der jüngere Gottlob Dietrich*) am 15. Oktober 1771 als Jurist immatrikuliert worden war.

Wann Johann Thomas Ludwig Wehrs**), der Sohn des Göttinger Kontrolleurs, der seit 1769 die Universität frequentierte, mit dem Kreis in Berührung trat, scheint sich nicht feststellen zu lassen. Boies Zieh= bruder Christian Hieronymus Esmarch,***) später der treue Freund des Vossischen Ehepaares, der seit April 1771 Theologie studierte, wird als stiller Genosse den Dichtern immer nahe gestanden haben. Entscheidend für die Entwicklung des Dichterkreises wurde es, daß nun Voß durch die Bemühungen Boies seine Studien in Göttingen aufnehmen konnte (imma= trikuliert 5. Mai 1772). So war der Verlust Bürgers, der kurz vorher nach Gelliehausen abging, ausgeglichen; und nicht dieser, wie es sonst wohl der Fall gewesen wäre, wurde das Haupt des späteren Bundes, sondern Voß. Gleichzeitig gewann der Gothaer Advokat Schack Hermann Ewald,†) der als Hofmeister eines Herrn von Schulthes in Göttingen sich aufhielt, und der junge Karl Friedrich Cramer aus Lübeck mit dem Boieschen Kreise Fühlung. Im August tritt der Pfälzer Johann Friedrich Hahn der Vereinigung näher, als herrlicher Kopf aufs lebhafteste be= grüßt. Man hielt wöchentliche Zusammenkünfte, in denen man die neu entstandenen dichterischen Versuche vorlas, ohne Schmeichelei be= urteilte und verbesserte. Am 20. September berichtet Bürger an Gleim: „Zu Göttingen keimt ein ganz neuer Parnaß und wächst so schnell, als die Weiden am Bache. Wenigstens zehn poetische Pflanzen sprossen dort, wovon zuverlässig vier oder fünf zu Bäumen dereinst werden. Ich erstaune und verzweifle beinahe, wenn mich Boie hier auf meinem Gärtchen besucht und die Produkte dieser Pflanzschule mir vorlegt. Wenn das so fortgeht, so übertreffen wir noch alle Nationen an Reichtum und Vor= trefflichkeit in allen Arten. Ich glaube, wir sind noch in vollem Steigen und noch lange nicht an unserm Ruhepunkte" (Strodtmann I, 72). Trotz dieser Ansammlung junger vielversprechender Talente weist auch der Musen= almanach auf das Jahr 1773 noch eine Mischung von Altem und Neuem auf, in der das letztere nur wenig überwiegt. Schon äußerlich ist die Verbindung mit der älteren Schule sichtbar; dem Kalender sind zwölf

---

*) Geb. den 26. Oktober 1753, später Sekretär des Ulmischen Visitationsgesandten in Wetzlar, Ratskonsulent, Büchercensor in Ulm, geadelt, als Oberjustizrat nach 1804 gestorben.
**) Geb. 1751 zu Göttingen, später Pastor zu Kirchhorst bei Hannover, dann zu Jserhagen, wo er 26. Januar 1811 starb.
***) Geb. zu Boel in Angeln 6. Dec. 1752, gestorben als Oberjustizrat in Rendsburg 17. Mai 1820.
†) Geb. zu Gotha 1745, Mitbegründer und Herausgeber der Gothaer gelehrten Zei= tung, eifriger Freimaurer, als Hofrat in seiner Vaterstadt 1824 gestorben.

Kupfer von Meil zu Wielands „Agathon" beigegeben, bei denen üppige und schlüpfrige Scenen nicht zu umgehen waren; und das längste Gedicht der Blumenlese ist das merkwürdige Fragment Wielands: „Gedanken bei einem schlafenden Endymion"; eröffnet wird sie durch die „Rhapsodie eines Patrioten am 1. Januar 1772" von Blum, einem frommen Lobgesang auf die Gottheit in Haller=Kleistscher Manier; dann aber folgt als erstes von zwölf Epigrammen Klopstocks „Unsere Sprache" und die edlen stolzen Worte:

> Daß keine, welche lebt, mit Deutschlands Sprache sich
> In den zu kühnen Wettstreit wage!
> Sie ist, damit ich's kurz, mit ihrer Kraft es sage,
> An mannigfacher Uranlage
> Zu immer neuer, und doch deutscher Wendung reich;
> Ist, was wir selbst, in jenen grauen Jahren,
> Da Tacitus uns forschte, waren,
> Gesondert, ungemischt und nur sich selber gleich

mögen uns als die eigentliche Einleitung des Almanachs gelten. Sie stehen wie ein Motto an der Spitze. Ein zweites Epigramm Klopstocks nannte Shakespeares Namen mit Verehrung. Zwar waren die Gedichte in den Hamburgischen Zeitungen schon gedruckt gewesen: hier aber kamen sie erst zu voller Geltung. Zur Ode „Wir und Sie" wurde eine Melodie von Forkel mitgeteilt und darum auch der Text wiederholt. Von den alten Mitarbeitern erscheinen einige mit neuen Tönen: Michaelis neben leichten Liedern mit einem „russischen Kriegslied zur See. Vor der Schlacht"

> Hinan! — Und, weh euch, wenn der Tod
> Zum Atmen Frist gewinnt:
> Bis alle Monden Machmuds rot,
> Wie unsre Adler, sind!

Denis, der auch als Barde auftritt, versucht in einem älteren Gedichte vom Jahre 1761 einen volkstümlichen Ton anzuschlagen: „Mutterlehren an einen reisenden Handwerksburschen", welche das Verdienst in Anspruch nehmen dürfen, Höltys schönes Gedicht „Der alte Landmann an seinen Sohn" veranlaßt zu haben.*) Die Bardenmaske, welche Denis fallen läßt, nimmt Dusch auf und stimmt als Barde Ryno, der Sohn Toskars ein erbärmliches Triumphgeheul auf Kaiser Joseph an; von Kretschmann steht der Ode: „Rhingulph an Telynhard" das „Lied eines nordischen Wilden" in Nachahmung Kleists und Gerstenbergs gegenüber. Unzer

---

*) Vgl. Boie an Bürger (22. April 1772, Strodtmann I, 46): Das wissen Sie doch noch nicht, daß Pater Denis . . . mir ein Gedicht geschickt hat, das ich am wenigsten von ihm erwartet hätte."

tritt als „Chineser" auf:*) In der Elegie „Bon-ti bey Tsin-nas Grabe"
sind chinesische Worte eingemischt und das chinesische Sonnett Tcheou
schwärmt von Zimmetlüftchen und Pomeranzengründen; hingegen soll
desselben Dichters Elegie „An Elisens Geist" eine Nachahmung Petrarkas
sein, während C. F. Cramer eine Episode aus Petrarkas Leben behandelt,
wie dies bei den Stürmern und Drängern später beliebt wurde. Von Gleim
sei die satirische Ballade aus älterer Zeit (1759) „Junker Hans" hervor=
gehoben, weil sie möglicher Weise auf die Rittergedichte Fr. L. Stolbergs
eingewirkt hat; in Gleims Romanzenmanier besingt ein gewisser Flügge eine
„klägliche Mordgeschichte", welche sich nahe bey einem Kirchhofe zugetragen.
Den 30. Juli 1771"; aus Gleims Schule stammen ferner Klamer Schmidt
und Fr. Schmitt; Gemmingen, Eschenburg, Gerstenberg, Gotter, Knebel
sind vertreten; Göz hat unter anderem in Anknüpfung an Bions Vogel=
steller eine reizende kleine „Idylle" beigesteuert, welche uns wie Blums
Schäferidylle „Philaide" im selben Almanach auf Vossens Lieblingsdichtart
vordeuten mag. Von Herder bemerken wir eine Übersetzung aus Percys
Reliques: „Aus dem Gefängniß" und in den beiden Liedern eines Ge=
fangenen (von Joh. Ludwig Huber) glauben wir einen Vorklang von
Schubarts Gefängnißliedern zu vernehmen. Boies Schützling Thomsen
erscheint wieder mit einem; ebenso Voß (unter der Chiffre Vß und X)
mit vier Gedichten; der Wandsbecker Bote hat mit vier Liedern herhalten
müssen. Bürger erscheint unter seinem Namen mit den Gedichten „An
die Hoffnung, Danklied, Minnelied, Die Minne". Die Anmerkung zu
den letzten beiden Gedichten weist auf die Wiedererweckung des Minnesanges
in denselben hin; Epigramme hat er unter X versteckt. Von seinen
eigenen Produkten hat Boie weniger als im vorigen Jahre aufgenommen;
dagegen erscheinen zum erstenmale vier Göttinger Dichter: Hölty, Miller,
Cramer und Hahn; von dem ersten unter seinem Namen: „Bei dem Tode
einer Nachtigall", „An die Phantasie" und „An Teuthard"; unter der
Chiffre v. L.: „Der Misogyn"; von Miller unter der Chiffre L.: „Klage=
lied eines Bauren" und „Lob der Alten"; dann sein Gedicht an Hahn:
„Minnehold an Teuthard"; von Hahn das Antwortgedicht: „Teuthard an
Minnehold" und unter der Chiffre Td.: „Sehnsucht". Auch Schönborn
(Sch.) ist ein neuer Sänger mit seinem „Lied einer Bergnymphe, die
den jungen Herkules sahe".

    Obgleich Wieland im Kreise der jungen Schar vertreten war, so
machte ihm der Almanach keinen günstigen Eindruck. Er wünscht im
Januar 1773 von dem Gießener Professor Chr. H. Schmidt ein recht
fein ausgearbeitetes kritisches Sendschreiben über das damalige Barden=
Unwesen und meint gegen die Geschmackverderber, gegen die Klopstocke und
ihre Nachahmer u. s. w. müsse man die Peitsche gebrauchen. Wahrscheinlich

---

*) Vgl. wie überhaupt zu diesem Musenalmanach den Brief Boies an Knebel 27. Aug.
1772; Aus Knebels Nachlaß 1, 135.

ist es Chr. Schmidt, der in der „Beurteilung" im Teutschen Merkur 1773
(I, 163 ff.) die Peitsche schwingt. Er nimmt die Sammlung vom Anfang an durch, er schweigt über alles, was er für ausgemacht schön, und
über alles, was er für entschieden mittelmäßig hält, und hebt nur diejenigen Stücke hervor, bei welchen er etwas Nützliches anzumerken findet.
Dennoch erteilt er dem Liede „Aus dem Gefängnis" volles Lob und weist
auf den ganz eigenen Ton hin, der in Millers „Klagelied eines Bauren"
herrsche: Alles träfe mit der Empfindung, Einbildungskraft und sogar
mit dem Ausdruck eines Landmanns zusammen und doch sei alles edel;
nichts, was ein Bauer nicht denken oder sagen könnte, und doch für den
feinsten Städter nichts Ungefälliges; schlechter kommt Vossens Gedicht
„Der Winter" weg (vgl. unten S. 168); ganz besonders nimmt er aber
Cramers Petrarchische Ode aufs Korn, an welcher er den Mangel an
Einfalt und Wohlklang, den Schwall der Worte und Figuren heftig rügt,
und da bringt er seine Hiebe auf die Barden an: nächstens werde ein
ganzes Heer von Petrarchen aufstehen. „Diejenigen, welchen die Waffen
und Eichenkränze der Barden zu schwer sind, werden eine süßtönende
Laute nehmen, an Silberquellen irren, und bald die Blumen der Quelle,
bald Rosen aus dem Paradiese pflücken; und wehe dem, welcher sie hören
muß! Die Afterbarden machen einen solchen Lärm durcheinander, daß
man noch viele rauhe Töne dabei überhört; allein das Petrarchische
Lautenspiel, in einsamen Schatten gerührt, ist ein zärtliches Ding. Eine
Meisterhand darauf; oder lieber aus einem alten Turm ein Eulengeschrei!"
Und ebenso benutzt er die Besprechung des chinesischen Gedichtes zu Aus-
fällen gegen die „große Zunft" der neuen Dichter: „Wie kann man ernsthaft
bleiben, wenn man alle Gebärden unsrer jüngern Musensöhne betrachtet;
in wie mancherlei Kleidung sie sich stecken, wie mancherlei Zungen sie
sprechen, wie sie auf den Zehen sich heben, lange Hälse machen und über
die andern wegschreien, um doch etwas vorzustellen und gesehen und gehört
zu werden." Cramer war aus Wieland wütend: „Ich habe schon so viele
Projekte der Rache wider ihn ersonnen, daß ich sie kaum in meinem Ge-
hirne zu lassen weiß."*) Die Freunde waren als Gruppe, als Partei
anerkannt worden, hatten als solche Feinde gewonnen; sie begannen nun
selbst sich als Partei zu fühlen und an einen Führer der litterarischen
Bewegung sich anzuschließen. Dieser Führer war Klopstock.

II. Das erste Jahr des Bundes.
12. Sept. 1772 — 12. Sept. 1773.

Am 20. September vollendet Voß einen längst begonnenen Brief an
seinen Freund Brückner und berichtet ihm von dem Abende des zwölften:
„Die beiden Millers, Hahn, Hölty, Wehrs und ich giengen noch des
Abends nach einem nahgelegenen Dorfe. Der Abend war außerordent-

---

*) An Bürger 3. Mai 1773 (Strodtmann I, 118).

lich heiter, und der Mond voll. Wir überließen uns ganz den Empfin=
dungen der schönen Natur. Wir aßen in einer Bauerhütte eine Milch,
und begaben uns darauf ins freie Feld. Hier fanden wir einen kleinen
Eichengrund, und sogleich fiel uns allen ein, den Bund der Freundschaft
unter diesen heiligen Bäumen zu schwören. Wir umkränzten die Hüte
mit Eichenlaub, legten sie unter den Baum, faßten uns alle bei den
Händen, tanzten so um den eingeschlossenen Stamm herum, — riefen den
Mond und die Sterne zu Zeugen unseres Bundes an, und versprachen
uns eine ewige Freundschaft. Dann verbündeten wir uns, die größte
Aufrichtigkeit in unsern Urtheilen gegen einander zu beobachten, und zu
diesem Endzwecke die schon gewöhnliche Versammlung noch genauer und
feierlicher zu halten. Ich ward durchs Los zum Ältesten erwählt. Jeder
soll Gedichte auf diesen Abend machen, und ihn jährlich begehn."

Als Ort dieser Bundesschließung darf auf Grund der Tradition
wie der neueren Nachforschungen das Wäldchen östlich hinter dem Dorfe
Weende angenommen werden, das jetzt einer Fabrik gewichen ist, nördlich
von Göttingen gelegen.*) Einen Stifter des Bundes wird man aus der
Sechszahl der begeisterten Jünglinge kaum herausheben dürfen. Gleich=
gestimmten Seelen mag wohl auch das gleiche Wort auf die Lippen treten.
Leben und Dichtung mischten sich in dem einzig schönen Augenblicke.
Man macht aus der Not eine Tugend und versüßt sich durch rousseausche
Stimmung das ländlich-frugale Mahl; man versenkt sich in schwärmerische
Freundschaftsstimmung, wie sie Pyra und Lange, Klopstock und die
Halberstädterdichter aufgebracht hatten, man grüßt den Mond, den alten
Dichterfreund; die Eiche, der geweihte Baum der Germanen, leiht dem
jungen Geschlechte etwas von der Kraft der Jahrhunderte, die sie durch=
lebt hat; und es umrauscht sie wie der Bardenchor aus Klopstocks
„Hermannsschlacht":

„Höret Thaten der vorigen Zeit!
Zwar braucht ihr, euch zu entflammen, die Thaten der vorigen Zeit nicht,
Doch tönen sie euerm horchenden Ohr
Wie die Frühlingsluft in der Eiche."

In Klopstocks Geist war die Vereinigung geschlossen worden, die sich
der „Bund" oder der „Hain" zu nennen pflegte; hatte ja Klopstock in
vielen Oden den griechischen Parnaß als „Hügel" dem deutschen
Musensitze, dem „Haine" entgegengestellt. Der Name „Hainbund" ist
apokryph und wurde zuerst im Jahre 1804 von Voß aus getrübter Er=
innerung angewendet. Im Sinne Klopstocks und seiner Schule fühlte
man sich als Barden und gab sich eigene Bardennamen. Voß hieß
zuerst Gottschalk und wurde später Sangrich genannt; J. M. Miller

---

*) Mein Freund Dr. E. Schröder (früher in Göttingen) hat mir die bei Herbst I, 282
mitgeteilten Vermutungen bestätigt.

Minnehold, sein jüngerer Vetter Bardenhold, Hahn — Teuthart, Wehrs
— Raimund. Hölty erhielt den Namen Haining nach einem von Witte=
kinds Barden, welche Klopstocks Ode „Die Kunst Tialfs" als redend ein=
führt. Obwohl Boie bei der Stiftung des Bundes nicht anwesend war
und man sich wohl auch durch dieselbe von dessen überwiegendem Einfluß
befreien wollte, so ehrte man ihn doch äußerlich als Leiter, indem man
ihm den Namen des Chorführers Werdomar in Klopstocks Hermanns=
schlacht gab.

Der Stiftungstag war ein Sonnabend gewesen. An diesem Tage
beschloß man wöchentlich bei einem andern der Freunde zu einer Sitzung
zusammenzukommen, meist um 4 Uhr Nachmittags; dabei mag zugleich
die Absicht obgewaltet haben, der Teutschen Gesellschaft, die zur selben
Zeit tagte, Concurrenz zu machen; in der guten Jahreszeit fanden die
Versammlungen auch oft im Freien statt. In der Zeit vom 13. Sep=
tember 1772 bis 27. Dezember 1773 wurden 69 Sitzungen abgehalten.
Man schaffte sich die äußeren Zeichen eines Vereines an: ein Bundes=
journal („Die Geschichte des Bundes"), um die Versammlungen und die
darin verlesenen Gedichte zu verzeichnen, ein Bundesbuch, in welches
die nach mündlicher Beurteilung aller Brüder und nach schriftlicher Kritik
eines bestellten Rezensenten gutgeheißenen Gedichte vom Verfasser ein=
getragen werden sollten. Beide trugen das Motto: „Der Bund ist ewig".
Das Journal hat sich erhalten; das Bundesbuch aber ist noch nicht wie=
der zu Tage gekommen. Was man bis jetzt dafür hielt, hat sich als
eine vorläufige kritiklose Sammlung aller entstandenen Gedichte ergeben.*)
Daneben besaß jeder Bündler ein eigenes Stammbuch, in welches die Ein=
tragungen ebenfalls eigenhändig von den Verfassern vorgenommen werden
sollten. J. M. Miller war Bundessekretär; er hatte das Journal zu führen.

Die Tendenzen des Bundes werden uns klar, wenn wir einen Blick
auf die Gedichte werfen, durch welche die Brüder die Entstehung des=
selben verherrlichten. Als erster scheint Hölty seine „Harfe" gestimmt zu
haben, am 16. September las er sein Gedicht „Der Bund, von Hai=
ning" in der Versammlung vor; unter dem Segen Eloas und seiner
Engel, während die Geister seiner Väter um seine Saiten schweben, be=
schwört Haining den Bund:

> „Mein Spiel verstumme flugs, mein Gedächtnis sei
>   Ein Brandmal, und mein Name Schande,
>   Falls ich die Freunde nicht ewig liebe!
>
> Kein blaues Auge weine die Blumen naß,
>   Die meinen Totenhügel beduften, falls
>   Ich Lieder töne, welche Deutschland
>   Schänden und Laster und Wollust hauchen!

*) Vgl. Joh. Crüger in den „Akademischen Blättern" I, 600 ff.

Der Enkel stampfe zornig auf meine Gruft,
Wenn meine Lieder Gift in das weiche Herz
Des Mädchens träufeln, und verfluche
Meine zerstäubende kalte Asche!"

Miller sang zwei schwächere Lieder; in seinem „Bundesliede" vom
18. September 1772 ist der Schwur in die Strophe zusammengefaßt:

„Durch deutsche Lieder mache
Sich jeder seines Landes wert!
Und lebe fromm!
Und sei ein warmer Lieder=Freund!"

Hahns am 5. Dezember vorgelesenes Gedicht: „Bei der Eiche des
Bundes" ist spurlos verschwunden; Voß hat zwei Gedichte geliefert. Das
eine „An meinen Boie, im Oktober 1772" ist nur in der späteren Über=
arbeitung, welche sie in den Gedichten 1802 erhielt, bekannt geworden,
wo es die Überschrift „Die Bundeseiche" trägt. Dort ist der Schwur
an der gewaltigen „Dragoreiche des Vaterlands" in folgenden Versen
wiedergegeben:

„Wem anvertraut ward heiliger Genius,
Den läutre Wahrheit ewiger Kraft, zu schau'n,
Was gut und schön sei, was zum Äther
Hebe von Wahn und Gelust des Staubes!

Voll stiller Ehrfurcht ahnd' er die Göttlichkeit,
Die Menschen einwohnt, weises Altertums
Aufflug (der Freiheit Schwing' erhöht ihn!)
Weckend in Red' und Gesang' und Hochthat!

Durch Harmonien dann zähm' er des Vaterlands
Anwachs, ein Orpheus, Lehrer der Frömmigkeit
Und Ordnung, unbiegsam dem Ansehn,
Frank, ein Verächter dem Neid', und schamhaft!"

Weit schärfer und polemischer ist sein „Bundsgesang" (Band I.
S. 180 f.), welcher die Jünglinge

„Die, von Fürsten unangefeu'rt,
Hasser goldenen Lohns, Hasser weitstrahlender
Pöbelehren, mit hohem Schwur
Alles Leben nur dir, Tugendgesang, geweiht!"

den französischen Dichtern, den prahlenden Sängern Lutetiens gegenüber=
stellt und mit der glühenden Apostrophe schließt:

„Du, das strahlende Ziel nächtlicher Wachen und
    Thränenblinkender Stunden, wie
Flammt dir einzig mein Herz, Vaterland! Vaterland!
    Ach, wie ring' ich, wie ring' ich, bald
Wert des jauchzenden Danks deines erwählten Stamms,
    Und Bastarde Thuiskons, und,
Schiele Nachbarn, zu sein eures Geknirsches wert!"

Wir sehen, es sind die Tendenzen des Sturmes und Dranges, die auch
die Göttinger Dichter beseelen, und zumal die politisch=revolutionäre Seite
des Bundes, der vaterländische Eifer und der Haß gegen die Franzosen
rückt die Stiftung des Bundes in die Reihe jener mehr zwanglosen Ver=
einigungen, wie sie die Stürmer und Dränger an verschiedenen Orten
bildeten. Mit Goethes Straßburger Kreis hat der Bund die starke Her=
vorkehrung des nationalen Elements gemeinsam: die Abneigung gegen
die französische Litteratur; bestand in Straßburg eine „Gesellschaft zur
Ausbildung der deutschen Sprache", so lag dieser Zweck gerade den
Göttingern sehr am Herzen; man stieg hinunter in den Schacht der alten
Sprache und alten Litteratur, man brachte den Minnesang wieder zu
Ehren, man sammelte für ein deutsches Wörterbuch; begann Goethe
mit seinen Freunden in den Frankfurter gelehrten Anzeigen ein kritisches
Feuerwerk abzubrennen, das manche Mittelmäßigkeit der damaligen
Litteratur in die Luft sprengte, so wagten sich zwar die zahmeren und
kritikloseren Göttinger Freunde nicht zu gemeinsamen Angriffen in die
Öffentlichkeit, aber in ihren Sitzungen ließen sie ihrem Ärger und Spott
freien Lauf; man verspottete Weiße, parodierte J. G. Jacobi, verbrannte
Wieland, und in Epigrammen gegen diesen that man es den Ver=
fassern von „Götter, Helden und Wieland" und des Pandaemonium
germanicum gleich, wie man sich in der Verachtung Voltaires mit
H. L. Wagner begegnete. Die ritterliche Tafelrunde in Wetzlar mit ihren
mittelalterlichen Namen weist Ähnlichkeit mit dem bardischen Bunde auf;
mit Werther teilen die Freunde die Liebe zur Natur; wie er ziehen sie
in die Dörfer und lagern sich ins Grüne, ein empfindsames Buch in der
Tasche; der Name Klopstock ist im wahrsten Sinne des Worts eine
Zauberformel für sie geworden. Mit Goethes Darmstädter Freundeskreis
ist ihnen die hochgesteigerte Sentimentalität gemeinsam; Grab und Tod,
Thränen und Seufzer gehören beiderseits zum Apparat der Lyrik. Der
schmelzenden Melodie ihrer ernsten Gedichte treten aber launige Satiren,
gröbere Scherzgedichte an die Seite, die sie gerne in gemeinsamer
Thätigkeit ausarbeiten, auch etwa zu einer dramatischen Scene gestalten,
wie die rheinischen Genossen mit mehr Glück und reicherem Humor dies
zu thun pflegten. Wie Lenz und Klinger sind aber auch sie von einem
ungemessenen Ehrgeiz beseelt, der am lebhaftesten bei Bürger zum Aus=
druck kommt: „Die Unsterblichkeit ist ein hoher Gedanke, ist des Schweißes

der Edlen wert." Und darum genügen ihnen wie jenen die lyrischen
Gedichte nicht: „Epische und dramatische Werke scheinen mir beinahe allein
Gedichte" — schreibt Bürger — „das Übrige Verse zu sein. Epische Ge=
dichte werden unsers Namens Gedächtnis eher verlängern." So macht sich
bei den Schülern Klopstocks ein Zug nach dem Epos geltend. Hahn will
eine Hermanniade, Cramer eine Caesariade dichten; wahrscheinlich sollte
die „Offenbarung" Bürgers, von der im Briefwechsel die Rede ist (Strodt=
mann I, 90), gleichfalls ein Epos werden; später befriedigte bei ihm,
Stolberg und Voß die Homerübersetzung diesen Drang; doch trieb es Voß
von der Idyllendichtung zum Epos fort und Stolberg meinte in dem
epischen Gedichte: „Die Zukunst" seine beste Arbeit geliefert zu haben.
Bei Miller verflachte sich dieses Bestreben zu breiten rührseligen Romanen;
aber er vergleicht seine Helden wenigstens mit unseren Vorfahren zu Her=
manns Zeiten oder läßt sie mit Hermann renommieren. Ein junger
hessischer Offizier sitzt bei einem der akademischen Freunde des „Brief=
wechsels" im Postwagen; „Ein paarmal schimpfte er" — schreibt dieser
— „auf die ädele teutsche Nation, bis er sah, daß ich ein Gesicht dazu
machte; denn auf mich gab er immer acht. Solch einen Bursch sollte
Hermann sehen; er würd' ihm sicher Maulschellen geben."

Vor allen gleichgesinnten Kreisen hatte man das gemeinsame Band
voraus, das die Brüder zum „Bunde" vereinte; die Burschenschaften
unseres Jahrhunderts sind hier vorgebildet; man trat als Gesamtheit
auf und erregte als solche Beifall oder Anstoß. Der Korpsgeist ging
soweit, daß man selbst einen Geistesverwandten wie Bürger nicht auf=
nahm, weil er nicht darum angesucht hatte; es fehlte ihm die „ganze
Empfindung der Größe" des Bundes.

Gleich das erste Fest, das im Bunde gefeiert wurde, läßt uns den
Parteistandpunkt ahnen, welchen er im litterarischen Leben einnehmen
sollte. Am 3. Oktober gab Ewald seinen Abschiedsschmaus, dem auch
Bürger beiwohnte und den Voß seinem Freunde Brückner beschrieb: „Das
war nun eine Dichtergesellschaft und wir zechten auch alle, wie Anakreon
und Flaccus; Boie, unser Werdomar, oben im Lehnstuhle, und zu beiden
Seiten der Tafel, mit Eichenlaube bekränzt, die Bardenschüler; Gesund=
heiten wurden getrunken. Erstlich Klopstocks! Boie nahm das Glas,
stand auf, und rief: Klopstock. Jeder folgte ihm, nannte den großen
Namen, und nach einem heiligen Stillschweigen trank er. Nun Ramlers!
Nicht voll so feierlich; Lessings, Gleims, Geßners, Gerstenbergs, Uzens,
Weißens u. s. w. . . . . . Jemand nannte Wieland, mich deucht, Bürger
war's. Man stand mit vollen Gläsern auf, und — Es sterbe der
Sittenverderber Wieland, es sterbe Voltaire! u. s. w."

Der scheidende Ewald war keineswegs von den andern Freunden als
ebenbürtig anerkannt worden; er hatte einen Band schlechter Gedichte
(„Oden". Leipzig und Gotha 1772) nach Göttingen mitgebracht. Darin
erscheint er als Schüler des Erfurter Riedel, der die heilige Flamme,

die unentbrannt in seinem Busen geschlafen habe, mit seiner Rede
voll Triumph und Grazie ihm angesteckt und sein schwindelnd Haupt
gelehrt habe, sich in den Abgrund der erhitzten Phantasie zu senken.
Voß fand darin mit Recht eine verwirrte Phantasie, stark mit ossia-
nischen und rhingulphischen übelverbauten Bildern genährt, Kästner
machte sich lustig über das Gewimmel von Gedanken darin, die sich
wunderten, so nahe Nachbarn zu sein. Die Frankfurter Gelehrten
Anzeigen fertigten den Dichter schroff ab: „Große Worte, freche Me-
taphern und verschlungne Perioden in ein Silbenmaß zusammen-
geschraubt, das macht noch keine Ode."*) Auch für den kältesten
unter den Freunden hielt ihn Voß. Er ist in den Almanachen nicht
vertreten, obwohl er das Dichten nicht aufgesteckt hatte;**) noch 1813
singt er im Namen der Freimaurerloge ein Begrüßungslied an besuchende
preußische Offiziere, in dem es von König Friedrich Wilhelm III. heißt:

> „Sein Reich zertrümmerte der Krieg;
> Es sank! — Sein Mut nur sank nicht nieder;
> Jetzt sammelt er die Trümmer wieder
> Und fügt sie, nach gerechtem Sieg.
> Sein Volk hat sich nach harten Proben
> Nun glänzender emporgehoben."***)

Überhaupt barg der Bund genug unproduktive Elemente in sich.
Dazu gehörte Wehrs, der dem Ruhm, keiner „von den gallisierenden
Deutschen" zu sein, den des Dichters nicht hinzufügte. Bekannt wurde
von ihm ein einziges Gedicht im Göttinger Musenalmanach auf 1777
„Liebespein" (W—r—s), über das er die Verachtung der Freunde selbst
zu hören bekam. Auch der jüngere Miller, der nur ziemlich äußerlich den
Bundestendenzen gehuldigt zu haben scheint, hat selten seine dürftigen
poetischen Kräfte versucht.

Es war ein günstiger Zufall für die neue Gesellschaft, daß sie bald
nach ihrem Entstehen durch den Beitritt hoher Adeliger die gesellschaftliche
Weihe empfing und durch persönliche Freunde Klopstocks mit diesem
selbst in Berührung trat. Am 20. Oktober wurden die beiden Grafen
Friedrich Leopold und Christian von Stolberg in Göttingen immatrikuliert; und schon am 5. Dezember konnten sie die Bündischen in ihrer
Mitte begrüßen. Boie hatte sie seinem Kreise zugeführt, in welchem sie sich
um so rascher wohl fühlten, als sie schon in der dänischen Heimat der
Dichtkunst geopfert hatten und mit der Probe ihres Talentes reiche An-
erkennung ernteten. Schon am 19. Dezember fand ihre förmliche Aufnahme
in den Bund statt und gleichzeitig widerfuhr auch ihrem Lehrer Claus-

---

*) Seufferts Deutsche Litteraturdenkmale 8, 650.
**) Strodtmann I, 75.
***) Hermann Uhde, H. A. O. Reichard Stuttgart 1877, S. 424.

witz diese Ehre, der sich in Dichtungen nicht versucht zu haben scheint. „Gott, wie brannte mir das Herz vor Verlangen, eh' ich aufgenommen ward. Aber ich hätte nicht das Herz gehabt, um die Aufnahme zu bitten, wenn ihr meine Brüder! mir nicht zuvorgekommen wäret!" schrieb Friedrich Leopold ein Jahr später. Sie waren die ersten Mitglieder, welche der „Bund" kooptierte; aber es war wohl selbstverständlich, daß ihnen eine Ausnahmsstellung gewährt wurde, daß man ihre vornehmen Stuben mit den Bundessitzungen verschonte, daß man nicht das brüderliche „Du" ihnen aufdrängte. Wie es Lessing einst als ehrend und vorteilhaft für die aufstrebende deutsche Litteratur erkannte, daß Adelige, wie die Herren von Cronegk und Brawe, in ihren Reihen zu erscheinen sich nicht scheuten und daß ein Sprößling einer alten Adelsfamilie, wie Ewald von Kleist, die Freundschaft mit dem Pastorssohn nicht verschmähte, so wußten es auch die Göttinger Dichter, welche über den Mittelstand des deutschen Volkes nicht hinausragten, zu schätzen, daß ihnen Söhne der vornehmsten Kreise die Hand zum Bunde reichten. Es hob ihr Ansehen bei den Professoren der Universität — existierten doch noch eigene Grafenbänke in den Hörsälen —, bei den Einwohnern Göttingens, bei dem deutschen Publikum.*) Und nun waren diese Grafen als Kinder bereits zu Klop-stocks Füßen gesessen und vollgetränkt von der Verehrung zu dem großen Dichter trafen sie auf die verwandten Geister der Bündischen, auf Cramer, der gleichfalls ein Zögling und unbegrenzter Verehrer des Messiassängers war, auf Boie, den Freund Herders, dessen enthusiastische Rezension der Klopstockschen Oden in der Allgemeinen Deutschen Bibliothek das ihrige beitrug, um die unbedingte Hingabe an den Odengewaltigen zu befördern. Erst jetzt war der Sieg Klopstocks über die andern Vorbilder unter den deutschen Dichtern vollendet; erst jetzt erfährt Klopstock von der Existenz der jungen Schule und beglückt sie mit Druckbogen der neuen Messias-gesänge; Bürger übersendet ihm im April 1773 durch Cramer ein Fragment seiner verdeutlichten Iliade „ahndungsvoll wie der, der auf Antwort von Dodona wartet"; die Stolberge überbringen ihm gleich-zeitig auf einer Ferienreise eine Auswahl aus den Bundesgedichten mit einem begleitenden Briefe; in der Ode „An Klopstock" (vgl. unten S. 183) bittet Voß im Namen der Genossen den „Mann Gottes" um sein Urteil, um seinen Segen. Und obgleich eigentlich nur der letztere eintraf, be-gingen die Jünger trotzdem den Geburtstag des „unsterblichen Mannes", den 2. Juli, auf die feierlichste Weise. „Gleich nach Mittag — berichtet Voß an Brückner — kamen wir auf Hahns Stube, die die größte ist

*) Ob der kurz vor den Stolbergen immatrikulierte Graf Haugwitz, ihr späterer Be-gleiter auf der Schweizerreise, mit dem Bunde verehrte, ist nicht ersichtlich. Auf das Zusammentreffen in der Schweiz bezieht sich Miller im „Karl von Burgheim", wo er ihn charakterisiert als eines von den reichsten, sanftesten, liebevollsten, bloß wenn's auf den Punkt der Tugend ankommt, strengen Geschöpfen, eine wahre Johannesseele, dem man nur in's Gesicht sehen, dessen sanfte harmonische Stimme man nur hören dürfe, um sein ganzes Herz ausstudiert zu haben und mit Liebe gegen ihn erfüllt zu sein.

b*

(es regnete den Tag) zusammen. Eine lange Tafel war gedeckt, und mit
Blumen geschmückt. Oben stand ein Lehnstuhl ledig, für Klopstock, mit
Rosen und Levkojen bestreut, und auf ihm Klopstocks sämtliche Werke.
Unter dem Stuhle lag Wielands Idris zerrissen. Jetzt las Cramer aus
den Triumphgesängen, und Hahn etliche sich auf Deutschland beziehende
Oden von Klopstock vor. Und darauf tranken wir Kaffee; die Fidibus
waren aus Wielands Schriften gemacht. Boie, der nicht raucht, mußte doch
auch einen anzünden, und auf den zerrissenen Idris stampfen. Hernach
tranken wir in Rheinwein Klopstocks Gesundheit, Luthers Andenken,
Hermanns Andenken, des Bunds Gesundheit, dann Eberts, Goethens
(den kennst du wohl noch nicht?), Herders u. s. w. Klopstocks Ode 'der
Rheinwein' ward vorgelesen, und noch einige andere. Nun war das Gespräch warm. Wir sprachen von Freiheit, die Hüte auf den Kopf, von
Teutschland, von Tugendgesang, und du kannst denken, wie. Dann aßen
wir, punschten, und zuletzt verbrannten wir Wielands Idris und Bildnis.
Klopstock, er mag's gehört oder vermutet haben, hat geschrieben, wir
sollten ihm eine Beschreibung des Tages schicken."

Es war das erste der berauschenden Bundesfeste; das erste, von dem
Kunde in die Öffentlichkeit kam; das erste, bei dem Sympathie und
Antipathie zu vollem Durchbruche gelangte. Der Göttinger Klatsch bemäch-
tigt sich der Gerüchte und die Zeitungen nahmen Notiz davon. Eine
neue Mythologie wob sich um die modernen Barden und ihre Ver-
einigungen.*)

Der reiche Ertrag des Bundesjahres 1773 ist im Musenalmanach
auf 1774 niedergelegt. Erst hier ist der Bruch mit der alten Zeit
ganz vollzogen. Wieland und die Wielandianer fehlen, ebenso Gleim
und seine Schule; nur Klamer Schmidt und Friedrich Schmitt laufen noch
mit. Kretschmann singt ein Lied „Auf Michaelis Tod" und berührt sich
hier in der Trauer mit Voß und den andern Göttingern; ein „Litthaui-
sches Daino", das er beibringt, weist seine Berührung mit Herders
volkstümlichen Bestrebungen auf. Herder und Götz sind der Sammlung
treu geblieben; Gemmingen, Pfeffel, Blum ragen gleichfalls aus der
früheren Epoche herüber; Gotter fehlt nicht.

Aber was wollen alle diese Beiträge sagen gegen Klopstocks Lieder
und Gesänge! Klopstock am Anfange, Klopstock in der Mitte, Klopstock
am Ende! Er eröffnet den Almanach mit den „drey Bardengesängen aus
Herrmann und die Fürsten"; dann der majestätische „Schlachtgesang"
mit Glucks Musik: „Wie erscholl der Gang des lauten Heers von dem
Gebirg in das Thal herab", das Dichterheer gleichsam zum Siege an-
führend.

In der Mitte des Almanachs steht mit des Kapellmeisters Bach
Melodie das stolze Vaterlandslied: („Ich bin ein deutsches Mädchen!"

---

*) Vgl. Herbst, Voß, I. 289, 291 f. Die Vorlesung über die Schwärmerei (Bern,
1775) ist von Leonhard Meister, vgl. Alemania 12, 99.

Jeder der Göttinger wollte ein solcher Jüngling sein, von dem das
Mädchen singt:

> . . . der stolz wie ich
> Aufs Vaterland,
> Gut, edel ist, ein Deutscher ist!

Aber auch die zarteren Saiten der Liebe schlägt der Meister selbst an, in
dem reizenden Gedichte „Cidli", das schon im Musenalmanach auf 1770
gestanden hatte und jetzt der Musik wegen wiederholt wurde, jenem
schönsten seiner Liebeslieder, das, den Geist der Anakreontik veredelnd,
sich neben Goethes „Erwache Friederike" stellen darf. Es eröffnet den
Reigen der Minnelieder des Almanachs.

Und Klopstock schließt die Sammlung mit dem Gedicht „Weissagung.
An die Grafen Christian und Friedrich Leopold zu Stolberg". Dem
prophetischen Blicke enthüllt sich in dem jungen Geschlechte die Ahnung
einer besseren Zukunft. Nicht auf immer werde das Joch auf seinem
Vaterlande lasten, singt er:

> Frei, o Deutschland,
> Wirst du dereinst! Ein Jahrhundert nur noch;
> So ist es geschehen, so herrscht
> Der Vernunft Recht vor dem Schwertrecht!

Wie mußten diese Worte an dieser Stelle zünden! Der Almanach wurde
ein Manifest der neuen Schule. Und diese war des Meisters würdig,
ja sie übertraf ihn. Die Stürmer und Dränger im engeren Sinne
des Wortes scharten sich hier mit den Göttingern um seine Fahne.
Goethe sandte vier herrliche Gedichte: „Der Wandrer" (S. 15. T. H.),
„Gesang" („Seht den Felsenquell" S. 49. E. O.), „Sprache" („Was
reich und arm! Was stark und schwach!" S. 75. H. D.), ein Pendant zu
dem Klopstockschen Epigramm im vorigen Almanache, das in seiner Schluß-
pointe mit auffordert zum Kampfe gegen die Franzosen:

> „Faß an zum Siege, Macht, das Schwert
> Und über Nachbarn Ruhm!"

Endlich die Fabel „Der Adler und die Taube" (S. 109. H. D.).
Neben Goethe erscheint Merck mit zwei Gedichten unter der Chiffre K. M.,
das eine wielandisierend „An den Mond"; während unter K. M. sich
der Maler Müller verbirgt: „Lied eines bluttrunkenen Wodansadlers".
Den größeren Teil des Bändchens füllen aber die Göttinger selbst.
Als gemeinsame Gruppe treten sie in den Minneliedern auf; unter der
Chiffre R. sind sieben Minnelieder Millers zusammen gefaßt, darunter
das eine „Lied. Nach Herrn Walther von der Vogelweide" („Ein
schöner, junger Rittersmann") und im Register ist ein Wort zur Ver-

teibigung berselben beigefügt: „Sie sind das zufällige Spiel einiger Freunde, die, indem sie die alten, freilich nicht genug genutzten, Überbleibsel des schwäbischen Zeitpunktes mit einander lasen, versuchen wollten, ob man auch nicht einmal ganz in dem Geiste der Minnesänger dichten, und bei der Gelegenheit einige alte Wörter retten könnte, die nicht hätten untergehen sollen." So singt denn Bürger, der den Minnesang im vorjährigen Almanach inauguriert hatte, hier sein Minnelied: „O wie schön ist, die ich minne" und den „Minnesold. An den Minnesänger R." und Voß (S.) sein Minnelied: „Der Holdseligen sonder Wank, sing ich fröhlichen Minnesang". Das Minnelied Bürgers sei besserer Zeiten wert — verkünbeten zustimmend die Frankfurter Gelehrten Anzeigen*) — und wenn er mehr solche glückliche Stunden habe, sich dahin zurückzuzaubern, so wären diese Bemühungen als eins der kräftigsten Fermente anzusehen, unsere empfindsamen Dichterlinge mit ihren goldpapiernen Amors und Grazien und ihrem Elysium der Wohlthätigkeit und Menschenliebe vergessen zu machen; nur dürfte die Minnesprache nicht wie das Barbenwesen zu bloßer Dekoration und Mythologie herabsinken, sondern der Dichter müßte sich wieder in jene Zeiten versetzen, wo das Auge und nicht die Seele des Liebhabers auf dem Mädchen haftete.

Das Wertvollste hat gleichfalls Bürger gespendet, seine „Lenore", das Meisterwerk seines Lebens, an dem der ganze Bund redlich mitgeholfen und mitgefeilt hat; daneben das Prachtstück seiner ersten Manier, das er immer wert hielt: „Die Nachtfeier der Venus"; die „Ballade", welche später „Des armen Suschens Traum" überschrieben wurde und „An **": „Mit dem naßgeweinten Schleier", alles unter seinem Namen. An Zahl der mitgeteilten Stücke übertrifft alle Bundesbrüder Miller, der 25 Gedichte teils mit seinem Namen (nur drei), teils unter den verschiedensten Chiffren bringt: Frl. v. A.; C. S.; J.; L. M.; X. Unter der Chiffre R. singt er seine Minnelieder; unter U. M. veröffentlicht er einige Epigramme.

Voß bringt unter seinem Namen die beiden Oden: „An die Herren Franzosen" und „Teutschland"; die Elegieen „An zwei Schwestern" und „An E[wald]", verbirgt sich aber außer unter der oben erwähnten Chiffre S. auch unter dem vieldeutigen X., mit dem eine Reihe von Liedchen und Epigrammen signiert sind. X. ist neben B. auch Boies Chiffre, der acht Gedichte beisteuert, darunter „Schäferlehren an Bürger". Frdr. L. Stolberg unterzeichnet mit seinem Namen die Gedichte: „Der Harz", „An den Mond", „Die Ruhe", „Genius"; mit der durchsichtigen Chiffre Gr. v. —g. „Die Natur" und „An einen Wegweiser"; mit X. das epigrammatische „Der Irrwisch". Sein Bruder erscheint nur mit voller Namensunterschrift: „Elegie an Curt Freiherrn von Haugwitz" und „An Bürger". Von Hölty: „Adelstan und Röschen"; „An Laura. Bei dem Sterbebette

---

*) Seufferts Deutsche Litteraturdenkmale 8, 603 ff.

ihrer Schwester"; „An ein Mädchen, das am Frohnleichnamsfest ein Marienbild trug"; „Die Liebe" („Eine Schale des Harms, eine der Freuden wog"), alle vier mit seinem Namen; „An ein Veilchen" mit Y. H. Von Hahn die beiden Lakonismen: „Vor dem Schlaf" und „Beruhigung" unter der Chiffre N.

Zum erstenmal erscheint Brückner (B. R.) — als aus der Ferne aufgenommenes Bundesmitglied erhielt er den Namen Cilyn — im Kreise der Brüder mit dem „Gemälde aus einer Welt unschuldiger Menschen" und einem ziemlich platten Epigramm: „Geheimnisvolles Nein". Endlich fehlt auch Claudius nicht: aus dem Wandsbecker Boten sind das „Neujahrsgedicht" und „Zufriedenheit" („Ich bin vergnügt") nebst einigen Epigrammen abgedruckt. Unter seinem Namen glänzen „Der Schwarze in der Zuckerplantage" und „Bei dem Grabe Anselmos".

Die Rezension des Teutschen Merkurs von J. G. Jacobi (1774 April S. 39) stammelte Worte der Bewunderung über die Beiträge Klopstocks und Goethes, analysierte Bürgers Nachtfeier der Venus, die er mit dem Original verglich, ausführlich und beglückwünschte ihn zur Lenore. Boie hatte das ärgerliche Gefühl, Jacobi habe die Freunde schulmeistern wollen.

Als die Freunde am ersten Jahrestag des „Bundes" sich zur festlichen Feier versammelten, da war ihre Zahl fast verdoppelt worden, denn außer den Grafen, Clauswitz und Cramer war Hahns intimster Freund, C. W. von Closen aus Zweibrücken, der am 27. April 1773 immatrikuliert wurde, in den Bund aufgenommen worden: aber der Festtag sollte zugleich ein Trauertag sein, indem die Stolberge ihre Abreise auf die Nacht des 12. September verlegt hatten. Die sentimentalen Scenen, die dabei sich abspielten, hat Voß in seiner Elegie auf diese Nacht (S. 192 ff.) poetisch dargestellt; hier finde noch der prosaische Bericht an Ernestine seinen Platz: „Wir waren schon um 10 Uhr auf meiner Stube versammelt und warteten. Ich wurde genötigt, auf dem Klavier zu spielen. Vielleicht verschaffte die Musik den andern einige Linderung, mir selbst, der jeden schmelzenden Affekt ganz annehmen mußte, um ihn wieder auszudrücken, schlug sie nur tiefere Wunden. Es war schon Mitternacht, als die Stolberge kamen. Aber die schrecklichen drei Stunden, die wir noch in der Nacht zusammen waren, wer kann sie beschreiben? Jeder wollte den andern aufheitern, und daraus entstand eine solche Mischung von Trauer und verstellter Freude, die dem Unsinn nahe kam. Der älteste Miller und Hahn (von mir weiß ich's nicht) fanden in jedem Worte etwas Komisches, man lachte, und die Thräne stand im Auge. Wir hatten Punsch machen lassen, denn die Nacht war kalt. Jetzt wollten wir durch Gesang die Traurigkeit zerstreuen; wir wählten Millers Abschiedslied auf Esmarchs Abreise, das wir auf die Grafen verändert hatten. Ihr Bruder konnt's nicht aushalten und ging unter dem Vorwande von Kopfweh zu Bette, hat auch nachher nicht Abschied genommen. Hier war nun alle Verstellung, alles Zurückhalten vergebens; die Thränen strömten und die

Stimmen blieben nach und nach aus. Millers deutsches Trinklied machte uns darauf ein wenig ruhiger, und dann ward noch ein Trinklied von mir gesungen. Das Gespräch fing wieder an. Wir fragten zehnmal gefragte Dinge, wir schwuren uns ewige Freundschaft, umarmten uns, gaben Aufträge an Klopstock. Jetzt schlug es 3 Uhr. Nun wollten wir den Schmerz nicht länger verhalten, wir suchten uns wehmütiger zu machen, und sangen von neuem das Abschiedslied und sangen's mit Mühe zu Ende. Es ward ein lautes Weinen —. Nach einer fürchterlichen Stille stand Clauswitz auf: Nun, meine Kinder, es ist Zeit! — Ich flog auf ihn zu, und weiß nicht mehr, was ich that. Miller riß den Grafen an's Fenster, und zeigte ihm einen Stern. — Wie ich Clauswitz losließ, waren die Grafen weg. Einige waren mit ihnen die Treppe hinuntergelaufen. Sie hatten sich aber losgerissen. Wir blieben auf meiner Stube. Es war die schrecklichste Nacht, die ich erlebt habe." Lange bildete dieser Abschied noch den Gegenstand der Korrespondenz zwischen den Freunden. „Sie haben Recht ... wir hätten uns nicht so losreißen sollen — schreibt Fr. Leopold an Voß.*) — Ich glaube, es war Kleinmut von uns, aber wir fürchteten die letzte schreckliche Umarmung. Aber das Losreißen war wahrlich auch schrecklich und die Erinnerung ist es sehr. Ich glaube wie Sie, daß uns nach einiger Zeit das Andenken der Nacht süße Stunden der Melancholei bringen wird, aber jeder süßen Stunde werden traurige, blutige Gefühle der Sehnsucht folgen." Wenige Tage später folgte Esmarch den Grafen nach Norden. Der Anfang zur Zerstreuung des Bundes war gemacht.

III. Das zweite Jahr des Bundes.
12. Sept. 1773 bis Ende Sept. 1774.

Durch zwei bedeutsame Besuche ist dieses zweite Bundesjahr umschlossen, die sich wie Verheißung und Erfüllung zu einander verhalten. G. F. E. Schönborn, der auf der Reise nach Algier in Göttingen Station macht, erscheint als Sendling Klopstocks und läßt Andeutungen über die Hoffnungen fallen, die Klopstock auf den Bund setzt, dessen Mitglieder über ganz Deutschland sich zerstreuen sollten zu geheimer Wirksamkeit; zum Bundesbuch wolle er die Vorrede schreiben. Und ein Jahr später erscheint Klopstock selbst in der Mitte seiner Jünger als der lehrende und liebende Meister.

Der Kreis der Brüder bleibt so ziemlich vollzählig; der dem Bunde durch Gotter befreundete Seebach aus Gotha, über den wir wenig wissen, stirbt Anfang 1773. Etwas von Höltyscher Schwermut scheint über seine Gestalt ausgegossen gewesen zu sein, das durch eine unglückliche Liebe befördert wurde.**) „Geliebter, dessen holde Miene stilllächelnd mir vor

---

*) Altona 28. Sept. 1773 (ungedr.).

**) Erich Schmidt (Allg. Deutsche Biographie XXI. 755) vermutet Beziehungen auf sein Schicksal in Millers „Briefwechsel dreier akademischer Freunde".

Augen schwebt" — ruft Gotter am Schlusse seiner Epistel über die Stark=
geisterei den Dahingeschiedenen an —

> „Wann sich mein Geist, von Traurigkeit durchbebt,
> Mit seinen Schlummernden begräbt;
> Du, der itzt unter Engeln lebt,
> Zu gut für eine Welt, wo zartgeschaffnen Seelen,
> Die, Mißtrau'ns unbewußt, oft nach dem Scheine wählen,
> Auf jedem Tritt die Falschheit Netze webt,
> Und eine Gruft für ihre Treue gräbt —
> Mein Seebach, der mich unter seinen Füßen
> Verlassen irren sieht — komm dann herabgeschwebt,
> Den letzten Kampf mir zu versüßen,
> Zu stärken den erschöpften Geist
> Und ihn, wann er sich los von seinen Banden reißt,
> Mit Siegesliedern zu begrüßen."

Cramer scheidet aus; aber sein Weggang (2. Juni) hinterläßt keine Lücke,
denn er war der von Voß und den anderen am wenigsten geliebte.
„Cramer hat, wie mich dünkt, so etwas Selbstgefälliges an sich, das mir
nicht recht schmecken will", berichtet der jüngere Boie (Rudolf mit Vor=
namen), der seit Ostern 1774 in Göttingen weilte im nächsten Verkehr
mit dem Bunde, ohne als Mitglied aufgenommen zu sein.*) An Cramers
Stelle tritt J. A. Leisewitz, der am 2. Juli die Weihe empfängt. Er
sollte im Kreise der Lyriker das historische und dramatische Fach pflegen.
Seit Oktober 1773 (am 20. immatrikuliert) ist auch Chr. Adolf v. Over=
beck aus Lübeck ein Zögling der Georgia Augusta, ein stiller, sinniger
Mensch, der Voß zeitlebens nahestand, aber, obgleich er sein bescheidenes
lyrisches Talent bethätigte, dem Bund selbst nicht angehörte.

Durch Schönborns Mitteilungen angespornt, nimmt der Bund Ende
Dezember 1773 durch Hahns Feder die Korrespondenz mit Klopstock wieder
auf, indem sie ihm ihre scharfen Epigramme gegen Wieland unterbreiten
und ihn abermals um ein Urteil über eines jeden Fähigkeit bitten.**)
Auf diesen Brief, den Boie ihm überbrachte, antwortete Klopstock mit der
Bitte um Aufnahme in den Bund. Am 8. Februar 1774 verlas Boie
diese Antwort im Kreise der Freunde und erweckte namenlose Freude
damit: der kranke Hahn ward gleich wieder gesund und der ganze Abend
war Ein Taumel. Begeistert meldet Voß diese Botschaft seinem mecklen=
burgischen Freunde: „Der größte Dichter, der erste Deutsche, von denen
die leben, der frömmste Mann, will Anteil haben an dem Bunde der
Jünglinge. Alsdann will er Gerstenberg, Schönborn, Goethe und einige

*) Vgl. Hermann Uhde, Göttingen vor hundert Jahren, Im neuen Reich 1875, Nr. 7—9.
**) Vgl. Lappenberg, Briefe von und an Klopstock S. 253 und Redlich in den Beiträgen
zur deutschen Philologie (Halle 1880) S. 255.

andere, die deutsch sind, einladen, und mit vereinten Kräften wollen wir
den Strom des Lasters und der Sklaverei aufzuhalten suchen. Zwölf
sollen den inneren Bund ausmachen. Jeder nimmt einen Sohn an,
der ihm nach seinem Tode folgt; sonst wählen die Else. Mehr wissen
wir selbst noch nicht." Und als nun Voß Ende März selbst nach Hamburg aufbrach, um Klopstock nun persönlich kennen zu lernen, da nahm er
folgendes rethorische Elaborat Hahns mit sich:

"Da die Eichen rauschten, die Herzen zitterten, der Mond uns
strahlender ward, und Bund für Gott, Freiheit und Vaterland in unserm
Kuß und Handschlag glühte; schon damals ahndet' es uns, und wir
sagten's einander, Gott habe uns gesegnet. Großer Mann! Sie wollen
unter uns sein! Ach jetzt nicht Ahndung mehr, es ist Gewißheit, Gott hat
uns gesegnet! Anders können wir nicht reden, wenn unser Herz reden
soll; und dieses Mal wird es doch reden dürfen. Gott hat uns gesegnet!
Nicht nur bei der ersten bestürzenden Nachricht war dieses Überzeugung,
wir empfinden sie noch, auch wenn wir ruhig beisammen sind, einander
ansehn, und wärmer uns lieben, indem wir sagen: unter uns Klopstock!
Aber dann erwacht die Ungeduld der Erwartung, und sie würde schwer
zu überwinden sein, wenn nicht die Dankbarkeit für das schon gegenwärtige unser ganzes Herz von neuem und allein erfüllte. Gott hat uns
gesegnet! Unter uns Klopstock!   Der Bund."

Klopstock las den Brief mit der Miene des Wohlgefallens, wie Voß
dem Bunde berichtet, und weihte den ihm mit ehrfürchtigem Schauer
Nahenden mit großer Offenheit in seine Gedanken und Pläne ein. Und
in weihevoller Stunde reichte er ihm den letzten Bogen der Gelehrtenrepublik, den er inzwischen auch schon nach Göttingen hatte gelangen
lassen. "Schon bei der Aufschrift schlug mir das Herz. Als ich aber die
Stelle selbst las und in der heiligen Cohorte unsern Bund selbst, nicht
sein Vorbild, fand, fieng ich so an zu zittern, daß mich Klopstock, der
im Merkur blätterte, lächelnd ansah und sagte: Mich deucht, Sie haben
die Stelle da, wovon ich wünschte, daß Sie sie noch im Bunde gehört
hätten. Ich weiß nicht, was ich antwortete; ich wollte ihn umarmen,
stand aber blos auf und sah aus dem Fenster. Wo Klopstock nicht meine
Verwirrung und die nachfolgende Traurigkeit, die aus dem Übermaße
der Freude herkam, verstanden hat, muß er mich für den Kältesten unter
Euch halten."*)

Im "Zwölften Morgen" seiner deutschen Gelehrtenrepublik (Hamburg 1774) läßt Klopstock die Aldermänner mit großen Entschließungen
vor das Volk treten. Es wird hingewiesen auf die weiten Gegenden, Land-
schaften und Reiche, die in dem großen, beinahe grenzenlosen Bezirke der
Wissenschaften nur halb oder schlecht bebaut sind, auf die unentdeckten Länder,

*) Aus dem ungedruckten Briefe an den Bund vom Ostermontag 1771, den Herbst I, 115 f.
verwertete.

die man teils glaube von fern gesehen zu haben und teils nicht einmal mut=
maße. Die Deutschen seien berufen hier einzugreifen. Es ist ein groß=
artiges Bild, das Klopstock von der zu erringenden Stellung der deutschen
Nation in Wissenschaft und Kunst, von ihrer Vermittlerrolle in der Welt=
litteratur entwirft, wenn er sagt, es müsse zum bleibenden, unveränderlichen
Grundsatze der Republik gemacht werden, von dem nur der Feige und der
Geistlose abweichen dürfen, den der Greis dem Jünglinge, der Freund dem
Freunde, aber auch der Jüngling dem Greise, und der Feind dem Feinde
zurufen solle, nämlich:

„Hinzugehn und in jenem großen Umkreise der Wissenschaften die
Länder, welche nur halb besessen werden, ganz einzunehmen; die Mit=
besitzer der andern Hälften nicht nur dadurch zu schwächen, daß wir in
diesen Hälften besser als sie anbaun, sondern auch dadurch, daß wir es
da thun, wo wir uns allein niedergelassen haben; nirgends der falschen
Kultur zu schonen, über alle Gärten, wo nur Blumen wachsen, den
Pflug gehn zu lassen, jedes Gebäude, das in den Sand gebaut ist,
niederzureißen, und sollten ganze Städte auf solchem Grund und Boden
liegen und wär' es dann auch mitten in den besten gemeinschaftlichen
Besitzen, oder auf Landwinkeln der französischen Gelehrtenrepublik, der
englischen, wo wir sie anträfen, und würden sie auch von Chimären
bewacht, die Feuer und Flammen spien, diese Städte an allen Ecken
anzuzünden, und nicht eher von dannen zu ziehn, als bis der Dampf
überall aufstiege: uns aufzumachen und neue Länder zu suchen, auf der
kühnen Fahrt selbst nicht die kleinste Insel, kein Pünktchen in dem Oceane
liegen zu lassen, sondern überall zu landen, alles zu umgehen, aus=
zuspähn, zu untersuchen; in den anbaulichen Entdeckungen gleich die Erde
aufzureißen und Saat zu streun" ...

„Wenn wir auf diese Weise ein halbes Jahrhundert das werden
vereinigt gethan haben, was vor uns nur einzelne kühne Männer thaten,
und eben dadurch den Grund legten, daß wir uns, ihre Unternehmungen
fortzusetzen, vereinigen konnten; dann werden wir rings um uns ver=
nehmen, daß man uns für Eroberer hält, deren weitaussehenden Ab=
sichten man sich widersetzen müsse. Glücklicher Zeitpunkt! Ihr
könnt ihn erleben, Jünglinge, deren Herz jetzo laut vor Un=
ruh schlägt, ob die Republik den großen Entschluß, sich zu
diesem Zwecke zu vereinigen, fassen werde. Ist er gefaßt, so
macht euch nichts mehr Unruh. Denn Ihr wisset, daß der
Deutsche gewiß ausführt, wenn er einmal beschlossen hat
auszuführen!"

Der Charakter dieser Eroberung müsse der sein: Die, welche sich
unterwerfen, zu Bundesgenossen aufzunehmen; und die Stolzen, welche
unsere Unterstützung von sich stoßen, ihrem Mangel und dem Bewußtsein
zu überlassen, daß wir über sie erhaben sind, bis sie endlich freiwillig
sich unterwerfen werden.

„Ich fobre niemanden auf" — schließt der Wortführer der Alber=
männer — „sich auf diesem großen Schauplatze der Eroberung für die
Republik aufzuopfern. Wer zur Aufopferung Kraft in der Seele hat,
der thut's ohne Aufforderung zu erwarten, ohne sie nur einmal zu dulden!
Wie Männer sich betragen, die solche Aufforderungen so gar beleidigen
würden? Meint ihr, daß sie ihre Gesundheit, ihre Ruhe, ihr Leben
nicht wie andre lieben? So gar mehr; denn sie sind lebhafter, als andre.
Aber kommt die Zeit, daß die Gegner keine Siege mehr erdulden wollen,
daß sie auch fechten, daß der Kampf um große Besitze hart und heiß
wird, so heiß, daß der Sieg schwankt: dann sind es jene Männer, die
nicht hinter sich sehen, wer flieht oder wer steht, sich nicht etwa nur die
Vergnügungen, sich sogar die Erholungen des Lebens versagen, mit Kälte,
und mit Feuer wider die, welche sich gelüsten lassen, überwinden zu
wollen, heranstreben; mit Kälte, die die Wendungen, die Stärke, die
Schwäche der Gegner scharfes Blicks entdeckt, mit Feuer, das die ganze
Kraft da schnell anwendet, wo die Kälte hingeführt hatte, so lange, und
so unüberwindlich heranstreben, bis, wer sich wandte, umkehren und
siegen helfen kann." Diese Auseinandersetzungen finden geteilte Aufnahme;
die Stimmen schwankten. Da sind es zwölf edle und vaterländische Jüng=
linge — die Jünglinge hatte der Redner apostrophiert —, die sich ein=
ander zuwinken und aufspringen, sich vom Volke sondern, ihrer einen
zum Anführer zwingen und bleich und zitternd, aber dennoch sehr mutig
auf die Aldermänner zuschreiten und sie bei der Ehre der Nation, beim
Vaterlande beschwören nicht hart zu sein, ihnen es nicht zu versagen, nicht
abzuschlagen, heute an diesem festlichsten ihrer Tage, eine Stimme haben
zu dürfen. Die Aldermänner gestanden die Bitte zu. „Die Jünglinge
giengen nicht wieder zum Volke hinunter. Sie traten seitwärts neben
die Bildsäulen, blieben dort stehen, und schlugen, mit jeder Anmut der
Bescheidenheit und mit der schönen Röte des zurückgehaltnen Feuers, die
Augen nieder." Der besonnene Anwalt der Weltweisen will, daß nur
wenige Ausgewählte, ohne zu erklären, was sie vorhätten, dieses Unter=
nehmen versuchten und also nicht die ganze Republik auf die schlüpfrige
Laufbahn gewagt würde. Aber von solchen geheimen Versuchen, von
einer solchen Verschwörung will der Anwalt der Naturforscher nichts wissen
und er weist auf die Jünglinge hin, die des edlen, des ehrenvollen, des
vaterländischen Wettstreites gewärtig sind. Der Anwalt der Dichter
schlichtet den Streit und vereint die Meinungen: Die Verbündung der
Ausgewählten habe von einer andern Seite betrachtet etwas, das mit
lauten Tönen zu seinem Herzen spreche; denn sie brauche ja nicht geheim
zu sein und dadurch einer Verschwörung zu gleichen: „Du weißt, was
die Aldermänner von dem großen bleibenden Grundsatze, was sie von
der Eroberung gesagt haben. Die Republik, sie das Heer, (Fähnchen
mögen nebenher wehn, und dies und das kleinere thun) das Heer rückt
heran und mit ihm eine heilige Cohorte. Was diese alsdann thut, wenn

die Schalen ſchweben, wenn gar die gegen uns zu ſinken anfängt? In
das letzte Fähnchen mit dem, der dies noch zu fragen hat!"
Mußte es den jungen Strebegenoſſen, wenn ſie dieſes laſen, nicht
ſein, als ob ſie zu Rittern geſchlagen würden, als ob ihnen das Kreuz
aufgeheftet worden wäre zum ſtreitbaren Zug ins gelobte Land! Mußten
ſich ihrer Phantaſie nicht unbekannte Zaubergärten und fremdartige
Märchenpracht erſchließen wie einſt jenen ritterlichen Kreuzfahrern im
Orient! Als großes Ziel ſchwebt ihnen vor die Zerſtörung aller Satans=
tempel und ſeiner geilen Prieſter, die Aufbauung eines Tempels für die
Tugend und des andern für die Freiheit. Hatte ſchon im Jahre vor=
her ein mitternächtliches Gewitter die Nerven der Freunde ſo aufgeregt,
daß ſie jeder großen Handlung, ſelbſt eines Fürſtenmordes fähig zu ſein
meinten, ſo nimmt jetzt der Bund mehr ein politiſches Gepräge an; er
wird der „Bund fürs Vaterland", auch der „Deutſche Bund" genannt,
und die Zeit, wo vom Sprechen zum Handeln übergegangen werden würde,
ſchien den thatenloſen aber thatendürſtenden Jünglingen näher gerückt
zu ſein. Um Mitternacht ziehen ſie aus zur Bundeseiche, um zum Feſte
von Klopſtocks Geburtstag die Zweige zu brechen. „Es war in dieſem
Jahre das erſte Mal, daß wir ſie beſuchten. Gerade über ihr ſtand ein
funkelnder Stern. Wir kündigten uns ihr von ferne als den Bund fürs
Vaterland an, liefen und riefen ihr Wodans Geſang entgegen, traten
hierauf ſtill und langſam näher hinzu, faßten Äſte, brachen Zweige, und
riefen dreimal: unſerem Vater Klopſtock! und ... plötzlich rauſchte es hoch
durch die ganze Eiche herunter, daß die niederſchwankenden Äſte unſere
Häupter verhüllten." Und dieſe Eiche ſoll nun bald über Klopſtocks Haupt
rauſchen. Am 30. Juli trifft dieſe Freudenkunde in Göttingen ein. Auf
der Reiſe nach Karlsruhe, wo er nach den Worten des Markgrafen das
edelſte, was ein Menſch haben könne, Freiheit finden ſollte, verweilte er
vom 18. bis 20. September im Kreiſe der Bündiſchen, die ihn feierlich
einholten und nach Kaſſel weiter geleiteten. Von Morgens 7 Uhr bis
Mitternacht ſind ſie ununterbrochen bei ihm; er wollte durchaus niemand
beſuchen und auch keinen Beſuch annehmen, ſondern ſich ganz dem Bunde
ſchenken. Es wurde ſehr vieles von künftigen Entwürfen und Abſichten
ausgemacht; die gemeinſame Gedichtſammlung wird aufgegeben, es ſcheint
ihnen beſſer, wenn jeder allein hervortrete und Tugend predige. Klop=
ſtock ſchlug einige neue Glieder vor, Schönborn und Reſewitz; Gerſten=
berg nicht, weil er zu kalt, Claudius nicht, weil er zu ſorglos ſei; Goethe
wollte er erſt noch ſondieren, ob er ihn „bundesfähig" fände. „Alles
was wir ſchreiben, muß ſtrenge nach dieſem Zweck, nach Geſchmack und
Moral geprüft werden, eh' es erſcheinen darf. Er ſelbſt unterwirft ſich
dem Urteil des Bundes. Zwei Dritteile von den Stimmen entſcheiden.
Er will durchaus nicht mehr als e i n e Stimme haben und zwar, auf
unſer Bitten, die letzte. Nebenabſichten ſind — die Vertilgung des ver=
zärtelten Geſchmacks, ferner der Dichtkunſt mehr Würde gegen andere

Wissenschaften zu verschaffen, manches Götzenbild, das der Pöbel anbetet,
z. B. einen Heyne, Weiße, Ringulf (Kretschmann) u. s. w. zu zertrümmern,
„die Schemel der Ausrufer" — Voß verfällt in die Terminologie der Gelehrtenrepublik — „wenn sie zu sehr und zu unverschämt schreien, um-
zustürzen". So schloß dieses Bundesjahr mit den ausschweifendsten Hoffnungen und glühendsten Träumen. Und in dem Almanach dieses Jahres
meinten sie das Beste geleistet zu haben, dessen sie fähig wären.

Aus äußeren Gründen hatte Boie die Versorgung des Jahrgangs
1775 Voß überlassen und sich nur die Überwachung des Druckes vor
behalten, an der er aber gleichfalls gehindert wurde. So kam es, daß
der polemische Charakter, den Boie hatte vermeiden wollen, in einem
Ausfall gegen Wieland (vgl. das Gedicht „Michaelis" unten S. 171
offen zu Tage trat, der diesen mehr geärgert haben soll als Goethes
Farce und die Veranlassung wurde, daß Boie ganz sich vom Almanach
zurückzog.

Der Grundstock ist derselbe geblieben wie im vorjährigen Bande;
aber nicht mehr so unvermischt wie dort stehen hier die jungen Dichter
da. Schon daß Ramlers Bild als Titelkupfer verwendet ist, zeigt dies an.
Wieder eröffnete Klopstock den Almanach. Aus der Sammlung der Oden
wird das Gedicht „Unsere Sprache": „An der Höhe, wo der Quell
der Barden in das Thal xc." abgedruckt. Mit Gluckischer Musik: „Die
frühen Gräber" „Willkommen, o silberner Mond") und „Der Jüngling"
(„Schweigend sahe der Mai die bekränzte"). Zu dem Gedichte „Lyda"
(„Dein süßes Bild, o Lyda") sind zwei Melodieen von J. F. Reichardt
und von C. P. E. Bach mitgeteilt. Der wichtigste Beitrag Klopstocks
aber war die dritte Scene aus dem Bardiet „Hermann und die Fürsten",
in welcher der junge Theude die Waffen empfängt und die Schmach
seiner Mutter zu rächen schwört. Sollte es symbolisch andeuten, daß die
jungen Dichter wehrhaft gesprochen wurden, um Deutschlands Schmach
zu rächen? Die beiden dramatischen Scenen, welche Leisewitz unter der
Chiffre W. beisteuert, „Die Pfandung" und „Der Besuch um Mitternacht" sind aufreizende Satiren gegen fürstlichen Despotismus. Hingegen
hat Maler Müller (K. M.) friedliche Töne angeschlagen: „An das Täubchen",
„Amor und Venus", „Dithyrambe"; Goethe (H. D.) wendet sich in den
beiden Gedichten: „Ein Gleichniß" und „Der unverschämte Gast" gegen
das elende Rezensentenwesen. J. G. Jacobi erscheint mit vier, Gleim
und Klamer Schmidt mit drei, Göckingk mit zwei Gedichten; sogar ein
älteres Lied von Weiße (X.) wird mit Bendascher Musik aufgetischt.
Von Sturz (St.) ein Wiegenlied; von Götz (Q.) die berühmt gewordene
„Mädcheninsel"; von Herder (O.) zwölf Gedichte; von Pfeffel eines, von
Andrè ein Epigramm; von Blum eine Idylle und ein älteres „Gedicht
auf Abbts Tod". Man sieht: Altes und Neues steht wie in den ersten
Jahrgängen höchst verträglich neben einander.

Unter den Bundesmitgliedern steht der Zahl nach wieder Miller

(Frl. v. A.; E. R.; J.: L.; L. M. und mit seinem Namen) mit 21
Gedichten obenan; an Bedeutung übertrifft ihn Hölty (Chiffre T. und
mit seinem Namen), der ihm an Zahl am nächsten kommt (16 Stück);
Fr. L. Stolberg hat unter seinem Namen neun Gedichte gesteuert, darunter
einige seiner berühmtesten: „Das Lied eines alten schwäbischen Ritters
an seinen Sohn"; „Das Lied eines deutschen Knaben"; „Mein Vater=
land, an Klopstock"; „Der Abend, an Miller"; „Die Freiheit, an Hahn";
unter der Chiffre G. das Gedicht „An Röschen"; sein Bruder neben
zwei Übersetzungen aus Anakreon: „Die Blicke, an Doris". Voß hat
neben drei zweifelhaften Epigrammen (X) acht ernste Gedichte unter
seinem Namen: „Die Schlummernde"; „Ahndung"; „Die künftige Ge=
liebte" und „An Selma, um Mitternacht"; „Michaelis" und „Klopstock"
eingerückt; ferner zwei parodistische: „An Rolf" und „Schwergereimte Ode".
Boie und Bürger treten nur je mit einem Gedichte (unter X verborgen)
auf; Cramer bringt ein Lied zu seines Vaters Geburtstag, der neben dem
Sohn mit zwei Oden einherstolpert. Von Claudius stehen unter seinem
Namen, mit „Asmus" und mit W. B. funfzehn Gedichte im Almanach,
darunter die Romanze: „Wandsbeck". Schönborn (C.) läßt einen „Feld=
gesang vor einer Freiheitsschlacht" erschallen, den der donnernde Ruf:
Freiheit! Freiheit! Freiheit! refrainartig durchzieht. Sehr stark in den
Vordergrund gestellt ist Brückner. Die süßlichen „Idyllen aus der Un=
schuldswelt" sind durch mehrere Beispiele vermehrt: „Das Engelthal";
„Die eilige Hülfe"; „Die Fischer"; „Der Schmied". Daneben laufen
kleine Idyllen von unschuldig=altklugen Kindern: „Hedchen", „Fritz und
Hans"; „Die Unschuld"; „Karoline"; „Jesus als Kind". Unter der
Chiffre Md. steht auch ein Epigramm „Die Religionsverfolgungen" von
ihm drinnen. Es macht keinen erfreulichen Eindruck, daß dieser Almanach,
der mit Klopstock so kräftig einsetzte, mit Brückner so schwächlich endet.
Das allmähliche Absterben des Bundes ist für uns dadurch symbolisiert.

IV. Zersplitterung. Nachleben.
(Sept. 1774—April 1775.)

Kurze Zeit nach Klopstocks Besuch schieden einige der ältesten Bundes=
mitglieder aus dem Kreise. J. M. Miller ging zur Fortsetzung seiner
Studien nach Leipzig, wo er mit Cramer zusammentraf; sein Vetter nach
Wetzlar, Leisewitz nach Hannover, Hahn nach Hause. Es waren Abschiede
voller Thränen. „Wie klein ist nun unser Häuflein geworden" schreibt
Voß (6. November) an seine Braut und er hat das Gefühl, daß sie nie
wieder auf einen Haufen beisammen kommen werden. Es wurde still
und öde um ihn und Hölty, die beide im resignierten Übersetzungsdienst
für Weygand frohnten, aber auch nur, um das nötige Reisegeld sich zu
erwerben; ihre Hoffnungen standen auf ein weiteres Zusammenleben und
Zusammenarbeiten in Hamburg: von der Übersetzung d'Alemberts wollten

ſie dann übergehen zu Spencers Fairy Queen, zu Shafteſbury und
einigen Tragödien; auch für die Aneignung der Griechen meinten ſie dort
Muße und Gelegenheit zu finden. Die beiden Boie hielten noch aus;
Overbeck und Cloſen desgleichen; aber es war doch nur ein Schatten vom
Bunde, was übrig geblieben war.

Der Zufall wirkte mit, um auch das Ende der Göttinger Zeit noch
durch einen hellen Sonnenſtrahl zu verklären. Ende März 1775 war
Miller noch einmal zum letzten Abſchied zurückgekehrt; da erſchien un=
vermutet am 3. April Klopſtock auf der Rückreiſe von Karlsruhe, wo er
es nicht lange ausgehalten hatte, in der Mitte ſeiner Verehrer. Wieder
ein Tag der Pläne und Träume! Miller begleitete ihn nach Hamburg,
wo denn, als einige Tage ſpäter auch Voß Göttingen für immer verließ,
ein kleiner Kreis der Bundesglieder ſich zuſammenfand. Voß, Miller, die
beiden Stolberge reihten ſich um den Meiſter. So ging in Hamburg zu
Ende, was in Göttingen begonnen hatte.

Von ſeinem Wandsbecker Winkel aus, wo er in Claudius' Nähe ſich
niedergelaſſen hatte, traf Voß nun alle Anſtalten, um den Almanach für
1776 zuſammenzuſtellen. Boie hatte ihm denſelben willig überlaſſen; Voß
beſchloß ihn in eigenem Verlage herauszugeben, hatte aber nicht nur mit
dem Göttinger Konkurrenzunternehmen zu kämpfen, für welches Dieterich
in Göckingk einen Redakteur gefunden hatte, ſondern mußte auch eine
Reihe vergeblicher Schritte thun, um ein däniſches Privilegium zu er=
langen, wobei die Stolberge ihm behilflich waren. Endlich ließ er ihn
in Lauenburg erſcheinen unter dem Titel: „Muſenalmanach für das Jahr
1776 von den Verfaſſern des bisherigen Göttinger Muſenalmanachs.
Herausgegeben von J. H. Voß." Mit wenigen Ausnahmen wird er faſt
nur von Bundesmitgliedern und deren Freunden gefüllt; die Stürmer
und Dränger treten ſtärker an Zahl als früher hier mit den Göttingern
vereinigt auf, und worauf Voß beſonderes Gewicht legte, faſt alle erſchienen
unter ihrem vollen Namen. Goethe mit 2 Gedichten: „Der Kenner";
„Kenner und Künſtler" (G.); Lenz desgleichen: „Poetiſche Malerei"; „Der
Archipelagus"; Klinger (K.) und Kayſer mit je einem; der Maler Müller
weiſt alle Richtungen ſeiner Lyrik auf. Von Klopſtock wurde wieder ein
Fragment aus „Hermann und die Fürſten" an die Spitze geſtellt; zwei
ſchwächere Oden „Warnung" und „Klage" folgten. Hölty hat einen
ganzen Schatz von lieblichen Liedern hier aufgeſpeichert: unter andern
„Das Traumbild"; „Die Liebe" („Dieſe Erd' iſt ſo ſchön"); „Trinklied"
(„Ein Leben wie im Paradies"); „An den Mond" („Was ſchaueſt du ſo
hell und klar"); „Elegie bei dem Grabe meines Vaters"; „Ballade" („Ich
träumt', ich wär' ein Vögelein"); von den ebenſo zahlreichen Liedern Millers
ſei das „Abſchiedslied an Esmarch" und „Der Todesengel am Lager eines
Tyrannen" hervorgehoben; laut ertönt der Ruf nach Rache aus der
graſſen Phantaſie. F. L. von Stolberg bringt einige ſeiner gelungenſten
Gedichte dar. Prächtig rauſcht „Der Felſenſtrom" dahin, dem ſich „Der

Mond" ("Der Mond, der uns so freundlich scheint") und „An den Abend=
stern" („Ehmals winktest du mir") anschließen. Auf den Anhang des
Almanachs weist sein „Freimaurerlied". Während sein Bruder Christian
nur durch eine Elegie an seine sterbende Schwester Sophie Magdalene
und Hahn trotz seiner wiederholten Versprechungen nur durch das Gedicht
„Klopstock" vertreten ist: hat der Herausgeber seinen Almanach mit ernsten
und scherzhaften Gaben seiner Muse geschmückt. Als Balthasar Kaspar
Ahorn singt er das „Frühlingslied eines gnädigen Fräulein"; „Der
Morgen", „Selmas Geburtstag", „Selma" sind ein Ausfluß seiner be=
wegten Herzensstimmung; das „Trinklied für Freie" und die beiden
Idyllen „Die Leibeigenschaft" schlagen kräftigere Töne an. Den traurigen
Erzeugnissen Brückners und seines Bruders stehen Bürgers Balladen
„Der Raubgraf" und die später „Der Ritter und sein Liebchen" über=
schriebene nebst dem „Spinnerlied" und einigen humoristischen Stücken
gegenüber; den wenig bedeutenden Voießchen Beiträgen Claudius' „Rhein=
weinlied" und „Mailied". Eine ergiebige Ernte, wie sie dem Voßischen
Musenalmanach in seinem langen Leben nicht mehr beschert sein sollte.
Die Beiträge der Bundesmitglieder fließen immer schwächer; Voß ist oft
gezwungen mittelmäßiges Zeug als Füllsel aufzunehmen oder invita
Minerva nach der Bogenzahl zu dichten. Eine Zeitlang ist Göckingk sein
lässiger Mitherausgeber. Von 1777 bis 1798 erschien der Almanach bei
Bohn in Hamburg; der Jahrgang 1799 fiel aus; 1800 erschien ein
weiterer Band in Neustrelitz, schon auf dem Titel als „der letzte" be=
zeichnet, während der alte Göttinger Almanach unter Bürgers und dann
unter Reinhards Leitung noch einige Jahre im neuen Jahrhundert fort=
bestand; vom alten Bundesgeiste war längst nichts mehr in demselben zu
verspüren.

Auch die Bundesmitglieder selbst blieben nicht alle dem Schwure
getreu, den sie in jugendlichem Enthusiasmus geleistet hatten, und mit
der räumlichen Trennung ging der innere Verfall des Bundes Hand in
Hand. Um den frühverstorbenen Hölty klagten die Freunde mit Recht;
aber als Hahn ins Grab sank, waren die Brüder der Überzeugung, daß
sie sich durch das flackernde Strohfeuer seines Halbgenies hatten täuschen
lassen, und er galt ihnen längst für moralisch tot. Leisewitz schwieg in
hypochondrischer Trägheit. Miller vertauschte das lyrische Saitenspiel bald
mit der einträglicheren Prosaschriftstellerei seiner Romane und Voß hatte
an den Produkten dieses seines Herzensfreundes ebenso wenig Freude wie
an der bändereichen Klopstockverhimmelung Cramers. Denn obgleich er
und Stolberg in der Pflege der lyrischen und epischen Poesie am meisten
noch den alten Sinn bewahrten, so kam doch auch er von der über=
mäßigen Verehrung des Messiassängers allmählich zurück. Als Lichtenberg
im Jahre 1781 Voß noch zur extremen Richtung der Klopstocknachahmer
rechnete, da schoß er bereits weit am Ziele vorbei. Und aus dem Jahre 1788
(28. Sept.) ist uns ein Brief von Voß an Miller erhalten, der uns den

Abfall als einen vollständigen erscheinen läßt*): „Wie wenige der neuen
Dichter können das Licht der Kritik vertragen! Unser ehmals so gefeierter
Messias z. E. — der mir auch von der Seite immer anstößiger wird.
Kuckt Hahn auch aus dem Grabe? — Nicht nur der Plan ist ein wahres
Scheusal, sondern auch die Ausführung des einzelnen (ich rede nicht von
den hervorragenden Stellen, die verraten, was Klopstock hätte werden
können) oft so verwirrt und dunkel, daß man sich nicht durchfinden kann;
und die Fackel will in den dumpfen Totengrüften nicht brennen. Vom
Inhalte nichts. Die menschlichern Barbiete sind seltener, aber auch, mit
solchen unauflöslichen Knoten verunstaltet. Neulich z. E. erklärte mir
Klopstock selbst die Stelle in Wodans Liede:

> Heb hoch mit Wurzel und Wipfel den tausendjährigen Eichenschild;
> Erschüttr' ihn**) —.

      Und wie meinst du? Der Gott trägt einen Schild aus einer ganzen
tausendjährigen Eiche, und hämmert daran. Wurzel und Wipfel (die
nicht daran sind) sollen nur andeuten, daß die Bretter des Schildes aus
dem ganzen Stamme gehauen sind. Das hätte Ödipus nicht erraten!"
      Daß da von einer Kritik der Dichtungen des einzelnen durch die
Gesamtheit und durch Klopstock nicht mehr die Rede sein konnte, ist klar.
Trotzdem hielt Voß seinerseits die Bundeserinnerungen hoch; bewahrte
treulich die Reliquien, die ihm aus jener Zeit geblieben waren; sammelte
mit Stolberg Höltys Gedichte 1783, gab sie überarbeitet 1804 noch einmal
heraus und wurde in den Vorreden zu diesen Ausgaben der erste Geschichtschreiber des Bundes. In Stolberg ehrte er den alten Bundesbruder auch
in der Zeit nach dem Bruche mit dem Freunde und als er im Jahre
1804 Miller in Ulm besuchte, da feierte er mit diesem und seinem Vetter
vor dem mitgebrachten Bundesbuch den Stiftungstag des Bundes durch
ein Bundesfest.
      Aber dieser späte spielerische Nachklang konnte nicht mehr ins Leben
rufen, was längst verschwunden war. Schon am 18. Juni 1776 hatte
Miller an Voß geschrieben: „Sag, wo ist der Bund? Unsichtbar wie
Asträa, die zum Himmel aufflog. Aber, o, ihr Bild blieb zurück in
meinem Herzen, und gewiß auch in Deinem" (Herbst I, 172). Getrennt
von den andern, ging jeder der ehemaligen Brüder seinen eigenen Weg.

                           *   *   *

      Die beiden Bände „Der Göttinger Dichterbund" sind nach denselben
Gesichtspunkten angeordnet wie die Bände der „Stürmer und Dränger",
an welche sie sich anschließen, und mit denen gleichzeitig sie entworfen
wurden. Die Ausarbeitung wurde dann freilich unterbrochen und mehr-

---

· *) Briefe II, 116, aus dem Original ergänzt.
**) Hermanns Schlacht, zweite Scene. Deutsche Nationallitteratur Bd. 48, S. 68.

mals wieder aufgenommen. Die Ungleichmäßigkeit, welche dadurch sich vielleicht eingeschlichen hat, hoffe ich durch die Benutzung des handschrift= lichen Materials, das mir erst nach und nach zugänglich geworden ist, einigermaßen paralysiert zu haben. Der Verwaltung der königlichen Bibliothek zu München habe ich für die Liberalität, mit welcher sie mir die Papiere aus dem Voßischen Nachlaß zur Verfügung stellte, hier meinen aufrichtigen Dank auszusprechen, desgleichen der königlichen Bibliothek in Berlin und der Stadt=Bibliothek in Lübeck. Außerdem wurde ich durch die Herren Dr. J. Baechtold in Zürich, Dr. Klußmann in Rudolstadt, Dr. Edward Schröder in Göttingen und Dr. C. Walther in Hamburg unter= stützt. Auch bei dem besten Kenner dieser Periode Herrn Direktor Redlich in Hamburg anzufragen habe ich mehrmals nicht unterlassen können. Aus dem veralteten Buche von Prutz: der Göttinger Dichterbund, Leipzig 1841, war wenig zu holen. Gerne aber gestehe ich, daß meine Arbeit durchaus auf den im einzelnen citierten Forschungen von Halm, Herbst und Redlich beruht. Besonders des letzteren Versuch eines „Chiffernlexikons zu den Göttinger, Voßischen ꝛc. Musenalmanachen" (Hamburg 1875) und die „Poetischen Beiträge zum Wandsbecker Boten" (Hamburg 1871) waren meine steten Ratgeber. Ich habe überall nachgeprüft, habe aber wenig zu verbessern gefunden.

Man hat die Zeit des Göttinger Bundes mit Recht oft die Jugend= jahre unserer Litteratur genannt. Man hat sich aber allmählich daran gewöhnt von ihr und ihren Thorheiten nur mit einem gewissen mitleidigen Lächeln zu sprechen. Möchten die Leser der beiden folgenden Bände sich weniger an das jugendlich Unreife kehren, das unleugbar in diesen Dichtungen steckt, als an das jugendlich Frische, das doch ohne Zweifel gleichfalls in ihnen lebt und webt.

Graz, im März 1886.

August Sauer.

Johann Heinrich Voß.

Gern nahen dem häuslichen Manne die Musen.
Ernestine: An Jacobi 1800.

Einleitung.

Unter den Dichtern des Göttinger Hains ist Johann Heinrich Voß ohne Zweifel die hervorragendste Persönlichkeit. Er allein unter den Freunden durfte es wagen, sich in die Nähe unserer Klassiker zu stellen, und er allein greift entscheidend in die Geschichte unseres geistigen Lebens ein: als Dichter wie als Übersetzer, als Mensch wie als Gelehrter. Nie wird das deutsche Volk ihm vergessen dürfen, daß er die reifsten Früchte hellenischer Bildung herüberholte aus dem fernen Lande und allen sie darreichte zu Erhebung und Genuß; immer wird die Geschichte der Wissenschaft das Andenken des streitbaren Philologen verehren, der bis zum letzten Atemzuge festhielt an den einmal-gewonnenen Überzeugungen, und wenn der Glanz seiner Dichtungen für uns auch stark erblichen ist, so lebt er doch in der deutschen Familie noch immer als der Dichter fort, der das häusliche Leben in unvergleichlicher Weise wiederzugeben verstand mit all seinem stillen und tiefen Glück. Seine gesammelten Werke würden auch ohne die zahlreichen Übersetzungen viele Bände füllen und sogar von seinen Dichtungen kann hier nur eine kleine Auswahl gegeben werden; von seiner ausgedehnten Thätigkeit soll im folgenden ein rascher Überblick versucht werden.

Die Einzelheiten seines Lebens zu erzählen sind wir zum größeren
Teile dadurch überhoben, daß wir in der Beilage die liebenswürdige Bio-
graphin, die er gefunden hat, selbst zu Worte kommen lassen. Längst
hat man den Wert dieser schlichten Erzählungen erkannt und sie schönere
Idyllen genannt als die von Voß selbst gedichteten. Es wäre ein Frevel,
diese Perlen weiblicher Darstellungskunst dem Publikum der D. N.-L.
vorzuenthalten. Von dem Zeitpunkte an, wo sich Ernestinens Schicksal
mit dem des Dichters verknüpfte und ihre eigene Erinnerung ihr zur
Seite stand, soll sie selbst erzählen; nur leise Kürzungen haben sich als
notwendig erwiesen.

*   *   *

Voß ist am 20. Februar 1751 in dem Dorfe Sommersdorf bei
Waren in Mecklenburg-Schwerin geboren; er stammte aus einer einst
leibeigenen Familie; sein Großvater war ein freigelassener Handwerker;
sein Vater, der als Kammerdiener bei einem Lübecker Domherren ein
Stück Welt kennen gelernt hatte, ließ sich nach dem Verlust seiner ersten
Frau im Winter 1750 hier nieder und heiratete die vertrauteste Freundin
derselben, eines Küsters Tochter. Bald nach der Geburt des Sohnes über-
siedelte er als Zolleinnehmer in das aufstrebende, betriebsame Städtchen
Penzlin, wo er zugleich eine Bier- und Branntweinschenke aufthat, an
welche die ersten Erinnerungen des Knaben sich heften. Der tüchtige,
rechtskundige Mann, der sich alle möglichen Nebeneinkünfte zu machen verstand, erlitt später im siebenjährigen Krieg große Verluste, so daß er
Haus und Hof verkaufen mußte und in seinen letzten Lebensjahren durch
eine Klippschule mühsam sein Dasein fristete. „Armut mit durchsetzender
Kraft ist Segen, wie häufig Unsegen ist schlaffer Reichtum" hat Voß
später gesagt (Antisymbolik II. 17). Er hat die Wahrheit dieses Spruches
an sich selbst erfahren; denn unter namenlosen Entbehrungen entwickelte
sich in ihm sein nie rastender Thätigkeitstrieb. Daneben aber nistet sich
auch das Gefühl der Erbitterung gegen bevorzugtere Stände in die Seele
des Knaben ein, der uns aus der Zeit, als er die Penzliner Stadtschule
besuchte (1759—1765), als ein Wetterjunge geschildert wird, geschmeidig
wie eine Katze, immer der erste in der Straße und in der Schule, lebhaft
und lebendig, doch oft auch träumerisch ernst, als verarbeite er Gedanken.
Wir treffen ihn an der Spitze der spielenden Kameraden: als König von
Mecklenburg fertigt er Dekrete aus und reizt durch sein hohnneckendes
Wort zum Kampf auf. Sein unbeugsamer Sinn, seine Hartnäckigkeit,
seine Unduldsamkeit sind früh und stark ausgebildet: ebenso sein Gefühl
für Rhythmus und Vers. Schon im Winter von 1765—1766 beschäftigt
er sich mit Privatstunden in Penzlin; dann folgt ein dreijähriger Aufenthalt auf der Schule in Neubrandenburg (1766—1769), wo er durch Frei-
tische armselig sich hinbringt. Michaelis 1769 tritt er nach einem halb-
jährigen Zwischenaufenthalt im Elternhaus eine Stelle als Hofmeister in

Ankershagen bei den 3 Kindern des Klosterhauptmanns von Oertzen an. Schliemann, der in diesem Dorfe seine Knabenjahre verbrachte, erzählt uns in seiner Selbstbiographie von einem kleinen Teiche daselbst, das „Silberschälchen" genannt, dem um Mitternacht eine gespenstische Jung=frau, die eine silberne Schale trug, entsteigen sollte; ferner von einem Hühnengrabe, in dem der Sage nach ein alter Raubritter sein Lieblings=kind in einer goldenen Wiege begraben hatte; endlich sollten neben den Ruinen eines alten runden Turmes in dem Garten des Gutseigentümers ungeheure Schätze verborgen liegen. Demnach hat Voß wohl zu zweien seiner Idyllen, zum Riesenhügel und zu den „büßenden Jungfrauen" hier die erste Anregung empfangen; im übrigen war es für ihn eine schwere Zeit voller Kränkungen und Demütigungen, die ihm noch bei späterem Rück=blicke das harte Wort erpreßte: „Damals hatte bei dem Landadel gewöhn=lich der Koch weniger Arbeit und mehr Einnahme als der Erzieher."*) So steigern sich die Eindrücke aus der Kindheit; der Haß gegen den Adel, insbesondere den mecklenburgischen setzt sich fest und alle Anlagen, die er zu seiner Empfindlichkeit wie zu hartnäckigem Trotze in sich trug, bilden sich hier weiter aus. Er wird aus dem Joche, das ihm nur die Freundschaft mit Brückner erträglicher machte, endlich erlöst, als mehrere Gedichte, die er nach Göttingen sandte, Boies Aufmerksamkeit und thätige Teilnahme erregen. Durch dessen Vermittlung kann er von April 1772 ab in Göttingen studieren. Sein ganzes Lebensglück verdankte er diesem Freunde; denn als er 1774 in dessen Vaterhaus zu Flensburg ver=weilte, knüpfte sich erst lose und dann immer stärker das Band mit Boies Schwester Ernestine, die in den langen Jahren ihrer Ehe das schöne Wort bewährte, das sie als Greisin an Abeken schrieb: „Es giebt doch auf Erden nichts Treueres als ein Weib, die nur in Ihrem Manne lebt. Weil ich ein Weib bin sollte ich dies nicht sagen, aber ich fühle doch Beruf in mir es zu thun."

Die Wandsbecker Idylle, die er zuerst allein und dann mit Ernestine durchlebte (1775—1778), wurde durch eine harte Prüfungszeit abgelöst, die er in dem entlegenen Otterndorf (1778—1782) durchmachte. In Ernestinens Schilderung hat die Erinnerung des Alters manches gemäßigt; wir wollen eine Briefstelle dagegen halten, welche das Unangenehme der Gegenwart etwas zu grell malt, um so das richtige zu treffen. „Nun ist der traurige Herbst wieder da — schreibt Voß 30. September 1779 an Pfeffel**) — mit seinen stinkenden Marschnebeln. Gott sei Dank, daß ich noch so frisch darin lebe und webe.... Alle meine Bücher beschimmeln, mein Klavier quillt aus, das Zeug verdirbt und dabei Arbeit vom Morgen bis zum Abend, kein Freund, der etwas andres als Stadtgeschichten hören mag, und kaum das liebe Brod. Wenn ich nicht überzeugt wäre, daß Gott unser Schicksal lenkt, ich wäre schon wieder nach Wandsbeck

---

*) Anmerkung zum Junker Kord. Sämtliche Gedichte 1802, VI. 370.
**) Archiv für Litteraturgeschichte XII, 291 f.

gegangen. Aber dann würde es allgemein heißen, der Poet möchte nicht
arbeiten, und wer würde mich dann ſuchen?"

Auch die Eutiner Zeit (1782—1802) hat Erneſtine nach äußeren
und inneren Erlebniſſen uns geſchildert; auf das Verhältnis zu Stolberg
kommen wir im 2. Bande zurück. Hier ſtehe eine Stelle aus Voßens Rede
beim Antritt des Eutiner Rektorats, zum Beweiſe jenes faſt prieſterlichen
Ernſtes, mit welchem er ſein Lehramt verwaltete: „Wohlan denn, ihr
meiner Führung vertrauten Jünglinge, laßt uns wandeln die Wege, die
die Muſen gewandelt ſind. Nicht Blumen nur, wie der Unkundige wähnt,
und der Gefühlloſe auf ſeinem Polſter ſchmäht, entſproſſen ihrem Fuß=
tritt, ſondern erfriſchende, ſtärkende Früchte. Lernt vor allen Dingen
die Sprache eures Vaterlandes, wenn ihr eurem Vaterlande nützen wollt.
Lernt die Sprachen der Ausländer, die euren Geiſt zu nähren, euer Herz
zu bilden vermögen. Lernt die Sprache des Römers, denn ſie erhellte
zuerſt die Finſternis, die über Europa ſchwebte; und noch jetzo iſt ſie die
gemeinſame Sprache der Weiſen Europas, noch jetzo erfordern mancherlei
Bedürfniſſe eine Kenntnis ihrer verborgenſten Eigenheiten und Reize, mit
der ſorgfältigſten Übung im Reden ſowohl als Schreiben vereinigt. Faßt
Mut, und entſchließt euch, jener Bedürfniſſe wegen, nicht bei dem gewöhn=
lichen Deutſchlatein, das ſelbſt in den Schriften berühmter Männer herrſcht,
ſtehn zu bleiben, ſondern euch, ſo weit als geſchehen kann, dem reinen
und ſchönen Ausdrucke des goldnen Zeitalters zu nähern: Lernt die
griechiſche Sprache. Zwar ſollt ihr ſie weder ſchreiben noch reden: aber
ſie iſt die Mutter der lateiniſchen, und man muß ihr nicht wenig
ſchmeicheln, wenn man die Gunſt der Tochter erwerben will; auch ſagt
man ihr nach, ſie ſei weit ſchöner als ihre Tochter, wenigſtens habe ſie
noch viele Schätze der Weisheit verborgen, die ſie jener nicht zur Aus=
ſteuer mitgab. Seht, o Freunde, die holden Sprachgöttinnen: nicht vom
Schulſtaube entſtellt, ſondern glänzend von himmliſcher Schönheit, winken ſie
euch lächelnd ins Heiligtum der Wiſſenſchaften." (Kritiſche Blätter II, 10.)

Das Scheiden von Eutin bedeutete für Voß und die Seinigen den
Abſchied aus der engeren Heimat; zugleich aber auch einen Bruch mit der
mehr zurückgezogenen Lebensweiſe, die der vielbeſchäftigte Schulmann zu
führen genötigt war. Von der Peripherie ſah ſich Voß plötzlich in das
Centrum des geiſtigen deutſchen Lebens verſetzt, der knorrige, eckige
Mecklenburger ſollte ſich unter die ſchmiegſamen Söhne des mittleren und
ſüdlichen Deutſchlands miſchen, ohne von ſeiner Individualität etwas ab=
ſtreifen zu wollen. Dies konnte nicht ohne Kämpfe und ohne Mißgriffe
abgehen. Ein ſolcher Mißgriff war der Verſuch, in Jena feſten Boden
zu gewinnen (1802—1805); beſſer ſollte ihm das Einleben in Heidelberg
gelingen, wo er die letzten 2 Dezennien ſeines Alters verbrachte. Hatte
ihm aber der Bruch mit Stolberg die Exiſtenz in Eutin verleidet, ſo
ſollte er die katholiſch=myſtiſche Richtung, die er dort bekämpft hatte, ge=
ſteigert und von glänzenderen Perſönlichkeiten getragen hier wiederfinden;

der konsequenteste Vertreter der Aufklärung sah sich umgeben von den
bilderstürmenden Jünglingen der romantischen Schule und mußte es er=
leben wie die Universität selbst dem neuen Geiste Thür und Thor öffnete.
So ist diese Zeit eine ununterbrochene Kette von Kämpfen, unter welchen
die gegen Creuzer und Stolberg die bedeutendsten sind. Gerade das
streitbare Element, in welchem er stetig untertauchte, erhielt seine Seele
frisch. „Das Gefühl, noch manchem entgegen wirken zu können, was uns
in die alte Dunkelheit zurückziehn und den Geist in Fesseln zwingen will,
hebt ihn oft zur Begeisterung", schreibt Ernestine im Jahre 1824 (an
Abeken S. 12) und sie wollte das Wort Greis für ihn nicht gelten
lassen. Kurz vor seinem Tode kränkte ihn das Reskript des Großherzogs,
durch welches ihm im Streite gegen Creuzer und dessen Genossen Still=
schweigen auferlegt wurde. Er starb am 29. April 1826 im 76. Jahre
seines Alters.

*   *   *

In der Vorrede zum ersten Bande seiner Römischen Geschichte sagt
Niebuhr, er hoffe, der Enkel Kind und Enkel werden den Mann als
Wohlthäter preisen, von dem eine neue Aera des Verständnisses des
Altertums anhebt, indem er, was die Klassiker voraussetzen, wie ihre
Vorstellungen von den Göttern und der Erde, wie ihr Leben und Haus=
wesen, aus ihnen selbst zu entdecken mußte! Der Homer und Virgil so
verstand und auslegte, als wären sie nur im Raum von uns entfernte
Zeitgenossen! Voßens Verhältnis zu der Antike ist damit zusammen=
fassend charakterisiert. Sie erschien ihm nicht als etwas Vergangenes,
sondern als etwas Gegenwärtiges, nicht als totes, sondern als lebendiges,
nicht als gelehrtes Rohmaterial, sondern als herrlicher Götter= und Ver=
jüngungstrank. Er sah die Griechen als die einzigen Lehrer der Poesie
an, wo außer der Mutter Natur welche seien, und wie Winckelmann den
Gebilden der griechischen Kunst nahte er sich den Schöpfungen der
griechischen Dichtung mit nachfühlender Begeisterung, mit nachschaffender
Gestaltungskraft. Wie jener berufen war, aus den trümmerhaften Über=
lieferungen das Ganze der hellenischen Blüteperioden zu ahnen und seine
Zeitgenossen schauen zu lehren, so war Voß unter einer großen Reihe
von Mitstrebenden der einzige, der die versunkene griechische Welt wieder
auferstehen, der den Homer zu den staunenden Deutschen in ihrer Sprache
reden lassen konnte. Von den zum Unterhalt begonnenen Übersetzungs=
versuchen der Göttinger Zeit ging er zu Hesiod, zu Horaz und Pindar
tastend vorwärts. In Blackwells „Untersuchung über Homers Leben und
Schriften", das er 1775 aus dem Englischen überträgt, wagt er es die
eingestreuten homerischen Verse in Hexametern wiederzugeben, während
die früheren Übersetzer sich mit der Prosa begnügt hatten, wie Bodmer,
oder den fünffüßigen Jambus, der dem homerischen Tone sich schwer
fügen wollte, gewählt hatten, wie Bürger. In Wandsbeck und Otterndorf,

besonders in den glücklichen Zeiten der jungen Ehe ist Homer sein Haus=
genosse und der trauliche Ton der einfachen Häuslichkeit leiht ihm die
Worte für verwandte Scenen der Odyssee. Nachdem Proben seiner Über=
seßung, die er in Zeitschriften veröffentlichte, eine günstige Aufnahme er=
fahren hatten, ließ er das Werk auf eigene Kosten in Hamburg 1781 er=
scheinen. „Homers Odüssee übersezt von Johann Heinrich Voß"; mit der
Widmung an Stolberg (vgl. unten S. 200), leider in jener wunderlichen,
schrullenhaften Orthographie, welche v mit ü und ʒ mit ä wiedergab und
für welche er den scharfen Spott Lichtenbergs nur allzubald erdulden
mußte. Es ist der Anfangs= und zugleich der Glanzpunkt von Voßens
Übersezungskunst. Mit liebevollem Anschmiegen an das griechische Original,
aber ohne pedantische Genauigkeit; mit bewundernswerter Sprachgewalt,
aber ohne der Sprache Gewalt anzuthun; in fließenden wohlgebauten
Versen, die nirgends steif und ungelenk werden, giebt er den Inhalt der
griechischen Dichtung in bezaubernder Schlichtheit und herzgewinnender
Einfalt wieder. Mit einem Schlage war für den Laien, für den Un=
gelehrten, für die deutsche Familie eine neue Welt entdeckt und auch für
den mit der griechischen Sprache Vertrauten war der Gewinn ein großer,
für die Entwicklung der deutschen Dichtung ein unberechenbarer. Es ist
noch nicht untersucht, welchen Einfluß diese erste Odyssee=Übersezung auf
die Sprache, den Stil, die Metrik unserer Klassiker ausübte. Die Triumphe
der deutschen Übersezungskunst, die noch immer im Steigen begriffen
sind, heben hier an. Es ist Voßens unvergänglichste Leistung, die er
durch spätere Mißgriffe niemals verdunkeln konnte.

Leider aber ließ sich Voß durch seine zunehmende Gewandtheit einer=
seits und durch seine strengeren Ansichten über Freiheit der Übertragung
andrerseits allmählich zu einer weit künstlicheren Methode der Verdeutschung
fortreißen. Die Umarbeitung der Odyssee, welche mit der neu übersezten
Ilias 1793 erschien, weist bereits eine Reihe von Eigentümlichkeiten auf,
welche bis zur 5. Auflage im Jahre 1821 immer zunahmen und von
Kunstrichtern, die wie A. W. Schlegel den späteren Übersezungsvirtuosen
Voß an dem früheren Übersezungskünstler Voß maßen, endlich als Fehler
gerügt wurden. Daß die Romantiker, welche als Übersezer so ganz auf
Voßens Schultern standen, in diesen Vorwürfen zu weit gegangen sind,
ist außer Zweifel; aber es ist ein großes Verdienst von Bernays, in der
schönen Jubiläumsausgabe der Voßischen Odyssee (Stuttgart 1881) der
älteren Fassung wieder zu Recht verholfen zu haben.

Dem ersten glücklichen Abstieg in den verfallenen Schacht der alten
Litteraturen folgten nun immer kühner und rascher die Fahrten auf der
frei gemachten Bahn. Vergil (von 1789 an) und Ovid (1798); Horaz
und Hesiod (1806); Theokritos, Bion und Moschos (1808); Tibull (1810)
und Properz (1820); endlich als das schwierigste Meisterstück Aristophanes
1821. Die Gegner mochten spotten über die nie still stehende Übersezungs=
mühle wie sie wollten; Voß ging unbeirrt seinen Weg und er scheute sich

nicht die an den alten Schriftstellern erprobten Grundsätze auch auf einen modernen Schriftsteller zu übertragen, wie er von der klassischen Philologie in reichen Sammlungen zum deutschen Wörterbuch und in Studien über die deutsche Verskunst auch den Übergang zur deutschen Philologie macht. Die Versuche von Lenz, Herder, Bürger mögen ihm noch vor der Seele geschwebt haben, als er in spätem Alter die Übersetzung Shakespeares in Angriff nahm, bei der er von seinen Söhnen unterstützt wurde (1818—39 in 9 Bänden erschienen). Er selbst übersetzte ein Dutzend Stücke und lieferte in glücklichen Ausdrücken und gedrungenen Wendungen manchen Baustein zu späteren Neubearbeitungen des englischen Dichters.

Die Verdeutschungen der antiken Dichter, zumal Homers und Vergils, sind aber nur Teile jenes großen Aneignungsprozesses, den Voß durch-zuführen sich bemühte. Das gesamte antike Leben sollte den Deutschen klar und deutlich vor Augen stehen. Er legte seine Kenntnisse in umfang-reichen Kommentaren nieder, welche nicht alle in die Öffentlichkeit ge-langten. Auf die Erfassung der Realien im weitesten Sinn des Wortes geht er aus, und bloßer Konjekturalkritik ebenso abgeneigt wie unklarer Hypothesensucht benutzt er diese seine allseitigen Kenntnisse gerne als Waffen gegen andere Gelehrte, welche seiner Meinung nach die Wissen-schaft nur schädigten, insbesondere gegen Heyne und Creuzer. Gegen ersteren sind die Mythologischen Briefe (Königsberg 1794) und die in Verein mit Wolf und Eichstädt gearbeitete Kritik von dessen Iliasausgabe in der Jenaer Litteraturzeitung (1803); gegen letzteren die Antisymbolik gerichtet (1824—1826), mit welcher Voß seine kritische Laufbahn beschloß.

Als Probe seines polemischen Prosastiles aus der früheren Zeit folge hier eine Stelle aus dem „Verhör über die beiden Ausrufer Lt. und St., die in der allgemeinen deutschen Bibliothek ... Klopstocks Fragmente über Sprache und Dichtkunst beurteilt haben" (Deutsches Museum März 1781, datiert Otterndorf 15. Januar 1781), worin er gegen die Anony-mität der Kritiken zu Felde zieht:

„Wir haben keine bessere Kritiken, als einige, deren Verfasser sich genannt haben, besonders in den abhandelnden Wissenschaften. Über die Bibliothek eines großen Arztes hörte ich einen andern großen Arzt urteilen, daß oft eine Rezension lehrreicher wäre, als das rezensierte Buch selbst. Auch unter den namenlosen sind viele mit Einsicht und Redlichkeit abgefaßt, ob sie zwar aus gedachten Ursachen eine andere Wirkung haben, als der Verfasser abzweckte. Aber was sind diese gegen den Haufen der übrigen, die teils mit Unverstand, teils mit Tücke und Unverschämtheit, teils mit diesem und jenem zugleich angefüllt sind, und seit einiger Zeit einen allgemeinen Unwillen unter Biedermännern erregt haben! Ich weiß nicht, wie weit solche Horden in die Bezirke anderer Wissenschaften schwärmen; aber so weit ich das Land kenne, seh' ich überall Spuren ihrer Verwüstung, besonders im Gebiete der darstellenden Wissenschaften. In die meisten politischen Blätter schicken schlechte und kleindenkende

Skribenten und ihre Verleger Rezensionen und noch etwas dabei. In einigen Journalen und Zeitungen, wo man sich die Miene giebt, als ob man nur das Vorzüglichste anzeige und beurteile, erhebt man oft arm= selige Stümper, und verdammt die vortrefflichsten Schriften teils durch Stillschweigen und gelegentliche Spötteleien, teils durch kaltes schlau= gestelltes Lob. Und da, wo man mit ungewöhnlichem Eifer für die Aufnahme der Wissenschaften allen Wust und Unrat, den nur irgend ein Herr Verleger zur Messe führt, sehr ernsthaft beurteilt, hält man sich, dieser Ursache wegen, in vollem dummen Ernste für Oberrichter, und läßt ohne Scheu beschimpfendes Lob und ehrenden Tadel hinter dem Schirme hervor in die Ohren des aufmerksamen Völkleins erschallen. Und dies thun denn Leute, die die Größe ihrer Schande schon selbst und so sehr fühlen, daß sie, nachdem sie sich gegen jemand die ehrenrührigsten Schmähungen erlaubt haben, es für eine noch ehrenrührigere Schmähung erklären, wenn dieser nur sagt, daß er ihren Namen anzeigen könne.

„Wollen wir's noch länger dulden, daß diese namenlose Taugenichte in ihren Schlupfwinkeln ungestraft ihre Freunde, Gevattern und gut be= zahlenden Kundleute lobpreisen, und die würdigsten Männer unsers Volks, die ihre Hantierung verachten, zur Strafe anbellen, und noch dazu die Freude haben, daß ihre Entscheidungen, so albern und hämisch sie auch immer sein mögen, von so vielen für Orakelsprüche der Wahrheit und Gerechtigkeit gehalten werden? Wollen wir noch länger in allgemeinen Anspielungen, wovon sich jeder Bursche ausnimmt, unsern Unwillen leise zu verstehn geben? Von dem Geschmack an gerühmten Sudeleien bringt freilich auch den Leichtgläubigsten gewöhnlich ein gewisser Widerwille zurück. Aber wie wenige werden jene einfache, wohlschmeckende und nahr= hafte Speise nur auf den Lippen zu kosten wagen, wenn so viele vorgeb= liche Gesundheitsräte und Leckermäuler einhellig ausschreien, sie sei un= genießbar?"

Im Verhöre selbst ist das Muster der Lessingschen Streitschriften, besonders des Badenekum unverkennbar: aber die Kopie ist rein äußerlich. Wie Lessing den Laublinger Pastor vor sich hinstellt und ihm den Text liest, so ruft auch Voß: „Kommen Sie nur her, guter Freund. Sie mein' ich, Herr Lk. Hurtig! Nicht so blöde! Das kleidet keinen Kunstrichter. Die Kniee grade! und den Kopf in die Höh! Sehn kann man ja Ihr Antlitz ohnehin nicht; dafür sorgt die Larve mit der entsetzlichen Nase und dem langen Judenbart. Und wenn man's auch sähe, wer kennt's?" Hat Lessing Herrn Lange ein Glas Wasser zur Abkühlung kredenzt, so reicht Voß seinem Opfer einen Bratapfel oder ein Glas Wein zur Stärkung. Aber es fehlt Voß so ziemlich alles, um ein zweiter Lessing zu werden; wo dieser elegant ist, wird er plump, wo dieser den Hieb kunstmäßig pariert, schlägt Voß mit der Keule zu, wo Lessing sarkastisch lächelt, da wütet und poltert Voß. Es ist richtig, was er in der Anti= symbolik II, 73 sagt, daß er deutsch für Deutsche geschrieben habe, bemüht um körnigen und klaren Ausdruck des Gedankens und der Empfindung, daß er unserer Ursprache Reichtum und Bildsamkeit zu erforschen von Jugend auf sich befleißigt hatte: aber sein Stil nimmt an Wuchtigkeit und Grobkörnigkeit immer mehr zu; seine bewundernswerte Sprachgewalt, an Luther und anderen Schriftstellern des 16. Jahrhunderts geschult, hätte in der Hand eines weniger leidenschaftlichen Mannes mit Maß und Würde gepaart zu vollkommenen Mustern unseres Prosastils führen können. Aber gerade die Antisymbolik ist stilistisch ein schwer genießbares Buch geworden. Oder ist es nicht geschmacklos, wenn er bei Creuzers symbolischer Ausbeutung einer Homerstelle losbricht: „Nun, das heißt gedolmetscht und gematscht, Altes und Neues durch einander, Wahres und Unwahres, Halbgefaßtes und Fehlgegriffenes. O hätten wir zum ganzen Homer ein Rührsicht dieses Geschmacks ... eine so großartig gemischte Symbolpastete, mit gemeinem Homerteig eingefaßt", wenn er Creuzers Beweise „muffigen Auskehricht" schilt, wenn er sein Urteil über Heynes schriftstellerische Leistungen in den Satz zusammenfaßt: „Alles, womit er ausstand, war zusammengerafft in ruschelnder Vielthuerei und empfohlen mit fuschelnder Politik." Auch in der Antisymbolik ist eine Nachahmung Lessings beabsichtigt, zumal in dem ersten Stücke, der 1821 erschienenen Rezension der Creuzerischen Symbolik, mit welcher der Stillsitzer nach neunjährigen Herausforderungen sich endlich hervorwagte aus seiner beschränkten Häuslichkeit zu einleitendem Kampf. „Komm denn her, vierschrötiges Buch. Wie nennst du dich?" So beginnt er das Verhör. Später nimmt er den Verfasser des Buches, den Traumredner, den Tausendkünstler, den Jesuitengeneral selbst vor und ruft ihm sein: „Rede der Symboliker!" zu, gesellt ihm seinen Gevatter Görres bei und läßt sie dann in dem „Entlassung" überschriebenen Abschnitte mit der Strafrede laufen: „Thut Buße, wie der gefallene Jonas im düsteren Walfischbauch und jammert um Wiederkehr in das heilige Licht! ... Geht denn, frömmelnde Phantasiemänner, und gehabt euch wohl bis auf Wiedersehn!"

Die darin enthaltene Beurteilung der Creuzerschen Methode mag uns eine zusammenhängende Probe dieses seines späteren Stiles abgeben (I, 163 f.):

„Aber sag' uns doch der Symboliker, welcher Dämon ihn trieb, sich ohne mythologische Kenntnisse an ein Lehrsystem der Mythologie zu wagen. Arm an der ersten Notdurft der Sprachwissenschaft, ärmer am Geist, der aus dem Buchstab redet, Unfreund der Vernunftlehre, bettelstolz auf mangelnde Kritik und Fülle des Phantasieglaubens, für angenommene Phantasmen ein handfertiger Notizklauber, ein fixfingriger Notizverwandler durch gaukelnden Hokuspokus, ein Verletzer des Anständigen und des Heiligen, nicht Scham achtend, noch Wahrheitssinn, noch Scheu vor dem Urteile der Besseren, und dem Endurteile der göttlichen Nemesis: — mit solcher Ausstattung unternahm der Selbstgefällige

das Abenteuer, sich zum Ritter der Dame Mythologie zu weihn, und die
Gunst dieser schwer zugänglichen Olympierin zu erschmeicheln? ....

„Regsame Phantasie, gewandte Ahnung des Möglichen, des Passenden,
des Wahrscheinlichen, und bei vielseitiger Belesenheit, weltkundige Auf=
fassungsgabe, und schnell vergleichender, leicht fügender Witz, sind not=
wendige Tugenden eines Forschers. Sie sind Luft und Woge dem Ent=
deckungsschiff; aber fördern nur dann, wenn ruhiger Verstand, von eitelen
Wünschen unbethört, den Kompaß wahrnimmt, und behutsames Urteil,
immer wach, der Untiefen und blinden Klippen Gefahr umsteuert. Un=
gezügelte Phantasie und wilde Vergleichungssucht gebiert Träumer und
Phantasten, und, mit Andachtseifer gepaart, schwärmerische Fanatiker.

„Ein tüchtiger Forscher der Mythologie muß, begeistert von nichts
als Wahrheitsliebe, vorsichtig und besonnen den Weg der Geschichte gehn,
von der frühesten Erscheinung an, durch die allmählichen Fortschritte und
Umbildungen. Soll eines Gottes Ursprung und Bedeutung, soll ein
öffentlicher Religionsgebrauch oder ein geheimer Dienst in Mysterien ent=
hüllt werden; die Frage muß sein: Wann zuerst, und wo, wird des
Gottes, des Gebrauchs, des Geheimdienstes erwähnt? Wie waren die
Zeitverhältnisse, die Sitten, die Erfahrungen, die Begriffe von Welt und
göttlicher Natur? Hatte das Wort der alten Sprache den Sinn der
späteren? und mögen wir heutigen Europäer bei dem Ausdruck unserer
Sprache genau das denken, was der alte Grieche und der spätere gedacht?
Verstehn wir den Zeugen recht? Was konnt' er wissen? was wollte,
was durst' er mitteilen? War er leichtgläubig und märchenhaft? bei
heischendem Glauben achtlos? bei geheiligtem behutsam? Ist sein Ernst
Schonung? Wink zum Besseren? verhaltener Spott? Half er selbst
täuschen, in gutmütiger Absicht, oder zu Gewinn und Herrschaft? War,
was er meldet, Glaube der alten Zeit ohne Zusatz? war es ursprünglicher
Gebrauch, oder in's Altertum hinaufgefabelte Neuerung? So muß sich
der Redliche hindurchzweifeln, durch verjährten Wahnglauben und er=
neuten Priesterbetrug, zur Wahrheit. Ein mühseliger Gang auf stolperiger
Bahn, wo auch die gespannteste Wachsamkeit gegen täuschenden Schein,
gegen fremdes und eigenes Vorurteil, gegen Selbstliebe, gegen Gunst oder
Abgunst, gegen Vertraun oder Mißtraun, kaum vor Fehltritten und
Verirrungen bewahrt!

„Wer lieber die schlängelnden Lustgänge der Symbolik, vom Ge=
wordenen zum geahnten Quelle des Werdenden hinauf, in gemütlichen
Anschauungen durchschlendern mag; wer ausgeht von späteren Angaben,
von befangenen Zeugnissen, von allerlei Bildwerken der Priestersatzung
und der üppigen Kunst, von pfäffischen Umdeutungen und grammatischen
Faseleien, um hin und her, vom Einheimischen zum Fremden, vom
Neuesten zum Ältesten, und wieder zurück, spazierend, durch erwitzelte
Möglichkeiten und Ähnlichkeiten und etymologische Seltsamkeiten, bis zum
höchsten Ursprung des geschichtlichen, ja zum vorgeschichtlichen Spring

des Ursprunges, sich hinaufzutasten: der kann des gelehrten Scheins und
Dunstes genug zur Ausbeute finden, nie Wahrheit. Vollends ein Un-
wahrhaftiger, der, im Dienste der Pfäfferei, sein Ziel, wo er anlangen
will, sich selbst gesteckt hat, und keine der Schleichkrümmungen verschmäht."

* * *

Ausführlicher hat uns der Dichter Voß hier zu beschäftigen. In
der Vorgöttinger Zeit hat kein deutscher Dichter so stark auf den jungen
Voß eingewirkt als Ramler, kein ausländischer so stark als Horaz, seine
Gedichte haben etwas Steifes, Ungelenkiges und nur eines aus Neu-
brandenburg und vier aus Ankershagen haben wir als Probe seines da-
maligen Stiles aufgenommen; der Nachlaß bietet zur Ergänzung Material
genug. Schon früh tritt Klopstock, den der Neubrandenburger Magister
Dankert nicht leiden mochte, in seinen Gesichtskreis und im November 1769
nennt er in einem Atem: Milton, Klopstock, Homer, Ramler, Maro und
Voltaire! (Herbst II. 2, 226.) In Göttingen kämpfte Klopstock nur kurze
Zeit mit Geßner und Kleist, bis er für diese Jahre sein einziges Vorbild wird.
Er wütet in barbischem Geschrei, er pfeift einige Minnelieder mit: Beides
steht ihm nicht wohl an; aber die Liebe zu Ernestine entlockte ihm einige
wahre Herzenstöne und in der idyllischen Wandsbecker Zeit, dem Einfluß
der Genossen entrückt, sich selbst überlassen, im Studium und in der
allmählichen Verdolmetschung der Odyssee, findet er seinen eigentlichen
dichterischen Beruf in der Pflege und Vervollkommnung der Idylle; die
Elegie gelingt ihm dann, wenn sie der Idylle sich möglichst annähert,
und das Lied macht er gern der epischen Dichtungsgattung dienstbar.
So ist das Decennium von 1775—1785 durch die Idyllendichtung
charakterisiert.

Voß ist zu der Idyllendichtung weniger von der süßlichen Schäferwelt
Geßners angeregt worden wie Maler Müller, obwohl der schweizerische
Idyllensänger zu den Lieblingsdichtern der Göttinger Freunde gehörte,
als durch seines Freundes Brückners „Idyllen aus einer Unschuldswelt", und da dieser gesteht, durch Klopstock, besonders durch die Gespräche der Engel über die Erziehung der Apostel im dritten Gesange
des Messias, beeinflußt zu sein, mittelbar auch durch diesen. So fliegt
im „Morgen" (Idyllen Nr. 1) Selmas Seraph „auf goldnen ätherischen Schwingen hin zum fernen Selino"; so singen in „Selmas
Geburtstag" (Nr. 3) die Boten Gottes, Selmas Beschützerin und die
Freundin der Mutter zur goldenen Harfe in Klopstockschen Rhythmen.
Der Name des ersteren Engels, Sulamith, ist biblisch, der des zweiten,
Thirza, entstammt dem Messias; an den dort im dritten Gesange vor-
kommenden Seraph Selia erinnern die Namen Selma und Selino; der
erstere ist dem kleinen Dialoge Klopstocks: „Selmar und Selma" entnommen. Aber auch zu Klopstocks Quelle, zu Ossian ist Voß schon damals
vorgedrungen. Ihm jedoch sind diese Namen bloße Hüllen für seinen

eigenen und den seiner Geliebten; das ihr in den Mund gelegte Lied reiht sich seinen Oden an Selma als Gegenstück an. Die Schilderung des Gartens, der Laube, der Apfelbäume im „Morgen" ist eine Reminiscenz

an die ersten Flensburger Tage; am „Rahmen" war für ihn selbst ein Ge= schenk vorbereitet worden. Es ist dieselbe traute Stätte, die er im „70. Ge= burtstag" und in der „Luise" immer wieder verherrlichte, und es ist dasselbe Gefühl für stille häusliche Freude, das hier zum erstenmale bei

ihm sich geltend macht, wenn er uns in die stillen Häuser mit der
dämmernden Lampe führt, wo die kleinen Geschwister leise auf den Zehen
um die schwebende Wiege der neuangekommenen Schwester hüpfen, von
der wiegenden Amme zur Ruhe ermahnt. Bei dieser Stelle mag in
Ernestinen später wohl der Wunsch aufgestiegen sein, auch Luisens Kindheit
in einer Idylle vorgeführt zu sehen.

Sind so schon diese beiden Idyllen trotz ihres ätherischen Hauches
voll von persönlichen Zügen und entbehren sie des thatsächlichen Hinter=
grundes nicht, so sind die beiden Idyllen, welche die Darstellung der
Leibeigenschaft zum Vorwurfe haben, nun ganz auf dem Boden des That=
sächlichen erwachsen. Erzählungen seines Vaters oder anderer Abkömmlinge
von Freigelassenen mögen zu Grunde liegen; der frische Ton der zweiten
Idylle mit dem Liede in der Mitte hebt sich von der Erbitterung, die
die erste hervorruft, um so lieblicher ab. Voß wollte auch nur teilweise
polemisch wirken; das Satirische war ihm noch nicht wichtiger, als das
rein Idyllische. Aber indem er die Gedichte immer mehr erweiterte und
in der Ausgabe von 1801 die Idylle „Die Erleichterten" dazwischen schob,
deren Thatsachen er durch reiche Anmerkungen belegte, da wurde das
Idyllische von dem Polemisch=Satirischen erstickt; die Trilogie mußte wie
eine Streitschrift aufgefaßt werden, wie ein aufreizendes Pamphlet gegen
den nordischen Adel. In der einfacheren Fassung der siebziger Jahre
wollten die bäuerischen Gestalten als solche beachtet sein, Hans und
Michel, Henning und Sabine und die nach der Bürger'schen Ballade
benannte Lenore; die derbe an den wirklichen Volkston sich anlehnende
provinziell gefärbte Sprache, die Sprich= und Kernwörter; im Munde des
jungen Barons das trauliche Papa, das Voß später die griechische
Königstochter aussprechen lehrte: alles das zeigt, daß Voß die Idylle
zur Abspiegelung des ihm bekannten Lebens, der Sitten seiner Heimat
machen wollte. Damit ist die Frauen= und Unschuldswelt Geßners und
Brückners völlig abgethan und seiner späteren Dichtung der Weg vor=
gezeichnet. Wenn er in Wandsbeck für die ferne Ernestine sich mit der
Übersetzung Platos abmüht und dabei die Leute beneidet, „die ihren Kattun
im Bache ausspülen, oder auf der grünen Wiese bleichen und dabei
singen und sich Märchen erzählen"*), so gestaltet sich ihm eine solche
Scene zur Idylle „Die Bleicherin" (Nr. 4), in der Lied und Märchen
fixiert sind; wenn er mit Miller und Hamburger Freunden eine an=
regende Elbfahrt unternimmt, so wird auch dieser Stoff poetisch ver=
wertet (Nr. 5) und für die Leser des Musenalmanachs wird nur das E.,
das der Dichter in den Sand zeichnet, mit einem M. vertauscht: Ernestine
mit Meta; der Name der eigenen Geliebten nun nicht mehr mit dem
eines Klopstock'schen Seraphs, sondern mit dem von Klopstocks verstorbener
Gattin. Das Leben hat die Phantasiewelt ganz und für immer verdrängt.

*) Vgl. den Brief an Ernestine vor der Übersetzung im Deutschen Museum Okt. 1776;
Voß Briefe II, 100.

d*

Unter den Geßnerschen Idyllen ist eine, welche abweichend von allen
übrigen auf vaterländischem Boden spielt und in dem alten Invaliden
eine charakteristische Figur zeichnet: „Das hölzerne Bein, eine Schweizer=
Idylle" (1771); Goethe hat sie in den Frankfurter Gelehrten Anzeigen
allen Arbeiten Geßners vorgezogen.*) Von dieser ist Hölty zu seiner
Idylle „Das Feuer im Walde" (vgl. Bd. II) angeregt worden; ohne
Zweifel hat auch Voß seinen „Bettler", den lahmen Tieß (Nr. 6) nach
diesem Muster geschildert. Aber nur zur äußeren Einkleidung ist dieses
Motiv verwendet. Die Tendenz des Gedichtes ist in den Dienst der Auf=
klärung gestellt. Damals war Nicolais „Sebaldus Nothanker" eben fertig
geworden, der gegen die Orthodoxie und deren Unduldsamkeit gerichtet
war. Wie eine Episode aus diesem Roman liest sich Voßens Idylle:
der Pfarrer ist abgesetzt worden und muß nun Hunger leiden, „weil er
nur, was Gott gesagt, nicht Menschensatzung, lehrt". Jürgen, der Hirte,
ist nur das Sprachrohr des Dichters, wenn er poltert: „Kopfhänger ihr,
ihr Wölf' in Schafsgestalt!" und wenn ihn das gute Werk des Bettlers
so rührt, daß er sich Sonntags zum Abendmahl zu gehen vornimmt,
so will uns das moralisierende Zöpfchen nicht behagen. So werden denn
die Idyllen der nächsten Jahre immer mehr zu Satiren, die gegen Aber=
glauben und Dummheit, gegen das Junkertum, gegen das Treiben der
Großstadt sich wenden.

Die beiden Vierländer Idyllen „De Winterawend" und „De Geld=
hapers" sind zwei prächtige Genrebilder aus dem Bauernleben, wie es
Voß in Wandsbeck umgab, und er hat von den Provinzialismen, die er
früher gelegentlich einstreute, hier den Schritt bis zur vollen Anwendung
des Dialekts gewagt. Zwar hat er sich in den Anmerkungen zur Ausgabe
der Idyllen 1801 dagegen gewehrt, ein verwahrlostes Plattdeutsch
aus dem niedrigen Leben aufgerafft, oder die besondere Mundart von
Holstein oder Mecklenburg oder Westphalen mit allen Sprachfehlern fest=
gehalten zu haben; sein Wunsch sei vielmehr gewesen, „mit Vermeidung
zu alter Worte und Fügungen einen schüchternen Nachhall der sassischen
Buchsprache zu wagen, die von allen Niederdeutschen zum öffentlichen
Vortrag gebraucht wurde, und neben der hochdeutschen als sanftere Schwester
fortzublühen verdient hätte," so daß wir eigentlich eine Mischsprache von
niederdeutschen Mundarten vor uns haben, die allen einzelnen Stämmen
verständlich sein sollte.

Wenn bisher das Studium der Idyllen Theokrits noch nicht sehr
stark auf Voßens eigene Versuche herübergewirkt hatte, so läßt sich von jetzt
ab der Einfluß des sizilischen Hirtendichters immer deutlicher nachweisen.
Auf die „Syrakusanerinnen am Adonisfest" beruft er sich wegen der An=
wendung des Dialekts; sie haben ihm aber auch stofflich bei den „Geld=
hapers" vorgeschwebt. Die Gesprächsform, ein Lied in der Mitte, hier

*) Deutsche Litteraturdenkmale X, 449.

wie dort. Wie Praxinoa über ihren Mann schimpft, den Geldabgrund Diokleidas, der ihr Salz statt Schminke nach Hause bringt und schäbige Felle und der Knabe dabei die Ohren spitzt, so vertröstet Franzens Weib die hungrigen Kinder immer darauf, daß der Vater abends mit vollen Taschen nach Hause kommen werde; aber er hat das Geld immer in der Lotterie verspielt. Die beiden Freundinnen drängen sich durchs Gewühl des Volkes beim Feste, wie die beiden Bauern durch das Gewühl von Kutschen und Leuten am Marktplatz. Jene bewundern des Königs Prunkpferde und die prächtigen Teppiche und den Adonis auf dem silbernen Ruhbett, wie diese die dänischen Husaren mit den blanken Säbeln und den Knaben, der die Nummern zieht, im türkischen Turban und Atlas= mantel. Die Voßische Idylle hat vor der Theokritischen die schließliche Enttäuschung der hoffnungsvollen Spieler voraus, während die griechischen Frauen ihre Schaulust so ziemlich befriedigt haben. Dramatische Be= wegtheit und lebendige Charakteristik zeichnet diese Idylle vor all seinen andern aus und ich glaube, daß nur der fremdartige Dialekt es ist, der dem Stillleben des siebzigsten Geburtstages in Oberdeutschland eine wesentlich größere Beliebtheit verschafft hat.

Das dem „Kyklopen" des Theokrit nachgebildete „Ständchen" (Nr. 9) mit seinem gezwungenen Humor und seinen lahmenden Hinterversen, und die der „Zauberin" des Theokrit als Gegenstück bestimmte Idylle, der „Riesen= hügel" (Nr. 10), mit dem tonmalenden Refrain: „Trommle, trommle den Riesen zum Leichnam! Abrakadabra" fallen dagegen stark ab. Für die scherz= hafte Spukgeschichte „Der Hagestolz" (Nr. 11) möchte man neben den Er= innerungen an Ankershagen gerne ein Flensburger Erlebnis als Grundlage annehmen; „Der Abendschmaus" führt uns ganz in Voßens häusliches Leben und in seinen Hamburger Umgangskreis ein, den uns Ernestine geschildert hat. Es ist gewiß kein Zufall, daß Voß hier (nach antikem Muster) eine Mahlzeit so eingehend beschreibt und Essen wie Trinken in der „Luise" eine so große Rolle spielt. Gemächliches, wenn auch bescheidenes Genießen gehörte früher wie später zu der Charakteristik des Voßischen Hauses. Liest man Briefe aus diesem Kreise, so wird man Mittagstisch und Kaffeetrinken immer säuberlich erwähnt finden. Wie appetitlich, wenn Voß im Jahre 1798 von einer Reise an seine Frau schreibt: „eine Suppe von eingeschnittenem Rindfleisch, ein dicker und zäher Pfannkuchen mit duftendem Salat, den ich auf der Gabel erst abtriefeln ließ, ´schmeckte uns trefflich". Und Ernestine muß es verstanden haben, die Pflichten der „still ausharrenden" Hausfrau in lieblicher Weise zu üben, wie sie in einer poetischen Ein= ladung an Goethe (Jena 1804) von sich selbst sagt:

„Was doch bewegt im Herzen der treffliche Weimariade
. . . daß er dem Schmaus' an der winzigen Tafel sich weigert?
Fürchtet er Laster des Herdes und unfügsame Gesellschaft
Hier zu bestehn? Traun schwerlich beschuldigte dessen ein Feind uns!

Keine Schaffnerin, klug in künstlicher Speisebereitung
Schaltet allhier; ich selber, begafft von der alternden Köchin,
Fertige schnell ein Gericht und die festliche Schale des Punsches,
Rot von der Glut, und bediene den Gast an der winzigen Tafel,
Froh des genügsamen Sinns und des anmutreichen Gespräches."*)

Aber freilich bloße Aufzählungen wie in unserem Gedichte mußten
ermüden: Tolläpfel, Oliven, Weißlicher Kopfsalat, Endivien, Bete, Sar=
bellen ... und so weiter. Später führte er dies noch mehr aus: „Toll=
äpfel in Essig, Rötlicher Kopfsalat, mit Endivien, Bet' und Oliven, Nor=
dische Würzanschov' im Verein mit welscher Sardelle" und auch an ganz
unpassender Stelle wie in der Idylle „Die Bleicherin" fügt er einen
culinarischen Excurs ein: „Ich pflückte mir Säuerling hier und Rapunzel,
jung und zart, in den Korb; denn ich sage dir, Kaiser und König lobt
den Rapunzelsalat, wenn Öl und Essig nur gut ist." Ist da nicht
Brentanos Spott am Platze: wir verdanken es den Bitten der Philister
an den Dichter, daß er in der Verbesserung der Luise statt Nußöl Provinzöl
an den Salat thue und im Walde, wo der Kaffee gekocht wird, eine
Quelle zugedichtet habe, statt wie sonst das Wasser mitzuschleppen!

Gegen den Teufelsbanner Geßner und seine Anhänger ist die orien=
talische Idylle „Der bezauberte Teufel" gerichtet, in den späteren Fas=
sungen ein unerfreuliches Vorspiel der Polemik gegen Stolberg und den
Katholizismus. Wir erinnern uns eines Ausspruches, den Voß in der
Schule gelegentlich gethan hatte (Herbst II. 72): „Der Teufel, voll lustiger
Einfälle, boshaft wie jeder Witzkopf, treu in Haltung des Versprechens,
aber auch dringend auf Erfüllung, übrigens ehrlich, ist in der niederen
Poesie brauchbar. Er ist aber immer abscheulich." Dagegen liegt über
den beiden Stücken „Die Kirschenpflückerin" und „Der siebzigste Geburts=
tag" der Duft reinsten Friedens und entzückendsten Stilllebens. In dem
letzteren Gedichte setzte Voß seinen Eltern ein schönes Denkmal; er selbst
ist der erwartete Sohn, der seine Ernestine den Eltern zuführt, und diese
erzählt uns, wie sie das Geräte, das hier beschrieben wird, dort noch
wohlerhalten gesehen habe. Wieder aber weilen wir in der behaglichen
Häuslichkeit des Voßischen Familienlebens; um nur einen Zug hervor=
zuheben: wenn der Alte einige Fliegen sich zur Wintergesellschaft bewahrt
hat, so erinnern wir uns Ernestinens rührender Erzählung von der
Fliege, die beim Auspacken der Wäsche in Jena zu Tage kommt und die
wie ein Glied der Familie behandelt wird, da sie doch in Eutin mit
ihnen gelebt hatte. Wie nahe rücken da Voß und Rückert, unsere beiden
häuslichsten Dichter; hat doch letzterer der kleinen Fliege, die er sich zur
Wintergesellschaft ausersehen hatte und die unvorsichtig dem Tintenfaß
zu nahe kam und ertrank, klagend ein kleines Denkmal gesetzt:

Nicht mehr seh' ich gedankenvoll sie
Vor mir hin auf den Blättern schreiten,
Meinem leicht abirrenden Auge
Vorzuzeichnen die rechte Richtung.
Nicht mehr hör' ich sie sinnig leise
Mein nachsinnendes Haupt umsummen . . . .

Damit hat Voß seinen Höhepunkt in dieser Dichtungsart erreicht; die Dialogform ist verlassen, kein Lied mehr eingeschoben: in epischer, an Homer geschulter Erzählung ist das Ganze wiedergegeben. 1784 folgte nur noch „Die Heumahd", nach Art des Theokritischen Erntefestes und des Müllerschen Nußkernens ein ländliches Fest schildernd und im folgenden Jahre „Philemon und Baucis", das auch wir nicht ausgeschlossen haben, weil es mehr Nachdichtung als Übersetzung ist. Chronologisch zweifelhaft bleibt das „Fragment einer Fischeridylle" (Nr. 16). Auch hier konnte Theokrits „Die Fischer" mit dem schönen Eingang das Muster hergeben; wie dort ein Traum, so scheint hier eine Erscheinung der Mittelpunkt gewesen zu sein. Auch an Kleists schöne Fischeridylle „Irin" darf erinnert werden, wo der greise Vater seinem Sohne Lebensweisheit lehrt. Die ausgeführten fast überladenen Naturschilderungen, der etwas manierierte Ton weisen doch vielleicht auf eine spätere Periode als die Otterndorfer. Sollten etwa Franz Xaver Bronners 1787 erschienene Fischergedichte die Anregung gegeben haben?

* * *

Nach Ernestinens Mitteilung wurde der Plan zur Luise schon in Wandsbeck entworfen, die ersten Idyllen in Otterndorf ausgearbeitet; auch der siebzigste Geburtstag sei seiner ersten Anlage nach für die Luise bestimmt gewesen, wo dann Walter der Pfarrer von Seldorf gewesen wäre. Ich möchte diese Nachricht nicht bezweifeln. Der Geburtstagsbesuch regte zunächst zur Arbeit an der gegenwärtigen zweiten Idylle an, die etwa in den März 1782 zu setzen ist; sie erschien im Musenalmanach auf 1783 unter der Überschrift „Des Bräutigams Besuch" mit der Widmung an Jacobi, ohne daß irgendwie auf ein größeres Ganze hingedeutet wäre: ein kleines liebliches Stück deutschen Stillebens, gerade in der Kürze und Gedrängtheit entzückend. Im Musenalmanach für 1784 folgte unter der Überschrift „Luise" die Schilderung des Waldfestes, als die erste reife Frucht des Eutiner Lebens, an die neue Umgebung im äußern sich anlehnend. Und im Jahre darauf November 1784 erschien die letzte Idylle unter derselben Überschrift mit der Widmung an Schulz im Deutschen Merkur. Alles was zum Lobe des siebzigsten Geburtstags gesagt werden kann, gilt von diesen drei Idyllen. Er versenkt sich in das Glück des häuslichen Lebens, aber er leistet Widerstand, wo das Detail zur Ausführung lockte wie in der Schilderung der Aussteuer II, 37; er ahmt leise den

homeriſchen Ton nach, den Ton der Odyſſee; aber ſeine Geſtalten wachſen
ihm noch nicht als Helden und Heldinnen über den Kopf; er mochte etwa
von den häuslichen Beſchäftigungen der Mutter und Tochter denken wie
Miller über das Spinnen (Briefwechſel dreier akademiſcher Freunde S. 178),
das ihm eine herrliche Sache zu ſein dünkte, weil es etwas ſo Patriar=
chaliſches an ſich habe und in die Zeiten Homers und der erſten Welt
zurückführe, da ſich noch Prinzeſſinnen und vornehmer Leute Töchter des
Hirtenſtabes, Waſſerkruges, Spinnrockens und der Stricknadel nicht
ſchämten. Beſcheiden und anſpruchslos, faſt ſchüchtern traten die Jdyllen
hervor, kein Wunder, daß ſie ſich die Herzen der Betrachtenden raſch er=
oberten Mit reinem Enthuſiasmus nahm Goethe den Pfarrer von
Grünau auf und las ihn oft in ſeinem Kreiſe vor. Aber wie die Al=
manache verflatterten, ſo auch die Jdyllen und eine große Wirkung konnte
erſt von einer Sammlung derſelben ausgehen. 1792 wollte Gleim die
drei Jdyllen als Manuſkript für wenige zuſammendrucken laſſen, drängte
aber dann doch lieber zur Vollendung: man verſpreche ſich, mache ſich
Hoffnung auf 24 Geſänge, je mehr, deſto lieber, und von einer Reiſe
nach Halberſtadt im Jahre 1794 brachte Voß den Entſchluß zur Buch=
ausgabe mit ſich. Die Widmung an Gleim dankt dem Gaſtfreunde für
die Anregung.

Dieſe erſte Ausgabe „Luiſe, ein ländliches Gedicht in drei Jdyllen
von Johann Heinrich Voß. Königsberg 1795, bei Friedrich Nicolovius"
mit Antiqua gedruckt und mit ſchönen Stichen Chodowieckis geziert, weiſt
ohne Zweifel einen Fortſchritt auf, indem der Zuſammenhang der drei
Jdyllen beſſer herausgearbeitet iſt und manche Nachläſſigkeiten in der
Diktion und in der Metrik beſeitigt ſind. Aber ſchon iſt der natürliche
Ton einem geſpreizteren gewichen, wenn es ſtatt „Jetzo traten die beid'
in die mondverleuchtete Kammer" heißt: „Als ſie nunmehr eingiengen
zur traulichen Kammer im Mondſchein" (III, 89), oder ſtatt „Freudig
ſprang aus dem Bette die Jungfrau", jetzt: „und im Taumel ent=
ſprang dem Lager die Jungfrau"; wenn aus der „ländlichen Mahl=
zeit" ein „Mahl der Ländlichkeit" (I, 63), aus dem „Kaffee" „der Trank
der Levant'" (III, 197) gemacht wird Daß der Kuhhirt des Almanachs
in einen echten homeriſchen Sauhirten ſich verwandelt, mag uns gleich=
gültig ſein; aber was ſoll die homeriſche Feierlichkeit beim Öffnen der
Flaſchen (I, 507) und die Hervorhebung des Propfenziehers, wo es früher
ganz einfach hieß: „Jetzo füllte Papa die Gläſer mit goldenem Stein=
wein!" So wird jetzt vieles detailliert, was früher ſchlicht erwähnt
worden war; Nebenperſonen treten hervor, Erzählungen werden verbreitert,
wie denn der Bräutigam (II, 161) ſtatt nach Luiſe zu fragen, erſt ſeine
Unterhaltungen mit Schäfern, Fiſchern, Jägern und Pflügern vorbringen
muß, von welchen uns nicht einmal die Namen erſpart werden.

Vor allem aber: nicht bloß eine poetiſche Wirkung ſollte das Gedicht
hervorbringen; auch aufklärend ſollte es wirken und das Leben des Land=

pfarrers, seine Gesinnungen verherrlichen. Nicht Luise, sondern der Pfarrer
von Grünau ist Voßen die Hauptperson; sein Glaubensbekenntnis wollte
ihm der Dichter in den Mund legen; das Gedicht sollte seine Bibel, sollte
sein Nathan werden und so spricht und predigt der Alte jetzt weit mehr
als im ersten Entwurfe und die Didaktik beginnt sich hinanzuranken an
das dünne Bäumchen der Idylle, um es später förmlich zu erdrücken.
So ist das Gedicht bis zu 1860 Versen aufgeschwellt worden (von ursprünglich 1312), worunter besonders die zweite Idylle gelitten hat.

Die Neue Bibliothek der schönen Wissenschaften (Bd. 56, 261) nahm
bei dem Erscheinen der Luise Gelegenheit, ausführlich über die Geschichte
der Idylle in alter und neuer Zeit zu handeln, und verleugnete dabei
die Sympathieen für Geßner nicht. Mehrere Figuren aus Voßens
Idyllenwelt scheinen dem Rezensenten zu gemein, manche Farbe nicht
hinlänglich verrieben und einzelne Züge zu grell; er ist der Überzeugung,
daß viele Stellen in seinen Gemälden, wenn sie mehr im Schatten gehalten wären, an Reiz und Anmut gewinnen und überhaupt die Manier, in
der er arbeitet, den Tadel der Kunstrichter weniger erfahren haben würde,
wenn er die Natur nicht sowohl treu und genau abgeschildert, als vielmehr sorgsam und bedächtig aus ihrem Reichtum gewählt hätte; ja er
findet, daß der Dichter in den meisten seiner Gedichte einzelne Ausdrücke,
Bilder und Gleichnisse, weil sie teils unanständig, teils ekelhaft sind, zur
Ehre des guten Geschmacks mit andern hätte vertauschen sollen. Die
„Luise" aber befriedigt die Forderung, die der Rezensent an diese Gattung stellt. „Schon der Kreis, aus dem die handelnden Personen gewählt
sind, ist so beschaffen, daß er der Phantasie des Dichters einen günstigen
Spielraum eröffnet und den Leser in einen anziehenden Standpunkt versetzt. Wo lassen sich Tugend und Unschuld, Gutherzigkeit und Zufriedenheit mehr erwarten, als in der Familie eines würdigen und biedern
Landpfarrers, oder, wo wird der gebildete Mann lieber einkehren und
sich besser und glücklicher fühlen, wenn er auf dem Lande des Gewühls
und Getümmels der Stadt vergessen will? In der That müßten wir
uns sehr irren, oder gerade der größte Teil von dem Vergnügen, welches
uns die Lesung der Luise gewährt, entspringt eben daraus, daß wir
uns in einer Gesellschaft von Menschen befinden, die an Bildung und
Kenntnissen den Personen aus den höheren Ständen gleichen und sie an
Sitten, Einfalt und Herzlichkeit übertreffen. Es thut uns wohl, uns in
einen kleinen Zirkel versetzt zu sehn, welcher die Bequemlichkeiten des
Lebens kennt und genießt, ohne darum üppig und verzärtelt zu sein;
es ist uns angenehm, mit und unter Menschen zu wohnen, deren Ton
und Umgang sich bis zu dem des Städters erhoben, aber von aller Un-
natur und Künstelei frei zu erhalten gewußt hat; es ist erfreulich, an
allen einen gewissen Grad von Weltkenntnis und Erfahrung, aber beides
ohne nachteilige Folgen für Tugend, Herzensgüte und Frömmigkeit zu
bemerken. Ihre Lebensweise und die Art, wie sie sich lieben und einander

begegnen, ist die echte patriarchalische, aber sie verrät ein feineres, sitt=
licheres und gebildeteres Zeitalter. Sie stehn auf einer höheren Stufe
der Aufklärung, als die Leute der Urwelt, aber sie weichen ihnen nicht
an Unschuld, sie haben weniger Einfalt, aber sie haben ebensoviel Red=
lichkeit und Barmherzigkeit.“ Er lobt die einzelnen sein abgestuften
Charaktere, die Nachahmung Homers, das ungeschminkte und einfache der
Darstellung. „Ohne Aufwand von Worten, ohne sonderliche Bilder und
Malereien, größtenteils durch nichts, als die einzelnen treffenden Bei=
wörter verschönert und durch die reine Melodie des Herameters unter=
stützt, hebt sich die Rede des Dichters durch sich selbst und bringt, gleich
der homerischen, durch ihre Wahrheit und innere Kraft an das Herz.“

Noch unbedingter lobte die Jenaer Litteraturzeitung*), die insbesondere
an der Gestalt des Pfarrers reines Vergnügen fand. Ein Landpfarrer,
wie es freilich vielleicht wenige gäbe, von so viel vereinigter Trefflichkeit
an Herz, Geist, Wissen und Laune. Hier sei mehr als der Edle, den
uns Goldsmith im „Verlassenen Dorf“ mit sprechenden, aber zu wenigen
Zügen bekannt mache; mehr als dessen Landprediger von Wakefield; der
Pfarrer von Grünau brauche keinen Anstrich von Schwäche und Sonder=
lichkeit, keine Folie von Schwärmerei oder Pedanterei, um zu interessieren,
und doch sei er kein Landpfarrer aus der Ideenwelt; es könnte dergleichen
Menschen, wenn die Menschen ernstlich wollten, viele geben, und jedem
seiner Amtsbrüder, der allzuweit hinter ihm zurückbleibt, diene er zur
Beschämung, weil er so ganz Natur sei, frei von aller Überspannung.
Hier wirkte der erlesenste Zauber des Wissens, des Ausdrucks, des Wohl=
klangs, zu einer Kraft vereinigt, auf mehr denn Vergnügen und mehr
denn Belehrung: auf Bildung, Humanisierung, Besserung des Volks in
mehreren Ständen. Voß habe aus der Heirat einer Landpredigerstochter
eine Odyssee gemacht. Der Kundige entdecke überall den tiefen Kenner
Homers, er könne Stellen des alten Barden aus diesem deutschen Dichter
verstehen lernen.

Und die Besten seiner Zeit stimmten in dem Lobe des Gedichtes
überein; Schiller sprach die oft wiederholte Formel aus, daß Voß damit
die deutsche Litteratur nicht bloß bereichert, sondern auch wahrhaft er=
weitert habe, und Goethe schrieb ihm am 6. Juli 1795 die schönen Worte:
„Für das, was Sie an Luisen aufs neue gethan haben, danke ich Ihnen,
als wenn Sie für eine meiner Schwestern oder für eine alte Geliebte ge=
sorgt hätten. Ich habe besonders die dritte Idylle, seitdem sie im Merkur
stand, so oft vorgelesen und repetiert, daß ich sie mir ganz zu eigen ge=
macht habe, und so wie es jetzt zusammensteht, ist es eben so national,
als eigen reizend, und das deutsche Wesen nimmt sich darin zu seinem
größten Vorteil aus“;**) er kargte mit seinem Danke auch öffentlich nicht
für die Anregung, die er zu „Hermann und Dorothea“ daraus geschöpft

---

*) 6. Junius 1795 Nr. 158.
**) Goethe=Jahrbuch V, 11.

hatte.*) Und an diesem Bekenntnisse konnten auch die Schlegel**) nichts ändern, die die Luise überall herabsetzten. Aber freilich, Goethe hatte sich so weit über seinen Vorgänger hinausgeschwungen, daß dessen Blicke ihm nicht mehr folgen konnten und trotz aller Schönheiten meinte er: „Die Dorothea gefalle, wem sie wolle, Luise ist sie nicht." Es fehlte auch in den Briefwechseln der Zeit an ähnlichen Urteilen nicht, so schreibt Kretschmann an G. W. Becker (Goethe=Jahrbuch VII, 214): „Über Goethes Hermann und Dorothea bin ich mit Ihrem Urteile völlig übereinstimmend. Er hat Voßen nachgeahmt, aber nicht erreicht. Übrigens sind viel schöne Stellen darin"; ebenso Klopstock an Böttiger (Schnorrs Archiv III, 398 f.): „Hermann und Dorothea ist wohl auch nach Ihrer Meinung (die drei letzten Gesänge ausgenommen) unter Voßens Luise. Aber wie weit? Lassen Sie uns den zehnten Grad, als den untersten annehmen, und sagen Sie mir dann: wie weit?" — und gar der alte Gleim nannte die Luise ein herrliches Heldengedicht und wollte von Dorothea nichts wissen.***) Ein Schüler von Voß, der früh verstorbene Eschen, soll eine ver= gleichende Abhandlung über beide Gedichte geschrieben haben†) und rasch nach einander erlebte die Luise die zweite und dritte Auflage 1798 und 1800, welche im wesentlichen unverändert blieben und nur mit neuen Chodowieckischen Kupfern geschmückt wurden.

Ich glaube, daß es insbesondere Wilhelm von Humboldts Buch über Hermann und Dorothea 1799 war, was Voßen eine einschneidende Um= arbeitung seines Gedichtes nahelegte. Wenn auch dieses dort nirgends erwähnt war, so mußte er doch heraußfühlen, daß alle Eigenschaften, welche dort für das Epos als notwendig erklärt wurden, seinem Gedichte fehlten; ein Epos aber wollte der unermüdliche Homerübersetzer der Nachwelt hinterlassen, die alten epischen Träume der Bundesgenossen mochten wieder in ihm aufleben und so schickte er sich an, für die Gesamtausgabe der Gedichte (Königsberg 1802) eine solche Umarbeitung vorzunehmen. Es kann nicht die Aufgabe dieser Vorbemerkung sein, diese und die folgenden Bearbeitungen des Gedichtes ausführlich zu besprechen. Nur wenige An= deutungen über die Art der Veränderung mögen gestattet sein.

Der Dichter will allem eine höhere Weihe verleihen, dazu sind ihm Vergleiche mit Homer willkommen, z. B. mit den Phäaken und den mutigen Freiern, die veröbeten Gärten in Seldorf werden verglichen mit des edlen Alkinoos Garten. Wenn dies parodistisch geschieht wie II. 579 ff., wo Luise sagt: „Darf ich die Kerz' anzeigen? O süß, wie arabischer Weih= rauch duftet es; und dem Papa, wie dem Herrscher im Donnergewölk Zeus, Lacht die heitere Stirn' aus dem Wirbelchen! Mög' ich in Demuth würdige

---

*) Vgl. die Elegie „Hermann und Dorothea" (Deutsche Nat.=L. Bd. 82, S. 229) und den späten Aufsatz über „Individualpoesie" (Goethes Werke, Hempel XXIX, 399 f.).

**) Minor Fr. Schlegels prosaische Jugendschriften II. S. 215. A. W. Schlegels Vor= lesungen II, 219.

***) Vgl. sein Gedicht, Voß Briefe II. 310. 393.

†) Vgl. Schnorrs Archiv XI. 568.

Schenkin ihm sein und Hörerin!" mag das hingehen; aber daß vom alten Weber, dem Walther Trinkgeld reicht, gesagt wird: „Aber der Greis, wie ein Ehrengeschenk vom Freunde der Gastfreund gern annimmt, so nahm er, und sprach mit edelem Anstand" ist ebenso unpassend, wie das heroische I. 279 „sie entflohn unhemmbares Schwunges". Diesem Streben nach epischer Würde ist es wohl zuzuschreiben, wenn von der Mütze des Alten gesagt wird, I. 103, sie sei „urahnlicher Feierlichkeit voll", wenn es nicht mehr genügt, daß die Braut ehrbar zum Bräutigam gehe, sondern „nach der Tabulatur althöflicher Demuth" hinzugefügt wird II. 661; wenn, als Braut und Bräutigam nebeneinandersitzen an der Hochzeittafel, dies begründet wird: „welches Gesetz längst von Urahninen erbt' auf Ahninen".

In alle Beschreibungen kommt eine Umständlichkeit, die zum Schwulst wird; der Schrank wird als Gewandschrank definiert; der Schlafrock avanciert zum Festschlafrock; „des Nackens Weiß" wird zum Lohensteinischen „Liliennacken"; blauer Dammast — stahlblauer Dammast; schimmernder Atlas — hellschimmernder Atlas u. s. w. Der Eidam erscheint nicht mehr im Reisemantel, sondern „in gezottelter Hülle" II. 178; früher bedeckte der Hausknecht sein Haupt mit einer warmen Mütze von streifichter Wolle, jetzt (III. 2,25) setzt er die streifichte Mütze auf, „die mit gezottelter Woll' ihm einhüllt' Ohren und Scheitel gegen den Herbstnachthauch"; während es früher die Mutter mit einer leichten Decke und mit Kissen, „welche mit Eiderdunen sich bläheten" bewenden ließ, enthebt sie der Lade jetzt „Untergebett und Pfühle, gestopft mit lebenden Federn; auch feinbarchene Kissen mit Schwanflaum; dann auch die Decke, die von elastischen Dunen des polarnistenden Eiders lüftig empor aus der Enge sich blähete" und es mag sittengeschichtlich interessant sein, daß sie dem Bräutigam die Pfeife zum Bette legt und zur Belustigung ihm das Buch von „Garten- und Baumzucht" aufklappt, das der Vater dem Eidam schenkte zum Hausbuch.

Seit der letzten Arbeit an der Luise hatten die Ehegatten auch südlichere Gegenden kennen gelernt; dies merkt man bei der Beschreibung des Obstes:

„Selbst die erschmeichelte Traub' ist nordischen Gaumen genießbar,
Die mein schlauer Gemahl windfrei an der sonnigen Scheunwand
Pflegte; wenn heut auch grämlich der pfälzische Herr das Gesicht zog."

Und obgleich Voß den Namen der Hausfrau in Albertinchen veränderte, so duldete Ernestine es doch nicht mehr, daß diese die „alte verständige" genannt wurde, sie heißt die „verständige" schlechtweg oder die „gute verständige Hausfrau". (Oder sollte das „alte" wirklich nur des Hiatus wegen beseitigt worden sein, wie der Rezensent der Neuen Leipziger Litteraturzeitung 1808 meint?)

Während die Nebenpersonen früher mehr im Dunkel blieben, treten sie jetzt mehr hervor; der Verwalter, der Weber müssen reden. Und ge-

redet wird überhaupt weit mehr als früher; jeder Spaß wird breit getreten, die Tischgespräche werden ausgedehnt. Jetzt preist der Vater II. 495
den Einfluß des griechischen Geistes auf das moderne Barbarentum; jetzt
vor allem die Standrede gegen die Unehelichkeit der katholischen Geistlichkeit, gegen der Welt absagende Mönchlein und die einsamen Zellen-
bewohner. So ist der Bruch mit Stolberg auch an dem Pfarrer von
Grünau nicht spurlos vorübergegangen und die dritte Idylle war nun groß
genug, um in zwei Gesänge zerteilt werden zu können. Das Gedicht war
bereits bis zu 2825 Versen, also zu mehr als der doppelten Anzahl an-
gewachsen.

Es folgte 1807 in der Cottaischen Buchhandlung die sogenannte
„Vollendete Ausgabe". An der wärmeren Sonne hatte die deutsche
Frucht, wie Voß selbst in der Heidelberg, 12. Mai 1807 datirten Widmung an den Herzog von Oldenburg sagt, ihre Zeitigung und einige
Ähnlichkeit mit griechischer Reise gewonnen[*] und übereinstimmend damit
schreibt sein Sohn Heinrich an Schillers Wittwe[**]: „Gewiß haben diese
lieblichen Idyllen nun erst ihre völlige Reise erhalten Die letzte Be-
arbeitung war übereilt. Mein Vater wollte damals — gewisser Umstände wegen — in einer festgesetzten Zeit fertig sein, und so mußte
manche Situation im Schatten liegen bleiben, die jetzt erst ihr gehöriges
Licht empfangen hat. Die einzelnen Charaktere haben mehr Haltung bekommen; die Situationen sind mehr motiviert; mancher liebliche Zug, der
wohl, ohne dem Ganzen Eintrag zu thun, fehlen konnte, den man aber
jetzt, nun er da ist, nicht entbehren mag, ist hinzugekommen. Die alte
verständige Hausfrau war mitunter zu sparsam bedacht; jetzt handelt sie,
wie und wo es ihr zukommt. Auch die treue Susanne und Hedwig und
der ehrliche Hans erregen jetzt mehr Interesse. Und so soll es auch sein.
In einer Idylle, wie diese, gilt kein Groß und Klein, kein Hohes
und Niederes. Jedes muß in seiner höchsten Vollendung,
bis ins kleinste Detail ausgebildet dastehen. Wie sehr ist Homer
auch hier Meister: der Sauhirt Eumäos, König Odysseus, die treue
Penelope, die üppigen Freier, die Schweine, der Hund Argos und die
Götter — ist nicht alles vom Dichter mit gleicher Liebe behandelt und
dargestellt? — Wie viel hat in der ersten Idylle die Wasserfahrt gewonnen? Alle einzelnen Teile sind jetzt erst recht in ein zusammenhaltendes
Gemälde voll Einheit gebracht worden, sowie der Kahn fortschiffend, suc-
cessiv dem Auge des Betrachters sich darstellt. Wir glauben selber im
Kahn zu sein und an der Fahrt teil zu nehmen, und jeden einzelnen
Prospekt der reizenden Gegend, wie sich das Bild bei jedem Fortschritte
etwas verändert, vor uns zu sehen." Mit dieser Apologie aus dem eigenen
Hause, die uns wie ein Abendgespräch des Alten selbst anmutet, wollen
wir uns bescheiden. Wie Jahresringe legt es sich um die alte Luise an.

---

[*] Vgl. den Brief an Nicolai vom 3. Mai 1808, Briefe III, 2,14 g.
[**] Charlotte von Schiller und ihre Freunde III. 233 f.

1811 erschien in Königsberg die „zweite vollständig verbesserte Auflage". 1823 ebendaselbst „die Auswahl der letzten Hand". Man kann mit Julian Schmidt sagen, daß Voß, wenn er sein eigenes Schaffen gehörig betrachtet hätte, der eigenen Interpolationen sich bewußt gewesen wäre, gegen Wolffs Homertheorie sich nicht ganz so ablehnend hätte verhalten können, als er es gethan hat. Wir aber wollen es wie Goethe, der insbesondere später das Leichte und Natürliche im Versbau verwischt fand*), mit den älteren Fassungen des Gedichtes halten, die unser Text wieder zu Ehren bringt.

*   *   *

Wir kehren zum Jahre 1785 als einem Wendepunkte zurück. Die Gedichte waren bis dahin in dem von Voß herausgegebenen Wandsbecker, später Hamburger Musenalmanach zerstreut gedruckt gewesen; da erschienen plötzlich 1784 zu Frankfurt und Leipzig auf Kosten der Verlagskasse „Johann Heinrich Voß vermischte Gedichte und prosaische Aufsätze". 512 S. 8°. Der Nachdrucker, Krieger der jüngere in Gießen, hat die Gedichte aus den Musenalmanachen (77 Stück) gesammelt und in bunter Reihe mitgeteilt. Die Sammlung gewährt insofern einen guten Überblick über Voßens bisheriges Schaffen, als auch einige Übersetzungsbruchstücke und die beiden ersten Idyllen der „Luise" mit abgedruckt sind, welche Voß von seiner echten Sammlung noch ausschloß. Die „Allgemeine deutsche Bibliothek" (Bd. 64, S. 73) begrüßte „den männlichen Gang der Muse des Verfassers" aufs freudigste, stellte feurige Einbildungskraft, hinschmelzende Wärme des Herzens, Simplizität in Plan und Ausführung, neue und überraschende Wendungen, Hoheit und Wahrheit in Gedanken, oft neue und immer treffende Beiwörter, strahlenden Witz, tiefe Einsicht in die Natur, bezaubernde Malerei, leichte und reine Harmonie als die Vorzüge hin, welche die Gedichte von andern unterscheiden, und · hielt die ganze Sammlung den dichterischen Modegeistern als einen Beweis dafür entgegen, daß Studium der Alten und der Natur viel gewisser einen guten Dichter mache als bloße Roman und Theaterlektüre. Inzwischen hatte Voß eine vom August 1784 datierte Ankündigung seiner Ausgabe erlassen, die im Musenalmanach auf 1785 abgedruckt ist. „Hätte der gute Mann mich vorher gefragt" — heißt es darin — „so würde ich ihn gebeten haben, es nicht zu thun, weil ich schon selbst an einer Auswahl meiner Gedichte arbeitete, welche seinen vor der Faust zusammengerafften Nachdruck eben so überflüssig machen würde, als er mir unangenehm wäre. Jezo muß ich es öffentlich sagen, daß ich die Gedichte jener, noch dazu unvollständigen und durch eine Menge sinnloser Druckfehler und Auslassungen ganzer und halber Verse geschändeten Sammlung nicht mehr für die meinigen erkenne. Meine ersten jugendlichen Versuche wird, hoffe ich, jeder, der sich eigener Jugendsünden bewußt ist, gerne vergeben und

---

*) Gespräche mit Eckermann II. 260

vergessen; und die folgenden, die bei der öffentlichen Ausstellung einige Aufmerksamkeit zu erregen anfingen, habe ich, mit Verwerfung der weniger bemerkten, fast alle, und zum Teil so sehr verändert, daß sie beinahe für neue gelten können." In der That sind die älteren Stücke, welche die „Gedichte von Johann Heinrich Voß, Erster Band. Hamburg, bei Benjamin Gottlob Hoffmann 1785" (362 S. 8') vereinigte, stark umgearbeitet, aber nicht immer sind die Überarbeitungen zugleich Verbesserungen; schon neigt Voß zur Breite, schon geht ihm die Reinheit des Verses über den Inhalt des Gedichtes. Doch erfreuen den Nachprüfenden metrische Feinheiten und sorgfältig ausgewählte Worte. Beim siebzigsten Geburtstag (S. 136 ff.) gestattet auch unsere Ausgabe die Vergleichung. Sie enthält 17 Idyllen, worunter zwei aus dem Theokrit übersetzte waren, 5 Elegieen, 27 Oden und Lieder, 22 Sinngedichte.

Mit einem vollen Lobe setzt die Rezension in der Jenaer Allgemeinen Litteraturzeitung (Beilage zu Nr. 162, 12. Juli 1785) ein. Ein Wohlthäter von Tausenden wird der Dichter genannt; der eigentümliche Vorzug seiner Lieder bestehe darin, daß sie den Edelsten und Aufgeklärtesten der Nation gefallen müssen, und dennoch in einer Sprache gedichtet seien, die selbst jedem der niedern Klasse des Volks verständlich sei, oder leicht verständlich gemacht werden könne. Solche Lieder hätten das doppelte Verdienst, den feinen Kenner zu vergnügen, und zugleich die Empfindung des gemeinen Mannes um einige Grade zu erheben, die Rohigkeit seiner Denkart, Sitten und Sprache zu mildern, und so auf die Verbesserung des Nationalgeistes im ganzen zu wirken. Insbesondere wird es Voßen zum Vorteile ausgelegt, daß er in seinen Liedern alle gelehrten Anspielungen, jeden zu rätselhaften Witz, alle zu kühnen Sprünge vermeide, dem Ton der Hauptempfindung getreu bleibe und was das Wichtigste sei, nie durch zu viele Strophen den Faden der Gedanken bis zur Ermüdung ausspinne, immer dem Hörer noch Stoff zu eignen Gedanken und Empfindungen übrig lasse. Auch die metrischen Vorzüge werden hervorgehoben; wohlklingendere und richtiger abgemessene Herameter habe gewiß kein Dichter der Deutschen gemacht.

An diese Rezension knüpft Wieland im Anzeiger des Teutschen Merkur, August 1785 (S. CXXX ff.) an, indem er zusammenfassend sagt: „Wenige von unsern berühmtesten Dichtern können so ruhig als Voß an die Zeit appellieren, und eines Platzes, von welchem sie niemand verdrängen wird, unter den größten Dichtern aller Zeiten so gewiß sein." Der größere Teil von Wielands Besprechung betrifft aber die Idyllen; dieses Feld habe sich Voß aus allen Neuern ganz allein erobert, darin lasse er selbst die beiden Engländer, die sich auf demselben Gebiete versucht haben, einen Philipps und Gay weit hinter sich zurück.

„Seine Idyllen sind nicht Kopieen, nicht idealisierte Nachahmungen des griechischen Hirtendichters: es sind wahre Theokritische Gedichte, nicht bloß in seiner Manier, sondern mit seinem Geiste gedichtet, der durch

Ibealempsychose in unsern Landsmann übergegangen zu sein scheint. Gerade so, denke ich . . . . würde Theokrit oder Homer selbst diese Natur-
und Dorfscenen aus unsrer heutigen Welt behandelt und geschildert haben,
wenn er in unsrer Zeit gelebt, und (wie unser teutscher Theokrit) in der
Lage gewesen wäre, die Natur von dieser Seite belauschen und studieren
zu können. Man müßte wenig Sinn für den Reiz der unverkünstelten
Natur haben, die (wenigstens in denjenigen Provinzen, wo das Landvolk
seines Daseyns noch froh wird, und wo die unmittelbaren Originale dieser
Idyllen zu Hause sind) so reich an anmutigen und rührenden Gegen-
ständen und Scenen ist, wenn man diese Gemählde derselben nicht
interessant finden wollte. Sie sind es schon durch die Neuheit der
Sachen: aber wie sehr werden sie es noch durch die Art, wie der Dichter
sie behandelt hat? — Durch die Wahrheit, die aus allen diesen Ge-
mählden athmet — den Reichthum neuer, von der Natur selbst unmittelbar aufgenommener Bilder — die lebhafteste, wärmste, anmutigste
Poesie des Styls und die schönste Versifikation — durch die mit
der feinsten Beurtheilung vorgenommene Auswahl der kleinen Umstände,
die jeden Gegenstand uns vor die Augen bringen, und oft mit Einem
Zuge oder Druck des Pinsels das ganze Bild vollenden und beleben —
endlich durch die Kunst, die Personen und kleinen Geschichtchen aus dem,
was man das niedrige Leben nennt, der Aehnlichkeit unbeschadet, unvermerkt zu verschönern und zu veredeln: aber, ohne ihnen etwas Charakte-
ristisches zu nehmen, oder fremde Zierrathen, die sie nur verstellen würden, anzuflicken; gerade nur soviel zu veredeln als vonnöthen ist, um das
eigenthümliche schöne und edle des Natur- und Landlebens einem
nicht ganz abgestumpften Stadtbewohner fühlbarer zu machen, u. s. w.
Für mich, ich gestehe es, ist im ganzen Gebiete der Poesie nichts anziehendes, als solche Gemählde aus dem ländlichen und häuslichen Leben
einer Classe von Menschen, die, weil sie am wenigsten von den ursprünglichen Zügen der Natur verlohren hat, immer die siebenswürdigste gewesen ist: — worin ich sie mit ihrer eigenen Vorstellungsart und glücklichen Beschränktheit, mit ihrem Glauben und Aberglauben, mit ihrer
Offenheit, Herzlichkeit und Unschuld, sowie mit ihren kleinen Schalkheiten,
Ungezogenheiten u. s. w., kurz in ihrer ganzen Rusticität, wie sie leiben
und leben, so dargestellt finde, daß kein einziger falscher Zug mich in
dem angenehmen Traume stört, mitten unter ihnen, und gleichsam wie
ihrer eines geworden zu seyn." —

Zehn Jahre dauerte es, bis Voß diesem ersten Bande einen zweiten
nachfolgen lassen konnte; aber sie waren weit weniger ergiebig, als die
voraufgegangenen zehn Jahre; die Idyllendichtung versiegt, in der Ode
und in der Elegie schlägt er neue Weisen nicht an; nur die Liederdichtung
gedeiht; schon aber nimmt er nicht bloß die eigene Stimmung zum Anlaß
für seinen Gesang, sondern gerne eine äußere Situation; für bestimmte
häusliche oder ländliche Feste und Verrichtungen ersinnt er passende Lieder

und der Zwang, den der Musenalmanach auf den Herausgeber ausübt, macht sich fühlbar. Die Rezensionen der einzelnen Jahrgänge beginnen über Mittelmäßigkeit und Unbedeutendheit zu klagen und der zweite Band der Gedichte (Königsberg 1795) begegnete einer weit weniger freundlichen Aufnahme als der erste. Ja Schiller ging so weit zu sagen, daß kein einziges gutes Gedicht in dieser neuen Sammlung vorhanden sei.

In den sieben Jahren von 1795—1802, mit welchen Voßens Dichterthätigkeit eigentlich abschließt, steht der Wert seiner Produkte im umgekehrten Verhältnis zu deren Menge. Er hatte es in allen technischen Fertigkeiten, in allen Kunstmitteln bis zur Virtuosität gebracht; er schreckte vor keinem künstlichen Versmaß, vor keinem originellen und prägnanten Worte, vor keiner seltenen Konstruktion, vor keiner ungewöhnlichen Wortstellung zurück; aber er verfiel dabei in Künstelei und Unverständlichkeit; es war schon mehr ein Kommandieren der Poesie; sie stellte sich pflichtgemäß alle Morgen zum Rapport ein; drei, vier und mehr Gedichte entstanden — nach den genauen Verzeichnissen in Voßens Nachlaß — oft an einem Tage; kein Wunder, daß sie sich manchmal bis zum Verwechseln ähnlich sehen.

Feinsinnig und scharf, wie es seine Art war, hat A. W. Schlegel in den Rezensionen über die beiden Jahrgänge 1796 und 1797 des Musenalmanachs*) die Vorzüge und Fehler dieser letzten Voßischen Dichtungsperiode an prägnanten Beispielen hervorgehoben. Er lobt den philosophischen Gesang „Der Geist Gottes" (vgl. unten S. 307) und den Hymnus „Friedensreigen" (vgl. unten S. 310); in unsern Anmerkungen haben wir die beiden Analysen reproduziert. Die übrigen Gedichte teilt er in zwei Hauptarten, solche, wo das Gemüt des Sängers in philosophischen oder religiösen Betrachtungen oder auch im Gange der Weltbegebenheiten einen allgemeinen Anlaß für seine Regungen fand, und solche, die dem geselligen Vergnügen ihr Dasein verdanken und es wiederum begünstigen sollen; in einigen sei beides mit einander verbunden. Die aus den ersten Gedichten herausleuchtenden Gesinnungen des Verfassers seien echt weltbürgerlich, frei und herzlich, männlich und doch sanft; jeder werde ihnen mit Teilnahme entgegenkommen, wenn auch die Form, worin sie sich darstellen, seinen Kunstsinn nicht befriedigen, wenn er zuweilen Anmut, Leichtigkeit und Harmonie des Tons vermissen, wenn im Ausdrucke ihm nicht weniges als steif und fremd, manches sogar als peinlich auffallen sollte. Einige Lieder der zweiten Art besängen einen feineren Naturgenuß; viele hätten dagegen ein materielles Gewicht, und es würde darin fleißig gegessen und getrunken. „Es ist gut, daß für die Haushaltung gesorgt werde: nur die Musen müssen es nicht thun. Sie hören auf, Göttinnen zu sein, wenn sie sich mit dem alltäglichen Treiben des Menschen so gemein machen, da sie ihn vielmehr von der unbedeutenden Leere

---

*) Jenaisch. Allg. Litteraturztg. 1797, Werke X, 331 ff.

des Lebens, in der er beständig zu versinken geneigt ist, bewahren sollten."
Die Ode „Vor dem Braten" (vgl. unten S. 304) erscheint ihm als ein
rechter Gipfel von hausbackner Poesie: „Der Titel ist noch zu allgemein;
er sollte lauten, wie die umständlichen Angaben der Situation in alten
Gebetbüchern: „Zu singen, bevor man einen gebratnen Hasen verzehrt,
der nicht auf der Jagd geschossen, sondern von einem Bauern totgeschlagen
worden." Dieser letzte Umstand macht obigen Braten zu einer dichteri=
schen Behandlung noch um vieles untauglicher. Die Vorkehrungen der
Küche pflegt man der Aufmerksamkeit seiner Gäste sorgfältig zu entziehen;
und was ist geschickter, alle Eßlust zu verscheuchen, als wenn einem vor=
erzählt wird, wie das Tier, wovon man essen soll, in der Todesangst
„gequiekt" hat? Um dergleichen Gesellschaftslieder noch entschiedener
aus dem Gebiete der schönen Kunst zu verweisen, frage man sich nur,
welches Maß von Geist und Bildung man wohl in geselligen Kreisen
voraussetzen dürfte, die dadurch nicht herab, sondern herauf gestimmt
werden, und wo sie keine Mitteilungen von besserem Gehalt verdrängen
sollten." Später hat sich Schlegel insbesondere gegen das Gedicht „Die
Kartoffelernte" (unten S. 303) gewendet, worin der Enthusiasmus des
Essens in ganz eigene fromme Ergießungen ausbreche.*)

In sechs Bänden faßte Voß im Jahre 1802 „Sämmtliche Gedichte"
zusammen (Königsberg, Nicolovius), die Jdyllen, welche den zweiten Band
füllten, waren schon vorher 1801 selbständig ausgegeben worden; als
„Beilage zu den Oden und Elegieen" wurde die „Zeitmessung der deut=
schen Sprache" (Königsberg 1802) hinzugefügt. Der Voßische Nachlaß ver=
wahrt noch die sauber geschriebenen Blätter des Druckmanuskripts. Die
Jugendgedichte erschienen vollständig umgearbeitet; manchmal ist das
Original darin gar nicht mehr wiederzuerkennen; als Dokumente seiner
Entwickelung sind sie in dieser Form nicht zu verwenden. Anmerkungen
sprachlicher, sachlicher und persönlicher Natur sind jedem Bande beigegeben;
es ist ein Zusammenfassen seiner dichterischen Thätigkeit und ein Abschluß
derselben. An diese Ausgabe und zwar nur an die vier letzten Bände
derselben (welche auch unter dem Titel „Lyrische Gedichte" erschienen
waren) schließt sich Goethes berühmte Besprechung in der Jenaischen Allg.
Litteraturzeitung, April 1804, an, welche ich als Ergänzung dieser Vor=
bemerkung hier nachzulesen bitte; keine Kritik im eigentlichen Sinne
des Wortes: eine liebevoll eingehende Analyse des Stoffes; Goethe sucht
den Dichter bei sich selbst auf, er entlehnte von ihm selbst das Maß, an
dem er ihn mißt; ja er überläßt des Dichters Sohn einen Teil der Be=
sprechung zur Ausarbeitung. Goethe wollte Voß an Weimar und Jena
fesseln, er wollte ihn fühlen lassen, wie wohlthuend warm die geistige
Luft hier wehe, wie dankbar die Zeitgenossen dem aus dem Volke er=
wachsenen gemütvollen Dichter seien, dem Priester der Natur. Trotz

---

*. Werke XII, 74, vgl. S. 88.

dieser wohlwollenden Gesinnung besteht Goethes Urteil auch heute noch
zu Rechte; er hält die Mitte zwischen Bewunderung und Verachtung,
woran es das 19. Jahrhundert nicht fehlen ließ. Seit den Angriffen
A. W. Schlegels, die in dem bekannten Wettgesange gipfeln, in welchem
Voß mit Matthisson und Schmidt von Werneuchen zusammengestellt wird,
gehörte es bei den Romantikern zum guten Ton, Voß, seine Dichtungs=
und Übersetzungsmanier zu parodieren.*) Ein metrischer Künstler wie
Platen mußte in Voß einen seiner bedeutendsten Vorläufer verehren;
ein so moderner Kopf wie Otto Ludwig mochte spotten, daß die deutsche
Muse vom Viehmelken unter Voß runzlichte und rauhe Hände bekommen,
daß er eine Kuhmagd auf den Thron gesetzt habe.

Während Voß auch nach der Ausgabe von 1802 von der Verbesse=
rung der „Luise" nicht abstand, ruhten seine Gedichte bis in die Mitte der
zwanziger Jahre. 1825 ließ er die „Auswahl der letzten Hand" zu
Königsberg in vier Bänden erscheinen, die der Familie sehr viel Freude
machte, weil — wie Ernestine schreibt**) — „das Bündlein, welches Voß
der Nachwelt überlieferte, so eng beisammen ist". Jedoch nahm Abraham
Voß die hier fehlenden Gedichte in die einbändige Folio=Ausgabe der
„Sämmtlichen poetischen Werke" (Leipzig 1835) wieder auf. Im Jahre
1850 veranstaltete dieselbe Buchhandlung eine neue fünfbändige Ausgabe.
Von der dazwischen liegenden Weimarer Ausgabe (1834) kenne ich nur
den Supplementband: die Biographie von Döring enthaltend. „Luise"
und die „Idyllen" gab Goedeke 1869 (Leipzig, Brockhaus) mit Einleitung
und Anmerkungen heraus. Die Hempelsche Sammlung brachte außerdem
nur einzelne Lieder. Überall liegt der Text der Ausgabe letzter Hand zu
Grunde. Abraham Voß gab in einem Anhange die ersten „Entwürfe"
der „Luise" und einiger anderer Gedichte, d. h. die älteren gedruckten
Fassungen, sowie einzelne verworfene Strophen.

Was nun die gegenwärtige Auswahl betrifft, so war sie zunächst
durch den Raum begrenzt. Sonst war das Bestreben maßgebend, alle
wertvolleren und populär gewesenen Gedichte aus der früheren Zeit des
Dichters aufzunehmen, von den späteren Perioden nur Proben zu geben;
die Idyllen wurden vollzählig aufgenommen. Der Text ist nach den
ersten erreichbaren Drucken wiedergegeben worden, meistens also nach den
Musenalmanachen; Ausnahmen (wo die Handschrift zu Grunde gelegt
wurde) sind eigens bemerkt. Bei der „Luise" wurde die erste Buchaus=
gabe reproduziert, da die einzeln erschienenen drei Idyllen noch nicht als
Ganzes gedacht waren; deren Lesarten wurden in den Anmerkungen ver=

---

*) Über diese Parodieen wie über den ganzen Streit mit den Romantikern vgl. außer
Herbst insbesondere Pfaffs Vorrede zur neuen Ausgabe der Trösteinsamkeit (Freiburg und
Tübingen 1883.) Die die Luise parodierenden Verse in dem Roman „Die Versuche und
Hindernisse Karls" (Berlin und Leipzig 1808) rühren nach der Angabe in Görres Werken
VIII, 83 von Neumann her; eine früher weniger beachtete Satire Wetzels ließ E. Schmidt
aus dem Phöbus im Archiv für Litteraturgeschichte XII, 85 ff. wieder abdrucken.
**) An Abeken 2. Jan. 1826.

zeichnet. Mit Heranziehung der späteren Fassungen bin ich sehr sparsam gewesen; beim Siebzigsten Geburtstag durfte die spätere, verbreitetere Umarbeitung nicht fehlen. Auf die Reinheit des Textes und auf die Feststellung der Entstehungszeit der in den einzelnen Gruppen chronologisch geordneten Gedichte habe ich große Sorgfalt verwendet; in den meisten Fällen liegen meinen Datierungen handschriftliche Bemerkungen von Voß selbst zu Grunde. Bei der Wiedergabe der Voßischen Anmerkungen bin ich ganz frei vorgegangen; habe einzelne seiner etymologischen Ableitungen nur gelegentlich als Curiosa beibehalten und habe sonst gestrichen, was mir für einen modernen Leser wertlos zu sein schien.

* * *

Nachdem schon die Voßischen Streitschriften zahlreiches autobiographisches Material, besonders Briefe und der zweite Teil der Antisymbolik die „Erinnerungen aus meinem Jugendleben" an die Öffentlichkeit gebracht hatten, gab Abraham Voß in drei Bänden zu Halberstadt 1829—1832 „Briefe von Johann Heinrich Voß nebst erläuternden Beilagen" heraus, welcher Sammlung wir Ernestinens Berichte entnommen haben. Von älteren Biographieen mögen die in den Leipziger Ausgaben von 1835 und 1850, die erstere von Fr. E. Th. Schmidt, die zweite anonym, erwähnt werden. Auf Benutzung sämtlicher gedruckten und ungedruckten Hilfsmittel, welch letztere für Voß fast lückenlos vorliegen, fußt die erschöpfende Monographie von Wilhelm Herbst: „Johann Heinrich Voß" (Leipzig 1872—1876, 3 Bde.), deren Anmerkungen auch in bibliographischer Beziehung nichts zu wünschen übrig lassen. Dazu sind zu vergleichen die teils von Herbst in den späteren Bänden selbst angezogenen Rezensionen von Redlich in Zachers Zeitschrift für deutsche Philologie IV, S. 120 ff., VI, S. 350 ff., IX, S. 344, wo auch das Verzeichnis der Gedichte vom Jahre 1802—1817 fortgeführt ist; von Julian Schmidt in den Preußischen Jahrbüchern 38, S. 628 ff., von Gerland in Fleckeisens Jahrbüchern für klass. Philologie 111, S. 355 ff. und 115, S. 209 ff. An Herbsts Buch knüpft auch Bernays' Abhandlung „Johann Heinrich Voß und der Voßische Homer" an („Im neuen Reich" 1874, Nr. 48, 49), welche dann in die schöne Jubelausgabe der ersten Odysseeübersetzung (Stuttgart 1881) überging. Die Gegenschrift von A. Schröter: Geschichte der deutschen Homerübersetzung, Jena 1882, wird Voß nicht gerecht. Das briefliche Material wurde seit dem Erscheinen des Herbstschen Buches mannigfach vermehrt. Die Ausgabe des Bürgerbriefwechsels durch Strodtmann hat er selbst noch zu Ergänzungen heranziehen können. Briefe des Grafen Friedrich Leopold von Stolberg an Voß aus den Jahren 1786 und 1787 veröffentlichte W. Arndt nach den Münchener Papieren in den Grenzboten 1881, Nr. 43, 44; die Briefe der Familie Voß an Goethe Bratranek im Goethe-Jahrbuch V, 28 ff.; die Briefe Ernestinens an Rudolf Abeken Prof. Dr. Friedrich Polle in 2 Programmen des Vitzthumschen Gymnasium

(Dresden 1882/83); ein Brief von „Mutter Voß" in Schnorrs Archiv XIII, 351 ff. ist den zum 15. Juli 1837 von ihrem Enkel Hermann zusammengestellten „Aufsätzen von Ernestine Voß" entnommen. Archiv XI, 94 ff. stehen Briefe von Heinrich Voß an Karl Solger; ein Nachtrag dazu ebenda XIV, 223; von demselben an Friedrich Diez, Preuß. Jahrbücher, Bd. 51, mitgeteilt von A. Tobler. Auszüge aus Briefen des Voßischen Ehepaars an die Familie Poel finden sich in den „Bildern aus vergangener Zeit", Hamburg 1884, S. 68 ff. Die Zeitschrift für Schleswig-Holst.-Lauenb. Geschichte, welche Bd. 13 und 14 Briefe des Brautpaares enthalten soll, war mir unerreichbar. Auf ungedrucktem Material beruhen die Aufsätze von Herman Uhde: „In Göttingen vor hundert Jahren" („Im neuen Reich" 1875, Nr. 7—9). Mir lagen die Briefe von den Familien Stolberg und Claudius, sowie der Briefwechsel mit Miller handschriftlich aus der Münchner Bibliothek vor. Sonst wären zu erwähnen die beiden gehaltvollen Abhandlungen des Eutiner Gymnasialdirektors Heußner: „Die Vossische Übersetzung des Homer" und „Johann Heinrich Voß als Schulmann in Eutin" (Eutin 1882; vgl. Zf. f. d. öst. Gymnasien 1883, S. 123 f.) und das Programm des Großherzoglichen Gymnasiums zu Eutin 1883; auch die älteren Programme, die ich bei Herbst nicht verzeichnet finde: „Die Feier zur Erinnerung an Voß" in Neubrandenburg 1866; Iber: „Voß und seine Bedeutung in der deutschen Literatur" (Osnabrück 1873) und die beiden Aufsätze von Dr. Otto Hellinghaus „F. L. Graf zu Stolberg und J. H. Voß" (Münster 1882—83). Auf Schmähschriften wie Sebastian Brunners „Voßens Luisen-Tempel" und „Voß und Dichter-Bataillen" (Hau- und Bausteine zu einer Litteraturgeschichte der Deutschen, Heft 2 und 4, Wien 1885) zu antworten, wird niemandem beifallen.

August Sauer.

Beilage.

Aus dem Leben von J. H. Voß.

Mitteilungen von Ernestine Voß.

Wandsbeck und Otterndorf.

Wandsbeck, vom Sommer 1777 bis zum Herbst 1778.

Im Frühling 1777 kam Voß nach Flensburg, mit dem festen Entschluß, nicht ohne mich zurückzukehren. Er hatte alles, was man vernünftige Gründe nennen kann, aufgeboten, meine Mutter zu überzeugen, daß wir heiraten dürften, ohne bei bescheidenen Wünschen in Nahrungssorgen zu geraten, und seine Ansicht ward von vielen, die ihn lieb hatten und seine Lage genau kannten, unterstützt. Er foderte sie auf, in ihrer Umgebung jeden zu ihrer Ruhe nötigen Rat einzuziehen, und wenn sie ihn überzeugen könnte, er handle leichtsinnig bei seinem Begehren, so wolle er nachlassen. Im Anfang verwarf sie die ganze Sache; allmählich kam sie zu der Er= klärung, sie könne nichts anführen, als eine unwiderstehliche Abneigung, ihre Tochter einem Manne zu geben, der kein Amt habe.

Ich befand mich den Winter in einer sehr peinlichen Lage, die nach= teilig auf meine Gesundheit wirkte. Wir hatten bei den langen Leiden meines Vaters unbeschreiblich schwere Zeiten durchlebt. Als er im Früh= ling 1776 von uns schied, traten neue Sorgen ein, wie wir von dem Wenigen, was uns nachblieb, leben würden. Sollte ich bei meiner Mutter bleiben, so mußte ich für meinen eigenen Bedarf durch der Hände Arbeit sorgen. Die kindliche Liebe zu meiner Mutter erleichterte mir, was ich von ihren Launen zu tragen hatte. Daß meine Sehnsucht, mit Voß ver= einigt zu werden, groß war, darüber durfte ich mir keine Vorwürfe machen. Ich hatte ihr oft erklärt, ohne ihre Erlaubnis wollten wir nichts durchsetzen, was uns keinen Segen bringen könnte. Aber was sie von mir begehrte, gemeinschaftlich mit ihr gegen Voßens Plan, ohne Amt zu heiraten, zu wirken, verweigerte ich, da ich innig überzeugt war, daß Voß bei der Einnahme vom Almanach, die durch mitgeteilte Kontrakte auf eine Reihe von Jahren fest stand, nur dann zur Thätigkeit, die in seinem ganzen Wesen lag, gelangen konnte, wenn wir vereint lebten. Oft mußte ich die Worte hören, wenn ich diese unglückliche Neigung nicht hätte, so könnte ich der Trost und die Stütze meiner Mutter sein; jetzt hätte sie bei ihrer großen Liebe für mich nur die drückende Sorge, daß es mit uns nie zu etwas Gründlichem kommen würde. Im Hintergrunde

stand mein Schwager Zeißen,*) auf dessen Worte sie großes Gewicht
legte. Dieser erklärte sich gleich anfangs gegen unsern Verein, mit dem
Bemerken, bei einem, der Verse mache, könne man so wenig beständige
Neigung, als gründliche Kenntnisse erwarten, die auf ein nährendes Amt
hoffen ließen.

So lange der Vater lebte, waren der Mutter Äußerungen gegen
mich stets milde und schonend. Sie hielt sich an seine Worte, uns keine
Hindernisse in den Weg zu legen, sondern Gott zu vertrauen. Auch war
sie gegenwärtig, und sehr gerührt, als er uns wenige Tage vor seinem
Scheiden den Segen gab: „Wie es euch gehen wird auf Erden, das weiß
ich nicht; aber daß es euch gut gehen wird, das weiß ich." Oft war sie
äußerst zärtlich und nachgebend gegen mich, und verlangte keine Briefe
zu lesen, die ich schrieb oder bekam; dann wieder zürnend über das ewige
Schreiben, welches Zeit und Geld koste.

Ganz durfte ich Voß in meine Lage nicht einweihen, teils um ihn
zu schonen, teils weil ich seine Heftigkeit fürchtete, die er wohl gegen
meine Mutter zurückgehalten hätte, nicht aber gegen meinen Schwager,
deren Folgen ich zu fürchten Ursache hatte. Auch war es wohl falsche
Scham von mir, daß ich ihm nicht zu sagen wagte, in welcher bedrückten
Lage der äußern Umstände wir waren. Seine Aussichten waren für mich
völlig beruhigend, bei meinem festen Glauben an seine ausdauernde
Thätigkeit bei heiterer Stimmung; sie konnten es noch mehr werden, da
Stolberg ihm seine Ilias schenkte, deren Ertrag, wenn er seine Schulden
bezahlt, für die erste Einrichtung noch etwas übrig ließ. Seine letzten
Briefe zeigen unsre Lage und Stimmung von allen Seiten. Er fest über=
zeugt, nichts Unvernünftiges zu begehren, und alle Gegengründe zu hören
bereit; meine Mutter leidenschaftlich gegen eine Heirat ohne Amt; ich
selbst ihm schwankend erscheinend, weil ich ihn mit zu bereden suchte, noch
ein Jahr zu warten. Zuletzt ward die Mutter krank, einige Tage be=
denklich; sie weinte viel und war sehr zärtlich gegen mich. Jetzt stürmte
alles in mir, und von meinem Schwager hatte ich heftige Vorwürfe zu
hören, das meine Schwester mit Thränen unterstützte. In fast verzweiflungs=
vollen Zustand geriet ich, ohne jemand zu haben, der mir kräftig zureden
konnte. In dieser Angst schrieb ich an Klopstock: er möge Voß bereden,
freiwillig die Sache noch aufzuschieben. Seine Antwort brachte einige
Ruhe ins Haus. Die Mutter erholte sich schnell, und ward wieder
heiterer, als Voß sie dringend bat, alles ruhn zu lassen, bis er selbst
käme, und sich vorerst bei der wiederholten Versicherung zu beruhigen,
daß ohne ihre Einwilligung von uns nichts verlangt werden solle. Er
war sehr dringend, seine Reise zu uns zu beschleunigen, sie immer bemüht,
einen Grund zum Aufschub zu finden, und ich in einem Zustand innerer
Unruhe, bei dem meine Gesundheit sehr litt. Zum Vorwand diente

.*) Nach dem Tode der ältesten Schwester Margarethe hatte er die zweite Elise
geheiratet.

Mangel an Platz im Hause, weil der Nachfolger meines Vaters mit seiner
Familie schon eingezogen war. Dieser gewann Mutter und Tochter lieb
und wollte uns nicht fortlassen. So zögerte unser Umzug von einer
Woche zur andern, und Voß traf uns noch im elterlichen Hause. Da die
Post frühe kam, war ich die erste Stunde mit ihm allein, und konnte
mein armes gedrücktes Herz erleichtern, durch offene Entwicklung mancher
Dinge, die ich nicht schreiben durfte oder wollte. Die eigne Gabe, zu
beruhigen, die Voß überall hatte, wirkte gleich wohlthätig auf mich, ob=
gleich die sanfte Stimmung des Wiedersehens sich schnell bei ihm verlor,
als er in meinem Äußern eine so große Veränderung fand. Er weinte
heftig, und schloß mich in seine Arme mit den Worten: „Ohne dich mit=
zunehmen, verlasse ich Flensburg nicht wieder." Wir hatten uns gehörig
gesammelt, ehe die Mutter kam, und in der Freude des Wiedersehens
versprach er mir, der Mutter selbst damit entgegen zu treten, daß von
unsrer Sache nicht die Rede sein solle, bis sie den Umzug überstanden
und in der neuen Wohnung sich einigermaßen wieder beruhigt hätte.
Wir wollten als liebende Kinder alles Mögliche beitragen, ihr das schwere,
was nicht abzuwenden sei, zu erleichtern. Dies überraschte sie sehr, denn
sie hatte oft gesagt, sie fürchte sich vor seiner Heftigkeit, der sie nichts
entgegen zu setzen hätte, als eine unüberwindliche Abneigung, und ab=
trotzen ließe sie sich ihre Tochter nicht. Sie empfing ihn sehr freundlich,
aber nicht herzlich wie sonst, und suchte mich den ganzen Tag zu be=
schäftigen, daß ich nicht mit ihm allein sein konnte. Voß und der Nach=
folger meines Vaters gewannen sich bald lieb; er versprach, ganz in unsre
Sache eingehend, thätige Mitwirkung. Auch war kurz vor Voßens Ankunft
ein Brief von Boie aus Hannover eingetroffen, der gegen ihre Abneigung
zu wirken suchte. Jessen war auf der Messe, meine Schwester hatte nur
Thränen.

Der Umzug war vollendet; wir bezogen ein sehr kleines Haus mit
drei Zimmern. Der gespannte Zustand des Nichtredens durfte nur Tage
dauern. Voß versuchte auf alle mögliche Weise ihr Herz zu gewinnen,
aber umsonst. Dann folgten einige ungeduldige Ausbrüche von seiner
Seite, die mit Thränen und unüberwindlicher Abneigung erwidert wurden.
Er nannte ihr noch verschiedene, die sie um Rat fragen, und deren Urteil
er sich, ohne vorher mit ihnen zu reden,. unterwerfen wolle. Der Rat
aller fiel für uns aus, auch der ihres Beistands, eines steifen Juristen,
der versprochen hatte, den jungen Menschen zur Vernunft zu bringen,
ging, nachdem er mit Voß einige Stunden gesprochen hatte, dahin, daß
sie ihre Einwilligung geben solle, da die Sicherheit für unser Auskommen
weniger bedenklich sei, als mancher Kaufmann sie geben könne. Alles
war vergebens. Sie begehrte jetzt dringend ein Jahr Aufschub, und daß
Voß wieder abreisen sollte. Er dagegen erbot sich, ein Zimmer zu mieten,
und mich nur zu sehen, wann sie es erlaubte. Dies wollte sie nicht zu=
geben, und bat, ihr Ruhe zu gönnen. Da trat denn eine stille Periode

unter uns ein, in der sie kein Wort mit uns redete. Voß fühlte das Unverantwortliche meiner Lage, wenn er allein abreiste, daß seine Geisteskraft dann völlig gelähmt sei, und daß die Mutter durch solchen blinden Gehorsam nicht beruhigt werden könne.

So vergingen mehrere Wochen, da kam Esmarch, der damals eine Hofmeisterstelle in Kopenhagen bekleidete. Zwar waren alle seine Versuche für uns vergebens, doch ward meine Mutter allmählich heiterer, und hörte gern seine Bitte, ihn zu seinen Eltern in der Nähe von Flensburg begleiten zu dürfen. Unbeschreiblich leicht fühlten wir uns in der herrlichen ländlichen Umgebung, und gedachten in den ersten Tagen kaum unsrer Zukunft. Endlich machten wir den Plan, ich sollte der Mutter schreiben, und es entstand ein Brief etwa folgenden Inhalts: Wir hätten die feste Überzeugung, daß wir bei Voßens Aussichten und in den Verhältnissen, worin ich lebte, nicht leichtsinnig handelten, wenn wir ihre freudige Einwilligung zu unsrer Verbindung zu erhalten wünschten. Voß werde bei ruhiger Geistesstimmung weit schneller zu einem Amte gelangen, und er selbst wünsche ein solches, selbst ein beschwerliches. Von ihrer Liebe zu uns blieben wir überzeugt, selbst in der gespannten Lage, in die ihre Abneigung uns setzte. Ohne ihre Einwilligung wollten wir eine Verbindung nicht vollziehen, die uns keinen Segen bringen könne. Aber wir gäben ihr zu bedenken, ob wir nicht Gefahr liefen, uns gegen einander zu versündigen, wenn ich mich bereit zeigte, zu ihr zurückzukehren, und Voß, nach Wandsbeck zu ziehn: er eben so unfähig zu irgend einer geistigen Anstrengung, als ich, bei allem guten Willen, der Trost und die Stütze meiner Mutter zu sein. Sie möchte die Folgen ihrer beharrlichen Abneigung ruhig überdenken. Könne sie sich nicht überwinden, so müsse sie zugeben, daß ich, bis Voß ein Amt habe, mir selbst, getrennt von ihr, bei Fremden meinen Unterhalt zu schaffen suche. Bis sich ein solcher Platz fände, sei Esmarchs Schwester bereit, meine Dienste mit liebendem Herzen anzunehmen.

Mit ängstlicher Erwartung sahen wir der Antwort entgegen, die den andern Tag in dem ruhigsten und heitersten Tone erfolgte. Sie hätte, hieß es, nach schwerem Kampfe ihre Abneigung völlig überwunden, und gäbe uns mit ihrem Segen ihre Einwilligung. Wir möchten eilen, zurückzukommen, und unsern Hochzeitstag selbst bestimmen. Es wäre ihr selbst eine Freude, daß die Mißtöne unter uns ein Ende hätten. Wir möchten zu ihrer Entschuldigung bedenken, daß es ihr sehr hart sein würde, ohne ihre Tochter zu leben.

Die Freude kann ich mir noch lebhaft denken, als diese Nachricht kam. Es war uns, als ob wir in diesem Augenblick erst fühlten, daß wir wieder vereinigt wären. Und nun die Gewißheit, nicht mehr an Trennung zu denken! — Bei unsrer Rückkehr fanden wir eine heitere, liebende Mutter, die gar nichts von der Vergangenheit berührte. Die Billigung, die sie von allen Seiten hörte, erhielt sie mehrere Tage in der

nämlichen Stimmung; selbst mein Schwager, der von der Messe zurück=
gekommen war, war freundlich, ob er gleich kein Zeichen gab, daß die
Sache selbst ihm recht sei. Unser kindlicher Dank für ihre freudige Ein=
willigung that ihr sehr wohl. Wir weinten alle drei, als Voß ihr sagte:
Sie solle ihr ganzes Leben fühlen, welch eine liebe Mutter sie uns sei,
und er wünsche ihr die feste Überzeugung, daß ihre Tochter, bei einer
unsicher scheinenden Aussicht, auch im Äußern besser versorgt sein würde,
als wenn sie, ohne ihn gesehen zu haben, einen Mann auf dem gewöhn=
lichen Wege gewählt hätte.

Die ersten Tage lebten wir jungen Leute wie im Rausch, aber allmählich
ward die Mutter wieder ernst und stille. Als Voß sie an ihr gegebenes
Versprechen erinnerte, daß wir unsern Hochzeitstag selbst bestimmen
dürften, kam sie mit mehreren Einwürfen. Den früher schon aufgegebenen
Vorschlag, nicht gleich eine eigene Wirtschaft anzufangen, setzte sie von
neuem als Bedingung fest, und fand keinen Widerspruch. Nur mit Mühe
gelang es, sie davon abzubringen, daß Voß allein zurückkehren und ohne
mich die erste Einrichtung besorgen sollte. Wie sie allmählich wieder
offen und heiter geworden, nahm sie den Punkt der Aussteuer vor, und
verlangte, ich sollte unter andern von dem aus dem verkauften Hausrate
gelösten Gelde 100 Thaler zur Einrichtung nehmen. Voß sträubte sich
erst scherzhaft mit der Bemerkung, daß er von ihr nur die Tochter mit
einem heitern Gesicht begehre. Als dieses nicht half, versicherte er ihr
sehr ernst, er würde nicht nachgeben, und könne in diesem Augenblick
nur schmerzlich fühlen, daß er vielleicht noch eine Reihe von Jahren nicht
imstande sein würde, für ihr bequemes Leben im Alter kräftig mitzuwirken.
Mit mir wurde nun überlegt, was - ich noch alles vor der Hochzeit selbst
nähen mußte. Der Vorschlag, meine Freundinnen zur Mithilfe aufzu=
fordern, ward, wie der zweite, Ungenähtes für den Winter mitzunehmen,
verworfen. Eine treue Hilfe fand ich dagegen an einer jungen Hausmagd,
die unter meiner Leitung gut nähen gelernt hatte.

Voß arbeitete damals sehr eifrig an seiner Odyssee, und hatte auch
zur Herausgabe des Almanachs die vorrätigen Papiere mitgebracht. Da
entschloß er sich gleich, sich auch in Thätigkeit zu setzen. Ich stand jeden
Morgen vor vier Uhr auf, und ging, um die Mutter nicht zu stören,
mit der Magd in die Küche, die immer sauber wie ein Zimmer gehalten
ward. Nach dem Frühstück ging ich mit Voß auf sein Zimmer. Da
fing unser schönes Leben zuerst an, wo ich teilnehmen durfte an seiner
Arbeit, und wo ich Sitz und Stimme erhielt, indem er meinte, es würde
ihm leichter bei einer Schwierigkeit, wenn er sich aussprechen könne. Vor
Tisch machte er oft einen Spaziergang allein, nach der schattigen Reifer=
(Seiler=)bahn oder dem nahen Hafen. Nachmittags war ihm sein Zimmer
zu heiß von der Sonne. Dann ward ihm der Arbeitstisch in die Küche
gestellt, auf dessen kleinerer Hälfte wir unsern Kaffee auskramten. So
traf uns einmal Stolberg mit seiner Schwester auf der Durchreise, und

es machte beiden große Freude, daß die Mutter und ich uns einen Platz auf dem Herd einrichteten, und den Fremden unsre Stühle einräumten. Wenn wir einmal recht fleißig gewesen, so gingen wir wohl schon nachmittags nach unserm lieben nicht fernen Walde, und brauten uns selbst Kaffee; gewöhnlich blieben wir bis zur Abendkühle zu Hause.

Dies Leben dauerte 8—9 Wochen. Sobald sich übersehen ließ, wann wir fertig sein könnten, ließ sie uns den Hochzeitstag bestimmen. Der Raum in unserer Wohnung war sehr eng, und faßte kaum die Nächsten, die zur Familie meines Schwagers gehörten. Die Zurüstungen zum Feste machten die Mutter sehr heiter. Am Hochzeitstage wachte sie weinend auf, und diese Stimmung der ernsten Rührung war auch die meinige. Mein Vater hatte seinen sehnlichen Wunsch, uns zu trauen, auf seinem langen Sterbelager so oft ausgesprochen. Ich erinnerte sie an den schönen Segen, den er uns in seinen letzten Tagen gegeben. Voß kam während dieses Gespräches zu uns, und sie fügte ihren Segen zu dem des Vaters. Mit Rührung klagte sie, wie sie ohne mich so verlassen sein würde. Er sprach ihr mit kindlichem Gefühl Mut ein bei dem Unvermeidlichen, und fügte hinzu, wie wir auch in der Ferne ihr stets liebende Kinder bleiben, und uns so oft sehn wollten, als es möglich zu machen sei. Sie umarmte uns beide herzlich, und es dauerte lange, ehe einer von uns wieder reden konnte.

Nach dem Frühstück ging Voß spazieren, um dem Aufräumen überall auszuweichen. Hand anlegen durfte ich nirgend, also blieb ich mir allein überlassen. In meiner Einsamkeit flocht ich mir einen hübschen Brautkranz von den Zweigen eines Myrtenstöckchens, das eine arme Gärtnerfrau brachte, der meine Eltern in einer Krankheit viel liebes gethan hatten; und gewiß, es fielen manche Thränen auf die Zweiglein, so innerlich heiter ich auch war. Von Freundinnen kamen noch mehrere Körbchen mit Myrten und Blumen; die erste Gabe blieb aber die schönste. Voß hatte versprochen, nicht lange auszubleiben; es zog aber ein starkes Gewitter auf, welches mit Platzregen endigte, und so kam er bis auf die Haut durchnäßt heim. Er hatte den Anfang des Regens in einer Hütte auf der Reiferbahn zugebracht, und nach kurzer Unterhaltung mit einem alten Mann, der ihm einen Stuhl herbeiholte, seinen Wettsteinschen Homer, den er auf Spaziergängen immer in der Tasche trug, herausgezogen, und mehrere Verse aus der Geschichte der Nausikaa übersetzt. Bis zur Trauung blieben wir allein. Mein Haar mußte ich mächtig frisieren und pudern lassen. Während Voß mit seinem Haar ein gleiches vornehmen ließ, schmückte ich mich selbst mit Hilfe einer Verwandten; denn meine liebste Freundin als Brautjungfer um mich zu haben, war mir von der Mutter, um nicht andere zu beleidigen, abgeschlagen worden. Den Brautkranz, der auch ihm viel Freude machte, fügte Voß selbst in meine Haare, und recht wohl gefiel es mir, als er mit einem Kuß versicherte, er habe eine recht hübsche Braut. Kaum waren wir fertig, als die Mutter kam, uns

zur Trauung abzuholen. Ich schämte mich meiner Thränen nicht, denn
sein kräftiger Händedruck sagte mir, daß auch er sehr bewegt war. Der
Pfarrer, ein stattlicher, aber uns fast unbekannter Mann, erörterte in
einer langen Rede, wie schon die blinden Heiden einen hohen Begriff von
ehelicher Glückseligkeit gehabt hätten, führte dieses durch bis zur christlichen
Religion, und nach gemachter Nutzanwendung auf den Herrn Bräutigam,
der die Alten gründlich studiere, aber den höhern Wert der christlichen
Religion fühle, und auf die Jungfer Braut, deren Tugenden recht hervor=
gehoben wurden, segnete er uns zu einer glücklichen Ehe ein. Voß schloß
mich mit den Worten in seine Arme: Jetzt trennt uns nur der Tod. —
Es folgte ein peinlicher Nachmittag im engen Zimmer, in für unsre
Stimmung viel zu steifer Gesellschaft. Die Sonne schien so heiß, und
nirgends war ein Mittel auszuweichen. Vor dem Fenster führten Stufen
auf den großen mit Bäumen umringten Kirchhof. Da stand es den
ganzen Nachmittag voll Neugieriger aus der unteren Klasse. Als die
Lichter angezündet wurden, sammelte sich die mir nahe stehende junge
Welt; aber hinauszugehn zu ihnen, das schickte sich nicht. Wie oft hat
Voß noch in den letzten Jahren gesagt, dieser Tag sei der langweiligste
seines Lebens gewesen. Bei Tische trat der Nachfolger meines Vaters
herein, und setzte sich mit den Worten: „Eingeladen oder nicht, ich weiß,
ich bin ein willkommener Gast!" zu uns. Das Ungewöhnliche verbreitete
Leben unter die ganze Versammlung, und wir freuten uns, doch Ein
Gesicht vor uns zu haben, welches herzlichen Anteil an uns nahm und
unsre Zuversicht für die Zukunft teilte. Selbst mein Schwager ward recht
heiter, und zwar noch ehe vom Bräutigam seine Gesundheit ausgebracht
ward, weil er so edlen Wein zum Feste gespendet hatte. —

Einige Tage nach der Hochzeit erfolgte unsre Abreise. Wir nahmen
den Weg über Kiel, weil Voß an Ort und Stelle zu beurteilen wünschte,
ob er die ihm von mehreren Seiten gemachte Hoffnung, dort eine An=
stellung bei der Akademie zu bekommen, noch unterhalten dürfe. Der
Kanzler Cramer war sehr freundlich. und riet sogar zu einem Versuche,
dort als Privatdocent zu bleiben. Da wir aber erfuhren, daß es dem
alten Cramer nicht lieb sein würde, wenn neben seinem Sohne ein anderer
Aufmerksamkeit erregte, ward diese Sache als abgeschnitten angesehn.

Die erste Erfahrung, die wir in Wandsbeck zu machen hatten, war
nicht der angenehmsten Art. Voß hatte der Madam Wilm vor seiner
Reise nach Flensburg für ihr Wochenbett seine Stube überlassen, und
sich für die kurze Zeit mit einer kleinen Kammer begnügt. Daß wir,
bis wir eingerichtet wären, bei ihnen als Kostgänger bleiben wollten, war
verabredet; die Rückgabe der Stube war, als eine Sache, die sich von
selbst verstünde, nicht berührt worden. Wilm, ein sehr rechtlicher Mann,
stand unter dem Pantoffel seiner herrschsüchtigen Schwiegermutter, und
suchte nun durch freundliche Vorstellung im Besitz des ungerechten Eigen=
tums zu bleiben. Voß wollte allein nicht entscheiden, ich mochte mir nicht

schon im Anfang einen bösen Leumund machen, und so vereinigten wir uns, die Sache gehn zu lassen. Nun kam auch Madam zum Vorschein, und weil sie ihren Hauptzweck erreicht hatte, war sie in allen Stücken äußerst zuvorkommend gegen mich. Wir nahmen also Besitz von unserm Kämmerchen, aber nur zum Schlafen und Ankleiden; zur Wohnung wählten wir ein kleines bretternes Lusthaus, welches im Garten hinter dem Hause an einem schönen klaren Bache lag. Hier suchten wir uns so wohnlich als möglich einzurichten, und es ward uns gar bald behaglich darin.

Abends eilten wir noch zu Claudius, der vor kurzem von Darmstadt zurückgekehrt war. Er hatte dort eine schwere Krankheit überstanden, und Voß fand ihn sehr verändert an Gestalt, noch mehr seine innere Stimmung. Rebekka wußte mich gleich häuslich in der kleinen Umgebung zu machen und sprach mit lebhafter Freude davon, daß sie wieder in ihrem lieben Wandsbeck sei. Mir ist im langen Leben keine vorgekommen, bei der der erste Eindruck so ungetrübt geblieben; dabei die angenehmste äußere Gestalt, die man sich denken kann. Auch Claudius empfing mich sehr herzlich, aber der scherzhaft gezwungene Ton, mit dem er über sein Schicksal sprach, hatte für uns beide etwas Niederschlagendes. Am folgenden Morgen besuchte er uns im Schlafrock schon beim Frühstück, und als er erfuhr, daß wir nach Hamburg wollten, um uns einen hübschen Schrank zu kaufen, beschloß er, dabei zu sein, um unserer Unerfahrenheit an die Hand zu gehen. An unsrer Freude über diesen Schrank kann ich mich noch freun. Er hat uns nach Otterndorf und Eutin begleitet, und noch in Heidelberg haben wir uns manchmal nach ihm zurückgesehnt. Er söhnte uns auch völlig mit unsrer kleinen Stube aus, obgleich er sie uns noch bedeutend kleiner machte, und es war ein Fest, als wir ihn einräumten.

Nach dem Einkauf machten wir die zunächst liegenden Besuche. Zuerst bei Mumssens, wo Voß seit Jahren Sohn und Bruder war. Mit der größten Herzlichkeit wurde ich dort als Familienglied aufgenommen. Hier fand ich den ersten Brief von meiner Mutter. Er war so mütterlich, als wir ihn nur wünschen konnten, daß auch Voß ihn nicht ohne Rührung lesen konnte. Auch von Klopstock ward ich sehr herzlich empfangen; doch ward mir erst nach und nach wohl in seiner Nähe, obgleich sein heiterer leichter Ton sehr geeignet war, Zutrauen zu erregen. Das Haus der Mutter Alberti, wo ich ganz den gewohnten häuslichen Ton fand, wurde mir bald das liebste in Hamburg. Diese treue Mutter kam meiner Unbeholfenheit bei der ersten Einrichtung überall zuvor, denn sie hatte in allen Dingen den Maßstab, den wir als den unsrigen wählten, unsre Ausgaben nach dem zu beschränken, was wir ausgeben durften.

Wäre Jessen, der die Stolbergsche Ilias für 400 Thaler in Verlag genommen, ein pünktlicher Bezahler gewesen, so hätten wir reichlich gehabt. Nun blieben uns für die erste Einrichtung nur 100 Thaler, die

nach dem Hamburger Einkauf zu unsrer Verwunderung gar sehr zusammen=
schmolzen. Da wurde denn mit Wilm überlegt, was wir vorläufig ent=
behren könnten, und das als entbehrlich anerkannte gestrichen. Die Reise
nach Mecklenburg war nach dem Wunsche meiner Mutter schon in Flens=
burg bestimmt worden. Das Geld dazu war zu unserer Freude soviel,
daß wir noch kleine Geschenke für die Eltern und Brückners anwenden
konnten.

Der erste Tag, an dem Voß die Odyssee wieder zur Hand nahm,
war uns beiden ein Festtag, denn das letzte hatte er am Hochzeitstage
geschrieben. Wir freuten uns nach den mancherlei Zerstreuungen der
ersten Zeit, so still und ruhig nebeneinander sitzen zu können, wenigstens
die Vormittage. Doch wurden wir auch von Hamburger Besuch nicht
selten unterbrochen. Hensler, damals Physikus in Altona, der Voß so
lieb hatte, wie dieser ihn, und gleich eines jeden Herz zu gewinnen wußte,
suchte uns schon in den ersten Tagen auf. Auch Klopstock ließ nicht lange
auf sich warten und hatte große Freude daran, daß ich ihm beim selbst=
bereiteten Kaffee eine Pfeife stopfen und anzünden konnte.

Sehr häufig besuchten wir Claudius' Schwiegermutter, die eine Wirt=
schaft für honette Bürgerfamilien hatte, und mit ihren zwei unverheirateten
Töchtern die Gäste gemütlich zu unterhalten verstand. In ihrem großen
Garten waren zwei Kegelbahnen, von denen wir eine in Besitz nahmen.
Claudius war Präsident dieser Gesellschaft und ohne seine Erlaubnis
wurde keiner zugelassen. Außer dem Wandsbecker Zirkel nahm man auch
Hamburger auf, wenn's einzelne Herren waren. Die Wandsbecker Frauen
hatten freien Zutritt und beim Spiele ward ihnen eine Zahl Kegel vor=
ausbezahlt. Jeder Luxus war hier strenges Verbot, nicht einmal Kaffee
oder Thee ward eingeräumt, bloß Kaltenhöfer Bier, für Claudius ein
Ideal, und reines Brunnenwasser; dazu Butterbrot mit Käse und kaltem
Braten. Manchmal kegelten wir bis zehn Uhr bei Licht und im Monden=
schein. Auch gesungen durfte werden, außer wenn Pastor Milow da
war, der mit kegelte, ohne dadurch bei seiner Gemeinde Anstoß zu erregen.

In dieser Zeit traf der Schweizer Kaufmann ein, von dem Lavater
in seiner Physiognomik so großes Wesen gemacht und ihm, ich meine,
den ersten Platz nach Christus gegeben hat. Es war ein schöner, sehr
kräftiger Mann, der alles, was er redete, in dunkle, oft derbe Worte
hüllte und doch alle einzunehmen wußte. Aus seinen Reden sollte man
den Schluß ziehen, daß er, trotz seinem jugendlichen Ansehn, schon mit
einem Menschenalter vor uns in Berührung gestanden und bestimmt sei,
noch lange nach dem jetzigen Geschlecht fortzuwirken. Er behauptete, fast
gar keinen Schlaf zu bedürfen, aß nichts als Vegetabilien und trank nur
Milch und Wasser. Er hatte einen jungen Mann bei sich, der in seiner
Gegenwart nicht reden durfte und den ganzen Tag schreiben mußte, weil
sich bei Kaufmann die Gedanken so drängten, daß er nur diktieren konnte.
Eine Menge Briefe hatte der Bote jeden Tag nach Hamburg zu bringen

und zu holen. Auch Arzt behauptete er zu sein, denn kein Kranker, der Zutrauen hätte, stürbe, und wirklich machte er einige Kuren, die in Verwunderung setzten. Von seinen Heldenthaten in Persien erzählte er gern; daß er auch in Weimar Beifall gefunden, konnte ein ihm vom Herzoge geschenkter Wagen beweisen. Wir glaubten dies und manches andere, was wir späterhin zu glauben aufhören mußten. Merkwürdig war es, mit anzuhören, wie Voß und Claudius sich oft allerlei Zweifel über diesen Wundermann mittheilten, und wie doch jeder beflissen war, ihn gegen den andern in Schutz zu nehmen.

Kaufmann wollte nach Berlin reisen und bezeugte Lust, über Mecklenburg zu gehn, um noch länger in unsrer Gesellschaft zu sein. Uns war dieses auch aus dem Grunde lieb, weil wir nun weniger Unkosten hatten. Recht viel Abenteuerliches erlebten wir auf dieser Reise, denn Kaufmann hatte auf jeder Post Händel. Eines Abends erreichten wir unser Ziel. Brückner wußte nicht, wann wir kämen. Wir stiegen vor dem Pfarrhause ab und Voß führte mich auf einem Nebenwege durch die Küche ins Wohnzimmer, wo die Familie am Tische saß. Noch jetzt ist mir zu Mute, als ob ich den allgemeinen Jubel vor mir sähe, besonders wie der lebhafte Brückner seinen langersehnten Freund umklammerte und mich mit in diese Umarmung zog. Den folgenden Morgen kamen die Eltern zu Fuß, um die neue Tochter zu begrüßen. Das war eine Freude und ein Fragen und Erzählen! Über den Eindruck, den die neue Tochter und unser Verein auf seine Eltern gemacht, spricht sich Voß in einem Briefe an seine Schwiegermutter so aus:

Großen Vielen, 4. September 1777.

„Da schreibe ich Ihnen an eben dem Tische, woran ich als Knabe Bilder geschnitzt, Schachteln aus Pappe gekleistert oder lateinische Vokabeln gelernt habe, ohne zu ahnden, daß hier einmal eine so liebe Frau bei mir sitzen sollte und daß ich mich hier mit einer so lieben Mama schriftlich unterhalten würde. Wir haben hier überall Freude verbreitet und besonders meine Eltern sind ganz vergnügt und wissen nicht, was sie vor Freude thun sollen. Meine Mutter habe ich noch gar nicht verändert gefunden und meinen Vater zwar schwächer, als er 1772 war, aber doch nicht so schwach, wie vor zwei Jahren. Es ist ein unbeschreibliches Vergnügen, alle Gegenstände wiederzusehn, die mir durch Geschichten meiner Jugend merkwürdig sind. Ich bin schon alle Winkel unsers Hauses durchgekrochen und Ernestine mit mir. Meine Eltern sehen mit innigem Wohlgefallen auf diese ihre geliebte Tochter und freun sich des Glücks, welches ihr Sohn in ihren Armen genießt. Es war sehr rührend, wie sie gestern alle ihre Schätze aufboten, um uns einmal recht stattlich zu bewirten. Meine Mutter war durchaus nicht zu bewegen, mit am Tische zu sitzen, sondern richtete draußen in der Küche zu und kam dann nur zuweilen hereingelaufen, mit einem Gesichte, worin die ganze Zärtlichkeit ihres heftigen Mutterherzens ausgedrückt war, und übersah ihre Kinder. Ach, es muß unaussprechliche Wollust sein, Freude an seinen Kindern zu er= leben! aber es ist gewiß nicht weniger entzückend, die Freude seiner Eltern zu sein! — Eben hat mein Vater mit voller Zärtlichkeit von Ernestine gesprochen, daß er des Nachts sogar träumte, wie glücklich seine Kinder wären, und daß er dann aufwachte und lange nicht wieder ein= schlafen könnte; daß er Gott für nichts so sehr danke, als daß er ihn die Freude erleben lassen, seine Schwiegertochter zu sehn; sie hätte was Un= widerstehliches in ihrem Wesen und dabei wäre sie so fromm und gottes= fürchtig. Nun sollen wir essen. Meine Eltern grüßen von ganzem Herzen mit mir, sowohl Sie, als unsre lieben Geschwister. Ich umarme Sie mit kindlicher Liebe."

Voß fühlte es sehr schmerzlich, daß seines Vaters Kräfte im Ab= nehmen seien, und war überzeugt, daß der liebe Alte, der nicht klagen mochte und nach dem vielen Sitzen als Schulmeister sich bei gewohnter Arbeit im Freien wieder zu stärken meinte, sich nur durch eine veränderte Lebensart leidlich erholen könne. Die Mutter, eine sehr lebhafte kräftige Frau, die überall gern sparen wollte, hielt eine Abänderung nicht für notwendig. Dies brachte eine ernsthafte Unterredung zwischen Sohn und Mutter zuwege, und er überzeugte sie endlich, daß körperliche Pflege und Entfernung von anstrengender Arbeit das einzigste Mittel sei, das Leben des Vaters zu verlängern. Die dazu erforderliche Summe ward viertel= jährlich auf einen Louisd'or berechnet, den sie immer von ihm erhalten solle, bis er in die Lage käme, mehr zu geben. Zugleich erklärte er, er wolle ihr eine rechtsgültige Schrift zurücklassen, worin er nach des Vaters Tode alle seine Ansprüche auf den Nachlaß an seine Mutter und Schwester abträte. Aber auch ihre eigenen Kräfte solle sie gewissenhaft schonen und in unvorhergesehenen Fällen sich gleich an Brückner wenden. Bei solcher Vorsorge war zu hoffen, daß der Vater sich wieder erholen und bei seinem thätigen Geist die Ruhestunden auf eine Art anwenden würde, die ihm Freude brächte.

Die Mutter war Tochter eines wohlhabenden Küsters und heiratete erst nach dem dreißigsten Jahr. Alles was in des Küsters Wirtschaft an Hausrat gewesen war, habe ich dort noch wohlerhalten gesehn; auch den Schrank, der im siebzigsten Geburtstag so schön beschrieben ist, samt der Elle, dem Besemer, dem Mangelholz und dem großen Mörser, der zugleich mit der Glocke gegossen war.

Der Schmaus, von dem Voß schreibt, war gleich in den ersten Tagen. Brückners und auch Kaufmann befanden sich unter den Gästen. Die liebe Schwester war dazu von ihrer Hofdame aus Strelitz angekommen und brachte in das Ganze eine gewisse Zierlichkeit. Ein schönes Tischgedeck hatte die Mutter selbst; die silbernen Löffel waren bis auf zwei im sieben= jährigen Kriege verkauft worden; auch die zinnernen Teller reichten nicht. Aber eine alte adlige Witwe, deren Enkelin der Vater unterrichtete, hatte selbst das fehlende Geschirr angeboten, und sie sandte noch mehr, als begehrt war. Die Art der Bewirtung in echt mecklenburgischen Gerichten wich sehr von der holsteinischen ab. Zum Beschluß kamen noch auserlesene Stücke vom vorjährigen Schwein und eine mächtige Schüssel selbstgedörrter Pflaumen, ganz weiß mit Zucker überstreut. Diese stellte die Mutter für mich hin, weil der Sohn ihr gesagt, ich äße sie gern. Der alte Vater, der seinen Platz zwischen Voß und mir gewählt, mußte alles durch seine Heiterkeit zu beleben. Zuweilen saß er ganz still; und die Thränen rollten ihm über die Wangen; dann nahm er meine Hand und legte sie in die seines Sohnes. Voß hatte seiner Schwester aufgetragen, zum Schlusse der Mahlzeit zwei Flaschen Wein hinzustellen, und holte nun seine Mutter, die sich ungeachtet alles Sträubens im Küchenanzug zu uns setzen mußte. Abends, als die Gäste fort waren, schloß der alte Vater die Hausthür zu, um, wie er sagte, seine Kinder allein zu haben.

Unvergeßlich ist mir auch der Besuch in Neubrandenburg, wo mir Voß alle die alten Orte zeigte und zu allen hinführte, die ihm durch Freundlichkeiten seinen dortigen Aufenthalt als Schüler erleichtert hatten. Ein alter, fast erblindeter Rademacher, bei dem er einen Freitisch gehabt, wollte nichts davon wissen, daß er ihm je Wohlthaten erzeigt hätte, aber wie fröhlich ward der alte Mann, als ihm das Gedächtnis ein wenig aufgefrischt wurde! Ebenso ging es bei der freundlichen Frau Engel, bei der er gewohnt, und die oft des Abends mit für ihn gekocht hatte. Allenthalben, wo wir hinkamen, wurde nach mecklenburger Sitte aufgetischt, und hungrig oder satt, wir mußten das Unsrige leisten.

Brückners Liebe gegen Voß glich fast der Zärtlichkeit einer Braut. Dieser edle Mann hat sein ganzes Leben hindurch einen siechen Körper getragen. Er war sehr weicher Natur, lebte in einem dumpfigen, feuchten Hause, hatte stets mit drückenden Nahrungssorgen zu kämpfen und fand in seiner nahen Umgebung nicht die Aufheiterung, die seinen Geist hätte frisch erhalten können. Auf seiner Studierstube richtete Voß sich gleich häuslich neben ihm ein, wo denn an der Odyssee gearbeitet ward, auch gemeinschaftlich Verse gefeilt wurden. Auch machten wir eine schöne Fahrt zu Brückners Vater und seiner herrlichen Familie miteinander.

Gegen Ende Oktobers traten wir unsre Rückreise an. Ein sehr verständiger Bauer war willig, uns in fünf Tagen nach Wandsbeck zu bringen. Er hatte herrliche Pferde, aber nur einen schlechten Bauerwagen ohne Sitzstühle. Weil in den Dorfwirtshäusern nicht viel zu haben war, hatte uns die Mutter eine schöne Gans gebraten und Kaffee gemahlen, welchen ich jeden Morgen kochte. Der alte Vater kam schon vor Tagesanbruch mit dem Fuhrmann bei uns an und ordnete selbst alles zur Bequemlichkeit. Seine letzte Bitte war, nächstes Jahr wiederzukommen: sie sollte nicht erfüllt werden. Sehr weich waren wir am ersten Tage gestimmt, wo noch so mancher Gegenstand eine Jugenderinnerung auffrischte. Allmählich wurden wir heiter und durchlebten noch einmal die schöne Zeit und machten Pläne für die Zukunft. Be= sonders lebendig war unser beider Wunsch, unsern lieben Alten noch so viele Freude zu bereiten, als in unsrer Macht stände. Wir konnten damals nur wenig leisten, doch ward dem zurückkehrenden Fuhrmann manches mitgegeben, worüber sich unsre Alten herzlich freuten.

Nachdem wir uns einige Tage ausgeruht hatten, ward Anstalt ge= macht, die neue Wirtschaft einzurichten, wonach wir uns nicht wenig sehnten. Das Haus, das wir bezogen, hatte nur wenig Raum, zwei oder drei Zimmer, einen nicht kleinen Garten und wir bewohnten es allein. Ein Dutzend Stühle, einige Tische und das unentbehrlichste Gerät ward so hübsch und mit so fröhlichem Herzen wie möglich geordnet, was irgend fehlen konnte für die Zukunft aufgespart. Darunter war auch ein Mörser, der zwei Thaler kosten sollte, mit dem uns der nächste Nachbar, ein Krämer, gern aushalf. Da die für uns gemietete Magd nichts von sich hören ließ, beschlossen wir uns selbst zu bedienen. Beim Einräumen fehlte es nicht an hülfreichen Händen; besonders thätig zeigten sich Wilm, Claudius und Rebekka. Diese geleiteten uns auch abends nach Hause, und Claudius zündete aus seiner Handlaterne das erste Licht an und hielt dann einen feierlichen Sermon über Einigkeit und Sparsamkeit, und daß die Frau in ihrem Ehemanne den rechtmäßigen Herrn anerkennen, dieser aber seine Herrschaft auch nicht über Gebühr ausdehnen müsse.

Die ersten Tage wurden in großer Geschäftigkeit zugebracht. Voß war nicht bloß in seinem Fache thätig, er half mir auch in dem meinigen, zündete mir das erste Feuer an und spaltete selbst Holz, denn der Vater hatte ihm eine Art und ein Handbeil mitgegeben. Wasser holte ich mir aus dem Pumpbrunnen, der nahe an unsrer Wohnung war. Beim ersten Mittagsessen waren wir beide einig, daß uns noch nie eine Mahlzeit so gut geschmeckt hätte. Den Nachmittag kam Claudius und wollte, wir sollten den Abend dort essen; aber nein, das ging nicht, wir hatten noch gar zu viel zu ordnen. Am zweiten Morgen arbeitete Voß schon an der Odyssee, obgleich ihm die geschäftige Hausfrau noch störend war.

So wie nun alles seinen ebenen Gang gewonnen hatte, beschlossen wir Mumssens, Voßens treue Ratgeber und Aushelfer in jeder Verlegen= heit, zum Mittagsessen einzuladen. Mit Claudius war früher ausgemacht worden, daß, wenn Hamburger Gäste da wären, jede Hausfrau eine Schüssel liefern sollte. Aber diesmal wollte Voß es sich nicht nehmen lassen, die Hauptperson in der Anschaffung zu sein. Claudius lieferte Austern, und gewiß, ich habe auch das Meinige gethan. Solche Schmäuse gab es den Winter mehrere, wozu auch manchmal ein Stück Hamburger Rindfleisch gemeinschaftlich gekauft ward. Klopstock war mehrmals da, einmal mit Schönborn, öfter allein, wo er dann unbeschreiblich liebens= würdig sein konnte.

Auch Campe kam häufig mit seiner dreijährigen Tochter zu Fuß hinaus. Er hatte sich in Hamburg eine kleine Wohnung in der Vorstadt St. Georgen gemietet und deutete an, er habe seiner Gesundheit wegen Dessau verlassen und wolle sie durch stilles, einfaches Leben wieder stärken. Nach wenigen Wochen nahm er schon zwei Zöglinge ins Haus, dabei klagend, seine Freunde ließen ihm keine Ruhe, sich selbst zu leben. Die Gesundheit, die keinem schwach vorkam, besserte sich unglaublich schnell, und noch vor Ostern bezog er ein schönes großes Haus mit einem Garten. Zwölf Knaben nebst einem Gehülfen zogen mit ein, und in kurzer Zeit waren vierundzwanzig aufgenommen.

Bald brachten wir eine gewisse Regel in unsern Lebensplan, denn nach unser beider Naturanlage suchten und fanden wir das höchste Glück in unserm Hause bei stiller Thätigkeit. Die Einladungen nach Hamburg beschränkten sich allmählich auf einmal die Woche. Meistens ging ich mit, und wir blieben die Nacht bei Mumssens. Manchmal nahmen wir auch mit Claudius einen Wagen, und gingen wohl gar ins Theater, doch dieses des hohen Preises wegen sehr selten. Stets wird mir der Abend im Gedächtnis bleiben, wo wir den Hamlet von Brockmann sahen, den Geist von Schröder und die Ophelia von der Ackermann. Unsre tägliche Regel war, am Vormittage sehr fleißig zu sein. Nach Tische gingen wir in dem schönen Schloßgarten spazieren. Dann wurden wohl Besuche gemacht in den sechs Familien, mit denen wir nachbarlich verkehrten. Abends waren wir häufig mit Claudius zusammen und in dem Hause, wo nach vorhergegangener Untersuchung das meiste Essenswürdige sich fand, ward die Tafel gedeckt. Eine bedeutende Rolle spielte ein Stück kaltes Pötelfleisch oder ein Karpfen, den man vom Fischer im Schloßgarten selbst aus dem Teiche heben sah und ins Schnupftuch gebunden nach Hause trug. Aber auch bei Reisbrei und abgesottenen Kartoffeln konnten wir sehr lustig sein. Wenn Claudius bei uns war, so hatte er immer seine älteste Tochter mit einem Kreuzgürtel auf den Rücken gebunden; die ward dann in unser Bett gelegt, bis sie wieder heimgingen.

Wenn wir allein blieben, so ward um drei Uhr Thee, selten Kaffee, getrunken, und dabei gesprochen, woraus ich lernen konnte. Die Dämmerungsstunde war schon damals dem gemütlichen Gespräch gewidmet, und bis an sein Ende hat Voß sie für uns beide in ihrer Gemütlichkeit zu erhalten gewußt. Abends nach Tisch las er mir vor, oder ich ihm, denn seine Augen waren eine Zeitlang entzündet und vor Tisch wollte er von Schonung nichts wissen. Das erste Buch, welches wir zusammen lasen, war Sophiens Reise von Memel nach Sachsen, wovon damals in allen Zirkeln die Rede war. Er las es mit Freude, obgleich es keinen großen Eindruck auf ihn machte.

Auch zu eigenen Arbeiten fühlte sich Voß bald mutig. Die büßenden Jungfrauen und den Riesenhügel dichtete er in dieser Zeit. Da merkte ich mir bald, daß ich nicht unaufgefodert reden oder mir die Frage erlauben durfte, was er so sinnig zu grübeln hätte. Da er in solcher

Stimmung gern in der Dämmerung allein blieb, so ging ich dann wohl
zu der Claudius, die mich wie eine Schwester behandelte. Fand ich ihn
still, wenn ich heimkam, so setzte ich mich still neben ihn. Zuerst pflegte
er auf kleine Zettel zu schreiben, die ich nie bemerken durfte. Hatte er
aber einmal sein großes Blatt genommen und schrieb ins Reine, so war
die Art seiner Mitteilung, auch im Gespräch, die lebendigste, die man
sich denken kann, und ich konnte mich morgens eben so lebhaft freuen,
als er selbst, wenn er fortfuhr, wo er am Abend aufgehört hatte. —
Später im Winter arbeitete er den Abendschmaus. Um seinen Plan zu
einer wohlbesetzten Tafel kunstmäßig auszuführen, brauchte er Weiber=
hülfe. Mumssens hatten ihm im letzten Winter beredet, zu einer Reihe
von Schmäusen mitzugehn, denn die reichen Hamburger rechneten sich
einen solchen mitgebrachten Gast zur Ehre, und Voß machte diese neue
Erfahrung Freude. Nun erklärte er gegen die Mumssen, jene Schmäuse
könne er nicht unerwidert lassen; er wolle diese Herren und Damen auch
einmal anständig bewirten, sie müsse ihm dazu mit Rat und That behülf=
lich sein und zuvörderst einen Plan entwerfen, worin die Zahl und Ord=
nung der Schüsseln genau bezeichnet wären. Alle Gegenvorstellungen
halfen nichts, Voß blieb bei seinem Vorsatz, und sie fügte sich mit nicht
willigem Herzen. Aber bei der Ausführung suchte die mütterlich vor=
sorgende Freundin so sehr Sparsamkeit mit Anstand zu verbinden, daß
Voß sie endlich unter dem Siegel der Verschwiegenheit in sein Geheimnis
einweihte, und so gab es denn einen sehr lustigen Abend. Die Ideen
zu dem Aufsatz wurden durch einen Besuch bei dem geschicktesten Con=
ditor noch erweitert und dieser Mann hat, als ihm die Idylle gedruckt
mitgeteilt ward, ein der Beschreibung ziemlich nahes Werk zustande ge=
bracht. Von dem Hamburger Schmause ward in allen Zirkeln geredet
und keiner nahm dem Verfasser die kleinen Satiren übel. Selbst Klop=
stock hatte solche Freude daran, daß er sie in mehreren Gesellschaften
vorlas.

Zu unsrer Hausökonomie gehörte unter andern, daß abends nur ein
Licht angezündet ward. Da Voß immer stehend am Pult arbeitete, und
dazwischen auf und abging, entweder schweigend oder mitteilend, was in
ihm lebte, ich aber für die zierlichen Stiche mit der Nadel der Helle nicht
wohl entbehren konnte, so ersannen wir die Aushülfe, neben das Pult
unsern Eßtisch und auf diesen für mich einen kleinen Strohsessel aus der
Küche zu stellen. Wie oft hat Voß noch in späteren Jahren ausgesprochen,
daß unser Leben bis zum Junius den Namen der Flitterwochen ver=
diente! Er fühlte so ganz das Glück, in ungestörter Ruhe fortzuarbeiten,
wohin ihn seine Neigung trieb, und eine empfängliche Teilnehmerin um
sich zu haben, die dankbar anerkannte, daß es ihr nach und nach gelingen
würde, auch in wissenschaftlichen Dingen, die ihr bis jetzt ganz fremd ge=
wesen, die Ausbeute seiner Anstrengungen zu teilen. Es lag von jeher
in seiner Natur, sich lebhaft über das, was ihn grade beschäftigte, aus=

zusprechen. Für mich dagegen war es ein unbeschreiblich wohlthätiges
Gefühl, nach einer Reihe recht kummervoller Jahre in einer so ungetrübten
Gegenwart zu leben, und in eine heitere Zukunft zu blicken. Daß wir
wenig hatten, störte uns nie, weil wir Beide die gewisse Überzeugung
hegten, man könne bei wenigem froh sein.

Aus Mecklenburg kamen immer gute Nachrichten. Die Briefe des
lieben Vaters waren gar zu freundlich. Die Mutter schickte uns von
ihren selbst gemästeten Spickgänsen und Sämereien für den Garten. Im
Februar schon konnten wir anfangen diesen zu bestellen; das beschäftigte
uns beide gleich sehr. Bäume pflanzten wir freilich nicht, weil wir die
Wohnung nicht zu behalten wünschten, aber eine Laube mußten wir doch
anlegen, groß genug, um einen Tisch hinein zu stellen. Der Nachbar
Schreiner zimmerte unter Voßens Leitung ein leichtes Lattenwerk zusammen, und Bänke wurden auf eingegrabene Pfähle genagelt. Der
Gärtner Trapp brachte Bäumchen, die schnell Zweige schießen, und Ranken-
gewächse. Rotblühende Bohnen mußten die Lücken ausfüllen. Vor der
Laube ward ein Grasplatz angelegt, wozu der gänzlich verwilderte Garten
die Fülle lieferte, und Voß war emsig beschäftigt, das überall Zusammen-
gesuchte wohl zu fügen, festzuschlagen und die entstandenen Lücken aus-
zubessern: alles damals schon, wie er später in Eutin, Jena und Heidelberg zu schaffen pflegte. Nirgends konnte er etwas unvollendet lassen,
was er einmal mit Liebe angriff, und nie war er heiterer, als wenn er
so im Schweiße seines Angesichts mit den Seinigen sein Brot verzehrte.
— Die ersten Erbsen legten wir gemeinschaftlich; er steckte selbst das Reisig
daran, und war gar zu lustig, als ich ihn von der Arbeit rief, um die
ersten zu pflücken. Vorzüglich erfreute uns die Kresse, zu deren Ein-
streuung er zierlich die Buchstaben F. L. V. (Friedrich Leopold Voß), als
den bestimmten Namen unsers ersten Knaben auf ein eigen dazu ab-
gesondertes Ländchen zeichnete. Ging er allein nach Hamburg, so kam
er nie zurück, ohne mir etwas mitzubringen. Von Claudius hatte er in
der Junggesellenwirtschaft gelernt, wo gerupftes Federvieh zu haben war.
Diese Kenntnis ward genützt, wenn die Kasse es erlaubte; sonst gab es
feineres Obst und Apfelsinen, oder einen schönen Veilchenstrauß, die in
unglaublicher Menge an den Wällen wuchsen. Diese lebhafte Freude über
die Erstlingsblumen, die jeden Frühling unsre Heiterkeit mehrte, ist ihm
bis an sein Ende geblieben. Jeden Tag mußte ich ihm sagen, wie alles
vorgerückt sei, und wie freundlich lächelte er, als ich ihm wenige Tage
vor seinem Scheiden die ersten Primeln und Aurikeln brachte. Die kleinen
Freuden, die dem Leben Würze geben, überall zu suchen und zu finden,
war eins seiner liebsten Geschäfte, und in keiner angestrengten Thätigkeit
unterbrach ich ihn zur Unzeit, wenn ich unvermutet etwas entdeckte, was
ich nicht allein genießen wollte.

Den ganzen Winter freuten wir uns auf die Ankunft meiner Mutter,
die während des Wochenbetts bei uns sein wollte. Sie kam im Mai

sehr heiter bei uns an, und hatte wahrhaft mütterliche Freude an uns, an unsrer Lebensweise und unsrer Umgebung. — Ende Juni erhielten wir ganz unvorbereitet durch Brückner die traurige Botschaft, daß unser lieber Vater von uns geschieden sei. Der Brief kam grade in der Däm= merung, und Voß hatte nicht die Fassung, es mir zu sagen. Er eilte zu Claudius, um seinen ersten Schmerz auszuweinen, und dieser be= gleitete ihn zurück, und brachte mit seiner ganzen Liebenswürdigkeit, von Rebekka unterstützt, mir die Botschaft so sanft als möglich an. So innig bewegt hatte ich Voß noch nie gesehn, und dabei so liebend vorsorgend um mich. Brückner hatte die Nachricht bekommen, daß der Vater schwach sei, und traf wenige Stunden vor seinem Scheiden bei ihm ein. Die erste Frage war, ob der Enkel da sei. Dann folgte die sanfte Klage, daß er dies nicht mehr hätte erleben sollen, und der väterliche Segen für die Kinder! Des Sohnes Trost war der allgemein anerkannte Wert seines Vaters, und dessen große Liebe zu seinen Kindern. Daneben das Bewußtsein, daß er stets redlich gestrebt, die Freude und Stütze seiner Eltern zu sein. Doch ward es ihm schwer, sich wieder zur Heiterkeit zu erheben, und drückend fühlte er die Sorge, das Notwendigste für die Mutter herbeizuschaffen, in einem Zeitpunkt, wo wir mehr brauchten . . .

Endlich erschien der langersehnte Knabe. Wie groß war meine Freude, als Voß mir nach dem Erwachen aus der langen Betäubung unter häufigen Thränen diesen holden Erstling brachte! Die Taufe ward auf den 15. Juli, unsern Hochzeitstag, festgesetzt. Nach Stolberg erhielt er den Namen Friedrich Leopold, und Claudius war dessen Stell= vertreter. Er erschien, einen Degen an die Seite gefügt, in seinem seidenen Staatskleide, welches er sich hatte machen lassen, als er Oberland= kommissarius in Darmstadt werden sollte. Die Wandsbecker Hausfreunde waren auch eingeladen, und meine Mutter konnte nicht genug rühmen, wie thätig ihr Voß beigestanden, die Gäste stattlich zu bewirten. Eben so sorgfältig war er auch nach der Taufe, alles Geräusch von mir zu entfernen.

Schon im Frühling erzählte Büsch, daß die Otterndorfer Voß zum Rektor wünschten, und bei ihm Erkundigung eingezogen hätten. Büsch wußte viel Anziehendes von diesem Lande zu erzählen, aber da die Marsch= luft und das Regenwasser ihm vielleicht schaden könnten, riet er, die Sache erst mit Hensler und Mumssen zu überlegen. Diese waren nicht dagegen, und Voß selbst lag daran, dem meiner Mutter gegebenen Wort gemäß die erste passende Schulstelle anzunehmen. Die Sache zog sich in die Länge, und der Knabe hatte vollends alles verwischt. Da hatte Voß am Kirchgangstage einen rechten Schreck, als ihm der Besuch eines Bürger= meisters aus Otterndorf gemeldet ward. Eine starke Figur mit einem sehr lebhaften Gesicht trat ins Zimmer, ein geputztes Frauenzimmer an der Hand, die er mir als seine Frau vorstellte. Die gegenwärtigen Freunde, Claudius, Campe, Milow, mit ihren Frauen, verließen das

Zimmer, welches Voß noch verlegner machte. Der dicke Herr nahm sogleich mit vieler Beredsamkeit das Wort, wie er seinem Lande Glück wünsche, einen so kenntnißreichen Mann bald den seinigen nennen zu können, und kramte mit Würde aus, wie auch er ein Gelehrter sei, der in seiner Jugend Latein und Griechisch gelernt, und außerdem mancherlei Schul= kenntnisse besitze, die ihn fähig machten, einem jungen unerfahrenen Mann überall mit Rat beizustehn; und auch seine Frau sei bereit, mir die näm= lichen Dienste zu leisten. Nun fing er ein förmliches Examen an, in einem sehr hohen Ton, den er, wenn die Antworten etwas schneidend ausfielen, geschickt durch Bescheidenheit zu mildern wußte. Mit der Frau, die gebrochen französisch redete, ging es mir auf gleiche Weise, und Voßens steigende Röte machte mich noch verlegner, als ich von Natur war. Gegen Ende ward das Gespräch immer lebhafter, als die Rede auf Chrestomathieen kam, und Voß erklärte, daß er seine Schüler stets aus den Autoren selbst unterrichten würde. — „Auch die Basedowschen würden Sie nicht brauchen?" — Die am allerwenigsten, war die Antwort. — Da sprang der dicke Herr auf, und rief mit Heftigkeit aus: „Dann soll der T....l Sie holen, denn ich selbst bin Basedow." Dabei umarmte er Voß herzlich, und versicherte, diese Erklärung durch seinen Vorwitz ver= dient zu haben. Nun kam der lachende Zug herein, der an der halb= offenen Thüre gehorcht hatte. Basedow ließ nicht ab, die Herren mußten mit ihm in den Gasthof gehn, wo er einen Schmaus bestellt hatte. Basedow war einer der angenehmsten Gesellschafter, voll lebendigen Witzes. Die damalige Sitte, am Schlusse einer festlichen Mahlzeit alte und neue Lieder zu singen, liebte er sehr, und hatte die Gabe, jedes Lied in die Melodie des Dessauer Marsches zu zwingen.

Wenige Tage, nachdem meine Mutter uns verlassen hatte, meldete Büsch, daß Voß zum Rektor in Otterndorf erwählt sei. Er riet, den guten Willen der Hadeler dadurch zu erwidern, daß er hinunterreise und an Ort und Stelle untersuche, ob er die Stelle annehmen könne oder nicht. Dieser Rat ward so schnell wie möglich befolgt. Voß kehrte sehr heiter als Rektor zurück, mit der Überzeugung, er hätte Unrecht gethan, wenn er die Stelle ausgeschlagen. Von seinen Bedenklichkeiten hatte man gar nichts hören wollen, und sich bereit erklärt, das Haupthindernis der feuchten Amtswohnung durch den Ankauf eines trockenen und geräumigen Hauses hinwegzuräumen, welches noch vor dem Winter notdürftig be= wohnbar gemacht werden konnte. Er versprach am folgenden Morgen sein bestimmtes Ja oder Nein zu geben, und legte sich mit der sehr traurigen Empfindung, niemand um sich zu haben, mit dem er teil= nehmend das Für und Wider übersprechen konnte, zu Bette. Jetzt alle seine Lieblingsbeschäftigungen als Nebenzweck in den Hintergrund zu stellen und mit frohem Mute täglich sechs Stunden den Unterricht mit Knaben zu übernehmen, von dem ersten Grunde des Wissens an bis auf den Punkt, wo man selbst Freude dabei genießt, das schien ihm fast zu schwer.

Dagegen die Pflicht, als Familienvater einen nicht leichten Anfang nicht kleinmütig zu scheuen! „Ich mußte weinen," sagte er, „und in meinem Innern tönten die Worte: Herr, lehre mich thun nach deinem Wohlgefallen! Ich schlief sanft und ruhig mit dem Gedanken an Weib und Kind ein, und als ich morgens erwachte, und die Sonne so hell und freundlich in mein Fenster schien, fühlte ich mich so leicht und heiter, als ob ich gar nichts mehr zu überlegen hätte." — Den Eindruck, den dieser heitere Sonnenblick auf ihn machte, hat Voß nie aus dem Gedächtnis verloren. — Der Herr Pastor, ein Verwandter von Büsch, bei dem Voß wohnte, war sehr verwundert und froh, seinen Gast jetzt mit Heiterkeit und Bestimmtheit erklären zu hören, er wolle die Stelle annehmen, und machte dies gleich am gehörigen Orte bekannt.

Nachdem Voß beim Superintendenten ein sogenanntes gelehrtes Examen zur gänzlichen Zufriedenheit des gutmütigen alten Mannes glücklich bestanden hatte, reiste er ab, mit dem Versprechen, gegen Ende Oktober zum Antritte des Rektorats wieder einzutreffen.

Noch in Wandsbeck erhielt er die Nachricht, daß Bürger für das folgende Jahr die Herausgabe des Dietrichschen Almanachs übernommen, nachdem er erfahren, daß Göckingk sie aufgegeben, um sich mit Voß zu verbinden. Die Folge davon für Voß ließ sich voraussehn, nämlich daß Bohn sich jetzt weigern würde, Göckingk jährlich die 100 Thaler fortzubezahlen, welche er ihm für seine Vereinigung mit Voß versprochen hatte. Bürger, als Göckingks und Voßens Freund, kannte alle Verhältnisse genau, hatte auch, wie die anderen Freunde, thätige Mithilfe zugesagt, wenn auch nicht zu ausschließenden Beiträgen für den Voßischen Almanach sich verbindlich gemacht. ̇In einem umständlichen Promemoria für Voß und Göckingk suchte er nun seinen Schritt auf alle Weise zu rechtfertigen . . . . Bürger befand sich damals in der äußersten Not, indem er nach dem Tode seines Schwiegervaters, dessen Umstände völlig zerrüttet waren, Verbindlichkeiten zu erfüllen hatte, die weit über seine Kräfte gingen.

Unserm festen Vorsatz, lieber recht beschränkt zu leben, als Schulden zu machen, konnten wir, da durch den Umzug und das erste Auftreten in einem fremden Orte manche außerordentliche Ausgaben unvermeidlich wurden, nicht treu bleiben. Doch beunruhigte uns dieses nicht bei der begründeten Aussicht, daß wir im Stande sein würden, sie nach einem Jahre wiederzubezahlen. Zu einem Darlehn von 100 Thalern war gleich bereit der Syndikus Hensler*) in Stade, der Alberti Schwiegersohn und an Leib und Seele vollkommen ähnlicher Bruder unsers Hensler, der die Ferien immer in Hamburg oder Altona zubrachte.

Die wenigen Wochen, die uns in Wandsbeck noch vergönnt waren, vergingen uns sehr angenehm, und von Voßens Seite nicht ohne Thätig-

---

*) Peter Wilhelm Hensler. Seine Gedichte gaben heraus 1782 Voß und P. G. Hensler. In den ersten Almanachen steht manche Ballade und manches gute Epigramm von ihm.

keit. Am letzten Tage, als alles beim Einpacken beſchäftigt war, fuhr
eine Kutſche vor; aus der ſtiegen Leſſing, Campe und Claudius. Es war
weder Stuhl noch Tiſch mehr da; doch gelang es, auf den umherſtehenden
Kiſten und Packeten unſern Gäſten einen Sitz zu bereiten. Durch dieſe
Überraſchung aufgeheitert, ward in froher Laune der Kaffee getrunken.
Voß hatte Leſſing früher einmal geſehn, und ſo oft den Wunſch aus-
geſprochen, ſich länger mit ihm zu unterhalten. Alſo ließ er ſich über-
reden, die Fahrt mit den Herren nach Hamburg zu machen, ſo ungern er
mich allein der Trennung vom erſten Wohnort überließ. Leſſing und
Campe, als die Beſitzer der Kutſche, nahmen den Rückſitz ein, und da die
beiden Wandsbecker ihren Zweck nicht erreichen konnten, ſetzten ſie ſich
ihnen auf den Schoß, und fuhren ſo aus Wandsbeck hinaus. In Hamburg trafen wir uns wieder bei der lieben Mutter Alberti, die ſo froh
war als wir, daß wir noch einige Ruhetage bei ihr halten wollten.

Eines vorzüglich angenehmen Abends bei Büſch erinnere ich mich noch,
wo Leſſing in einer nicht kleinen Geſellſchaft durch ſeine lebhafte Unterhaltung die Aufmerkſamkeit aller auf ſich zog. Er war damals ſchon
kränklich, und mitten im Geſpräch überfiel ihn ein unwiderſtehlicher Schlaf.
Seine Stieftochter gab nicht zu, daß das Geſpräch unterbrochen wurde,
da ein ſolches Aufmerken auf ihn ihn immer verſtimmte. Er hatte den
Kopf auf den Tiſch gelegt; als er erwachte, war er verlegen, ſeine ſchönen
hellen Augen hatten allen Glanz verloren, und er redete wehmütig mit
Klopſtock, der neben ihm ſaß, über dieſe Schwäche, von der er durch die
Reiſe Heilung gehofft hatte.

Otterndorf, vom Herbſt 1778 bis zum Sommer 1782.

Von Hamburg aus wollten wir bis Stade zu Waſſer fahren, und
hatten uns ein eigenes Schiff gemietet. Der Kapitän des engliſchen
Kronſchiffes auf der Elbe, Müller, Voßens akademiſcher Freund, der berechnen konnte, daß wir Stade in einem Tage nicht erreichen würden,
und uns ein beſſeres Nachtlager als im Fahrſchiff gönnte, ſandte uns
eine Schaluppe entgegen. Sie erreichte uns, als es eben zu dämmern
anfing, und wir uns, ſo gut ſich's thun ließ, eingerichtet hatten. Wir
ließen uns bereden, unſer warmes Lager gegen das offene Boot zu ver-
tauſchen, wo wir das arme weinende Kind kaum vor Wind und Regen
zu ſchützen vermochten. Es war ſtockfinſter, als wir bei der großen Ma-
ſchine anlegten; ein bequemer Lehnſtuhl, an Seilen ſchwebend und vorne
mit einem mächtigen Sacke verwahrt, in den ich mich zuerſt mit meinem
Kindlein ſetzte, brachte uns ſchnell auf die Höhe des Verdecks. Die
freundlichen Geſichter und die volle Bequemlichkeit um uns her ſtimmten
uns bald zum Frohſinn, und ſelbſt der Junge hörte auf zu ſchreien, als
er die vielen Lichter ſah, und Voß ihn herumtrug und ihm vorſang. Mir
und dem Kleinen hatte der Kapitän ſeine kleine Kajüte eingeräumt,
während er und Voß ſich in der großen Kajüte ihr Lager bereiteten. Vor

Mitternacht konnte ich vor Kälte nicht einschlafen. Unser Wirt hatte vergessen, uns zu sagen, daß über unsrer Schlafstelle die Kanonen lagen, die
jeden Morgen vor Tageshelle abgefeuert wurden. Wie groß war nun
der Schreck, als wir durch den Donner über uns aus dem ruhigen Schlaf
aufgeweckt wurden! Eine gar zu angenehme Erholung darauf war die
Wasserfahrt in der Schaluppe nach Stade, im Schein der eben auf-
gegangenen Sonne, über die breite ruhige Wasserfläche der Elbe. Zwölf
Männer in weißen Hemden, mit bunten Bändern auf den Hüten, ruderten
uns, und unser Freund in schöner Uniform nannte uns manche schon bekannte Orte am fernen Ufer der Elbe.

Der herzlichste Empfang ward uns bei unserm lieben Hensler zu
teil, der, mit allen Verhältnissen in Hadeln genau bekannt, manchen
guten Rat geben, und Voßens Vertrauen zu seinen Bewohnern noch vermehren konnte. Er machte die Entdeckung, daß Voß keine Taschenuhr
habe. „Ohne Uhr“, hieß es nun, „dürfen Sie dort nicht auftreten.
Nehmen Sie eine von meinen, bis Sie selbst eine haben.“ Da half kein
Sträuben, das Anerbieten durfte nicht abgelehnt werden . . .

Wie viele Plane wurden noch für unser nachbarliches Leben besprochen!
Zwei Besuche jährlich, einen in Stade, einen in Otterndorf; lebhafte Mitwirkung für den Almanach, beständige Mitteilung alles neu gedruckten
im schönwissenschaftlichen Fach und aus allen Fächern; denn Hensler hatte
eine schöne Büchersammlung. — Von alledem sollte nichts in Erfüllung
gehen! Dieser kräftige lebensfrohe Mann, die gründliche und thätige
Stütze der Albertischen Familie, der zärtlichste Bruder liebender Geschwister, der treuste Freund seiner Freunde, der jeden Kreis zu beleben
verstand, ward schon am folgenden Frühling den Seinigen entrissen. Er
fühlte sich unwohl, und wollte sich durch eine Reise nach Hamburg stärken.
Unterwegs befiel ihn eine Schwermut, die seiner Natur völlig fremd war,
und als er aus dem Schiffe stieg, brachte ihn das Geläute der Glocken
zum heftigen Weinen. Seine erste Bitte bei der Mutter Alberti war, ihm
ein Bett zu rüsten, von dem er nicht wieder aufstehen sollte!

Die Reise von Stade nach Otterndorf, sechs Meilen, machten wir zu
Lande. Das Wetter war rauh und der Weg war schlecht, also langten
wir erst in der Dämmerung in der neuen Heimat an; nicht sehr mutig
gestimmt, denn der arme Kleine litt Hunger, und war nur zu beschwichtigen
gewesen, wenn Voß ihn neben dem Wagen gehend trug. Wir fuhren an
unsrer Wohnung vor, die dicht verschlossen war. Es trat aber sogleich
ein freundlicher Mann mit seiner Frau an den Wagen, der sich unsern
Nachbarn und Kirchenjuraten Paulsen nannte. Da das Schiff mit unsern
Sachen noch nicht angekommen war, hatte das Kollegium bei ihm Wohnung
für uns bestellt, bis wir uns bequem eingerichtet hätten. Während er
mit Voß redete, hatte die Frau das weinende Kind schon auf den Arm
genommen, und mich in ihr nahes Haus geführt. Großen Beifall erhielt
der freundliche Fritz. Er ging von einer Hand in die andere, und alle

waren voll Verwunderung, wie man ein Kind ohne Schnürbrust sicher
tragen könne. Wie wert ward uns die neue Heimat gleich durch diese
zuvorkommende Gastfreiheit! Daß der Jurat unser Nachbar war, erhöhte
sein Bestreben, sich uns gefällig zu zeigen; denn Nachbarschaft gilt in
Hadeln mehr als Blutsfreundschaft, und selbst wenn zwei, die einander
nicht hold sind, Nachbarn werden, gleicht sich alles schnell aus.

Es sammelten sich noch den nämlichen Abend mehrere, die von Voßens
Ankunft in Kenntnis gesetzt worden, und bei jedem sprach uns das treu=
herzige Wesen an. Unter diesen befand sich auch Schmeelke, dem Voß
von seinem Onkel Niebuhr angelegentlich empfohlen war, und der als
Nachbar unsers Juraten auch zum Essen bleiben mußte.

Am folgenden Morgen führten die freundlichen Wirte uns nach unsrer
Wohnung, um zu hören, ob wir noch etwas zu wünschen hätten. Zwei
Zimmer nach der Gasse gaben das Gefühl, daß sie für den Winter be=
haglich werden könnten; aber die Ausbesserung an den Wänden zeigte
noch nasse Stellen, und Fenster und Thüren waren frisch mit Ölfarbe
angestrichen. Das kleine Gärtchen machte uns gleich Freude. Es war
24 Schritte lang, doch bemerkte Voß später, es kämen 25 heraus, wenn
er sie weniger groß machte. Hinter ihm floß die Mäme. Auf diesem
wimmelte es jeden Morgen von Kähnen, die aus dem Sietlande Torf
und Lebensmittel für die Stadt brachten. Auf einem freien Platz am
Ufer ward dann Markt gehalten, zu dem sich Männer und Weiber aus
allen Gegenden versammelten, denn jede Hausfrau rechnete es zu ihren
Hauspflichten, den gekauften Vorrat selbst nach Hause zu tragen.

Schon am dritten Tage war die feierliche Einführung in dem dazu
aufgeschmückten Schulzimmer. Voß sah recht ehrwürdig aus im neuen
schwarzen Kleide und im langen Mantel. Die Schultheißen und die
Geistlichkeit nebst den zwei Kollegen mit der ganzen Schar der Schüler
aus allen drei Klassen holten ihn ab. Seine Rede, die allgemeinen Bei=
fall erhielt, ist nicht aufbewahrt worden. Bei der Rückkehr hatte die
Frau Juratin für die Standespersonen den Tisch mit Erfrischungen und
Wein besetzt, und auch ich hatte die Ehre, als Frau Rektorin begrüßt zu
werden.

Die Schüler besuchten Voß alle noch vor der Einführung, und er
gewann bald ihr Zutrauen durch die freundliche Art, mit der er jeden
wie seinesgleichen behandelte. Er selbst war sehr verwundert, fast lauter
Schüler um sich zu sehen, die so groß als er selbst waren, sechzehn an
der Zahl. Es waren Söhne von Landpredigern und Hofbewohnern,
wenige aus der Stadt. Auch die Väter erschienen in den ersten Tagen.

Indessen war der Schiffer mit unsern Sachen angelangt, und sie
wurden in unser Haus geschafft. Zugleich aber ward uns erklärt, der
Herr Jurat habe sein Wort gegeben, uns nicht eher einziehen zu lassen,
bis wir alles zu unserer Bequemlichkeit geordnet hätten. An thätigem
Beistande beim Auspacken und Einräumen fehlte es nicht, und so waren

wir bald notdürftig mit der ersten Einrichtung fertig. Ohne jugendlich leichtes Blut hätten wir freilich den noch Monate dauernden Dunst bei verschlossenen Thüren und Fenstern kaum ertragen; so ging es ohne schädliche Folgen ab.

Das erste frohe Gefühl in der neuen Wohnung kann ich mir sehr deutlich denken. Voß war so heiter und mutig, und auf uns beide hatte das freundliche Zuvorkommen der neuen Landsleute einen gar zu an= genehmen Eindruck gemacht. Die völlige Freiheit, mit der man es ihm überließ, wann er seine Schule eröffnen, und was er darin vornehmen wollte, machte ihm selbst den Anfang leicht, an den er früher mit nicht geringer Furcht gedacht hatte. Um sich gehörig zu sammeln, beschloß er, noch zwei Tage auszuruhen, dann wollte er die erste Woche nur des Vormittags Stunden geben. Das Stehpult war gleich nach Wandsbecker Weise mit Büchern belegt. Mit einer Art Wehmut zeigte er mir sein Zuletztgeschriebenes in der Odyssee, mit dem Ausruf: „Das muß nun wohl eine lange Weile ruhn!" — Die Vorbereitung zur Schule nahm seine ganze Thätigkeit in Anspruch. Nach den ersten Stunden kam er sehr erschöpft und verstimmt nach Hause, da er nirgend einen festen Grund fand, worauf sich fortbauen ließ; doch legte sich dieses schnell, als er seinen Jungen eine Weile herumgetragen und sich über alles aus= gesprochen hatte.

Zerstreuung gab es in der ersten Zeit zu viel, aber wir trösteten uns damit, daß dieses unvermeidlich sei, wenn wir nicht unfreundlich erscheinen wollten. Bürgermeister und Ratsherrn, Oberamtmann, Ge= richtsdirektor und Advokaten mußten uns nach Landessitte Schmäuse geben; auch die Eltern der ihm anvertrauten Kinder ließen sich diese Ehre nicht nehmen, und sandten ihre Wagen zum Abholen. Diese Schmäuse waren sehr feierlich, doch herrschte dabei keine Steifheit, sondern eine heitere, frohe Laune. Der neue Rektor hieß bald ein sehr unter= haltender Mann, weil er so lieb der Gabe hatte, mit jedem von dem zu reden, worin er sich im Gespräch behaglich bewegte. Die ganz neuen Sitten, die wir überall sahen, gaben uns viel Stoff zu eigenen Be= merkungen, die uns leiten sollten bei unserm Benehmen in der neuen Welt.

Bei einem 80jährigen Burgemeister, der Witwer war, fanden wir unter den zahlreichen Angehörigen auch Schwiegertöchter. Aber keine durfte den Kaffee einschenken, nur herumreichen. Er selbst saß an seinem mit Silber belasteten Kaffeetisch, und bediente die mächtige Maschine, die durch einen umgedrehten Hahn den Vorrat von sich gab. Wer's gut mit sich meinte, mußte bei der ersten Tasse das Zeichen geben, daß er genug habe, sonst hatte das Nötigen kein Ende. Darauf verschwand der alte Herr aus dem Gastzimmer. Als uns später die Schwiegertöchter im Hause herumführten, sahen wir den Herrn Burgemeister, mit einer Küchen= schürze und überzogenen weißen Ärmeln angethan, wie er einen großen gespickten Kälberbraten am Spieß befestigte. Bei Tische saß er wieder

mit rotglühenden Backen unter uns, und der Weitgereiste gab seinen reich=
lichen Beitrag zur Unterhaltung.

Die lichten Punkte im Leben überall zu suchen, dahin ging unser
Streben von der ersten Zeit unsers Vereins an. In den Grundsätzen
waren wir uns völlig gleich, wir suchten beide das Höchste in unserm
häuslichen Leben, hatten beide die größte Freude an stiller Thätigkeit,
waren beide genügsam und an wenige Bedürfnisse gewöhnt. Voß fand
bald drei sehr lichte Punkte in seinem Beruf: die zwei freien Nachmittage
des Mittewochs und Samstags, und der ganze Sonntag. Dieser freilich
ward etwas dadurch verkümmert, daß er pflichtmäßig von 9 bis 11 Uhr
mit seinen Schülern in der Kirche sein mußte, um meistens eine recht
schlechte Predigt anzuhören. Aber er erfüllte gewissenhaft die über=
nommene Pflicht, und um die Schüler an Aufmerksamkeit zu gewöhnen,
mußten sie am folgenden Tage die Hauptteile der Predigt angeben,
wobei er die Gelegenheit benutzte, das Evangelium mit ihnen durchzugehen
und ihnen manchen Spruch wärmer ans Herz zu legen.

Die häufigen Einladungen der ersten Zeit wünschten wir bald be=
endigt zu sehn. Festgesetzt ward nun, nachdem der erste Sturm der
Schmausereien glücklich überstanden war, keine Einladungen anzunehmen,
die wir nicht erwidern konnten. Alle, bei denen Besuche gemacht waren,
ließen sich zum Kaffee wieder melden, und zwar ganze Familien an einem
Tage, meistens Sonntags. Die Bewohner der Höfe, so gesellig sie waren,
sprachen nur, aus der Kirche kommend, vor, mit der dringenden Bitte
um baldigen Besuch, und dem Anerbieten, einen Wagen zu senden. Unser
Zirkel war im Winter sehr klein, im Sommer etwas größer, weil wir
manche Einladungen aufs Land gern annahmen. Die Sitte, abends nach
Tische Besuche zu geben und anzunehmen, gefiel uns als eine nicht Zeit
raubende am meisten. Schmeelte ward bald unser treuer Hausfreund,
der überall mit Rat und That an die Hand ging. Da er merkte, daß
Voß bei der Arbeit nicht gestört werden müsse, kam er gewöhnlich mittags,
wenn wir zu Tische saßen, da seine Eßstunde später fiel.

Die wenigen freien Stunden, welche Voß in der ersten Zeit hatte,
entbehrte er um so schmerzlicher, da er in Wandsbeck sich ganz nach
seiner Neigung hatte beschäftigen, und seine Ruhestunden mir durch
Gespräch und gemeinschaftliches Lesen widmen können Morgens mußte
er sich gleich hinsetzen, um für die Schule zu sorgen. Wenn er um
zwölf Uhr erschöpft heimkehrte, so ging ich ihm wohl mit dem Kleinen
auf dem Arm entgegen, wo er mir dann den Knaben, ich ihm die
Bücher abnahm, und wir uns unter heiteren Gesprächen zu Tische
setzten. Nach Tische machten wir meistens einen Spaziergang auf dem
Stadtwall, wo man, auch wenn's geregnet hatte, trocken gehen konnte.
Unsre Gespräche beim Thee nach der Schule mußte unser Knabe frisch
erhalten. War die Arbeit für den kommenden Tag nicht viel, so ging
er in der Dämmerung noch zum verständigen Organisten, von dessen

schönem Klavier er stets sehr erheitert zurückkam. Unser großer Eßtisch
war zugleich sein Arbeitstisch, denn da er in der Schule sich gehend und
stehend hielt, sehnte er sich abends zu sitzen. Die eine Hälfte war sein
Eigentum und dicht mit Büchern und Schriften belegt, an der andern
ward der Tisch gedeckt. Wie oft aber mußte er nach dem Essen wieder
anfangen zu arbeiten, weil er nicht fertig geworden war! Allmählich
gingen die Vorbereitungen leichter von statten, und mit sichtbar zu=
nehmender Heiterkeit sprach er sich am Ende jeder Woche über den Gang
seiner Thätigkeit aus, und daß die Schüler ihn durch Aufmerksamkeit,
Fleiß und verständige Fragen lohnten.

Bald sollten uns Prüfungen treffen, die ohne inneren Mut noch
schwerer zu tragen gewesen wären. Die Blattern, die schon bei unsrer
Ankunft in der Umgegend waren, fingen an, sich in der Stadt zu zeigen,
und rafften manchen hinweg. Da wir von jeder Leiche Einnahme hatten,
konnten wir entfernte Berührung nicht abwehren. Voß hatte schon oft
mit unserm alten Arzte über Einimpfung geredet, was damals in Hadeln
noch für einen Eingriff in Gottes Vorsehung galt. Auch der Arzt wollte
damit keinen Anfang machen, am wenigsten bei einem einzigen Kinde,
das noch nicht entwöhnt sei. Als die Gefahr der Ansteckung unvermeidlich
schien, erklärte Voß dem Arzte, wenn er bei der Weigerung beharre, so
sei er entschlossen, die Impfung selbst vorzunehmen, und in diesem Fall
möge er ihm nur eine Leitung während des Verlaufs der Krankheit
nicht versagen. Nach einiger Bedenkzeit willigte er endlich ein und die
Impfung ward vorgenommen. Wie ein Wunder verbreitete sich die
Nachricht durch Stadt und Land. Der Arzt hatte Mut gefaßt, doch
konnte er gegen uns seine Ängstlichkeit nicht unterdrücken. Bei dem Kinde
ging alles erwünscht, bis mehrtägige Fieber und Zuckungen den Aus=
bruch der Blattern verkündigten, von denen es bald vollkommen wieder
hergestellt war. Viele Besuche erhielten wir in dieser Zeit besonders von
Landbewohnern, die sich das Gute bei der Sache wollten erzählen lassen.
Der Alte predigte nun die Impfung überall, als sei sie von ihm aus=
gegangen, und das Vertrauen der Eltern hatte den glücklichsten Erfolg,
denn von 60 Kindern, die er bald darauf impfte, starb nur eins. Uns
gab es eine große Freude, daß wir, neben der Beruhigung, unsern Sohn
gerettet zu sehn, auch die Veranlassung geworden, ein so schädliches Vor=
urteil zu verdrängen. Der Dank der Eltern, die sich ihrer glatten
Kindergesichter freuten, hatte für den Sommer manche Einladung aufs
Land zur Folge.

Von der Zeit an kehrte unsre alte herzerfreuende Heiterkeit wieder
bei uns ein. Voß ward sein Beruf immer leichter und dadurch lieber.
Wir träumten uns auf einer von der Welt entfernten Insel zu leben,
deren Sitten und Gebräuche uns allmählich gewohnt wurden, uns aber
doch die Freiheit ließen, an unsrer Eigentümlichkeit fest zu halten. Welch
ein Jubel war es, wenn ein Brief aus der Welt kam, an der wir mit

so ganzer Seele hingen! Auch auf die Zeitungen konnten wir uns freuen, die gewöhnlich beim Kaffee gelesen wurden. Gab es frisches Regenwasser, so ward Thee gemacht: war es nicht mehr trinkbar, so holte uns wohl ein Fuhrmann zwei Meilen weit Quellwasser für einen Thaler, der auf andre Art wieder erspart werden mußte. Bei Übersicht unsrer Finanzen fanden wir, daß wir hoffen durften, im nächsten Jahre unsre Schulden zu bezahlen, da alle Lebensbedürfnisse sehr wohlfeil waren.

Wie glücklich fühlte sich Voß, als er zum erstenmal an einem Sonntag seine Odyssee wieder hervorholte! Da saß ich, wie in Wandsbeck, im Rat neben ihm und ward gerufen, wenn ihm etwas gelungen war, oder er sich durch Mitteilung eine Schwierigkeit erleichtern wollte.

Besonders wohlthuend für mich waren unsre Nachmittags-Spazier-gänge. Meistens sprach er sich dann aus über den Religionsunterricht, der ihm sehr am Herzen lag. Nach seiner Überzeugung konnte er nach den streng dogmatischen Sätzen des Lutherschen Katechismus nicht unter-richten. Er hatte sich von Pastor Milow in Wandsbeck neuere Sachen geben lassen, die ihm auch nicht genügten, denn es war sein ernster Wille, einer jungen Seele nichts zu geben, was Unruhe und Zweifel am auswendig gelernten Glauben erregen konnte. An Glaubenslehren den Hauptzweck unsres Daseins zu knüpfen: Gut zu leben, und treu in Er-füllung seiner Pflichten zu sein! das war sein höchstes Streben bei diesem Unterricht. „Ein Glaube,“ sagte er oft, „den ich bloß ausspreche, wie ihn mir andere vorsprechen, kann mir nicht die Ruhe geben, in der ich freudig fortwandle und dem Tod ins Auge sehe. Das, woran ich mich halten soll, muß jede Untersuchung ertragen; ich muß das Gefühl in mir be-wahren, daß mein Glaube nur dann Gott wohlgefällig sein kann, wenn er sich auf Überzeugung gründet.“ Diese Gegenstände sind stets die Gespräche seiner heitersten Stunden mit mir bis an sein Ende geblieben. Nie hat er Zweifel und Unruhe in mir geweckt, wo er nicht gleich bereit war, beides überwinden zu helfen. Die einfache Lehre Jesu aus den Evangelisten war ihm so klar und deutlich und frei von Menschensatzungen, wie ich sie noch nie hatte entwickeln hören. Bei ihm lernte ich zuerst, wie manches erst allmählich entstanden, was jetzt als Glaubenslehre gilt, und worüber wir von Manchem für schlecht erklärt werden, wenn wir nicht mit glauben können.

Sobald der Frühling erschien, erweiterten sich täglich die Pläne für unser inneres und äußeres Wohlsein. Das kleine Gärtchen uns lieb zu machen, war unser erstes, und wir freuten uns, daß es umgegraben sich größer ausnahm. An die Stelle eines verfallenen Bretterhäuschens trat eine zierliche Laube, bei deren Anlage Nachbarinnen und Hausfreunde zu Rate gezogen wurden. Voß erhielt nun auch ein eigenes Arbeitszimmer, mit einer freundlichen Aussicht auf den Fluß und eine immer rege Wind-mühle, von fruchtbaren Äckern umgeben. Beim Einziehen halfen die Schüler, denen es kaum recht war, daß sie nicht alle mit Hand anlegen sollten.

Die Osterferien benutzte Voß zu einer Reise nach Hamburg, um Vorkehrungen zum Druck der Odyssee zu treffen . . . .

Voß kehrte sehr heiter zurück und hatte eine unsägliche Freude, als der dreivierteljährige Fritz gleich die Arme nach ihm ausstreckte und die Künste, die sein Vater ihn gelehrt, alle wiederholte. Einen Vorrat Bücher brachte er mit, und was uns besonders glücklich machte, das Klavier, welchem jeder freie Augenblick gewidmet wurde. Auch Schmeelke und der Organist mußte gleich den ersten Nachmittag diese Freude teilen.

Die Hamburger Reise hatte ihn gar lebendig aufgefrischt, namentlich weil er in Stolberg die alten Empfindungen für den Göttinger Bund wieder gefunden. Auch wurde ihm manches lebendiger, was er fürs Museum arbeiten wollte. Einige Stunden täglich mußte er dem Almanach widmen; außerdem dichtete er in dieser Zeit die Kirschenpflückerin. Seine Heiterkeit bei eigenen Arbeiten war stets einzig in ihrer Art. Dann vermochte nichts ihn zu verstimmen, er nahm jede Sache leicht. War er abends so glücklich, was ihm im Kopfe lag, niederzuschreiben, so schlief er, nach Luthers Regel, flugs und fröhlich ein. War dieses nicht der Fall, so mußte er sich nicht umsonst, auf dem Lager auszuharren: wir standen auf und machten gemeinschaftlich Feuer; denn hätten wir die Magd geweckt, so wäre auch der Kleine wach geworden. Wie manches Frührot haben wir in Otterndorf und in Eutin auf diese Art leuchten sehn! Nach einer so hingebrachten Nacht fühlte er sich nie abgespannt, wie es sonst immer der Fall war, wenn ihn etwas im Schlaf störte. Auch sein Beruf war ihm nach der Reise lieber geworden, und er erzählte mit Freude, daß er sich wieder nach seiner Schule gesehnt habe. Indessen wenn er abends aus der Schule kam, sagte er wohl recht wehmütig: „Sechs Stunden jeden Tag sind doch fast zu viel für einen, der sein Leben erst recht genießen möchte, wenn er die Schule hinter sich hat."

Lustpartieen am Mittewochen und Sonnabend wurden immer abgelehnt. An andern Tagen waren wir nach vier Uhr sehr oft im Freien, denn die ungemeine Fruchtbarkeit überall zog nicht weniger an, als die gutmütige Freundlichkeit der Hofbewohner, denen Besuche zu jeder Zeit recht kamen, obgleich sie sich in ihrer häuslichen Thätigkeit nicht unterbrechen ließen. Gar schön ist jeder Hof mit Bäumen umpflanzt, hohe Eschen und Eichen am Eingang der stattlichen Wohnung, nach hinten ein zierliches Blumengärtchen nebst herrlichen Obstanlagen, und rings umher die zur Wirtschaft gehörigen Gebäude. Alles spricht Wohlstand und Rechtlichkeit aus, und jedes Geschäft geht nach der festgesetzten Regel.

Eine große Lustfahrt ward jährlich, wenn die Eichen ihr junges Laub eben entfaltet, nach Ritzebüttel unternommen, wo der Herr von Brockes, dessen bänderreiche Gedichte längst vergessen sind, einen Eichenwald angepflanzt hatte, der den Namen Brockeswald wohl behalten wird, so lange seine Bäume durch Schatten erfreuen. Dorthin wallfahrte die ganze

Nachbarschaft, die einen Wald wohl zu schätzen wußte, und auch wir ver=
gaßen, daß er den Namen Wald kaum verdiente.

Ein allgemeines Volksfest war der Belumer Markt, der vierzehn
Tage um Johanni auf einem großen freien Platze des Außendeichs am
Ausflusse der Ost in die Elbe gehalten wurde. Dort trafen Bekannte
und Freunde des ganzen Landes zusammen, und auch aus ferneren
Gegenden, selbst aus Hamburg, strömte es herbei, sowie von den jenseitigen
Elbufern.

Der Verkehr mit seinen Schulkollegen konnte Voß nicht genügen, da
beide keine Vorstellung davon hatten, daß eine Arbeit außer den Schul=
stunden Genuß geben könne. In des Konrektors Klasse hatte er die
Leitung, und so manches er auch zu tadeln und zu verbessern fand, blieb
doch das freundlichste Verhältnis unter ihnen, weil Voß immer dahin
strebte, das Gute in seinem Kollegen zu heben, und ihm die Achtung
seiner Schüler und Mitbürger zu erhalten. Eines Abends ward er von
uns auf schöne frische Austern eingeladen. Aber der arme Mann hatte
für den Superintendenten die Sonntagspredigt übernommen, und mußte
sein Thema ausarbeiten. Da schlug Voß ihm vor, eine der kürzlich er=
schienenen Predigten von Brückner auswendig zu lernen. Der Vorschlag
gefiel, die im Orte vorhandenen Exemplare der Postille wurden zusammen
geliehen, und der Herr Konrektor hatte noch obendrein die Freude, daß
seine ungewöhnlich gute Predigt überall Beifall fand. Manchmal be=
suchten wir ihn auch abends nach Tische, wo er es dann nie unterließ, in
die Kammer zu schlüpfen und die Mütze mit der Perücke zu vertauschen.

Der zweite Lehrer, der Kantor, stand unter Aufsicht der Geistlichen,
und Voß griff nur ein, wenn er durch zu ernsthafte Handhabung des
Stockes Störung veranlaßte. Dieses nahm er jedesmal gut auf, so
nachdrücklich es auch geschah, aus Dankbarkeit dafür, daß die feuchte
Rektorwohnung sein Eigentum geworden war. Die Musik liebte er leiden=
schaftlich und spielte mehrere Instrumente vorzüglich gut, wodurch er uns
manche Stunde erheiterte. Im Winter dirigierte er ein Konzert, welches
wöchentlich auf dem Rathause gegeben und nie ohne Not von uns ver=
säumt ward.

Unser geselliges Leben gewann immer mehr, seit ich in Schmeeltes
braver Frau allmählich fand, was Voß in ihm gleich gefunden hatte,
einen treuen teilnehmenden Freund. Und dieses Verhältnis blieb un=
gestört, bis Schmeelke zwei Jahre früher als Voß voranging. Ein recht
treuer Freund war auch der Kaufmann Sturm, der als ein geborner
Mecklenburger uns schon in den ersten Tagen aufsuchte. Er war überall
hülfreich mit Rat und That, und gehörte mit zu denen, die sich, wie wir,
oft nach Quellwasser sehnten. Die Töchter hatten eine große Freude an
unsern Kindern, und Fritz vorzüglich mußte oft ganze Nachmittage bei
ihnen sein. Als die älteste Tochter heiratete, entschloß sich Voß auf meine
Bitte gern, im Namen der Kinder ein Hochzeitsgedicht zu machen, womit

diese die Brautleute überraschen sollten. Nun gab es einen äußerst ge=
schwätzigen Barbier, der ein naher Vetter des Bräutigams und also
Hochzeitsgast war. Dieser hatte das zierlich gedruckte Gedicht beim Buch=
binder gesehn, und voll von seiner Entdeckung kam er zu Voß, die Freude
rühmend, die es allen Gästen machen würde. Aber Voß behandelte die
Sache gegen sein Erwarten ernsthaft. Er stellte ihm vor, daß, da er
etwas zu verschweigen nicht imstande sei, nur unter zwei Dingen die
Wahl bleibe: entweder das Hochzeitsgedicht müsse verbrannt werden, oder
er sich in unserm Hause Stubenarrest gefallen lassen, bis die Kinder mit
dem Gedicht hingeschickt wären. Da half nun kein Bitten und Ver=
sprechen, das ausgesprochene Urteil stand fest. Mit glühendem Gesicht
wählte er endlich das letztere, und Voß schloß ihn selber ein, und be=
freite ihn auch wieder, als die Stunde der Erlösung kam. Demütig bat
er nun, die Sache nicht bekannt zu machen, aber er selbst war der erste,
der sie überall erzählte und so vielen Stoff zum Lachen gab — —.

––––––

Aus Mecklenburg hatten wir bis Pfingsten leidlich gute Nachrichten
erhalten. Für die Mutter war vorläufig gesorgt; indessen erkannten wir
es bald für das Zweckmäßigste, sie nicht dort zu lassen, und da sie selber
nicht abgeneigt war, zu uns zu ziehen, schrieb ihr Voß im Dezember:

„Ich vereinige meine Bitten mit den Bitten Ihrer Tochter, daß Sie
uns die Freude nicht versagen, Ihre alten Tage bei uns zuzubringen.
Wissen Sie noch, daß dies immer unser Gespräch des Abends hinter dem
Ofen war, wenn der liebe Gott uns einen traurigen Tag geschickt hatte,
daß ich dann als ein kleiner Junge Projekte machte, Prediger, Kann=
gießer oder Buchbinder zu werden, und daß Sie dann bei mir ziehn, und
meine Kinder warten sollten? Jetzt habe ich Gottlob mein Brot, und
wohne hier sehr angenehm und vergnügt. Wie könnte ich's denn vor
Gott verantworten, wenn ich meine alte Mutter, die mich gesäugt und
zur Gottesfurcht angehalten hat, in der traurigen Einsamkeit und im
Mangel sitzen ließe? Kommen Sie, liebe Mutter, Sie sollen's hier gut
haben, völlige Freiheit zu thun und zu lassen, was Sie wollen, und ver=
gnügte Gesichter. Ernestine wird Sie auf den Händen tragen, und Fritz
wird Ihnen entgegenlachen. Schreiben Sie mir ja recht bald, ob Sie
unsre Bitte erfüllen wollen. Sie würden uns sehr betrüben, wenn Sie's
nicht thäten. Grüßen Sie unsre Freunde und Nachbarn von Ihrem
einzigen Sohn.“

Die Mutter war mit allem zufrieden, und unsere Bedenklichkeit, daß
sie sich nicht aus der Nähe der kränkelnden Tochter entfernen dürfe, wurde
durch die Versicherung widerlegt, daß diese Kränklichkeit nur eine vorüber=
gehende sei. Gegen Ende Septembers kam sie bei uns an, heiter und
rüstig. Voß ward gleich sehr niedergeschlagen, als sie ihm den Zustand
seiner Schwester schilderte, welcher auf eine unheilbare Auszehrung

schließen ließ. Dem widersprach die Mutter mit Bestimmtheit, und fügte hinzu, die Kranke selbst sei voll Hoffnung, und habe darauf gedrungen, daß die Mutter den Winter nicht in Mecklenburg bleiben solle. Der erste Brief, den wir einige Wochen darauf von Brückner empfingen, enthielt die Nachricht ihres Todes. Das war ein schrecklicher Abend. Der Mutter Schmerz machte sich in lautem Schreien und Wehklagen Luft; bei Voß war es sanfter und milder, doch war er fast untröstlich, und hatte dabei noch die Sorge um mich, die jeden Tag ihre Niederkunft erwartete. So viel er vermochte, suchte er die Mutter davon abzulenken, daß sie sich keine Vorwürfe machte, die Tochter verlassen zu haben, so schwer es ihm auch wurde, sich selber in diesem Punkte zu beruhigen.

Heinrichs Ankunft in der Welt, nach einer schweren Entbindung, brachte wieder Mut und Leben ins Haus, und die Übernahme der Wirtschaft in dieser Zeit zerstreute und beschäftigte die Mutter sehr. Ich erholte mich langsam, und meine Heiterkeit wollte nicht wiederkehren, weil ich überall Mißtöne bemerkte, die Voß mir zu verhehlen wünschte. Da gab es denn für mich ganz ungewohnte Übungen in Geduld und Selbstbeherrschung. Allmählich setzte sich unser Verhältnis zu einander sehr leidlich, besonders seitdem es Voß gelang, seiner Mutter begreiflich zu machen, daß sie selbst die meiste Schuld trage bei dem, was ihr unbehaglich sei, und sie zum ruhigen Nachdenken zu bringen, daß es nicht in unsrer Gewalt stehe, ihr die Art Unterhaltung zu verschaffen, nach der sie sich oft sehnte.

Im Frühlinge mieteten wir einen nicht kleinen Garten vor dem Thore, in welchem die Mutter die gewohnte Beschäftigung fand, Gemüse zu bauen, die zu ihrem Wohlsein notwendig war. Dieser Garten hatte ein Lusthaus, wo wir, nachdem die Kinder zur Ruhe gebracht, oft unser Abendbrot verzehrten, und heiter nach des Tages Last waren. Das Gärtchen am Hause war unsre Freude, wenn Voß aus der Schule kam. Hier tranken wir unsern Kaffee, ich den Kleinen auf dem Schoß, und Fritz beschäftigt, dem Vater manches Buch herunterzutragen. Was darin wuchs, pflanzten wir alles selbst, kein Winkelchen wurde leer gelassen, von allem mußte hier eine Probe sein. Gar große Freude machte Voß ein Ländchen mit Gurken, deren Ranken er an Erbsenreisig leitete, wie später in Eutin und Heidelberg seinen Epheu. Ein Gärtner schaffte uns unter andern auch die hochrote Kroll=Lilie, die wir noch nicht kannten, und die Voß überall, wo wir Anlagen machten, so gern an seinen Lieblingsplätzen sah.

Im Frühlinge 1780 frischten wir uns durch eine Reise nach Hamburg auf; Kinder und Magd wurden mitgenommen. Es fehlte nicht viel, so hätten wir auf der Rückfehr unser Grab in der Elbe gefunden. Der Kapitän Müller in Stade schickte uns die Schaluppe des englischen Kronschiffes nach Hamburg, um uns eine weniger langweilige Fahrt zu verschaffen. Abends meldete er seine Ankunft, und bestimmte für den folgenden Morgen die Stunde der Abfahrt. Wir waren nicht bekannt mit der alles wagenden Natur dieser Kronschiff-Matrosen, und den Neckereien, die zwischen ihnen und dem Schiffsvolk im Hafen stattfanden. Es ging ein scharfer Wind, und noch mehr erschraken wir, als wir die hohen Wellen sahen. Wir befragten den Steuermann, ob die Fahrt bedenklich sei; lebhafte Stimmen aus den benachbarten Schiffen redeten ihm zu in Tönen, die wir nicht verstanden, und von ihm mutig erwidert wurden. Gegen uns sprach er kräftig die Worte aus: „Wenn wir es wagen wollten, ihnen wäre es recht"; eine bestimmtere Antwort wollte er in Gegenwart der andern nicht geben. Keiner bemerkte Furcht bei den Leuten, und wir stiegen ohne Angst ein. So lange wir uns innerhalb des Hafens befanden, ging es bei dem meist günstigen Winde leidlich; als wir aber die hohe Elbe erreichten, war der Anblick schrecklich. Wir drangen in den Steuermann, wieder umzukehren; das verweigerte er standhaft als unmöglich. Das waren zwei angstvolle Stunden! Bei jeder überschlagenden Welle füllte sich die Schaluppe mit Wasser, so daß die Hälfte beständig ausschöpfen mußte. Das rauhe Gesicht des Oberhauptes ward immer sanfter, indem er seine Leute Kinder nannte und sie ermahnte, alle Kraft aufzubieten; mit Gottes Hilfe könne es noch gut gehen. Wellen von ungeheurer Größe sahen wir heranziehen; denen bot der Steuermann die Spitze, und es war uns, als müßten wir einen schäumenden Berg hinan. War die Welle glücklich gebrochen, so rief der Alte: „Gottlob, Kinder! strengt euch an!" Uns ließ die Angst weder denken noch reden, wir konnten uns kaum sitzend erhalten. Die armen ganz durchnäßten Kinder schrieen! — Endlich gelang es der Anstrengung, die Schwinge, einen kleinen Fluß bei Stade zu erreichen, wo wir allmählich ruhigeres Wasser sahen, und ruhige Gesichter um uns. Am Ufer beim Kranz fanden wir viele Menschen versammelt, die unsre Not und unsern gewissen Untergang aus der Ferne mit angesehn. Das war eine Freude, als wir ans Land stiegen und von allen mit Gottlob und Dank begrüßt wurden. Alles half die Sachen ins Wirtshaus bringen,* wo gleich in der großen Küche ein helles Feuer gemacht ward, um die Kleider zu trocknen. — Voß äußerte, er habe selbst in der Gewißheit des Untergangs die Freude empfunden, daß wir beisammen wären, aber an seine Mutter habe er mit Grauen gedacht. — Nach einigen Stunden bestiegen wir erfrischt einen großen Familienwagen, und fuhren nun unter dem Schatten hoher, in aller Fülle blühender Kirschbäume. Wir befanden uns in dem sogenannten alten Lande, welches ganz Hamburg und eine weite Strecke umher mit den schönsten Kirschen versorgt. Das war ein Wechsel! Aber wir waren auch so gestimmt, wie es nach einer solchen Gefahr sein mußte. Wie oft im Leben haben wir uns wiederholt, daß diese Blüten für uns die schönsten waren.

Als wir in Stade ankamen, schalt der Kapitän heftig, daß wir uns dem Wetter anvertraut hätten. Er erklärte uns die Natur der Leute, bie alles wagen, um nicht für feige gehalten zu werden, und nur dann glauben, mit Ehren zurückbleiben zu können, wenn man Furcht gegen sie blicken läßt.

Die Fahrt ging ohne schädliche Folgen für die Gesundheit ab, und an Heiterkeit hatten wir beide gewonnen. Auch von der Seite kehrten wir reicher nach Hause, daß wir mit unserm gegenwärtigen Zustande zufriedener waren, in Vergleichung mit anderen, die uns nahe standen. Der Vorsatz ward noch mehr befestigt, Otterndorf nicht eher zu verlassen, ehe wir uns wahrhaft verbessern könnten.

Voß bezog seine schöne Sommerstube oben im Hause und führte bei seiner großen Thätigkeit manches aus, was ihm in Hamburg im Gespräch mit Klopstock und anderen lebendig geworden war. In diese Zeit fallen die Verhöre über Rezensenten in der Berliner Bibliothek, die mich freilich wenig erfreuen konnten, weil Voß bei manchen Widerstand fand, und ich diese Sachen weder fassen noch beurteilen konnte. Aber heiter waren und blieben unsre Gespräche abends nach Tisch, wo wir oft wie die Kinder Kartenhäuser für die Zukunft bauten. So weiß ich, daß er einmal die Landkarte ausbreitete, und überall in Holstein die Orte aussuchte, wo man wohl einen Rektor bedürfen könnte. Bei Eutin blieb er freudig stehn, und meinte, das wäre ein erwünschter Ort: in der Nähe von Hamburg, Lübeck und Kiel! und ein so gesegnetes kleines Land, von einem wohlwollenden Fürsten regiert! Dann machte er sich aber gleich die bedeutende Einwendung, daß der junge Rektor, welcher im Besitz dieser Stelle war, ihm wohl schwerlich Platz machen würde.

Nach der Schule pflegte Voß mir gerne etwas vorzulesen, wenn sich die Einrichtung treffen ließ, daß Mutter oder Magd die Kinder so lange zu sich nahmen. Besonders ist mir noch in Erinnerung, daß wir in solchen Stunden zum erstenmal Nathan den Weisen lasen, den er gleich aus Hamburg verschrieb, und nicht warten konnte, bis er gebunden war. Eine geraume Zeit war Nathan der Inhalt aller unsrer Gespräche, und sein erstes Gefühl war, er müsse sich selbst gegen Lessing darüber aussprechen; doch siegte die Besorgnis, unbescheiden zu erscheinen. Wenige Jahre in der Folgezeit können eine Ausnahme machen, daß er mir nicht den Nathan von neuem vorgelesen, und mit denselben Gefühlen wie das erste Mal.

In der Zeit, wo Voß bei der Herausgabe der Odyssee so viele Schwierigkeiten fand, kam ihm vom Buchhändler Cramer in Bremen der Antrag, die Tausend und eine Nacht zu übersetzen. Dieses stimmte ihn des Kontrastes wegen lustig, obgleich die sechs Bände wieder schreckten. Claudius, den er zur Teilnahme aufforderte, lehnte sie ab, weil ein solches Unternehmen ihm zu kleinlich schien. Voß unterzog sich daher allein einer Arbeit, die keine Anstrengung verlangte, und ihn für die böse Zeit, die ihm bevorstand, das Gefühl des Unvermögens weniger scharf empfinden ließ.

Im Frühlinge 1781, wo Wilhelm geboren wurde, waren wir alle noch gesund. Wir machten eine Fahrt nach Dithmarschen, welches ich seit meiner Kindheit nicht wiedergesehn, und wo Voß sich immer so heimisch fühlte. Der nasse Sommer, der selbst die kernfesten Hadeler nicht vor Marschfieber schützte, zeigte auch bei uns seine Folgen, und das in einem Zeitpunkt, wo die Hausfrau es erreicht hatte, sich ein etwas behaglicheres Leben zu schaffen, und Muße für Handarbeit zu gewinnen. Im September bekam ich zuerst das Fieber, und zwar das doppelte; kurz nach mir nahm Voß meinen guten Tag in Besitz. Die Mutter und Fritz fieberten einen Tag um den andern, der arme Heinrich jeden Tag. Auch der Säugling, den ich nicht entwöhnen sollte, ward von der Krankheit ergriffen. Als sich Voß allmählich wieder erholte, richteten wir im Hause ein Zimmer für die Schule ein, und es ward ihm leichter ums Herz, als er wieder unter seinen Schülern sein und sie zur Selbstthätigkeit leiten konnte. Freunde und Nachbarn sorgten gar liebreich und teilnehmend für uns überall, wo wir Hilfe und Erleichterung bedurften. Schmeelkens Frau nahm Fritz, den sie wie ein eigenes Kind liebte, in Pflege und Aufsicht, eine andere Freundin Heinrich.

Grade in dieser Jammerzeit kam der erste Brief von Stolberg mit der Nachricht, die Stelle in Eutin sei offen. Das war wie ein Lichtstrahl in dunkler Nacht! Die ersten umständlichen Berichte über die ganze Lage trafen uns im Zustande der Genesung, und da manches abschreckte, blieben wir zweifelhaft, bis bald nachher neue Rückfälle eintraten. Jetzt entschied freilich der gesunde Ort gegen alles, was uns bedenklich erscheinen konnte. Plane für die Zukunft ersetzten in der Zeit der Genesung, was der Winter verdorben hatte. In dieser Zeit meldete auch Stolberg seine nahe Heirat, und es ward uns eine erfreuliche Aussicht, mit ihm vereint an einem Orte zu leben. Gar schöne Tage waren es, als Voß in dieser heiteren Stimmung das Hochzeitsgedicht an Stolberg machte. Die Stelle in Eutin schon um Ostern anzutreten, erlaubten die Umstände nicht. Erst in wärmerer Jahreszeit, nachdem auch ich mehrere Wochen vom Fieber frei war, durften wir die Reise wagen. Von Stolberg erhielten wir die Nachricht, daß der Hof bis zum Herbst nach Oldenburg gehe, den er als Oberschenk (ein Amt, das ihm zu Liebe erfunden, und nach seinem Abgange nicht wieder besetzt ward) begleiten müsse. Auf seine Bitte hatte uns der Hofapotheker Kind gastfreundlich sein Haus angeboten, bis wir zu eigener Bequemlichkeit gelangen könnten.

Die Hadeler ließen uns ungern ziehen, tadelten aber nicht, daß wir gingen, und waren uns überall behilflich mit Rat und That Bis Hamburg nahm uns und unsre Sachen ein Schiff auf, und noch den letzten Abend hatte ich zu packen, wo denn alles vom Garten aus in einem Kahn nach der Elbe gebracht ward. Den folgenden Morgen um sieben Uhr sollten wir bei der Schleuse zur Abfahrt bereit sein. Recht ruhig dachten wir nach einem mühseligen Tage noch den Abend und die Nacht

bei unſerm Schmeelke zuzubringen. Da pochte es um neun Uhr an die
Fenſterladen: der Wind hatte ſich plötzlich gedreht, und der Schiffer wollte
die mondhelle Nacht benutzen. Wir mußten uns ohne Reigung ſchon
fügen, aber es entſtand eine große Verwirrung. Bekannte und Nachbarn
eilten zum Beiſtand herbei. Mehrere brachten Erfriſchungen für die Reiſe,
und Schmeelkens Frauen lieferten vom noch gedeckten Tiſch, was ſich nur
in den dazu beſtimmten großen Korb packen ließ. Der Abſchied ward
uns durch dies rauſchende Getümmel etwas erleichtert, da wir nur den
gegenwärtigen Augenblick im Sinne hatten. Die armen Kinder wurden
aus dem Schlaf in den Wagen gehoben. Schmeelke begleitete uns bis
zum Hafen. Alle Schüler waren um den Wagen verſammelt, und als
wir an der Schleuſe ſtill hielten, fanden ſie ſich noch einmal ein, und
halfen treu alles ins Schiff bringen, und im Schiffe eine möglichſt be=
queme Einrichtung machen. Der Abſchied von Schmeelke ward uns
unendlich ſchwer, in dem Gefühl, einen ſo treuen Freund in der neuen
Heimat ſchwerlich wieder zu finden. Der Organiſt Böſe begleitete uns
bis Hamburg, und nahm mit Voß die Kajüte des Schiffers ein. Ich für
meinen Anteil freute mich im unteren Schiffsraum neben den Kindern
vorerſt daran, daß dieſe ſich bald beruhigen ließen, und daß ich mich den
Reſt der Nacht ſtill ausweinen konnte.

Die heitere Luft und die erſten Strahlen der Sonne erfriſchten uns
alle. Der Wind war ſehr günſtig, und wehte nur ſo viel als wir eben
nötig hatten, um vor Abend Hamburg zu erreichen. Der Tag verging
ziemlich gemütlich, bald oben, bald unten im Schiffsraum, und abends
bei guter Zeit landeten wir am Baumhauſe, wo die Söhne und Töchter
der Mutter Alberti uns ſchon in Empfang nahmen.

Eine ſolche Elbfahrt iſt bei günſtigem Wetter gar unterhaltend. Es
wimmelt von großen und kleinen Schiffen, die Lebensbedürfniſſe nach
Hamburg bringen. Wenn zwei ſich nahe kommen, begrüßt man ſich mit
Hurrarufen und Hutſchwenken. Die fernen Ufer zu beiden Seiten geben
immer neue Abwechſelung; je näher Hamburg, je ſchöner; denn ſchon
mehrere Stunden vor Altona fangen die Hamburger Luſtbeſitzungen an, die
zum Teil großen Umfang haben.

Bei der lieben Mutter war alles aufs freundlichſte und bequemſte
für uns bereitet. Das that wohl! ſowie der erquickende Schlaf, den
wir alle bedurften. Acht Tage waren nur für Hamburg beſtimmt; es
mußte alſo gleich bedächtig überlegt werden, was darin alles zu beſorgen
ſei. Unter anderen zierlichen Sachen ſollte auch ein Prunkkleid ge=
tauft werden für uns beide, weil es in eine Reſidenz ging. Voß über=
ließ alles unſrer Weisheit; nur eins lag ihm am Herzen: ein großer
Klapptiſch, an dem wir uns gemütlich wieder ausbreiten konnten. Was
wir im letzten Jahr vom Almanach erübrigt hatten, reichte ungefähr für
dieſe Einkäufe. Unſre Schulden hatten wir getilgt mit dem, was aus
dem Hausverkauf in Mecklenburg einging. Mehrere Tage verſtrichen mit

dem Einkaufen, und ich fühlte beim Herumſteigen in der großen Stadt
ſehr, daß meine Kräfte erſchöpft waren.

Stolberg mit ſeiner jungen Frau, die gleich durch ihre natürliche
Unſchuld unſer Herz gewann, trafen wir bei ſeiner Durchreiſe nach Oldenburg noch in Hamburg. Eine Halsentzündung hatte ihn zurückgehalten.
Bei denen brachten wir im Gaſthof die meiſten Ruheſtunden zu, da ſie
noch lebhafter als er es empfand, daß ſie an uns teilnehmende Freunde
gefunden, wie ſie es bedurfte. Zu unſrer großen Freude traf auch der
Bruder Boie aus Meldorf ein, wo er ſoeben ſeine Landvogtſtelle angetreten.

Am ſogenannten Lämmerabend, einem großen Feſte für die Hamburger, an dem ſich jeder Hausvater, der Raum dafür zu ſchaffen weiß,
ein Lamm für ſeine Kinder kauft, waren wir in zahlreicher Geſellſchaft
auf Klopſtocks Garten vor dem Dammthor, wo dieſer Markt gehalten
ward. Schon ehe wir ausfuhren, fühlte ich an der Schwere im Körper
das wiederkehrende Fieber, doch traute ich mir noch Kraft genug zu, es
zu unterdrücken. Hensler aus Altona, der ſich unter den Gäſten befand, war väterlich beſorgt, mich gleich nach Tiſch mit nach Hamburg zu
nehmen. Abends fand Voß mich ſchon in ſo heftiger Fieberhitze, daß ich
ihn nicht erkannte. Nun mußte freilich unſer Aufenthalt in Hamburg
noch verlängert werden, und die trübe Ausſicht für die nächſte Zukunft
machte uns recht niedergeſchlagen. Die folgenden Fieber gingen leichter
vorüber, und wir entſchloſſen uns, mit einem leeren Frachtwagen, deſſen
großer Raum für mich und Fritz ein bequemes Lager darbot, abzureiſen.
Am Nachmittage des 21. Julius kamen wir in Eutin an.

Eutin.

Eutin, von 1782 an.

Der freundliche Empfang, den wir im Kindſchen Hauſe fanden,
machte uns gleich wohlgemut. Er, ein ausgezeichnet braver Mann, faßte
bald eine Art Familiengefühl für mich, weil ſein Bruder der Nachfolger
meines Onkels auf einer Dorfpfarre nahe bei Eutin geworden war; auch
fand er ſich ſehr geehrt, daß der Graf Stolberg ihm ſelbſt ſo dringend
angelegen hatte, den neuen Rektor als ſeinen Freund mit Rat und That
zu unterſtützen. Die Frau war gar liebenswürdig und verſtändig, und
beide ſind gegen uns immer ſo treu und teilnehmend geblieben, wie ſie
ſich am erſten Tage zeigten.

Unſre Wohnung war ſo ſchlecht, daß mir jetzt noch grauet, wenn ich
an den erſten Eintritt denke: kleine niedrige Zimmer, nicht die mindeſte
häusliche Bequemlichkeit, ſelbſt das allerunentbehrlichſte fehlte. Zu ſeiner
Arbeitsſtube gelangte Voß auf einer höchſt erbärmlichen Treppe, bei deren

zweitem Absatz er immer den Kopf biegen mußte, um keinen Stoß zu bekommen. Recht traurig machte uns die Besichtigung des Ganzen. Der
nicht sehr bedeutende Ankauf aus Hamburg hatte nur zur Hälfte Platz;
in dem gegenüberliegenden Kuhstall, den der Superintendent Wolff uns
eingeräumt hatte, standen unsre abgeladenen Kisten. Dieser Stall, von
Voß wohl unser Staatszimmer genannt, nahm in der Folge alles auf,
was im Hause kein Unterkommen fand, und dort brachte ich mit den
Kindern immer die Stunden zu, in denen mich die Sonne im Hause
nicht aushalten ließ. Beim Superintendenten, der uns gar herzlich aufnahm, erfuhr Voß die genaueren Schulverhältnisse und den Standpunkt
des Rektors zum Konsistorium, der freilich nicht so frei war, als der
Habeler es gewesen. Mit großer Freundlichkeit ward uns alles angeboten,
was wir zu unsrer Bequemlichkeit nutzen konnten, vorzüglich der freie
Gebrauch des großen Gartens für uns und unsre Kinder. Voß faßte
gleich Vertrauen zu diesem Manne, und daß er es in hohem Grade verdiente, hat er uns in mancherlei Fällen bis an sein Ende bewiesen.

Während sich bei mir die Vorboten des Fiebers wieder einstellten,
machte Voß Besuche, und suchte mich den Abend zu erheitern durch Erzählung von manchem, was ihn selbst erfreut hatte. Namentlich hatte er
in dem Kantor Weise, der in dem Rufe der Untüchtigkeit stand, einen
Mann gefunden, von dem er hoffen durfte, ihm durch Aufmunterung und
freundliches Benehmen mehr Zutrauen zu sich selber einzuflößen.

Am folgenden Tage veranstaltete Herr Kind eine Lustfahrt nach dem
schönen Sielbeck, die uns unbeschreibliche Freude machte, nach so langer
Entbehrung von Wald, Hügeln und Landseen. — Die fieberfreien Tage
wurden nun so schnell als möglich genutzt, um uns einzurichten, wobei
sich hinlänglich hilfreiche Hände fanden. Unsern Einzug hielten wir acht
Tage nach unsrer Ankunft. In dem engen Raum mußte jedem genau
sein Wirkungskreis angewiesen werden. Doch war es nicht möglich, Voß
ein sicheres Ruheplätzchen zu verschaffen; selbst die Lust fehlte ihm, seine
Bücher um sich zu ordnen.

Unser Hauptleiden war unser Fritz. Schon in Hamburg fand
Hensler den Zustand eines schleichenden Fiebers bedenklich; doch machte
er Hoffnung, daß eine sorgfältigere Behandlung in gesunder Luft es noch
heben könne. Der Leibarzt Heinze war mit dem Hof in Oldenburg; der,
den wir wählen mußten, flößte kein Zutrauen ein. Uns verging der
Mut vollends. Den ganzen Tag hörten wir die Klagetöne des armen
Kindes, vorzüglich wenn Anstalten zum Essen gemacht wurden, wogegen
es eine unwiderstehliche Abneigung spürte.

Unter solchem Jammer mußte Voß seine Schule beginnen, um so
beschwerlicher, da er bei den jungen Leuten nirgends einen festen Grund
fand. Hatte er die niederdrückenden Stunden geendet, so konnte er sich
im Hause nicht einmal darüber aussprechen; wir konnten keinen gemeinschaftlichen Spaziergang machen. Abends, wenn meine Ruhestunde kam,

war ich erschöpft, und fühlte, daß Klagen von meiner Seite ihn nur noch beugen würden. Unser Verkehr mit der Kindschen Familie ward auch gerade in dieser Zeit abgeschnitten, der Blattern wegen, die Heinrich und Wilhelm noch nicht gehabt hatten.

Im Oktober kehrte der Hof zurück. Der alte Heinze erklärte bei seiner offenen Art gleich, zur Rettung des Kindes habe er keine Hoffnung, aber zur Erleichterung könne er uns noch nützlich sein. Die wenigen Tage, die unser Fritz noch lebte, war uns seine Sorgfalt und Nähe tröstend. Auch Stolberg zeigte sich herzlich teilnehmend. Wir selbst fühlten uns trostlos, wie wir uns nie gefühlt hatten, und sahen unsern Heinrich immer mit der Empfindung an, daß er seinem Bruder bald folgen werde. Stolberg kam gerade in dem Augenblicke, als Fritz nach einem Tage voll schweren Kampfes sanft eingeschlafen war.

Das war unsre erste harte Prüfung! Wir strebten beide still und ruhig zu tragen; nicht Worte, nur Thränen erleichterten uns. Unser Fritz war ein holdseliges Kind, das sich täglich schöner entwickelte. Selbst die hellen Augenblicke in seinen Leidenstagen ließen davon Eindrücke zurück, die wir als tröstend im Gespräch festzuhalten suchten. — Der Superintendent Wolff und seine Frau waren um uns, als man die letzten Reste unsers holden Knaben wegtrug; die Trostworte, die sie uns teilnehmend an's Herz legten, wurden als herzlich gemeint empfunden; aber sie brachten nicht die Ruhe in's Herz, nach der wir uns sehnten.

Als wir allein waren, fühlten wir zuerst das Bedürfnis, die Kinder um uns zu haben und uns auszuweinen Voß gelang die Fassung wunderbar. Er sprach mit einer Begeisterung über Vergänglichkeit, Leben, Tod und Unsterblichkeit, wie ich ihn nie habe reden hören, und wir legten uns gestärkt und getröstet nieder, in der festen Überzeugung, daß unser Fritz nur ein geliehenes Gut war, das, wo es jetzt hingepflanzt sei, besser gedeihen könne, als unter unserm Schutze. Dieses herrliche Streben, seine und meine Thränen zu trocknen, ward der Keim zu dem Liede: Trost am Grabe, das im Februar niedergeschrieben und erst ganz genossen ward, als die einzig schöne Melodie von Schulz ankam.

Die nächsten Tage Schule zu halten, war Voß unmöglich, da er noch keinen Schüler liebgewonnen; aber im engen Raume auszuharren, war noch schwerer. Wir entschlossen uns, Claudius' Schwager, einen Landpfarrer in der Nähe von Eutin, zu besuchen, den Voß in Wandsbeck kennen gelernt hatte. Hier konnten wir alles, was uns lieb war, mit- nehmen, und in der herzlichen Umgebung ward uns leichter.

Unser Verhältnis mit Stolbergs mußte sich erst setzjetzen, ehe es ein gegenseitig behagliches werden konnte. Die Grenzlinien zwischen Adel und Räten waren in Eutin scharf gezogen, noch schärfer fast zwischen diesen und den Unbetitelten, zu denen der Rektor gehörte. Die zweite Klasse nahte sich dem Adel stets mit Ehrfurchtszeichen; die letzte Klasse zog schon in der Ferne den Hut ab, wenn sich etwas zum Hofe Gehöriges blicken

ließ. Von allem diesen hatten wir ein Vorgefühl, aber ganz deutlich
ward es uns erst, als der Hof zurückkehrte. Man hatte dort vom neuen
Rektor geredet als von einem liebenswürdigen Manne, der mit vielen
häuslichen Leiden zu kämpfen habe. Bei seinem ersten Besuch, den Voß
dem Fürsten und der Fürstin machte, ward es ihm so gut, daß er beiden
sehr gefiel, durch sein offenes Wesen, und weil er Unterhaltendes erzählen
konnte. Wir erfuhren dieses durch Agnes, die täglich bei Hofe sein mußte.
Alles was sich mit Büchern beschäftigte, hieß gelehrt, ward auch wohl
bespöttelt, und Agnes hatte manche Neckereien schon deswegen zu dulden,
daß sie einen Büchermann, ja einen Poeten geheiratet hatte.

Als wir über diese Verhältnisse zur deutlichen Einsicht gelangten,
setzten wir für uns fest, selten Besuche machen, sondern lieber annehmen
zu wollen. Auch Stolbergs mußten dieses natürlich finden, da ich an=
haltend kränkelte, die Kinder ungern allein ließ, und Voß für einen
Stubensitzer bekannt war, der ohne seine Frau nicht ausging. Bei uns
ließen sich beide oft zum Abendessen ansagen, und waren sie einmal eines
ruhigen Abends gewiß, so folgten wir auch gerne den Einladungen, die
Agnes jedesmal mit der ihr so ganz eigenen Art zu machen verstand.
Sie zeigte uns eine Offenheit, selbst über innere Verhältnisse, die uns
unauflöslich an sie fesselte.

Stolberg selbst besuchte uns regelmäßig jeden Abend in der Dämme=
rung. In diesem Winter schrieb er die „Jamben", die auch Voß ge=
waltige Freude machten. Bei eigenen Arbeiten, die er noch feucht von
der Tinte mitteilte, war er nach Bundessitte sehr empfänglich für Tadel,
und konnte nach des Freundes Rat ohne Empfindlichkeit streichen und
hinzufügen. Ebenso fügsam war Voß, wo ihn Stolberg überzeugte, daß
sein Tadel ungerecht sei. Stolberg war damals äußerst lebhaft und un=
widerstehlich liebenswürdig, wie er es auch in der Folgezeit immer blieb,
wenn das Bessere in ihm die Oberhand behielt. Eines Abends kam er
lachend zu uns mit einem Blatt Papier in der Hand, und erzählte, wie
er des Nachbarn Stubenthür geöffnet, und seinen Irrtum erst bemerkt
habe, als er sich hingesetzt, um seine Vorlesung anzufangen. Die äußeren
Verhältnisse des Freundes berührten ihn nur oberflächlich, wo er sie aber
als Herzenssache auffaßte, wirkte er gerne mit, Erleichterung zu schaffen.

Der Präsident Lovzow ging schon vor Ankunft des Hofes teilnehmend
in unsre Lage ein. Von Planen, Eutin wieder zu verlassen, wollte er
nichts hören und sein Wohlwollen belebte unsre Hoffnung, daß sich alles
besser gestalten würde. Der Minister Holmer riet Voß, seine Wünsche in
einer Bittschrift an den Fürsten ihm zu übergeben, und versprach kräftige
Mitwirkung . . .

Ehe wir eine bessere Amtswohnung erhalten konnten, ward uns der
unbewohnte Raum im Rathause angewiesen, mit welchem wir noch vor
Weihnachten unsern engen Kerker vertauschten. Wie stachen dagegen die
großen 14 Fuß hohen Zimmer ab! Heinrich war außer sich vor Jubel

und voll Verwunderung über den kleinen Schrank, der ihm im großen Raume wie ein Spielzeug erschien. Hier konnte Voß seine Bücher wieder um sich sehen und sich behaglich einrichten; auch in der Schule ward es ihm allmählich gemütlicher, und selbst das Getümmel um uns ertrugen wir mit ziemlicher Gleichgültigkeit.

Das Rathaus stand von allen Seiten frei am Markte. Vor der Haushür sammelten sich abends die Nachtwächter und verplauderten nachts die langweiligen Stunden. Wenn Ratsversammlung war, hatten wir manches Gezänt und manches Gepolter anzuhören. Über den Bürgergehorsam oben im Hause führte ein mildherziger Gerichtsdiener die Aufsicht, der seinen Pflegbefohlenen stärkende Getränke brachte, auch wohl Gesellschaft verstattete, und manchmal den Schlüssel abzuziehen vergaß. Da gab es denn keinen geringen Schreck, als wir in einer mondhellen Nacht aus dem Schlafe gepaukt wurden. Ein Arrestant hatte sich nach den Stadtpauken geschlichen, die in einem benachbarten Kämmerchen aufgehoben wurden. An dem Gerichtsdiener erhielten wir einen sehr gefälligen Freund, da Voß „aus Weltklugheit" von seinem Versehen keine Anzeige machte.

Das Aufleben des ersten Frühlings in Eutin genossen wir in seiner ganzen Fülle. Hinter dem Hause fanden wir einen großen Garten, dessen Bestellung nach Mecklenburger Weise der Mutter überlassen blieb . . . Ein Rasenplatz mit Bäumen gewährte den Kindern Spielraum, und bot Voß eine willkommene Zuflucht, wenn er sich im Freien an eigener Arbeit zu erholen wünschte. Über eine Wiese hinter dem Garten führte ein Fußweg nach dem kleinen See, unserm Lieblingsplatz, so lange wir in Eutin waren. Hier am sonnigen Abhange, unter Schnee und abgefallenem Laube, den ersten Güldenklee und andere Frühlingsblumen zu suchen, war jährlich eins unsrer schönsten Familienfeste. Hier wurden ganz in der Stille auch Veilchen angepflanzt, und sie hatten Gedeihn.

Ostern 1783 machten wir die erste Reise nach Flensburg, von der wir verjüngt zurückkehrten. Jessen war sehr heiter und völlig ausgesöhnt mit seinem Schwager; meine Mutter ungemein glücklich, alle ihre Kinder und Enkel um sich versammelt und Voß überall so geachtet und geliebt zu sehn. . . .

Jede freie Stunde wurde benutzt, die alten bekannten Plätze zu besuchen, und Voß gesellte sich dann zu den Fußgängern, die bei ihrer Ankunft die Bewirtung schon in Bereitschaft fanden. Unser Lieblingswald war sehr verändert, der Freundschaftsbaum, wie ihn mein Vater bei seiner Einweihung durch eingeschnittene Namen nannte, nicht mehr vorhanden. Dies waren zwei schöne, aus einer Wurzel gewachsene Buchenstämme, in deren Umgebung die jungen Leute, die ihn ehrten und liebten, Rasensitze gemacht hatten. An der Stelle der alten Försterhütte stand jetzt ein schönes Haus, in welchem die Gäste nicht, wie wir oft gethan, sich selbst ihren Kaffee bereiteten.

Mehrere Eltern wollten Voß ihre Kinder anvertrauen, aber Kost=
gänger zu übernehmen, der Gedanke schreckte uns. Indessen gab er dem
Doktor Stange, der ihn schon in meines Vaters Krankheit liebgewonnen,
das Wort, seinen Sohn in einer guten Familie unterzubringen, dieser
dagegen versprach, bei der Reise mit seinem Sohne uns die Mutter be=
quem nach Eutin zu schaffen, damit sie während des Wochenbetts bei uns
sein könne. Dies erleichterte uns den Abschied.

Auf einem Ausfluge nach Lübeck lernte ich zuerst Gerstenbergs
kennen; aber in der Familie war kaum mehr ein Schatten von dem
Leben zu finden, wie es in den Briefen an mich geschildert wird. Seine
häuslichen Umstände waren zerrüttet; die Frau lag an der Auszehrung
danieder, die Kinder verwilderten ohne Aufsicht von Vater und Mutter.
Sie suchten jetzt einen wohlfeileren Ort zum Aufenthalt, und zogen ein
Jahr später nach Eutin. — Overbeck, mit dem Voß das letzte Jahr in
Göttingen gerne verkehrt, der uns auch in Wandsbeck besucht hatte,
fanden wir für uns unzugänglich und verschlossen. In der Folge ward
sein Verhältnis zu uns und anderen wieder hergestellt. Er kam so oft
zu uns, als seine vielen Geschäfte es ihm erlaubten, und war dann der
heitere, liebenswürdige, teilnehmende Freund, der er uns bis an sein
Ende blieb. Eine wahrhaft liebevolle Aufnahme fanden wir noch bei
ihm auf seinem Gartenhause, als wir Eutin verließen, und mit dem Ge=
fühl bei ihm einkehrten, keine Heimat zu haben. Diese Tage der Ruhe
sind uns stets unvergeßlich geblieben.

Schon im Laufe des Winters erhielt Stolberg das Versprechen zu
einer Landvogtstelle in der Nähe von Oldenburg. Seine Einnahme in
Eutin stand mit dem erforderlichen Aufwande nicht im Verhältnis, und
Agnes, auf dem Lande geboren und erzogen, konnte dem Hofleben keinen
Geschmack abgewinnen. Da wurden gleich Plane gemacht, Voß nach=
zuziehen, wenn der alte Rektor in Oldenburg ihm etwa Platz machte.
Unser gemeinschaftlicher Wunsch, den auch der Minister teilte, war, daß
der Herzog für Voß Stolbergs Haus kaufen sollte. Aber der Ausführung
stellten sich Schwierigkeiten entgegen, da das Haus einer großen Aus=
besserung bedurfte und der Fürst den Ankaufspreis von 2000 Thalern
nicht überschreiten wollte. Beschleunigt wurde die Sache durch die Elegie
an den Grafen Holmer, die Voß dem Minister übergab und, noch ehe er
Gewißheit hatte, im Almanach abdrucken ließ. Die Elegie an Agnes
ward in sehr frohen Tagen gedichtet, als Stolbergs ein Jahr darauf von
Eutin nach Karlsbad gingen.

Im Frühlinge wurden mit Stolbergs noch manche Partieen ver=
anstaltet. Eine nach Sielbeck liegt mir in frischer Erinnerung, wo Agnes
die Wirtin machte, und wir auf dem Rasen, Wald und See vor Augen,
und von hohen Buchen umschattet, unsre kalte Küche verzehrten. Nach
Tisch ward ein Boot bestellt, um auf der Ukelei zu fahren. Als Stol=
berg ans Land stieg, schrieb er den dritten Vers von dem schönen Liede:

Es giebt der Plätzchen überall! nieder, deſſen Anfang er uns ſchon früh
morgens gebracht hatte. Solch ein Lied ſollte nicht vergeſſen werden, ſo
wenig wie der Rundgeſang bei der Geburt eines Knaben. Dieſen dichtete
Stolberg wenige Wochen vor der Geburt ſeines Ernſt, und hielt es heim=
lich vor Agnes. Er kam damit in die Thür gepoltert, als ich gerade
im Fieber lag. Er las mit lauter Stimme vor und freute ſich unſers
Jubels dabei.

Kurz vor meiner Entbindung kam meine Mutter an. Von der Reiſe
ermüdet, ließ ſie ſich leicht bereden, zu Bette zu gehn, und ich verſprach
ein gleiches. Aber bald zeigte ſich, daß mir etwas anderes bevorſtand,
und die Hebamme ward gerufen. Alles machte ſich leicht und ſchnell,
Voß mußte allein mit uns aushalten, und ſelbſt den kleinen Schreier
eingewickelt beſchützen. Er war ganz blaß von gemiſchten Empfindungen,
denn er hatte die ganze Zeit ſehr ängſtlich um mich geſorgt, und konnte
kaum die Morgenſtunde abwarten, wo er den Kleinen zu meiner Mutter
hinauftrug. Das gab von neuem Ausbrüche der Freude! Das Geräuſch
im Hauſe hinderte meine ſchnelle Geneſung, beſonders da in den erſten
Tagen ein glänzender Senatorſchmaus vorfiel, der mit einem lauten Ball
endete.

Noch vor Winter beſuchte uns Esmarch zum erſtenmal ſeit unſrer
Vereinigung. Er war ſehr heiter, da er nach acht nicht leichten Jahren
endlich in unſrer Nähe eine Anſtellung als Zollverwalter in Holtenau bei
Kiel erhalten hatte, durch welche ſeine Sehnſucht nach einem einſamen
ruhigen Winkel in Erfüllung ging.

Um Weihnachten reiſte Voß zu Stolbergs nach Tremsbüttel, einem
Gute des Grafen Chriſtian Stolberg, wo ſie den Winter zubrachten . . .

Am erſten Mai 1784 bezogen wir unſer lang erſehntes Haus. Der
Tag war wunderſchön. Schüler und gute Freunde halfen thätig, daß
wir ſchon den nämlichen Abend in der neuen Wohnung ſchlafen konnten.
Das bequeme Wohnen entſtand allmählich, und machte deſto größere
Freude. Vor Voßens Arbeitszimmer ſtand ein hoher Birnbaum, der eben
zwiſchen dem jungen Laube ſeine Blüten entfaltete. Als er am folgenden
Morgen eintrat, begrüßte ihn der Nachtigall Geſang im Birnbaum.
Dieſen Eindruck hat er nie vergeſſen. Wir hofften, ſie ſolle ein Neſt im
Garten bauen, aber vergeblich; doch blieb ſie nahe genug, um uns morgens
und abends zu erfreun.

Im größeren Hauſe brauchten wir mehr Hausrat. Für ſein Bedürfnis
wünſchte Voß die Einrichtung zu behalten, wie Stolberg ſie gemacht hatte.
Stolberg wollte alles ſchenken, aber die verſtändigen Hausfrauen ſorgten
dafür, daß Recht und Billigkeit für beide Teile nicht verletzt ward. Aus
dieſer Einrichtung iſt noch ein kleines Pult, an welchem Voß bis an ſein
Ende geſchrieben. Außerdem kauften wir nur das notwendigſte, und
genoſſen im voraus die Freude, allmählich manchen leeren Platz zu füllen.

Der Garten nahm gleich unſre gan   Liebe und Thätigkeit in An=

spruch. Seine Lage am See war wunderherrlich, und alle Bäume blühten in voller Pracht. Verwildert war er im hohen Grade, aber um nichts im Wuchse zu stören, mußte die schon mit Agnes besprochene Hauptanlage bis zum Herbste verschoben werden.

Nachdem die wöhnliche Einrichtung zu unsrer Zufriedenheit vollendet war, fing unser eigentliches gemütliches Leben in Eutin erst an. Wenn Voß nachmittags aus der Schule kam, nutzte er die ersten Stunden für den Almanach, wenn nicht wichtigeres zu überlegen war. Das Finanz= wesen, welches wir bisher gemeinschaftlich besorgt hatten, wünschte er mir jetzt allein zu übergeben, und behielt sich nur eine monatliche Übersicht vor. Die Einnahme stellte sich allmählich der Otterndorfer gleich; aber die Ausgaben waren bedeutend größer und vermehrten sich noch bei den häufigen Durchreisenden und Freunden aus Hamburg, Lübeck und Kiel, die stets gastfreie Aufnahme und Obdach bei uns fanden. Da erhielt denn freilich das gewohnte einfache Leben im Hause oft auf Wochen eine andere Gestalt. Zur festen Regel bei Bewirtung unsrer Gäste machten wir, daß nie mehr als drei Schüsseln auf den Tisch kamen; nur bei recht lieben, oder hohen Gästen ward ein Kuchen hinzugefügt. Dieser Sitte sind wir treu geblieben, selbst zu der Zeit, als der Luxus um uns überall zunahm. — Recht schwere Stunden hat mir das Alleinbesorgen oft gemacht in der nicht kleinen Reihe von Jahren, wo das Gleichgewicht zu halten eine Aufgabe war, die meine Kräfte überstieg.

Auch unser geselliger Standpunkt unter den Eutinern gelangte nun zur Festigkeit. Die damalige Weise zu verkehren, wo man um vier Uhr zusammen kam, und den größten Teil der Zeit am Spieltische zubrachte, konnte Voß, der in Thätigkeit seine Erholung suchte, unmöglich gefallen; mir eben so wenig, da mich Neigung sowohl als Notwendigkeit trieb, meine Zeit gewissenhaft zu Rate zu halten, und durch Handarbeit manche Ausgabe entbehrlich zu machen. Erschöpft kam er aus solchen Zirkeln nach Hause, und sagte sich bald, bis auf wenige unvermeidliche Ausnahmen, gänzlich davon los. — Allmählich beschränkten wir unsern Umgang auf wenige Familien, den Superintendenten Kind und den Kantor, mit denen wir uns zusammenfanden, nachdem wir uns eine Stunde vorher gegen= seitig angekündigt hatten. Ich ging mit den Kindern hin, wenn ich Voß in seiner gewohnten Hausordnung fest wußte; und er kam gegen acht Uhr nach zu einem heiteren, einfachen Abendessen. War Gesellschaft bei uns, so nahm keiner Anstoß daran, wenn Voß sich später zu uns gesellte. In der Folge schlossen auch Helwags sich an diesen engeren Kreis.

Im Laufe des Sommers richteten sich Gerstenbergs häuslich in Eutin ein. Sie hatte sich so weit erholt, daß sie ausging, und mit An= strengung für Kinder und Hauswesen sorgen konnte. Beide waren in hohem Grade verstimmt gegen einander, was sich in lauten Klagen wie in versteckten Andeutungen kund gab. Er kam häufig zu uns, wenn er seinen Nachmittags=Spaziergang beendigt hatte, und konnte dann sehr

liebenswürdig sein, und teilnehmend an dem, womit sich Voß gerade be=
schäftigte. Dieser regte im Gespräch mit ihm manches wieder auf, was
zum Teil vollendet war, zum Teil noch keimend in ihm lag. Zu letzterem
gehörte die Minona, an welche er im Winter die letzte Hand legte.

Gegen Herbst traf Schulz bei uns ein, und blieb mehrere Wochen.
Dieser Besuch belebte uns durch und durch, und gab uns das frohe Ge=
fühl, daß Schulz an uns fand, was wir an ihm. Er erholte und er=
heiterte sich ... und wir genossen mit ihm in den Ruhestunden alle
Schönheiten der Umgebung. Wenn Voß in der Schule war, blieb er
gerne bei mir und spielte mit den Kindern, von denen er oft still weinend
wegging. Gespielt und gesungen ward auch viel in dieser Zeit. Schulz
seine eigenen größeren Sachen vortragen zu hören, war ein Genuß, den
Voß lange entbehrt hatte. Cramer, der Schulz nach Kiel abholen wollte,
brachte eine nicht angenehme Störung in diesen ruhigen Verein. Auch
Stolbergs trafen noch mit Schulz zusammen. Da ward das Haus gefüllt,
und die Hausfrau hatte sich zu tummeln. Agnes fanden wir nieder=
geschlagen: ihr sehnlicher Wunsch nach stiller ländlicher Ruhe sollte erst
nach einem Jahre befriedigt werden. Ihn drängte immer die Sehnsucht
zu reisen, und da Geschäfte seines Amts von den ihm Untergebenen ver=
sehen wurden, konnte er leicht abwesend sein. Mittags mußte Agnes bei
Hofe sein. Waren wir allein, so machte sie sich durch Thränen Luft;
kam er heim, so suchte sie sich zu erheitern. An Schulz hatten beide eine
große Freude, und dieses wirkte mit, daß in Kopenhagen, bei Besetzung
der Kapellmeisterstelle, die Aufmerksamkeit auf ihn sich vermehrte.

Eine kleine Spannung zwischen Voß und Stolberg fand schon statt,
als sie sich noch täglich sahen, und zwar über die Ilias. Bei eigenen
Arbeiten fügte Voß sich gerne in Stolbergs Ansicht, obgleich er sie bei
sich selbst nicht anerkennen wollte, daß der erste Erguß, wie ihn das Genie
gebe, der bessere sei; aber auf Übersetzungen wollte er sie nicht ausgedehnt
wissen. Stolberg fühlte selbst, daß er zu rasch gearbeitet; das Lob der
Seinigen, wenn vor dem Frühstück eine Reihe von Versen fertig geworden,
hatte ihm wohlgethan; er wünschte eine zweite Auflage verbessert zu liefern.
Voßens Vorschlag, ein Exemplar zu durchschießen und mit freudigem Mut das
Werk anzugreifen, fand Eingang; Schwierigkeiten wollten sie im Gespräch
beseitigen. Die Sache nahm einen fröhlichen Anfang, aber bald stockte es,
und das Ende war, die zweite Auflage nach der ersten abzudrucken. —
Außerdem war es Stolberg nicht recht, daß Voß nicht alles mit Jubel
aufnahm, was in der Stolbergschen Familie gefiel. Stillings Jugend
fand lauten Beifall; auch Voß lobte sie mit Wärme, aber nicht die Fort=
setzungen; das ward ihm als Kälte gegen die Religion ausgelegt. Ein
gleiches galt von Hippels Lebensläufen. Noch lebhaft ist mir in Erinne=
rung, wie Voß sich auf Spaziergängen über beide Werke aussprach.
Heilige Empfindungen in sich zu verschließen, schien ihm unwürdig, und
Verletzung der Freundschaft, bei Arbeiten, wo der Freund des Freundes

h *

Meinung begehrte, den Tadel zurückzuhalten, wenn er nicht loben konnte
Den nächsten Winter schrieben die Gebrüder Stolberg mehrere Schauspiele;
später folgte die Insel und Numa, die jetzt niemand mehr kennt. Voß,
um sein Urteil gefragt, gab es freimütig und warnte vor dem Druck.
Das mißfiel; wenn Voß bat, kein Urteil von ihm zu verlangen, ward
mit Freundlichkeit wieder eingelenkt. Voßens Briefe an Stolberg würden
ihn in einem sehr achtungswerten Lichte zeigen; aus Stolbergs Briefen
erhellt, daß er, ungeachtet einiger Aufwallungen des Zorns, seinen Wert
als Freund erkannt hat.

Im Frühjahre 1785 fing der Hausbau an, wo der ganze vordere
Giebel herunter gerissen ward, und bei Nacht im Vorderhause Wache
gehalten werden mußte. Bei der Gelegenheit machten wir sehr unerfreuliche
Erfahrungen an unsern Kostgängern, die wir zur Erleichterung des Haus=
halts zu uns genommen hatten. Den einen mußte Voß seinem Vater
zurückbringen, und in der Schule gab es verdrießliche Untersuchungen, welche
die eben aufgelebte Heiterkeit ziemlich wieder zerstörten. Wir beschlossen,
uns der Kostgänger sobald als möglich zu entledigen, und uns lieber auf
alle Weise zu beschränken, als die häusliche Ruhe in Gefahr zu bringen.
Außerdem hatte es in dem sehr strengen Winter an häuslichen Leiden
nicht gefehlt. Vom Fieber hatte ich mich wohl erholt, aber das Wochen=
bett im Februar ließ nachteilige und lange Folgen nach sich. Und doch
mußte ich des vergrößerten Haushaltes wegen, sobald es irgend auszu=
führen war, die Leitung überall wieder übernehmen. Da ward es mir
oft nicht leicht, den erforderlichen Mut und die Kraft festzuhalten, um
Voß das, was er zu tragen hatte, nicht noch schwerer zu machen.

Während des Sommers starb plötzlich der Herzog. Er stieg in
voller Gesundheit zu Pferde, um einen Spazierritt zu machen, als der
Schlag ihn rührte, und er tot ins Schloß gebracht wurde. Stolberg
erhielt den Auftrag, die Trauerbotschaft vom Tode des Herzogs nach
Petersburg zu übernehmen. Wie groß war unser Schrecken, als er von
dorther meldete, er habe auf eigene Gefahr dem Herrn von Nicolay ver=
sprochen, uns seinen einzigen Sohn mitzubringen, den er bis zur Akademie
in einer Familie zu wissen wünschte, wo er in Gemeinschaft mit Gleich=
altrigen die nötigen Kenntnisse erlangen, und einfach sittlich erzogen
würde. Ins Unvermeidliche mußten wir uns schon fügen. Paul Nicolay
war ein Jahr älter als Heinrich, aber kaum so groß als dieser, von
blasser Farbe, und mürrisch gestimmt von der langen Reise, auf der sich
niemand mit ihm beschäftigen konnte. Er verstand kein Wort deutsch,
nur französisch und russisch; ich dagegen, die in der ersten Zeit doch am
meisten für ihn zu sorgen hatte, kein französisch. Da ward denn Agnes
unsre Dolmetscherin, die notwendigsten französischen Worte suchte ich mir
möglichst einzuprägen, so wie er sich die deutschen, und in wenigen Tagen
konnten wir uns schon verständlich machen. Seine Heiterkeit lebte unter
den Kindern, die er sehr liebte, schnell auf, denn bis jetzt hatte er nur

unter Erwachsenen verkehrt, die Abende meistens unter den Augen einer
alten Wärterin, von der er gewöhnt war, sehr frühe ins Bett zu gehen.
Er war so unbeholfen, daß er sich allein weder aus= noch ankleiden konnte.
Vorzüglich gefiel es ihm, daß von ihm, als dem ältesten, die jüngeren
sich lenken ließen. Gar zu gerne nahm er die Zeit wahr, wenn der
Säugling zur Ruhe gelegt ward; dann hieß er die Magd fortgehen und
sang ein russisches Lied an der Wiege. Zur Lustigkeit stimmte ihn die
neue Welt um sich: keine Bediente! nur zwei Schüsseln auf dem Tisch!
die Mutter selbst in die Küche gehend, um Essen zu bereiten! der Vater
sich immer freundlich mit ihm beschäftigend und gerne bereit, ihm alles
zu erklären. Kränklich war er sehr, und mußte allmählich an jede Ver=
änderung gewöhnt werden. Seine vollständige Männertracht ward ihm
am ersten beschwerlich, und mit großer Freude nahm er den Vorschlag
an, wie seine Brüder gekleidet zu werden. Damit er das Russische nicht
ganz verlerne, ward bestimmt, daß er jeden Sonntag beim russischen
Minister, mit dem Voß in freundlichen Verhältnissen stand, essen sollte.
Da ward er vom Bedienten abgeholt, und freute sich nicht wenig, wenn
Voß ihn mitunter begleitete. Großen Jubel gab es ihm dann, sich von
seinen Brüdern in seinem rotsammetnen mit Atlas gefütterten Staats=
kleide begassen zu lassen, aber der erste Wunsch beim Zuhausekommen
war immer, wie seine Brüder zu gehen. Durch Anhänglichkeit und Folg=
samkeit hat sich dieser Knabe stets ausgezeichnet, so lange er bei uns war,
und uns das angenehme Gefühl gegeben, daß nicht nur unsre häusliche
Lage durch ihn erleichtert, sondern ihm selbst eine Wohlthat für sein
Leben zu teil wurde, die Eltern und Sohn anerkannten. Einen rührenden
Brief schrieb er uns aus Erlangen, wohin sein Vater ihn zum Studieren
schickte, um sich an dem kleinen Hofe daselbst für seine künftige diplomatische
Laufbahn einzuüben. Ein Philolog, an welchen Voß ihn dort empfohlen,
war nicht wenig verwundert, bei einem jungen Russen so gründliche
Kenntnisse im Lateinischen und Griechischen zu finden.

Unser Leben ging nun seinen ebenen Gang fort, und wir fühlten
uns am glücklichsten, wenn es still und ruhig um uns war, sobald Voß
seine Schulstunden beendigt. Mein nicht leichter Beruf war dann, die
Kinder zu beschäftigen, und Voß vor lautem Geräusch zu schützen. Die
erste Stunde nach der Schule war ich im Sommer gewöhnlich bei
ihm; im Winter blieb er in der Wohnstube, die, weil sie gründliche Wärme
gab, dem armen ganz Durchfrorenen das Blut wieder in so behaglichen
Umlauf brachte, daß er sich in die Arbeit vertiefte, und die Stunde über=
schritt, wo wir ihn alle gern hatten. Wenn er sich endlich mit der
Mutter am Spinnrade allein fand, so kam er wohl in die Magdstube
herüber, mit uns zankend, daß wir ihm die Stunde nicht angezeigt.
Dann trugen ihm die Größeren seine Bücher hinauf, und ich folgte, um
nachzusehen, ob die Wärme noch zu verbessern sei. Im Sommer war es
immer ein Festtag für alle, wenn er nach sechs Uhr herunterkam, und

uns zum Spazieren aufforderte, wozu er freilich selten gelangte. Meistens ging er vor dem Abendessen im Garten, den wir allmählich nach unserem Sinne eingerichtet hatten.

Voßens Reizbarkeit nahm zu, wie allmählich seine Gesundheit weniger fest wurde, und oft hatte er Wochen, wo keine Arbeit ihn anzog. Wie drückend fühlte er dann die sechs Stunden, die er täglich zu geben hatte, und wie schwer wurde es ihm doch, wenn er sie manchmal abkürzen mußte. In solchen Zeiten berührte ihn alles im Hause, was sonst leicht, oft unbemerkt an ihm vorüberging, stets unsanft, und brachte mir bei aller Vorsicht schwere Stunden. Oft schien ich ihm unteilnehmend, wenn ich ihm dies und jenes leicht vorzustellen suchte; oft leichtsinnig, wenn die Ausgaben größer waren, als er es wünschte; oft war mein Betragen in Leitung der Kinder nicht das rechte. Dann konnte er heftig werden, so daß ihm harte Worte entfuhren. In solchen Augenblicken wirkten von meiner Seite Gegenworte schädlich, noch schädlicher Thränen oder ein gänzliches Stillschweigen. Das Tröstlichste für mich war, daß ich in Stunden ruhiger Überlegung, die diesen notwendig folgen mußten, seine gute Meinung von mir leicht wieder herstellen, und aus der gemachten Erfahrung mir feste Regeln für die Zukunft bilden konnte. Rührend war mir stets die Art, wie er in seinem ganzen Betragen zeigte, wo er fühlte, mir unrecht gethan zu haben. Je länger wir miteinander lebten, desto seltener wurden solche Mißtöne, ein Beweis, daß wir beide gestrebt haben, Grundfehler an uns zu verbessern, und daß wir nicht vergebens gestrebt haben.

In der Stimmung, wo öfteres Unwohlsein den ruhigen Gang seiner Thätigkeit hemmte und seine Reizbarkeit vermehrte, mögen Jahre hingegangen sein, ohne auffallende Störungen von außen. Im Sommer erheiterten die Reisen nach Dithmarschen zu Boie, auch als Unterbrechung des einförmigen Lebens. Mein Bruder hatte in Louise Meyer eine Frau nach unserm Herzen gewählt. Sie war verständig in allen Lebensverhältnissen, und hatte sein Herz so ganz, daß er unvermerkt sich ihrer Leitung überlassend, sich heiterer und glücklicher fühlte, indem er manches nicht mehr für Bedürfnis erkannte, was ihm früher unentbehrlich schien. Und diese glückliche Ehe dauerte kaum ein Jahr — sie starb im ersten Wochenbette! Unbeschreiblich hart traf uns ihr Scheiden aus der Welt. Wie viele schöne Hoffnungen und Pläne waren auch für uns auf einmal durchschnitten! — Voßens Gesundheit litt einen starken Stoß; er mußte Pyrmonter trinken, was ihm aber wenig half, da er sich nicht schonen konnte wie ein Brunnengast. Bei mir fand er nicht die Aufheiterung, die ihn hätte heben können, denn ich war selber unwohl, und dadurch noch mehr niedergedrückt.

Gegen Winter 1786 erkrankte unser dritter Sohn Hans an strophelartigen Drüsen, die durch zehrende Fieber zwei Jahre lebensgefährlich wurden. Sein Zustand erforderte die ganze Aufmerksamkeit der Mutter,

und der Vater fühlte lebhaft, daß er seine angestrengte Thätigkeit fest=
halten müsse, um nicht durch Verzagtheit das große Leiden noch größer
zu machen. In dieser Zeit unternahm er die Übersetzung der Ilias, zu
deren Überarbeitung er Stolberg lange vergebens aufgefordert hatte.
Als der erste Gesang fertig war, ward ihm dieser, von mir ins reine
geschrieben, übersandt. Stolberg nahm die Sache nicht, wie Voß zu
wünschen Ursach hatte, da beide sich oft über ihre Liebe zum Homer aus=
gesprochen. Doch besann er sich allmählich, und sein erster Unwille bekam
eine bessere Gestalt, obgleich er nie begehrt hat, mehr von der Voßischen
Ilias zu sehen.

Häufig unterbrach er diese Arbeit, um dem kranken Kinde durch
kleine Freuden seinen Zustand zu erleichtern. Dann trug er es wohl
auf dem Arm und sang ihm vor, oder er setzte sich ans Lager und gab
den Brüdern Anleitung, aus Wachs und Pappe allerlei Sachen zu fertigen
und Geschichten zu erzählen. Das höchste war immer, wenn er mit einem
Büchlein in der Hand erschien und farbige Tinte begehrte. Das war der
holländische Dichter Kanz, der zu jedem Gedicht einen sauberen Holzschnitt
geliefert, von denen dann immer einer mit Farben bedeutungsvoll geziert
wird. Am meisten Glück machte der grüne Esel, der schon aus Gellerts
Fabeln bekannt war. Ging er fort, so war mein Teil ein herzlicher Kuß
und ein tröstendes Wort, daß alles sich noch zum Guten wenden könne.
Einigemal ging er in die Schule, mit dem Gefühle, den Knaben nicht
lebend wiederzusehn; bald trieb ihn die Unruhe nach Hause; fand er ihn
besser, so kehrte er an seinen Beruf zurück.

In dieser langen trüben Zeit herrschte bei ihm beständig das Be=
streben vor, nie aus seinem freundlichen sanften Ton mit mir zu fallen,
wenn er die gewohnte Teilnahme bei mir entbehrte, und ich lernte all=
mählich, die wenige Zeit, die ich um ihn sein konnte, eine heitere Außen=
seite erringen. Die Theestunde nach der Schule suchte ich immer frei
von Störung zu erhalten. Unsre Spaziergänge wurden immer seltener,
aber dienten uns um so mehr zur Erholung. Abends nach dem Essen
fühlten wir uns beide erschöpft, und selten hatte er Mut, mir vorzulesen,
was er den Tag gearbeitet.

Sehr schwer mußten Voß in solcher Stimmung die Schulstunden
fallen, und tiefer als je fühlte er das Bedürfnis eines teilnehmenden
Freundes. Rudolf Boie war mit seiner Lage beim Konferenzrat Karstens
in Kopenhagen zwar zufrieden, aber ohne Aussicht zu einer festen Ver=
sorgung. Voß wünschte, er möchte die Stelle aufgeben, und so lange zu
uns ziehen, bis seine Zukunft eine günstigere Wendung nähme. Bei
seiner ausgezeichneten Liebe zu uns beiden, seiner Genügsamkeit und dem
Bedürfnis, sich an Gleichgesinnte anzuschließen, ging der Bruder gerne
auf diesen Plan ein. Auch der Gedanke, einen Teil der Schulstunden zu
übernehmen, reizte ihn nicht weniger, als Voß sich durch diese Hoffnung
erleichtert fühlte. Und wie viel gutes versprach nicht ein solcher Verein

für unsre Kinder! Die Aussicht, einen geliebten Bruder um mich zu
haben, mit dem ich von Kindheit an aufs innigste verbunden gewesen,
belebte mich von neuem, und gerne malte ich mir aus, wie wir unser
kindliches Leben wieder beginnen würden, da ja bloß die Gegenstände
unserer Beschäftigung eine andere Gestalt angenommen hätten. Plane,
die mit dieser Herzensangelegenheit in Verbindung standen, brachten
wieder die alte Heiterkeit hervor, bei der es leichter wird, unter einem
schweren Druck zu leben.

Gerade in dieser Zeit erreichte der Kantor Weise seinen sehnlichsten
Wunsch, eine Landpfarre in der Nähe von Eutin zu bekommen. Die
erledigte Stelle war einem Oldenburger Kandidaten zugedacht, welchen
man wegen seines unsittlichen Lebenswandels vom Predigtamte ausgeschlossen hatte. Da Voß sich mit Nachdruck gegen ihn erklärte, und im
äußersten Falle seine Stelle niederzulegen drohte, gab man endlich nach,
und gestattete ihm, seinen Schwager in Vorschlag zu bringen. Unsre
Hoffnung bei dieser Sache war ziemlich schwankend, desto größer aber die
Freude, als der Minister Holmer den glücklichen Ausgang meldete. Kleine
Änderungen in betreff des neuen Lehrers, der nun Konrektor genannt
ward, wurden ebenfalls genehmigt, und im Herbste 1788 trat Boie sein
Amt mit Freudigkeit an.

Eine heitere Ausflucht eröffnete sich nun auch zu unserm Freunde
Weise, der sich auf seiner Pfarre in Malent sehr glücklich fühlte. Für
Voß und Boie war es dahin ein angenehmer Spaziergang und ich folgte
manchmal zu Wagen mit den Kindern nach. Wir bekamen in dieser
neuen Wirtschaft das Recht, überall mit Rat und That zu wirken, und
ohne unsre Billigung ward in Haus und Garten nichts Wichtiges ausgeführt. Voß ward Obergärtner, ich, die etwas mehr von der Landwirt-
schaft verstand, als die neue Frau Pfarrerin, konnte manches Zweckmäßige
wenigstens angeben. Die Einnahme der Pfarrei bestand zum Teil in
dem Ertrag des Feldes und der nicht unbedeutenden Gärten. Da trafen wir
denn die Einrichtung, daß alles, was wir in der Wirtschaft brauchten, uns
für den gewöhnlichen Marktpreis geliefert ward; wogegen ich die städtischen
Bedürfnisse regelmäßig zu besorgen hatte. Der Pfarrer legte nun auch
alle Schüchternheit gegen Voß ab, in welchem er bisher immer ein Ober-
haupt zu entdecken fürchtete, das sein Übergewicht fühlen ließe, sobald
sich eine Gelegenheit dazu fände.

Der Zustand in den Leiden unsers Sohnes erreichte gerade seinen
höchsten Punkt, als Boie noch nicht lange bei uns war. Wie treu stand
der Bruder uns da zur Seite! Auch Agnes schied in dieser Zeit aus
unsrer Mitte. Wie wenig ahndeten wir es, als sie uns, etwa acht Wochen
vor ihrem Ende, zum letztenmal besuchte. Sie fühlte sich schwächer, wie
wir sie sonst gesehen, und mußte sich abends schon frühe zu Bette legen;
doch war sie dann wie gewöhnlich mutwillig, wir alle durften ein- und
ausgehen, sie machte den Küchenzettel, und einer von den Knaben, den

sie, damit kein Streit entstände, selbst wählte, mußte vor ihrem Bette essen.
Ungewöhnlich bewegt war sie am Abschiedsmorgen, wo wir, als die Pferde
schon angespannt waren, noch mit ihr in den Garten gehn und uns neben
sie auf die Agnesbank setzen mußten. Diese Bank ward uns nun noch mehr
ein Heiligtum und blieb es bis zu unserm Abzug aus Eutin. — Mit
Agnes gingen uns viele Hoffnungen und Plane fürs Leben zu Grabe.

Stolberg schloß sich nach ihrem Scheiden noch inniger an uns. Als
er uns zum erstenmal wieder besuchte, hatte sich der wilde Sturm des
Schmerzes in sanftere ruhige Trauer aufgelöst. Daß er in Oldenburg
nicht bleiben würde, war vorauszusehen, da ihm die Einsamkeit und die
Amtsbeschäftigungen schon früher nicht zusagten; doch wirkte Voß kräftig
mit, daß er, was sein erster Plan war, ein völlig unthätiges Leben bei
seinem Bruder nicht wählte. Er erhielt eine Gesandtschaftsstelle in Berlin,
wohin er sich, von seiner Schwester, der Gräfin Katharina, und den
Kindern begleitet, im Frühling 1789 begab. Sein Posten brachte ihn in
vielfache Berührung mit der Außenwelt, eigene Neigung noch mehr. Bei
dem Gesandten von Toskana lernte er dessen Schwägerin, die reiche
Comtesse Sophia Redern, kennen; mit dieser vermählte er sich, kaum ein
Jahr nach Agnes' Tode. Sie war bereit, ihm jedes Opfer zu bringen,
um seine sehr zerrüttete Gesundheit wiederherzustellen. Da die Aussicht
zu einem Gesandtschaftsposten in Neapel sich zerschlug, wirkte sie mit,
daß er nach einem Jahre die Stelle in Berlin aufgab und im Sommer
1791 mit seiner Gemahlin, dem ältesten Sohne und Nicolovius seine
Reise nach Italien antrat. —

Kurz vorher starb nach langen Leiden der Präsident Lovzow in Eutin.
Daß Stolberg einmal diese Stelle bekäme, war schon einer von Agnes'
Lieblingswünschen gewesen, wobei wir uns ein seliges Zusammenleben
bis ans Ende träumten. Der Herzog zeigte sich auch geneigt, sie ihm
zu geben, mit der Bewilligung eines zweijährigen Urlaubs, um die be-
schlossene Reise auszuführen.

Voß arbeitete damals mit Eifer und Liebe an der ersten Ausgabe
von Virgils Georgica, woran Stolberg freundlichen Anteil nahm. Da
gab es denn noch lebhafte Gespräche und manches wurde aufgeschrieben,
worüber Stolberg und Nicolovius an Ort und Stelle Erkundigung ein-
zuziehen versprachen. Wie treu und gewissenhaft Nicolovius Wort gehalten, hat er unter andern durch die Zeichnung italienischer und sicilischer
Pflüge bewiesen, welche später in dem Kommentare abgedruckt wurden.
Aber die angestrengte Arbeit an demselben wirkte nachteilig auf Voßens
Gesundheit. Schwindel und Reizbarkeit vermehrten sich im hohen Grade.
Dazu kam noch die Sorge für den Almanach und zwar in der besten
Jahreszeit. Hensler wollte Zerstreuung durch eine Reise; allein mochte
Voß sie nicht unternehmen und ich konnte den kranken Knaben nicht
verlassen. So war denn vieles schwer zu tragen, obgleich sich stets helle
Punkte fanden, die alles leidlich machten.

Im Herbste 1790 erhielt Voß eine Zulage von 200 Thalern mit
der Bewilligung, sich einen Gehilfen zu halten, der ihm die Nachmittags=
stunden abnähme. Er fand ihn in Friedrich Karl Wolff, einem Sohne
des vorigen Superintendenten, seinem Lieblingsschüler, der ihm stets
kindliche Anhänglichkeit bewiesen. Dieser gesellte sich nun mit Boie jeden
Abend zu uns, es ward nach alter Weise wieder vorgelesen, wenn es
keine Zeitungen gab, und Plane wurden gemacht, die Thätigkeit und
Aufheiterung zum Zweck hatten.

Im ersten Frühlinge der neu errungenen Freiheit kam eine Reise
nach Hamburg zur Ausführung, nach der Voß sich lange gesehnt hatte,
eine Auffrischung, die sehr wohlthätig auf ihn wirkte. Für sein neues
Werk suchte er einen Verleger, aber es fand sich keiner, der auch nur
einigermaßen annehmliche Bedingungen gemacht hätte.. Dies bestimmte
ihn, den Selbstverlag noch einmal zu versuchen, und der Erfolg war
nicht ungünstig, obgleich sich manche unerwartete Schwierigkeiten dar=
boten. Den Buchdrucker Struve in Eutin lockte die Aussicht, durch ein
schön gedrucktes Werk seiner Officin einen Schwung zu geben. Voß, der
sich früher einige Kenntnisse in diesem Fach erworben, untersuchte nun
mit ihm gemeinschaftlich alles, was erforderlich sei, um ihren Zweck zu
erreichen. Da fanden sich nun überall Lücken auszufüllen, es mußten
neue Lettern angeschafft, Vorschüsse gemacht werden. Etwas konnten wir
beisteuern und ein Geschenk bewilligte der Herzog, welcher sich gerne von
diesem Plane unterhalten ließ. Voß half anfangs stundenlang in der
Druckerei, bis endlich alles in guten Gang kam und der Druck ganz leid=
lich ausfiel. Am meisten Mühe machte die Schwärze, die der Meister
nicht recht zu bereiten verstand. Bei den Korrekturen legten Lehrer und
Schüler eifrig Hand an, und als alles vollendet war, bekam auch ich
meinen Anteil, nämlich Pakete zu machen, ein Geschäft, worin ich mir
früher in meines Schwagers Buchhandlung einige Fertigkeit erworben
hatte. Da fehlte es denn nicht an Gelegenheit, uns gegenseitig zu loben,
was allerdings mit zur Glückseligkeit im Leben gehört.

Auch in ökonomischer Hinsicht machte uns dieses Werk die Freude,
daß wir etwas leichter in die Zukunft blicken konnten. Das Geldsammeln
war uns nur eine Angelegenheit, insofern es die Erziehung der Kinder
erleichterte: daher sperrten wir uns gegen alle Ausgaben, obwohl sich
manchmal die Neigung regte, Entbehrliches anzuschaffen. Nach Abzug
aller Unkosten hatten wir 900 Thaler Überschuß und einige Aussicht zu
fernerer Einnahme. Mit dem Gelde machte Voß mir ein Geschenk und
war sehr mit mir einstimmig, daß ich die Zinsen davon meiner Mutter
bestimmte. Diese besuchte uns bald nach des Konrektors Anstellung zum
letztenmal. Sie war ungemein heiter, nun auch ihren jüngsten Sohn,
mit seinen Geschwistern vereint, in einer so behaglichen Lage zu sehen,
und uns machte es unbeschreiblich glücklich, daß sie ihre Liebe zu Voß
bei jeder Gelegenheit an den Tag legte. Sie starb einige Jahre später

als mein Bruder Rudolf bei ihrem ältesten Sohne in Meldorf, wo sie
ruhig heiter mit Kindern und Enkeln im zweiundachtzigsten Jahre sanft
und ohne den Tod zu ahnden an einem Schlagflusse endete! — sie, die
stets eine ausgezeichnete Liebe aller, die sie kannten, genoß, die so unend=
lich vielen Leidenden ihren Zustand erleichtert, so vielen Sterbenden nach
schwerem Todeskampfe die Augen geschlossen hatte! —

Ein wiederholter Ruf als Direktor des Gymnasiums zu Breslau,
der in dieser Zeit an Voß gelangte, gab Anlaß zur Gehaltserhöhung in
Eutin. Und wenn er auch jetzt noch bedeutend mehr im Jahre brauchte,
als sein Amt ihm einbrachte, so schien ihm dieses zum natürlichen Laufe
der Dinge zu gehören und er fühlte zu sehr das Gute seiner Lage, als
daß er sie so leicht gegen eine andere hätte vertauschen mögen. Wenn
er heiter bei seiner gewohnten Thätigkeit war, pflegte er wohl scherzend
zu sagen, der Herzog müsse ihm eigentlich einen Ehrengehalt geben, weil
er so viele Durchreisende bewirte, die Eutin in guten Ruf brächten. In
trüben Stunden dagegen drückte ihn die Vorstellung, er könne seine Kinder
noch unerzogen und unversorgt hinterlassen.

Es war eine gar angenehme Lebensperiode, als im Winter 1792
die erste Ausgabe der Ilias bei Hammerich gedruckt ward. Als Voß sein
Manuskript in die Hand nahm, glaubte er, er würde mit sich zufrieden
sein, aber dem war nicht so. Er machte eine neue Handschrift, denn
Verbesserungen hineinzukritzeln, dazu entschloß er sich selten; ihm schien
immer nicht sauber, was nicht sauber aussehe. In solchen Zeiten ward
selbst das Schwere uns allen leichter. Auch die kleinen häuslichen Feste
lebten wieder auf, an denen er soviel Freude hatte.

Eine wohlthätige Unterbrechung seiner großen Thätigkeit gaben die
Ausflüge nach unserm lieben Malent, zumal wenn in einem Tage hin
und zurück zu Fuß gewallfahrtet wurde. Wie heiter war er dann, wenn
wir in der Dämmerung nach Hause gingen, wenn ein Stern nach dem
anderen hervortrat und wir heimgekehrt beim Thee uns wieder auffrischten.
Unwillig machte ihn unterwegs wohl eine Quelle, die einen Sumpf her=
vorbrachte; doch trug er jedesmal mit den Knaben Steine zu einer Not=
brücke herbei, damit wir trockenen Fußes hinüber konnten. Der Herzog
hatte sich dieses von seinem Hofmarschall, unserm Hausfreunde, erzählen
lassen. Als wir uns das nächstemal wieder zum Brückenbau rüsten wollten,
war dem Übel durch Erhöhung der Tiefe und Ableitung der Quelle gründ=
lich abgeholfen, und der Herzog nahm den Dank dafür freundlich auf.

Stolbergs Rückkehr aus Italien rückte allmählich näher und wir
hatten Gründe genug zu dem Vorgefühl, daß sie zum mindesten eine
Unterbrechung der stillen häuslichen Ruhe sein würde, deren wir uns
erfreuten. Stolberg war sehr unwohl und gewöhnte sich schwer an die
wenigen Geschäfte, die er keinem anderen übertragen konnte. In den
Gesprächen mit ihm mußten so manche Punkte vermieden werden, da die
Dinge in der politischen Welt eine ganz andere Wendung nahmen, als

Stolberg wünschte, und er Voß gerne auf den Standpunkt stellte, als billige er alles, was geschah. Dieses gab eine beständige Spannung, zumal da über die heiligsten Gefühle die Worte abgewogen werden mußten. Wie manchen Ausbruch des Zorns hat Voß mit großer Selbstverleugnung angehört, da dieses „sich Luft machen" dem Freunde wohlthat! Wie froh fand ich ihn dagegen manchmal, wenn er nach einem Besuche Stolbergs mir sagen konnte: „Heute haben wir ein wohlthuendes Gespräch über rein menschliche Dinge gehabt, die uns beide erfreuen." Die häufigen Einladungen zum Mittag- und Abendessen lehnten wir beide in der Regel ab; etwas öfter ging Voß hin und am liebsten uneingeladen. Der Grund war, daß Stolberg es sehr liebte, sich abends an unsern Tisch zu setzen, sich an dem fröhlichen Empfang freuend, wenn Voß ihn unerwartet bei uns fand. Wie unendlich liebenswürdig war er bei solchen Besuchen, wo er nur heiter und teilnehmend an Thätigkeit und Häuslichkeit erschien und wo nie ein Wort gemißdeutet ward!

Stolberg hatte mehrmals von einem Besuche der Fürstin Gallitzin gesprochen, als einer Sache, wovor er sich fürchte, die er aber nicht ablehnen könne. Wir waren sehr gespannt auf diesen Besuch, der endlich, wie es hieß, unerwartet erschien und in der Stadt großes Aufsehen erregte. Die Fürstin kam in einem großen, mit Segeltuch überspannten Karren, dessen Hauptsitz zu einem Lager für die Fürstin eingerichtet war; die andern Sitze füllten ihre sechzehnjährige Tochter, eine jüngere Nichte, ihr Freund, der geistliche Herr Overberg, ein Lehrer der Nichte, und ein Fechtmeister, der auch in anderen Leibesübungen unterrichtete und die Neigung der Kinder zu gewinnen wußte. Die Fürstin, eine Frau im Anfang der Vierziger, war von sehr angenehmer Gestalt, heiter, freundlich und einfach in jeder Beziehung; die Tochter, ein frisches, blühendes Mädchen, an jeder Unterhaltung teilnehmend, aber nirgends vorlaut, so sehr man ihren Reichtum an Kenntnissen bemerken konnte, unter den Kindern völlig Kind, und selbst gewandt im Hauswesen wie in allen weiblichen Handarbeiten; die Nichte, ein scheues Wesen, hatte ihre Stunden so besetzt, daß man sie selten unter den Kindern zu sehen bekam. Alle erschienen meistens in Zeug gekleidet, das sich waschen ließ, und stets schon früh morgens, wie sie den Tag blieben.

In das Stolbergsche Haus brachte die Fürstin einen ganz anderen Ton. Die vielen Bedienten an der Tafel waren ihr lästig, wie die vielen Schüsseln: beides ward vermindert, und die Kinder ließen es sich gerne gefallen, daß sie sich mehr selber bedienen mußten. Abends wurde kalte Küche aus der Hand gegessen, die Handarbeiten wurden nicht weggelegt, Gespräch und Vorlesen nicht unterbrochen, so daß wir manchen Abend dort zubrachten mit dem Gefühle willkommen zu sein. Mit der Fürstin unterhielt Voß sich gerne, er mußte ihr vorlesen, und lebhaft ist mir noch im Gedächtnis geblieben, mit welcher Freude Psalmen aus einer plattdeutschen Bibelübersetzung angehört und besprochen wurden. Nicht weniger gefiel ihm Overberg, der sich als verständiger Katholik über verschiedene Meinungen aussprach. In Stolberg erwachte wieder die alte Heiterkeit und man vergaß allmählich in seiner Gegenwart die Worte ängstlich abzuwägen ...

Allmählich blickte durch die Offenheit der Fürstin etwas Hinterhältiges hervor. Sie hatte mir lange eine vertrauliche Unterredung, ein tête à tête, angekündigt, wozu es doch nie kommen sollte, obgleich sie alle Morgen an meinem Seeufer in die Badewanne stieg. Endlich bestellte sie sich ein Frühstück mit uns allein in meinem Studierstübchen. Kaum hatte sie bei dem Kaffee eine Art von Gespräch begonnen, so stürmte der ganze Schwarm der Stolberge und der Münsterer in den anstoßenden Saal. Dazu das Schautragen der Ceremonieen: alle Freitage nach Lübeck in die Messe, vier Meilen weit; kein Fleisch am Freitag; nach der Mahlzeit ein hochfeierliches Bekreuzen der Stirn und Brust, welches die Tochter, eine muntere Seiltänzerin, mit einer artigen Gebärde, als wollte sie etwas am Putz ordnen, in der Hast abthat. Den Herrn Overberg traf meine Frau am Bette der kranken Gräfin Sophie, wie er sie und die Kinder mit Legenden unterhielt. Das war nichts weiter, hieß es, als wenn meine Frau (was sie einst vor der Fürstin thun mußte) unseren jüngsten Söhnen in der Dämmerung aus der Odyssee erzählte in niedersächsischem Kinderton. Ich machte die Gräfin Katharina aufmerksam auf die Fürstin. „Sie thun ihr unrecht," antwortete die Gute; „Sie glauben nicht, wie die Fürstin Sie ehrt und liebt!" Dann vertraute sie mir, sie habe im Vorbeigehen an der Laube gehört, wie Fritz im einsamen Gespräch mit der Fürstin voll Zorn sich von Voß zu trennen gelobt habe und wie mild die Fürstin ihn besänftigt. Woher der Zorn, wozu die Besänftigung, ahnte sie nicht. —

Bald nach dem Abzuge der Fürstin Gallitzin im Herbst kamen Stolbergs Reisegefährten, die Herren von Drost aus Münster, und blieben bis zum Frühlinge. Der ältere hatte eine liebenswürdige junge Frau, eine geborne Meerfeld aus Wien, die sich gerne an uns anschloß. Ihr zu Liebe zogen wir uns nicht ganz von den Stolbergschen Abendzirkeln zurück, obgleich wir das Gefühl, daß unsre Gegenwart störend sei, nicht immer unterdrücken konnten. Der jüngere Bruder, der bekannte Weihbischof, hatte, wie die Erzählung lautete, einen geweihten Stein mitgebracht für einen Altar, um die Katholiken in Eutin an der Wohlthat, Messe zu hören, teilnehmen zu lassen. Für diese kleine Gemeinde ward ein Zimmer gemietet und feierlich eingeweiht.

In dieser ganzen Zeit war Stolberg auffallend verstimmt, so wenig es auch in seinem Hause an zerstreuenden Besuchen fehlte. Nachmittags, wenn Voß seinen raschen Fußtritt auf der Treppe vernahm, legte er wohl mit einem Seufzer die Arbeit beiseite und bat mich, ihn nicht ohne Not zu verlassen. Nur wenige Abende sind mir aus diesem Winter im Gedächtnis geblieben, wo sich der alte liebe Stolberg heiter an unsern Tisch setzte oder allmählich heiterer ward. Gewiß hat Voß in der Zeit, wo es viel zu tragen gab, stets mehr Mitleid als Zorn gegen Stolberg gefühlt, denn in seinem Herzen lag immer die sehnsüchtige Hoffnung, das alte Verhältnis könne noch wiederkehren. Der Gedanke, Stolberg werde katholisch werden, kam ihm wohl mitunter, aber es war kein stehender, da ihm die äußeren Verhältnisse nicht zu entsprechen schienen. Viel näher lag die Überzeugung, Stolberg stehe in nahem Verein mit der Brüdergemeinde. Wenn sie von einer Reise zurückkehrten, sprach die Gräfin Sophie immer mit Entzücken von den Versammlungshäusern dieser Gemeinden, die sie besucht, und teilte überall kleine Geschenke aus, die sie dort eingekauft hatte.

Seinen Söhnen gab Stolberg jetzt einen Hauslehrer, in dessen Wahl er nicht immer glücklich war. Der erste ward nach vier Wochen entlassen als unvorsichtig in seinen Äußerungen über Religion und Freiheit. Da sein Nachfolger wenig vermochte, nahm mein Bruder auf Stolbergs Bitte dessen Söhne in seine Klasse und Voß fügte sich gerne darein, in der Eltern Abwesenheit den Hofmeister zu lenken und sich der Kinder anzunehmen. Waren es doch Agnes' Kinder und unserm Hause von Herzen zugethan! —

Im Winter 1794 wurde Voß durch angestrengte Arbeit bei den mythologischen Briefen so kraft- und mutlos, daß wir uns alle niedergedrückt fühlten. Als der Druck begann, erlaubte er sich, was er sonst nie gethan, noch abends nach Tische zu arbeiten, weil, wie er meinte, die Anstrengung ihn wieder lebhaft mache. Keine freundliche Warnung wirkte. Allmählich ward es ihm selbst deutlich, daß er sich losreißen müsse, und es gelang, ihn zum Entschlusse zu bringen, nach Halberstadt und Weimar zu gehn. Er achtete Gleim sehr, hatte aber nicht die Meinung von ihm, daß er in ihm einen so teilnehmenden Freund und einen Mann von so festem Charakter finden würde. Daher schwankte sein Entschluß immer wieder und ward erst fest, als ich, freilich mit seiner Bewilligung, seine Ankunft bei Gleim und Wieland angekündigt hatte. Schwerer ward sein Entschluß noch dadurch, daß der arme Bruder den ganzen Winter im höchsten Zustand der Schwäche war und durchaus weder dem Arzte noch uns gestehn wollte, was eigentlich sein Leiden sei. Auch drückte es ihn sehr, daß ich den ganzen Winter unwohl war und die jüngsten Söhne kränkelten.

Wie die Reise auf ihn gewirkt, das sprechen seine Briefe von der Halberstädter Reise am deutlichsten aus. Die Schule konnte er ohne Unruhe verlassen, weil er an Wolff einen treuen Gehülfen hatte, und der Entschluß, seinen Sohn Heinrich mitzunehmen, befreite ihn von den kleinen Nebenumständen einer Reise, für Packen und Rechnen zu sorgen, die ihn so leicht verstimmen konnten. Für Heinrich hielten wir die Reise auch körperlich wünschenswert, denn er war zart gebaut, und immer schwer von stiller Thätigkeit zu entfernen. Von Natur sehr aufmerksam und verſtändig, galt es ihm als Ehrenſache, im Sinne der Mutter für den Vater zu ſorgen, und was er zu leiſten gelobte, hielt er ſo gewiſſenhaft, als man es von einem Vierzehnjährigen nur erwarten kann. Er hatte ſich auch auf der Reiſe des Beifalls ſeines Vaters zu erfreun, und war überall, wo ſie weilten, geliebt.

Vorzüglich aufgeregt ward Voß bei Gleim, ſeine Luiſe nicht in ein= zelnen Bruchſtücken zu laſſen. Er ſprach oft mit Wehmut davon, daß ihm durchaus die Aufmunterung von außen fehle, ſein Lieblingswerk ſo aus= zubilden, wie er ſich ſehnte, es zu thun.

Während meiner Einſamkeit, der erſten auf längere Zeit, ſeit wir vereint waren, fühlte ich mich heiter und leicht in der Hoffnung, daß dieſe Reiſe Voß an Leib und Seele wohlthun würde. Der Bruder teilte dieſe Hoffnung lebhaft mit mir, und ſorgte für die Beſchäftigung der Kinder, als wären es die ſeinigen.

Stolberg und ſeine Familie, unſre nächſten Nachbarn, wollten mich gerne oft dort haben, um mir die Einſamkeit zu erheitern, ſo daß ich nur mit Mühe meine gewohnte Lebensweiſe ſicherte. Er war damals ſehr düſter durch die Weltbegebenheiten, und im hohen Grade zerſtreut durch Beſuche. Seine Weſthunnen waren eben abgedruckt, als ich eines Abends ein Stündchen dort geweſen. Ich hatte ihn nur im Vorbeigehn gegrüßt. Als ich die Treppe hinunter ging, ſtürmte er mir nach, und gab mir die eben abgedruckte Ode, um ſie Voß zu ſenden. Ich ſah den Titel an, und fragte mit lächelndem Tone: „Die Weſthunnen? Was ſind das für Dinger?“ Mit glühendem Geſicht ſprudelte er mir die Antwort entgegen, wobei ſeine Stimme ſtotterte: „Die Hunnen, das wiſſen Sie doch, ſind ein wildes Volk! Nun die Weſthunnen!“ Ich faßte ihm die Hand, und ſagte: „Ich meinte, Sie ſollten mir eine ruhige Er= klärung geben; jetzt ſchweigen Sie nur, ich weiß ſchon.“ Den folgenden Tag erhielt ich einen recht ſtürmiſchen Brief von ihm, einen ganzen Bogen ſtark, welchen mir Voß von politiſcher und religiöſer Seite in einem Lichte darſtellte, worin ich wenige Züge des wahren Voß erkannte. Der Schluß war eine recht lichte Darſtellung meiner Perſon, die mich ſehr verwundete, weil die Anwendung darin beſtand, daß eine Frau wie ich, die ſo von ihrem Manne geliebt würde, alle ihre Kraft darauf wenden müſſe, ihn anders zu lenken. Nun kamen noch eine Menge Lobſprüche, die mir doch das Gefühl gaben, daß auch der wahre Voß ihm im Herzen lebe. Zu einem ruhigen Geſpräche, das wußte ich ſchon aus vielfältiger Erfahrung, war mit ihm nicht zu gelangen. Alſo benutzte ich eine ſpäte Abendſtunde, ihm zu ſagen, oder vielmehr zu wiederholen, was ich ihm ſchon oft erklärt und als Bitte vorgetragen hatte, ſich kein falſches Bild hinzuſtellen, und dieſes zu verläſtern oder zu verdammen. Er ſolle das feſthalten, was Voß ſelbſt ihm oft geſagt: „Sie ſind eigentlich glücklicher als ich zu nennen, weil Sie nur auf einer Seite Gräuel ſehen, und ich auf vielen.“ Auch ſolle er nicht vergeſſen, daß Voß nie ein Geſpräch, das zu stürmischen Aufwallungen Anlaß geben könne, mit ihm suche, vielmehr diesem immer ausweiche Das innere Verhältnis zwischen Mann und Frau solle er auf keine Weise zu stören suchen. Darin hätte er nur dann Recht zur eigenen Beruhigung mit einwirken zu wollen, wenn er mir einen nennen könnte, der bei seiner inneren Überzeugung im Glauben an das Heiligste und Höchste, wonach jeder gute Mensch sein erstes Streben richtet, mehr Ruhe hätte als Voß; eine Ruhe, die sich in jedem Lebens= verhältnis wirksam zeige. — Hieher gehört das Gedicht an Stolberg, Die Andersdenkenden:

> Wohlan! wir bleiben einig,
> Und gönnen uns die Ruh!
> Ich sage, dieses mein' ich;
> Und jenes meinest du.

Noch weiß ich, als sähe ich es vor mir, welchen Eindruck dieses Lied auf Stolberg machte, als er es selbst vorlas, wie alle Lieder vom Winter 1795. Die Thränen rollten ihm herab, und er schloß Voß wie einen Bruder in seine Arme. Aber solche Eindrücke, in unsrer stillen Wohnung wohl manchmal auch zu Entschlüssen übergehend, waren schnell wieder verwischt. Ein einziges, oft entflogenes Wort konnte Voß gleich wieder in einen Aner, Isten und Aten umschaffen, und so standen ihm alle Übel vor Augen, die ein solcher in seinem öffentlichen Beruf und in seiner eigenen Umgebung notwendig stiften mußte. Indes hatte ich diesmal die gute Wirkung von meiner schriftlichen Erklärung, daß er, während meiner Einsamkeit, sehr heiter im Gespräch mit mir war, und mit Teil= nahme hörte, was ich ihm aus Voßens Briefen mitteilen konnte. Auch brachte er mir einmal einen Brief von seinem Vetter in Wernigerode, worin unter andern auch die Stelle vorkam: „Ihr seid glücklich zu preisen, daß ihr einen solchen Mann unter euch habt."

Die Freude bei Voßens Rückkehr und seine eigene Heiterkeit bei frisch begonnener Thätigkeit schildert sein Brief an Gleim vom 26. Juni 1794. Auch Stolberg war sehr heiter und teilnehmend. Voß hatte Stol= berg einen sehr ernsten Brief von Gleim über die Westhunnen mit= gebracht. Dessen ward so wenig erwähnt, wie Voß eine Meinung über diese Ode abgefodert. Der Anblick des Bruders störte freilich oft unsre Heiterkeit, aber wir ahndeten keine Gefahr, bis endlich Henslers Aus= spruch uns eine traurige Aussicht eröffnete. Doch blieb uns noch die Hoffnung, daß Heilung seines Übels in einer so ausgezeichneten Anstalt als das Friedrichs=Hospital zu Kopenhagen möglich sei, wohin er sich in Kiel einschiffte.

Voß strengte nunmehr alle seine Kraft an, sich und uns zu heben. Gleims lebhafter Wunsch, die Luise als ein Ganzes herauszugeben, weckte seinen eigenen Wunsch von neuem. Dazu wirkte kräftig mit, daß der kranke Bruder in der Ferne durch nichts anschaulicher überzeugt werden könne, wie wir über seinen Zustand nicht in Grübeln versunken wären. Die gründliche Heiterkeit, die Voß von der Reise mitbrachte, hatte seinen Körper sehr gestärkt, so daß er mehrere Stunden in seiner Klasse selbst wieder übernahm, und Woiji die zweite Klasse übergeben konnte; einige Stunden der zweiten Klasse wurden Stolbergs Hauslehrer anvertraut. Die Ruhestunden der Frühe und nach der Schule waren der Luise ge= widmet. Es war ein stilles Hausfest für uns alle — für mich ein ewig unvergeßliches! —, als er das erste Aufgeschriebene der neuen Umarbei= tung mitteilte. Es war stets etwas einzig Rührendes und Hebendes in seiner Heiterkeit, wenn er etwas arbeitete, woran er selbst so lebhafte Freude hatte. Nicht leicht konnte ihn dann eine Unterbrechung verstimmen, denen er so häufig ausgesetzt war. Wie oft hatte ich im Leben die Freude, wenn ich eine Störung von ihm abgewendet, daß er mich seinen Schutzengel nannte! Konnte ich sie nicht abwehren, so war immer sein erstes, mich aufzufordern, mit ihm im Garten oder auf seinem Zimmer auf und nieder zu gehen, „damit er wieder sich selbst finde".

So leicht Voß bei seiner großen Reizbarkeit verstimmt, oft übellaunig werden konnte, wenn ihn im Leben etwas unangenehm berührte, wobei er das Gefühl hatte, es ließe sich abwenden, so mutig und unverzagt war er stets bei allen häuslichen Leiden, die uns Gottes Hand bestimmte. Ich weiß keine Ausnahme, wo er dann nicht immer durch Wort und That den Mut der Seinen zu heben suchte, und dieses mit großer Aus= dauer und Anstrengung seiner Seelen= und Körperkräfte.

Die Leiden des Bruders drückten uns schwer, doch hielten wir noch immer die Hoffnung fest, daß er genesen könne, so lange auch die Ärzte in Kopenhagen eine Operation für möglich hielten. Voßens Seele hatte sich durch die herzliche Teilnahme, die er bei Gleim gefunden, wieder zu den Hoffnungen seiner heitersten Stunden erhoben, daß er noch fähig sei, etwas zu leisten. Gleims Teilnahme an ihm ging auf die kleinsten Lebensverhältnisse über. Der hatte also auch bestimmt das Wort von ihm gehört: „daß er sich glücklich schätzen würde, wenn er durch eine mäßige Pension, die ihm die unentbehrlichsten Lebensbedürfnisse sicherte, sich in Stand gesetzt sähe, seine Schulstelle aufzugeben, um seine Kräfte auf einen höheren Zweck zu wenden, und manches Begonnene zu vollenden, was ihm am Herzen lag". Hierüber sprachen wir oft, wenn er erschöpft aus der Schule kam, oft so erschöpft, daß er erst einige Minuten allein in sein Zimmer ging, und sich durch Thränen Luft machte. Bemerkte ich dies, und wollte, was mir so nahe lag, in seinen Ton mit einstimmen, so konnte ihn dies sehr unwillig machen. Es war immer ein schneller Übergang, der ihn wieder in seinen gemütlichen Ton brachte, wo er die eigene Schwäche selber schalt. Sein Gefühl war häufig: seinen Platz als Schullehrer könne leicht ein anderer, mit mehr Dank für die Leistungen, die man nach der gewöhnlichen Regel von einem Rektor begehre, füllen. Was er aber nach seiner eigenen Überzeugung leisten könne, wenn er die

Freiheit habe, Herr seiner Zeit zu sein, dazu möchten eben nicht viele fähig sein. „Wenn ein solches Wort jemand hörte," sagte er dann wohl, „der würde mich vielleicht stolz nennen, und dies zu sein, bin ich mir nicht bewußt." Ein solches Gefühl war auch nie herrschend bei ihm; dies beweist, daß er nie müde ward, davon zu reden, wie wir überall selbst erkennen mußten, daß der Lebensplan, den Gott für uns bestimmte, auch der beste für uns sei. Wie oft haben wir auf diese Weise unsern Lebenslauf rückwärts gemacht! So bald er sich nur einigermaßen kräftig fühlte, war ihm sein Beruf sehr lieb, denn er hatte das Bewußtsein, geliebt zu sein und sich nützlich zu machen . . . .

Am Ende des Septembers machten wir eine Reise zu Esmarch, nach Holtenau bei Kiel, um uns zu zerstreuen. Dies war der Ort, wo wir, wenn es irgend möglich war, gerne jeden Herbst hin wallfahrteten; denn nirgend fanden wir herzlichere Teilnahme als bei diesem treuen Freund, der von Kindheit an mit der Boieschen Familie und gleich in Göttingen mit Voß innig verbunden war. Hier erfuhren wir durch Hensler, daß unsers Bruders Übel unheilbar sei, und ihm und uns ein langes Leiden bevorstehe. Er war bei seiner Zurückkunft aus Kopenhagen sehr schwach, aber doch heiter und gefaßt, da die Hoffnung, daß es besser werden könnte, ihm nicht benommen war. Allmählich fühlte er sich etwas gestärkt und fand Trost darin, noch etwas arbeiten zu können. Voß bot alles auf, ihm seine Lage auf jede Weise zu erleichtern. Bald ward es dem armen Bruder zu schwer, in seiner eigenen Klasse Stunden zu geben. Da übernahm Wolff dieselbe, und Boie unterrichtete nun, so viel seine Kräfte zuließen, in der ersten Klasse. Aber der Mut des Leidenden wurde immer schwächer; sobald er sich selbst überlassen war, gab er sich der wehmütigsten Stimmung hin; uns hingegen gelang es stets, ihn aufzuheitern.

Wir mußten jetzt unsre ganze Lebensweise anders wenden, als es uns gemütlich war, um nach Kräften seinen Mut aufrecht zu erhalten. Voßens feste innere Heiterkeit leuchtete voran. Er nahm freudig so viel öffentliche Stunden auf sich, als er tragen konnte, und legte alle seine Lieblingsarbeiten der Morgenstunden beiseite, die er sonst so notwendig brauchte, um sich für die Berufsarbeiten zu stärken. Durch die bei Gleim gewonnene Heiterkeit war ihm jetzt wieder Poesie Stärkungsarbeit geworden. Nachdem er die erste Ausgabe der Luise vollendet, und den zweiten Teil seiner Gedichte zum Druck gefertigt hatte, machte er jeden Tag ein Gedicht, oft zwei, und fühlte sich reichlich belohnt durch die Freude des Kranken, wenn er am Abend etwas vorzulesen hatte, und durch die gründliche Heiterkeit, die dadurch im Hause verbreitet wurde.

Bis Ende Januar konnte Boie noch mit großer Anstrengung seiner Kräfte ausgehen, wenn das Wetter leidlich war. Außerdem war ich bei ihm, so viel es mein Hauswesen erlaubte; nachmittags von zwei bis acht Uhr bestimmt. Dann ward Voßens Abendessen zum Bruder gebracht,

und er selbst folgte nach. Ich blieb, bis das fertige Lied vorgelesen war,
und ging dann zu den Kindern. An meinem Geburtstage, dem 31. Ja=
nuar, machte der Bruder seinen letzten Besuch in unserm Hause. Er war
innig bewegt, als Voß das Lied vorlas, welches er mir den Morgen ge=
bracht hatte. Nachdem Voß geendigt, drückte er mich mit vielen Thränen
an sich, denn gewiß fühlte er, was wir bestimmt wußten, dunkel,
daß es der letzte Geburtstag sei. Wie so ganz treffend heißt es auch
im Liede:

> Selbst der Bruder kömmt am Stabe
> Hergewankt, und bringt zur Gabe
> Ihr sich selbst, nimmt Speis' und Trank,
> Singt mit ein, ist minder krank!

Unendlich rührend war es für uns, wie er alle seine Kraft aufbot, sich
zur ruhigen Heiterkeit zu stimmen, und wie es ihm gelang, bei fast ge=
sunkenem Hunger von einer für ihn bereiteten Lieblingsschüssel mit Wohl=
gefallen zu essen! Die Tischgespräche erheiterten ihn wie uns. Er ver=
gaß seine schwere Last, und wir freuten uns an der heitern Seele,
vergessend der bleichen abgezehrten Gestalt   Lebhaft stieß er mit an, als
wir auf bessere Zeiten anklingten, und fügte selbst hinzu: Auf ruhige
Ergebung in alles, was Gott sendet! —

Stolberg war die ganze Zeit ungewöhnlich heiter. Der Geist, der
alle die schönen Lieder eingab, ließ ihn den wahren Voß erkennen und
achten; alle Gespräche, die Anstoß geben konnten, wurden auch von seiner
Seite vermieden, und wenn Stolberg sich mitunter nicht verleugnen konnte,
wich Voß aus. Er kam jeden Tag, um das neueste zu lesen; er selbst
las immer laut, und an seiner Stimme hatten wir jedesmal einen be=
stimmten Maßstab, was ihm gefiel und mißfiel. Diese Lieder wurden
immer an Gleim geschickt, und seine Briefe bezeugen, wie lebendig seine
Freude darüber war. Auch Schulz erhielt sie, denn bei jedem Liede
dachte der Vater zuerst an Schulzens Töne. Schulz ward vor Ende des
Jahres 1794 todkrank, für uns ein zweiter Kummer, den wir dem Bruder
nur zum Teil mitteilen durften . . . .

Voßens Stimmung in dieser für uns so traurigen Zeit möchte ich
einen Zustand wahrer Begeisterung nennen, die durch einen edlen Zweck
aufgeregt ward. Jahrelang hatte er oft mit Wehmut auf unsern
Spaziergängen darüber geredet, daß es vielleicht vergeblicher Kraftaufwand
sei, wenn man ein Lied mache mit der Empfindung, man leiste etwas
Gutes. Der Keim von manchem lag in seiner Seele, und entwickelte
sich häufig im Gespräch, z. B. wenn er davon redete, er möchte noch ein
Gesangbuch für den Pfarrer von Grünau machen. Freude war es ihm
stets, daß ich solche Gespräche lebhaft teilte; ich durfte sogar Vorschläge
und Wünsche äußern. Wie lange schon hatte ich ihn gebeten um ein
Herbstlied, das den Geist aufwärts höbe, wenn alles um uns sinkt und

abstirbt; um ein Frühlingslied, wie das in der Luise, um ein Morgen= und
Abendlied. Wie viele könnte ich noch nennen, die ich, ohne eine Spur
von Eitelkeit dabei zu fühlen, mein innerstes Eigentum mitnennen kann,
weil die Gespräche, in denen der Keim eines Liedes entwickelt wurde, so
bestimmt zu den seligsten gehörten, die uns beiden zu teil wurden. Von
allem, was er in solchen Gesprächen sich selbst lebendiger machte, indem
er es mir mitteilte, brauchte er in dieser Zeit nur eine Anregung, um
aufzufrischen, was schlummerte.

Die einzige Stunde, die wir ganz die unsere nennen konnten, blieb
jetzt die Morgenstunde. In dieser lebte auch stets dergleichen auf. Wie oft
las er mir, ehe er in die Schule ging, die erste Strophe eines Liedes
vor, und sagte dann wohl: „Ist es nicht jammerschade, daß ich jetzt
schulmeistern muß?" Vom Pfingstliede hatte er eines Morgens zwei
Strophen fertig. Da rief er mich hinauf und las vor. Dann saß
er eine Weile nachdenkend. Endlich ging er rasch im Zimmer auf und
ab und sagte: „Nein! heute kann ich unmöglich Schule halten! Laß den
ältesten der Schüler kommen; sie müssen sich heute selbst beschäftigen."
Bei der Morgenheitre ging es ungefähr ebenso. Da ging er denn
ungefähr eine Stunde allein im Garten, um sich zu sammeln, und die
heiterste Ruhe ging in sein Wesen über. — Die beiden Neujahrslieder
entstanden nach einem Gespräch mit Stolberg, der behauptete, er könne
kein Neujahrslied mehr geben, nachdem er das eine, welches er ein
unübertreffliches Kernlied nannte, gemacht hätte. Voß sagte: „Ich
liefere Ihnen noch zwei, denen Sie Ihren Beifall nicht versagen sollen",
und Stolberg war bei beiden voll Jubel. Am Abend, als er das erste
brachte, erzählte er im scherzhaften Ton: „Ich war so heiter den Nach=
mittag, weil ich selbst Freude an meinem Liede hatte, und freute mich
auf die Dämmerungsstunde, wo ich gemütlich weiter grübeln wollte. Da
klopfte es an meine Thür, und ich rief: Herein! nachdem ich mir durch
einen kräftigen Ausruf über die Störung Luft gemacht hatte. Es war
der alte Nachbar, und ich reichte ihm recht freundlich die Hand, weil ich
wußte, er bleibt nicht lange. Doch blieb er recht lange, und seine Ge=
spräche waren die alten bekannten, wo ich nur so mein Hm! und Ja!
und Nein! dazwischen gab, um sie möglichst abzukürzen; aber alles ver=
geblich: er blieb und blieb, daß ich doch endlich Licht foderte, und mich
in mein Schicksal ergab. Endlich ging er, und ich war so guter Laune
geworden, daß ich dachte: Du hast mich gequält, ich muß dich wieder ein
wenig quälen, da das Jahr zu Ende geht. Ich rief ihn also wieder
zurück, und sagte in feierlichem Tone zu ihm: „Hör' Alter, das Jahr
geht zu Ende, und du kannst im 80sten Jahre nicht wissen, ob du das
Ende des nächsten Jahrs erlebst. Du bist ein braver Mann, und Gott
hat dir viele Lebensgüter gegeben und keine Kinder. Du mußt, noch ehe
das Jahr endet, einen Entschluß fassen, bei dem dir wohl sein wird; du
mußt eine Stiftung hinterlassen, in der du fortlebst, wenn du nicht mehr

auf Erden bist." — Er machte große Augen, blieb eine Weile stumm, und drückte mir kräftig die Hand, dann umarmte er mich, und Thränen feuchteten sein Auge. „Ich danke dir," sagte er rasch nach der Thür gehend, „ich will darüber nachdenken." – „Jetzt", sagte Voß, „hatte ich meine gemütliche Stimmung ganz wieder, und konnte mein Lied enden."

Der alte Nachbar, Doktor Heinze, hatte viel Liebe zu Voß und große Achtung für seine Thätigkeit; nahm ihn auch allenthalben in Schutz, wo er Klagen über sein zurückgezogenes Leben hörte. Er kam fast jeden Tag, und fand er ihn beschäftigt, so ging er zu mir in die Wohnstube; daher war ihm, auch selbst in dieser Zeit, der Zutritt zu Voß immer frei, was nicht bei jedem der Fall war. Er war ein vielseitig gebildeter Mann, liebte sehr die edle Verskunst, die er auch wohl übte, nicht weniger die Musik, und oft gab er einem Liede Töne, die selbst Schulz lobte. An Voßens Liederstimmung nahm er eben so lebhaften Anteil, als an des Bruders Leiden, den er oft besuchte und ihm manche Linderung verschaffte. Das Nachleben, welches nach der Ermahnungsrede gedichtet war, machte großen Eindruck auf ihn. Als er es gelesen hatte, konnte er gar nicht aufhören, seinen lieben Nachbar zu loben, und mich glücklich zu preisen, daß er der meinige sei . . . .

Was ich nie vergessen kann, ist die Stunde, als uns beim Nachhausegehn die erste Lerche begrüßte und die erste Frühlingsluft anwehte. Ihn, der sich so nach ihr sehnte, sollte sie nicht mehr erquicken! Es war den 16. April. Als wir die Nacht zu ihm gerufen wurden, war es noch sehr rauh. Er erkannte uns nicht mehr, das sagte sein starrer Blick, und wir saßen zwei angstvolle Stunden an seinem Lager, bis der schwere Odem allmählich leiser ward, und endlich ganz stockte. Wir weinten uns still aus. Unser innigstes Gefühl: Dank gegen Gott, daß so viel Jammer geendet! sprach sich nicht in Worten aus. Die stillen ruhigen Züge des Schlummernden hielten uns noch eine Weile an seinem Lager.

Voß blieb auch hier einzig in seiner kräftigen Art zu beruhigen und zu trösten, sich selbst und die um ihn waren. Doch gebrach es ihm fast an Geistes- und Körperkraft, das Unerwartete zu tragen, das ihm bei der Wiederbesetzung der Konrektorstelle bevorstand. Wolff, der seit dem vorigen Sommer Boies Schule verwaltet hatte, ward durch Verketzerung seiner religiösen und politischen Grundsätze von der Hoffnung ausgeschlossen, dessen Nachfolger zu werden, und erhielt bald darauf eine Anstellung im Dänischen. Der neue Konrektor aber war seinem Posten so wenig gewachsen, daß Voß seine jüngeren Söhne noch unreif in eigene Zucht nahm, und sich von der Aufsicht der zweiten Klasse lossagte.

Gleims dringende Bitten, nach Halberstadt zu kommen, mußten wir unter diesen Umständen verweigern, so gerne wir sie auch erfüllt hätten bei dem Gefühl, einer solchen Stärkung zu bedürfen. Aufheiterung gab uns beiden die nahe Aussicht, unsern Schulz bei uns zu sehen, der nach einer schweren Krankheit seine Kapellmeisterstelle in Kopenhagen niedergelegt hatte, und nun in Eutin zu wohnen beschloß. Sein erster Anblick bewegte uns tief, denn auch Hensler hatte wenig Hoffnung zur Genesung gegeben. Mit Freuden übernahm ich seine Pflege, und Voß seine Aufheiterung wie bei unserm geschiedenen Bruder. Aber das Gefühl der Hoffnungslosigkeit drückte uns von neuem schwer, zumal da Schulz, bei seinem übrigens festen Körperbau und einer ungemeinen Lebhaftigkeit des Geistes, keiner Vorstellung des Arztes und der Freunde Gehör gab, sobald der regelmäßig wiederkehrende Auswurf von Blut und Eiter nachließ. So lange die große Schwäche anhielt, war er zahm, aber bei etwas zunehmender Kraft folgte er nur seiner Laune. Hensler hatte ihm mehrere Lieblingsspeisen ganz verboten. An unserm Tische neben ihm sitzend reichte er ihm eines Tags ein Gericht, um es weiter zu geben. In Eile nahm sich Schulz eine gute Portion und aß mit Begier. Hensler hielt ihm mit ernstem Gesichte den Arm und sagte: „Schulz! und das in meiner Nähe!" Schulz aß begierig fort, und gab endlich eben so ernsthaft die Antwort: „Herr Leibmedikus, warum trauen Sie mir die Grobheit zu, etwas, das ich aus Ihrer Hand empfangen, ungenutzt vorüber gehn zu lassen?" — Auch das anhaltende Reden hatte ihm der Arzt untersagt. Bei Tage wußte Voß ihn zu zügeln; abends, ward beschlossen, sollte vorgelesen werden, und die Wahl fiel auf Klopstocks Messias. Den ersten Abend verhielt Schulz sich ruhig, erklärte indessen beim Frühstück, er habe an einer Vorlesung genug gehabt. Man vereinigte sich, die Vorlesung aufzuschieben, wenn Schulz sich im Gespräch mäßigen wolle. Dies ward versucht, aber eben so schnell vergessen. Dann stand Voß ernsthaft auf, holte sein Buch und fing an zu lesen. Geschwinde zündete Schulz sein Licht an und entfernte sich. Man schien es nicht zu bemerken. Nach einer Weile kehrte er wieder zurück, um zu horchen, ob noch gelesen ward. Hörte er nichts, so trat er herein und versprach sich zu bessern.

Aber der an Thätigkeit gewöhnte Mann konnte das müßige Leben auf die Dauer nicht ertragen. Er meinte, er müsse wenigstens Thätigkeit um sich sehen an einem Orte, der ihn Jugendgefühle wieder erneuere, und beschloß nach seiner Vaterstadt Lüneburg zu ziehen. Ausgeführt ward dieser Plan erst im nächsten Jahre nach seiner Rückkehr von Arendal. Denn dorthin war er verschlagen worden, als er im Herbst auf den Rat der Ärzte eine Seereise unternahm, um im wärmeren Klima von Lissabon seine Gesundheit wieder herzustellen.

Um dieselbe Zeit reisten wir nach Ditmarschen, und im Verein mit meinem Bruder und dem alten Niebuhr nach unserm lieben Otterndorf. Dort wurden wir, was uns sehr wohlthuend war, mit jener Herzlichkeit empfangen, mit der man Familienglieder zu begrüßen pflegt. Mehrere stritten um den Vorzug uns zu herbergen; wir wohnten bei unserm treuen Freunde Schmeelke, der jetzt auf einem großen Hofe vor der Stadt seine Aufheiterung darin fand, ein tüchtiger Landwirt zu sein, und einen vorzüglich schönen Garten angelegt hatte, zu dessen Veredelung der Meldorfer Bruder vieles beitrug.

Den Winter fühlte Voß sich sehr abgespannt, und angestrengtes
Arbeiten an der neuen Ausgabe der Georgica vermehrte nur noch seine
Reizbarkeit. Alles was sein Beruf von ihm foderte, ward ihm schwer,
und da er eines treuen Gehilfen entbehrte, konnte er mit Heiterkeit nicht
in die Zukunft blicken. Ein wohlthätiger Ableiter wurden ihm die aus
Meldorf mitgebrachten altdeutschen Bücher, aus denen er nachmittags gern
vorlas und Auffallendes in seinen Abelung eintrug. Der Verkehr mit
Stolberg ging leidlich; nur die Illuminaten erforderten einige Abwehr,
und das eigene Gefühl mochte Stolberg sagen, daß des Freundes ge-
drückter Zustand Schonung begehre Wir hatten manchen frohen Abend
mit einander Einige Verse aus der Hauspoesie, die ich Stolberg zu
seinem Geburtstag sandte, mögen dieses anschaulich machen:

> Kopfweh plage dich selten, die Gicht verschone dich gänzlich;
> Beide wünsche getrost dem Wanderer, naht er zur Unzeit.
> Sei dein Schreibtisch immer von Taschen leer und von Briefen,
> Wohlverstanden von solchen, die Ach! und O! dir erpressen.
> Täglich besteige den Gaul, daß dich durchzause der Westwind;
> Aber den Ostwind meid', und das düstere Grübeln bei Büchern.
> Hast du einmal am Abend zu ernst bei Büchern gegrübelt,
> Hülle dich dann in den braunen, mit Scharlach gerändeten Mantel,
> Wie ein Weiser in seine Tugend, und suche ein Haus dir,
> Wo dich die Mutter mit Jubel empfängt, ins Zimmer dich führend,
> Knaben dich froh umringen, der eine den Mantel begehrend,
> Einer die Handlaterne, ein andrer den Hut und die Handschuh;
> Einer schleicht sich dann leise hinweg, den Vater zu rufen.
> Aber des Gastes froh tritt dieser herein, in der Rechten
> Hält er ein brennendes Licht, und in der Linken ein Bierglas.
> Hier teilst du ein häusliches Mahl, und im gastlichen Lehnstuhl
> Wird verplaudert der Abend, bei Butterbrot und Kartoffeln.

Bisher hatte Voß nur 500 Thaler Gehalt und mußte selbst einen
Gehilfen bezahlen. Jetzt war des Ministers Holmer lebhafter Wunsch,
der Herzog solle den Gehilfen anstellen. Stolberg versprach kräftige Mitwirkung für diesen Zweck; aber vor unsrer Reise nach Halberstadt, die
wir nach der Mitte Mai 1796 antraten, war darüber noch nichts entschieden. Also ward sie nicht mit leichtem Herzen angetreten, weil Voß
die Furcht in sich trug, daß ein vom Herzog angestellter Kollaborator
auch ohne seine Mitwirkung könne angestellt werden.

Voß erlangte schon auf der Reise seine alte Heiterkeit wieder. Die
Aufnahme in Halberstadt war ganz so, wie er sie mir geschildert hatte.
Bei der herzlichen Teilnahme des teuren einzigen Alten fühlten wir uns
gleich wie Kinder im liebenden elterlichen Hause. Wie so ganz häuslich
war es mir unter den Nichten. Die ältere (Sophie Dorothea Gleim)

erschien mir wie Schwester, die jüngere (Luise Ahrends) wie Kind, und im Hause kam mir alles wie bekannt vor, so genau hatten Voß und Heinrich erzählt! Selbst in die Küche ward ich geführt, als ob ich hineingehörte, und die Erkundigungen nach Voßens Lieblingsspeisen fingen bei mir an, wo sie beim Sohne aufgehört hatten. Das waren recht selige Wochen; uns wurden sie es noch mehr bei dem Gefühle, daß uns nicht allein wohl war. — Voß machte eine Reise von zehn Tagen nach Halle, in der Absicht auch nach Weimar und Jena zu gehn, da es ihm sehr am Herzen lag, Schiller kennen zu lernen. Aber Kürze der Zeit und hauptsächlich der Umstand, daß Reichardt ihn durchaus begleiten wollte, bei dessen vorlautem Wesen er seinen Zweck verfehlt hätte, hinderten ihn an der Ausführung eines Lieblingswunsches.

In seiner Abwesenheit wollte der alte Gleim mir auf jede Weise wohlthun. Da ich zu Lustfahrten nicht aufgelegt war, wandte er alle Zeit, die er erübrigen konnte, dazu an, mich mit Jean Pauls Werken bekannt zu machen, zürnte recht ernstlich, daß ich so wenig davon wußte, und machte es mir sogar zur Pflicht, Voß allmählich dahin zu locken, damit er einen Genuß mehr im Leben hätte. Endlich schenkte er mir Glauben, daß es bei Voßens großer Thätigkeit im gewählten und öffentlichen Beruf eine Unmöglichkeit für ihn sei, alles Lesenswürdige kennen zu lernen. Diese Vorlesungen machten mir gewaltige Freude durch die eigene Art seines innigsten Beifalls, so wie des heftig sprudelnden Unwillens bei allen Auswüchsen, durch welche Jean Paul so manchen Leser von sich abstößt.

Einige Tage vor unsrer Abreise aus Halberstadt beredete uns der Prorektor Nachtigall mit ihm nach der Roßtrappe zu fahren. Es war ein sehr heißer Tag; ich blieb in Thale, einem schönen Dorf am Fuß der Roßtrappe, bei einer liebenswürdigen Predigerfamilie. Voß bestieg keck die Höhe und lagerte sich an einem sonnigen Platz. Um ein Uhr kamen sie wieder herunter und nahmen mich mit ins Wirtshaus. Voß war entzückt und sehr aufgeregt durch die herrliche Aussicht, klagte aber über einen stechenden Schmerz im Kopf und Ohrensausen; doch verminderte sich beides allmählich und wir kamen heiter zu unserm lieben Alten zurück. Hier fanden wir einen sehr stürmischen Brief von Stolberg mit der Illuminaten-Ode Kassandra, deren Abdruck im Almanach verlangt wurde. Dieser trieb das Blut in die Höhe und regte das Kopfweh sehr heftig auf. Es war gerade Gesellschaft bei Gleim und wir konnten uns, was vielleicht beruhigt hätte, mit ihm nicht aussprechen. Selbst als wir allein waren, fanden wir im Gespräch keine Beruhigung; Voß sah nur, was uns bei der Rückkehr bevorstand, in schwarzer Gestalt, und wir durchträumten eine lange schreckliche Nacht. Der alte Vater, der auch nicht geschlafen, hatte die Nacht hingebracht, Plane zu machen, uns ganz von Eutin zu lösen. Sie standen auf keinem festen Grund, aber seine liebevolle Lebendigkeit mußte Schwierigkeiten beiseite zu schaffen; sein Mut teilte sich uns mit. Dieses so herzliche Mitgefühl erheiterte uns die schwere Reise, denn auch ich war körperlich sehr unwohl, so daß wir schon in Braunschweig einen Rasttag halten mußten. In Lüneburg blieben wir mehrere Tage bei Schulz und kamen ziemlich gestärkt heim. Doch fühlte Voß den immerwährenden Druck im Kopf und das Ohrensausen. Dabei das Gefühl ohne Gehilfen zu sein, die Unmöglichkeit, selbst täglich sechs Stunden zu geben, die Arbeiten bei der Herausgabe des Almanachs, ohne den wir nicht auskommen konnten, und die beständige Furcht eines Sturms mit Stolberg über die Illuminaten. Diese Umstände und Gleims vorläufiges Anerbieten eines zweijährigen Unterhalts in Halberstadt, bis sich seine anderen Plane gestalteten, gaben Voß Mut, mit Nachdruck darauf zu dringen, daß der Bischof sich bald erkläre. Endlich erfolgte die gewünschte Antwort: der gütige Fürst gewährte Voß Zulage, und einen Gehilfen nach eigener Wahl. Spalding, der Sohn, der zum Besuch in Eutin gewesen war, hatte Bredow in Vorschlag gebracht. Im Oktober kam dieser, ein rüstiger Aushelfer und bis zu seinem Tode ein lauterer Freund.

Über Gleims eigentliche Plane sind wir nicht ins Reine gekommen, ob er gleich einen weitläuftigen Plan seiner Humanitätsschule sandte, für deren Einrichtung Voß durch Rat und That mitwirken sollte. So viel erkannten wir als den Sinn seines ersten Briefes, daß, bis dies sein Werk ins Leben treten könnte, Voß von der preußischen Regierung eine Pension sollte ausgemittelt werden. Noch redet er von anderen auszuführenden Planen, wenn Dohm Minister würde, wie eine Zeitlang allgemein erwartet wurde. Dem nächsten Briefe legte er einen Schein zur Hebung von 1000 Fl. in einer preußischen Staatslotterie bei. Dieses Papier ward, wie aus dem Briefe an Gleim vom 27. Oktober 1796 erhellt, zurückgesandt. Als Voß im Winter darauf gefährlich krank lag, sandte Gleim den Schein zum zweitenmal und schrieb dazu: „Das Papier muß unser Voß behalten, bei meiner Liebe zu Ihnen! er muß! Und wenn er durch die Behaltung seine Liebe mir nicht beweisen will, so, Herzensschwester, beweisen Sie dem Alten die Ihrige. Wollen Sie auch nicht, so geben Sie's Ihren Kindern. Seid doch meine lieben Kinder und thut doch den Willen eures Vaters! Voß soll mir noch einen wichtigen Dienst dafür thun. Ich will eine Schule der Humanität stiften; dazu soll er den Plan machen und ausarbeiten. Darauf verdient er mehr als das Papier. Helfen Sie, Herzensschwester, daß Vater Gleim zufrieden gestellt wird.“ — Voß war sehr bewegt, als ich mit ihm hierüber reden konnte, und unser beider Gefühl war, das Papier zu behalten. Wir hatten dabei die Ansicht: Gleim ist reich und hat keine Kinder. Uns beweist er, daß er uns wie Kinder liebt; er zeigt uns auch, daß unsre Reisen zu ihm ihm die nämliche Freude wie uns geben, und bis jetzt haben wir sein ernstes Wollen, die Reisekosten zur Hälfte zu tragen, abgelehnt. — Gelegenheit zu solcher Abwehr gab er uns noch bei unserm nächsten Be-

suche in Halberstadt. Ich saß eines Morgens allein in meinem Zimmer.
Gleim kam rasch herein und verriegelte die Thür, selbst des Vorzimmers,
um vor Lauschern sicher zu sein. Dann setzte er sich traulich neben mich
und hielt die geschlossene Hand hin; daß sie Gold faßte, sah ich durch die
nicht fest geschlossenen Finger. Nun wollte er mir den Inhalt ungestüm
aufnötigen. Er hätte des Zeuges mehr, als er brauche. Wir hätten den
Winter viele unerwartete Ausgaben gehabt, und wenn unsre Reise ihren
Zweck, Erholung zu sein, erreichen sollte, dürfe uns auch nicht die geringste Sorge drücken. Ich nahm seine Hand fest zwischen meine beiden
Hände, daß sie sich nicht öffnen konnte, und fing an zu prahlen, wie sehr
wohlhabend wir wären, und daß er unsre Ruhe durch Übermaß von Vorsorge nicht stören dürfe. Lange hatte ich mit ihm zu kämpfen, denn er
wollte erst unwillig werden. Endlich gab er nach, halb unmutig, halb
lächelnd. Schweigend zog er ab, mit ernstem, doch nicht unfreundlichem
Gesicht. Bei Tische redete er nicht mit mir, wenig mit Voß. Abends
beim Schlafengehn schloß er mich in seine Arme, mit den Worten: „Gut
bin ich Ihnen heute nicht, aber böse kann ich Ihnen auch nicht sein."
— Voß konnte ich das Vorgefallene erst vor Schlafengehn erzählen: er
war, wie ich das vorher wußte, sehr zufrieden mit meiner Abwehr. —

In der Illuminaten-Sache sorgte Gleim väterlich für Voßens Ruhe.
Er schrieb an Stolberg und verlangte, die er in seiner Ode als Illuminaten bezeichne, namhaft zu machen, damit sie sich verteidigen könnten,
wenn ihnen Unrecht geschehe. Stolberg ließ uns nichts merken, aber es
hatte doch die Wirkung, daß in den ersten Wochen nach unserer Rückkehr
der Sache von seiner Seite nicht erwähnt wurde.

Durch Bredow fühlte sich Voß sehr erleichtert; doch klagte er beständig
über Druck im Kopf und blieb in einem hohen Grade reizbar. Wenn
er aus der Schule kam, war er sehr entkräftet, und es verstimmte ihn,
daß es ihm nicht gelang, sich, wie er gewohnt war, durch eigene Arbeit
zu stärken. Das einzigste, was ihn wahrhaft aufheiterte, aber auch sehr
ermüdete, waren seine Spaziergänge nach Malent. Hensler, der in der
Zeit mehrmals zum Besuch kam, empfahl vor allen die selige Faulheit;
sich der zu überlassen, war freilich das schwerste, wozu sich Voß entschließen konnte. Bis Mitte November nahm er abends teil an allem
und ward manchmal sogar heiter im Gespräch. Da fing er an, über unwiderstehliche Müdigkeit zu klagen. Oft schon vor sechs Uhr begehrte er
sein Abendessen. War ich nun so glücklich, was er begehrte, gleich fertigen
zu können, so blieb seine Stimmung ruhig; mußte er aber etwas warten,
so wurde er sehr heftig und legte sich ohne zu essen ins Bett. Sein
Schlaf war dann so fest, daß ihn das lauteste Geräusch nicht störte. In
gesunden Tagen dagegen war er äußerst empfindlich gegen jede äußere
Störung. Meistens bis ein Uhr dauerte dieser feste Schlaf. Beim Erwachen rief er mich freundlich, rühmte, wie wohl und leicht ihm der
Kopf sei, erzählte seine heiteren Träume, machte Plane — dies oft bis

es Tag ward —; zuweilen schlief er wieder ein, klagte dann aber über Kopfschmerz. Tröstlich war es mir immer, wenn er in heiteren Stunden mit seiner gewohnten Herzlichkeit zu mir sagte: „Du armes Weib hast viel Geduld nötig, aber es werden noch wieder bessere Zeiten kommen." — Bis Ende November konnte er noch manchmal Stunden in der Schule geben. Jetzt stellte sich eine Traurigkeit ein, die ich an ihm nicht gewohnt war. Er bat mich sogar oft, ihn allein zu lassen, und mehrmals fand ich ihn weinend unter seinen Papieren kramen. —

„Mein vielfach gereiztes Übel," sagt Voß „Bestätigung" S. 49, „ver=schlimmerte sich. Am 6. Dezember sank ich ohnmächtig in einen neun=tägigen Schlummer mit kurzen Augenblicken des Bewußtseins, die nur meine Frau wahrnahm. Ich, der Gefahr wohl kundig und zum Scheiden gefaßt, wollte sprechen und wunderte mich des Gelalls von Worten, die dem Gedanken fremd waren. Hensler, der drei Tage und Nächte nicht von mir wich, sah Hirnentzündung, sprach von Anbohren, tröstete die Frau, ich könnte vielleicht genesen, aber (ob das zu wünschen wäre?) kaum mit Verstand. Spät begriffen sie mein Zeichen, der rechte Arm sei ge=lähmt. Am neunten Abend erriet man mein Gekritzel, welches Getränk ich wünschte. Was man mir sagte, mußte laut sein und kurz, und in Kindersprache, die nur meine Frau zu treffen wußte. In dieser Not war Stolberg meiner schlaflos ausharrenden Ernestine der alte herzliche Stol=berg mit Rat und That; Trost gaben ihr Stellen aus meinen Liedern, die Stolberg wie neue mit Erbauung hörte.

Am zehnten Morgen, da meine Frau die Fenstervorhänge aufzog, freute ich mich laut der Morgenröte, erkannte Stolberg am Fuße des Bettes und bot ihm die lebendige Herzenshand. — Wie damals, mein Stolberg, so wird uns sein, wann du in der Morgenröte des ewigen Tags aus deiner viel schwereren Betäubung erwachst.

In kurzem merkt' ich, es sei mehr geschehn, als ich in den zusammen=gereiheten Augenblicken der Besinnung erkannt hatte, ließ mir erzählen und herzte mein heldenmütiges, halb grau gewordenes Weib mit den Kindern. Was mir Stolberg in der Genesung war, das vergelt' ihm Gott! Erquickung brachte mir jetzt der bekannte Fußtritt, das freundliche Gesicht, das traute Gespräch. Auf Stolbergs Wunsch, daß mir die Sache mit der Eudämonia verhehlt bliebe, weil sie mich zurückwerfen könnte, hatt' ihm meine Frau gesagt, ich hätte sie kurz vor der Betäubung durch Gleim erfahren und ihm ja beim Erwachen die Hand gereicht. In einer seligen Stunde des neuen Lebens sagt' ich dem Geliebten: „Nun wird doch mein Stolberg nie wieder irre an mir werden." Er drückte mir die Hand mit tiefer Rührung und schwieg.

Wunderbar ward durch diesen Herzbalsam die Genesung beschleunigt. Die Kräfte regten sich: „Laß mich arbeiten, Ernestine, nur vier bis sechs Verse des Tags, zum Zeitvertreib." „Du bist toll," sagte sie, begriff aber bald, daß keine Gefahr sei. Der Tibull ward mir gereicht und, wenn ein Besuch kam, unter die Bettdecke geschoben. Als Stolberg in das Geheimnis gezogen ward, flossen ihm die Thränen. Dem Tibull folgten Bion und Moschus, dann die Ovidischen Verwandlungen. Hensler wollte Einrede thun; ich trotzte. „Nun denn," sagte er, „so spiele, mein Johann Heinrich; aber vorsichtig." Uns beiden verordnete Hensler, sobald der Frühling seine Ostwinde gezähmt, eine tüchtige Reise sonnen= wärts.

Gegen den Junius 1797 fuhren wir ab, und auch auf dem Wagen mußte mein Ovid Deutsch lernen. Zwanzig bis dreißig Verse bildeten sich im Kopf und wurden bei der nächsten Fütterung aufgeschrieben. Neue Stärke gewannen wir bei vielen Teilnehmenden: in Penzlin bei meinem ersten und besten Lehrer Struck, von welchem ich Selbstthätigkeit und Anstreben gelernt; in Neubrandenburg bei Brückner und mehreren Jugendfreunden; bei Schulz, der in Rheinsberg zu genesen versprach; bei des fast neunzigjährigen Spaldings Familie und so vielen Guten in Berlin; bei den Guten in und vor Halle; bei unserm Gleim und bei den Freunden in Halberstadt; bei Eschenburg und was in Braunschweig von Jerusalems und Lessings Genossen übrig war; in Lübeck bei unserm treuen Overbeck." —

Die letzte auffrischende Erheiterung vor der Krankheit war für Voß ein Besuch von Brückner, den wir seit unsrer Reise nach Mecklenburg im Herbst 1777 nicht wiedergesehn hatten. Der Briefwechsel war allmählich in Stocken geraten, nur von Zeit zu Zeit gab jeder den Beweis, daß er noch lebe. Brückner war für Leib und Seele in einer gedrückten Lage. Als seine Kinder heranwuchsen, hatte er seine Landpfarre mit einer un= gleich besseren in Neubrandenburg vertauscht, in der Hoffnung, daß in einer gesünderen Wohnung und in der Nähe eines geliebten Bruders, der ein geschickter Arzt war, auch seine Kränklichkeit sich vermindern solle. Aber er hatte nicht in Anschlag gebracht, daß er auf dem Lande weniger bedürfe und der städtische Luxus Ausgaben notwendig mache, die man, ohne sich auszuzeichnen, nicht vermeiden könne. So vermehrten sich nur seine häuslichen Sorgen, und er mußte sich daran halten, jetzt hier für die Erziehung seiner Kinder thun zu können. Der Genuß, den dieser Besuch gab, war auf beiden Seiten gleich groß, zumal da die Freunde sich in ihren Gesinnungen zu einander unverändert fanden. Alles Schöne, was die Umgegend von Eutin darbietet, mußte der Freund genießen, und in den Ruhestunden hatte jeder die großen Lücken der Trennungs= jahre auszufüllen. Einen frohen Tag brachten wir in Malent zu, wo Brückner sich an manchen schönen Bemerkungen erfreute, die ein Land= pfarrer unter Leibeigenen zu machen keine Gelegenheit hat. Beim Ab= schied ward als tröstend bestimmt, daß Brückner im nächsten Sommer mit seiner Familie auf längere Zeit wiederkehren solle, wozu die Hälfte der Reisekosten mit dem nämlichen Herzen angetragen als angenommen wurde. Dieser Plan ging erst ein Jahr später in Erfüllung, da Hensler

uns zur Aufheiterung eine Reise bestimmte, die auch Orte berührte, welche
uns noch nicht bekannt waren.

Der frohe Mut und die Kräfte nahmen täglich zu, so daß Voß vor
der Reise schon einen bedeutenden Teil von Ovids Verwandlungen übersetzt hatte. Zuerst ging es über Penzlin nach Neubrandenburg zu Brückner,
wo uns die vielen Eindrücke aus früherer Zeit den Aufenthalt sehr angenehm machten. Brückner erschien uns wie ein verjüngter; besonders
rührend war es uns, daß seine Freude sich so oft in Wehmut löste, indem er uns verließ, wenn er die Thränen nicht zurückdrängen konnte.
In Rheinsberg fanden wir Schulz heiter, aber entkräftet bei heftigem
Husten, und seine Frau in hohem Grade leidend. Da seine Gesundheit
sich in Lüneburg nicht besserte, hatte er der freundlichen Einladung des
Prinzen Heinrich, nach Rheinsberg zu kommen, Folge geleistet, wo er,
ehe er nach Kopenhagen ging, Kapellmeister gewesen war. Nach Berlin
gedachte Schulz uns zu begleiten. Dieses Zusammentreffen von Schulz
und Voß wollten Fasch und Zelter durch Aufführung der schönen Hymne
nach Thaarup feiern und hatten alles aufgeboten, ihren Zweck auf das
Vollkommenste zu erreichen. Aber leider verschlimmerte sich plötzlich der
Zustand unsres Freundes, der sich bei seiner Lebhaftigkeit in das Un-
abänderliche kaum zu fügen wußte. Sehr traurig war uns nach dem
Abschied die Reise ohne Schulz, dessen Frau wiederzusehn wir nicht
hoffen durften.

In Berlin ward uns bei Spaldings, die wir schon persönlich kannten,
gleich häuslich. Nach einigen Tagen stiller Ruhe fühlte Voß sich stark
genug, um sich auch in größere Kreise zu wagen. Abwechselnd waren
wir in Friedrichsfelde, wo Spaldings eine schöne Sommerwohnung
hatten; dorthin kamen täglich Berliner, wenn wir nicht in die Stadt
konnten.

Die Aufführung des Hymnus machte Voß unbeschreibliche Freude.
Es war die erste vollständige Musik von Menschenstimmen, die er in
seinem Leben gehört hatte. Bloß am Klavier gab der alte Fasch den
Takt an, und eine tiefe Stille herrschte überall. Am Schluß sagte Voß
bewegt: er habe ein Vorgefühl dessen, was er sich im Himmel unter
Engelchören denke.

Schmäuse, die Voß nicht vermeiden konnte oder wollte, wurden
meistens in Landpartieen verwandelt. Ramlern kennen zu lernen wurde
Voß schwer gemacht; denn zu einer Zeit, wo Ramler alles mit seiner
Feile bedrohte, hatte ihm das Gerücht Voßens Wort zugetragen: Ramler
möge sich vor ihm hüten, er habe auch eine Feile. Als ihn daher Voß
besuchen wollte, ließ Ramler sich verleugnen; bei einem zweiten Versuch
ward er angenommen und zwar sehr freundlich. Bei einem großen
Mittagessen saß Ramler neben Voß und unterhielt sich unaufhörlich mit
ihm. Feierlich in Gebärde, Gang und Rede war Ramler nicht anziehend;
doch ist es mir gar lieb ihn gesehn zu haben, denn nicht wenige von

seinen Gedichten, die Voß mir oft durch Vorlesen auffrische, hat mein Gedächtnis aufbewahrt.

Bei Nicolai hatten wir auf dessen schönem Garten mehrere frohe Abende. Freilich waren diese Zirkel glänzend, wie es einem reichen Manne gebührt, aber ungezwungen. Dort fanden wir alles versammelt, was Berlin damals anziehendes und schönes hatte, auch ausgezeichnete Juden und schöne Jüdinnen, deren viele sich in der Singakademie hervorthaten. Markus Herz, als Arzt und Mensch gleich geachtet, besuchte Voß schon in den ersten Tagen, und trug bei ihn zu behandeln, wie es seine Gesundheit bedurfte. Die Teilnahme dieses Mannes hatte uns schon in Eutin gerührt, seine Bekanntschaft that dem Herzen wohl, die große Ähnlichkeit mit Büsch machte ihn uns noch lieber. Mehrere Geistliche, unter denen Teller und Zöllner Voß vorzüglich anzogen (Sack war abwesend), veranstalteten ein heiteres Mittagessen im Tiergarten. Schadow nahm Voß sehr freundlich auf unter seinen Marmorblöcken und unvollendeten und vollendeten Arbeiten. Er hatte von Gleim den Auftrag, eine Marmorbüste von Voß zu verfertigen. Aber der Versuch fiel nicht nach Wunsch aus, da Voß die ruhige Stellung nicht lange genug aushalten konnte.

Den alten ehrwürdigen Spalding lernten wir in Charlottenburg kennen, wo er des Sommers mit seiner liebenswürdigen Frau lebte. Er war schon über 80 Jahr, und klagte vorzüglich über Abnahme des Gedächtnisses. Sonst hatte er in den Stunden, die er gern der Geselligkeit widmete, noch die volle Lebhaftigkeit des Geistes und die regste Teilnahme für alles, was damals im Fort= oder Rückschreiten begriffen war. Die feste Überzeugung belebte ihn, daß der Geist, der das Gute will, von keiner Macht unterdrückt werden könne.

In Charlottenburg sahen wir auch die schöne Kronprinzessin in einer Laube geschäftig den Thee zubereiten. Es war ihr bekannt geworden, daß Voß, als Mecklenburger, ihr gerne habe einen Besuch machen wollen, aber durch seine Gesundheit daran verhindert sei. Sie grüßte ihn sehr freundlich aus der Ferne, und ließ ihm sagen, sie würde ihn bei Schadow sehen, wenn sie sich frei machen könne. Dies geschah nicht.

Iffland fanden wir an mehreren Orten. Er drang durch Spalding darauf, Voß solle ihm die Rolle nennen, in welcher er ihn am liebsten sähe. Natürlich wollte Voß ihm nicht vorgreifen. Iffland wählte nun in einem schlechten Stück, dem Schubkarren des Essighändlers, eine übertrieben komische Rolle, die er selbst aber für eine seiner besten hielt. — Eine der liebsten Bekanntschaften in Berlin war für Voß Meierotto; Biester zog ihn nicht an, Gedike noch weniger. —

Der Aufenthalt in Giebichenstein würde für Voß stärkend gewesen sein, hätten wir Reichardts unruhigen Geist zügeln können, der schon vorher alles, was ihm lieb war, auf Voß eingeladen hatte, und Wolfs Zudringlichkeit, der beständig gelehrte Gegenstände hervorsuchte, die Voß zum Nachdenken und Disputieren reizten. — Zum Anfeinden der Ge=

brüder Schlegel hat Reichardt damals auch den Grund gelegt, ohne die mindeste Veranlassung von Boßens Seite. Friedrich Schlegel kündigte Reichardt einen Besuch an, wenn Boß da wäre. Reichardt verbat sich ihn, Boßens Abneigung gegen die Schlegel vorschützend; denn er selbst wollte nicht Wort haben, daß ihm der Schlegel Geringschätzung empfindlich gewesen.

Unser Wiedersehn in Halberstadt war für uns alle sehr aufregend. Wir wurden, wie wir es schon wußten, aufgenommen, Boß wie einer, der zum neuen Leben erwacht ist. Wie wohl that uns die Ruhe im stillen Vaterhause, wo alles darauf bedacht war, uns Liebe und Teilnahme zu beweisen! —

Im Anfang des August kehrten wir von unsrer Reise zurück, Boß ziemlich heiter, aber die innere Kraft, durch die alles leicht wird, fehlte, was ihn bei der Lust zum Arbeiten oft traurig machte. Die Liebe und Freude, die seine Schüler an den Tag legten, wenn er selbst in der Klasse erschien, verleiteten ihn auch zu mehr Stunden, als ihm dienlich waren. Als wir nach einer ruhigen Brunnenkur aus Ditmarschen zurückkamen, fanden wir die Fürstin Gallitzin, die aber kein Bedürfnis zeigte, die erste Bekanntschaft zu erneuen. Sie war gegen uns kalt und abgemessen, ihre Tochter ernst und stille.

Friedrich Heinrich Jacobi, der, durch Zeitumstände aus seiner Heimat vertrieben, schon längere Zeit in Holstein gelebt hatte, folgte Stolbergs Einladung, den Winter bei ihm zu wohnen. Einmal hatten wir ihn schon früher auf einer Durchreise gesehn, und Boß stand lange mit ihm im Briefwechsel.

Eine innige Freundschaft konnte sich bei ihnen nicht gründen, wie Boß diese in seinem Freundschaftsbund bezeichnet:

> Gedank' und That, auch Ehr' und Glück
> Vertraut man ohne Hehl;
> Auch Schwachheit schaut des Freundes Blick:
> Ihn irrt kein leichter Fehl.
> Selbst herber Gram an Freundesbrust
> Verweint sich bald in süße Lust.

Aber wie bei so wenig Menschen ist eine solche Freundschaft die Trösterin im Leben! Dazu waren die Grundzüge ihres Charakters und der Lebens= weg, den sich jeder zu seinem Ziel gewählt, zu verschieden. Gegenseitige Achtung machte beiden einen freundlichen Verkehr wünschenswert, und dieser bestand, so weit er dabei bestehen konnte, daß jeder sich in seinem einmal bestimmten Kreis behaglich fühlte . . . . .

Mit Schlosser (Johann Georg), der sich in Eutin angekauft, hatten wir wenig Umgang. Seiner Tochter zu Liebe, die an Nicolovius ver= heiratet war, zog er nach Eutin; denn er war ohne Amt, und gedachte auch so zu bleiben. Seine Stimmung, obgleich sie jedem, der ihn berührte, lästig fiel, konnte nur Bedauern erregen, da der noch so kräftige Mann ein Leben ohne Thätigkeit nicht zu ertragen vermochte. Zur inneren Thätigkeit fehlte ihm Freudigkeit, und so mußten alle Gegenstände um ihn seinen Unmut entgelten. Auf keine Weise war er zu bewegen, eine der schönen Gegenden um Eutin zu sehen. Später nahm er ein Amt in Frankfurt an, und von der Zeit kehrte seine gewohnte Heiterkeit wieder.

Gegen Winter fühlte Voß Schwindel und Kopfweh, und fürchtete eine Wiederholung des vorjährigen Übels. Indessen überzeugte er sich bald, daß die Einbildungskraft seine Angst hervorgebracht habe, und öftere Bewegung in frischer Luft hatte die gewünschte Wirkung. Es ward ihm allmählich leichter, sich in der Schule zu beschäftigen, er fing wieder an zu übersetzen, und nachdem er den Moschus und Bion vollendet hatte, wagte er sich an die Äneis. Wie lebhaft nahm Stolberg Anteil an dieser Übersetzung, die sein eigenes Ich nicht berührte. Jeden Nachmittag kam er in dem raschen Gang, der Heiterkeit anzeigte, und indem er die Thür öffnete, sagte er die Worte Virgils lateinisch, die er jetzt begierig war, deutsch zu hören. Oft kam der Ausruf: Teufel, wie haben Sie das erreichen können? Die Bemerkungen, wo er sich nicht befriedigt fühlte, wurden häufig benutzt, manchmal auch zu seiner Befriedigung widerlegt. Solche Aufmunterungen und Anregungen zum Bessermachen waren für Voß stets Erfrischungen bei der Arbeit. Dieselbe Art Teilnahme hatte Stolberg auch später beim Horaz, wo er noch viel verstimmter war. Auch diesen mußte er ganz auswendig im Original, und sagte manchmal scherzend zu mir, wenn er lateinisch und deutsch nach einander deklamiert hatte: Ich müßte notwendig am Klange fühlen, wie lieb mein Mann seinen Horaz habe.

Im Frühling 1798 reiste die Familie Stolberg nach Karlsbad, der Rückweg sollte über Münster gehn. Wir freuten uns eines Sommers ohne heftig aufregende Unterbrechung, und feierten ein frohes Familienfest, als die Äneis vollendet war. Die Herbstreise nach Ditmarschen gab vollends Mut und Kräfte, um einen Sturm zu ertragen, der zu den heftigsten gehörte, die Voß je erfahren.

Bei Stolbergs erstem Besuch merkten wir gleich, daß er etwas auf dem Herzen habe. Im Vorbeigehn erzählte er, er habe einen ihm empfohlenen Hauslehrer mitgebracht, dem er zutraue, daß er seine Erwartungen nicht täuschen werde. Voß antwortete ruhig und ohne Bemerkungen. Sein zweiter Besuch war dem ersten gleich. Beim Fortgehn faßte er meine Hand mit einer Heftigkeit, die mich erschreckte: Er habe mir eine Sorge anzuvertrauen, die ihm das Leben verbittere; er habe deshalb schon seinen Platz in Eutin aufgeben wollen, aber das könne er nicht ausführen; nun solle ich es anbringen bei Voß. Er könne seine Söhne nicht länger in der Schule lassen, weil bei Erklärung der Alten manches vorkomme, was seinen Grundsätzen entgegen sei; so ungern er

Voß kränken möchte, seine Kinder müsse er retten. Natürlich hatte Voß
nichts dawider; aber der Nachrede wegen mußte er von Stolberg eine
deutliche Versicherung haben, daß seine Söhne in der Schule nichts gehört
hätten, als was er nach so manchen Mitteilungen selbst hätte erwarten
müssen. Diese erbat er sich in einem sanften Billet, und da Stolbergs
Antwort auswich, noch einfacher. Da kam Stolberg in den Garten zu
uns, und war ganz außer sich. Nicht deshalb klage er sich an, daß er
seine Söhne zu Voß in die Schule gesandt, denn er habe ihm was an=
deres zugetraut; sondern einzig, daß er sie ihm noch gelassen, nachdem er
schon Kenntnis gehabt von getäuschtem Zutraun. Voß erinnerte ihn ruhig
an die Beweise, daß er ihm nie seine Grundsätze verhehlt habe. Stolberg
war zuweilen im Begriff zuzugeben, aber gleich sprang er wieder ab. So
gingen sie fast eine Stunde im Garten. Voß war tief gerührt; das rührte
auch Stolberg auf Augenblicke; dann sprach er wieder die bittersten Dinge.
Mich überwältigte das Gefühl, ein solcher Stoß könnte für Voß tödlich
sein: er war ganz blaß. Rasch trat ich hinzu, faßte beide an der Hand,
und sagte: „Ihr sollt und müßt euch trennen; Freude habt ihr einander
lange nicht mehr gegeben; hört auf, euch das Leben zu verbittern." Stol=
berg stutzte, und besänftigte sich; wir standen bei einander stumm und
tief bewegt. Trennung wollte Stolberg nicht gern, des Aufsehns wegen;
aber wir bestanden darauf. Denn selbst in dem Augenblicke der Rührung
vermochte er nicht zu gestehn, daß er keine Ursache gehabt, des Freundes
Redlichkeit in Zweifel zu ziehn. Er ging, und sprach zurückblickend: „So
sehen Sie mich denn nun als einen Abgeschiedenen an."

Den folgenden Tag ließ er mir sagen, er gäbe die Versicherung von
Herzen; aber Trennung wäre ihm unerträglich; er wollte gleich zu Voß
kommen, wenn ich einwilligte. Das verbat ich für die ersten Tage. Den
zweiten kam er selbst, als Voß in der Schule war. Er weinte, und hörte
alles gelassen an, was ich ihm sagte. Er bereute und bat: „Nur keine
Trennung!" – „Keine auffallende", sagte ich, „ist alles, was wir gestatten
dürfen; dem alten Stolberg zu Liebe, wollen wir uns manchmal sehn,
aber selten. Sie sollten doch fühlen, daß wir bei unsrer Religion ruhig
und heiter sind, und uns mit Ihrem stürmischen Mißmut nicht länger
beunruhigen. Wie oft haben Sie den Freund, selbst den schwer leidenden,
ohne Schonung behandelt; wie oft ihm, der alle Gelegenheit zum Zanke
mied, und auch in der Abwehr sich mäßigte, durch harte Äußerungen
über Andersmeinende und durch ungemessene Ausdrücke zugesetzt." Er
weinte viel, und schalt selbst auf seine Hitze. „Auch unsre Kinder," sagte
ich, „müssen seltener mit einander umgehn; denn auch im häuslichen Leben
können sie leicht etwas Anstößiges hören, und dieser Sturm soll und muß
endlich der letzte sein." Er war äußerst sanft und gerührt.

Den Tag darauf ließ Stolberg anfragen, ob er einen lieben Besuch
zu uns begleiten dürfe. Bei der Antwort, Voß würde ihn gerne sehen,
ward er sehr gerührt. Als wir uns nachher zum Mittagessen bei Stol=

berg melbeten, kam er gleich, mir seinen Dank zu bringen; ich lehnte
ihn ab, denn der Gedanke gehe von Voß aus. Da brachte er dem
seinen Dank mit Thränen, und wir aßen mit einander so unbefangen
wie sonst.

Das Gefühl häuslicher Ruhe kehrte allmählich wieder bei uns ein;
wir waren sicher vor der Angst, die Stolbergs Fußtritt uns brachte, vor
heftigen Ausbrüchen und den Nachwehen für den ganzen Abend. Er kam
selten, und stets in sichtbarer Bewegung, als habe er etwas gut zu machen.
Voß suchte den Mut festzuhalten bei der Arbeit; er nahm die Georgica
wieder·vor, und wenn dies zu sehr anstrengte, ward der Abelung be=
reichert. Es war ein strenger Winter, so daß Voß die Schüler zu sich
kommen ließ. Da fanden sie dann die Wohnstube mit Bänken versehn,
und wir aßen so viel später, um alles wieder an seinen gewohnten Platz
zu stellen.

Im Herbst war Voßens Mutter gestorben, mit der wir 21 Jahre
gelebt hatten, ohne schwere Krankheit. Voß und die Söhne begleiteten
sie zur auch für uns bestimmten Ruhestätte, neben unserm Fritz und dem
Bruder Rudolf.

Die Vorbereitungen zu Heinrichs Abreise nach Halle, wobei die jungen
Hausfreundinnen thätig mitwirkten, halfen uns durch den Winter. Es
gab manchen fröhlichen Abend, an welchem auch Voß gerne teilnahm. Er
kam manchmal schon vor Tische herunter, und spielte Schulzische Lieder
am Klavier, wozu die Mädchen singen mußten.

Heinrichs Trennung machte eine fühlbare Lücke im Hause. Er war
bei eigener Thätigkeit der eifrigste Teilnehmer an der Thätigkeit des
Vaters, der vorsorgende Helfer der Brüder, der treue Sohn und teil=
nehmende Freund der Mutter. Seine unbeschreibliche Anhänglichkeit an
Stolberg haben wir nie zu trüben gesucht, obgleich es ihm nicht entgehn
konnte, daß sein Vater viel durch Stolberg zu tragen hatte.

Den Abschied von ihm erleichterte uns die Hoffnung, ihn bald in
Halle wiederzusehen, wo wir im Juli über Halberstadt eintrafen. Die
Freude über unsern Sohn ward sehr erhöht durch die gute Meinung,
welche man allgemein von ihm hatte. Zu bescheiden nannten ihn die
meisten. In mehreren Familien hatte er Zutritt gefunden, was Be=
dürfnis für ihn war. Mit dem Gange seiner Thätigkeit konnte sein
Vater wohl zufrieden sein. Voß folgte Wolfs Einladung, mehrere Tage
bei ihm in Halle zuzubringen. An Heinrich hatte dieser so große Freude,
daß er ernsthaft den Gedanken aussprach, einen Tausch mit unsern ältesten
Kindern zu treffen. Er wollte als Vater für Heinrich sorgen, bis er seine
Studien beendigt, und ich sollte bis zur Ausbildung seiner Tochter Mutter=
stelle bei ihr vertreten.

In der ewigen Sandwüste vor Berlin las Voß mir die Aushänge=
bogen von Hermann und Dorothea vor, und wir rezensierten weitläufig
und in angenehmer Laune Anlage und Ausführung auf eine Art, bei der

Goethe hätte gegenwärtig sein dürfen, wenn ihm auch manche Bemerkungen nicht gefallen hätten.

Unsern Aufenthalt in Berlin machten die Umstände diesmal weniger angenehm. Bei Nicolai trafen wir Göckingk, mit welchem Voß wegen gemeinschaftlicher Herausgabe des Almanachs in gespanntem Verhältnis lebte. Die Freude beider, sich persönlich kennen zu lernen, war leb= haft, nachdem Göckingk die erste Verlegenheit überwunden hatte. In den übrigen Bekanntschaften, die wir erneuern konnten, fanden wir alles wie das erste Mal.

Schulz, der nach dem Tode seiner zweiten Frau nach Schwedt ge= zogen war, hatte uns seinen jetzigen Zustand auf das traurigste ge= schildert.

Er könne diesen Augenblick weder Freude geben noch nehmen, und wir möchten ihn lieber nicht besuchen. Wollten wir aber dennoch kommen, so werde er es uns mit seinem letzten Lebenshauche danken.

Wir meldeten ihm die Zeit unsrer Ankunft. Am Fenster sitzend, bemerkte er, daß mehrere um einen Wagen versammelt nach seiner Wohnung zeigten, und kam uns an einem Stabe schleichend mit seiner Tochter an der Hand entgegen. Welch ein Anblick! — eingefallen, ge= bückt, niedergeschlagen! Thränen statt Worte! - Aber auch in den wenigen Worten, die ihm zu reden vergönnt wurden, erkannten wir unsern alten herrlichen Schulz. Rührend war uns, wie die Heiterkeit bei ihm den schwachen Lebensfunken allmählich wieder anfachte. Es war noch der nämliche Schulz, der als Kranker auf dem Schiffe sich an die Kanone binden ließ, um das Toben der Wellen im Sturme anzusehen. Er wohnte freundlich und bequem, und seine Wirtschafterin behandelte ihn mit Auf= merksamkeit und Liebe. Er selbst rühmte uns auch die Freundlichkeit der Nachbarn, wie sie sich zu ihm vor die Hausthür setzten und nach seinen Launen sich fügten. „Wenn ich gar zu mürrisch bin," sagte er, „so schleicht eins nach dem andern fort, aber sie lassen sich nicht abschrecken, und sorgen überall für meine Freude und meinen Nutzen." Sein sehnlichster Wunsch, sich so weit zu erholen, daß er mit seiner Tochter nach Berlin ziehen könne, um sie dort mit der gleichaltrigen Tochter eines Freundes gemeinschaftlich erziehen zu lassen, sollte ihm nicht gewährt werden. Schon im Anfange des nächsten Frühlings schloß er in Schwedt die Augen, und sein Freund starb kurz nach ihm. —

Brückner fanden wir sehr gebeugt: seine Frau litt an der Auszehrung und ging mit raschen Schritten ihrem Ende entgegen.

Die heitere Gemütlichkeit bei Sehnsucht nach einer bestimmten Arbeit fehlte nach dieser Reise. Voß war sehr reizbar, welches durch einen Brief= wechsel mit Klopstock noch vermehrt wurde. Es berührte ihn empfindlich, daß Klopstock in wissenschaftlichen Dingen keinen Weg dulden konnte, als den er selber betrat. Auch hier fand er manchen Widerstand bei Stol= berg, obgleich dieser in der Hauptsache auf seiner Seite war. Dazu kam

ein verdrießlicher Prozeß in Schulsachen, der sich in die Länge zog, so
gerecht auch, wie der Ausgang zeigte, Voßens Ansprüche waren.

Eine unsrer Hauptauffrischungen erreichte diesen Winter ebenfalls ihr
Ende. Unsre Freundin in Malent, die Pastorin Weise, starb im März
1800 heiter und getrost nach langen Leiden. An ihrem Todestage kam
ich morgens sehr frühe zu ihr, und mußte ihr versprechen, sie nicht wieder
zu verlassen, bis ich ihr die Augen geschlossen. Voß kam den Nachmittag
auch, und uns beide bat sie freundlich, für ihres Mannes Aufheiterung
zu sorgen und ihm mit Rat und That fürder treu beizustehn. In der
Dämmerung hielt der Wagen, mit dem Voß zurückkehren wollte. Der
Gatte nahte der Sterbenden, und sagte ihr: Dein Freund will Abschied
von dir nehmen". — „Nicht Abschied nehmen!" antwortete sie freundlich,
ihm die Hand reichend. „Wir wollen Gott danken für alles Gute, was
wir mit einander genossen." — Er konnte noch kaum aus dem Dorfe sein,
so entschlummerte sie sanft in meinen Armen. Wie schwer wurden uns
nachher die Besuche im leeren Hause, wo alles daran erinnerte, daß die
Seele des Hauses entflohn war! Zwei Pappeln, von Voß gepflanzt, stehn
auf ihrem Grabe.

Im Laufe des Winters hob sich Voßens Mut wieder so sehr, daß
er manche schöne Ode dichtete, bei denen auch Stolberg zuweilen als
Göttingischer Bundesbruder alte Teilnahme und Herzlichkeit zeigte . . .

Im Frühlinge 1800 machte die Stolbergische Familie wieder eine
große Reise. Wir hatten uns im Juli Lebensfreude bei unsern Ditmarschern geholt. Nach unsrer Zurückkunft erzählte uns Stolbergs Schwester
Katharina, mit ihrem Bruder sei etwas vorgefallen, was unsre Aufmerk-
samkeit betrübend erregen werde, aber sie müsse schweigen. Tags darauf
lud sie uns zu einer Spazierfahrt ein, und das Geheimnis, daß ihr
Bruder katholisch geworden sei, kam mit großer Schüchternheit heraus.
Sie war sehr verwundert, daß Voß die Mitteilung so ruhig aufnahm.
Er erklärte, das Öffentliche befremde ihn weniger als das Heimliche, weil
es weniger schädlich wirke. „Aber die Ruhe, die er sucht", waren seine
Worte, „die findet er auch dort nicht." Der Wunsch, sich vor dem ersten
Ausbruch von Stolbergs Heftigkeit zu schützen, bewog ihn zu der Bitte,
sie möge verhüten, daß der Bruder ihn nicht eher besuche, bis er sich
selbst in einer ruhigen Stimmung fühle; dann solle er einen Ruhigen
gegenüber sehen. Ihrer Versicherung, daß die Kinder von Agnes noch
nicht zum Übertritt bewogen seien, schenkte er keinen Glauben, da die
Vorkehrungen dazu schon lange ernstlich getroffen waren.

Den Abend war Voß sehr traurig. Auch die folgenden Tage konnte
er nicht anders denken. In diesen dichtete er die Warnung, die Stolberg
vielleicht zum ernsten Gespräch über die Kinder stimmen konnte; denn ihn
selbst umzulenken, die Hoffnung war schwach. Wir glaubten, Stolbergs
Gefühl würde sein: Hätt' ich den Schritt nicht schon gethan, ich besänne
mich noch; wenigstens will ich den evangelischen Kindern freie Wahl lassen.

Heftig erschraken wir, als uns seine Ankunft gemeldet wurde. Auf den möglichen Fall, daß er trotz der Bitte gleich anstürmen werde, schlossen wir uns ein, mit dem Auftrage, wenn der Graf käme, sollte man uns verleugnen. Auf den Bericht der Magd hatte er ein heftiges Wort ausgestoßen, und war in den Garten geeilt. Hier sahen wir ihn rasch die Runde machen, und Blumen und Blätter abreißen, die er umherstreute.

Am folgenden Morgen schickte ihm Voß die Ode. Seine Stimmung war sehr wehmütig, und Thränen erstickten seine Worte, als er sich darüber aussprach, wie viel herrliche Anlagen Stolberg selbst durch Leidenschaftlichkeit in sich zerstört habe, und wie schwer es auf seinem Gewissen lasten könne, wenn er einmal zu der ruhigen Überlegung gelange, auf welchen Weg er die Agneskinder zu leiten im Begriff sei. Agnes' Bruder gesellte sich zu uns; auch der war tief erschüttert. Voß beredete ihn umsonst, sein Recht als Onkel geltend zu machen und nicht zuzugeben, daß die Kinder, bevor sie selbst wählen könnten, katholisch würden. Er bat auch den Fürstbischof, den Vater zu verständigen; aber dessen so gewichtvolle als herzliche Zurede blieb ebenfalls ohne Wirkung.

Man erzählte sich viele Äußerungen von Voß, die zum Teil entstellt, zum Teil ganz grundlos waren. Zu der ersten Gattung gab ich unschuldigen Anlaß. Stolberg war gewohnt, wenn er verreiste, mir seine edelsten Blumen zur Pflege anzuvertrauen; diesmal unter andern eine Auswahl schöner Nelken, die gerade in voller Blüte standen. Mich konnten sie nicht mehr erfreun, selbst bei der Gewißheit, daß sie jetzt ungepflegt zu Grunde gehn würden. Ich schickte sie ihm daher zurück nebst einigen freundlichen Zeilen, welche Voß billigte, und fügte auf seinen Rat die Bemerkung hinzu, er möchte nicht antworten. Hieraus entstand nun das Gerücht, ich wäre milder gegen Stolberg gesinnt, hätte aber aus Furcht vor dem stürmenden Voß nicht gewagt, die Blumen länger vor seinen Augen zu lassen.

Was konnten wir nun Besseres thun, als den ersten Stürmen ausweichen, um uns bei unserm treuen Esmarch wieder aufzufrischen? Vor uns her hatte das Gerücht in Kiel schon manches über Voß in Umlauf gesetzt, und wir fanden Hensler gerüstet, zur Sanftmut und Duldsamkeit zu ermahnen; doch ward er gleich wieder väterlich gestimmt, als er vernahm, daß von Voßens Seite nichts geschehen sei, als notwendige Abwehr stürmischer Scenen.

Voß kehrte mutiger zurück, und fühlte sich gestärkt, wieder in seinem Beruf zu schaffen. Da die Gräfin ihrer Entbindung entgegensah, mußte Stolbergs Abreise verschoben werden. Als er uns die Geburt eines Sohnes meldete, schrieb ihm Voß: „Halte den nicht für Unfreund, der seitwärts geht, weil er nicht helfen kann. Segen dem Geborenen." Stolberg antwortete: „Dieses Wort von Ihnen, vielleicht ihr letztes an mich in dieser Welt, war ein freundliches. Es ging nicht verloren. Herzlichen Dank und Gottes Segen über Sie, über die liebe Ernestine und alle Ihrigen."

Ein mündliches Lebewohl, wozu wir uns in unserem Hause oder auf
Stolbergs Zimmer bereit erklärten, obwohl eine so erschütternde Scene
keinem wohlthätig sein konnte, wurde durch Christian Stolbergs heftiges
Dazwischentreten zur Unmöglichkeit. Als wir eines Nachmittags durch
die Stadt gingen, begegnete uns Stolberg mit dem ältesten Sohn in's
Feld reitend. Unsern stummen Gruß erwiderte er, rot im Gesicht,
mit gesenktem Blick. Wir sahen ihm gerührt nach, er uns. So
schieden wir.

Die Kinder wurden uns noch den Abend vor der Abreise geschickt.
Die Söhne waren sehr bewegt, denn beide hingen sehr an Voß, seit er
nicht mehr ihr Lehrer war, fast noch mehr als vorher; auch gegen mich
hatten sie stets kindliche Liebe und Zutraun. Voß sagte ihnen wenige,
aber eindringlich herzliche Worte, und nannte auch den Namen ihrer
Mutter, als er sie aufforderte, ihr ganzes Leben gut zu bleiben.

Eutin, vom Herbst 1800 bis zur Ankunft in Jena, im Herbst 1802.

Es war an einem Sonntage, als Stolberg Eutin verließ. Lebendig
ist mir noch der Eindruck geblieben, welchen das Geläute der Glocken auf
Voß machte. Ich fand ihn weinend, als ich ihm sein zweites Frühstück
brachte. Er sagte: An Stolberg muß ich mit ganz anderen Gefühlen
denken, als an meinen Schulz, der im Grabe ruht. Indem er in lang=
samen Zügen ein Glas Wein trank, fügte er hinzu: Gott lasse es ihm
wohlgehn! Möge er die Ruhe finden, nach der er sich so lange vergeblich
gesehnt, und einen Freund, der es so treu mit ihm meint, als ich mir
bewußt bin, es mein ganzes Leben gemeint zu haben! — Weil ein Glas
fehlte, um nach Haussitte bei einem herzlichen Wunsch anzustoßen, reichte
er mir freundlich das seinige. Darauf gingen wir in den Garten, wo wir uns,
wie so oft geschah, im Gespräch aufheiterten. Alles was uns an dem
Tage nahe kam, sprach nur von Stolberg. Wir hörten, er habe den
Morgen noch eine Messe gehört, und sei sehr bewegt in den Wagen ge=
stiegen. Am folgenden Tage war Voßens Seele zu der Heiterkeit gelangt,
daß er das Begräbnißlied vollendete, welches ihn in der schlaflosen Nacht
mit den Gedanken an seinen Schulz beschäftigt hatte. „Ich habe", sagte
er, „mitunter geschlummert, aber die halbwachen Träume waren immer
von Schulz und Stolberg." Seine Gespräche den Tag über thaten mir
unendlich wohl, aber am Abend war er freilich auf eine beunruhigende
Weise erschöpft. In den nächsten Tagen, wo er sich anstrengte, wieder
seine Stunden zu geben, und sich freute, daß es ihm gelang, dichtete er
die Ode an Jacobi, welcher gleich nach Stolbergs Abreise aus Hamburg
zurückkehrte. Die Empfindungen beider bei Stolbergs letztem Schritt
waren sehr verschieden. Der Gedanke der Möglichkeit, daß Stolberg bei
ruhiger Besinnung noch einmal umkehren könne, blieb bei Voß vor=
herrschend. In Gesprächen über Stolberg mit Jacobi ward ihm nicht

wohl, wohler mit dem Franzosen Vanderbourg*), der seit längerer Zeit
Jacobis Gast war und uns öfters besuchte. Sein Gefühl in der ersten
Zeit bezeichnen die Worte aus dem Gedicht an Jacobi:

> Eingedenk nur des Guten, die Zufäll' alle vergessend,
> Segnen wir Ihn, des Stätte nun leer ist.

Dieses Gefühl gab ihm die Stimmung, in seinem Beruf die gewohnte
Treue zu üben und allmählich zu Beschäftigungen zurückzukehren, die seine
und des ganzen Hauses Heiterkeit aufrecht erhielten.

Sehr am Herzen lag ihm auch sein Mißverhältnis mit Klopstock, dem
Achtzigjährigen, dem von seiner Seite nicht ausgewichen werden konnte,
wenn er nach seiner Überzeugung eine andere Bahn betrat als die, welche
Klopstock für die einzig rechte hielt. Hatte er doch schon als Jüngling
bei Übersendung der ersten Gedichte in einer Ode an Klopstock die Worte
ausgesprochen:

> Du, keines Knecht, auch sein nicht! —

So entstand die Ode: Klopstock in Elysion, welche denn auch ihren Zweck
nicht verfehlte. — Ein sehr freundlicher Brief von Klopstock erheiterte
Voß sehr, und es ward gleich für den nächsten Frühling eine Erholungs=
reise nach Hamburg beschlossen, wo wir in zehn Jahren nicht gewesen
waren. — Es hat Voß noch in Heidelberg eine große Freude gemacht,
von einem Reisenden zu erfahren, daß ein Wiener Künstler nach dieser
Ode ein schönes Gemälde geliefert, welches vielen Beifall gefunden.

Sein nächstes war, das Versprechen zu erfüllen, welches er seinem
Schulz am letzten Abend ihres Beisammenseins auf Erden gegeben hatte,
mehreren seiner Melodieen zu dänischen Liedern deutsche Worte unter=
zulegen. Die schönen Tage möchte ich schildern können, die wir in dieser
liederreichen Zeit verlebten, wo Voß immer am Klavier versuchte, wie
ihm selbst war, und ob er bei dem, was er zu erreichen gestrebt, auf
Schulzens Beifall zu rechnen hätte. Bei den meisten hatte er das Ge=
fühl des Gelingens, denn er frischte sich gern Schulzens Worte auf, der
einmal bei der Arbeit am Thaaruvischen Hymnus sehr ernst und feierlich
sagte: „Hier hast du dich mächtig angestrengt, und das muß ich loben;
aber als Kapellmeister darf ich nicht, denn ich brauche ein A und etwas
Sanfteres für meine Töne, und meine Töne sind an dieser Stelle un=
verbesserlich." — Bei den sanften Liedern lobte er sich selbst dadurch, daß
er sie mehrmals hintereinander sang, und sagte dann wohl wehmütig:
„Warum konnten wir nicht noch eine Weile vereint schaffen?"

Daß er außer seiner nächsten Umgebung niemand hatte, der seine
Stimmung teilte, war ihm oft schmerzlich, weil er es nicht unterdrücken

---

*) Charles Vanderbourg, Emigrant, später Mitglied des französischen Nationalinsti=
tuts, starb im Jahre 1827. Er übersetzte während seines mehrjährigen Aufenthaltes in
Teutschland unter andern Jacobis Woldemar, und lieferte einen schätzbaren Kommentar
zu den Horazischen Oden.

konnte, von dem zu reden, was ihn belebte. Teilnahme bedurfte er, nach Lob strebte er nicht.

Bei jedem Liede dachte er sich gern eine bestimmte Person, der er wohlthun möchte durch angenehme Empfindung. Zu dem Liede: Der trauernde Freund, weckten ihn alte Erinnerungen an Stolberg. Bei den meisten aber war es Schulzens Seele, die ihm in der ganzen Zeit immer so nahe schien, als Höltys Seele es war, wie er dessen Nachlaß besorgte. Der Festlied der Teutschrussen (in der Ausgabe von 1802: Hymne an den Kaiser Alexander) hatte eine eigene Veranlassung. Ein Prediger in der Nähe von Petersburg wandte sich an ihn mit der Bitte, ihm zum Geburtsfeste Alexanders ein Lied zu dichten, wodurch er seine Lage zu verbessern hoffte. Das Klingende, was ihm etwa zum Lohne würde, erbot er sich mit Voß zu teilen, wenn dieser sein Eigentumsrecht an abtreten wollte. Beides verweigerte Voß ernsthaft, da das Gedicht seine eigenen Gefühle aussprach, und er nie einem Fürsten, außer seinem Landesvater aus Liebe und Dankbarkeit, ein Exemplar seiner Werke gesandt hatte. Wie es der Mann damit gehalten hat, ist in seinem Dankbriefe nicht gesagt worden.

Während dieser Zeit hatte sich seine seit Stolbergs Abzug verstärkte Reizbarkeit bedeutend vermindert, und er sprach mit einer Art Sehnsucht davon, daß er diese und jene gelehrte Arbeit wieder vornehmen wolle und welche die erste sein solle. Weil grade eine neue Ausgabe des Homer bevorstand, fühlte er das höchste Verlangen, seine Homerischen Papiere zu ordnen und zu vollenden. Anders war es aber, als er die Schulzischen Noten zurücklegte, und nun eine große Leere sich seiner bemächtigte. Sein Unvermögen irgend etwas vorzunehmen und seine Reizbarkeit stiegen in einem solchen Grade, daß ich oft verzagte, weil es nicht möglich war, alles zu entfernen, was ihn unsanft aufregte. Dabei fehlte der Schlaf, weil ihn jedes Geräusch in und außer dem Hause störte. Da war es oft eine Maus oder ein Mückengesumm, was eine schlaflose Nacht brachte, und so manches was ihn bei heiterer Stimmung gar nicht berührte, konnte ihn in einen Grad von Unmut versetzen, der ihn auf das traurigste verstimmte. Hierbei in seiner Gegenwart eine heitere Außenseite zu behalten, war eine Aufgabe, die nicht immer gelingen konnte, und dann ward das Übel nur noch größer. Höchst unglücklich habe ich mich in solchen Zeiten nur zu oft gefühlt, wo sich kein Ausweg zeigte, der zum Besseren geführt hätte. Wohl sagte er dann manchmal: ich bedaure uns beide, und hörte es gern, wenn ich in heiterem Ton hinzufügte: doch dich mehr als mich. —

Eine freundliche Einladung des Herrn Poel, Schwiegersohnes von Büsch, und der Madame Sieveking, die bei Jacobis zum Besuch waren im Frühling einige Wochen auf ihrem reizenden Landsitze in Neumühlen bei Altona zuzubringen, erheiterte unsern Blick in die Zukunft. Jacobis Schilderung von dem Aufenthalte daselbst gab uns das Gefühl, daß wir

ohne Zwang für uns würden leben, oder uns in die Gesellschaft mischen
können, wie es uns für Leib und Seele am passendsten schien. Diesen
Eindruck hielten wir fest, und bildeten ihn auf unsere Weise aus. Etwas
Mut, sich zu beschäftigen, stellte sich auch allmählich wieder ein. Es ward
nötig, den Homer von neuem zu mustern, um nicht vom Drucker ge=
drängt zu werden, und wenn es damit nicht fortging, ward im Alt=
deutschen gelesen. Auch in der Schule erwachte die Neigung, länger zu
sein, als eigentlich notwendig war. In nicht heiterer Stimmung kam
Voß oft schon eine halbe Stunde vor dem Schluß erschöpft nach Hause;
in besseren Zeiten nicht selten eine halbe Stunde später, wo ihn dann
die Bemerkung der Köchin: „Heute pflegt der Herr Hofrat sich einmal
wieder" nicht wenig belustigte. An solchen Tagen gab es immer heitere
Tischgespräche, die uns alle auffrischten.

Der spät eintretende Frühling nötigte uns, die Reise nach Neu=
mühlen bis Ende Junius zu verschieben, und so gab es wieder viele
Tage, von denen wir sagten: sie gefallen mir nicht. Der Empfang in
Neumühlen übertraf unsre Erwartung weit. Es ward uns gleich wohl
in diesem freundlichen Zirkel, der nach unserm Maßstabe nicht klein war;
wir fanden viele uns ganz unbekannten Gesichter, und, was einen eigenen
Eindruck machte, manche, die wir vor zehn Jahren als Kinder gesehn,
waren jetzt blühende Jungfrauen und kräftige Jünglinge.

Die erste Nacht sollte für uns eine Prüfung sein. Unser Zimmer
lag nicht weit von der Treppe, und der nächste Tag war der Geburtstag
des Hausherrn, zu dem Jung und Alt Überraschungen für den folgenden
Morgen bereitete. Da fehlte es denn nicht an Geflüster und Lachen,
Hundegebell und anderem Geräusch. Voß war eben eingeschlafen, als
das große Leben sich von unten heraufbewegte. Den Versuch im Bette
zu bleiben widerriet ich; wir standen auf, zündeten Licht an, und schon
dieses wirkte wohlthätig. Anfangs erklärte er, wir wollten in aller Frühe
wieder abreisen und einige Tage in Hamburg bleiben, da man keinem
zumuten könne, seine gewohnte Lebensweise umzuformen. Was zuerst
Ruhe gab, war die nahe liegende Bemerkung, daß der Vorabend zu einem
Geburtstage keinen Maßstab für das Ganze abgeben dürfe. Während
unsers immer ruhiger werdenden Gesprächs ward es auch im Hause stiller,
noch vor Mitternach legten wir uns nieder und schliefen die ganze Nacht un=
gestört, so daß uns das kleine Abenteuer am Morgen selbst komisch erschien.

Wie wohlthätig wirkte der schöne Aufenthalt auf Voß! wie gerne
haben wir noch in der Folge dieser Zeit gedacht! Die alten Freunde, mit
denen wir von Wandsbeck aus in herzlichem Verkehr standen, waren treu
anhänglich wie sonst. Selbst Claudius taute etwas auf, Rebekka war
ganz unverändert. Von Klopstock war nur ein Schatten mehr da, selbst
die Gestalt war so hingewelkt, wie ich nie einen Greis gesehen. Um so
schroffer fielen die kleinlichen Eitelkeiten auf, die durch das Alter nicht
geschwunden waren. Gegen Voß war er so herzlich, als er zu sein ver=

mochte: das Zeugnis gaben ihm alle. Aber aus Voßens Gedächtnis konnte sich dieses Bild immer und immer nicht verwischen, und wurde von neuem lebhaft aufgefrischt, als wir ein Jahr später den blinden Gleim noch so voll inneres Lebens und so teilnehmend für alles fanden, was jeder von sich selbst und aus der Welt mitzuteilen Lust hatte.

Die Folgen dieser Auffrischung hielten zu unsrer und zur Freude anderer bis nach Neujahr vor. Voß nahm sogar unvollendete Arbeiten zur Hand, und es that ihm wohl, daß Bredow Teilnahme an seinen Planen und deren Ausführung zeigte. Angenehm unterhielten uns auch die Nachrichten aus Jena, wohin unsre ältesten Söhne im Herbst von Halle gezogen waren, da beide sich befriedigt bei dem Wechsel fühlten, und vorzüglich im Griesbachschen Hause als Familienglieder aufgenommen waren. Die alten Spaziergänge wurden nicht versäumt, kleine Besuche in unserm engeren Zirkel gemacht, und Windstille und Sonnenschein benutzt, um im Garten auszuführen, was bei Regen und Sturm im Zimmer beschlossen war.

Aber der Winter, welcher mit Nebel und feuchter Luft begonnen, ward später kalt bei scharfem Ostwind. Die Schüler ins Haus kommen zu lassen, oder mehrere Stunden auszusetzen, dazu konnte Voß sich·nicht entschließen. Da kehrten die gewohnten Übel verstärkt wieder und nahmen alle Heiterkeit mit sich fort. Zum erstenmal fühlte er in seiner ganzen Stärke, daß er zu Grunde gehen müsse, wenn der Herzog ihn nicht zur Ruhe setzte mit der Freiheit, sich einen Ort zu wählen, wo er wieder hoffen könnte aufzuleben. Eben so bestimmt fühlte er, daß er eine Bitte nicht wagen dürfe, weil eine abschlägige Antwort seinen Zustand nur ver=schlimmern würde. Vergebens führte ich dagegen an, daß wir selbst bei nicht günstigem Erfolg den Trost behielten, alles Mögliche versucht zu haben, und daß wir auf des Ministers kräftige Mitwirkung rechnen könnten. Seine große Niedergeschlagenheit in dieser Zeit war noch schwerer zu ertragen, als jeder Ausbruch von Verstimmung, der doch meistens nicht anhaltend war. Stets suchte ich Mut festzuhalten oder einzureden, und, wo möglich, eine heitere Seite zu finden, aber mit geringem Erfolg. Endlich entschloß ich mich, selbst an den Minister zu schreiben und ihm alles vorzulegen, wie es war. Ein teilnehmender Hausfreund billigte meinen Entschluß, und mir ward das Herz leicht, als er sich auch mit dem Briefe zufrieden erklärte. Der Brief sollte den folgenden Morgen abgesendet werden, als ich in einer schlaflosen Nacht fühlte, ich dürfe ohne Voßens Beifall einen solchen Schritt nicht wagen. Am Morgen er=zählte ich ihm alles offen, und gab den versiegelten Brief in seine Hand. Weinend schloß er mich in seine Arme, ehe er das Siegel abnahm, und war sehr bewegt, während er las. Es erfolgte eine lange stumme Periode, in der er auf= und abging, in sehr ruhigem Schritt. Endlich sagte er: „Ich danke dir, denn du hast mich überzeugt, daß ich die Bitte wagen muß." Noch am nämlichen Tage trug er sein Anliegen dem Minister und,·da dieser ihm Hoffnung gab, auch dem Herzoge vor.

Durch des Herzogs Krankheit ward die Antwort um einige Wochen verzögert; endlich erfolgte eine über Erwarten günstige: alle Wünsche waren von dem gütigen Fürsten genehmigt worden. Das war ein Tag, wie wir noch keinen erlebt! und unsre Freude mußten wir gleich allen mitteilen, die mit uns in enger Berührung standen. Jetzt konnten wir mit Heiterkeit Pläne machen, die bis dahin nur auf unsicherem Grunde ruhten. Bei der Wahl eines neuen Wohnorts wurde vor allen Rücksicht auf unsre studierenden Söhne genommen. Da die über Jena eingezogenen Erkundigungen alle genügend ausfielen, und uns im Gries= bachschen Hause eine Wohnung angeboten wurde, in der Schiller früher mehrere Jahre gelebt hatte, entschieden wir uns bald, uns vorerst dort niederzulassen. Mehrere Vorschläge, uns in Eutin festzuhalten, nahmen wir als deutliche Zeichen, daß man uns ungern ziehen ließ. Hatten wir selbst ja auch nie das Gute verkannt, was uns in Eutin zuteil ge= worden, und es zu eigenem Nachteil wohl manchmal überschätzt!

Im Juli ward die Abschiedsreise zu unsern lieben Ditmarschern an= getreten. Boie fanden wir niedergeschlagener als wir wünschten, und körperlich sehr abgespannt, aber nach der leichten Seite in seiner Natur konnte ihn ein Besuch wie der unsre in wenigen Tagen auffrischen. Unsre silberne Hochzeit sollte dort gefeiert werden, und wir hatten alle Mühe abzuwehren, daß er dieses Fest nicht zu einem glänzenden machte. Daß er Esmarch und Schmeelke heimlich eingeladen, war uns Freude, denn zu ihnen zu reisen erlaubte unsre Zeit nicht: beide wurden durch Geschäfte gehindert. Wie waren der alte Niebuhr und seine schon sehr schwache Frau noch an diesem Feste so froh! Uns war der Tag sehr ernst und feierlich. In der einsamen Frühstunde hatten wir die ganze Reihe Lebensjahre durchmustert und uns selbst bei dem heiteren Blick in die Zukunft nicht verhehlt, daß uns auch manches Trübe bevorstehen könne, wovon wir jetzt keine Ahndung hätten. Daß wir uns selbst noch waren, was wir am Hochzeittage uns zutrauten, gab uns die ruhige Heiterkeit, die uns stets von allen Stimmungen die liebste gewesen, und was wir einander zu danken hatten, fühlten wir von ganzer Seele. — Die teil= nehmende Liebe der Geschwister rührte uns von neuem. Die Kinder be= kränzten uns, der Bruder hatte das beste aus seinem Gewächshause vor den Fenstern zierlich geordnet, und kleine Geschenke, als Andenken an diesen Tag, überraschten aus der Ferne und Nähe.

Unvergeßlich sind uns die Tage bei Piehl in Brunsbüttel geblieben. Er freute sich brüderlich, daß Voß den Ruhestand, den er bedurfte, er= reicht, aber die Trennung auf immer stimmte ihn so weich, wie wir ihn nie gesehen. Er war sehr dringend, den nächsten Winter bei ihm zu bleiben, und seine lockenden Überredungskünste konnten uns wohl zu ernsthafter Überlegung reizen. Drei schöne Zimmer in seinem neuen Bau sollten wir ihm für seine Lebenszeit einweihen, und die höchste Freiheit behalten, zu thun und zu lassen, was uns beliebte. Wie oft haben wir

dieses liebevollen Ruhesitzes gedacht in dem trüben Winter, den wir in
Jena zu durchleben hatten! — Er fügte sich bei unserm Weigern, weil
er selbst einsah, daß die Marschluft und das Regenwasser Voß nicht zu-
träglich waren. Mit Handschlag mußten wir geloben, beim nächsten
Besuch in Holstein wenigstens vier Wochen bei ihm zu bleiben. Er versprach dagegen, uns in der neuen Heimat aufzusuchen. Wie wenig ahndeten wir damals, daß dieser thätige, kräftige und lebensfrohe Mann in
den schweren Zeiten, die auch Ditmarschen eine andere Gestalt gaben,
ein Opfer seiner rastlosen Anstrengungen werden sollte! —

Unbeschreiblich heiter und auch körperlich gestärkt kehrte Voß von
dieser Reise zurück, so daß der von so vielen ausgesprochene Wunsch immer
lebhafter in ihm ward, den Winter noch in Eutin zu bleiben. Boßens
Nachfolger, Bredow, erbot sich entgegenkommend, uns gegen Mietzins die
Rektorwohnung zu überlassen, als geheime Einwendungen von seiten der
Behörde diesen Entschluß wieder wankend machten. So erschien denn
endlich die Stunde, wo wir uns zur Abreise rüsten sollten.

Während des Packens hatten wir noch einen Besuch von Esmarch,
der sich mit seiner Versetzung nach Rendsburg sehr zufrieden erklärte.
Es machte ihm und uns gleiche Freude, daß er noch kleine Andenken,
wie z. B. die hellklingenden Agnes=Gläser, mitnehmen konnte, die ihm im
Gebrauch mit uns lieb geworden waren. Den Abschied erleichterte uns
die Hoffnung eines baldigen Wiedersehens an seinem neuen Wohnorte.
Auch Hensler kam noch; aber das war ein trauriger Abschied, denn sein
Ansehn bestätigte, was seine Worte sagten, daß sein Ende nicht mehr fern
sei. Doch war er heiter und sprach mit Zuversicht aus, daß Voß wieder
frisch und rüstig werden würde, wenn er sich selbst überlassen leben könne.
Wenige Tage vor unsrer Abreise überraschte uns Boie. Wir schliefen
schon auf geliehenen Betten, und fühlten uns unbehaglich und niedergeschlagen. Dies brachte wieder etwas frischen Lebensmut, denn der
Bruder war so heiter, wie gewöhnlich auf Reisen. Uns erleichterte er
die Abschiedsbesuche, indem er sie mitmachte, und es war ihm Freude,
daß wir die Einladungen zu Mittags= und Abendschmäusen nicht ab-
lehnten.

Am vorletzten Abend war noch ein allgemeiner Schmaus auf unserm
Saale, zu welchem die Hausmütter nach Verabredung alles angeordnet
hatten. Nach holsteinischer Sitte wurden die Gläser häufig angestoßen,
doch vermochte selbst der Punsch nicht, die gewohnte Fröhlichkeit hervor-
zurufen, wie er in dem nämlichen Kreise so oft gethan.

Am folgenden Morgen in der Frühe verließ uns Boie. Als er weg
war, machten wir uns im Garten durch Thränen leicht. Er war so treu
und gut, und wie manche Auffrischung nach schwerem Druck hatten wir
in seiner Umgebung gefunden, wie in der unseren! — Es war ein
stummer Tag für uns alle. Wir mochten uns nichts sagen, als wir
zuletzt im Garten noch jeden Baum und Strauch und den lieben Platz

am See beſuchten. Noch weiß ich, daß Voß Bredow ſeine liebſten Bäume
zur Pflege empfahl, und den weißen Roſenbuſch der Agnes, und ſeine
Epheuranken an der Planke, wie die Agnesbank am See und die Laube,
an der er immer ſelbſt die Zweige und Ranken leitete, um keine Lücken
zu ſehn. Den Tag über kamen nach und nach die Hausfreundinnen, um
kleine Vorräte in Empfang zu nehmen, und vorzüglich um Blumenzwiebeln
und Pflanzen zu holen. Unter dieſen bewegte mich am meiſten die Nico=
lovius, die alle Kinder mitbrachte und mir eine ſchöne Haube aufſetzte,
die ſie für mich gearbeitet, nachdem ſie vorher eine Locke abgeſchnitten
hatte. Jacobis Schweſtern waren je näher dem Schluß, je traulicher
gegen mich. Doch blieb unſer Verkehr im Hauſe, wie er immer geweſen
war, freundlich, aber nicht herzlich.

Unſre Bitte, beim Verlaſſen des Hauſes nicht gegenwärtig zu ſein,
wurde von allen gewährt, außer von unſern Nachbarn Hellwags, welche
noch das letzte Frühſtück beſorgten. Wie viele Fenſter aber öffneten ſich,
als wir durch die Stadt fuhren! Wie viele Freundlichkeiten der letzten
Tage ſollten uns den Abſchied ſchwer machen!

Voß zeigte ſich viel weicher als ich. Gewiß, ich empfand zu ſehr
das Ende von ſo vielem Drückenden, was jahrelang auf mir gelaſtet,
um die Lücken zu fühlen, die nach und nach entſtehen mußten. Ich hielt
mich zu feſt an der Hoffnung des inneren Auflebens in ihm, bei der mir
alles, was mir noch bevorſtehen konnte, leicht zu tragen ſchien.

In Lübeck hatten wir verſprochen, mehrere Tage auszuruhen. In
Overbecks gemütlichem Gartenhauſe fanden wir den herzlichſten Empfang.
Als wir abends in unſer Zimmer kamen, war Voß ungewöhnlich bewegt.
Er weinte, und es dauerte lange, ehe er reden konnte. Sehr wehmütig
ſprach er ſich darüber aus, daß wir keine Heimat hätten, und vielleicht
lange keine wieder fänden, unter lauter uns fremden Menſchen und
Gegenſtänden, und auf der Stufe der Jahre, die wir erreicht hätten.
Er hörte es gern, daß ich einen andern Ton anſtimmte, und von den
vielen Schwierigkeiten redete, die wir überwunden, von der Ruhe, nach
der er ſich ſo lange geſehnt, von der Wiedervereinigung mit unſern
Kindern, von dem mutigen Vereinttragen deſſen, was uns beſchieden ſein
möchte. Wir legten uns ſchlafen mit dem Gefühl, daß wir ſchon ſo
manches Herbe im Leben glücklich beſtanden hätten, und jetzt doch mit der
größten Hoffnung einem ſorgenfreien Alter entgegen ſehen könnten.

Schon auf der Reiſe, die ſehr vom Wetter begünſtigt ward, kehrte
bei Voß die alte gewohnte Heiterkeit zurück, die ſich ſtets ſo wohlthuend
mitteilte. In Braunſchweig hatten wir mehrere angenehme Tage, vor=
züglich auf dem Campeſchen Garten, wohin uns zu Liebe alles, was wir
zu ſehen wünſchten, eingeladen ward. Eſchenburg, obgleich vom Schlage
gelähmt und des Gebrauchs ſeiner Hände beraubt, zeigte die alte herzliche
Teilnahme, und ſein Geiſt war noch ungeſchwächt.

Je weiter wir uns von der Heimat entfernten, leiteten ſich unſre

Gespräche hauptsächlich auf die Einrichtung für den nächsten Winter. Rührend war es mir, wie weit Voßens Vorsorge für mich sich ausdehnte. Nach so vielen Lasten sollte ich den ersten Winter gar keine zu tragen haben, wir wollten uns mit dem begnügen, was die beste Garküche in Jena uns bescheren würde, ich sollte nur für ihn und die Söhne, und mir selbst leben. Wohl mir, daß ich bei dieser erheiternden Aussicht nicht wußte, wie ganz anders es werden sollte! —

Von unserm Aufenthalte in Halberstadt ist an einem anderen Orte geredet worden. In Naumburg blieben wir eine Nacht. Der Ort gefiel uns so wie seine Umgebung, und die bei dem braven Superintendenten Kaiser eingezogenen Erkundigungen eröffneten uns die Aussicht, hier im Notfall eine freundliche ländliche Wohnung zu finden. Ähnliche Aussichten hatten sich durch Demme früher in Altenburg gezeigt. Die nächste Umgebung von Jena erschien uns in einem freundlichen Lichte, besonders durch die herrlichen Wiesen, deren spätes Grün das Auge erfreute. Die kahlen Berge in der Ferne zogen nicht an. Grießbachs, welche die Stunde unsrer Ankunft ungefähr berechnen konnten, hatten unsern Wagen von ihrem Altan bemerkt und einen Mann entgegen gesandt, der den Weg nach ihrem Garten zeigte. Als wir an der Pforte hielten, standen schon der liebe Alte und seine freundliche Frau zu unserm Empfange bereit.

Jena.

Beide gaben uns das Gefühl der herzlichsten Teilnahme, welche schon ihre erste Handlung aussprach. Sie hatten gleich bei Erblickung des Wagens in die Stadt geschickt, um unsern Söhnen die frohe Botschaft mitzuteilen, und die Reisebedeckung war noch nicht abgelegt, als diese schon erschienen und an dem gedeckten Tisch ihre Plätze mit einnahmen. Die beiden lieben Alten schienen die Freude des ersten Wiedersehens so ganz zu fühlen, sie waren an ihrem eigenen Tisch stumme Gäste mit heiterem Gesicht, die unsre Mitteilungen anhörten, als wären es eigene Angelegenheiten; und da unsre Briefe an die Söhne ihnen nicht fremd geblieben, schien unsre Unterhaltung ihnen nur eine Fortsetzung dessen, woran sie sich durch Teilnahme ein Recht erworben. Nach dem Essen führte mich die freundliche Mutter in unser bequem eingerichtetes Gast= zimmer, welches die Aussicht in das weite Thal gewährte und den er= freulichen Anblick eines schönen Gartens mit Bäumen, die voll Obst hingen, und Blumen in allen Ecken. Die gemeinschaftliche Freude an unsern Kindern und die herzlichste Teilnahme an unserm Wohl war das erste Band zwischen uns beiden, unsre gemeinschaftliche Freude an Garten und Blumen das zweite. — Unsre Sachen waren wohlbehalten angekommen;

das gab uns die ruhige Aussicht, bald zu einer Art von Häuslichkeit zu gelangen. — Voß und Griesbach erkannten sich schon in den ersten Gesprächen als Gleichgesinnte. Wie wohl that es Voß, einen gefunden zu haben, mit dem er sich über alles aussprechen konnte, und diesen mit solcher Freude über das Streben unsrer Kinder reden zu hören! Ziemlich erschöpft fühlten wir uns, als der Abend herankam, aber wie sanft und erquickend war nach einem heitern Gespräch die erste Nachtruhe!

Der Anfang des ersten Tages ward uns gleich dadurch behaglich, daß sich der alte Griesbach nicht in seiner gewohnten Lebensweise unterbrechen ließ. Die Mutter brachte uns selbst unser Frühstück, und es ward beschlossen, daß wir noch vor Mittag unsre Wohnung sehen wollten. Sie gefiel uns recht wohl, aber freilich bemerkten wir die undichten Fenster nicht, die allenthalben die Luft willig hereinließen. Eine Magdkammer war nicht da, aber eine Magd brauchten wir ja auch nicht, da wir eigentlich keine Wirtschaft führen wollten. Für die laufenden Bedürfnisse schien eine muntere kleine Schweizerin hinlänglich, die uns von der Mutter Griesbach empfohlen wurde. Konnte sie auch noch kein Bett machen, so war ich ja gewohnt, dieses selber zu thun. In diese und ähnliche Vorschläge ging ich fröhlichen Mutes ein, da Voß so heiter und hoffnungsvoll aussah, daß ich mit voller Zuversicht auf einen gefunden Winter rechnete.

Unter den Bekanntschaften der ersten Tage war auch der Kammerrat Vogel, noch ein Jugendfreund von Griesbach. Er erklärte sich gleich bereit, uns überall mit Rat und That behülflich zu sein, und hat sein Wort gehalten. Auch Thibauts*) wieder zu finden war uns eine große Freude. Es waren ja alte Bekannte, und sie schloß sich kindlich an die, welche sie oft in dem Hause ihrer Eltern zu Kiel mit Liebe aufgenommen gesehen.

Wir wünschten nun so bald als möglich einzuziehen, welches auch nach Verlauf einer Woche geschah, so sehr Griesbachs darauf drangen, daß wir ganz gemütlich bei ihnen ausruhen sollten. Die freundlichen Herbsttage zu der herzlichen Behandlung wirkten unbeschreiblich wohlthätig auf Voß. Er vergaß an seinen Körper zu denken, und machte große Spaziergänge, deren er lange entwöhnt war, zu jeder Tageszeit. Unter den Ausfahrten mit Griesbachs bleibt mir eine nach dem Roten-Stein unvergeßlich, die mich lebhaft an unsre Eutiner Wirtschaft im Prinzen-Holz erinnerte.

Ganz wollte Voßens gründliche Heiterkeit nicht auf mich übergehn, so sehr ich auf alle Weise dagegen zu kämpfen suchte. Deutlich weiß ich noch, daß ich eines Abends in der Dämmerung bitterlich weinend auf einer Bank im Griesbachschen Garten saß, neben dem Wirtschaftsgebäude, welches von einer Pfälzer Familie bewohnt wurde. Die Pächterin trat

---

*) Er war von Kiel nach Jena gerufen worden.

eben aus dem Stall, in dem sie ihre Kuh gefüttert hatte. Sie setzte sich
traulich zu mir und nahm mir das Tuch aus der Hand, um mir die
Thränen zu trocknen, mit den Worten: „Sie haben gewiß eine Heimat
verlassen, die Ihnen lieb war, aber man fügt sich allmählich darein."
Ich konnte ihr nicht mit Worten danken, aber später habe ich nicht selten
Gelegenheit gehabt, ihr zu zeigen, daß ich ihre Teilnahme lebhaft empfunden.

Die ersten Wochen in der neuen Wirtschaft waren untadelhaft; auch
mir gelang es, die heitere Stimmung festzuhalten, die zu Boßens Wohl
notwendig war. Wir fanden unser Mittagessen aus der Garküche ganz
genießbar; indessen waren alle sehr zufrieden, wenn Sonntags ein solider
Braten auf den Tisch kam, und beim Abendtisch, dessen Besorgung die
Mutter übernommen, irgend ein Gericht an Holstein erinnerte.

In dieser heitern Zeit des ersten Auflebens kamen Vorschläge, ein
Haus in der Vorstadt zu kaufen. Daß die Lage des Hauses durch den
vorbeifließenden Bach feucht wurde, daran dachte keiner. Die innere
Einrichtung zog uns an, indem sie Bequemlichkeit mit hinlänglichem
Raum auch für die Söhne vereinigte. Kräftiges Zureden auf der einen
Seite, einen so wohlfeilen Kauf nicht fahren zu lassen, unterstützte unsre
eigne Sehnsucht nach einem festen Ruhepunkt, wo jeder einen bestimmten
Wirkungskreis hatte. Kaum konnten wir selbst daran glauben, so war
das Haus schon unser, und gab zu mancherlei Planen Spielraum. Den
Garten, welcher aus einem Akazienwalde bestand, versprach ein Landpfarrer zu säubern und zu ebnen, wenn wir ihm die Bäume überlassen
wollten. Als aber im Frühling zum Graben Hand angelegt werden
sollte, war zu unserer Verwunderung so viel Wurzelwerk nachgeblieben,
daß wir noch mehrere Wochen Arbeit fanden, während der Herr Pfarrer*)
die jungen Bäume zweckmäßig ausgehoben, und die alten zu Brennholz
benutzt hatte. — Im Hause gab es bei genauer Untersuchung mehr zu
bessern, als wir nach der ersten Übersicht vermutet hatten. Da mußte
Maurer und Zimmermann in anhaltende Bewegung gebracht, und viel
Nachsicht und Geduld geübt werden, ehe der Bau ganz beendigt war. —

Sein Studierzimmer für den Winter hatte Voß bald eingerichtet,
denn wie konnte er heiter bleiben ohne Thätigkeit, die ihm selber genügte?
Dies vermehrte unser aller Wohlsein. Die Schriften Geilers von Kaisers-
berg aus Griesbachs Bibliothek wurden laut vorgelesen und an seinem
Heinrich fand er einen treuen Teilnehmer bei der Bereicherung Adelungs
und bei dem, was er innerlich selbst gewann. Auch in mir lebte die
Hoffnung eines heiteren Winters allmählich auf. In einigen Auktionen
fand sich Gelegenheit, mancherlei für die alte und die neue Wohnung
anzukaufen. Welche Freude war es, als Voß in ein Stehpult seine Pa-

---

*) Derselbe Pfarrer P. zu W—a, welcher im Jahre 1806 vor der Schlacht bei Jena
Napoleon den Weg durchs Rauthal führte.

piere einräumte, als wir das erste Mal wieder am eigenen Tische aßen,
und eine Hausuhr schlagen hörten, die der Eutiner glich und für ein
solides Werk anerkannt ward! Dieser täglich sich mehrende Wohlstand
gab erfreuliche Abendgespräche. Dann fanden die Kinder sich meistens
bei uns ein, und Voß war es lieb, wenn sie einige ihrer Freunde mit=
brachten.

Bald spürte Voß, daß er seiner Neigung zu Spaziergängen im feuchten
Flußthal nicht so sehr hätte nachgeben müssen. Die alten Übel, Kopf=
reißen und Zahnweh, stellten sich allmählich ein, und mit diesen unbehag=
liche Stimmung. Das Übel nahm in einem so hohen Grade zu, daß er
sich durch einen lauten Schrei Luft zu machen suchte. Solcher Anfälle
kamen sehr oft an einem Tage mehrere, auch in der Nacht, und ließen
stets eine unbeschreibliche Reizbarkeit zurück. Von Himly verordnete Bäder
fielen beim ersten Versuch so unglücklich aus, daß kein zweiter gewagt
werden durfte, und manche äußere Mittel gewährten nur notdürstige
Linderung. Dieser Zustand hielt ungefähr vier Wochen an, und die
Reizbarkeit erreichte bei der Unfähigkeit zu arbeiten den höchsten Grad,
so daß ich noch jetzt das Gefühl von diesen Wochen habe, sie wären die
unglücklichsten meines Lebens gewesen. Wie wohl that mir da manchmal
der kräftige Zuspruch des alten Griesbach, der meine Lage so ganz von
seiten des Gefühls zu fassen wußte! Das schwerste war, eine heitere
Außenseite fest zu halten, und alles zu entfernen, was die Reizbarkeit
vermehren konnte. Beides gelang nicht immer, und ich hatte vielfältig
Gelegenheit, durch Schaden klug zu werden. Besuche machten ihm nie
Freude, weil Reden sein Übel leicht hervorrief, und Töne des Bedauerns
waren ihm immer unangenehm. Um elf Uhr kam regelmäßig Griesbach
aus dem Kollegium, und dieser hatte eine eigene Art, wohlthätig auf
Seele und Leib zu wirken. Sie hatte dieses nicht, so hoch wir die Teil=
nahme, mit der sie überall Erleichterung zu schaffen suchte, anerkennen
mußten. Wie oft bat er mich, in der Dämmerung, wo sie gewöhnlich
ins Zimmer trat, zu ihr zu gehen, und sein Gewitterableiter zu werden!
Aber meine Gegenwart war an vielen Orten nötig. Ich mußte, so gut
oder schlecht es gehen wollte, wenigstens für Voß kochen, und den großen
Ofen in gleichmäßiger Wärme zu erhalten, war, bei dem Unvermögen
der kleinen Magd, schon ein Hauptgeschäft. Die Söhne kamen in dieser
bösen Zeit des Abends gar nicht zum Essen. Hatte ich einmal etwas
Gutes bereitet, so ließ ich Eichstädt einladen, den Voß gerne sah. Dieser
konnte ihn immer unterhalten mit manchem, was in der gelehrten Welt
vorfiel, und so ging er heiterer zur Ruhe, als wenn wir allein waren.

Eine Kleinigkeit mag hier stehen, die uns einen Tag angenehm be=
schäftigte. Beim Auspacken der Wäsche fand ich eine Fliege, die mir tot
schien. Ich brachte sie Voß, da sie doch in Eutin mit uns gelebt hatte,
welcher sie auf die Fensterbank in die Sonne legte. Mit großem Jubel
rief er mich nach einer Weile, als er bemerkte, daß sie Leben zeigte.

Wir streuten nun Zucker um sie herum, brachten sie später an den ab=
gekühlten Ofen und behandelten sie wie ein Glied der Familie, bis sie
sich endlich unter den andern Fliegen im Zimmer verlor.

Auf alle Weise suchten wir den Gedanken zurückzudrängen, daß wir
Eutin vor Winter nicht hätten verlassen und kein Eigentum kaufen sollen,
ohne sicher zu sein, ob wir an dem neuen Wohnsitze gedeihen würden.
Beides war nicht mehr zu ändern, und wer gab uns die Versicherung,
daß dieses Übel Voß in Eutin nicht auch hätte heimsuchen können? Wir
ermahnten uns gegenseitig, in der jetzigen Lage die beste Seite zu suchen,
und stärkten uns mit der Hoffnung, daß in der neuen Wohnung sich
alles anders gestalten werde. Die Notwendigkeit, auf Ostern einziehn zu
müssen, ward uns dadurch erleichtert, daß beim Ausbessern des Hauses
alles rasch von statten ging. Jeder Bericht ward freudig aufgenommen.
Auch ich ging manchmal hinaus und kam immer mit Hoffnung einer
besseren Zukunft belebt zurück.

Gegen Weihnachten ward es allmählich heller. Mit den Schmerzen
verlor sich die Reizbarkeit, aber ziemlich fest stand es bei Voß, daß er in
Jena schwerlich zum Wohlgefühl gelangen würde, worauf er gehofft hatte.
Den ersten recht heitern Abend hatten wir zu Weihnachten bei Gries=
bachs, wo uns eine feierliche Bescherung bereitet war.

Über die Rezension der Heynischen Ilias hat Voß sich in der Anti=
symbolik ausgesprochen. Sie begann bald nach Neujahr, und da er=
wachte wieder seine alte Lebendigkeit, wie immer, wenn ihn etwas von
ganzer Seele beschäftigte. Bei Vorlesung derselben waren Griesbach,
Schütz und Eichstädt gegenwärtig, nach deren Urteil Voß sich bereit er=
klärte, zu streichen und zu mildern, wo es möglich sei.

Die Hauptanlagen im Garten waren gemacht, ehe wir unsern Umzug
hielten. Das freundliche Wetter während desselben stimmte uns heiter
neben dem Gefühl, wieder ein Eigentum zu haben, das von allen Seiten
die Sonne beschien. Wir fingen an, uns glücklich zu fühlen, in der
Hoffnung, es sollte besser werden, und fanden allmählich Trost im Leid=
lichen. Das Zusammenleben mit den Kindern fingen wir nun erst an
von seiner lichtesten Seite zu genießen, die die unvermeidlichen Störungen
sich immer seltener einfanden. Selbst die kleinen Freuden aus alter Zeit
sollten zurückkehren. Voß hatte oft den Wunsch geäußert, wieder einen
Vogel um sich zu haben. Da brachte Heinrich eines Tages einen Bastard=
Stieglitz, der bald völlig zahm wurde, und als Liebling aller uns nach
Heidelberg gefolgt ist. Auch für ein Klavier, wonach sich der Vater vor=
züglich sehnte, wußte der Sohn bald Rat zu schaffen.

In diesem Gefühle wiederkehrender Heiterkeit vergingen die Sommer=
monate, obgleich das Gefühl, eine Heimat gefunden zu haben, sich nicht
einstellen wollte. Dem Vorsatz, uns keine Klagen gegen einander zu
erlauben, blieben wir treu, so schwer uns dieses oft wurde, da wohl
mancherlei eine Klage zuließ. Was uns fortwährend drückte, war die

Geistesabnahme meines Bruders in Meldorf, die sich infolge eines Schlag=
flusses einstellte, und für ihn und die Seinigen eine traurige Zukunft
voraussehen ließ, wenn er in einem solchen Zustande noch eine Weile
fortleben sollte. Dazu kam die Sorge um unsern Heinrich, der von einer
zur Herstellung seiner Gesundheit unternommenen Reise in die Heimat
bedenklich krank zurückkehrte, so daß wir längere Zeit auf das äußerste
gefaßt sein mußten. An die Freude über seine endliche Genesung knüpften
sich Unterhandlungen mit Weimar, welche namentlich für den Sohn ent=
scheidend werden sollten.

Gegen Weihnachten kamen Anträge an Voß, die durch Böttigers
Abgang erledigte Stelle als Direktor am Weimarschen Gymnasium zu
übernehmen. Da er hierauf nicht eingehen wollte, bot man ihm die
Oberaufsicht der Landesschulen, unter der alleinigen Verbindlichkeit, nur
manchmal einige Wochen in Weimar zuzubringen. Seinen Sohn wolle
man als Professor anstellen, mit der Aussicht, Direktor zu werden.
Auch dieses mußte abgelehnt werden, und so vereinigte man sich endlich
dahin, daß für Heinrich eine neue Lehrstelle errichtet wurde, die er mit
dem nächsten Frühjahre antrat. Um auch Voß etwas Angenehmes zu
erweisen, erfolgte eine Anweisung auf eine Naturalienlieferung von Holz,
Korn und Wildpret, die sich auf etwa 200 Thaler belief.

Während uns der Plan zu einer Reise ins südliche Deutschland
beschäftigte, auf welcher wir Miller in Ulm zu besuchen gedachten, gelangte
an Voß der Antrag, als Vorsteher des philologischen Seminars nach
Würzburg zu gehen . . . .

Die Anstalten zur Reise wurden mit zunehmender Heiterkeit immer
eifriger betrieben. Im August saßen wir in unserm gemächlichen Wagen,
für dessen Anschaffung der treue Kammerrat Vogel Sorge getragen hatte.
Jenseits Würzburg bezogen sich unsre meisten Gespräche auf die Hoffnung,
dort einen behaglichen Ruhesitz zu finden. Aber schon in Ulm wurde
diese Hoffnung bedeutend gestört und wir fingen an, selbst im Gespräche
mit Miller, alles Gute in Jena festzuhalten.

Das Leben mit Miller, in welchem Voß so ganz den alten herzlichen
Freund wiedererkannte, wirkte einzig wohlthätig auf ihn, nur war der
Eindruck bei beiden verschieden. Miller fand Voß äußerlich wenig ver=
ändert, aber heiterer und sanfter und duldsamer. Voß hingegen fand
Miller, den er zuletzt als schlanken, sich leicht bewegenden Jüngling ge=
sehn, voll und rund und zu feierlich als Konsistorialrat, woran er sich
erst gewöhnen müsse. Beide gestanden sich ihre Eindrücke mit alter Offen=
herzigkeit, täglich wurden mehr alte Gefühle frisch und oft war ich Zeuge
der innigsten Liebeserklärungen zwischen beiden. Voß konnte nicht auf=
hören zu sagen: „Du wirst mir täglich mehr der alte Miller!" und dieser:
„Du wirst mir täglich mehr der alte Voß!" In allen Wendungen des
Gesprächs waren sie bei den wichtigsten Dingen eines Sinnes, und auch
wenn es das Heiligste nicht galt, ward es ihnen nie schwer, einen Ver=

einigungspunkt zu finden; nur war Miller in manchem leichter befriedigt als Voß und dieses gab nie — Streit. Jeder gab Rechenschaft von seiner Ansicht und meinte dann, daß es ein langweiliges Leben auf Erden sein würde, wenn alle dieselbe hätten. Sie wurden sogar so jugendlich, daß sie die beiden Samstage ihres Zusammenseins Bundestag hielten und manches seitdem Geschriebene streng kritisierten, auch Plane machten zu künftigen Arbeiten, ehe jeder diese schöne Welt — denn wahrhaft schön schien sie beiden im Wiedervereintleben! — mit einer schöneren vertauschte. Voß hob sich in solchen Stunden einmal soweit, daß er zu Miller sagte: „Wenn Stolberg einige Tage unter uns lebte, er würde sich und seine jetzigen Ansichten soweit in den Hintergrund stellen, daß er ein Bundes= bruder sein würde wie in alter Zeit und wie er es auch noch manchmal in Eutin sein konnte." — Es ward nun beschlossen, daß wir uns womöglich jedes Jahr besuchen wollten. Die erste Zusammenkunft sollte bei uns sein, in Würzburg oder in Jena. Wenig ahndeten wir, daß diese die letzte sein würde.

Die wunderherrlichen Gegenden fast überall und die fröhliche Thätigkeit der Landleute gaben uns die angenehmsten Unterhaltungen. Hier sahen wir zuerst die frischen Landmädchen die in den Wiesen geschnittenen Futter= kräuter in ungeheuren Lasten auf dem Kopfe tragen, als wären sie nicht schwerer wie die weggethane Haube, die auf dem Rücken hing. Voß fühlte so frisches Leben in sich, daß er oft sagte, er möchte jetzt wieder Lieder singen, wenn Schulz mit seinen Tönen noch lebte. Ein großer Genuß war es, das Brechen des Obstes zu sehen an Wegen, in Äckern und Gärten; dabei das fröhliche Getreisch der Kinder, wenn die über= reifen Apfel herunterfielen, und die große Sorgfalt, mit der der Segen vor Beschädigung geschont und heimgebracht ward.

Die einfachen häuslichen Sitten der Ulmer erinnerten uns lebhaft an unser liebes Ditmarschen. Gastfrei ward dem Besuchenden vorgesetzt, was die Tageszeit zum Bedürfnis machte und was sich gerade vorfand, ohne in der Bewirtung bedeutend von dem abzuweichen, was Haussitte war. Galt es aber einen Ehrenschmaus, deren wir mehrere erlebten, so mochte einen wohl die Angst anwandeln, wie man den großen Anmutungen Genüge leisten würde; doch herrschte auch hier die heitere Laune der Wirte, die sich durch freien Genuß des Gastes geehrt fanden, ohne ihm durch zudringliches Nötigen Fesseln anlegen zu wollen.

Sehr wohl ward es uns an allen Orten, welche wir auf der Reise außerdem berührten, und die gemachten Erfahrungen konnten nur dazu dienen, die angenehmsten Eindrücke zu hinterlassen. In Karlsruhe lebten wir einige Tage mit Weinbrenner. Wie einzig herzlich erschien uns gleich dieser Mann und welche Freude gab uns seine Zufriedenheit mit unserm Sohne, welchen er vor kurzem in sein Institut aufgenommen hatte. Von den Würzburger Planen wollte er nichts hören. Ins Badische müsse Voß ziehen und bei der neugestifteten Universität　　Heidelberg nützlich werden. Ja er wollte durchaus mit Voß nach Baden gehn, um daselbst die Sache mit dem Kurfürsten einzuleiten, und gab fast unwillig nach, als Voß dieses standhaft verweigerte.

In Heidelberg schickte Voß gleich nach Creuzer, welchen ihm Gries= bach als ehemaligen Hausgenossen empfohlen hatte, ich aber nach einem Schmied, um unsern Wagen reparieren zu lassen. Als ich gerufen ward, um mit dem Wagenarzt zu reden, stand Creuzer vor mir, und ich wollte eben meine Unterhandlung mit ihm beginnen, als er sich Voß zu erkennen gab. Der Abend wurde zu einem Spaziergange nach dem Schlosse benutzt. Damals war die Umgebung der Ruine noch eine Wüste, wenn man sich erlauben könnte, so Schönes eine Wüste zu nennen.

An Creuzers Bekanntschaft hatte Voß im ganzen Freude, obgleich ihm eine gewisse mit Demut gepaarte Freundlichkeit nicht gefallen wollte; wobei er vielleicht besser für sich würde gesorgt haben, wenn er den ersten Eindruck festgehalten hätte. Wir legten uns spät zur Ruhe, aber die lebhaften Abendgespräche und die Aufregung nach solchem Spaziergange bei untergehender Sonne ließen uns wenig schlafen.

Früh am Morgen saßen wir wieder im Wagen und die Fahrt nach Neckarelz mit allen ihren wunderbaren Abwechselungen entzückte uns fast noch mehr als der gestrige Abend, weil wir sie allein genossen. Es war ein einzig schöner Herbsttag, an dem der leichte Frühnebel uns häufig verbarg, was er uns ebenso häufig durchschimmern ließ. Dieser Tag steht recht fest in meinem Herzen. Voß war so heiter, so ganz der alte Voß in seiner vollen Liebenswürdigkeit — obgleich eine ungewisse Zukunft vor uns lag —, daß ich nie die Worte vergessen werde, die er mir unter= wegs sagte: „Wir wollen uns freuen, daß wir noch wie die Kinder ganz in der Gegenwart leben können."

Die Tage in Würzburg waren nicht geeignet, eine heitere Stimmung zu unterhalten, sie gaben uns aber die Überzeugung, daß unser Paulus ein echter Freund sei, und das achteten wir für Gewinn des Lebens. Zwar nicht ohne Hoffnung, daß sich alles noch besser gestalten könne, war er doch weit entfernt, irgend etwas beschönigen zu wollen, was sich in der Zwischenzeit geändert hatte. Wir reisten mit dem frohen Gefühl ab, noch zur rechten Zeit gefunden zu haben, daß Würzburg für Voß kein Paradies hätte werden könne, und mit dem festen Vorsatz, in Jena alles Gute möglichst anzuerkennen.

Im Winter ging es mit Voßens Gesundheit wenigstens leidlich, doch sank der Mut wieder, da es mit der Arbeit nicht nach Wunsch gehen wollte und er bei rauherem Wetter die Spaziergänge einstellen mußte. Sehr angelegentlich drang er darauf, daß ich die auf mir ruhenden Hauslasten bald möglichst vermindert sehen sollte. Denn wohl hatte er bemerkt, daß mein Anteil, seit wir in Jena waren, meine Kräfte über= stieg, aber wir hatten vermieden, über diesen Punkt zu reden, weil wir keine Mittel zur Abhülfe vor uns sahen. In Ulm hatte ich erfahren,

daß es dort nicht an Mädchen fehle, die daran gewöhnt wären, ohne
übertriebene Anſprüche an die Welt, keine Arbeit für zu niedrig zu halten,
zu welcher eine rechtliche Hausfrau ſich unter Umſtänden gern entſchließt.
Eine ſolche ward mir vorgeſtellt, wir vereinigten uns über die Bedingungen,
und die Wahl fiel gegenſeitig nach Wunſch aus, ſo daß ich wieder herzlich dankbar mich meines Lebens freuen konnte.

Im Frühjahr 1805 bekam Voß einen Brief von Weinbrenner mit
der Meldung, der Kurfürſt wünſche, er möge Heidelberg zu ſeinem Aufenthalte wählen, und ihm 500 Gulden Penſion biete. Die Freude darüber
war ſehr groß, aber das Gefühl doch vorherrſchend, daß Voß für dieſe
Summe Jena nicht verlaſſen dürfe, ohne undankbar gegen ſo manche
Freundlichkeiten zu erſcheinen. Da kam ein zweiter Brief vom Kurator
Hofer, nach welchem die Penſion auf 1000 Gulden erhöht und freier
Umzug bewilligt wurde. Wer war nun froher als wir? Es war ein
einziges Leben, welches von dieſem Augenblick an in uns erwachte, und
wir konnten uns kaum überzeugen, daß nicht alles ein Traum ſei.

Ehe wir Jena verließen, entſchloſſen wir uns noch nach Leipzig zu
gehen, wozu der alte Nicolai, der damals ſehr leidend war, Voß dringend
aufgefordert hatte. Auch in Giebichenſtein bei Reichardts ward vor-
geſprochen, wo wir die liebe alte Mutter Alberti wußten, die ihr traurig
gewordenes Leben bei den Söhnen in Schleſien zu enden gedachte. Das
war ein höchſt trauriges Wiederſehen! Wir ſahen kaum einen Schatten
der alten Geſtalt, fanden aber ganz die liebende Mutter wieder, die ſie
uns immer geweſen war und der wir ſo vieles verdankten. Drei von
ihren Töchtern waren in der Zeit katholiſch geworden. Geſpräche über
dieſe, das fühlten wir gleich, mußten vermieden oder abgeleitet werden,
wenn ihr volles Herz manches gab, was ſie nicht zurückhalten konnte.

Luise.

—

Göttinger Dichterbund I.

Vor Gleims Hüttchen.

Mach' auf, edeler Greis! 'Wer klopfet da?' 'Freund' und Bekannte.
'Leise klopfet der Freund.' Aber du höretest nicht.
'Still! ihr weckt mir die Mädchen!' Sie lieben uns. 'Sollen sie aufstehn
Spät in der Nacht?' Aufstehn, und die Geliebten empfahn.
5 'Welche denn?' Kennst du den Pfarrer von Grünau? 'Was! und Luise?'
Auch ihr Mann. 'Und wo bleibt Mütterchen?' Mütterchen auch.
'Mädchen, heraus! mit dem schönsten bewirtet sie!' Alter, nur Obdach,
Und ein freundlich Gesicht. 'Trauteste, kommt! denn es friert!'

In Gleims Hüttchen war Voß im Juni 1794 als Gast eingekehrt und hatte sich die Anregung zur Vollendung der Luise dort geholt. Gleims Gedichtsammlung „Das Hüttchen" war in demselben Jahre zu Halberstadt erschienen. Die Mädchen sind Gleims Nichten: Sophie Dorothea (genannt „Gleminde") und Luise; vgl. die Briefe an Gleim vom 15. Juni 1794: „Ich will es Ernestinen sagen, was Sie für ein Mann sind, und was Sie für wackere Mädchen im Hause haben" und vom 26. Juni 1794: „Dank, lieber Vater Gleim, liebe Gleminde, liebe Luise, daß Sie mich als den Ihrigen betrachtet haben."

1802 wurde diese Widmung an das Ende des Gedichtes verwiesen und durch die folgende ersetzt:

Dem Herzog Peter Friedrich Ludewig.

Vater Eutins, dir baut' ich der Pflanzungen eine für Menschheit,
    Daß, aus dem Keime von Gott, menschlich gediehe der Mensch;
Und du lobtest den Fleiß, ein Ermunterer, auch wenn der Pflanzmann,
    Ähnlich der Arbeitsbien', heitere Töne sich sang.
Nimm der Gesäng' Auswahl. (Gern sängen sie künftigem Anwachs
    Heiterkeit, Sinn der Natur, tapferes Streben für Recht;
Tugenden, die dein Leben geübt. O lebe noch lang' hier,
    Unbiegsam dem Geschick, froh des erfreuenden Thuns!
Endlich, den Deinen zu früh, Hochaltriger, geh zur Verjüngung,
    Wo, was menschlich erwuchs, göttlicher blühet und reift.

Erste Idylle.

Das Fest im Walde.

Draußen in dunkeler Kühle der zwo breitblättrigen Linden,
Welche, die tägliche Stub' an der Mittagsseite beschattend,
Über das moosige Dach hinsäuselten, schmauste behaglich
Im Schlafrocke der Pfarrer am steinernen Tisch auf dem Sessel,
Den vor dem Winterkamin sein alter künstlicher Hausknecht
Heimlich geschnitzt, und mit Weiß und glänzendem Grüne bemalet.
Sorglos saß nun der Greis, von Geliebten umringt, und erfreute
Mit lehrreichem Gespräche sein Herz, und mancher Erzählung.
Küchlein in frohem Gedräng' und das Perlhuhn pickten der Jungfrau
Brot aus der Hand; weil ferne der trotzige Hahn mit den Weibern   10
Harrte des Wurfs, und die trippelnde Taub' und der kollernde Puter.
Nachbarlich dort im Schatten des blütendolbigen Flieders
Nagte des Festmahls Knochen Packan, und murrte seitwärts
Gegen die laurende Katz', und schnappte sich sumsende Fliegen.
Aber Mama, sanftlächelnd der wohlbekannten Erzählung,   15
Zupfte geheim Luisen, die neben ihr saß, an dem Ermel,
Neigt' ihr nahe das Haupt, und begann mit leisem Geflüster:
„Gehen wir noch in den Wald, mein Töchterchen? Oder gefällt dir's,
Weil die Sonne so brennt, in der Geisblattlaub' an dem Bache
Deine Geburt zu feiern? Du blickst ja so scheu, und errötest."   20

Erste Idylle. Zuerst gedruckt im Hamburger MA für 1784, S. 115 ff. unter der
Überschrift: „Luise". — 1. MA: Unter dem dunkeln Grüne der — 2. MA: Stube be-
schirmend gegen den Mittag, — 3. MA: stroherne ... saß nach dem Mahlzeit — 5. MA:
Winterkamine — 7. nun fehlt MA. — 9. MA: Küchlein umhüpften den Tisch und pickten
der rosigen Jungfrau — 10—12. MA: Brot aus der Hand; und zur Seite, von blühendem Flieder beschattet, — 11. Puter, welsche Hühner, Truthühner, Kalekuten. V. —
12. Flieder, Holunder, Sambucus. V. — 13. MA: Lag am Knochen nagend der treue
Packan, und murrte — 14. MA: schnappte die sumsenden — 15. MA: Aber die alte Mama,
zu der — 16. MA: Lächelnd, zupfte Luisen, — 17. MA: Neigte das Haupt zu ihr, und
sprach — 18. MA: Gehn

Hold erstaunt antwortete drauf das rosige Mägdlein:
„Nicht in der Laube, Mama! Das Geisblatt duftet des Abends
Viel zu streng', und zumal mit der Lilien und der Reseda
Dufte vermischt; auch schwärmen die Mücken so wild an dem Bache.
25 Lieblich scheint ja die Sonn', und am waldigen Ufer ist Kühlung."
     Und zu dem Pfarrer begann die alte verständige Hausfrau:
„Väterchen, danken wir Gott? Luise begehrt den Geburtstag
Lieber im Wald', als unten am Bach in der Laube zu feiern.
Lieblich scheint ja die Sonn', und am waldigen Ufer ist Kühlung.
30 Jetzo mein Rat. Herr Walter, der kleine Graf und Luise
Gehn voran, und wählen den Ort, und suchen uns Brennholz.
O der Besuch auf dem Schloß! Mit Amalia wäre der Gang doch
Lustiger! Aber wir beiden Gemächlichen fahren den Richtweg
Über den See; der Verwalter, das wissen wir, leihet uns gerne
35 Seinen Kahn. Doch wünsch' ich, daß unser Papa noch ein wenig
Schlummerte. Mittagsschlaf ist die angenehmste Erquickung
Alter Leut' im Sommer, zumal in der Blüte der Bohnen."
     Drauf antwortetest du, ehrwürdiger Pfarrer von Grünau:
„Hört Er, mein Sohn, wie sie waltet, die Herrscherin? Aber ich muß schon
40 Folgsam sein; denn es gilt den Geburtstag meiner Luise.
Kinder, wir beten zu Gott dem unendlichen! Betet mit Ehrfurcht."
     Dieses gesagt, entblößte der redliche Vater die Scheitel,
Glänzend kahl, und umringt von schneeweiß prangendem Haare,
Senkte den Blick demütig, und sprach, mit gefalteten Händen:
45   „Lieber Gott, der du alles, was lebt, mit Freud' und Erquickung
Sättigest, höre den Dank, den deine Kinder dir stammeln.
Wir sind Staub. O beschirme, wenn's frommt, in dem Leben der
              Prüfung
Uns vor Trübsal und Not, wie vor üppigem Stolz und Leichtsinn;

21. MA: Staunend gab ihr darauf die schöne Luise zur Antwort: — 23. 24. MA:
Viel zu streng; auch schwärmen die Mücken so wild an dem Bache. — 23. Die wohlriechende Reseda hat den Namen vom Beruhigen des Schmerzes, wozu sie der römische
Landmann, mit der Formel: Reseda, morbos reseda! anwandte. V. — 25. MA:
schattigen — 26. MA: sprach — 27. MA: wünscht — 29. MA: schattigen — 30. MA:
Nun ist mein Rat: — 31. MA: Gehn voran in den Wald und suchen uns trockene Reiser.
— 32. fehlt MA. — 33. MA: Aber wir beiden alten Gemächlichen — 38. Grünau,
ein erdichtetes holsteinisches Dorf, dessen Lage, Anbau und Lebensart nur im Gebiete der
veredelten Möglichkeit zu suchen sind. Daß zwischen Lübeck und Razeburg ein Grönow
liege, wo vor mehreren Jahren ein Pastor Blum mit einer ganz artigen Tochter gelebt
haben soll, war dem Verfasser unbekannt. V. (1802) — 39. MA: wie das Weib da gebietet? —
40. MA: denn heut ist unsrer Luise Geburtstag. — 42. MA: Und der redliche Vater ent-
blößte sein Haupt, auf der Scheitel — 43. MA: und umher mit weißem Haare gezieret,
— 47. MA: beschirm uns in diesem — 48. MA: Stets vor

Bis wir bewährt aus dem Staube zu deiner Herrlichkeit eingehn
Meine Kinder, ich wünſch' euch eine geſegnete Mahlzeit."   50
     Alſo der Greis; da nahten ſie all', und küßten den Mund ihm
Dankend; es küßt' ihn umarmend die roſenwangige Tochter;
Dann an die Wang' ihm geſchmiegt, liebkoſte ſie. Aber mit Inbrunſt
Herzte der Greis ſein freundliches Kind, auf dem Schoße ſie wiegend.
Beid' an der Hand nun faſſend die Fremdlinge, ſagte die Mutter: 55
     „Seid ihr auch ſatt, ihr Lieben? Nur Baurenkoſt war es freilich,
Und kein gräflicher Schmaus; doch hoffen wir, Freunde des Hauſes
Werden die That mit dem Willen entſchuldigen. Trinken wir jetzt noch
Kaffee hier? Vornehme genießen ihn gleich nach der Mahlzeit."
     Ihr antwortete drauf der edle beſcheidene Walter: 60
„Herzlich danken wir, liebe Mama, für die ſchöne Bewirtung.
Machen Sie Karl nicht rot. Gut ſein iſt beſſer, denn vornehm.
Säße bei ſolchem Mahle der Ländlichkeit ſelbſt auch der Kaiſer,
Unter dem Schatten der Bäum', in ſo traulicher lieber Geſellſchaft;
Und er ſehnte ſich ekel zur Koſt der franzöſiſchen Köche   65
Und zum Gezier der Höflinge heim; ſo verdient' er zu hungern!
Wenn Mama es erlaubt, ſo gehen wir gleich nach dem Walde;
Und wann der Kahn anlandet, dann kochen wir alle geſchäftig
Unter dem hangenden Grün weißſtämmiger Birken den Kaffee.
Karl verbittet den Kaffee ſich ganz; er macht ihm nur Wallung." 70
     Aber es ſchalt der Vater, und rief die eifernden Worte:
„Ei mit der ungereimten Entſchuldigung! War denn der Reisbrei
Angebrannt? und der Wein auf dem Reisbrei nüchtern und kahnig?
Waren nicht jung die Erbſen und friſch, und wie Zucker die Wurzeln?
Und was fehlte dem Schinken, der Gänſebruſt und dem Hering? 75
Was dem gebratenen Lamm, und dem kühlenden rötlichgeſprengten

---

49. MA: Bis wir, vom Staub' entlaſtet, zu — 51—54. MA:
     Alſo ſprach er; da kamen ſie all' und küßten ihm herzlich
     Dankend den Mund; vor allen die ſchöne freundliche Tochter,
     Welche mit holder Lieb' an des Vaters Wange ſich ſchmiegte.
— 55. MA: Traulich begann die Mutter, die Hand den Fremdlingen drückend: — 57. MA:
doch hoff' ich, — 58. MA: Werden mein ländliches Mahl entſchuldigen. — 60. Walter,
MA: Jüngling — 62. MA: Karlchen . . . . . als vornehm! — 63. MA: Säße der Kaiſer
ſelbſt in ſo traulicher lieber Geſellſchaft, — 64. MA: Unter grünenden Bäumen, bei ſolcher
ländlichen Mahlzeit, — 65. MA: Und er ſehnte ſich hungernd zur goldumſchimmerten
Tafel — 66. MA: Seiner franzöſiſchen Köche zurück: ſo — 67. MA: gehn — 71. MA:
Aber der Vater ſchalt, und rief die zürnenden Worte: — 72. MA: Ei mit der langen ver=
wünſchten Entſchuldigung! — 74. MA: Waren die Erbſen nicht friſch, und die Wurzeln
friſch, und wie Zucker? — Wurzeln, auch gelbe Wurzeln, nennt man in der Haus=
haltung vorzugsweiſe die gelben Möhren oder Karotten: Daucus Carota. V. — 75.
Gänſebruſt, hier eine geräucherte, auch Spickgans oder Flickgans genannt. V.

Kopfſalat? War der Eſſig nicht ſcharf, und balſamiſch das Nußöl?
Nicht weinſauer die Kirſche Dernat, nicht ſüß die Morelle?
Nicht die Butter wie Kern, nicht zart die roten Radieschen?
80 Was? und das kräftige Brot, ſo locker und weiß! Es iſt ſchändlich
Wenn man Gottes Gaben aus Höflichkeit alſo verachtet!
Lieber Sohn, da nehm' Er die Dirn' am Arm, und dann hurtig
Fort in den Wald! Komm her, mein Mütterchen, daß ich dich küſſe!"
Ihm antwortete drauf die alte verſtändige Hausfrau:
85 „Schilt nicht, lieber Papa! man ſagt ja wohl ſo ein Wörtchen.
Schlummre nun kühl und ruhig im Kämmerlein. Jungfer Suſanna
Hat mit Pfeffer und Milch die Fliegen getränkt, auch das Mäuschen
Heut in die Falle gelockt, und den Alkov fleißig gelüftet."
Jene ſprach's und führte den lieben Gemahl in die Kammer,
90 Legt' ihm die Kiſſen zurecht, und verſchloß die dunkle Gardine;
Während die Magd des Mahles Gerät und die feſtlichen Gläſer
Eintrug, ſamt dem Gedeck von ſchöngewebetem Drillich.
Raſch nun wandelte Hans mit dem Auftrag zu dem Verwalter,
Wegen des Kahns, den er neu zum Fiſchen gebaut, und zur Luſtfahrt;
95 Und willfährig entließ der Verwalter ihn. Aber die Jungfrau
Ging, von Karl begleitet, am Arm des beſcheidenen Jünglings,
Fröhlich einher den Weg um die Waſſermühl' in das Seethal.
Weiß war ihr Sommergewand mit roſenfarbenen Schleifen,
Seidener Flor umwallte verräteriſch Buſen und Schultern,
100 Vorn mit der knoſpenden Roſe geſchmückt; ihr freundliches Antlitz
Schirmte, gekränzt mit Tremſen, der feingeflochtene Strohhut.
Unter ihm ringelte ſanft in den Wind das bräunliche Haupthaar,
Glänzend im Licht, nachläſſig vom roſigen Bande gefeſſelt.
Zart und rundlich und ſchlank, aus der Klappe des ſämiſchen
                           Handſchuhs
105 Blickend, kühlt' ihr die Rechte mit grünem Fächer das Antlitz;
Aber die Linke ruht' in des Jünglinges Arm, und es ſpielten

---

78. MA: die Kirſchen und ſüß von Blumen die Butter? — Die Dernatkirſche iſt
eine frühe Weinkirſche. Unter Morellen, welches Wort aus Amarellen entſtand,
begreift der Holſteiner alle edlen Frühkirſchen von ſaftiger Süßigkeit. V. — 79. fehlt MA.
— 82. MA: Dirne beim — 88. Alkov, eine kleine Schlafkammer, die mit der Wohnſtube,
der Erwärmung wegen, durch eine Flügelthüre, oder bloß einen Vorhang, verbunden iſt. V.
— 89. MA: Alſo ſprach ſie und — 10. fehlt MA. — 91. 92. MA: Während die Magd
das Gedeck von ſeinem Drillich hineintrug. — 93—95. fehlen MA. — 96. MA: Aber die
Jungfrau ging mit dem edlen beſcheidenen Jüngling — 99. MA: bedeckte — 101. Tremſen,
blaue Kornblumen. V. — 102. MA: Unter ihm ringelten ſanft des braunen glänzenden
Haares — 103. MA: Loden herab, im Nacken vom — 104. MA: des bräunlichen —
ſämiſch, fettgar; von Sämiſchleder. — 105. MA: kühlte die — 106. MA: Jünglings

Ihm in der Hand die warmen und nieblichen Finger des Mägdleins.
Wonne durchströmt' ihm das Herz, er atmete bang', und sprachlos
Drückt' er die kleine Hand, mit bebenden Fingern durchfaltend.
Also wandelten beide durch Gras und blühende Kräuter,　　　　　110
Langsam; heisere Grillen umschwirrten sie, und wie erblödet
Sannen sie, flohn den begegnenden Blick, und redeten wenig.
Als sie nunmehr, oft seufzend, das schwülere Thal durchwandert,
Unten am Zaun, wo die Quell' aus dem Sandberg rot und morastig
Zwischen binsigen Hügeln und Schafthalm träger hinabfloß;　　　115
Jetzt an der leitenden Hand des Jünglinges hüpfte die Jungfrau
Furchtsam über die Steine, gelegt für die Schritte des Wandrers,
Trat auf den Steg, und hob das eine Füßchen mit Vorsicht
Über den hohen Zaun; enthüllt bis zur Blume des Zwickels,
Ordnete scheu das Gewand, und schwang wie ein Reh sich hinüber. 120
Dann durch Haselgebüsch den ausgeregneten Pfad auf
Stiegen sie, welcher sich schräg hinbog um den alternden Ahorn.
Dort nun begann tiefatmend das rosenwangige Mägdlein:
„Stehn wir ein wenig still? Mir klopfet das Herz! Wie erfrischend
Über den See die Kühlung heraufweht! Und wie die Gegend　　　125
Ringsum lacht! Da hinab langstreifige, dunkel= und hellgrün
Wallende Korngefilde, mit farbigen Blumen gesprenkelt!
O wie es wühlt, weitschauernd mit grünlichem Dampf durch den
　　　　　　　　　　Roggen!
Dort das Dorf im Gebüsch, so stolz und freundlich gelagert
Am herschlängelnden Bach', und der Turm mit blinkendem Seiger! 130
Oben das weiße Schloß in Kastanien! Vorn auf der Wiese
Nötliche Küh'; und der blaue gebogene See mit der Waldung!
Dort die Schober des Heus, dort Mähende! Aber wir selbst hier,
Von Buchweizen umblüht, im Gesumm' eintragender Bienen!
Schaut doch umher, ihr Kinder, und freuet euch! Hören Sie, Bester: 135

108. MA: Süße Schauer durchströmten ihm Mark und Gebein, und sprachlos —
109. MA: Hand, sie mit — 110. MA: jene — 111. MA: Langsam hin, und heiser um=
schwirrten sie hüpfende Grillen. — 112. fehlt MA. — 113. MA: Atmend waren sie jetzo
das schwüle — 114. MA: Quelle des Sandbergs trüb' und — 115. Schafthalm,
Schachthalm, Schafsruch, Equisetum. V. — 116. MA: Und an — 120. MA: schwang
sich dann eilend hinüber. — 121. MA: Mühsam stiegen sie nun durch Haselgebüsch den
schrägen — 122. MA: Ausgeregneten Pfad, der zur Seite des Bergs sich herumschwang;
— 123. MA: Und tiefatmend begann das — 124. MA: Stehn Sie ein wenig still; mir
pocht — 127. MA: Wallende Felder voll Korn, mit schimmernden Blumen gesprenkelt!
— 128. fehlt MA. — 129. 130. MA: Dort das umbüschte Dorf, und der Turm mit dem
blinkendem Seiger! — 131—134. MA:
　　　　Hier auf blumiger Wiese die rötlichen Küh', und der Hügel
　　　　Von Buchweizen umblüht; und der blaue See mit der Waldung!

Heute bringt uns Mama großmächtige ſpaniſche Erdbeern;
Wohl ſo ſüß, wie mir daucht, ſind Felderdbeern, und balſamiſch.
Kommen Sie dort in den Buſch; da ſtehen ſie, röter wie Scharlach."
Alſo Luiſ', ablenkend zum ſonnigen Thal des Gebüſches,
140 Rechts, wo die Hecke das Feld einfriedigte. Hurtig vor ihnen
Hüpfte der Knab', und verließ das grünliche Himmelspferdchen,
Das mit glänzenden Schwingen auf Farrenkraut ſich geſetzet.
Stehn blieb jetzo Luiſ', und ſprach mit vertraulichem Flüſtern,
Nah an des Jünglinges Wange geneigt ihr blühendes Antlitz:
145 „Sehn Sie, er folgt dem Geruche der Erdbeern. Lieber, die Hand mir
Nicht ſo gedrückt! Er möchte den Herrn Hofmeiſter belauſchen."
Aber dem Jünglinge wallte das Herz vor banger Entzückung,
Als ihr roſiger Mund mit ätheriſchem Odem die Wang' ihm
Warm anhaucht'; und er wandte ſich ſanft und küßte das Mägdlein.
150 Leiſe bebt' ihr die Lipp', und wandte ſich; aber ihr Antlitz
Lächelte, hold verſchämt, wie ein Frühlingsmorgen errötend.
Und ſie entſchlüpfte dem Arm, und brach ein unſcheinbares Blümchen
Seitwärts, ſtand in Gedanken, und ſchaut' es an, wie bewundernd.
Plötzlich erſcholl im Gebüſche die rufende Stimme des Knaben:
155 „Kommt doch, und pflückt Erdbeern! Hier ſtehen ſie, röter wie
Scharlach!
Jubeln wollen wir alle vor Luſt, wenn wir unſeren Vorrat
Auch in die Kumm' ausſchütten! Da wird der Vater ſich wundern!
Felderdbeern, die pflanzte der liebe Gott; und um vieles
Schmecken ſie köſtlicher noch, in Milch mit Zucker beſtreuet!"
160 Jene kamen und ſahn die geſchwollenen Beeren, die ringsum
Feuerrot und gedrängt am Sonnenſtrahl aus den Kräutern
Schimmerten; und ihr Geduft durchatmete würzig die Gegend.
Freudig rief und erſtaunt der edle beſcheidene Walter:

136. MA: bringt Mama der Geſellſchaft ſpaniſche — 137. MA: Aber die Felderdbeeren ſind wohl ſo ſüß und ſo würzig. — 138. MA: ins Gebüſch; da ſtehn ſie röter
als — 139. 140. MA: Sprach's, und wandte ſich rechts mit dem Jünglinge. Hurtig vor
ihnen — 141. Himmelspferdchen, Gottespferd, Heupferd, Libellula grandis. V. —
142. MA: Welches — 143. MA: Aber die Jungfrau ſtand, und neigt' an die Wange des Jünglings — 144. MA: Ihr holdlächelndes Antlitz und ſprach mit vertraulichem Flüſtern: —
148. MA: Als ihm warm an die Wange des ſchönen roſigen Mundes — 149. MA: Atem
haucht'; — 150. MA: ihr Mund, und — 151—153. MA:
        Lächelte rot, wie im Taue die Lilie, wann ſie des Morgens
        Röte beſtrahlt und der Gärtner ſich fröhlich über ſie hinbeugt.
— 154. MA: aus dem Buſche — 155. MA: pflückt! Hier ſtehn die Erdbeern röter als —
157. MA: ausſchütten! Die Felderdbeern hat der liebe — 158. 159. MA: Gott gepflanzt,
und in Milch und Zucker ſchmecken ſie köſtlich! — 163. Walter, MA: Jüngling:

„Wunderbar! es erhebt sich künstlicher Gärten der Reiche,
Welche die Frucht ihm zinsen aus jeglichem Sonnenbezirke,   165
Frönend in Zwang; und dem Armen bereitete Gott in der Wildnis,
Ohne sein Thun, Fruchtgärten voll heilsamer Blumen und Kräuter:
Arbeitlos dann sammelt das Kind, und sammelt der Greis ein.
Aber es fehlt ein Geschirr für die saftige Reise der Beeren.
Pflücken wir dort Huflattig, mein Karl, und die Blätter im Tuche 170
Tragen wir locker geknüpft! Noch dienlicher, wenn ich der Hasel
Sauber die Rind' abstreift', und mit ästigem Pflocke zusammen
Heftete. Oder ersinnt mein Karl noch ein anderes Mittel?"
      Zürnend gab ihm darauf der feurige Knabe die Antwort:
„Ist das Ernst, Herr Walter: den Busch, der die Zweige herabhängt, 175
Von Nußtrauben beschwert, im fröhlichsten Wuchse zu schinden?
Stehn denn am Sumpf nicht Binsen genug? Wie bald ist ein kleines
Körbchen gemacht, wenn einer den Griff nur tüchtig gelernt hat?"
      Ernsthaft that, ihm erwidernd, der edle bescheidene Walter:
„Das hat Schick und Gestalt! O wie gut, wenn zween sich beraten! 180
Hurtig hinab, und das Körbchen beschleuniget! Hier an der Hasel
Ruhn wir indes friedfertig, die voll großtraubiger Nüsse
Überwölbt ihr Gezweig'; auch pflücken wir nichts von den Erdbeern,
Außer ein Paar zur Erfrischung für unsere liebe Gefährtin."
      Kaum gesagt, da enteilte zum binsigen Sumpfe der Knabe; 185
Während sich jene vertraut in der Hasel umschattende Wölbung
Lagerten. Stolz nun kam er herauf mit dem Körbchen gewandelt.
Alle sie pflückten darein die saftigen Beeren auf Nußlaub,
In wetteifernder Hast, und oft mit den schöneren prahlend,

164—166. MA:
      Wunderbar! erfreut sich der Reiche des künstlichen Gartens,
      Welcher ihm zinst; und dem Armen bereitet Gott in der Wildnis,
— 168. fehlt MA. — 169—171. MA:
      Aber uns fehlt ein Geschirr für die saftige Frucht; und im Tuche
      Würd uns alles zu Mus. Was meinen Sie, wenn ich der Hasel
— 170. Huflattig, ein großblättriges Kraut, in Gestalt eines Roßhufs: Tussilago. V.
— 172. MA: Dort die — 173. MA: Heftete? Oder weiß — Das gewöhnliche Geschirr
aus abgezogener Baumrinde, worin sich selbst überlassenen Landleute wilde Beeren zum
Verkauf bringen, wird Schrote, in Mecklenburg Schreu, genannt. V. — 174. MA:
zur Antwort: — 175. MA: den schönen Busch mit so mancher — 176. MA: Traube von
Nüssen geschmückt, in vollem — 177. MA: Sumpfe .... Und wie — 179. MA: Drauf
antwortete lächelnd der edle b. Jüngling: — 180. MA: Brav, mein Karl! Nun wohlan,
so laufen Sie, Bester, und flechten — Der Schick (nicht das Schid) bedeutet schickliche
Anordnung, Schicklichkeit, Anstand. V. — 181. MA: Hurtig den Binsenkorb. Wir lagern
uns hier in der Hasel — 182. fehlt MA. — 183. MA: überhangenden Schatten und pflücken
nichts — 185. MA: Fröhlich eilte der Knabe zum binsigen Sumpfe hinunter, — 186.
MA: beide — 187. MA: Lagerten. Aber nicht lange, da kam er stolz mit dem Körbchen.
— 188. MA: Emsig pflückten sie drein die saftigen Beeren, mit Nußlaub — 189. fehlt MA.

¹⁹⁰ Naſchten dabei, und boten Geſchenk; denn ſie hatten die Auswahl.
Hoch nun ſtrotzte der Korb, und hing am Arme des Knaben.

Als ſie nun wieder den Pfad hinwandelten, hörten ſie abwärts
Durch das Thal den Geſang des ſiebzigjährigen Webers,
Der, zum Weben zu ſchwach, bei Kirchenmuſik und Gelagen
¹⁹⁵ Kräftig den Brummbaß ſtrich, wie der Organiſt ihn gelehret.
Selbſtgelehrt auch ſtellt' er der gnädigen Gräfin die Schloßuhr;
Auch bereitet' er künſtlich aus Spillbaum allerlei Löffel,
Kellen, wachholderne Querl', und Vogelbauer, und Schaufeln,
Zündenden Schwamm, Waſchklöpfel, und hölzerne Schuhe dem
Marſchland.
²⁰⁰ Doch war der Sommer ihm mild, dann ſammelt' er Beeren des Feldes
Für die benachbarte Stadt, auch Schlehn und Nüſſ' und Hambutten,
Flieder, Kamillen und Kreß, Maililien, Pilz' und Morcheln.
Aber zum Jünglinge ſprach die roſenwangige Jungfrau:
„Lieber, da ſucht auch der Alte ſich Erdbeern. Wollen wir hingehn?"
²⁰⁵ Eilender gingen ſie beid', und fanden ihn, tragend den bunten,
Mächtigen Henkeltopf, halbvoll der erleſenen Erdbeern.
Grüßend nahte dem Greis der edle beſcheidene Walter:
„Guten Tag! So fleißig? O ſetzt doch, Vater, die Mütz' auf!
Scheltet Ihr auch? Wir haben uns ſelbſt Erdbeeren in Eurem
²¹⁰ Garten gepflückt; heut gilt's den Geburtstag unſrer Luiſe.
Nehmt dies Wenige, Vater, und trinkt der Jungfer Geſundheit."
Alſo ſprach der Jüngling, und wandte ſich. Aber der Alte
Segnete beiden nach, und es bebte die Thrän' an den Wimpern.
Jenem drückt' im Gehen die roſenwangige Jungfrau
²¹⁵ Schweigend die Hand; und ſobald ſie des dichteren Thales Umſchattung
Barg, begegnete willig ihr Mund dem Kuſſe des Jünglings.

190. fehlt MA. — 191. MA: Unten und oben geſchirmt; und der Knabe trug ihn
am Arme. — 192. MA: ſeitwärts — 194. MA: ſchwach, auf Bauergelagen den Brumm=
baß — 195—202. MA:
Strich, der gnädigen Gräfin die Schloßuhr ſtellt' und mit Löffeln,
Kellen, wachholdernen Querlen, mit Schwamm, Waſchklöpfeln und Holzſchuhn
Handelte, auch mit Hambutten und Haſelnüſſen und Erdbeern.
— 197. Spillbaum, Spindelbaum, Pfaffenhütlein, Zweckholz, Evonymus Europaeus.
V. — 198. Querle, um Mehlbrei und Eierſpeiſen zu bereiten. V. — 201. Hambutte,
die gerundete Frucht wilder Roſen. V. — 202. Maililie, Maiblume, Lilium convallium,
Convallaria Maialis. V. — Pilze, eine Art eßbarer Erdſchwämme, Morcheln, eine
andere Art. V. — 203. MA: Und zu dem Jünglinge ſprach mit freundlicher Stimme die
Jungfrau: — 204. MA: Lieber, der Alte pflückt auch Erdbeern. — 205. MA: fanden den
Greis, der den bunten — 206. MA: Henkeltopf, bis zur Hälfte voll Erdbeern, ſingend
umhertrug. — 207. MA: Freundlich grüßte den Alten d. e. b. Jüngling: — 210. MA:
denn heut iſt unſrer Luiſe Geburtstag. — 213. es MA: ihm — 214. MA: Und dem
Wandelnden drückte mit ſchweigendem Lächeln die Jungfrau — 215. MA: Innig die

Als sie, das Linsenfeld und die bärtige Gerste durchwandelnd,
Jetzo dem Hügel am See sich näherten, welcher mit dunkeln
Tannen und hangendem Grün weißstämmiger Birken gekränzt war;
Blickte zum buschigen Ufer Luis' hinhorchend, und sagte: 220
  „Still! es tönte mir dumpf, wie ein Ruderschlag, von dem Ufer!"
Aber der fröhliche Karl, der voranlief, wandte sich rufend:
  „Hurtig! da seh' ich den Kahn! Nun gleitet er hinter das Schilf=
                           rohr!"
Und mit geflügelten Schritten enteilten sie; kühlender Seewind
Hauchte zurück das Gewand, das die trippelnden Füße des Mägdleins 225
Rauschend umwallt', und es weht' ihr geringeltes Haar von den
                          Schultern.
Laut nun rief und winkt' aus dem schwebenden Kahne der Pfarrer:
  „Ehrbar, Kinder, und sacht! Ihr lauft ja so rasch wie die Hühnlein
Über den Hof, wenn die Magd an der Hausthür Futter umherstreut!
Töchterchen, geh vorsichtig, und strauchle mir nicht an den Wurzeln!" 230
  Atmend harrten sie nun, bis der rauschende Kahn an dem Ufer
Landete; und willkommen erscholl's, willkommen im Grünen!
Hinten hemmte der Knecht, an der Erl' im Wasser sich haltend.
Aber gestützt von der Hand des Jünglinges traten die Eltern
Über den wankenden Bord, auf den Sand voll Kiesel und Muscheln, 235
Wellig geformt von der Flut, und umhüpft mit gehügeltem See=
                        schaum.
Schmeichelnd küßte den Greis die blühende Tochter, und fragte:
  „Väterchen kömmt ja so frühe vom Schlaf? Hat der häßliche Kater
Wieder gemaut? ein Hühnchen beim Eierlegen gegakelt?
Oder Susanna zu laut mit dem Waffeleisen geklappert?"   240
  Drauf antwortetest du, ehrwürdiger Pfarrer von Grünau:
  „Weder gemaut hat ein Kater, mein Kind, noch ein Hühnchen gegakelt,
Oder Susanna zu laut mit dem Waffeleisen geklappert.
Unser Gespräch, und die Freude, mein Töchterchen, deines Geburtstags
Machte mein Herz unruhig. Wohlauf nun, Feuer gezündet!   245
Flink, und Kaffee gekocht! die lieben Kinder sind durstig!"

---

219. MA: bekränzt — 220. MA: Blickte horchend Luise zum buschichten Ufer, und
sagte: — 227. MA: Aber nun winkt' und rief — 228. sacht, MA: langsam! — 230. fehlt
MA. — 231. MA: Atemlos harrten sie jetzt, bis rauschend der Kahn an dem Ufer —
232. MA: Landete, riefen: Willkommen im grünen Wald'! und die Eltern — 233. 234.
fehlen MA. — 235. MA: Traten vom — 236. MA: Rings umspült von der Welle
mit Hügeln Schaums und mit Seegras. — 245. MA: zündet uns Feuer — 246. MA:
An, und

Jener ſprach's; da gebot die alte verſtändige Hausfrau:
„Hans, an den blühenden Genſt das Gepäck, und Feuer gezündet;
Daß uns nicht anwehe der Rauch. Hier, denk' ich, am Vorland
250 Lagern wir uns im Schatten der alten Familienbuche,
Die vorlängſt uns bekennt mit ſchon auswachſenden Namen.
Hier iſt ſanft die Kühlung, und weich der Raſen wie Polſter;
Und im Geräuſche der Well' und des Schilfrohrs, labt uns die Ausſicht
Über den See nach dem Dorf und den Krümmungen fruchtbarer Ufer.
255 Sammelt nun Holz, ihr Kinder! Wer fiſchen will, ſcheue kein Waſſer!"
Alſo die Frau; und den Hügel ereilten ſie, welcher mit dunkeln
Tannen und hangendem Grün weißſtämmiger Birken gekränzt war,
Fanden Kien und Reiſer, und ſammelten; dann zu dem Buchhain
Eilten ſie, links im Thal, wo der Äſt' ein unendlicher Abfall
260 Unter Laub und Geſträuch rings moderte. Aber der Hausknecht
Fing die ſprühenden Funken des Stahls in ſchwammigen Zunder,
Faßt' ihn in trockenes Laub, und ſchwang mit Gewalt, bis dem dickern
Qualm aufleuchtendes Feuer entloderte; häufte geſchickt dann
Reiſer und Kien, daß die Flamme, des Harzes froh, durch den Holzſtoß
265 Knatterte, finſteren Rauch ſeitwärts aufdampfend zum Himmel.
Jetzt wo der Wind in die Glut einſauſete, ſtellt' er den Dreifuß
Samt dem verſchloſſenen Keſſel, gefüllt mit der Quelle des Gartens.
Wehend umleckt ihn die Loh', und es brauſt' ausſiedend der Keſſel.
Aber das Mütterchen goß in die bräunliche Kanne den Kaffee
270 Aus der papiernen Tute, gemengt mit klärendem Hirſchhorn,
Strömte die Quelle darauf, und ſtellt' auf Kohlen die Kanne,
Hingekniet, bis ſteigend die farbige Blaſe geplatzt war.
Schleunig anjetzt rief jene, das Haupt um die Achſel gewendet:
„Setze die Taſſen zurecht, mein Töchterchen; gleich iſt der Kaffee
275 Gar. Die Geſellſchaft nimmt mit unſerem täglichen Steinzeug

247. MA: Alſo ſprach er: da rief die — 248—251. MA:
     Dorthin das Feuer, Hans, an den blühenden Genſt; daß der Wind uns
     Nicht bewehe mit Rauch. Hier am weitſchattenden Buchbaum
     Ruhen wir, deſſen Rinde mit unſeren Namen ſchon pranget.
— 248. Genſt, Ginſter, Bram. V. — 252—254. MA:
     Hier iſt liebliche Kühlung und zartes Gras, und die Ausſicht
     Über den See nach dem Dorf und beiden fruchtbaren Uſern.
— 256. MA: Fröhlich eilten die Kinder den Hügel hinan, der mit dunkeln   257. MA:
bekränzt — 258—260. dann fehlt MA. — 262. MA: dürres Laub, und
ſchwang es umher, bis — 263. MA: Qualme das leuchtende Feuer entloderte; häufte
dann klüglich — 265. 266. MA: Knatterte; ſetzte darüber den Dreifuß und auf den Dreifuß — 267. MA: Schnell den — 268. MA: die Flamm', und es brauſte der ſiedende
Keſſel. — 269. das fehlt MA. — 271. MA: Füllte mit kochendem Waſſer die Kann', und
ſtellte ſie knieend — 272. MA: Über die Glut, bis . . . zerplatzt war. — 273. MA: Schleunig
rief ſie anizo, — 275. MA: unſerm —

Wohl im Grünen vorlieb, und ungetrichtertem Kaffee.
Vater verbot Umständ'; und dem Weibe geziemt der Gehorsam."
Sprach's; und die Tochter enthüllt' aus dem Deckelkorbe die Tassen,
Auch die Flasche mit Rahm, und die blecherne Dose voll Zucker,
Ordnend umher auf dem Rasen; und jetzt, da sie alles durchwühlet, ²⁸⁰
Neigte das blühende Mädchen sich hold, und lächelte schalkhaft:
  „Nehmen Sie mir's nicht übel, Mama hat die Löffel vergessen."
Sprach's; da lachten sie all', auch lachte die gütige Mutter,
Welche die dampfende Kanne dahertrug. Aber der Jüngling
Eilte zur nahen Birk', und schnitt von den hangenden Zweiglein ²⁸⁵
Schöngeglättete Stäb', und verteilte sie rings der Gesellschaft.
Freundlich reichte Luise dem lieben Papa und dem Jüngling
Pfeifen dar, und Tobak in der fleckigen Hülle des Seehunds.
Und sie lagerten sich im schattigen Gras': an des Vaters
Rechte der Knab' und Mama, die den klaren Trank in die Tassen ²⁹⁰
Rühmend goß; und zur Linken die schöne Luis' und der Jüngling.
Zwar sie kostete selten des Kaffees; aber gefällig
Trank sie heut ein wenig, und russischen Thee mit dem Kleinen.
Liebreich sprach der Vater, die rosige Wang' ihr streichelnd:
  „Kind, dir brennt ja die Wange wie Glut! Zwar ist es nicht übel ²⁹⁵
Anzusehn; doch nimm mir, mein Töchterchen, wegen der Zugluft
Etwas mehr um den Hals. Man erkältet sich leicht in der Hitze."
  Jenem küßte die Hand und erwiderte freundlich die Tochter:
  „Zugluft heißt die Kühlung, die sanft durch Erlen des Ufers
Atmet, und kaum ein Band mir bewegt? Wir gingen ja langsam, ³⁰⁰
Ruhten auch oft im Schatten. Ich bin nur so fröhlich, mein Vater!"
  Drauf antwortetest du, ehrwürdiger Pfarrer von Grünau:
  „Ja, du geliebte Tochter, ich bin auch fröhlich! so fröhlich,
Als die singenden Vögel im Wald hier, oder das Eichhorn,
Welches die luftigen Zweige durchhüpft, um die Jungen im Lager! ³⁰⁵
Achtzehn Jahr sind es heute, da schenkte mir Gott mein geliebtes,
Jetzt mein einziges Kind, so verständig und fromm und gehorsam!
Wie doch die Zeiten entfliehn! Zehn kommende Jahre, wie weithin

276. Wohl, MA: Gern — 277. MA: Unser Vater befahl es; und Weiberpflicht ist
Gehorsam. — 278. MA: Sprach's; da nahm Luis' aus — 279. MA: Samt der Flasche
m. R., und der blechernen — 280. MA: Ordnet' es rings — 289. MA: im weichen Gras:
— 295. MA: dir — 298. MA: Aber die Hand ihm küssend — 289. 300. MA: Zugluft
heißt nun die Kühlung des Walds? Wir gingen ja langsam, — 304. MA: im grünen
Wald, und das — 305. MA: Welches die Zweige ... im hangenden L. — 307. MA:
Einziges Kind, so gut, so verständig

Dehnt sich der Raum vor uns! und wie schwindet er, wenn wir
zurücksehn!
310 Gestern erst geschah es, so daucht es mir, als ich im Garten
Ging, und Blätter zerpflückt', und betete; bis nun mit einmal
Fröhlich die Botschaft kam: Ein Töchterchen ist uns geboren!
Manches beschied seitdem der Allmächtige, gutes und böses.
Auch das Böse war gut, denn Seine Gnad' ist unendlich!
315 Weißt du, Frau, wie es einst nach langer Dürre geregnet,
Und ich, Luis' auf dem Arme, mit dir in der Frische des Gartens
Atmend ging; wie das Kind nach dem Regenbogen emporgriff,
Und mich küßte: Papa! da regnet es Blumen vom Himmel!
Streut die der liebe Gott, damit wir Kinder sie sammeln? —
320 Ja, vollblühende Segen und himmlische streuet der Vater,
Welcher den Bogen der Huld ausspannete: Blumen und Früchte!
Daß wir mit Dank einsammeln und Fröhlichkeit! Denk' ich des
Vaters,
O dann erhebt sich mein Herz, und schwillt von regerer Inbrunst
Gegen unsre Brüder, die rings die Erde bewohnen:
325 Zwar verschieden an Kraft und Verstand; doch alle des Vaters
Liebe Kindlein, wie wir! von einerlei Brüsten genähret!
Und nicht lange, so geht in der Dämmerung eins nach dem andern
Müde zur Ruh, von dem Vater im kühlen Lager gesegnet,
Hört süßträumend der Winde Geräusch und des tropfenden Regens,
330 Schläft, und erwachet gestärkt und verständiger. Kinder, wir freun uns
Alle vereint, wenn Gottes verklärterer Morgen uns aufweckt!
'Dann erfahren auch wir wahrhaft, daß Gott die Person nicht
Ansieht; sondern in allerlei Volk, wer ihn fürchtet und recht thut,
Der ist ihm angenehm.' — O Himmelswonne! wir freun uns,
335 Alle, die Gutes gethan nach Kraft und redlicher Einsicht,
Und die zu höherer Kraft vorleuchteten: freun uns mit Petrus,
Moses, Konfuz und Homer, dem liebenden, und Zoroaster,
Und, der für Wahrheit starb, mit Sokrates, auch mit dem edeln
Mendelssohn! Der hätte den Göttlichen nimmer gekreuzigt!"

310. MA: Wahrlich mir daucht, es war erst gestern, als — 311. bis MA: und. —
312. MA: Freudig die Botschaft erscholl: — 313. MA: uns seitdem — 320. MA: Segen
des Himmels streuet — 321. MA: ausspannete! Denk' ich des Vaters, — 322. fehlt MA. —
323. MA: von liebender Inbrunst — 332. wahrhaft, MA: mit der Wahrheit — Worte
des vormals unhulbsamen Petrus, Apostelgesch. X, 34. 35. V. — 335—339. MA:

Alle, die Gutes thaten in Einfalt; freun uns mit Petrus,
Abraham, Sokrates, Paulus, Konfuz und Homer, und dem edeln
Mendelssohn! Der hätte den göttlichen Mann nicht gekreuzigt!

Ihm antwortete drauf der edle bescheidene Walter: 340
„Traurig nur, wenn ein Kind, das der bildenden Rede des Vaters
Kundiger schon aufmerkt, mit Verständnis, oder mit Ahndung,
Sich das Erwähltere dünkt, das Einzige! wenn es die Brüder,
Die um Sokrates einst der Menschlichkeit Höhen erstrebet,
Neidisch entehrt in der Gruft; und die jüngeren, welche noch lallen, 345
Oder des Vaters Worte sich selbst ausdeuten, voll Hochmut
Schilt und martert und würgt! Man erzählte mir neulich ein Märlein.
Einsmals kam ein Toter aus Mainz an die Pforte des Himmels,
Poltert' und rief: Macht auf! Da schaute der heilige Petrus
Aus der leise geöffneten Thür', und fragte: Wer bist du?   350
Trotzig erwiderte jener, den Ablaßzettel erhebend:
Ich? ein katholischer Christ, des allein heilbringenden Glaubens!
Setze dich dort auf die Bank! antwortete Petrus verschließend.
Hierauf kam ein Toter aus Zürch an die Pforte des Himmels,
Poltert' und rief: Macht auf! Wer bist du? fragte der Jünger. 355
Ich? ein kalvinischer Christ, des allein heilbringenden Glaubens!
Dort auf die Bank! rief Petrus. Da kam auch ein Toter aus Hamburg,
Poltert' und rief: Macht auf! Wer bist du? fragte der Jünger.
Ich? ein lutherischer Christ, des allein heilbringenden Glaubens!
Dort auf die Bank! rief Petrus. Nun saßen sie, schauten bewundernd 360
Sonnen und Mond' und Stern' in harmonischem Tanz, und vernahmen
Harfentön' und Gesäng', und atmeten Düfte des Himmels;
Und ihr Herz ward entzückt zum hellen Gesang: 'Wir gläuben
All' an Einen Gott!' — Da mit einmal sprangen die Flügel
Rauschend auf, daß umher von des Himmels Glanze der Äther 365
Leuchtete. Petrus erschien, und sprach mit freundlichem Lächeln:
Habt ihr euch nun besonnen, ihr thörichten Kinder? So kommt denn!"

340. Walter MA: Jüngling; — 341—347. MA:
    Traurig nur, wenn ein Kind, das der Rede des Vaters schon aufmerkt,
    Sich das erwähltere dünkt, und die Brüder, welche noch lallen,
    Oder des Vaters Worte sich anders deuten, voll Hochmut
    Schilt und martert und würgt! Man erzählte mir neulich ein Märlein.
— 347 ff. Nach einem wirklichen Volksmärchen, welches gutmütige Einfalt erfand. V. —
Behaghel hat Voßens Vorlage in dem Vademecum für lustige Leute. Berlin, Mylius.
Bd. VII (1777), 52 aufgefunden und in Schnorrs Archiv XII, 480 abdrucken lassen. Die
humoristischen Antworten des heil. Petrus hat Voß beiseite gelassen. — 350. fehlt MA.
— 351. Dieser Zug fehlt in der Erzählung des Vademecum. Voß hat dazu 1802 folgende
Anmerkung gemacht: „Der Barfüßer Johann Pauli im Schimpf und Ernst erzählt, daß
ein Reicher in der Hölle einem Armen, der ihn, trotz seinem stattlichen, in Rom gelöseten
Ablaßbriefe, dort zu finden sich wunderte, geantwortet habe: Ein ungelehrter
Teufel führte mich und den Brief hinweg, und weil er nit lesen kunt,
seind mir die Brief verbrunnen." — 353. MA: rief Petrus wieder verschließend.
— 354. MA: aus Genf — 363. Wir gläuben All' an Einen Gott. Ein Kirchenlied
von Luther. V. — 365. MA: umher des Himmels Glanz durch den Äther

Also redeten jen' im vertraulichen Wechselgespräche,
Unter dem heiteren Blau des allumfassenden Himmels;
370 Gottes lebende Wind' umwehten sie. Aber der Alte
Senkte den Blick tiefsinnig, und saß in starrer Betäubung,
Wie wenn er predigen sollte, das Herz voll Worte des Himmels;
Ernst nun bewegt' er das Haupt; ihm drang die Thrän' aus den
         Wimpern.
Alle schwiegen zugleich, und sahn auf ihn mit Bewund'rung.
375 Jetzo begann der Vater, und sprach zu der rosigen Jungfrau:
  „Singe den neuen Gesang, mein Töchterchen, welchen im Frühling
Unser Freund in Eutin hier dichtete. Heimlich entschlich er
Durch das Gehölz; ihr gingt mit der freundlichen Ernestine
Rufend umher, du selbst und Amalia, bis ihr ihn fandet."
380   Jener sprach's; da begann mit steigender Röte die Jungfrau
Sanft den Gesang; ihn verstärkte, mit Macht einstimmend, der
         Vater.

       Blickt auf, wie hehr das lichte Blau
       Hoch über uns sich wölbet!
       Wie fern den grünen Glanz der Au
385   Die Butterblume gelbet!
       Um uns im Sonnenscheine wehn
       Der Buchen zarte Blätter;
       Aus tausend Kehlen schallt, wie schön!
       Vielstimmiges Geschmetter!

390   Ringsum an Bäumen und Gebüsch
       Entschwellen junge Triebe!
       Hier schattet's kühl! Hier atmet frisch,
       Und trinkt den Geist der Liebe!
       Wir beben dir, der Liebe Geist,
395   In dieser Auferstehung,
       Wie wenn du einst vom Tod' erneust
       Zu seliger Erhöhung!

368. MA: Also redeten jene vertraulich unter einander. — 369—423. fehlen MA. —
377. Unser Freund in Eutin, Voß. — 378. Ernestine, des Dichters Gattin. V. —
382. Da das Lied in MA noch fehlt, so ist es auch wahrscheinlich erst während der Umarbeitung im Jahre 1791 entstanden. Hoffmanns von Fallersleben Vermutung (Unsere
volkstümlichen Lieder Nr. 91) ist falsch. Melodie von Reichardt 1796. — 385. Die Butterblume oder Kühblume: Caltha palustris. V.

Aus allen Völkern rauschen dann
Verklärte Millionen,
Die brüderlich gesellt fortan   400
Den neuen Stern bewohnen!
Durch Farb' und Glauben nicht getrennt,
An Sinn und Thaten höher,
Sind ihm, den selbst kein Jubel nennt,
Die Brudervölker näher!   405

Schon hier vereint in Lieb' und Recht
Sei aller Welt Gewimmel!
Wir sind ja Eines Staubs Geschlecht,
Bedeckt von Einem Himmel!
Wir spielen all' im Sonnenschein,   410
Vergnügt gemeiner Gabe;
Wir ruhn, und steigen, groß und klein,
Gestärkt aus unserm Grabe!

Aus allen Völkern schall' empor
Gesang zum Ungenannten: 415
Wie jedes sich den Dienst erkor,
Wie seinen Gottgesandten!
Gern hört der Vater aller so
Sich vielfach angelallet,
Wie hier im jungen Laube froh   420
Der Waldgesang erschallet!

Also sangen sie beid'; und der Wald war Tempel der Gottheit;
Edeler fühlten sich all' und menschlicher. Aber die Jungfrau
Gilte, vom Sitz aufstehend, und mühte sich hustend am Feuer,
Daß sie des Vaters Pfeif' anzündete, welche dem Greise   425
Schon in der heftigen Red' erloschen war; reichte sie jetzt ihm
Brennend, und spuckte viel, und macht' ein krauses Gesichtchen.
Lächelnd dankte Papa, und küßte das rosige Mägdlein;
Und sie lagerte sich. Da begann die verständige Hausfrau:
„Kinder, der Kaffee wird kalt; ihr prediget immer und ewig! 430
Habt ihr auch Rahm und Zucker genug? Rührt um mit den Löffeln!"

424. MA: Aber die Jungfrau ging und — 425. MA: dem guten — 426. MA: Greise
beim heftigen Reden — 427. MA: machte krause Gesichter. — 429. MA: sprach

Als sie nunmehr im Grünen mit Kaffee und Thee sich gelabet;
Schenkte Mama auch dem Knechte, der pfeifend ging an dem Ufer.
Anfangs sträubt' er sich, etwas beschämt, und nahm es doch endlich.
435 Jetzo wandelten sie, von längeren Schatten begleitet,
Auf den duftenden Hügel: wo schlankere Birken zum Himmel
Säuselten, Tannensaat sich erhob mit gelblichem Jahrwuchs,
Und Wachholdergesträuch um die Hünengräber der Vorwelt
Wuchernd kroch, und stechender Hulst mit glänzenden Blättern.
440 Einzeln rauschten umher auch Mastbäum' unter den Wolken,
Ostwärts alle gebeugt von des siebenundvierzigsten Jahres
Winterorkan. Sie umschauten die weithin lachende Landschaft,
Plauderten viel, und sangen empfundene Lieder von Stolberg,
Bürger und Hagedorn, von Claudius, Gleim und Jacobi;
445 Sangen: „O wunderschön ist Gottes Erde!" mit Hölty,
Welcher den Tod anlacht', und beklagten dich, redlicher Jüngling!
Unter den Wandelnden sprach die alte verständige Hausfrau:
„Kinderchen, merkt, wie die Sonne hinabsinkt, fast zu den Wipfeln
Jenes Walds, und vom Dorfe die Betglock' über den See summt!
450 Tau weissagt das Gewölk, das duftige: welcher den Kräutern
Wachstum bringt, doch leicht den gelagerten Menschen Erkältung!
Unser Papa ist alt, und das Jüngferchen kleidet sich immer
Luftig und kühl; das Ei will klüger ja sein, wie die Henne!
Kommt denn, und schmaust, ihr Lieben; die Feldluft reizet den Hunger."
455 Sprach's, und führt' in das Thal; nicht ungern folgten die andern.
Als sie den blumigen Rasen des weitumschatteten Buchbaums
Jetzo erreicht; da eilten Mama und die freundliche Tochter
Schnell zu dem Kahn am Ufer, und brachten im zierlichen Tischkorb
Feines Gedeck, Eßlöffel und englische Messer und Gabeln;
460 Brachten das Zuckergeschirr von violigem Glase, mit Silber
Zierlich gefaßt, wie ein Korb, ein Geschenk der gnädigen Gräfin;

---

433. MA: am Ufer umherging; — 436. MA: Auf dem b. H.: wo rings weißstämmige Birken (Der Accusativ ist ungewöhnlich.) — 437. MA: Grünten, und Tannengesträuch, das die gelblichen Sprossen emporhub. — 438. 439. fehlen MA. — Hünengräber, die Grabhügel heidnischer Vorfahren von gefabelter Riesengestalt. Hüne wird noch im gemeinen Leben für Riese gebraucht. V. — Hulst, Stechpalme, Ilex Aquifolium. V. — 440. MA: Einzeln rauscht' auch umher manch hochgewipfelter Mastbaum, — 441. MA: Alle vom Winterorkan des — 442. MA: Östlich gebeugt. Sie — 445. 446. MA: Auch, Freund Hölty, von dir, und beklagten dich, redlicher Jüngling! — (das Höltysche Gedicht f. Bd. II.) — 448. MA: Kinder, die Sonne schwebt fast über den Wipfeln des Walds, — 449. fehlt MA. — 450. MA: Und die duftigen Wolken verkünden uns Tau, der den Kräutern — 453. MA: will ja klüger — 455. MA: ging in das Thal; und willig — 457. Tochter, MA: Jungfrau — 458. Schnell, MA: Hin. — 460—462. MA: Brachten die Zuckerbüchs' und die Teller, spanische Erdbeern.

2*

Brachten die reinlichen Teller von Steingut, spanische Erdbeern
Auf eiförmiger Schüssel, und fette Milch in gestülpter
Porzellanener Kumme, geformt, wie ein purpurner Kohlkopf,
Welche mit wärmendem Punsch und Bischof füllte der Vater,   465
Wann ein Freund ihn besucht' in den sausenden Tagen des Winters;
Brachten mit Eppich umlegt die Bachkrebs', ähnlich den Hummern,
Auch zween kalte gebratne Kapaun', umhüllt vor den Fliegen;
Brachten dann hochgehäuft vielrautige bräunliche Waffeln,
Auch die duftende Frucht der grüngestreiften Melone,   470
Gelbe gezeichnete Butter in bläulicher Dos', auf dem Deckel
Lag ein käuendes Rind zum Handgriff; lieblichen Schafkäs'
Und holländischen Käs', und einen gewaltigen Rettig
Für Papa; auch Kirschen und rot' und weiße Johannsbeern.
Aber die Jungfrau neigte sich hold, und sprach zur Gesellschaft: 475
    „Frisch heran, ihr Kinder, und lagert euch unter dem Baume,
Froh wie der Schnitter im Feld' und die Binderin! Seid auch
        so gütig,
Unser ländliches Mahl zu entschuldigen. Schilt nicht, du alter
Lieber Papa! denn heut am Geburtstag' hab' ich Erlaubnis,
Recht unartig zu sein; und du trinkst doch meine Gesundheit!   480
Mutter, du böse Mutter, du hast den Wein ja vergessen!"
    Ihr antwortete drauf die alte verständige Hausfrau:
„Mädchen, du bist mutwillig! Ein Glück, daß der Dirne Geburtstag
Einmal im Jahre nur kömmt; sonst wüchsen die Bäum' in den Himmel!
Siehe, der ehrliche Hans hat Milch und Wein uns bedachtsam   485
Abgekühlt im Schilfe des Sees; da bringt er den Korb schon."
    Also Mama; und es nahte der redliche Hans mit dem Weinkorb,
Ehrbar, zuckte den Hut, und redete zu der Gesellschaft:
    „Heute fürwahr ein prächtiger Tag! Gott segne die Mahlzeit!"
Eilig den Korb ausleerend, erwiderte jenem der Pfarrer: 490
    „Hans, du bringst ja die Meng' Herzstärkungen! Schaue dein Anteil,
Blank wie Gold an der Sonne! Doch trink auch der Tochter Gesundheit!"

---

465. MA: Punsche der Vater pflegte zu füllen, — 467. MA: Brachten dann zierlich
geordnet die — Eppich, der eblere Geschlechtsname von Selerie und dem undichterischen
Petersilie, Apium. V. — 468. Auch, MA: Und — 469. MA: Brachten mit Zucker be=
streut vielrautige — 470. Auch, MA: Und — 476. MA: euch! Aber ihr müßt auch —
477. fehlt MA. — 478. zu fehlt MA; alter, MA: lieber — 479. Lieber, MA: Alter
— 483. MA: Dirne, du — 485. MA: Dort im Schilfe des Seees gekühlt; — 487—489. MA:
    Ehrbar nahte sich Hans mit dem Weinkorb, setzt' ihn am Buchbaum
    Nieder, und zuckte den Hut, und sprach: Gott segne die Mahlzeit!
— 490—492. fehlen MA.

Aber der Kleine sprang zu dem Maibusch, wo er die Erdbeern
Heimlich versteckt, und stellte den duftenden Korb auf den Teppich,
495 Von dem bedeckenden Laub' ihn entledigend. Vater und Mutter
Freuten und wunderten sich, und lächelten seiner Erzählung,
Lobten den Korb, und priesen die saftige Röte der Erdbeern.
Also schmauseten jen', in behaglicher Ruhe vereinigt,
Auf dem blumigen Rasen des weitumschattenden Buchbaums.
500 Tiefer sank nun die Sonn', und ergoß vielfarbige Schimmer
Durch das hangende Laub, oft nötigend, weiter zu rücken.
Kaum noch wankte das Rohr, und der See ward glatt wie ein
Spiegel.
Rastlos tönte der Heimen Geschwirr, und Vögelein sangen;
Fernher rief der Kiebitz, der Kuckuck nahe; vom Kornfeld
505 Lockte die streifende Wachtel, die Ringeltaub' in dem Ulmbaum
Gurrt', und es krächzte der Rak mit himmelblauem Gefieder.
Feierlich öffnete jetzt mit dem Pfropfenzieher der Vater
Eine Flasch', und verteilte zum Nachtisch goldenen Steinwein:
Den ihm die gnädige Gräfin zur Stärkung seiner Gesundheit
510 Sendete, als sie im Lenz heimkehrt' in ihr grünendes Landgut
Aus der Stadt; doch lang' unentsiegelt stand er im Keller,
Aufgespart für der lieben und einzigen Tochter Geburtstag.
Hiermit füllte die Gläser der Greis, und sprach zur Gesellschaft:
„Angeklingt! denn es gilt die Gesundheit unsrer Luise!"
515 Sprach's; und es klangen die Gläser mit hellem Gekling' aneinander.
Nur des Jünglinges Glas verstimmte den Klang mit taubem
Puff; da schüttelte zürnend der Vater das Haupt, und bedräut' ihn:
„Tausendmal hab' ich Ihn, Sohn, an die Erzuntugend erinnert!
Klappt nicht immer sein Glas wie ein spaltiger Topf, und des neuern
520 Dichterschwarms ungeschliffner Hexameter, welcher daherplumpt
Ohne Takt und Musik, zum Ärgernis? Kann Er nicht anders,
Oder gefällt es Ihm nicht? Ein jegliches Ding hat doch Regeln!

---

494. MA: Hatte versteckt, — 496. MA: und hörten des Knaben Erzählung, — 498. MA:
Also schmausten sie dort, — 500. MA: sank die Sonne und goß — 501—504. MA: Durch
das säuselnde Laub; die Vögelein sangen, vom Kornfeld — 505. Ringeltaube heißt die
große schwarzblaue oder aschfarbene Holztaube mit einem weißen Ring um den Hals. Die
Ulme, anderswo Ilme, Urle, Rüster, Rüstholz, Iper, Iffenholz, Lindbast. V. —
506. Rak, der blaue Holzhäher, Ruch, Root, Roder, Roller, Blaukrähe, Mandelkrähe,
Corracius garrula. V. — 507. 508. MA: Jezo füllte Papa die Gläser mit goldenem Steinwein, — 510. MA: Lenz aus der Stadt, in — 511. MA: Wiederkam; doch — 514. MA:
Klingt mit mir an, und trinkt der lieben Tochter Gesundheit. — 516. MA: Jünglings —
517. MA: sein Haupt — 520. MA: ungeschliffne Hexameter? Kann Er nicht anders, —
521. fehlt MA.

Kein Vernünftiger faßt an den oberen Kelch, wenn er anklingt;
Nein, an den Fuß! Dann klingt's, wie Harmonikaklang in den
Glückwunsch!"
Lächelnd erwiderte drauf der edle bescheidene Walter: 525
„Nicht so gezürnt, mein Vater! Das rosenwangige Mägdlein
Blickte mit schelmischem Auge mich an; da vergaß ich die Regel."
Sprach's; da droht' ihm Luise mit aufgehobenem Finger,
Feuerrot; und sie lachten des hold errötenden Mägdleins.
Aber sie that nachlässig, und schnellt' auf den Knaben den Kirschkern. 530
Hans indes, dem die Mutter ein kleineres Tuch an den Maibusch
Hingedeckt, und es reichlich mit Trank und Speise belastet,
Schenkte sein Glas voll Weines, und trat vergnügt zur Gesellschaft,
Langsam, nicht in das Gras den edelen Trank zu verschütten.
Als er genaht, da neigt' er das Haupt, und redete also: 535
„Nun mit Verlaub! ich trinke des Jüngferchens werte Gesundheit!"
Rückwärts gebeugt dann trank er, und lächelte. Als er den letzten
Tropfen geschlürft, da schwenkt' er sein Glas, und redete wieder:
„Segne der liebe Gott das Jüngferchen! Hab' ich so manchmal
Doch als lallendes Kind auf meinem Arm sie geschaukelt,   540
Daß sie im Spiegel ihr Bild anlächelte! Schmuck war sie immer,
Und wie ein Engel so fromm! Ihr Bräutigam preise sich glücklich!"
Schalkhaft sagte darauf die rosenwangige Jungfrau:
„Hänselchen, willst du mich frein? Ich hab' in der Kiste so manchen
Blanken Thaler gespart: mein Patengeschenk, und mein Weihnacht! 545
Auch versteh' ich die Nadel zur Not, und die Knütte versteh' ich,
Brot zu backen, zu brau'n, und ein Leibgericht zu bereiten!"
Aber es redete drein die alte verständige Hausfrau:
„Traue du nicht der Spötterin, Hans! Zwar stattlich von Gliedern
Ist sie dir, aber zu faul, und die seidenen Händchen zu vornehm. 550
Geh nur, und rüste den Kahn zu der Abfahrt. Denn wo mir recht ist,
Feuchtet der Nasen bereits. Wohl sagt' ich es! Laßt uns denn aufstehn;
Oder wir haben zum Lohn vom Geburtstag' Husten und Schnupfen.
Schmaust die Kirschen im Kahn, ihr Kinderchen, und die Johannsbeern."

523. MA: an des Glases Kelch, — 525. MA: Drauf antwortete lächelnd d. e. b.
Jüngling: — 528. MA: aufgehabenem — 530. fehlt MA. — 531. MA: Aber Hans, —
533. MA: Weins, — 534. MA: edlen — 535. 536. MA: Neigte sein Haupt und trank:
Der Jungfrau werte Gesundheit! — 537. MA: Rückwärts den Nacken gebeugt und lächelnd.
Als — 538. MA: und sprach zu der Jungfrau: — 542. Und so fromm wie ein Engel! —
543. MA: Schalkhaft gab ihm darauf die schöne Luise zur Antwort: — 546. 547. fehlen MA.
— Knütte, das Stricken, das Strickzeug. — 548. MA: Aber mit hastiger Stimme begann die
v. H. — 549—551. fehlen MA. — 552. MA: Sagt' ich es nicht? Der Nasen ist naß! Wir müssen
nun aufstehn. — 553. MA: Oder Husten und Schnupfen wird unser Lohn vom Geburtstag!

555 Also sprach sie, und trieb; und sie folgeten alle gehorsam,
Trugen des Mahles Gerät in den räumigen Kahn des Verwalters,
Traten dann selber hinein; und der Knecht stieß ab von dem Ufer.
Fernher glimmten wie Gold die Fenster der Kirch' und des Schlosses,
Welche die Sonn' absinkend beleuchtete; rings an den Ufern
560 Hingen Gebüsch' und Saaten, von rötlichem Scheine beduftet,
Umgekehrt in der Flut, und zitterten über zerstreutem
Glanzgewölf, und die Herd', und die singende Magd bei der Milchkuh.
Langsam ruderte Hans am Gestad' hin; jetzt um ein Röhricht,
Und braunkolbiges Ried; Seelilien jetzo durchgleitend,
565 Gelb von Blumen und weiß, breitblätterig; jetzo den Vorgrund,
Wo hell Muschel und Kies aufschimmerten. Häufig ermahnt' er,
Wann Luis' im wankenden Kahn an den Jüngling sich anschloß.
Aber es freute sich Karl der schreienden Wasservögel
Über dem Holm, und des Hechts, der beglänzt vom Abend empor-
         sprang;
570 Auch wie des Ruders gebrochenes Bild in der sanften Umwallung
Schlängelte; laut dann ruft' er dem Wiederhall in des Hügels
Ödem Gemäur, liebkost' ihm und schalt, und lachte der Antwort.
Heiter und still war allen das Herz, wie die spiegelnde Welle;
Während der Vater vergnügt sein ruhiges Abendpfeifchen
575 Raucht', und ein Wort einsprach, von Gelehrsamkeit, und von der
         Zeitung.
Oft noch zuckte Luis', an den Jüngling gelehnt, und drückt' ihm
Ängstlich die Hand. Da begann die alte verständige Hausfrau:
„Wie das närrische Mädchen sich anstellt! Ist denn der Kahn nicht
Groß und breit? Sei ruhig, mein Töchterchen, oder ich wiege.
580 Sonst so keck und verwegen, wenn's gilt, in die Bäume zu klettern,
Über die Graben zu springen, und hoch in der Luft sich zu schaukeln,
Oder auch gleiten zu gehn mit Amalia, welche dir gleich ist,
Auf dem gefrorenen Bach und der Gleitbahn, recht wie die Kinder!

---

555. MA: Also sprach sie in Eil', und willig folgten die andern, — 559. MA: Welche die sinkende Sonne beleuchtete; — 562. MA: Rotem Gewölf; — 563. MA: Gestad', und ermahnte die Jungfrau, — Röhricht, ein Rohrbidicht. V. — 564—566. fehlen MA. — Kolben, Teichkolben, Narrenkolben, Typha. V. — Seelilien, Mümelchen, Teullilien, Tollingen, Nixblumen, Nymphaea. V. — 567. MA: Welche bang' an den Jüngling im wankenden Kahne sich anschloß. — 568. MA: des vorübergleitenden Ufers, — 569. MA: Und des Hechts, der vom Abend beglänzt aus dem Wasser emporsprang, — Holm, kleine Insel, auch Halbinsel, und Werder. V. — 570. MA: Und wie des Ruders Bild an dem Kahn in — 571. MA: Schlängelte; grüßte dann laut den — 573—575. fehlen MA. — 576. MA: Immer noch zagte — 581. MA: schaukeln! — 582. 583. fehlen MA.

Schlag' ein Tuch um den Hals, dies seidene, das ich dir mitnahm.
Kühl ist's doch auf dem Wasser, und Vorsicht reuete niemand."   585
   Drauf antwortetest du, ehrwürdiger Pfarrer von Grünau:
„Sei nicht bange, mein Kind, und verhülle dich. Besser ist besser,
Wenn auch das junge Blut noch freudiger hüpft in den Adern.
Gott sei Dank für den herrlichen Tag, und den herrlichen Abend,
Der uns morgende Heitre verkündiget! Eben so heiter   590
Meld' uns den ewigen Morgen der Abend unseres Lebens!"
   Matt schon glüht' im Westen die Glut; ein Stern nach dem andern
Trat aus dem Glanz, mit Silber die dunkele Bläue durchfunkelnd.
Als der rauschende Kahn an der krüpplichen Eiche des Ufers
Landete. Lieblicher Duft umhauchte sie; aber sie eilten   595
Durch die geschorene Wies' und wellige Schwade des Heues;
Und es erhob Luise den Saum des weißen Gewandes,
Zeigend den Unterrock und schimmernde Strümpf' in der Dämmrung.
So im Geröchel des Sumpfs und dem einsamen Surren des Käfers,
Längs dem grenzenden Walle, mit Dorn umwachsen und Haseln,   600
Gingen sie, wo noch zirpte die Grill', und im Kraute der bläulich
Flimmernde Glühwurm lag. Nun stiegen sie über das Gatter,
Kamen ins Dorf, und grüßten die stille Schar vor den Häusern,
Und des Verwalters Knecht, der die klingende Sens' auf dem Ambos
Hämmernd schärft', um morgen die grasige Wiese zu mähen.   605
Abendlich pickte die Uhr, und schnob die Eul' in dem Kirchturm;
Und sie empfing an der Pforte der Hund mit freundlichem Wedeln.

---

584. MA: Nimm das seidene Tuch um den Hals, mein Kind: auf dem Wasser —
585. MA: Kühlt doch die Abendluft und Vorsicht reute noch niemand. — 588. fehlt MA.
— 590. fehlt MA. — 591. MA: Also lächle dereinst der — 593. MA: Silber des Himmels
Bläue — 595. MA: umwehte — 596. MA: Durch die wellichten Schwade des tau-
umschimmerten Heues, — 597—599. fehlen MA. — 599. Des Sumpfs Geröchel, das
vereinte Quarren der Frösche in der Ferne. V. — 600. MA: bepflanzt mit Dornen und
Haseln: — In Holstein sind die Felder durch gebüschte Wälle mit Graben herum in
Koppeln geteilt, deren Einfahrt durch ein breites Gatter verschlossen wird. V. — 601.
MA: Wo die heisere Grille noch zirpt', und im Grase der bläulich — 602. Glühwurm,
Feuerwurm, Gleimchen, Johanniswurm, Cantharis noctiluca. V.

Zweite Idylle.

Der Besuch.

Rosig strahlt' in die Fenster des Mai's aufglühender Morgen;
Daß ihr scheibiges Bild mit der Pfirsiche wankendem Laube
Glomm an der Wand, und hellte des Alkovs grüne Gardinen,
Wo dich, redlicher Greis, umschwebeten Träume der Ahndung.
5 Durch den Schimmer geweckt, und den Schlag des Kanarienvogels,
Rieb er froh die Augen sich wach, und faltete betend
Seine Hände zu Gott, der neue Kraft und Gesundheit
Ihm geschenkt zu Pflicht und Beruf, und in nächtlicher Stille
Väterlich abgewandt von den Seinigen Feuer und Diebstahl.
10 Jetzo empor sich hebend am Bettquast, dreht' er sich langsam
Um, und streckte die Hand, sein Ernestinchen zu wecken.
Aber die Stätte war leer. Da riß er den rauschenden Vorhang
Auf, und sah durch die gläserne Thür' in der Stube den Theetisch
Hingestellt, und geschmückt mit geriefelten Dresdener Tassen:
15 Welche die häusliche Frau vornehmeren Gästen nur anbot,
Etwa dem Propst beim Kirchenbesuch, und der gnädigen Gräfin,
Und wenn ihr Hochzeitfest sie erfreuete, und ein Geburtstag.

Zweite Idylle. Zuerst gedruckt im Hamburger MA 1783, S. 1 f. unter der Überschrift: "Des Bräutigams Besuch. An F. H. Jacobi". — 1—5. MA:
    Heiter in Rosengewölke, verkündend den lieblichen Maitag,
    Stieg der Morgen empor, und beleuchtete sanft durch das Weinlaub,
    Welches die Fenster umrankte, des Pfarrers grüne Gardinen.
    Durch den Schimmer geweckt und den Schlag des Kanarienvogels,
    (Denn nur leis' umschwebte der Schlaf, von des kommenden Tages
    Bilde gestört, den Greis mit dem flüchtigen Traume der Ahndung:)
— 7—9. MA:
    Seine Hände zu Gott, der vor Krankheit, Feuer und Diebstahl
    Ihn und sein Haus in nächtlicher Stille beschirmet.
— 10. MA: Jezo erhub er sich am Bettquast, drehte sich langsam — 14. geriefelt,
niederd., mit vertieften Streifen versehen. — 16. MA: Probste — 17. MA: Hochzeitstag
gefeiert ward, und

Auch das silberne Kaffeegeschirr, der gnädigen Gräfin
Patengeschenk, mit der Dos' und den schöngewundenen Löffeln,
Blinkt' im rötlichen Glanz hochfeierlich; und in der Küche   20
Hört' er der knatternden Flamme Gesaus' und des siedenden Kessels.
Zweimal zog er den Ring, daß hell in der Küche das Glöcklein
Klingelte. Siehe da kam, im ehrbaren Schmucke der Hausfrau,
Trippelnd die alte Mama, und sprach, die Lippen ihm küssend:
„Väterchen, wachst du schon? Da ich aufstand, schließst du so ruhig; 25
Und so leis' entschlüpft' ich dem Bett'; in der Hand die Pantoffeln,
Ging ich auf Socken hinaus, und schloß den Drücker mit Vorsicht.
Siehe, die Augen wie klar! Doch warte nur! gegen den Hahnschrei
Hast du schon wieder im Traum mit gebrochener Stimme gepredigt,
Auch geweint. So viel ich verstand, war die Red' an dem Trautisch." 30
    Freundlich die Hand ihr drückend, begann der redliche Pfarrer:
„Richtig! getraut ward eben. Mein Text war: 'Willst du mit diesem
Manne ziehn?' und die Bilder des Wegziehns machten mich traurig.
Aber so innig es kränkt, ein solches Kind zu entlassen;
Wohnete nicht die Witwe das Gnadenjahr in dem Pfarrhaus, 35
Allzusehr einengend die Kinderchen; oder ihr Weiber
Hättet nur erst aus dem Rohen gefertiget alle die Aussteu'r,
Linnen und Schränk' und Betten, und anderen Trödel der Wirtschaft,
Was wohl Kind und Enkel nicht aufbraucht! Heute fürwahr noch
Wollt' ich sie trau'n, und sagen: 'Seid fruchtbar, Kinder, und
                      mehrt euch! 40
Zeuch in Frieden, o Tochter, und sei die Krone des Mannes;
Denn ein tugendsam Weib ist edler, denn köstliche Perlen!
Thu ihm liebes dein lebenlang, und nimmer sein leides
Bis euch scheide der Tod!' — Nun, Mütterchen, nicht so ernsthaft!
Sieh mich an! Wir selber verließen ja Vater und Mutter. 45

19. MA: die Dos' und die sch. Löffel — 20. MA: Blinkten im Sonnenglanz —
21. MA: Hört' er knattern das Feuer, und brausen den siedenden Kessel. — 26. MA:
Und ich schlüpfte so leis' aus dem Bett', und ging, die Pantoffeln — 27. 28. MA: In der
Hand, auf Socken. Doch warte nur! gegen den Hahnschrei — 30. MA: Du sprachst, so
viel ich verstand, vor dem Trautisch. — 31. MA: Freundlich drückt' ihr die Hand der
fromme Pfarrer und sagte: — 32. MA: Richtig, ich traute sie beide. — 32 f. Willst du
mit diesem Manne ziehn? So ward Rebekka gefragt, 1. Mos. 24, 58. V. — 34. MA:
Aber so tränend es ist, ein solches Kind zu verlieren; — 35. MA: Wohnte . . . . . im Pf.
— 36. fehlt MA. — 37. MA: Oder wären wir nur mit der Aussteuer fertig; noch heute
(Im Man. hatte Voß dies zuerst weiter ausgeführt: „Oder hätten wir erst die Hembe
genäht und das Tischzeug, | Erst mit gekröntem Namen der Braut es gezeichnet, den
Parchem | Mit Pflaumfedern gestopft und den selbst gesponnenen Trillich, | Samt dem übrigen
Trödel der Aussteur . . . .") — 38. 39. fehlen MA. — 40 ff. Die Segensworte des
Schöpfers, 1. Mos. 1, 28. Im folgenden sind Sprüche von Salomon, 12, 4. 14, 1. 31, 10.
12 und Sirach 26, 1. V. — 45. MA: Auch wir verließen ja

Hurtig den Schlafrock her, den festlichen neuen von Damast;
Auch die Mütze von feinem Batist! denn ich muß ja geschmückt sein,
Wann der Bräutigam kömmt von Seldorf, jenes berühmten
Hochfreiherrlichen Guts hochwohlehrwürdiger Pastor!
50 Horch! da blies ja die Post, und rasselte über den Steindamm!"
    Lächelnd erwiderte drauf die alte verständige Hausfrau:
„Männchen, das war in der Küche; Susanna windet ihr Garn ab."
    Sprach's, und trat zur Kommode, der blankgebohnten von
                                                  Nußbaum,
Welche die Priesterbefchen, die Oberhemd' und die Ärmel
55 Ihres Gemahls einschloß, und die steifgefalteten Kragen,
Ihm ein Greul! auch den schönen und weitbewunderten Taufschmuck,
Und die flitternden Kronen, gewünscht von den Bräuten des Dorfes.
Jetzo fand sie die Mütz', und reichte sie. Dann zu dem Schranke
Ging sie, den Schlafrock holend von blauem wollenem Damast;
60 Über die Lehn' ihn breitend des Armstuhls, sagte sie also:
    „Dehne dich noch ein wenig, mein Väterchen; denn zur Gesundheit
Dienet es, saget der Arzt. Dann zieh mir die weicheren Strümpf' an,
Welche Luise gestrickt aus Lämmerwolle des Marschlands;
Daß nicht kalte der Fuß; es ist noch kühlig des Morgens.
65 Auch dies seidene Tuch verehr' ich dir, welches Luise
Sonntags trug um den Hals, und dir schon lange bestimmte.
Liesest du erst ein wenig im Bett'? ein Kapitel der Bibel,
Dort auf der kleinen Riole zur Seite dir; oder ein Leibbuch
Jener Zeit, da noch Menschen wie Washington lebten und Franklin;
70 Oder den alten Homer, der so natürlich und gut ist?
Daß du es warm mitteilst bei dem Frühstück? Unsere Post hat

46. MA: den blauen von wollenem Dammast, — Wir sagen Damäst und Dämmast
wie Paläst und Pállast. V. — 17. MA: muß mich ja putzen, — Batist, die feinste weiße
Leinwand aus den Niederlanden. V. — 18. MA: Selban, — 19. MA: Dorfs — 50. MA:
Horch, da bläst schon die Post, und rasselt über den Steinweg. — 51. MA: die alte häusliche
Mutter: — 53. MA: Also sprach sie, und ging vor die blanke Kommode von Nußbaum,
— bohnen, mit Wachs glänzend reiben. V. — 51. Befchen oder Böschen, zwei länglich
viereckte Streifen von feiner Leinwand, welche den Geistlichen vorn am Halse herabhangen;
bei Adelung Läppchen. Das bremische Wörterbuch erklärt Bosten durch Amtskragen; welches
für Holstein und Mecklenburg falsch ist. V. — 55. Ihres Mannes verschloß und die steifen
— Kragen oder Krause nennen wir das Rad von krausfaltiger Leinwand, das zu feierlichem Schmucke die Geistlichen, und in Reichsstädten die Ratsherrn, um den Hals tragen. V.
— 57. fehlt MA. — 58. MA: Mütze, und nahm aus dem Schranke den Schlafrock, —
59. fehlt V. — 60. MA: Legte sie beide vors Bett auf den Lehnstuhl nieder, und sagte:
— 61. MA: Stehst du schon auf, Papachen? O wart du sollst mir die neuen — 62. MA:
Wollenen Strümpf anziehn. Nach dem Aderlaß werden die Füße — 63. fehlt MA. —
64. MA: Dir leicht kalt; auch ist es noch etwas — Der Fuß taltet von anzringender
Kälte; er erkaltet von durchdringender. V. — tühlig, etwas tühl, vom niedersächsischen
tölig. V. — 65—70. fehlen MA. — 68. Riole, ein Bord oder Fach, besonders für
Bücher. V. — 71. MA: Liege nur noch ein Weilchen im warmen Bette; du hast noch

Zeit! Des Verwalters Georg, der die Pferde bewacht in der Koppel,
Meldet es, wann er das Blasen des Posthorns über dem Wasser
Hört; dann schwingt sich der Weg noch weit herum nach dem Dorfe.
Dort am Wald' ist ein Echo; da bläst der fröhliche Postknecht　75
Gerne sein Morgenlied, und den Marsch des Fürsten von Dessau."
　　So, wohlmeinendes Sinnes, ermahnte sie. Aber der Pfarrer
Hörete nicht; auf stand er, und redete, rasch sich bekleidend:
　　„Mutter, wer kann nun lesen! Ich bin unruhig und lustig!
Wahrlich, er muß bald kommen! Georg hat etwa geschlummert,　80
Oder auch selber ein Stück auf der Feldschalmei sich gedudelt.
Stehet doch fest der Sand, da es regnete! Weiset die Uhr nicht
Funfzig Minuten auf fünf? O wie oft dann las ich die Zeitung!
Hurtig das Becken gereicht, und das Handtuch! Glüht mir das Antlitz
Nicht, als hätt' ich im Eifer gepredigt, oder mit Walter　85
Über Europa geschwatzt und Amerika, jenes im Dunkel
Dies im tagenden Lichte der Menschlichkeit! Öffne das Fenster!
Frische Luft ist dem Menschen so not, wie dem Fische das Wasser,
Oder dem Geist frei denken, so weit ein Gedanke den Flug hebt,
Nicht durch Bann und Gewalt zu den folgsamen Tieren entwürdigt;　90
Ah! wie der labende Duft da hereinweht! und wie der Garten
Blühet und blüht, von des Taus vielfarbigen Tropfen umfunkelt!
Schau die Morell', und die Pflaum', und dort an der Planke den kleinen
Apfelbaum, wie gedrängt er die rötlichen Knöpfchen entfaltet!
Und den gewaltigen Riesen, den schneeweiß prangenden Birnbaum!　95
Das ist Segen vom Herrn! Fürwahr, wie die Bienen und Vögel,
Möchte man schwelgen im Duft: Herr Gott, dich loben wir! singend!
Aber die Braut, wo bleibt sie? die sonst mit dem Hahne mir aufsteht,
Und mir am Pult den Kaffee besorgt! Nichts hört' ich noch trippeln
Über mir! Ganz gewiß, sie verschläft des Bräutigams Ankunft!"　100

　　72. Koppel, ein durch Zäune oder Buschwälle eingefriedigtes Feld, für Kornbau,
Weide oder Gehölz. V. — 73. MA: Meldet es uns, wenn er über dem See das Blasen
des Posthorns — 75. MA: im — 76. MA: Gern ein (Man.: Gerne sein). — 77. MA:
Also ermahnte sie ihn wohlmeinend. — 78. MA: Hörete nicht, stand auf, und sprach,
indem er sich anzog; — 79. fehlt MA. — 82. Stehet doch fest der Sand, da es
regnete! Diese halb unverständliche Ausdrucksweise findet ihre Erklärung aus der ersten
Fassung, Verse 79—83 lauten MA:

　　　　Ei, er muß bald kommen! Der Weg ist gut, und die Uhr weist
　　　　Funfzig Minuten auf fünf; dann les' ich oft schon die Zeitung.

— 84. MA: Gieb mir das Wasserglas; das Becken mir auch, und das Handtuch. — Alles
folgende bis Vers 98 fehlt dort. — 93. Plante, ein Zaun von Planken oder starken
Brettern. V. — 98—100. MA:

　　　　Aber Mama, wo bleibt denn die Braut? Ich habe noch gar nichts
　　　　Poltern gehört. Sie verschläft doch nicht des Bräutigams Ankunft?

Ihm antwortete drauf die alte verständige Hausfrau:
„Mann, wie du reden kannst! Sie verschläft des Bräutigams Ankunft?
Unsere rasche Luise? Gewiß, sie steht vor dem Spiegel,
Kleidet sich, ordnet ihr Haar in schlau erkünstelter Einfalt;
105 Ordnet die Lilaschleifen, das seidene Tuch, und den frischen
Blumenstrauß, holdlächelnd, und gern noch schöner sich machend.
Oder sie schlich in den Garten hinab, und beschaut die Aurikeln,
Unruhvoll, und rot im Gesicht, wie die Gluten des Himmels;
Blickt oft über den Zaun, und hört die Nachtigall schmettern
110 Unten am Bach, und hört, o mit klopfendem Herzen! das Posthorn.
Holla, wie lärmt Packan! Unfehlbar wird es Georg sein."
    Kaum war geredet das Wort; da klingelt es rasch, und Susanna
Öffnete; plötzlich erschien im Reisemantel der Eidam.
Aber vor Freude bestürzt und Verwunderung, eilten die Eltern,
115 Und: „Willkommen, mein Sohn! willkommen uns!" riefen sie herzlich,
Fest an die Brust ihn gedrückt, und Wang' und Lippen ihm küssend.
Sorgsam eilt' ihn Mama aus dem Reisegewand zu enthüllen,
Nahm ihm den Hut, und stellte den knotigen Stab in den Winkel.
Samt dem türkischen Rohr, das er mitgebracht für den Vater.
120 Thränend begannst du anitzt, ehrwürdiger Pfarrer von Grünau:
    „Gott sei gelobt, mein Sohn, der große Dinge gethan hat,
Und wie die Wasserbäche das Herz der Gemeine gelenket;
Daß Ihn all' einmütig erwähleten, Prediger Gottes
Ihnen zu sein, der Natur und der Menschlichkeit weiser Verkünder,
125 Die Abschattungen sind uns Endlichen, endloser Gottheit!
Üb' Er denn seinen Beruf mit Freudigkeit, stets wie Johannes
Lehrend das große Gebot: „Liebt, Kindelein, liebt euch einander!"
Nicht durch eitelen Zank um Geheimniß, oder um Satzung,

---

    101. MA: die alte häusliche Mutter: — 102. MA: kannst! Verschlafen des B. Ankunft
— 103. MA: Sollte die rasche — 104. MA: schmückt ihr Haar in mühsam — 106. MA:
Blumenstrauß, und lächelt, und machte sich gerne noch schöner. — 107—110. fehlen MA.
— 111. MA: Holla, wie bellt Packan! Ganz sicher — 112—115. MA:

    Als sie noch redete, trat in grauer Pikesche der Eidam
    Lächelnd herein; und die Eltern, vor Freude bestürzt und Verwunorung,
    Eilten, umarmeten ihn, und hießen ihn herzlich willkommen.

— 116—119. fehlen MA. — 120. MA: Und mit Thränen begann der gottesfürchtige
Pfarrer — 122—134 lauten MA:

    Und das Herz der Gemeine gelenkt, daß sie alle vereinigt
    Ihn zum Lehrer gewählt! Der Allbarmherzige leit' ihn,
    Daß er sein heiliges Amt mit Segen verwalt', und viele
    Viele Seelen erleuchte, das ewige Heil zu erkennen!

— 127. „Liebt, Kindelein, liebt euch einander!" Worte des Erlösers bei Joh. 13,
34. 35, auf welche der sanfte Jünger häufig zurückweiset. V.

Nahen wir Gott; nur Liebe, des Endlosliebenden Ausfluß,
Schafft uns Vertraun und Glauben zum Heil des geſendeten Helfers, 130
Der ſein Wort mit dem Tode verſiegelte! Religion ſei
Uns zum Gedeihn, und nicht unthätiger Religion wir!
Solches aus Schrift und Vernunft einpredigend, ſelber ein Beiſpiel,
Leucht' Er zu irdiſchem Wohl und himmliſchem! — Nun was ich ſagen
Wollte: das Pfarrhaus, ſchreibt Er, iſt hübſch, mit bequemen Ge=
                      mächern;   135
Aber das Obſt nur gemein, und der Küchengarten voll Unkraut.
Was die Menſchen doch wunderlich ſind! Wie leicht iſt ein Fruchtbaum
Hingepflanzt, der ſo reichlich die wenige Pflege belohnet!
Glaubt Er? Ich löſe des Jahrs an hundert Thaler aus Backobſt,
Und aus feinerem Obſt, aus Pfirſichen, Pflaumen und Äpfeln, 140
Pflänzlingen auch, und Spargel, und Blumenkohl und Melonen!
Was? und den baren Gewinn, wie erhöht ihn die Luſt, durch Beiſpiel,
Rat und That, zum Fleiße das willige Dorf zu ermuntern!
Sohn, Er ehrt mein Geſchenk: als Brautſchatz nehm' Er den Lüder!"
Freundlich die Wang' ihm klopfend, begann die verſtändige
                  Hausfrau: 145
„Vater, du kommſt auch ſogleich mit der Wirtſchaft! War es die
                  Nacht kalt,
Lieber Sohn? Wie verdrießlich Sein Predigeramt Ihn einſchränkt!
Nachts fünf Meilen zu fahren durch Tau und kältende Nebel,
Seiner Braut zum Beſuch, wie gewiſſenhaft! Konnte der Küſter
Doch zur Not die Gemein' aus dem redlichen Brückner erbauen! 150
Trinkt mein Sohn auch ein Gläschen fürs Nüchterne? oder nur Kaffee?"
Ihr antwortete drauf der edle beſcheidene Walter:
„Kaffee nur, liebe Mama. Mir iſt ſchauderig; war es die Nacht gleich

---

135. MA: Nun was ich ſagen wollte: das Wohnhaus, ſchreibt er, iſt artig; —
136. MA: Aber die Bäume nur ſchlecht, und — 140. fehlt MA. — 141. MA: Jungen
Bäumen und Spargel und weißem Kohl und Kartoffeln! — 142. MA: Was? und dieſen
Gewinn verſüßt noch die Freude, durch Beiſpiel, — 143. MA: das ganze Dorf —
144. MA: ich geb ihm den Lüders zum Brautſchatz. — Lüders Briefe vom Küchengarten —
Verbeſſerungen der Landwirtſchaft verdankt manche proteſtantiſche Gegend den Erfahrungen
geiſtlicher Hausbalter. V. — 145. MA: Väterchen! ſprach die alte Mama, und klopft' ihm
die Wangen — 146. MA: Siehe, du kommſt auch gleich — 147. MA: Wie häßlich ſein
neues Amt Ihn doch — 148—150. MA:
        Nachts durch Nebel und Tau fünf Meilen zu fahren! Den Sonntag
        Hätte der Küſter ja gern aus dem Herzensſpiegel gepredigt!
— 150. Brückners Predigten für Ungelehrte [Neubrandenburg 1778.79, 2 Bde.]
werden in vielen Dorfkirchen zum Vorleſen gebraucht. V. — 152. MA: Aber der junge
Pfarrer von Selbau gab ihr zur Antwort: — 153—182. MA:
        Liebe Mama, nur Kaffee. Mir ſchauert doch etwas! die Nacht war
        Heiter und ſchwül; allein heut Morgen weht' es ein wenig

Heiter und schwül, und lockte die Nachtigall aus den Gebüschen,
155 Während am Rande der Mond blutrot in Gebüst hinabglitt,
Und vor dem Wetterleuchten die Pferd' oft stutzten am Wagen.
Doch als eben der Tag andämmerte, weht' es empfindlich
Über den See, bis die Sonne, mit lieblichen Strahlen sich hebend,
Grünaus Dächer beschien, den spitzigen Turm, und das Pfarrhaus.
160 Langsam karrt' indessen der unbarmherzige Schwager
Durch den Kies; denn ein wenig zu stark aus dem Glase vernüchtert,
Nickt' er beständig das Haupt; und zuletzt noch tränkt' er die Pferde.
Auch der sinnige Schäfer, der dort die gehürdeten Schafe
Weidete, kroch nun erwacht aus den bretternen Hüttchen auf Rädern;
165 Und wie dem belfernden Fix er nachsah, über die Augen
Deckend die Hand; laut rief er, und jagete scheltend den Hund weg:
'Gott zum Gruß, Herr Walter! Wie geht's? Willkommen in
Grünau!'
Rief's, da er über die Brach' anrennete, drückte die Hand mir
Kraftvoll, fragete viel, und freute sich, minder geschlank mich
170 Wiederzusehn, und erzählte von Frau und Schafen und Kindern,
Und von der neulichen Ostermusik, wo ich leider gefehlet.
Kaum ging weiter der Zug; da begegnete singend der Jäger,
Stutzt', und begann auflachend: 'Aha! der listige Waidmann,
Der uns das niedliche Reh wegbirscht, die behende Luise!
175 Ganz im Vertraun! wir sandten ein schön Rehziemer dem Pastor,
Das sich herübergewagt von der Zucht des Eutinischen Landes!'
Fern dann grüßte der Fischer vom Bach, und zeigt' aus dem Kahne
Einen gewaltigen Aal, der hell an der Sonne sich umwand.
Dicht am Dorfe begegneten noch ausziehende Pflüger,
180 Otto Rahn mit dem klugen Gesicht, und der jüngere Geldo,
Gruß und Gespräch anbietend. Doch schnell auf dem rasselnden
Steindamm
Flog ich vorbei, und enteilt', abspringend am Krug', um den Kirchhof.

Kalt aus dem See, da die Sonn' aufging und der schläfrige Schwager
Karrte so langsam fort, und nickte stets mit dem Kopfe.
Aber Mama erlaubt doch, daß ihn Luise mir einschenkt?

160. tarren, langsam wie mit einem Lastkarren fahren. V. — Schwager heißt
im Scherze der Postknecht. V. — 161. sich vernüchtern, etwas fürs nüchterne, oder
gegen die Nüchternheit, genießen. V. — 169. geschlant, gleichbedeutend mit schlant.
— 174. wegbirschen, wegschießen. V. — 175. Ziemer, das Rückenstück, besonders
das hintere. Wir kennen dies Wort nur geschlechtslos; bei Adelung ist es männlich. V.
— 182. Krug, eine Schenke; aber nicht wie Voß in der Anmerkung zu diesem Worte
meint: „vom aushangenden Zeichen des Kruges"; sondern ein spezifisch norddeutsches
von diesem verschiedenes Wort, vgl. Deutsches Wörterbuch V, 2424 f.

Hier ein türkisches Rohr, und echter Virginiaknaster,
Lieber Papa, der wie Balsam emporwallt. Schaun Sie, das Rohr ist
Rosenholz, und der Kopf aus Siegelerde von Lemnos."   185
   Jener sprach's; und der Vater bewunderte, freudig empfangend,
Wie so lang und gerade der Schoß des Rosengebüsches,
Blank von bräunlichem Lack, aufstieg mit der Mündung des Bernsteins.
Laut nun erhobst du die Stimm', ehrwürdiger Pfarrer von Grünau:
   „Welch ein Rohr! O gewiß von dem Freund aus Konstantinopel 190
Mitgebracht! Wie gewaltig! Bei Mohammed! über die Scheitel
Raget es! Aber, mein Sohn, zu der Pfeif' Anzündung bedarf es
Einer Cirkassierin wohl; und Er raubet mir meine Luise!
Auch in dem Lehnstuhl muß ich gestreckt ausruhn, wie ein Mufti,
Und ein Vezier im Kaftan auf damascenischem Sofa!   195
Rasch, den Virginiaknaster geprüft! Weib, rufe Susanna,
Daß sie den Trank der Levant' einbring', und den brennenden
                                  Wachsstock.
Wecke mir auch die Luise! Das wittere ja der Propst nicht,
Daß ein Priester die Lippen entweiht mit dem türkischen Greuel!"
   Drauf mit ängstlicher Stimme begann der verlobete Jüngling: 200
„Liebe Mama, ob Luise nicht wohl ist? Frühe ja pflegt sie
Aufzustehn, und Kaffee dem Väterchen einzuschenken."
   Lächelnd erwiderte drauf die alte verständige Hausfrau:
„Faul, mein Sohn! Ich wette, sie steckt noch tief in den Federn."
   Sprach's, und eilte hinaus, und rief der treuen Susanna, 205
Die an dem Brunnenschwengel den tröpfelnden Eimer heraufzog:
   „Hole die silberne Kann', und spute dich, liebe Susanna,
Daß du den Kaffee geklärt einbringst, und den brennenden Wachsstock.
Nicht zu schwach, wie gesagt! der levantische haßt die Verdünnung.

---

183. MA: Hier ist ein türkisches Rohr und ein Pfund virginischer Knaster, —
184. MA: Lieber Papa. Ich hoffe, der schmeckt beim Kaffee. Das Rohr ist — 185. Siegel=
erde, ein feiner Thon, der, zur Bewährung der Echtheit, in versiegelten Beuteln ver=
kauft wird: terra sigillata. V. — 186—189. MA:

    Freudig bewunderte jener den Wuchs des Rosengebüsches,
    Glänzend von bräunlichem Lack, und sprach mit erhobener Stimme:

— 190. MA: Das wohl der Freund — 191. MA: Mitgebracht! Bei Machmud!
(Man. zuerst: „bei Tabago") das reicht mir ja über den Kopf hin! — 192—195. fehlen
MA. — 195. Kaftan, ein langer und weiter Oberrock der Morgenländer. V. — 1.6. MA:
Nun den virginischen — 197. MA: Daß sie uns Kaffee bring', und einen — 198. MA: Sieh
auch zu, wo Luise denn bleibt. Wenn der Probst nur nicht wittert, — 199. MA: Lippen
mit türkischem Greuel entheiligt! — 200. MA: Aber mit ängstlicher Stimme begann der
Pfarrer von Selbau: — 201. MA: Liebe Mama, Luise ist doch nicht krank, daß sie weg=
bleibt? — 202. fehlt MA. — 203. MA: die alte häusliche Mutter: — 205. MA: der
alten — 206. fehlt MA. — 208. MA: Daß du uns Kaffee bringst und einen — 20.. fehlt MA.

210 Setze die Kann' auf Kohlen mit Vorsicht, wenn du ihn trichterst.
Flugs dann stich mir im Garten die neugeschossenen Spargel,
Schneid' auch jungen Spinat; wir nötigen, denk' ich, die Herrschaft.
Käme nur Hedewig bald von den Milchkühn, ohne zu plaudern;
Daß sie sogleich die Karauschen und Hechtlein holte vom Fischer,
215 Und mir die Laub' ausharkt' und den Gang! Leicht ordnet die Mahlzeit
Heute Papa dorthin, wo der Quell von gelegeten Steinen
Niederrauscht in den Bach, und vorn die Kastanie blühet,
Und noch glänzet das Laub des gebogenen Erlenganges.
Siehe, wie rennend der Hahn vom gestapelten Holz mit den Weibern
220 Futter ertrotzt, und die Enten vom Pfuhl, und die Glucke mit Küchlein!
Habt doch Geduld! gleich bring' ich euch Haber und Klei' in der Wanne!
Aber was schimmerte da so geschwind an dem Zaune vorüber?
Schon ein Besuch? Ja wahrlich! Amalia kommt mit dem Kleinen!"
Sprach's, und zur Pforte des Hofes enteilte sie; unter dem Schauer
225 Hüpfte Packan frohknurrend hervor; und sie wehrte dem Schmeicheln.
Also rief sie entgegen, die alte verständige Hausfrau:
„Kinder, so früh in die Luft? O denken Sie! meine Luise
Schläft noch fest wie ein Dachs; und der Bräutigam ist in der Stube!
Treten Sie ein, ich wecke. Wie wird sich das Töchterchen schämen!"
230 Also Mama; da klopft' in die Händ' Amalia lachend.
Aber sie dämpfte die Stimm', und redete, fröhliches Mutes:
„Ach unschuldiges Ding! schlaflos an den Bräutigam denkend
Lagst du; da schwand der Gedank' in des lieblichen Traumes Betäubung,
Unter den Brautmelodieen der Nachtigall! Mütterchen, laß mich!
235 Leise mit Kuß und Gelispel erweck' ich sie; und wenn sie aufstarrt:
Schmücke dich, spott' ich, mein Kind! dein Bräutigam harret mit
Inbrunst!"
Ihr mit drohendem Wink antwortete also die Mutter:
„Wo mir Amalia wagt, mein armes Kind zu verspotten!
Flink in die Stube hinein, und gegrüßt das junge Pastörchen!
240 Denn ihm gilt der Besuch doch eigentlich. Nicht zu geschäftig
Liebgekost um den Walter, ich red' im Ernste, mein Mädchen;
Daß sich die Braut an der Freundin nicht ärgere! Seid ihr vernünftig,

---

210. MA: Aber setze den Kaffee auf Kohlen, wenn du ihn trichterst. — 211—262.
fehlen MA. — 215. ausharten, mit der Harke (Rechen) reinigen. V. — 240. gelten
für betreffen erfordert den vierten Fall: es gilt mein Leben, es gilt mich. Ein
anderes ist: die Entschuldigung gilt mir, statt ich lasse sie gelten. Unsere
besten Schriftsteller erwogen diesen Unterschied nicht immer. V. (Diese Anmerkung ist
1802 zu einer förmlichen Abhandlung erweitert.)

Kinder, ſo kommt arglos auf ein Stück Rehbraten zu Mittag,
Und auf ein freundlich Geſicht; ich werd' auch die gnädige Gräfin
Nötigen. Dann mir gelacht nach Herzensluſt, und geplaudert: 245
Sei's in der Laub' am Bach, ſei's unter dem blühenden Birnbaum,
Der beim leiſeſten Wind' uns weiß die Schüſſel beregnet.
Aber, in aller Welt! was tragen Sie unter dem Mantel?"
    Und die geprieſene Gräfin Amalia ſagte dagegen:
„Ena, wüßten Sie das, mein Mütterchen; gerne vielleicht wohl   250
Würde die Luſt mir gegönnt, die Luiſ' aus dem Bette zu holen.
Einen Talar voll Würde, zur Feſtſamarie, bring' ich,
Aus gewäſſertem Taft, und zwölf anſehnliche Beſſchen.
Anziehn ſoll er es heut', um recht amtsmäßig und ehrbar
Auszuſehn. Nur Schab' um die fehlende Prieſterperücke,   255
Und das gekräuſelte Rad! Gar lächerlich ſchreitet ein Neuling
Unter dem langen Gewand', und hebt den hindernden Saum auf."
    So die fröhliche Gräfin Amalia; ſchnell dann entflog ſie
Leichteres Gangs in die Stube, wo ſchon mit dem Greiſe der Jüngling
War in tiefem Geſpräch von Gelehrſamkeit, und von der Zeitung. 260
Leiſe die Thür' aufſchließend, wie abgewendet ſie ſtanden,
Sprang ſie hinan, und grüßte den froh umſchauenden Jüngling.
    Aber das Mütterchen ſtieg die Treppe hinauf nach der Kammer,
Wo die raſche Luiſe noch ſchlummerte; trat dann behutſam,
Auf den Zehn ſich wägend, damit nicht knarrte der Boden.   265
Und ſie erblickt' im Bette die roſenwangige Tochter,
Welche ſich über der Deck' in völligem Schmucke gelagert,
Weiß, wie den geſtrigen Tag, im rötenden Glanz der Gardine.
Jetzo, wie ſanft ihr Kind aufatmete, ſtand ſie betrachtend,
Neigte ſich, küßte die Wang', und begann mit leiſem Geflüſter: 270
    „Was? unartiges Kind, Langſchläferin! träumſt du noch jetzo,
Daß die Wangen dir glühn? und ſogar in völligem Anzug?
Wahrlich allzu bequem! Hoch ſteht an dem Himmel die Sonne;
Längſt auch zirpte die Schwalb', und der Sauhirt tutet im Dorf um;

252. Samarie, die lange, vorn geſchloſſene Amtskleidung der Geiſtlichen. V. —
263. MA: Alſo rief ſie und ſtieg — 264—274. MA:
     Wo die raſche Luiſe noch ſchlummerte. Leiſ' auf den Zehen
     Trat ſie ans Bett und ſah in dem roten Glanz der Gardine,
     Bräutlich mit weißem Gewande geſchmückt, die blühende Tochter
     Schlafen; ſie küßt' ihr die Wang', und ſprach mit leiſem Geflüſter:
          Faules Mädchen, träumeſt du noch? Wie die Wange dir glühet!
     War dir nicht wohl, daß du in vollem Schmucke dich legteſt?
     Höre, die Schwalbe zirpt, und der Kuhhirt tutet das Dorf wach.

275 Kinderchen, glaub' ich sogar, mit dem Frühstück gehn in die Schule.
Mädchen, heraus! und mustre die frisch entfalteten Blumen;
Auch ob die Ros' in dem Topf am Morgenstrahl sich geöffnet.
Binde den tauigen Strauß, und leg' ihn behend' in den Alkov;
Daß dein Vater sich freu' und wundere, wann er erwachet,
280 Dann nach der Thäterin frag', und, wie artig du seist, dir erzähle.
Dein geperletes Hühnchen hat schon im Stalle gegakelt;
Eil', und suche das Ei, eh dir's abhole der Iltis.
Aber du schläfst mir, Dirne, mit duftenden Blumen im Zimmer!
Schädlich ja sind sie dem Haupte, zumal die Muskathyacinthen."
285 Also redete jene; da fuhr aus dem Schlafe die Jungfrau,
Blickte verstört umher, und seufzete tief aus dem Herzen.
Jetzo die glühende Wange dem Arm aufstützend, begann sie:
„Bist du's, liebe Mama? O wie kam das? Hat denn der böse
Blumenduft mich betäubt? Ein Strauß am offenen Fenster,
290 Meint' ich, schadete nicht; und es sind fast lauter Aurikeln.
Gestern störte die Schwül' am Schlafe mich. Als nun der Wächter:
Ein ist die Glock'! ausrief; mit Verdruß nun sprang ich vom Lager,
Kleidete mich, und sahe die funkelnden Stern' aus dem Fenster,
Vom anhauchenden Winde gekühlt, und die Gegend im Mondschein:
295 Wo der Nachtigall Lied ringsum wetteifernd ertönte,
Und der Gesang auf der Bleich', und die einsame Flöte des Schäfers;
Sahe des Thals grau ziehenden Duft, und des plätschernden Baches
Helle Flut, und den Himmel von Wetterleuchten durchschlängelt.
Endlich nahte der Schlaf; und niedergelegt in den Kleidern,
300 Schlummert' ich ein allmählich, und hört' im Traume noch immer
Nachtigallengesang, und der wehenden Linde Gesäusel.

275. fehlt MA. — 276. MA: und finde von — 277. fehlt MA. — 278. MA: Einen
— 279. MA: Hin vor Papa, damit er sich wundert und freut, wenn er aufwacht. —
280. fehlt MA. — 281. schon, MA: auch — 282. MA: damit es der Iltis nicht aus=
trinkt. — 283. MA: Aber, Dirne, was machst du mit duftenden Blumen? Du weißt ja,
— 284. MA: Daß sie gefährlich sind; vor allen, Muskathyacinthen! — Muskathya=
cinthen, wohlriechende Traubenhyacinthe: Hyacinthus muscari. V. — 285—287. MA:
Sprach's; da fuhr aus dem Schlafe die Jungfrau, sahe sich wild um,
Stützte die glühende Wang' auf den Ellenbogen, und sagte:
— 288. 289. MA: Guten Morgen, Mama. Ein Strauß vor offenem Fenster — 290. und
fehlt MA — 291—301. MA:
Gestern Abend konnt' ich vor Hitze nicht schlafen. Um ein Uhr
Stand ich auf, und kleidete mich, und sah aus dem Fenster,
Vom sanftatmenden Winde gekühlt, die Gegend im Mondschein,
Wo der Nachtigall Lied und die einsame Flöte des Schäfers
Klang, dem weißen Nebel im Thal, und des plätschernden Sees
Helle Flut, und den Ost von Wetterleuchten durchschlängelt.
Müde legt' ich mich jetzo, und schlief beim fernen Gesange
Einer Nachtigall ein, und der wehenden Linde Gesäusel.

Aber ein ſehr unruhiger Schlaf! O du beſte der Mütter,
Sage mir, ob an dem Walde Georg ſchon blaſen gehöret!
Lag ich zu tief mit dem Haupte? Mir ſchlägt das Herz ſo gewaltig!"
　　Lächelnd erwiderte drauf die alte verſtändige Hausfrau:　　305
„Schlägt dir das liebe Herz, mein Töchterchen? Klas hat die Zeitung
Eben gebracht. Sie erzählt von Amerika, und von Gibraltar,
Auch von dem Parlement, und der Reiſe des heiligen Vaters.
Eiferig lieſt der Papa, und vergaß, ſich die Pfeife zu ſtopfen.
Auch iſt unten ein Brief an die Jungfrau Anna Luiſe;　　　310
Walters Hand, wie ich glaube; doch geb' ich's nicht für Gewißheit."
　　Wieder begann liebkoſend die freundliche ſchöne Luiſe:
„Wirklich ein Brief? Du lächelſt. O Mütterchen, ſei nicht grauſam!
Denke, was ſoll ich doch mit Amerika, oder Gibraltar,
Oder dem Parlement, und der Reiſe des heiligen Vaters?　　315
Sage, du warſt auch Braut! o ſage mir, iſt er ſchon unten?"
　　Ihr antwortete drauf die alte verſtändige Hausfrau:
„Tochter, ich will dir's ſagen, auf Ehrlichkeit. Eben beſucht' uns
Einer im Reiſegewand', und bracht' ein türkiſches Rohr mit,
Roſenholz, und den Kopf aus Siegelerde von Lemnos,　　320
Unſerem Vater zur Luſt: ein wohlgearteter Jüngling,
Hoch und ſchön von Geſtalt, der gar nicht prieſterlich ausſieht.
Dieſer erkundigte ſich, wie Gebrauch iſt, nach der Geſundheit
Unſerer lieben Mamſell; auch Amalia, welche hereintrat,
Grüßt' er, wie lange bekannt. Komm ſelber, mein Kind, und be-
　　　　　　　　　　　　　　　　　　tracht' ihn."　　325
　　Alſo Mama; und im Taumel entſprang dem Lager die Jungfrau,
Schmiegte die Arm' ihr feſt um den Hals, und mit feurigen Küſſen
Unterbrach ſie die Red', in dem Laut der Begeiſterung rufend:

302. MA: Aber es war ein ſehr unruhiger Schlaf! O mein trautes — 303. MA:
Mütterchen, iſt denn die Poſt ſchon lange gekommen? Ich lag wohl — 304. MA: Allzu
tief mit dem Kopfe, mir ſchlägt das Herz ſo gewaltig! — 305. MA: die alte häusliche
Mutter: — 306. MA: dein liebes Herz, — 307. MA: Sie iſt voll von — 308. Parlement, die franzöſiſche Form für die gebräuchlichere engliſche (italieniſche?) Form „Parla-
ment". — Die Reiſe des heiligen Vaters, Pius' IV., nach Wien fällt in die Zeit
von Februar — April 1782, die Belagerung von Gibraltar dauerte noch bis Ende dieſes
Jahres. — 309. fehlt MA. — 310. 311. MA: Auch ein Brief iſt gekommen, vielleicht von
dem Paſtor in Seldau? — 312. MA: Aber die Jungfrau küßte die Hand der Mutter, und
ſagte: — 313. MA: ſei nicht ſo grauſam! — 317. MA: die alte häusliche Mutter: —
318—328. MA:

　　Tochter, ich weiß es nicht. Da bracht ein artiger Jüngling
　　Eben ein türkiſches Rohr für Papa, ſo hoch von der Erde!
　　Und erkundigte ſich ſehr höflich nach der Geſundheit
　　Unſerer lieben Mamſell. Komm ſelber, mein Kind, und betracht' ihn.
　　Freudig ſprang aus dem Bette die Jungfrau, ſchmiegte die Arme
　　Feſt um den Hals der Mutter, und ſprach mit feurigen Küſſen:

„Mütterchen, freue dich doch! Du sollst auch die beste Mama sein!
330 Sollst auch die Braut aufputzen, und tanzen auf unserer Hochzeit!
Sollst auch selber noch Braut, und Bräutigam werden der Vater!
Hurtig hinab, ihn zu sehen, den wohlgearteten Jüngling!"
  Ihr antwortete drauf die alte verständige Hausfrau:
„Mädchen, du bist wahnsinnig! Zum Bräutigam geht man ehrbar,
335 So war's Sitte vordem, mit niedergeschlagenen Augen!
Schwärmerin, willst du auf Socken hinabgehn? Ziehe die Schuh' an!
Und wie das Halstuch hängt! Fi, schäme dich, garstige Dirne!"
  Also schalt die Mama; und das Töchterchen, lieblich errötend,
Hüllete schnell in die Seide den schön aufwallenden Busen;
340 Schnallte sich dann, oft fehlend, mit zitternden Händen die Schuhe
Fest um die zierlichen Füß', und enteilete. Bange vor Sehnsucht
Flog sie die Stufen hinab; und die Treppenthüre sich öffnend,
Kreischte sie auf; denn begrüßt von der wartenden Freundin Gelächter,
Sank sie, ach! in die Arme des überseligen Jünglings.

331. fehlt MA. — 332. MA: Hurtig hinab. Damit ich ihn sehe, den artigen Jüngling!
— 333. MA: die alte häusliche Mutter: — 334. 335. fehlten MA. — 336. MA: Mädchen,
— 337. MA: sitzt! — 338—344 MA:
   Schnell mit Erröten verbarg sie den schönen wallenden Busen,
   Schnallte mit zitternden Händen die Schuhe fest, und enteilte
   Wankend die Stufen hinab; und die Treppenthüre sich öffnend,
   Kreischte sie auf — und sank in die Arme des wartenden Jünglings.

Dritte Idylle.

Der Brautabend.

Wer den redlichen Pfarrer von Grünau neulich besucht hat,
Kennt die geräumige Stube, wo sonst ein thönernes Estrich
Schreckt', und ein luftiger großer Kamin, rundscheibige Fenster,
Blind vor Alter und Rauch, voll farbiger Wappen der Vorzeit,
Auch altfränkische Thüren, und mancher beschimmelte Wandschrank.   5
Aber des frommen Greises Ermahnungen rührten das Kirchspiel
Endlich: da ward sie gebaut zu edlerer Gäste Bewirtung,
Rings mit Tapeten geschirmt, mit wärmenden Bohlen gepflastert,
Einem zierlichen Ofen geschmückt, und englischen Fenstern,
Nach dem Garten hinaus und des Sees hochwaldiger Krümmung.   10
Wer ihn jetzo besucht, dem zeiget er gerne die Aussicht,
Jede Bequemlichkeit und Verschönerung, schätzet des Baues
Kosten, und rühmt die Häupter des Kirchspiels. Rings an den Wänden
Hangen die Bilder umher der Familie, jedes nach alter
Sitte geschmückt: die Männer mit aufgeschlagener Bibel;   15
Und den Frau'n in der Hand ein Röselein oder ein Pfirsich.
Hier, von der herbstlichen Flur voll schimmerndes Mettengewebes
Heimgekehrt, verweilten in Ruh' die gnädige Gräfin,
Und die gepriesene Tochter Amalia, Karl und der Jüngling,
Welcher an Walters Statt ihn lehrete. Horchend umringten   20

Dritte Idylle. Zuerst im Teutschen Merkur. November 1784. S. 97—136 unter
der Überschrift: „Luise. An Schulz." (Verglichen mit dem Druckmanuscripte.) — 1. TM:
kürzlich — 3. TM: Schreckte, der luftige große Kamin, kleinscheibichte Fenster, — 5. TM:
Und — 11. TM: zeigt — 16. TM: Und in der Weiber Hand — 17. TM: Von der herbstlichen Flur, die mit schimmernden Metten bedeckt war. — Metten, die fliegenden Spinne-
weben im Herbste; eine norddeutsche Benennung, die Klopstock in die lyrische Sprache
aufnahm: Umschwebt von ziehenden Metten, Od. 2, S. 107. Sie heißen auch
Grasweben, Sommerfäden, fliegender Sommer, Altweibersommer, Marienfäden, und scheinen
dem Volk ein Gespinst von Elfinnen und Zwergen, von der Mutter Maria oder von
Erdwürmern. V. — 18. TM: umringten allhier die — 19. TM: Ihre blühende Tochter

Diese das helle Klavier; denn der Bräutigam sang in der Saiten
Bebenden Ton, o Schulz, die Begeisterung deines Gesanges.
Oft auch mischten Luis' und Amalia fröhlich die Stimmen
In den Gesang; und den Baß, wo es nötig war, brummte der Vater.
25 Jetzo kam aus der Küche die alte verständige Hausfrau,
Nahte sich, klopfete sanft auf Amaliens Schulter, und sagte:
„Buch zu! Weiß nicht die Jugend, man guckt sich blind in der
Dämmrung?
Und noch lange bedarf sie der Äugelein. Reiche den Fruchtkorb,
Liebes Kind, und schäle mit deinem silbernen Messer.
30 Gieb Amalien dort den gesprenkelten Gravensteiner,
Welchen sie liebt; auch denk' ich, die Bergamott' ist nicht übel,
Und die französische Birne, die weiße sowohl wie die graue.
Schön sind die Trauben dies Jahr und die Pfirsiche, groß und
balsamisch!
Aber wischen Sie, Karl, den blauen Duft von den Pflaumen;
35 Fühlen Sie solche heraus, die vom Steine los und am Stengel
Runzelich sind: frisch hat sie mein Hans von dem Baume geschüttelt.
Töchterchen, schaff' auch Licht, und den grünen Schirm für die Gräfin.
Denn ich darf doch hoffen, sie gönnen uns Ihre Gesellschaft
Heute bei Butterbrot; wir geben's so gut wir es haben.“
40 Jene sprach's; ihr erwiderte drauf die gesellige Gräfin:
„Selber uns einzuladen, gedachten wir. Aber kein Aufwand!“
Jetzo redetest du, ehrwürdiger Pfarrer von Grünau:
„Mutter, man täuscht sich leicht mit Erwartungen; rede die Wahrheit.
Butterbrot bedeutet ein Paar Kramsvögel und Drosseln,
45 Etwa mit Apfelmus; nach dem Sprichwort muß es dabei sein.
Ferner klatsch' in dem Zuber ein schwärzliches Ding wie ein Sandart,
Oder auch zween, wie mir dauchte; doch das ist bloße Vermutung.
Aber für Karl erscheinet ein irdener Napf mit Kartoffeln,
Klar wie Krystall, in der Hülf', an Geschmack den Kastanien ähnlich,

---

26. TM: klopfte. — 28. TM: lange braucht man die — 20—31. TM: Liebes Kind.
Ich denke, die Bergamott' ist nicht übel, — 30. Gravensteiner, ein edlerer Apfel in
Holstein, der nach dem fürstlichen Schlosse Gravenstein, wie man sagt, aus Italien ge=
bracht wurde. V. — 32. TM: Auch — 33. TM: Schön sind dies Jahr die Trauben und
Pfirsiche. — 36. TM: mein Hans hat sie frisch vom — 37. TM: schaff uns auch —
38. TM: Denn ich hoffe, sie gönnen uns ihre werte — 30. TM: beim — 40. TM:
Freundlich erwiderte drauf die gnädige Gräfin und sagte: — 41. TM: Wenn wir nicht
lästig sind, so bleiben wir. Aber — 42. TM: Drauf antwortetest du, — 45. TM: Etwan
auch — 46. TM: im — Sandart oder Sander, ein schmackhafter Fisch aus dem
Barschgeschlecht, perca lucioperca. V. — 48. MA: erscheint — 40. TM: Hülse. Zuletzt
noch der purpurne Kohlkopf.

Aus holländischer Saat. Auch ein Marschkäs' ohne Vergleichung 50
Ladet den Durst. Dann plötzlich erfreut uns der purpurne Kohlkopf,
Unser Freund! zur Ehre des Priestertumes mit Bischof
Angefüllt. O wie kommt's? mir ist heute so wohl und behaglich,
Als wenn man irgend was Gutes vollendete, oder auch vorher!"
Also der feurige Greis, und verschob das samtene Käppchen, 55
Welches die Glatz' ihm hüllt' in des heiligen Amtes Verwaltung,
Wann er im grauenden Haar dir glich, mildredender Spener.
Zwar die Gräfin begehrt', und Amalia, töchterlich schmeichelnd,
Daß er die wärmende Mütz' aufsetzt' als Vater des Hauses,
Und sich den Festschlafrock anlegete; doch er versagt' es. 60
Aber nachdem Luise das Obst geschält und genötigt;
Rasch enteilte sie nun zum Schrank in der täglichen Stube,
Nahm die silbernen Leuchter, und fügt' auf jeden ein Wachslicht:
Welche die häusliche Frau vornehmeren Gästen nur anbot,
Etwa dem Propst beim Kirchenbesuch, und der gnädigen Gräfin, 65
Und wann ihr Hochzeitsfest sie erfreuete, und ein Geburtstag.
Diese nahm sie heraus und die stählernen Schnäuzen mit Federn,
Eilete dann in die Küch', und sprach zu der treuen Susanna:
"Zünde die Lichter mir an, und trage sie, liebe Susanna,
Flugs in die Stub', auch bringe den grünen Schirm für die Gräfin. 70
Ich nun steig' in den Keller hinab, und hole zum Bischof
Roten Wein, Pomeranzen, und unseren purpurnen Kohlkopf.
Zucker steht in der Kammer genug; und das Übrige weißt du."
Ihr antwortete drauf die gefällige treue Susanna:
"Gleich, mein Jüngferchen, gleich! Nur erst die reinliche Schürze 75
Bind' ich vor; sonst könnte mich leicht auslachen die Herrschaft."
Als nun Luis' aus dem Keller emporstieg, schwer belastet;
Kam die fröhliche Gräfin Amalia hinter Susanna
Schnell aus der Thür', und begann zu der rosenwangigen Jungfrau:
"Komm ein wenig hinauf in das Kämmerlein! Dir ja geziemet nicht, 80

---

50. 51. fehlen TM. — 53. O] fehlt TM. — 55—60. fehlen TM. — 57. Spener,
ein frommer Geistlicher, der thätiges Christentum in Predigten und häuslichen Andachts-
übungen beförderte. V. — Phil. Jakob Spener 1635—1705. — 61. TM: die Früchte gereicht und — 62. TM: Eilte sie hin und schloß in der täglichen Stube den Schrank auf,
— 63. TM: steckt — 64. TM: Welches — 67. fehlt TM. — 68. TM: Eilte — 70. TM:
Zu der Gesellschaft hinein und den — 71. TM: Ich will indes in den Keller hinuntergehn
und zum Bischof — 72. MA: unsern — 73. TM: Holen, auch Zucker dabei. Du weißt schon,
was du zu thun hast. — 75. TM: gleich! Ich binde mir nur die gedruckte — 76. TM: Schürze
vor, daß mich die gnädige Herrschaft nicht auslacht. — 77. TM: Keller belastet wieder
emporstieg, — 79. TM: und sprach zu des Pfarrers blühender Tochter: — 80—82. TM:
Komm ein wenig hinauf in dein Kämmerlein. Siehe des Mondes
Sichel, die, blank wie Silber, durch hellere Wolken dahinschwebt,

Uns in der Küche das Mahl zu beschleunigen, gute Luise!
Schau, wie die Sichel des Mondes, die blank hinschwebet wie Silber,
Grab' in die Fenster dir blinkt; es plaudert sich lieblich im Mondschein.
Drinnen halten sie Rat, den veröbeten Garten in Seldorf
85 Anzubaun. Tritt leise; der Bräutigam möchte dir nachgehn."
    Jene sprach's; da reichte die Braut der treuen Susanna,
Was sie trug, in die Händ' und ermahnte sie. Jetzo der Freundin
Folgte sie, leis' auftretend, und schalt die knarrenden Stufen.
Als sie nunmehr eingingen zur traulichen Kammer im Mondschein,
90 Hand in Hand, wo sie oft des gemeinsamen Werks sich gefreuet,
Oder des geistigen Buchs, und des stilleren Mädchengespräches;
Jetzo begann Luise, gewandt zu der trauten Gespielin:
    „Setze dich hier in den Sessel, Amalia; wo ich so manchmal
Neben dir saß. Bald trennt uns die bittere Stunde des Abschieds!"
95   Also sprach wehmütig die Braut, und drückte die Hand ihr
Innig. Da trat an das Fenster Amalia, blickte den Mond an,
Und das Gewölk, das flüchtig mit wechselndem Glanz ihn vorüber
Wallete, jetzt ihn enthüllt', und dunkeler jetzo dahinzog;
Und wie der Wind auf dem Hofe das gelbe Laub von den Bäumen
100 Wirbelte, wogt' und zerstreute, mit schauerlichem Gerassel:
Sinnend stand sie, und schwieg; und der Mond beglänzte die Thräne,
Die auf rosiger Wang' ihr zitterte. Aber sie hielt sich,
Wandt' ihr Gesicht ins Dunkel, und sprach mit erzwungenem Leichtsinn:
„Rede, wie Bräuten geziemt, was Fröhliches, nicht von dem Abschied,
105 Trautes Kind! und zumal am heiligen Polterabend,
Da schon Kammer und Bette zur Hochzeitfeier geschmückt ist!
Schad' um die kleine Luise, das jugendlich hüpfende Mägdlein,
Daß es so bald Hausmütterchen wird, und dem Manne gehorsam!
Männer küssen nicht mehr mit Bescheidenheit, oder errötend;
110 Herrisch umarmt die Gattin der Herr Gemahl, und zerküßt ihr,
Oft mit stechendem Kusse, die Wängelein, wann es ihm einfällt:
Alles nach Pflicht und Gesetz, und endlich muß sie noch wiegen.
Sage, wie bogst du den Nacken so willig ins Joch, da du schön bist?"

Drohend erwiderte drauf die freundliche schöne Luise:
„Spötterin, nicht so getrotzt! Dir glühn die schelmischen Äuglein 115
Nicht umsonst; und ich fühle, wie mächtig es hier in dem warmen
Wallenden Busen dir pocht. Ein Jüngferchen sträubet sich minder,
Und ein anderes mehr; doch folgen sie alle nicht ungern.
Warum hülfe man doch so emsiglich, um der Gespielin
Ihr hochzeitlich Gewand zu fertigen, oder den Brautkranz 120
Froh, mit leisem Gesang' und Seufzerchen, und mit Gelächter?
Aber du mußt doch sehen, wie unsere schöne Besetzung
Von natürlichem Moos und taftenen Purpurrosen
Auf dem schimmernden Atlas sich ausnimmt. Heut in der Frühe
Hab' ich geheim vollendet, damit nicht Walter mich störte.“ 125
Also Luis', und erhob das milchweiß schimmernde Brautkleid
Aus der Kommod', und zeigt' es am matteren Strahle des Mondes.
Lange besah es entfaltend Amalia; jetzo begann sie:
„Kind, ich beneide die Pracht! Nun danke du meiner Erfindung!
Aber wir sollten doch sehn, wie es aussieht, wann dich der Vater 130
Morgen bei uns antraut, in dem stattlichen Ehrengewande.
Steht nicht dort am Fenster ein Myrtenbäumchen zum Brautkranz?“
Lächelnd erwiderte drauf die rosenwangige Jungfrau:
„Was du für Tand aussinnst, Mutwillige! Soll ich zuletzt noch
Mädchenhaft mit meiner Amalia spielen und albern? 135
Krampe die Thüre nur zu; der Bräutigam möchte mir nachgehn.“
Sprach's, und nahm von dem Haupte den schöngeformten Filzhut,
Weiß und samtener Weiche, mit bräunlichen Zotten gerändet
Lösete dann ihr Kastanienhaar, das in glänzenden Ringeln
Über die Schulter sich goß, unentstellt vom Staube des Mehles. 140
Aber Amalia stand, und schlichtete sanft ihr die Locken
Mit weitzahnigem Kamm, und freute sich ihres Geringels;

---

114. TM: Drohend gab ihr darauf die schöne Luise zur Antwort: — 119. TM: wenn
der Gespielin — 120. TM: Ihr hochzeitlicher Schmuck bereitet wird, oder ihr Brautkranz
— 121. TM: Unter leisem Gesang und Seufzerchen? Aber du mußt doch — 122—125. TM:
     Sehn, wie unsre Besetzung von roten und weißen Rosen
     Und natürlichem Moos auf dem schimmernden Atlas sich ausnimmt.
— 126. TM: Also sprach sie und nahm das — 127. TM: es der trauten Freundin im
Mondschein. — 128. TM: Lange besah es rührend (Man.: rühmend) Amalia, — 129. fehlt
TM. — 130. TM: Zieh es doch an, Luise, damit mir sehn, wie es aussieht, — 131. TM:
Wenn dich morgen dein Vater bei uns dem Bräutigam antraut. — 132. TM: Dort an dem
Fenster steht ja ein — 133. TM: drauf des Pfarrers blühende Tochter: — 134. 135. fehlen
TM. — 137. TM: Also sprach sie und legte den schöngeränderten Filzhut — 138. fehlt TM.
— 139. TM: Nieder und löste ihr Haar, das in braunen glänzenden Ringeln — 140. TM:
Unentstellt vom Staube des Mehls, ihr die Schulter hinabfloß.

Ordnete dann und flocht, nach der Sitte der attischen Jungfraun:
So wie Praxiteles einst und Phidias Mädchen des Himmels
145 Bildeten, oder sich selber die Mus' Angelika malet:
Also schuf sie das lockre Geflecht, das, in Wellen sich blähend,
Mit nachlässiger Schwingung zurück auf die Scheitel gerollt war.
Aber des Nackens Weiß' umflatterte zartes Gekräusel,
Gleichsam entflohn; und vorn, um Hals und Schulter sich windend,
150 Schlängelten ihr zwo Locken hinab auf den wallenden Busen.
Jetzo brach sie Gesproß von der Myrtenstaud' an dem Fenster,
Band es ründend mit Zeid', und kränzte dich, edle der Jungfraun,
Selber würdig des Kranzes, dich würdige! Sanft nun umschlang ihn
Welliges Haar ringsum, es verbarg ihn hinten die Flechte.
155 Und Amalia neigte sich hold, anredend die Jungfrau:
„Bräutchen, das Haupt ist geschmückt, wie den Grazien, und wie
      der Hebe,
Wenn sie im Frühlingstanz sich vereinigen um Aphrodite.
Jetzt mit dem schönen Gewand umhülle dich. Aber zum Brautschmuck
Stünden ein feineres Hemd und seidene Strümpfe nicht unrecht."
160 Nickend erwiderte drauf das rosenwangige Mägdlein:
„Großen Dank! ich trage mein Hemd, wie es wackeren Jungfraun
Ziemt, beständig von feiner und selbstgesponnener Leinwand!
Schaue nur hier am Halse! Wozu denn das saubere Spinnrad,
Welches Papa mir geschenkt, die zartesten Flocken zu spinnen,
165 Während er liest im Gesurr am heimlichen Winterabend,
Oder Geschichten erzählt! Dein Scherz mit den seidenen Strümpfen
Ginge noch wohl, wenn dir's, Brautjüngferchen, also gelüstet."
Sprach's, und holte die Strümpf', und die festlichen Schuhe
      von Atlas,
Wandte sich weg, und streifte der Baumwoll' helles Gewirk ab,
170 Hüllete flugs in die Seide die zartgeründeten Füßchen,

---

143. TM: griechischen — 144. 145. TM: So wie des Bildners Form und Angelikas
Pinsel sie ausschmückt. — 144. Praxiteles und Phidias, griechische Bildner aus der
schönsten Zeit. V. 145. Angelika Kaufmann, eine deutsche Malerin in Rom
(1791—1807), deren eigenhändiges Bildnis die Herzogin Amalia von Weimar besaß. V.
— 146. TM: Hinten das lockere schöne Geflecht, — 148. TM: Aber den weißen Nacken —
151. TM: Jetzo pflückte sie Zweige des Myrtenbaums — 152. TM: Band mit Zeide den
Kranz und — 153. Sanft nun TM: Traulich. — 154. TM: Rings ihr welllichtes Haar und
hinten verbarg ihn die Flechte. — 155. TM: hold, und sprach zu der J — 156—158. TM:
Bräutchen, dein Haupt ist geschmückt; nun kleide dich. Aber zum Brautschmuck — 159. TM:
nicht übel. — 160. TM: Nickend gab ihr darauf die schöne Luise zur Antwort: — 163—
166. TM: Schaue nur hier am Busen! Der Scherz mit den seidenen Strümpfen —
169. 170. TM: Wandte sich weg und schmückte die zartgeründeten Füßchen

Sittſam, nahete dann; und die ſilbernen Schnallen im Mondſchein
Funkelten. Raſch nun warf ſie das leichte Gewand von der Schulter,
Fein und olivengrün, umglänzt von ſtählernen Knöpfen,
Über die Lehne des Stuhls; und nahm aus den Händen der Freundin
Ihr hochzeitlich Gewand, mit Moos umbordet und Roſen: 175
Welches den lieblichen Wuchs nachahmete, ſanft anſchließend;
Nicht mit der gaukelnden Mod' unförmlichem Wulſte die Hüften
Laſtete. Eilig bedient von Amalia, ſchlüpfte die Jungfrau
In das Gewand; mit Gerieſel hinab zu den Ferſen entwallt' es,
Hell vom Monde beglänzt; und ſie ſchnürt' es behend um den Buſen, 180
Welcher, des Zwangs unwillig, ſich hob voll üppiger Jugend;
Und wie ein fließender Duft umhüllt' ihn der florene Schleier:
Alſo ſchwebt in Nächten des Mais um die Scheibe des Mondes
Oft ein dünnes Gewölk, den äußeren Rand nur enthüllend.
Aber Amalia küßte die Braut, und ſagte mit Inbrunſt: 185
„Du holdſeliges Mädchen! Wie ſchlank und erhabenes Wuchſes
Wandelt ſie, anmutsvoll, als ſchwebte ſie! Und o wie lieblich
Dieſes Engelgeſicht, und die Roſenwange voll Unſchuld,
Und dies glänzende Blau der Äugelein! Willſt du mich anſehn!
Komm und ſchau in den Spiegel, und ſchäme dich, daß du ſo ſchön biſt! 190
Trauteſte, nimm das Gehenk, noch warm vom Buſen der Freundin,
Zum Andenken von mir: mein Nam' aus eigenem Haar iſt
Vorne geſchränkt, und hinten die ſchöngeflochtene Locke:
Daß du, den Schmuck anlegend, auch fern dich meiner erinnerſt.“
Sprach's, und band der Freundin das ſchöne Gehenk um den Nacken, 195
Das, den goldenen Bord eirund mit Perlen umringet,
Unter geſchliffnem Kryſtalle das Haar und den Namen beſchirmte.
Und ſie umarmten einander, die zwo gleichherzigen Jungfraun,
Heftig mit langem Kuß, und gelobeten ewige Freundſchaft;
Heiß vordringende Zähren vermiſchten ſich. Aber mit einmal   200

---

171. TM: nahte ſich dann: — 172. TM: Aber nun warf ſie behend ihr Gewand —
174 175. TM: Nahm aus der Freundin Hand ihr roſenumblühetes Brautkleid. — 176. TM:
nachahmens umſchloß und die Hüften — 177—180. TM:
    Nicht mit modiſchen Höder belaſtete; zog es ſich eilend
    An, von der Freundin bedient und ſchnürt' es feſt um den Buſen
— 181. TM: unduldend, in wallender Schönheit emporſtieg; — 184. TM: äußerſten —
186. 187. TM: Du holdſeliges Mädchen! Wie ſchlank von Wuchs; und wie lieblich —
188. und fehlt TM. — 189. TM: das — 191. TM: Nimm dies Buſengehenk, — 192. TM:
es iſt mein Name, von meinem — 193. TM: Eigenen Haare geſchränkt, und eine ge-
flochtene Locke. — 194. fehlt TM. — 195. TM: hing (Man.: band) — 196. TM: Das
eiförmig, den goldenen Rand mit — 197. TM: Kryſtall die blonden Haare beſchirmte. —
198—200. TM: Und ſie umarmten einander mit Heftigkeit. Aber mit einmal

Klopfte der Bräutigam an, und aufzuſchließen verſuchend,
Rüttelt' er.   Siehe da ſprang Amalia ſchnell nach der Thüre
Lachend, und krampte ſie auf; und der Bräutigam trat in die Kammer.
Jene nun faßte die Braut, wie ſie bebend ſtand und errötend,
205 Wild an der Hand, und ſtellte ſie dar dem erſtaunenden Jüngling.
Jetzo begann, ſich neigend, Amalia, fröhliches Mutes:
„Bräutigam, ſo wird morgen Luiſ' ausſehen im Brautſchmuck.
Macht' ich es recht?   Aufmerkſam geſchaut, ob das Mädchen auch
ſchön iſt!“
Jene ſprach's; doch der Bräutigam ſtand ſprachlos und verſtummend.
210 So wie ein ländlicher Mann, dem das Herz mit ſüßer Entzückung
Menſchlichkeit nährt' und Natur, und der Kunſt nachahmende Schönheit,
Fröhlich den Apfelbaum in voller Blüte betrachtet,
Welchen er ſelber gepflanzt an der Lieblingsſtelle des Gartens;
Lange freut' er ſich ſchon, wie er knoſpete; plötzlich entrief ihm
215 Fern in die Stadt ein Geſchäft; doch den heimgekehrten Vollender
Führt ſein Weib in den Garten, und zeigt ihm den blühenden
Fruchtbaum,
Der voll rötlicher Sträuße, beglänzt vom Golde des Abends,
Daſteht, ſchauernd im Weſt, und mit lieblichem Duft ihn umwehet;
Staunend betrachtet er lang', und umarmt die liebende Gattin:
220 Alſo ſtaunt' auch der Jüngling dem Anblick ſeiner geſchmückten
Blühenden Braut; es empört' ihm das Herz bangatmende Wolluſt.
Aber die Arm' ausbreitend mit Innigkeit, ſank ihm die Jungfrau
Schnell an die Bruſt; und die Seelen der Liebenden floſſen, von
Himmels-
Wonne berauſcht, im langen und bebenden Kuß in einander.
225 Endlich begann die ſchöne Luiſ', aufſchauend zum Jüngling:
„Aber du haſt mich doch lieb, mein Bräutigam?   Steht mir der
Anzug
Gut? und bin ich auch hübſch?   Amalia hat mich verleitet!“

201. TM: und verſuchte die Thüre zu öffnen. — 202. TM: Lachend ſprang mit Entzücken Amalia ſchnell nach der Thüre, — 203. TM: Krampte ſie ungeſtüm auf; und —
204. TM: Und ſie faßte — 205. TM: Schnell bei der Hand und führte ſie hin zu dem
ſtaunenden Jüngling. — 206—209. fehlen TM. — 210. So fehlt TM. — 211—213. TM:

Säugte die ſchöne Natur, den Apfelbaum, den er ſelber
Pflanzte, zum erſtenmal in voller Blüte betrachtet;

— 214. TM: ſchon der ſchwellenden Knoſpen: da rief ihn — 215. TM: doch jetzt, da er
fröhlich zurückkehrt, — 216. TM: Führt ihn ſein — 219. fehlt TM. — 220. Alſo ſtaunte
der Jüngling beim — 221. TM: ihm pochte durchs Herz — 222. TM: Aber die Jungfrau
ſank ihm mit ausgebreiteten Armen — 225. TM: Luiſ', und ſprach zu dem Jüngling:

Also die Braut; da begann mit herzlicher Stimme der Jüngling:
„Schön ist meine Luis', und hold, wie ein Engel des Himmels!
Wende den schmachtenden Blick, du Herrliche! oder ich küsse   230
Dir die Äugelein zu, die mir die Seele bezaubern!
O du mein auf ewig! Nur wenige Stunden, und ewig
Sind wir vereint; und der Segen des redlichsten unter den Vätern
Folgt uns nach, und der Segen der redlichsten unter den Müttern!
Aber komm doch hinunter, du süße Braut! Dein liebes   235
Väterchen muß sich ja freun, und Mütterchen, daß du so schön bist!"
    Also sprach der Jüngling, und ahndete nicht, was bevorstand.
Schnell dann am Arme gefaßt entführt' er sie, welche vergebens
Schutz von Amalia flehte, mit sanfter Gewalt aus der Kammer.
Als nun scherzend der fröhliche Zug die Treppe hinunter   240
Polterte, eilt' aus der Küche Mama, zu sehn, was da wäre.
Voll Verwunderung rief die alte verständige Hausfrau:
    „Seht doch in aller Welt! was mir das mutwillige Kinder
Sind! Juchheien sie nicht wie die Vögelein, wann sie im Frühling
Nester baun? Nur Geduld! du kömmst noch früh aus dem Brautkranz   245
Unter die Haube, mein Kind! Dann sitzt man ruhig und brütet!
Geht nun verständig hinein, Unartige! daß sich der Vater
Freu', und die gnädige Gräfin, wie schmuck das Töchterchen aussieht,
Unter dem Ehrenkranz! Der Bräutigam führe sie ehrbar!"
    Ihr antwortete drauf die rosenwangige Tochter: 250
„Schilt die Amalia doch, die Verführerin! Mutter, sie taugt nicht!"
    Aber das Mütterchen drehte den Griff von blinkendem Messing,
Ließ vor sich die Kinder hineingehn, folgte dann selber.
Plötzlich entflog aus des Bräutigams Hand die blühende Jungfrau,
Hüpfte hinan, und schlang sich mit beiden Armen dem Vater   255
Fest um den Hals, und küßte den Mund, und küßte die Wang' ihm,
Auch die Stirn', und ruhte, mit unaussprechlicher Regung,
Heiß die Wang' und bethränt, an der Wange des staunenden Greises.

---

228. TM: Und mit herzlicher Stimme begann der liebende Jüngling: — 231. TM: die meine Seele — 242—234. fehlen TM. — 237. fehlt TM. — 238. TM: Rief's und nahm sie beim Arm und führte sie, welche vergebens — 241. TM: die Mutter — 243. TM: das für (Man.: das) — 247—249. TM:

     Aber geht doch hinein, daß der Vater sich über sein liebes
     Schmuckes Töchterlein freue, der Bräutigam führe sie ehrbar.

— 250. 251. fehlen TM. — 252. TM: Also sprach sie und drehte — 253. TM: hineingehn und folgte — 254. TM: enteilte des — 255. TM: Hüpfte dahin — 256—258. TM:

     Fest um den Hals und küßt' ihm den Mund und ruhte mit heißer
     Wange, von Thränen benetzt, an der Wange des staunenden Greises.

Sprachlos drückte der Greis an das klopfende Herz sein geliebtes
260 Töchterchen; laut nun rief er im stammelnden Ton der Entzückung:
„Gottes Segen mit dir, holdseliges, allerliebstes
Töchterchen; Gottes Segen auf dieser Erd' und im Himmel!
Ich bin jung gewesen, und alt geworden; und vielfach
Hab' ich Freude von Gott, und vielfach Kummer geschmecket,
265 Im abwechselnden Leben, und Gott gedanket für beides!
Gerne will ich nunmehr mein graues Haupt zu den Vätern
Niederlegen ins Grab: denn meine Tochter ist glücklich!
Glücklich, weil sie es weiß, daß unser Gott, wie ein Vater,
Seiner Kindelein pflegt, durch Freud' und Kummer uns segnet!
270 Wunderbar regt sich mein Herz beim Anblick einer geschmückten
Jungen Braut, wie sie hüpfend, in holder kindlicher Einfalt,
An des Bräutigams Hand den Pfad durchs Leben beginnet:
Alles zu tragen gefaßt in Einigkeit, was auch begegnet,
Ihm mitfühlend die Lust zu erhöhn, zu erleichtern die Unlust,
275 Und, will's Gott, von der Stirne den letzten Schweiß ihm zu trocknen!
Ebenso wallete mir's von Ahndungen, als nach der Hochzeit
Ich mein jugendlich Weib heimführete. Freudig und ernstvoll
Zeigt' ich ihr am Moore die Grenzstein' unseres Feldes,
Jetzo den Kirchenturm und die Wohnungen, jetzo das Pfarrhaus,
280 Wo uns beiden so manches bevorstand, Gutes und Böses!
Du, mein einziges Kind! denn in Wehmut denk' ich der andern,
Wann mein Gang zur Kirch' an der blumigen Gruft mich vorbeiführt!
Bald, du Einzige! wirst du auf jenem Wege dahinziehn,
Welchen ich kam; bald steht mir des Töchterchens Kammer verödet,
285 Und des Töchterchens Stelle bei Tisch; ich horche vergebens
Ihrer Stimm' in der Fern', und ihrem kommenden Fußtritt.
Wenn du mit deinem Mann auf jenem Wege dahinziehst;
Schluchzend werd' ich und lange mit heißen Thränen dir nachsehn!
Denn ich bin Mensch und Vater, und habe mein Töchterchen herzlich,
290 Herzlich lieb! und mich liebt mein Töchterchen eben so herzlich!
Aber ich werde getrost mein Haupt aufheben zum Himmel,

259. TM: an sein — 260. TM: Töchterchen; endlich rief er im stammelnden Laut
der Entzückung: — 263. TM: und habe — Ich bin jung gewesen und alt geworden, nach Psalm 37, 25. V. — 264—267. TM:
  Freud' und Kummer geschmeckt! nun will ich gerne mein graues
  Haupt in die Gruft hinlegen: denn meine Tochter ist glücklich!
— 268 f. Nach Psalm 105, 13. V. — 269. TM: Kindlein — 273—275. fehlen TM. —
281. TM: denn traurend denk' — 284. mir fehlt TM. — 291. TM: zum Himmel erheben,

Trocknen mein Angesicht, und, fest die Hände gefaltet,
Mich im Gebete vor Gott demütigen, der, wie ein Vater,
Seiner Kindelein pflegt, durch Freud' und Kummer uns segnet!
Sein ist auch das Gebot, des Liebenden: 'Vater und Mutter 295
Soll verlassen der Mensch, daß Mann und Weib sich vereinen.'
Geh denn in Frieden, mein Kind; vergiß dein Geschlecht, und des Vaters
Wohnungen; geh an der Hand des Jünglinges, welcher von nun an
Vater und Mutter dir ist! Sei ihm ein fruchtbarer Weinstock
Um sein Haus; die Kinder um euren Tisch, wie des Ölbaums 300
Sprößlinge! So wird gesegnet ein Mann, der dem Herrn vertrauet!
Lieblich und schön sein ist nichts; ein gottesfürchtiges Ehweib
Bringet Lob und Segen! Denn bauet der Herr das Haus nicht,
Dann arbeiten umsonst die Bauenden! ... Mutter, was sagst du?
Soll ich sie traun? Nicht besser ja ist der morgende Tag uns!" 305
    Also der Greis; laut weinte, die Händ' auffaltend, die Mutter;
Laut auch weinte Luis', und barg an dem Vater das Antlitz;
Auch der Bräutigam weint'; es weint' Amalia seitwärts.
Selbst die alternde Gräfin bezwang nicht länger die Thräne,
Eingedenk des guten Gemahls, und wie viel sie erduldet. 310
Endlich begann aufschluchzend die alte verständige Hausfrau:
    „Traue sie, Mann, im Namen des allbarmherzigen Vaters."
Jetzo erhob sich vom Sitze der würdige Prediger Gottes,
Feierlich; hieß die Braut, wie sie bebend stand und errötend,
Ihm zur Rechten sich stellen, und links den staunenden Jüngling; 315
Wandte sich drauf zu dem Jüngling, und sprach mit erhobener Stimme:
    „Lieber Sohn, ich frage vor Gott und dieser Versammlung.
Wählt Er mit ernstem Bedacht zur ehlichen Gattin die Jungfrau
Anna Luise Blum? Verspricht Er, als christlicher Ehmann,
Freude mit ihr und Kummer, wie Gott es fügt, zu ertragen, 320
Und sie nicht zu verlassen, bis Gott euch väterlich scheidet,
Unter den Seligen euch zu vereinigen immer und ewig?"
    Also der Greis; und „Ja" antwortete freudig der Jüngling.

294. TM: Seine Kindlein — 295. TM: auch jenes — 295—305. Sprüche aus 1. Mos.
2, 24. Psalm 15. 2. 127, 2—4. Sprüche Sal. 31, 30. 31. Psalm 127, 1. 2. V. —
303. TM: Denn wo der Herr nicht das Haus baut, — 304. TM: So arbeiten — 305.
TM: Soll ich die Kinderchen traun? Der morgende Tag ist nicht besser. — 305—310.
fehlen TM. — 311. TM: Schluchzend rief mit Thränen die — 312. TM: des lieben
himmlischen Vaters! — 313. TM: der gottesfürchtige Pfarrer — 315. TM: stellen, zu
seiner Linken den Jüngling; — 317. TM: frag' Ihn — 318. TM: Wählt Er zu seiner
Gattin die gegenwärtige Jungfrau — 320. TM: Freud' und Kummer mit ihr, — 321.
TM: bis Gott durch den Tod euch scheidet? — 322 fehlt TM. — 323. TM: Sprach's;
und ein freudiges „Ja" erscholl aus dem Munde des Jünglings.

Drauf zu der blühenden Braut, die annoch ihr thränendes Antlitz
325 Trocknete, wandt' er die Red', und sprach mit erhobener Stimme:
„Tochter, ich frage dich auch vor Gott und dieser Versammlung.
Wählst du mit ernstem Bedacht zum ehlichen Gatten den Pfarrer
Arnold Ludewig Walter? Versprichst du, als christliches Ehweib,
Freude mit ihm und Kummer, wie Gott es fügt, zu ertragen,
330 Und ihn nicht zu verlassen, bis Gott euch väterlich scheidet,
Unter den Seligen euch zu vereinigen immer und ewig?"
Also der Greis; und „Ja" antwortete leise die Jungfrau.
Weiter redetest du, ehrwürdiger Pfarrer von Grünau:
„Kinder, gebt euch die Hand; die gewechselten Ringe der Treue
335 Habt ihr seit der Verlobung bereits in Liebe getragen."
Jener sprach's, und legt' auf des Jünglinges Hand und der
Jungfrau
Seine bebende Hand, und sprach mit erhobener Stimme:
„Kinder, ich segne hiemit als Diener des göttlichen Wortes,
Segne mit allen Segen des allbarmherzigen Gottes,
340 Euren ehlichen Bund! Euch hat der Vater im Himmel
Beide zusammengefügt; kein Mensch vermag euch zu scheiden.
Segn' und behüt' euch der Herr! der Herr erleuchte sein Antlitz
Gnädig euch! es erhebe der Herr sein Antlitz, und geb' euch
Seinen Frieden allhier, und dort in Ewigkeit! Amen."
345 Also rief er, und schloß die erschrockene Braut und den Jüngling
Beide zugleich in die Arme, sein Herz voll stürmischer Wehmut,
Hielt sie lange verstummt, und herzte sie. Aber die Mutter
Nahete jetzt, und im Laute der innigsten Rührung begann sie:
„Väterchen, hast du genug? Mir her! Sie gehören mir auch zu!"
350 Sprach's, und entriß die Kinder dem Arm des liebenden Vaters;
Und an die Brust sie drückend mit Heftigkeit, eins nach dem andern,
Küßte sie Stirn' und Wangen und Mund, ausrufend den Glückwunsch:
„Trauteste, kommt an mein Herz! Gott segne dich, trauteste Tochter!

324. 325. TM: Drauf zu der blühenden Tochter sich wendend, fragte der Pfarrer: —
327. TM: Wählst du zu deinem Gatten den würdigen Pfarrer von Zeldorf, — 329. TM:
Freud' und Kummer mit ihm, — 330. TM: bis Gott durch den Tod euch scheidet? —
331. fehlt M. — 332. TM: Sprach's; und ein schüchternes Ja erscholl aus dem Munde der
Jungfrau. — 334. TM: die Treuring' habt ihr gewechselt. — 335. fehlt TM. — 336. TM:
Sprach's, und legt' auf die Hände des Bräutigams und der Jungfrau — 348. TM: Nahte
sich jetzt und sprach mit dem Laut der innigsten Rührung: — 349. TM: Vater, du hast
genug! die Kinderchen hören mir auch zu. — 350—352. TM:
    Sprach's und umarmte sie beide mit Heftigkeit, küßte den Kindern
    Stirn' und Wangen und Mund und begann den herrlichen Glückwunsch:
— 353. fehlt TM.

Göttinger Dichterbund I. 4

Trautester Sohn! Gott segn' euch! der Stifter des heiligen Ehstands!
Wachset und grünt wie die Bäum' an Wasserbächen, und bringet 355
Früchte zu seiner Zeit. Der gute Geber bescher' euch,
Was euch frommt: im Glücke genügsame Herzen und Demut,
Trost und Geduld in der Not, und Einigkeit! Alles versüßt ja
Uns einmütiger Sinn, Hausfried' und die liebe Gesundheit!
Nehm' er sie hin, mein Sohn! Das Kind ist sanfter Gemütsart, 360
Mein Augapfel! mein Herz! die Gefälligkeit selber, und Unschuld!
Die wohl keinen gekränkt, mit Vorsatz! Gott und den Menschen
Angenehm! Seid glücklich, und liebt; bis im ruhigen Alter
Gott verhängt, daß einer die Augen schließe dem andern!"
     Sprach's, und bot die Tochter, im rosigen Lichte der Unschuld 365
Jugendlich schön, zum Kusse dem überseligen Jüngling.
Jetzo kam auch die Gräfin des Guts, glückwünschend dem Brautpaar,
Herzlich und viel, und umarmte die hold liebkosende Patin;
Fröhlich kam auch ihr Karl; es kam sein liebender Lehrer.
     Aber Amalia stand abwärts am Gesimse des Fensters, 370
Trocknend das Aug', und blickt' in die mondumdämmerte Gegend,
Starr und gedankenlos: und des Grams vorbringende Schauer
Zwang sie zurück, tiefatmend. Heran nun hüpfte Luise,
Faßte sie wild an der Hand, und drohete, also beginnend:
     "Komm doch, Glück mir zu wünschen, Amalia! Schämst du
                                             dich jetzo, 375
Daß du mich also belistet? Geduld! wir sprechen uns weiter!"
     Sprach's; und Amalia lacht' ein unaufhaltsam Gelächter,
Thränen im Aug'; es lachte das Mägdelein unter dem Brautkranz;
Lachend umarmten sich beid', und ruheten so aneinander.
Laut nun redetest du, ehrwürdiger Pfarrer von Grünau: 380
     "Werdet ihr bald auslachen, Amalia, und du Luise?
Treffliche Mädchenkünste: geweint und gelacht durcheinander,

   354. TM: Kinder, euch segne Gott, der Stifter — 355. Nach Psalm 1, 3 Jerem. 37, 8. V.
— 358. TM: Einigkeit, Fried und Gesundheit! — 359. fehlt TM. — 361—364. TM:
     Mein Augapfel! mein Herz! Mit Vorsatz kränke sie niemand!
     Liebt euch mit herzlicher Treue, bis spät im ruhigen Alter
     Einer nach Gottes Rate dem andern die Augen zudrückt!
— 365. TM: Glanze — 367. TM: Auch die gnädige Gräfin erschien jetzt, wünschte dem
Brautpaar — 368. TM: Herzlich Glück und umarmte — 370. TM: Aber noch stand am
Fenster Amalia, trocknete schüchtern — 371. TM: Ihre Thrän' und — 372. 373. TM:
Starr und gedankenlos; da hüpfte die Braut zu der Freundin, — 374. TM: bei der Hand
und sprach mit drohendem Lächeln: — 375. TM: Komm doch und wünsche mir Glück,
Amalia! Schämst du dich, Lose, (Man.: Bilbin). — 379. fehlt TM. — 380. TM: Jetzo
begannst du und sprachst, — 381. 382. fehlen TM.

Recht wie die Sonn' im April! Leichtfertige, schien euch die Trauung
Wunderlich? Arme Luise, das hat dir schwerlich geahndet,
385 Als du den Schmuck anlegtest? Ein andermal scherzt mit dem
Brautkranz!
Richtig getraut, das bist du, mein Töchterchen! Wollte nunmehr dich
Selber der Herr Generalsuperintendent aus den Formeln,
Die dich verstrickt, loswinden; getrost antwortet' ich also:
Würdigster Herr Generalsuperintendent, ich verharre
390 Voll Ergebenheit stets Ihr ganz gehorsamer Diener;
Aber ich nehme mir doch die Erlaubnis, Sie zu versichern,
Daß nach meinem Erachten die Kinderchen richtig getraut sind."
Jener sprach's; da begann die gnädige Gräfin des Gutes:
„Kurz war und bündig die Trau; kein Kundiger möchte sie tadeln!
395 Und aus dem Hochzeittage bei uns wird trockener Nachschmaus!"
Aber der Bräutigam nahm die schöne, vor Freud' und Bestürzung
Schwindelnde Braut an der Hand, und sprach, zu dem Greise sie
führend:
„Einziger alter Papa! noch einmal kommen die Kinder!
Wir unartigen Leute vergaßen den Dank für die Trauung,
400 Die den Himmel auf Erden uns öffnete! Noch in Verwirrung
Sind wir, dem Träumenden gleich, der mit Engelschwingen zum
Himmel
Auffliegt, oder den langen und sehnlichen Wunsch nun vollendet
Schaut, voll banger Begierde, mit dunkeler Furcht des Erwachens.
Aber zu froherem Schauen erwachen wir! Sein wir so glücklich,
405 Als der redlichste Vater es war, und die redlichste Mutter!"
Jener sprach's; und sie schlangen den edelen Greis in die Arme
Fest; von Freude zugleich und Wehmut schwoll ihm die Seele.
Aber die Jungfrau klopft' ihm die Wang', und schmeichelte kindlich:
„Vater, du böser Vater! dein Töchterchen so zu erschrecken!
410 War das recht? Ich komme so ganz unschuldig und arglos,
Und vermut' in der Welt nichts weniger, als die Hochzeit!

383. TM: Seht, wie die Kinder da lachen! Die Trauung scheint euch wohl etwas —
386. TM: Richtig bist du getraut, mein Töchterchen! Suchte dich jetzo — 387. TM: Selbst
— 388. TM: Die dich verstrickt, zu befreien (Man: befreun); so gäb ich ihm dieses zur
Antwort: — 391. TM: die Freiheit — 393—395. fehlen TM. — 396. TM: Aber der
Jüngling — 397. MA: bei der Hand, und sprach, zum Vater sie führend: — 398. TM:
Alter lieber Papa, die Kinderchen kommen noch einmal! — 400. fehlt TM. — 401. TM:
Alles schwankt noch umher, wie dem Träumenden, wenn er gen Himmel — 403. TM:
Sieht . . . . dunkler. — 404. 405. fehlen TM. — 406. TM: Sprach's; und sie schlangen
sich beid' um den edlen Greis und erfüllten — 407. TM: Seine Seele mit Freud' und
Wehmut. Aber die Jungfrau — 408. TM: Klopfte die Wangen ihm sanft und sprach
mit kindlichem Schmeicheln:

Aber mit einmal gerät er in Zorn; und eh' ich mich umseh,
Bin ich getraut! Du solltest doch Scherz verstehen, mein Vater!"
Jetzo ging aus der Stube die alte verständige Hausfrau,
Nahm aus dem Schrank ein feines Gedeck, und sah nach der Wanduhr, 415
Eilete dann in die Küch', und sprach zu der treuen Susanna:
„Decke den Tisch, Susanna; den Herd indessen besorgt wohl
Hedewig. Seht einmal, wie geschmückt ist unsre Susanna,
Und mein ehrlicher Hans; auch Hedewig geht ja, wie Sonntags!
Welch ein Putz wohl morgen zum Hochzeittanze hervorkommt!   420
Lange den Tiegel vom Bord', und, Hedewig, reiche die Butter;
Daß zum Senf sie schmelze; der Sandart könnte wohl gar sein.
Flink mir die festlichen Gläser gespült, und das große des Vaters,
Das ins helle Gekling einbummt, wie die Glocke vom Kirchturm.
Fülle die Schal' in der Kammer mit Sülzmilch, welche die Gräfin 425
Gerne mag, und den gläsernen Korb mit gestoßenem Zucker.
Hast du zum Apfelmus auch Kaneel gestoßen im Mörser?
Gut, daß der Has' im Keller noch hing! Es wäre ja schimpflich,
Wenn wir mit Fischen allein und Vögelchen diesen Abend
Feierten; und, ich schäme mich fast, mit gebrühten Kartoffeln!   430
Hans, nur tüchtig den Braten gedreht; heut Abend ist Hochzeit!"
So wie ein Mann, der am Abend vom Feld' heimkehrt in Gedanken,
Heiter des Tagewerks, und die sinkende Sonne betrachtend,
Freudig erschrickt, wenn hinter dem Haselgebüsch an dem Fußsteig
Plötzlich das freundliche Weib vorspringt mit den jauchzenden Kindern: 435
Also erschrak auch Hans, da er plötzlich das Wort von der Hochzeit
Hörte der lieben Mamsell, die er oft auf den Armen geschaukelt.
Hastiger dreht' er den Wender, und redete, laut ausrufend:
„Herzensfrau, was sagt Sie? Getraut ist das Jüngferchen wirklich?

412. TM: Und da mit einmal — Zorn für Eifer und heftige Bewegung, wie das
griechische οργη. V. — 415. TM.: Holt' — 416. TM: Eilte — 417. TM: ich will den
Herd wohl besorgen. — 418—420. fehlen TM. — 421. TM: Doch erst lange den Tiegel vom
Bord' und gieb mir die Butter, — 422. TM: Daß ich zum — 423. TM: Spül auch die
zierlichen Gläser von hellem Klang und des Vaters — 424. TM: Großen Pokal, der laut
wie die große Glocke darunter — 425. TM: Bummt. Dann geh in die Kammer und füll
ein Schälchen mit Sülzmilch, — Sülzmilch, dicke gesäuerte Schafmilch. Im Herbste
wird die abnehmende fettere Milch jeden Morgen dick gekocht, in das Gefäß zugeschüttet,
und durch häufiges Umrühren zähe gemacht. Man giebt sie den Winter hindurch auf den
Tischen der Vornehmen mit Zucker bestreut zum Braten. V. — 426. TM: Welche die
Gräfin so rühmt; du mußt auch Zucker darauf streun! — 427. fehlt TM. — Kaneel
heißt die aufgerollte Zimmetrinde, nicht in Niedersachsen allein. V. — 429. TM: allein
mit Fischen — 431. TM: den Braten nur tüchtig — 432. TM: Wie . . . . in Gedanken
zurückkehrt, — 433. fehlt TM. — 435. TM: Plötzlich sein freundliches Weib mit den
jauchzenden Kindern hervorspringt: — 438. TM: und sprach mit freudigem Ausruf: —
439. TM: Sie! Ist unser Jüngferchen wirklich

440 Jetzt in der Stube getraut? Das hätt' ich nimmer vermutet!
Als sie vorher mit der Braut hinschäkerten: Spielt nur, ihr Leutlein!
Dacht' ich bei mir einfältig; es kälbert sich wohl in der Jugend!
Hüpft doch das Lamm auf der Weid', und stampft das Füllen,
und walzet!
Aber wie sieht der Jungfer das Hochzeitkleid und der Brautkranz?"
445 Also Hans; und lächelnd zu Hedewig sagte die Mutter:
„Wie sie da gafft, und die Augen vor großer Verwunderung aufsperrt!
Plagt dich so sehr Neugierde; so laß die Gläser nur warten.
Trage die Teller hinein, und meld' es der guten Susanna
Sacht; dann frage die Braut, ob sie nicht ein wenig herauskommt."
450 Also gebot die Mutter; und Hedewig folgte nicht ungern,
Trug die Teller hinein, und zischelte, was sich ereignet,
Sacht der Genossin ins Ohr; zur Braut dann sagte sie heimlich:
„Jungfer, mich sendet Mama, ob Sie nicht ein wenig hinauskommt."
Aber die Braut, ausgehend mit Hedewig und mit Susanna,
455 Trat in die Küch', und ließ im flatternden Scheine des Feuers
Ihre schöne Gestalt von Haupt zu Fuße bewundern,
Mit handschlagendem Lob', und lächelte Dank bei den Wünschen.
Also des ehrlichen Hans wohlmeinender kräftiger Glückwunsch:
„Jüngferchen, geb' Ihr Gott ein Gedeihn, als gält' es auf ewig!
460 Segen die Füll' in Boden und Fach, und die Bäume voll Obstes,
Halme so dicht und so hoch, mit niederhangenden Ähren,
Glattes Vieh in die Ställ', und frisch anwachsende Jungen:
Daß, wer vorübergeht, es mit Lust ansieht und Verwunderung!
Aber zu allem ein Nest rotbackiger wähliger Kinder,
465 Wie aus dem Teige gewälzt; und immer noch eins in der Wiege!"
Drauf begann zu der lieben Mama das blühende Mägdlein:
„Mütterchen, denke daran; mein guter Hans und die Jungfern

440. TM: Schon getraut? Das hätt ich in aller Welt nicht vermutet! — 441. TM: hinschäkerten: dacht' ich in meiner — 442. TM: Dummheit, ich alter Narr: die Jugend kälbert ein wenig. — 443. fehlt TM. — 445. TM: Sprach's; da wandte sich lächelnd Mama zu der treuen Susanna: — 446. TM: Sieh, wie sie gafft, — 447. 448. TM: Laß die Gläser nur warten, und trag' in die Stube den Tischkorb; — 449. TM: Frage dann heimlich die — 450. TM: Also befahl die Mutter: nicht ungern hört' es Susanna, — 451. TM: Eilt' und trug in die Stube den Tischkorb, winkte die Jungfrau — 452. TM: Heimlich beiseit' und sagt' ihr ins Ohr mit leisem Geflister: — 453. TM: schickt — 454. TM: Sprach's und willig folgte die Braut der treuen Susanna, — 455. TM: (Sing — 457. TM: bei Susannens — 458. TM: Und des ehrlichen Hans wohlmeinendem kräftigem — 15'—465. fehlen TM. — 464. wählig, aus dem Niedersächsischen, wolgemut, üppig. V. — 465. Das Kind ist schier oder glatt, als wäre es aus dem Teige gewälzt: ein niedersächsisches Sprichwort V. — 466. TM: Traut zu der lieben Mama sich wendend, sagte die Jungfrau: — 467 TM: dran: der gute Hans und Susanna

Freuen sich auch des Schmauses, und klingen dabei, wie natürlich,
Auf der wackeren Braut und des Bräutigams werte Gesundheit."
    Freundlich erwiderte drauf die alte verständige Hausfrau: 470
„Kümmre dich nicht um Eier, mein Töchterchen, eh' sie gelegt sind!"
    Aber der ehrliche Hans antwortete, laut ausrufend:
„Ja, wir wollen uns freun, und brav anklingen und jubeln
Auf der wackeren Braut und des Bräutigams werte Gesundheit!
Meinen Pferden sogar will ich heut die Krippe voll Haber   475
Schütten, und unsere Kühe mit ungedroschenen Garben
Sättigen, auch Packan mit reichlichen Bissen versorgen:
Daß wir all' uns freuen am Ehrentage der Jungfer!"
    Ihm antwortete drauf die freundliche schöne Luise:
„Hänselchen, gieb mir die Hand; du bist mein ehrlicher Alter!"   480
    Also sprach sie bewegt; da schlug den erschallenden Handschlag
Hans, und umschloß treuherzig die zarte Hand, und begann so:
„Jungfer, ich bin nur schlecht und gemein, und verstehe den
                        Schick nicht;
Aber ich wollt' an das Ende der Welt durch Feuer und Wasser
Laufen für Sie! Gott lohn' es dem Jüngferchen, daß sie so gut ist!"   485
    Kaum gesagt; da erschien, sein Mägdelein suchend, der Jüngling,
Trat in die Küchenthür', und begann mit zürnendem Lächeln:
    „Was hat Hans mit der Jungfer zu thun? Ein tröstlicher Anblick!
Ziemt es sich, Hans, liebkosend mit Händedrücken und Äugeln
Mir die Braut zu bethören, da wir nur eben getraut sind?"   490
    Ihm antwortete drauf die alte verständige Hausfrau:
„Hat Er nimmer gehört, Herr Bräutigam, daß man die Männer,
Welche dem Herde sich nahn, mit der Küchenschürze bekleidet?
Hurtig hinein mit der Dirne! Sie bringt mir den Hans so in Aufruhr,
Daß der Haf' am Wender nicht immer geht, wie er sollte.   495
Aber du ordne den Tisch, und spute dich, liebe Susanna!"

471. Ein Sprichwort, womit man voreilige Sorge abweiset. V. — 472 TM: Heftig
wandte sich jetzo der ehrliche Hans zu der Jungfrau: — 473. TM: und klingen sollen
die Gläser — 475. TM: heute. — 476. fehlt TM. — 477. TM: Schütten und unsern
Packan — 478. TM: uns alle freun — 479. TM: Freundlich sagte darauf die schöne
Luise zur Antwort: — 481. TM: Sprach's, und der ehrliche Hans schlug ein, daß der
kräftige Handschlag — 482. TM: Laut erscholl; dann rief er, das zarte Händchen ihr
drückend: — 483. TM: Jungfer, ich bin nur ein schlechter, gemeiner Kerl; doch mit
Freuden — 484. TM: Wollt' ich durch Feuer und Wasser für sie ans Ende der Welt hin —
485. TM: Laufen! Nun Gott im Himmel vergelt' ihr's, daß — 486. TM: Als er noch
redete, trat der Bräutigam, welcher seine Magd suchte, — 487. TM: Zucht', in — 488. TM:
Was zum Kuckuk hat Hans mit der Jungfer zu thun? Ist es artig, — 489. TM: Guter
Hans, liebkosend und händedrückend und äugelnd — 490. TM: Meine Braut zu verführen,
da — 496. TM: bede

Also gebot die Mama; und der Bräutigam, gerne gehorchend,
Faßte die Braut in den Arm, und küßte sie, eh' er hineinging.
Schnell dann folgte Susanna, des Tisches Gedeck zu vollenden,
500 Ordnete wohl, und stellte die lieblichen Speisen und Gläser.
Aber nachdem sie alles beschleuniget; kam auch die Mutter,
Rot im Gesicht von der Glut, und nötigte, also beginnend:
„Euer Gespräch ist wichtig, mein Väterchen; aber ich stör' euch;
Denn schon warten die Fisch' und die hochzeitlichen Kartoffeln.
505 Her aus der Ecke, Luis' und Amalia! Immer geplaudert,
Immer gelacht, wie die Kinder! Wohlan denn! Ist es gefällig?"
Jene sprach's; da betete laut der redliche Vater,
Weniges; alle nun kamen, und setzten sich, wie es die Mutter
Mit nachsinnendem Geist anordnete. Unter dem Spiegel
510 Saß der Braut zur Linken der Bräutigam; neben dem Jüngling
Saß die gnädige Gräfin, und ihr zur Linken der Vater;
Aber der Braut zur Rechten Amalia, welche der Freundin
Nicht von der Seite wich; denn es drohete nahe die Trennung!
Weiter rechts an die schöne Amalia setzte die Mutter
515 Karls treuherzigen Lehrer; und neben ihm wählte sie klüglich
Ihren Platz, wie des Mahls Vorlegerin, nahe dem Schenktisch,
Welcher mit Obst anlacht' und der purpurnen Kumme voll Bischof.
Endlich der fröhliche Karl saß feierlich neben dem Vater,
Als sein schmeichelndes Kind, und der wohlversorgenden Hausfrau.
520 Also schmauseten jen', in behaglicher Ruhe vereinigt,
Um den schimmernden Tisch, und tranken des köstlichen Bischofs,
Plauderten viel, und lachten des Bräutigams viel, und der Jungfrau.
Dort auch saßen derweil, im Gesindestübchen versammelt,
Hans und die treue Susanna und Hedewig, fröhlich des Mahles,
525 Und des Gesprächs; denn sie fei'rten des freundlichen Jüngferchens
Hochzeit,

497. TM: Also befahl die Mutter; und willig gehorchte der Eidam, — 498. TM:
Nahm die Braut beim — 499: TM: Ihnen folgte Susanna und trug die Geräte des
Mahles, — 500. TM: Deckte den Tisch und versah ihn mit lieblichen Speisen und Gläsern.
— 501. TM: Und nachdem — 502. TM: nötigte: Ist es gefällig? — 503—506. fehlen
TM. — 507. TM: Stehend betete dann mit lauter Stimme der Vater; — 508. fehlt TM.
— 509. TM: Und die Gesellschaft kam und setzte sich. Unter — 513. TM: denn bald ach
drohte die — 514. TM: Drauf an die rechte Hand Amaliens — 516. TM: neben dem —
517. TM: Prangend mit. lieblicher Frucht und der — 518 TM: Und der fröhliche Karl
saß zwischen Vater und Mutter. — 519. fehlt TM. — 520. TM: Also schmausten sie dort,
— 522. TM: Bräutigams, und — 523—525. TM:

Jetzo saßen auch jene, der gute Hans und Susanna,
Fröhlich am Tisch und fei'rten des lieben Jüngferchens Hochzeit

Ach der schönen Luise: denn nur beim Namen genannt sein
Wollte sie, schlecht und recht, in edler Bescheidenheit ehrvoll.
Auch des Bräutigams Tugend, des wohl ansehnlichen Pfarrers,
Lobten sie, welcher so gerne Geschenk gab, und so erbaulich
Predigte, daß hell tönte die Ausred' auch in die Winkel.   530
Ihnen hatt' in der Eile Mama den Braten vom Mittag
Aufgewärmt in der Pfann', und gewürzt mit kräftigen Zwiebeln;
Auch die übrigen Speisen bewilliget, welche Susanna
Trüge vom bräutlichen Tisch, und dabei hochschäumendes Festbier,
Noch von der Ernte gespart, und die lockende Flasche voll Bischof. 535
Zitternd stärkte sich Hans mit Speis' und Getränk; denn es wallt' ihm
Von unruhiger Freude das Herz; und er konnte nicht essen.
Rasch nun verließ er den Stuhl, und bedeckte das Haupt mit der Mütze,
Warm, von streifichter Woll', und hob aus dem Winkel die Leuchte
Von durchsichtigem Horn, bei deren Schein er des Abends   540
Drosch, und Häckerling schnitt, und den Pferden die Raufe voll
                Heu trug:
Diese hob er vom Nagel herab; in die Tülle dann stellt' er
Einen brennenden Stumpf, und verschloß die Thüre des Hornes.
Gegen ihn wandte sich jetzt die gefällige treue Susanna:
    „Hans, warum so geeilt? Du siehst ja so wild aus den Augen! 545
Komm doch her, und trinke des Brautpaars werte Gesundheit."
    Sprach's, und reichte das Glas ihm gefüllt dar; alle nun klingend,
Wünschten sie tausendmal Glück dem neuvermähleten Brautpaar.
Aber der ehrliche Hans antwortete seiner Genossin:
    „Iß dich satt, Susanna, mit Hedewig; nehmt die gespickte   550
Hasenkeule für euch; mich hungert nicht! Aber den Bischof
Hebe doch auf; das ist ein gesundes und liebliches Tränkchen!
Jetzo geh' ich zum Schmiede, dem Zauberer! ob er nicht endlich
An die zerbrochene Lünse mir neu den Nagel geschweißt hat.

526—529. fehlen TM. — 530. Ausrede, bedeutet hier nur „das gesprochene Wort"
(Deutsches Wörterbuch I, 930). — 534. TM: Tisch, und eine Flasche voll Bischof. — 535. fehlt:
TM. — 536. MA: Trank; — 538. TM: Hastig verließ er den Tisch, bedeckte das Haupt
mit der warmen — 539. TM: Streifigten Mütz' und nahm aus ihrem — 541. Raufe,
eine längs über der Krippe befestigte Leiter, durch welche das aufgesteckte Futter vom Vieh
gerauft wird. V. — 542. TM: herab, und steckt' in die Tülle — Tülle, die Röhre des
Leuchters und der Laterne. Adelung schreibt Tille, und erklärt jenes für die gröbere
Aussprache. V. — 545. TM: Warum eilst du so, Hans? — 547. TM: reicht' ihm das
Glas; und trinkend wünschten sie beide — 548. TM: Tausend und tausendmal — 549.
TM: Und der. — 550. 551. TM: Iß dich satt, Susanna; mich hungert nicht. Aber den
Bischof — 552. TM: es ist — 554. TM: Lünse den neuen — Lünse, der breitköpfige
Achsnagel, das Rad zu halten. V. — schweißen, zwei Stücke Eisen, die in der
Schweißhitze fließen, mit dem Hammer vereinigen. V.

555 Aber der Weg ist weit und holpericht, daß man im Dunkeln
Wohl der Leuchte bedarf; denn die Pflasterer haben ihn garstig
Aufgewühlt, von der Schenke bis gegen den Hof des Verwalters.
Eben hat auch der Mond sich beurlaubt; nach dem Kalender,
Glaub' ich, haben wir heute das erste Viertel des Mondes."
560 Also redete Hans; doch ein anderes dacht' er im Herzen:
Hinzugehn, und zu ordnen, daß schöne Musik bei der Hochzeit
Töne der lieben Mamsell, die er oft auf den Armen geschaukelt;
Und er enteilt' aus der Thüre, gestützt von dem knotigen Dornstab.
Als nun fern aus dem Hause des Organisten der Schimmer
565 Leuchtete, hört' er den mutigen Hall der Trompeten und Hörner
Und hellklingender Geigen, durchtönt von dem polternden Brummbaß.
Jener übt' an den Pulten die schwereren Tänz' und Sonaten
Für das morgende Fest, dem Pfarrer zu Lieb' und der Tochter:
Er, und der treffliche Sohn, der jüngst aus der Fremde gekehrt war,
570 Nur zum Besuch, denn er dient' in der Schulzischen Kammerkapelle;
Auch der sinnige Schäfer des Dorfs, den er einige Winter
Selbst gelehrt, sein Gehülf' bei Kirchenmusik und Gelagen;
Auch der Jäger mit drei tonkundigen Söhnen, gebürtig
Aus dem Thüringerlande, wo jeglicher Bauer Musik weiß;
575 Endlich sein Jugendfreund, der siebzigjährige Weber,
Welcher, wenn Not eintrat, ihm gern aushalf mit dem Brummbaß,
Jugendlich froh der Musik, taktfest und von kräftigem Anstrich.
Hans nun klopft' an die Thür', und polterte, bis man geöffnet,
Eilete dann in die Stub', und ermahnete, deutend und nickend:
580 „Still doch, und hört, Kunstpfeifer, ihr Fiedeler, und ihr Trompeter!
Packt nur ein! Die Mamsell ist getraut; und die gnädige Herrschaft
Speiset bei uns, zur Ehre des Brautpaars. Aber was dünkt euch,
Liebe Herrn, wenn ihr ihnen ein lustiges Stück zu der Mahlzeit
Dudeltet? Schmaus ohne Klang ist grade wie Glock' ohne Klöppel!"
585 Also Hans; und bestürzt in Verwunderung hielten die Männer.
Doch sie erwogen den Rat, und billigten. Rasch sich erhebend,

555. TM: Und der Mond hat sich eben — 563. TM: Und er ging — 564. TM:
Als ihm fern — 567. TM: übte bei sich die — 568. TM: Fest der lieben Tochter des
Pfarrers: — 569. TM: sein trefflicher. — 570. fehlt TM. — 571 TM: Und . . . .
vorigen Winter — 575. TM: Endlich sein alter Freund, — 576. 577. fehlen TM. — 578.
TM: Fröhlich polterte Hans an der Thür'; ihm wurde geöffnet; — 579. TM: Und er
eilt' in die Stub' und ermahnte sie deutend und nickend: — 580. TM: Schweigt doch und
hört, ihr Pfeifer, — Kunstpfeifer, im gemeinen Leben ein Musiker. V. — 581. TM:
Die Jungfer ist eben getraut und die Herrschaft — 582. TM: Speist heut abend bei uns
mit dem Brautpaar — 583. TM: bei der — 584. TM: gerade 585—587. TM:
Sprach's; da nahmen sie jeder sein Instrument auf die Schulter,

Eilten sie, unter dem Arme die Instrument' und die Noten.
Und sie begleiteten Hans, der dem wankenden Greise den Brummbaß
Gern abnahm, und, ihn führend, mit trüber Leuchte voranging.
Dort noch schmauseten jen', in behaglicher Ruhe vereinigt,   590
Um den schimmernden Tisch, und tranken des köstlichen Bischofs,
Plauderten viel, und lachten des Bräutigams viel, und der Jungfrau.
Jetzo begann in der fröhlichen Schar die gnädige Gräfin:
„Wie mir da schon wieder die kleine Luis' in Gedanken
Sitzt! Du scheinst mir traurig, mein Töchterchen, daß du so plötzlich 595
Durch den bösen Papa den Kranz vom Haupte verlierest,
Den, wie ein Rosenmädchen, du stets getragen mit Anstand.
Oder starren von Schlaf die niedergeschlagenen Äuglein?
Schäme dich, Kind! Ein Bräutchen, das nachdenkt, hält sich beständig
Munter und wach, wenngleich bis zum hellen Morgen getanzt wird, 600
Und die Musik ihr die Seel' in sanft betäubenden Schlummer
Einwiegt! Böser Papa! daß keine Musik bei der Hochzeit
Unseres Töchterchens tönt: wo zuletzt im Getümmel des Tanzes
Weiber die Braut wegraffen, mit lautem Gekreisch sie entführend
Ins kranzlose Gemach! Doch tröste dich, arme Luise!   605
Morgen im prunkenden Zug der Geladenen kommst du zum Nach=
                                                          schmaus
Stattlich als junge Frau, obgleich in bescheidener Haube;
Dann soll lustig die Fiedel mit Zink' und Trompete vorangehn!"
Drauf antwortetest du, ehrwürdiger Pfarrer von Grünau:
„Freilich arg, wenn heute Gesang und Klang bei der Hochzeit   610
Unseres Töchterchens fehlte! Musik ist die Krone des Gastmahls!
Zauberisch dämpft die Musik Anfechtungen selber des Satans,
Lange Weil', und Geklätsch, und Lästerung, leidigen Zwang auch;
Fröhlich stimmt sie das Herz, und erhebt zu entschlossener Tugend!
Auf denn! die Gläser gefüllt, und laut zum krystallenen Klingklang 615
Angestimmt den Gesang, den unser Voß in Eutin uns
Dichtete! · Rasch ans Klavier, Amalia! Kommt er im Frühling;
Gieb ihm, Luise, mein Kind, den bedungenen Kuß, und noch einen."

588. sie fehlt TM. — 589. ihn fehlt TM. — 590. TM: Jene schmausten derweil, —
592. TM: Bräutigams und — 5*4. TM: Seht, wie — 597. fehlt TM. — Das Mädchen,
das am Rosenfest einiger Gegenden, als das tugendhafteste des Dorfes, mit dem Rosen=
kranze geschmückt wird, heißt das Rosenmädchen. Die Sitte ist aus Frankreich entlehnt. V.
— 603—605. TM: Unsers Töchterchens tönt! Doch tröste dich, arme Luise! — 607. TM:
obgleich das Kränzchen verwelkt ist; — 609. TM: zu Grünau (Man.: von). — 611. TM:
Unsers — 612—614. fehlen TM. — 615. TM: laut in den silbernen Klingklang — 617.
TM: wenn er im Frühling — 618. TM: Kommt, so gieb ihm, mein

Also der feurige Greis; und das Mütterchen füllte die Gläser
620 Allen umher; auch die Braut und Amalia reichten ihr Glas dar,
Weniges nur zu empfahn. Dann huben sie froh den Gesang an,
Unter dem Schall des Klaviers; doch am jauchzendem Schlusse
                                               des Liedes
Schwieg sein Getön, und es klingt' Amalia mit in den Glückwunsch.

          Wohl, wohl dem Manne für und für,
625   Der bald sein Liebchen findet!
          Er findet großes Gut in ihr,
          Wie Salomon verkündet.
          Sie tröstet ihn mit Rat und That,
          Und streut ihm Rosen auf den Pfad.

630   Sie sucht des Mannes, wie sie kann,
          Zu pflegen und zu warten;
          Sie spinnt und näht für ihren Mann,
          Bestellt ihm Haus und Garten,
          Und scheuet weder Frost noch Glut,
635   Beständig flink und wohlgemut.

          Sie sinnt und weiß, was Männchen liebt,
          Und macht es ihm noch lieber;
          Kommt auch einmal, was ihn betrübt,
          Sie schwatzt es bald vorüber:
640   Nicht lange bleibt die Stirn' ihm kraus,
          Das Liebchen sieht so freundlich aus.

          Auch ungeschmückt ist Liebchen schön,
          Des Mannes Augenweide;
          Doch läßt sich Liebchen gerne sehn
645   Im wohlgewählten Kleide, .
          Und naht sich dann mit holdem Gruß,
          Und bringt ihm einen warmen Kuß.

61 ---621 TM: Sprach's, und sie füllten die Gläser, und huben froh den Gesang an,
— 624. Wohl, wohl dem Manne für und für, unter der Überschrift: „Hochzeitslied"
zuerst im Hamburger MA. 1785, S. 46 ff. mit der Melodie von J. A. P. Schulz. Darnach
ist die Notiz bei Hoffmann von Fallersleben Nr 1014 zu vervollständigen. — 626. TM:
Glück (Man.: Gut) — 634. TM: Das Liebchen ist auch gar zu gut. — 635. TM: Und
immer flink und wohlgemut.

Er dehnt sich nach des Tages Mühn
In Liebchens weichem Bette;
Und Liebchen kommt und schmiegt an ihn   650
Sich fest wie eine Klette,
Und wünscht ihm küssend gute Nacht,
Und fragt oft leis', ob Männchen wacht.

Wenn noch so wild der Sturmwind saust,
Vom Dach der Regen prasselt,   655
Der Schornstein heult, die Woge braust,
Und Schnee und Hagel rasselt;
An Liebchens Busen ruht er warm,
Und lauscht dem Sturm in Liebchens Arm.

Auch stöhnt das Liebchen wohl zur Zeit,   660
Und nichts will ihr behagen;
Doch lacht sie seiner Ängstlichkeit,
Und schämt sich es zu sagen:
Sie wanket ach! so müd' und schwer,
Auf ihren Mann gestützt, einher.   665

Bald legt sich Liebchen ganz vergnügt,
Und läßt ihr Kindlein saugen;
Der Vater ehrbar sitzt und wiegt,
Beguckt ihm Nas' und Augen,
Und freut sich, daß der kleine Christ   670
Mama und ihm so ähnlich ist

Wohl dir, o Mann! wohl, Liebchen, dir!
Ihr seid euch schon begegnet!
Euch segne Gott vom Himmel hier,
Bis er euch droben segnet!   675
Klingt an, ihr Freund', und singet laut:
Es lebe Bräutigam und Braut!

Als nun hell im Gesange der Gläser Gekling' aneinander
Klingelte; plötzlich erscholl mit schmetterndem Hall vor dem Fenster
Geig' und Horn und Trompete, durchtönt von dem polternden
                              Brummbaß,   680

---

679. TM: Klingelte; siehe da scholl

Ungeſtüm und betäubend: als kracht' einſchlagender Donner
Aus dem Gewölk, als brauſt' ein Orkan in zerſplitterte Tannen;
Gellend dröhnte die Stub', und es ſummt' im Klaviere der Nachklang.
Jene vor Luſt frohlockten, und klingelten alle noch einmal
685 Jauchzend, vor allen der Vater, und ſein lautbrummendes Kelchglas.
Jetzo riefſt du entzückt, ehrwürdiger Pfarrer von Grünau:
„Ja, Gott ſegn' euch, Kinder, in Ewigkeit! Das war ein Glückwunſch,
Kräftig und laut aus dem Herzen, der mutiger, als der Kanonen
Jubelgetön, in das Dorf zu dem äußerſten Ende hinabſchallt!
690 Das hat Hans mir gemacht, kein anderer! Solcher Erfindung
Freut er ſich immer, der Schalk! Mein Töchterchen, klopf' an
                                               das Fenſter,
Daß ſie herein doch kommen; ſie ſind uns liebe Geſellſchaft."
        Jener ſprach's; da enteilte das roſenwangige Mägdlein
Fröhlich, und klopft' an das Fenſter mit Macht; und es hielten
                                               die Männer
695 Mitten im Takt, und lauſchten, wie hold und freundlich ſie einlud:
„Dank, ihr Herrn, für die ſchöne Muſik! Wie gerufen zum
                                               Glückwunſch
Kamt ihr! Aber bedenkt die Abendluft des Oktobers!
Scharf iſt draußen der Wind, und dem alten Manne nicht heilſam!
Kommt doch herein, ihr Herren; ihr ſeid uns liebe Geſellſchaft!"
700   Alſo Luiſ' anmutig; und jenen gefiel, was ſie ſagte.
Lobend das ſchöne Geſicht, den melodiſchen Laut, und den Anſtand,
Gingen ſie, herzlich vergnügt, und prieſen den Bräutigam ſelig.
Alſo redete mancher der tonverſtändigen Männer:
„Wahrlich ein Engel von Weib! Wie gerad' und behend', und
                                               wie blühend
705 Unter dem Kranz! Ihr Lächeln verjüngt wohl greiſendes Alter!"
        Wieder ein anderer ſprach der tonverſtändigen Männer:
„Sage mir einer hinfort, zur Harmonika klinge Geſang nicht!
Sänge die Kehl' in der Oper, ſie trillerte alles in Aufruhr!"

Also redeten jen', um das Haus sich wendend zur Thüre,
Eilten hinein, und grüßten mit mancherlei scharrendem Bückling,   710
Segen und Heil anwünschend dem neuvermähleten Brautpaar.
Ihnen folgete Hans, und trug schwerfällig den Brummbaß,
Schlau, mit verbissener Lache. Doch ernsthaft sagte der Vater:
    „Hans, du giebst mir den Leuten ein Ärgernis! Voller Verwundrung
Werden sie, alt und jung, aus den Wohnungen rennen, und fragen: 715
Horch! was bedeutet der Lärm! Ist nun der Pfarrer so weltlich,
Daß er den Abend sogar vor dem Hochzeittage die Tochter
Fiedelt zu Bett' und trompetet? Wie wird wohl morgen gejubelt,
Wann sie im Kranze die Braut mit Musik hinführen zur Trauung!
Doch gut war es gemeint; ich danke dir. Schaffe nur hurtig   720
Gläser und Wein auf den Tisch; und Mütterchen macht es im Winkel
Dort ein wenig bequem für unsere liebe Gesellschaft."
    Also der Greis; nichts redete Hans, und lachte so schämig,
Ging dann hinaus zu bestellen; und flugs bracht' alles Susanna,
Pfefferkuchen dabei und Pfeffernüss' auf dem Teller,   725
Süß und sprock und gewürzt, für unvermutete Gäste.
Noch besann sich Mama des Geschenks von der neulichen Hochzeit,
Eilte zur Kammer hinaus, und bracht' ein großes Gebacknes,
Butterkringel im Dorfe genannt, von dem Thüringer Brezel;
Füllete dann die Gläser umher, und nötigte freundlich: 730
    „Nehmt heut Abend vorlieb, als gute Freund' und Gevattern;
Denn heut waltet bei uns recht eigentlich Polterabend!
Morgen wird erst hochzeitlich geschmaust bei der gnädigen Gräfin."
    Aber die Gräfin begann zu den tonverständigen Männern:
    „Brav, daß ihr wackeren Leute daran denkt, unserer Jungfrau   735
Hochzeitfest, obgleich es unangekündiget einfiel,
Durch die edle Musik zu erfreun. Unbillig ja wär' es,
Hätten wir solchen Kranz nicht einmal zu Grabe geläutet!
Meine Patin, die Braut ist, wie wenige, züchtig und ehrbar;

712. 713. TM: Ernsthaft sagte der Vater zu Hans, der die Noten hereintrug: — 714. mir fehlt TM. — 716. TM: Ist unser — 717. TM: Daß er die Jungfer Braut den Abend sogar vor der Hochzeit — 718. TM: Fiedelnd zu Bette trompetet? Wie werden sie morgen erst jubeln! — 719. fehlt TM. — 720. TM: Aber du meintest es gut; — 723. TM: Sprach's; doch Hans antwortete nicht und — schämig, verschämt, lebt in Niedersachsen aus der älteren Sprache. V. — 724. TM: und eilend bracht' es Susanna. — 725—729. fehlen TM. — 726. sprock, spröbe, zerbrechlich. V. — 730. TM: Mütterchen füllte die — 731. fehlt TM. — 734. TM: Aber die gnädige Gräfin begann zu den spielenden Männern: — 735. TM: Kinder, ihr handelt brav, daß ihr bekommt, unserer Jungfrau — 736. 737. TM: Hochzeitfest durch Musik zu erfreun. Es wäre doch unrecht,

740 Auch, soweit ich ihn kenne, der Bräutigam. Kinder, ich sag' euch,
Spielt, wenn ihr morgen sie bringt, den auserwähltesten Brautmarsch!"
Eiferig sagte dagegen des Chors tonkundiger Meister:
„Gräfin, sie braucht kein Lob; wir kennen sie! Unserer Freundin
Ehre zu thun nach Vermögen, das stärkt und leichtert den Atem
745 Selbst engbrüstigen Greisen, und schmeidiget Finger und Arme!"
Aber der Pfarrer begann zu dem siebzigjährigen Weber:
„Vater, Ihr hattet doch nicht Einwendungen wider die Hochzeit?
Jetzo kämt Ihr zu spät. Ich hab' Euch ein paarmal betrachtet,
Wann ich meine Luis' abkündigte, wie Ihr an Eurem
750 Pfeiler die Mütz' abnahmt, und die zitternden Hände mit Inbrunst
Faltetet. Schien es doch fast, Ihr nähmt an dem Töchterchen Anteil."
Ihm antwortete drauf der Alte mit blühendem Haupthaar:
„Herr, nicht trüg' ich mit Ehren ein graues Haar auf dem Scheitel,
Wäre mein Herz so verstockt, und nähm' an der Jungfer nicht Anteil,
755 Welche so tugendsam ist, so gottesfürchtig und liebreich!
Fragt nur jeglichen Menschen im Dorf; Ihr sollt Euch verwundern,
Was man Euch alles erzählt von dem Jüngferchen! wie sie gefällig
Überall mit den Frohen sich freut, mit den Traurenden trauert;
Dürftige speiset und tränkt, den Nackenden wärmt und bekleidet,
760 Arm' und verwaisete Kinder zur Schul' anhält und versorget,
Mädchen in Handarbeit und Sittigkeit übet durch Umgang,
Und das Lager der Kranken besucht mit Trost und Erquickung!
Herr, und den heimlichen Armen, den kläglichsten! wie sie ihn ausforscht,
Und Barmherzigkeit übt, daß einer nicht weiß, wo es herkommt!
765 Kaum daß sie selber es weiß! Vollbrachte sie eben ein Stückchen,
Daß die Engel sich freun; dann gehet sie, mir nichts, dir nichts!
Ebenen Gang, und scheint nur ein hübsches und lustiges Mägdlein!
Nun der alles vergilt, vergelt' es ihr immer und ewig!
Ihr herzlieber Gemahl ist ein christlicher Mann, der gewiß ihr
770 Stets mit Vernunft beiwohnt, nie bitter ist, noch sie verschüchtert:
Eine Seele mit ihr! Man wird Euch's morgen schon kundthun,
Ob wir die Heirat im Dorf mißbilligen. Nehmt es nicht übel,
Herr: wir lieben Euch sehr, nichts weniger aber die Tochter!"

742—745. fehlen TM. — 746. TM: sprach zu -- 753. TM: Herr, ich trüge mit Ehren kein — 755. TM: tugendhaft — 756. TM: jeden — 759. TM: speist — 760. 761. fehlen TM. — 765. TM: Wenn sie eben ein Stückchen vollbracht hat, — 766. TM: mir nichts und dir nichts! (Im Man. fehlt „und".) — 767. TM: Ihren Gang, — 769. TM: ein braver Mann, — 770. 771. TM: Stets mit Vernunft beiwohnt. Man wird es euch morgen schon kundthun. — 773. TM: euch herzlich, doch eure Tochter nicht minder!

Also der Greis; und es bebte die Thrän' an den grauenden Wimpern.
Ernstvoll nahm er das Glas, und leerte. Aber die Jungfrau 775
That, als hörte sie nicht; und gewandt ihr errötendes Antlitz,
Sprach sie ein albernes Wort zu Amalia, lachte dann laut auf.
Als sich der Organist mit den Seinigen jetzo gelabet,
Teilt' er die Stimmen umher; und mit einmal flossen harmonisch
Liebliche Saitentöne, zu wollustatmender Flöten 780
Süßem Gesang', und dem Laute des sanft einhallenden Waldhorns.
Wie im blumigen Mai, wann die Abende heiter und schwül sind,
Spät in die Nacht auf den Bänken am Eingang Männer und Weiber
Lauschen den Zwillingstönen des Waldhorns, welche vom See her,
Mit dem Geröchel des Sumpfs und Nachtigallstimmen im Mondschein, 785
Nah und entfernt anwehn, daß leis' antwortet der Buchwald:
So voll Anmut klangen auch dort Wohllaute des Waldhorns,
Lieblich gedämpft von zween tonkundigen Söhnen des Jägers.
Jetzo gellt' auch Hoboengetön, gleich Stimmen der Sänger,
Samt dem ernsten Fagott, von rauschenden Saiten umjubelt. 790
Einzeln darauf erhub sich des Organisten berühmter
Vielgewanderter Sohn; denn Mannheim, Wien und Venedig
Hatt' er besucht, und dient in der Schulzischen Kammerkapelle:
Dieser entlockte gemach der Kremonageige melodisch=
Rieselndes Silbergetön; ihm schlug des Klaviers Generalbaß 795
Karls treuherziger Lehrer; und horchender schwieg die Versammlung,
Selbst die Genossen der Kunst, wie klar ihm die Tön' und gerundet
Rolleten unter dem Bogen, wie voll einschmeichelnder Wehmut.
Alle Weisen des Klangs wetteiferten, andre mit andern;
Vielgewandt, tiefströmend ergoß sich der lebende Wohllaut: 800
Donnerte bald, wie, gestürmt vom Orkan am Gestade die Brandung
Hoch aufbraust, wann das Krachen zerschitterter Kiel', und der Männer
Jammerndes Angstgeschrei in den grausen Tumult fern hinstirbt;
Wallete dann, wie ein Bach, der über geglättete Kiesel
Rinnt durch Blumen und Gras und Umschattungen, wo sich die Hirtin 805

771. 775. TM: Also redete jener voll Innigkeit. Aber die Jungfrau — 784. TM:
welche vom Buchwald — 785. TM: und der Nachtigall Liebe daherweht: — 786. fehlt TM.
— 787. TM: dort die Töne des — 791. TM: Einzeln entlockte darauf des — 792—796. TM:
    Vielgewanderter Sohn der Kremonergeige melodisch=
    Rieselndes Silbergetön, von Karls treuherzigem Lehrer
    Mit dem Klaviere begleitet; und horchend schwieg die Versammlung.
— 797. 798. fehlen TM — 800. TM: entfloß der — 802. TM: zertrümmerter Schiff' —
803. TM: lauten Tumult

Gerne legt, aufhorchend im lieblichen Traum dem Gemurmel.
Aber der Pfarrer begann zu des Chors tonkundigem Meister:
„Bravo, mein Herr Gevatter! wir hangen noch steif an der alten
Kernmusik, und glauben, Musik sei Sprache des Herzens:
810 So wie ein edel empfindender Geist, nicht kundig des Wortes,
Etwa in hellem Gesang' und gesangnachahmenden Tönen
Gott anstaunt, und die schöne Natur, in Lieb' und Entzückung
Hinschmilzt, klagt und erschrickt, in Verzweifelung sinkt, und sich
                                                              aufhebt.
Auch ist jedem, der fühlt, die Herzenssprache verständlich:
815 Stimme von Gott, wie Donner und Sturm, und Gesäusel des
                                                              Frühlings,
Und wie des Tiers vielredender Laut, des gebietenden Löwen
Machtausruf in der Wüst', und des hoch anschwebenden Adlers,
Oder das Muttergetön der freundlichen Kuh und des Schafes,
Liebender Tauben Geseufz', und der Gluck' anlockendes Schmeicheln.
820 Auch wie die Stimmen von Gott, unwandelbar tönt sie und ewig,
Allen Landen und Zeiten dieselbige: nicht wie des Putzes
Eigensinn, den wir gestern bewunderten, morgen verabscheun;
Oder die Aftermusik, die, der üppigen Laune gehorsam,
Sinnlos prunkt und gaukelt, im Kälbertanz und im Bocksprung.
825 Aber so laut das Gefühl in Stimm' und Tönen uns zuruft,
Hallt es doch lauter ins Herz und erschütternder, wenn des Gesanges
Wort einstimmt, die eigne vertrauliche Sprache der Menschen.
Spielt mir denn jetzo ein Lied zur Veränderung, etwa von Händel,
Reichardt, Gluck und Emanuel Bach, und dem trefflichen Meister,
830 Unserem Schulz, dem Luther noch selbst nachsäng' an der Orgel.
Singt mir: Ich danke Gott! und die Waldserenad' und das Tischlied."
Also gebot der Vater; es folgeten willig die andern.
Aber zuvor erhub sich die alte verständige Hausfrau,

---

806. TM: Gerne zum Schlummer legt, und träumend horcht dem Gemurmel. —
807. TM: Aber, zum Meister des Chors sich wendend, sagte der Pfarrer: — 810. TM:
der Worte nicht kundig, — 811. TM: des Herzens Sprache — 815. TM: Gottes Stimme,
wie Donner und Sturm und des schimmernden Frühlings — Nach Psalm 29, 3. V. —
816. TM: Leises Wehn, das den Bach schneeweiß mit Blüten bestreuet; — 817—819. fehlen
TM. — 820. 821. TM: Und wie Gottes Stimmen unwandelbar: nicht wie des Putzes —
822. morgen TM: heute. — 821. TM: Kälberton (Man.: Kälbertanz). — 829—831. TM:
                    Oder von Gluck und Bach und unserm trefflichen Meister
                    Schulz, dem Luther noch selbst nachsingen würd' an der Orgel.
                    Singt mir: Ich danke Gott! von Claudius, oder das Tischlied.
831. Ich danke Gott! Aus Schulzens Liedern im Volkston (2. T., Berlin 1785, S. 1,
das Gedicht von Claudius vgl. Bd. II). V. — 832. TM: und willig folgten die andern.

Ging, und neigend das Haupt an die blühende Wange der Tochter,
Sagte sie leis' ins Ohr, doch so, daß die anderen hörten. 835
  „Nicht zu heiß dich gesungen, mein Töchterchen! Alles mit Maße:
Warn' ich immer umsonst, und zumal bei den Schulzischen Liedern.
Brennt doch schon dein liebes Gesicht mir die Wange, wie Feuer!
Allzu hitziges Mädchen! es möcht' am Schlafe dich hindern!
Dann sind morgen die Äugelein wüst; dann lachen die Spötter! 840
Jetzo schmück' ich dir sauber das Brautbett! Bin ich dann artig?"
  Drauf mit leiserer Stimme begann das rosige Mägdlein:
„Mütterchen!" — senkte den Blick, und wandt' ihr liebliches Antlitz,
Feuerrot; und sie lachten des hold errötenden Mägdleins,
Alle, das Mütterchen auch; und der Bräutigam neckte sie heimlich. 845
Lächelnd ging nun die Mutter, und rief der treuen Susanna:
  „Laß die Teller nur stehn; auch Hedewig wäscht sie allein wohl.
Komm du, liebe Susanna, und leuchte mir. Hast du den Kater
Reichlich vom Tische versorgt, und den guten Packan, der so kläglich
Knurrt in dem Schauer und heult? Ihm gefällt wohl unsre Musik nicht. 850
Komm, und hilf mir bereiten das Brautbett unserer Tochter."
  Also Mama; und es folgte mit eisernem Leuchter Susanna.
Jetzo nahm aus dem Schranke die alte verständige Hausfrau
Feinere Laken und Büren, die glatt von der Mangel und schneeweiß
Schimmerten, wählte mit ernstem Bedacht, und sprach vor sich selber; 855
Stieg dann die Treppe hinauf zur düsteren Kammer voll Hausrat,
Die dort unter dem Namen der Polterkammer berühmt ist;
Wählt' aus dem Schlüsselgebund, das ihr zur Seite herabhing,
Öffnete dann vorschauend, und trat vor die eichene Lade,
Die, von den Ahnen geerbt, mit altertümlichem Schnitzwerk 860

---

834. TM: und das Haupt geneigt — 835. TM: leis' ihr .... andern es — 836 bis
841. TM:

    Singe dich nicht zu heiß, mein Töchterchen! Siehe dein liebes
    Antlitz glühet dir schon; es möcht' am Schlafe dich hindern.
    Jetzo geh' ich und schmücke dir sauber und weich das Brautbett.

842. TM: Schüchtern gab ihr die Tochter mit leiserer Stimme zur Antwort: — 846. TM:
Jetzo ging die — 847—851. TM:

    Wasche die Teller hernach und leuchte mir, liebe Susanna.
    Hast du den Kater auch reichlich versorgt und Packan, der in seinem
    Schauer so knurret und heult? Ihm gefällt wohl unsere Musik nicht.
    Komm nun wollen wir den Kindern ihr Brautbett jetzo bereiten.

— 852. TM: Sprach's; und ihr folgte Susanna und trug den eisernen Leuchter. —
853. TM: Schrank. — 854. TM: Feine. — Der Überzug eines Kissens oder Polsters wird
in Niedersachsen Büre genannt, in Oberfachsen Züge oder Zieche. Mit der Mangel
oder Mange wird die auf Rollen gewickelte Wäsche glatt gepreßt. V. — 856. TM: in
die düstere. — 858. fehlt TM. — 859—860. TM: Trat vor die eichene Lade, mit alter-
tümlichen Schnitzwerk

Prangete, groß und geräumig: am Schloß war Jakob gebildet,
Seine Rahel umarmend, die Schäferin; neben dem Brunnen
Stand ein Lamm auf dem Stein, und es drängte sich trinkend die Herde.
Diese nunmehr aufschließend, erhob sie das köstliche Bettzeug,
865 Lange gespart für die Braut, die leichte Deck' und die Kissen,
Welche von Eiderdunen sich bläheten; aber Susanna
Gab ihr das Licht, und trug die schwellenden Betten geschäftig
Hin zur Kammer der Braut; ihr folgete leuchtend die Mutter.
Als nun weich und sauber das Hochzeitbette geschmückt war,
870 In dem Gestell mit hohem und schöngebogenem Himmel,
Und zwei trauliche Kissen sich wohlgepaart aneinander
Dehneten: brachte Mama den stattlichen Bräutigamsschlafrock,
Fein von Kattun, meerötlich, mit farbigen Blumen gesprenkelt;
Brachte für jeden ein Paar hochzeitliche grüne Pantoffeln,
875 Prunkend von Saffian, und stellte sie neben einander;
Brachte die weiße Haub' und das Leibchen mit rosigen Bändern;
Brachte dann auch die Mütze von feinem Batist, die, mit rotem,
Flammig gekräuseltem Band' und dem Quast von Kanten gezieret,
Urgroßväterlich strotzt'; und das Mütterchen lachte behaglich.
880 Als sie nunmehr vollendet, enteilten sie: Jungfer Susanna
Kehrte zurück an ihr Werk, und Mama zu der lieben Gesellschaft.
Lächelnd ging sie alsbald zum Bräutigam, der am Klaviere
Singend stand mit der Braut und Amalia, legt' auf die Achsel
Ihm sanftklopfend die Hand, und begann mit leisem Geflüster:
885 „Jetzo, mein Sohn, nach Belieben; das Brautbett haben wir fertig."
Sprach's; und mit nichten verdroß es den Bräutigam; froh in
Bestürzung
Drückt' er die Hand der lieben Mama; und sie küßten sich herzhaft.
Aber die Gräfin begann zu dem redlichen Pfarrer von Grünau:
„Vater, sie halten da Rat um das Töchterchen. Wo du mir durchgehst,
890 Kleine Luis'! Erst knixt man herum, und wünscht der Gesellschaft

861. TM: Prangend . . . Schloße — 864. TM: Diese schloß sie nun auf und nahm das — 865. TM: Aufgespart — 866. Eiderdunen, die zartesten Dunen oder Flaumfedern, welche der Eider, oder die Eidergans, anas mollissima, ein nordischer Küstenvogel zwischen Gans und Ente, sich selbst aus der Brust rupfet, und zum Schutze der Eier in den Nestern aufhäuft, woraus man sie einsammelt, und wegen ihrer Weiche und Leichtigkeit teuer verkauft. V. — 868. TM: und leuchtend folgte die Mutter. — 870. fehlt TM. — 871. TM: schöngepaart — 873. TM: Von meerötlichem feinem Kattun, mit Blumen gesprenkelt; — 878. Kanten nennt der Niedersachse die geklöppelten Spitzen wegen ihres edigen, gespitzten Randes. V. — 880. TM: Als sie dieses vollbracht, — 883. TM: Horchend stand — 884. TM: und sprach — 886. TM: Bräutigam: bebend und sprachlos — 888. TM: Aber die gnädige Gräfin begann zu dem Pfarrer von Grünau:

Gute Nacht! freimütig, und nicht so bang' und errötend.
Halte sie fest am Ärmel, Amalia! morgen gehört sie
Uns, die Ehegemahlin des würdigen Pfarrers von Seldorf!
Dann wird weder gehüpft noch gelacht; dann wandelt man ehrbar!
Dann wird die Wiege bestellt! dann singt man: Eio Popeio!   895
Seht, wie das schelmische Bräutchen da hohnlacht! Trotzest du, Bübin,
Daß der Wächter im Dorf zwölf ruft, und der Wagen schon wartet?"
    Drauf antwortetest du, ehrwürdiger Pfarrer von Grünau:
„Hurtig noch eins! Vollauf bis zum obersten Rande die Gläser!
Daß hoch lebe die Braut und der Bräutigam! Alle geklingt nun! 900
Alle mit voller Musik! daß nicht in der bräutlichen Kammer
Hämisch ein Nachtgespenst sie beleidige, oder Asmodi!"
    Sprach's, und winkte zur Seite dem Bräutigam; dieser verstand ihn.
Aber da rings die Gläser mit hellem Gekling' aneinander
Klingelten, rings in den Klang wie Triumph lautjauchzender
                             Glückwunsch   905
Tönte, da Geig' und Trompet' und Horn und der polternde Brummbaß
Wild mit betäubendem Hall einschmetterten: rasch in dem Aufruhr
Flog mit der Braut aus der Thüre der Bräutigam; lautes Gelächter
Schallte den Fliehenden nach, und Händeklatschen und Jubeln.

—————◆—————

892. TM: Halte sie ja beim — 893. TM: Schon zu uns, die Gemahlin — 894. 895.
fehlen TM. — 895. Eio Popeio, oder Eva Popeya, wird häufig im Wiegengesange
gehört. Hier bezieht es sich zugleich auf ein Lied von Goethe mit Schulzischer Musik, das
eben gesungen worden. V. — 899—901. TM:

    Hurtig noch eins auf der Braut und des Bräutigams werte Gesundheit
    Angeklingt mit voller Musik; daß nicht etwa im Brautbett

— 902. Asmodi, der Eheteufel der jüdischen Mythologie, derselbige, der, wie das Büchlein
von Tobias III, 8 bezeuget, in der Brautkammer der schönen Sara, der Tochter Raguels,
sieben junge Männer nach einander tötete; bis ihn der junge Tobias mit Fischleber weg-
räucherte, und der Engel Rafael in der Wüste Egyptens band. In Grünau sind schon
Jäger und Hirten so weit aus der Kindheit, daß ihr Pfarrer durch scherzhafte Erwähnung
solcher Teufeleien, die Milton im verlornen Paradies IV, 168 noch ernsthaft behandelte,
nicht anstößig zu werden fürchtet. V. — 905. TM: der jauchzende — 907. TM: schnell

Idyllen.

1. Der Morgen.

22. Nov. 1774.

Silberner strömte der Glanz des Morgens am blauen Olympus;
Und der steigenden Lerch' antworteten Hecken und Wälder.
Neben dem farbigen Beet' erwachter Tulpen entblühten
Junge Violen und Primeln dem Tau, und sanfte Narcissen,
5 Und der Aurikeln Gemisch, und hauchten balsamische Düfte.
Wonnelächelnd schaute, mit voller blendender Schönheit,
Selma hervor aus der Laube von dichten Linden und Geisblatt,
Die zween Apfelbäume mit blühenden Ästen umarmten.
Weiß ihr Gewand, und Vergißmeinnicht am bebenden Busen,
10 Saß sie, und stickt' ein Gewebe für ihren Jüngling Selino.
Aber schalkhafte Wind', und singende, hüpfende Vögel,
Schüttelten Blüten und Tau vom Wipfel hernieder. Sie legte
Ihren Rahmen beiseit', und sang mit schmelzender Stimme:

  Kühlt, o schmeichelnde Lüfte, kühlt
15 Diese glühende Wange mir!
   Glüht sie nicht vom schönsten Traume?
   Kühlt sie, schmeichelnde Lüfte!

  Schwebtest, himmlische Freundin, du
  Über mir mit dem Wonnetraum?
20   Dank' ich dir die Feu'rumarmung
   Meines trauten Selino?

  O so liebst du, gewiß du liebst
  Auch im himmlischen Rosenhain
   Einen Jüngling, liebst den Seraph
25   Meines trauten Selino!

Der Morgen. Lauenburger MA. 1776, S. 23; verglichen mit dem (datirten) Entwurfe und dem Druckmanustript; schon in den Gedichten 1785, I, 3 unter der Überschrift: „Der Frühlingsmorgen" ganz umgearbeitet und auf 91 Verse gebracht; 1802, II, 3: 98 Verse; fehlt 1825.

Aber feuriger liebst du ihn
Nicht im himmlischen Rosenhain,
   Als ich meinen Auserwählten,
     Meinen, meinen Selino!

Sag', o Laube, wo einst er mir   30
Ach! am klopfenden Busen lag;
   Sag', o Rosenstrauch, der unsre
     Küsse düftender fei'rte:

Hab' im Mond und im Abendrot
Ich nicht Thränen genung geweint,   35
   Seit ich ihn zum letztenmale
     Hier mit Schluchzen umarmte?

Fragt, Gespielen, o fragt mich nicht,
Bei dem fröhlichen Reihentanz,
   Nach der Bleiche meiner Wangen,   40
     Und der heimlichen Zähre!

Mein Selino war rot und weiß,
Liebte Lachen und Spiel und Tanz;
   Bleich und stumm irrt jetzt Selino
     Fern auf einsamen Pfaden.   45

Kehre wieder, mein Bräutigam!
Kehre wieder in meinen Arm!
   Ach! wie zittr' ich, dich zu küssen!
     Kehre wieder, Selino!

Sagen soll dir mein Flammenkuß,   50
Dir dies Zittern, dies laute Herz:
   Dein bin ich! bin deine Selma!
     Kehre wieder, Selino!

Nach 44 folgt im Man. ursprünglich noch folgende Strophe:
      Seelenliebe, die Glut des Herrn,
      Schmelzt' uns beid' und vereinigt' uns!
      Ich bin sein, und mein Selino!
      Ewig lodert des Herrn Glut!
— 51. 52. lauteten ursprünglich wie V. 3. 4. der gestrichenen Strophe.

Selma stütz' auf die schöne Hand ihr Gesicht, und weinte.
55 Kleine Winde bebten heran, die Thräne zu küssen,
Schauerten eilig zurück vor des Blickes strahlender Allmacht;
Jammernder klagte die Nachtigall; die Sonne verbarg sich.
Und ihr Seraph entflog auf goldnen ätherischen Schwingen
Hin zum fernen Selino, der auch in einsamer Laube
60 Weinte. Wonne der Lieb', und bald zu erfüllende Hoffnung,
Hoffnung des Wiedersehns durchstrahlt' ihm plötzlich die Seele.
Aber er kannte den Seraph nicht, und wähnte, die Ruhe
Hätt' ihm der schöne Morgen in seine Seele gegossen.

— — — — —

2. Die Leibeigenschaft.

Erste Jdylle.

Die Pferdeknechte.

Jan. 75 vollendet.

Michel.

Pfingsten wird klar. Ohne Hof ist der Mond, und hängt wie ein
Kahn da.
Ehmals pflegt' ich mich wohl am heiligen Abend zu freuen;
Aber nun schallt mir das Festgeheier wie Totengeläute.

Hans.

Michel, nicht so verzagt! Sieh, alles holt sich auf morgen
5 Kalmus und Blumen und Mai. Man ruht doch einmal vom Fron=
dienst!

Die Leibeigenschaft. Lauenb. MA. 1776. S. 125—135. Schon in Bodes Gesellschafter.
10. St. S. 145. 18. März 1775. Später wurde die gemeinsame Überschrift der beiden Jdyllen
weggelassen. Die erste erhielt den Titel „Die Leibeigenen" und steht in den Gedichten
1785 I, 11; 1802 II, 22; 1825 II, 3. In der „Bestätigung der Stolbergischen Umtriebe"
S. 8 erzählt Voß, F. L. Stolberg habe diese Jdylle getadelt: „die Natur darin möchte
nicht sein genug scheinen" und fügt in einer Anmerkung hinzu: „Mecklenburgische Junker
sprachen von Strafwürdigkeit; Edlere des Adels verteidigten das Gedicht, denn es gehöre
dem derben Knast (niederd. = Knorren) ein derber Keil; und ein menschenfreundlicher
von Brebow in Prilwiz nannte den Verfasser einen redlichen Mecklenburger." — 1. Man
hält es für eine Vorbedeutung vom klaren Wetter, wenn die beiden Hörner des Monds
fast horizontal liegen. V. — 3. Das Beiern geschieht, wenn die Glocken nicht, wie beim
Läuten, gezogen, sondern nur mit den Klöppeln angeschlagen werden. Man fündigt so
auf dem Lande die Feiertage den Abend vorher an. V. — 5. Mit dem würzhaften Kraute
des Kalmus, Acorus Calmus L., und mit Blumen werden am Pfingstfeste Häuser
und Kirchen ausgestreut, auch Blumenkörbe auf den Altar gestellt und Maien umher=
gesteckt. Das menschliche Herz verlangt ein Frühlingsfest, und menschliche Prediger will=
fahren ihm. Die Maie oder der Mai ist gewöhnlich ein Birkenbaum, weil dieser zuerst
sich belaubt; an einigen Orten ein Buchenzweig. Denn eigentlich bedeutet Mai Wuchs,
junges Laub, Frühlingstrieb; und das Handlungswort (maien) aufgrünen, sprossen. „In
dem Walde und uf der gruenen Heide meiet es." Minnes. I, 162. V.

Laß uns ein wenig singen! Es klingt so prächtig des Abends!
Und die Pferde sind gut getübert, und Lustig ist wachsam.
Ringsum duften die Maien, und lieblich röcheln die Frösche,
Und die Nachtigall schlägt dazwischen, (wie sagst du doch), Michel?)
Wie durch den Salm der ganzen Gemeinde die Stimme Lenorens. 10
Weißt du: „Schon lockt der Mai?" Das ist dir ein kostbares Stückchen!
Sonntag lernt' ich's von unserm Küster; (er hatt' es auf Noten!)
Als ich den bunten Kapaun mit jungen Enten ihm brachte.
Soll ich? Du brummst den Baß, oder pfeifst dazu auf dem Maiblatt.

Michel.

Siehst du dort bei dem Mühlenteich was weißes im Mondschein? 15
Dort! Und kennst du sie, Hans, die dort vergeblich ihr Brauthemd,
Ach vergeblich jetzt bleicht? und nötigst mich dennoch zum Singen?

Hans.

Wohl! Lenore bewacht in der ströhernen Hütte die Leinwand!
Eben hört' ich ihren Gesang durch das Mühlengeklapper.
Aber was sagst du, Michel? Sie bleicht vergeblich ihr Brauthemd? 20
Schenkt euch nicht unser Herr bei dem Ährenkranze die Hochzeit?

Michel.

Je! Such Treu und Glauben bei Edelleuten! Betrüger!
Schelme sind...

Hans.

Pst! Ihm könnt' es sein kleiner Finger erzählen!

Michel.

Laß ihn erzählen, was wahr ist! Verspricht der Kerl mir die Hochzeit,
Und die Freiheit dazu, für hundert Thaler! Mein Alter, 25
Mit dem kahlen wackelnden Kopf, und mein krüpplicher Bruder,
Den der Kerl an die Preußen verkauft, und den die Kalmucken,
Tatern und Menschenfresser im Kriege zu Schanden gehauen,
Scharren alles zuhauf, Schaumünzen mit biblischen Sprüchen,
Blanke Rubel, und schimmliche Drittel, und Speciesthaler; 30

7. Tüber heißt der Strick, mit dem man das Vieh auf der Weide an einen ein-
geschlagnen Pfahl bindet. V. — Lustig, Hurtig, Munter, sind Namen von Bauer-
hunden. V. — 8. die Frösche röcheln, sagt man bei uns mit Wohlgefallen von dem
quarrenden Chor entfernter Sümpfe an heitern Abenden. V. — 9. doch, im MA. steht
„noch"; 1785 lautet die Stelle: „wie sagtest du, Michel?" — 10. Salm, aus Psalm,
Kirchengesang. V. — 11. Millers Bauernlied im 1774r Musenalmanach, von C. P. E. Bach
in Musik gesetzt (vgl. Bd. II.) V. — 24. Ohne Erlaubnis des Herrn darf kein Leibeigener
heiraten. V. Vgl. die Anmerkungen zum folgenden Gedicht. — 30. Es ist bekannt, daß
der Leibeigene seinen vom Vater und Großvater her zusammengesparten Notpfennig (peculium), aus Furcht vor dem Fronherrn, selten belegt, sondern heimlich verbirgt. V.
Vgl. das folg. Gedicht.

Und verkaufen dazu den braunen Hengst mit der Blässe,
Und den bläulichen Stier, auf dem Frühlingsmarkte, für Spottgeld.
Michel, sagen sie, nimm das bißchen Armut, den letzten
Not= und Ehrenschilling, und bring's dem hungrigen Junker!
35 Besser, arm und frei, als ein Sklave bei Kisten und Kasten!
Wasser und trocknes Brot schmeckt Freien wie Braten und Märzbier!
Weinend bring' ich's dem Kerl; er zählt es: Michel, die Hochzeit
Will ich euch schenken; allein ... mit der Freiheit ... Hier zuckt er
             die Achseln.

          Hans.

Plagt den Kerl der Teufel? Was schützt denn der gnädige Herr vor?

          Michel.

40 Hans, der Hund, den man hängen will, hat Leder gefressen.
Sieh, da hab' ich sein Gras ihm abgeweidet, zu flache
Furchen gepflügt, sein Korn halb ausgedroschen, und Gott weiß.
Kurz, die Rechnung ist höher als hundert Thaler. Ich dürfte,
Munkelt' er noch, nur geruhig sein; er hätte Vermutung,
45 Wer ihm neulich vom Speicher den Malter Roggen gestohlen.

          Hans.

Michel, hätt'st du das erste gethan, so wär' es kein Wunder.
Welche Treue verlangt der Junker von dem, der beständig
Unter dem Prügel des Vogts mit Schand' und Hunger und Not ringt?
Doch für das letzte verklag' ihn bei unserm gnädigsten Landsherrn;

46—48. 1802 sind diese drei Verse zu folgenden 14 erweitert:

  Hättest du Fronarbeiten versäumt, zu entschuldigen wär' es.
  Was? Noch Treue verlangt der unbarmherzige Fronherr?
  Der, mit Diensten des Rechts (sei Gott es geklagt) und der Willkür
  Uns wie die Pferd' abquälet und kaum wie die Pferde beköstigt?*)
  Der, wenn darbend ein Mann für Weib und Kinderchen Brotkorn**)
  Heischt vom belasteten Speicher, ihn erst mit dem Prügel bewillkommt,
  Dann aus gestrichenem Maß einschüttet den kärglichen Vorschuß!
  Der auch des bittersten Mangels Befriedigung, welche der Pfarrer
  Selbst nicht Diebstahl nennt, in barbarischen Marterkammern***)
  Züchtiget und an Geschrei und Angstgebärden sich kitzelt?
  Der die Mädchen des Dorfes mißbraucht und die Knaben wie Lastvieh
  Auferzöge, wenn nicht sich erbarmeten Pfarrer und Küster,
  Welche, gehaßt vom Junker, Vernunft uns lehren und Rechtthun?
  Nein, nicht Sünde fürwahr ist solcherlei Frones Versäumnis!

    *) Wie ist es möglich, fragte man einen sonst gutmütigen Mann, daß Ihre Leute
mit so wenigem sich nähren, sich kleiden, sich erwärmen? Ich begreife es nicht, war die
Antwort; aber es geht. Solche Leute bedürfen wenig. V.
    **) Ein Prediger gab seiner für diebisch verschrieenen Gemeine das Zeugnis: Es sind
ehrliche Leute; sie nehmen nur was ihnen gebührt, um zu leben. V.
    ***) Über die Martern der Leibeigenen vgl. die Anmerkungen zu der Idylle „Die Er=
leichterten" Nr. 19.

Denn ich will's dir bezeugen, Johann, der Lakai hat den Roggen 50
Mit Erlaubnis der gnädigen Frau vom Speicher gestohlen!

Michel.

Hans! das Nachtmahl nehm' ich darauf! ich bin ganz unschuldig!
Seit der leidigen Hoffnung hab' ich nicht Bäume geimpfet?
Nicht gezäunt? nicht die Hütte geflickt? nicht Graben geleitet? . . .
Aber verklagen! durch wen? wo ist Geld? und erfährt es der Herzog? 55
Und die Minister, Hans? Die Minister? man weiß wohl, ein Rabe
Hackt dem andern die Augen nicht aus! . . . Ja, sing nur, Lenore!
Sing' und spring' auf der Wiese herum, du freie Lenore!
Frei soll dein Bräutigam sein! Er ist's! Bald tanzen wir beide
Unsern Hochzeitsreigen, im langen jauchzenden Zuge, 60
Über Hügel und Thal . . . nach dem Takt, den der Prügel des
　　　　　　　　　Vogts schlägt! . . .
Aber du weinst? Um den Jungfernkranz, den die Dirnen dir rauben?
Trockne die Thränen! Du wirst ja ein freies glückliches Eheweib,
Bald die glückliche Mutter von freien Söhnen und Töchtern! . . .
Hans! mich soll dieser und jener! Ich lasse dem adligen Räuber 65
Über sein Dach einen roten Hahn hinfliegen, und zäume
Mir den hurtigsten Klepper im Stall, und jage nach Hamburg!

Hans.

Aber, Michel, die Kinder!

Michel.

　　　　　Die Wolfsbrut? Fällt denn der Apfel
Weit vom Stamm? Und heult sie nicht schon mit den Alten, die
　　　　　　　　　Wolfsbrut?
Ging in den Tannen nicht gestern der Herr Hofmeister, und weinte? 70

Hans.

Aber es heißt: Die Rach' ist mein, und ich will vergelten,
Spricht der Herr! Und dann, dein armer Vater und Bruder!

Michel.

Herrlicher Spruch: Die Rach' ist mein, und ich will vergelten!
Ha! das erquickt! Ja, ich will geduldig leiden und hoffen!

55. Im MA. setzte Voß folg. Anmerkung hinzu: „In etlichen Ländern nimmt die
Regierung keine Klage an, die nicht von einem Advokaten entweder abgefaßt oder unter-
schrieben ist." 1802 fährt er fort: „Dieser scheut Reichtum und Macht; oder er heißt Un-
ruhstifter." — 61. Der Vogt wird anderswo Verwalter und Statthalter genannt. V. —
66. Eine sprichwörtliche Drohung, das Haus anzuzünden. V.

Hans.

75 Michel, du sprachst doch vom Tanz. Ich will dir ein Märchen erzählen.
Kennst du die wüste Burg? Mein seliger Oheim, der Jäger,
Lauert da im Mondschein einst auf den Fuchs, in den Zwölften.
Mit einmal
Braust, wie ein Donnerwetter, das wütende Heer aus der Heide.
Hurra! rufen die Jäger, die Pferde schnauben, die Peitschen
80 Knallen, das Hifthorn tönt, und gewaltige feurige Hunde
Bellen hinter dem Hirsch, und jagen ihn grad' in das Burgthor
Oheim hält's für die fürstliche Jagd, ob sein Tiras gleich winselt,
Denk mal, und geht (wie er denn zeitlebens ein herzhafter Kerl war!)
Ihnen nach in die Burg. Nun denk, wie der Satan sein Spiel hat!
85 Jäger und Pferd' und Hunde sind Edelleute, mit Manteln,
Langen Bärten und eisernen Kleidern und großen Perücken;
Wie die Schlaraffengesichter im Spiegelsaale des Junkers.
Weiber mit hohen Fontanschen und Bügelröcken und Schlentern
Fodern sie auf zum Tanz. Da rasseln dir glühende Ketten!
90 Statt der Musik erschallt aus den Wänden ein Heulen und Winseln.
Drauf wird die Tafel gedeckt. Ganz oben setzt sich der Stammherr
Vom hochadligen Haus', ein Straßenräuber. Sein Beinkleid,
Wams und Bienenkapp' ist glühendes Eisen. Sie fressen
Blutiges Menschenfleisch, und trinken siedende Thränen.
95 Unsers Junkers Papa kriegt meinen Oheim zu sehen,
Nimmt den Becher voll Thränen, und bringt ihn: Da trink' Er
eins, Jochen!
Jochen will nicht; er muß. Nun soll ich denn trinken, so trink' ich,
Sagt er, in Gottes Namen! Und knall! war alles verschwunden.

Michel.

Bald ist der Kerl dabei! Dann schallen ihm unsre Seufzer
100 Statt der Musik, dann brennen ihm unsre Thränen die Seele!

Hans.

Hu! wie wird er dann springen! Wie wird sein Weib, das Gerippe!
Auf französisch dann fluchen, wenn keine Zofe die Ketten

---

77. In den Zwölften (so nennt man die zwölf Tage zwischen Weihnacht und dem
Feste der heiligen drei Könige) sollen Kobolde, Wehrwölfe, verbannte Gespenster, und
anderes Ungetüm, besonderer Sundfreiheiten genießen; vorzüglich der wilde Jäger mit
dem wütenden Heere, welches in Mecklenburg auch de Wode heißt: wahrscheinlich eine
entstellte Sage von Wodan. V. — 78. Heide heißt an etlichen Orten eine große Waldung. V.
— 88. Fontansche, ein altfranzösisches Kopfzeug. V. — Schlenter, ein nachschleppendes
Kleid. V. — 93 f. Ein Heraldiker würde hier Harnisch, Panzer und Helm gesagt haben. V.

Ihr nach der Mode mehr hängt! Da wird sich der Satan ergötzen!...
Michel, hast du Toback? Die Mücken stechen gewaltig!...
Lustig, die Pferd'! Euch soll, wo ihr dem Junker ins Korn geht! 105
Blitz! er prügelt' uns krumm und lahm! He! Lustig, die Pferde!

Zweite Idylle.
Der Ährenkranz.
März 1775.

Henning.

Heda! du weiße Gestalt! Wer kommt durch die Haseln gerasselt?
Alle guten Geister ...

Sabine.

Ich bin ein höllischer Geist! Bu!

Henning.

Aber du gehst, wie ein Engel des Lichts!

Sabine.

Ich kann mich verstellen!

Henning.

Höllischer Geist, was willst du?

Sabine.

Dich holen!

Henning.

So komm denn, und hol mich! ...
Dirne! du lieber Teufel! wie beißest du mir in die Lippen! 5

Sabine.

Singst du Schelm hier allein, und sagst mir kein einziges Wörtchen?
Wart nur, führ' ich dir erst, als gebietende Frau, den Pantoffel!

Henning.

Was den Pantoffel betrifft, wird morgen der Priester erläutern.
Aber wie fandest du mich?

Sabine.

Ich geh' da einsam im Garten
Und begieße den Rosmarin und die Myrte zum Brautkranz, 10

Der Ährenkranz. Lauenb. MA. 1776. S. 135—146; Gedichte 1785, I. S. 26: „Die Freigelassenen"; 1802, II, 72. 1825, II, 33.

Seufz' auch ein Stoßgebetlein um himmlischen Segen, und schlendre
Auf und ab, und seh nach der Thür': Ach, sollt' er wohl kommen?
Doch wer nicht kam, war Henning. Da hör' ich am Teiche was klimpern:
Ah! das ist Henning, der singt! Wie der Blitz war ich über den Zaun hin,
15 Renne durch Disteln und Hecken zum Teich. O fühl, wie mein
Herz klopft!

Henning.

Liebes, süßes Sabinchen!

Sabine.

Ja! liebes, süßes Sabinchen!
Und du läßt mich allein! ... Weg, Henning! kein Kuß! ich bin böse!

Henning.

Närrchen, die Hand von dem Mund'! Ich will dir Rechenschaft geben.
Seit der Baron uns die Freiheit geschenkt, singt alles im Dorfe;
20 Aber alles im Dorf', ob ich's schon nicht glaube, behauptet,
Ich sei der beste Sänger, und spiel' am besten die Zither.
Morgen sind's dreizehn Jahr, als nach der gesegneten Ernte,
Unter dem Glockengeläut' und dem Schall der Trompeten und Pauken,
Uns der Baron freigab; und als Braut und Bräutigam, weißt du,
25 Müssen wir beid' im Zug mit dem Ährenkranze vorangehn....
Dirne! wir waren noch Kinder, und kannten nicht Knechtschaft noch
Freiheit!

18. Der Graf Hans Rantzau auf Aschberg, der unter den holsteinischen Gutsherrn zuerst (denn das Versprechen eines von seinem Gewissen beunruhigten, katholisch ge= wordenen Hexenverbrenners vor hundert Jahren blieb unkräftig) im Jahr 1739 seinen Leibeigenen Freiheit und Eigentum zu geben anfing, meldete nach 27 Jahren in einer kleinen Schrift (Antwort eines alten Patrioten, wie der Bauernstand zu verbessern sei, Plön 1766) den Erfolg seines menschenfreundlichen Versuchs: „die Bevölkerung werde un= glaublich befördert; die Menschen werden klüger, fleißiger, vermögender und sittlicher, die Kinder werden besser erzogen; die Felder und Wiesen werden auf eine erstaunende Weise verbessert, neue Wohnungen und Scheuren gebaut, und jeder habe bei seinem Hause eine beträchtliche Pflanzung von hartem und weichem Holz.“ Seines Bruders Enkel Christian, der 1794 den Plan völlig ausführte, berichtet in den Aktenstücken (vgl. Idylle Nr. 19] S. 12: „Im Jahre 1769 befanden sich nur 200 Menschen dort, und 28 Jahre später zählte man 1050 Köpfe.“ Wie viel wohl mochten vor 1739 sein, da die Verbesserung anfing? Ohne die beiden Edlen lebten jetzt 900 Menschen weniger auf Einem Gute! V. — 25. 1802 wird hier ein langer Excurs über die Freilassung eingeschoben:

Sabine.

Wohl noch denk' ich den Tag! Wir Kinderchen waren so herzlich
Froh des Geprängs, und der langen mit Speis' anlockenden Tafel.
Doch wir wunderten uns, wie besorgt aussahen die Männer,
Da sie der gütige Herr aufmunterte.

Henning.

Ja, so betäubt wird
Endlich das Herz vom Drucke der unglückseligen Knechtschaft!
Neuerung, welche der Herr mit Gewalt sucht oder mit Güte,
Scheint, wohlthätige selber, Verschlimmerung; häufig ja war sie's!

Aber du hörteſt heut die kräftige Predigt, wie alles,
Alt und jung, laut weint', und der Prieſter nicht reden konnte,
Und wir die Hand uns drückten ...

Sabine.

Du weinſt? Schweig, Henning! ich weiß ſchon!   30
Henning, der beſte Sänger und bravſte Bengel im Dorfe,
Hat ein Lied auf die Freiheit gemacht, um es morgen zu ſingen!
Nicht ſo? und ſchlich ſich allein, um hübſch beweglich zu ſingen!
Schelmchen, küß mich dafür! Er verdient's, der liebe Baron, der!

Henning.

Freilich! und mehr, als du glaubſt, verdient's der liebe Baron, der! 35
Vater, deſſen Wirtſchaft dies Jahr am beſten beſtellt war,

Sorgt' auch der Herr als Vater und gab zum Erſatze des Unrechts,
Welches die Seinen an uns Jahrhunderte, ſagt' er, verübet,
Freihelt wieder und Feld auf Bedingungen mäßiger Erbpacht;
Half er auch Feld und Gehöſt' anbaun durch Kenntnis und Vorſchuß:
Doch argwöhneten wir in zagender Angſt des Verhungerns.

Sabine.

Als ob nicht wir Armen genug durch den alten Baron einſt
Hungerten, der (Gott gönn' ihm die Seligkeit!) redliche Hüfner
Von der verbeſſerten Huf' abwarf in die Kate *) des Kohlhofs,
Wo ſie bei baurendem Frone das Brot kaum warben mit Taglohn!
Und wer im Hunger ſich nahm vom Ertrag des eigenen Schweißes
Oder was über den Zaun herhing, der büßte gelagert
(Wohl zu verdau'n, wie es hieß!) auf ſpitzigen Eggen im Kerker!**)

Henning.

Dies lautſchreiende Weh' und der Nachbarn Haß und Verwünſchung
Weckte den jungen Baron, den verſtändigen. Gütig und fromm ſein
Hatt' er gelernt aus der Bibel und ſonſt aus erbaulichen Büchern,
Auch mit ſeinem Erzieher, dem Prediger, weit in der Welt ſich
Umgeſehn, und gemerkt in der Schweiz und dem werbſamen England:***)
Menſch ſei der Bauer, nicht Vieh; doch Unmenſch, wer ihn gekettet
Durch willkürlichen Zwang, ihn ſelbſt und die Kinder der Kinder!
Wehmutsvoll nun löſt' er die roſtigen Ketten der Knechtſchaft,
Teilte das Feld und belehrt' und tröſtete; endlich am Gottes
Ernteſeſt entließ er die Schmachtenden. Doch der Entlaſſung
Wagte ſich keiner zu freu'n; nicht konnte man glauben ſo Großes!

Dann folgt noch die Reminiscenz an die „herzeinnehmende Predigt" beim vorjährigen Ernte-
feſte, wobei der Segen der Freilaſſung auf freudige und dankbare Weiſe zum Ausdruck
gekommen war.

*) Kate, Kothe, kleines ſchlechtes Haus, Tagelöhnerwohnung.
**) In einem benachbarten Gute iſt der Keller noch im Gedächtnis, wo der willkürlich
beſtrafte Leibeigene auf untergelegten Eggen lag. Häufig auch wurden die Unglücklichen,
wie abzurichtende Jagdhunde, an Stricken in die Höhe gezogen und gepeitſcht, oder, nach
eingewürgten Salzheringen, bei glühenden Ofen eingeſperrt. V.
***) Hans Rantzau, wie ſein Urneſſe erzählt (Altenſt. S. 8), hatte den Gedanken, ſeinen
Leibeigenen zur Freiheit Pachtſtücke zu geben, in England gefaßt. Die Pachtſtücke wurden
auf 2 Pferde und 10 Kühe berechnet, daß ſie ein Mann mit Frau und Kindern ſelbſt
bearbeiten könnte. V.

Aß, wie gewöhnlich, heut bei der gnädigen Herrschaft zu Mittag.
Über der Mahlzeit sagt zu dem jüngsten Fräulein Amalchen
Heimlich dein kleiner Husar Adolfchen: Ach! morgen ist Urlaub! —
40 Wer bringt morgen den Kranz? — Mein schönes Sabinchen und
Henning! —
Ei! das ist schön! Heiraten sich die? — Heiraten? was ist das? —
Ei! dann tanzen sie erst, und schlafen dann beide beisammen!
Hast du das nie bei den Puppen gesehn? — Ja, getanzt wird morgen!
Auf der Wiese! da essen wir auch! Papa und Mama auch! —
45 Schnell winkt ihm die Baronin, als zürnte sie: Junge, was schnakst
du? —
Ja! ich weiß, was ich schnake! Papa hat es selber gesagt wohl!
Wenn das Wetter so bleibt, kommt morgen der Onkel und Tante!
Dann wird draußen gespeist! dann tanzen wir alle zusammen!
Ulrich, Johann und der Gärtner, die fiedeln uns auf! und die Jäger
50 Albert und Heinrich, die stehn in den Buchen, und blasen das Waldhorn!
Nicht, Papa? Es ist auch mein schönes Sabinchen und Henning! —
Lächelnd schilt der Baron den kleinen Schwätzer, und bittet
Meinen Vater, uns beiden doch nicht die Lust zu verderben.
Aber der alte Mann hat kaum zu Hause den Krückstock
55 Hinter den Ofen gestellt, so kann er sich länger nicht halten,
Weint wie ein Kind vor Freud', und erzählt mir die ganze Geschichte.

Sabine.

O der vortreffliche Herr! Mir kommen selber die Thränen
In die Augen! Nun Gott wird unser Gebet ja erhören!
Sing mir doch, lieber Henning, o sing mir dein Lied von der Freiheit!
60 Aber wo bleibt der Kuß? Du denkst an den lieben Baron nur!

Henning.

Mädchen! .. Nun nimm auch die Hand von der Schulter; sonst
kann ich nicht singen!
Jede Hälfte vom Vers wiederholt ihr andern, und schlagt dann
Senf' und Harke dazu. Ich will's mit der Zither bemerken.

---

37. „Man bemerkt (sagt Hans Rantzau von seinen Pachtbauren) eine fast bürgerliche
Lebensart, und Wetteifer in Ordnung und Reinlichkeit des Hauswesens, in Verbesserung
des Ackerbaus, des Wiesewachses, der Viehzucht. Alle Jahre zwischen Pfingsten und
Johannis wird eine genaue Besichtigung der neuen Kolonieen vorgenommen, und der am
besten befundene Haushalter, wie in den Gilden zu geschehen pflegt, zum Wirtschaftskönige
ernannt, an des Herrn Tafel gezogen, und mit einer Prämie von 20 Thalern beschenkt." V.
38. Über der Mahlzeit, während; über die Mahlzeit, wegen. Diesen Unterschied beobachten wenige. V.

Wir bringen mit Gesang und Tanz
Dir diesen blanken Ährenkranz,   65
     Wir Bräutigam und Braut.*)
Die Fiedel und Hoboe schallt!
Die Glocken gehn! und jung und alt
     Springt hoch, und jauchzet laut!

Die Freiheit schenkt uns solchen Mut!   70
Die Dirn' ist frisch, wie Milch und Blut,
     Gerad' und schlank wie Rohr!
Ihr Schnitter prahlt mit ihrem Strauß,
Und sieht so braun und bräsig aus,
     Den Hut auf Einem Ohr!   75

Der du zur Freiheit uns erhobst,
Komm her, und schau! dort glüht das Obst,
     Das seinen Baum beschwert!
Dort brüllen Rinder ohne Zahl!
Dort blöcken Schafe durch das Thal!   80
     Dort stampft im Klee das Pferd!

Und ob's der Sens' an Korn gebrach,
Da frag die vollen Scheuren nach,
     Bis an den Giebel voll!
Die Flegel klappern sonder Rast,   85
Der Städter holet Last auf Last;
     Sie sind und bleiben voll!

Und, zeug' uns! hungerharkten wir?
Fand nicht genung zu lesen hier
     Der Wais' und Witwe Hand?   90
Die hungerharken, die das Joch
     Des Frones drückt, und harken doch
     Meist Hedrich, Tresp' und Brand!

---

*) Chor: Durch Bräutigam und Braut.

65 ff. Beim Ährenkranz, im MA mit Melodie von Weiß. — 74. bräsig oder bräfig (denn es ist der Umlaut von dem dunkeln a), martialisch. V. Schon 1785 setzte Voß dafür: trotzig. — 88. hungerharken, mit einer großen Harke (Rechen) die liegen gebliebenen Ähren sammeln. V. — 93. Hedrich ist eine Art Mißkorn in der Gerste, Trespe im Roden, und Brand im Weizen. V.

Im blauen Tremsenkranz juchhein,
Zu Weidenflöten und Schalmein,
    Die Kinder, rund und rot;
Und schenken froh dem bleichen Mann,
Des Sklavendorfes Unterthan,
    Ihr kleines Vesperbrot!

100   Wir ackern tief, und dröschen aus,
Und bessern Feld und Wies' und Haus;
    Kein Schweiß ist uns zu theu'r!
Kein harter Vogt steht hinter uns!
Ein Wink vom lieben Herrn: wir thun's!
105   Und liefen durch das Feu'r!

Des Sonntags auf der Kegelbahn
Setzt alles auf dein Wohlsein an,
    Und schlürft den letzten Tropf:
Laßt leben unsern Vater hoch!
110   Zerbrochen ist des Frones Joch!
    Die Gläser über'n Kopf!

Am Sommerabend singen wir,
Wir Bursch' und Jungfern, vor der Thür,
    Zur Fiedel und Schalmei:
115   Es lebe unser Vater hoch!
Er nahm von uns des Frones Joch!
    Juchheissa! wir sind frei!

Wir bringen mit Gesang und Tanz
Dir, Vater, diesen Ährenkranz,
120   Wir Bräutigam und Braut!*)
Denk stets dabei an unsern Fleiß,
An unsre Lieb', und dessen Preis,
    Der segnend auf uns - schaut!

---

*) Chor: Durch Bräutigam und Braut.

84. Tremsen, Cyanen, blaue Kornblumen. Frisch schreibt dies Wort Tremissen. V. —
95. Weidenflöten von abgezogener Weidenrinde. Um diese unverletzt vom Holze zu
lösen, klopfen die Kinder den Zweig auf den Knieen, und singen dazu taktmäßig: „Fabian
Sebastian, lat mi de Widenflöt' afgahn!" Am Tage dieses Heiligen soll der Saft in die
Bäume treten. V. — 97. Ein leibeigener Bote ward um sein bleiches Gesicht gefragt, ob
er krank sei. Nein, antwortete er schmerzhaft lächelnd, so sehn wir alle aus. V. — 108.
Tropf für Tropfen (wie Gaum und Gaumen) ist in der Schriftsprache veraltet, nicht
unter dem Volke. V.

6*

Er hängt! er hängt! der blanke Kranz!
Beginnt, ihr Schnitter, Reihentanz,   125
Und schreit mit frischem Mut:*)
Es lebe unser Vater hoch!
Und seine Frau und Kinder hoch!
Juchheissa! schwingt den Hut!

Sabine.

Ei, du Bengelchen du! wie geht das herrlich! ja lange,   130
Lange lebe der gnädige Herr! Ach, denk dir das, Henning,
Wenn der Baron einst stirbt, und wir ihm Blumen aufs Grab streun!

Henning.

Anders weint man dann hier, als dort, wo der Bauer mit Knochen
Seiner verfaulten Tyrannen das Obst abschleudert, und fluchend
Hin in die Grube sie wirft, wo der Pferd' und Hunde Gebein dorrt! 135

Sabine.

Fi! sprich nicht von Tyrannen und Knochen! Mir graut vor Gespenstern!
Blitzt es? So spät im Jahr? Ach! wenn das Wetter nur hell bleibt!
Henning, schon wieder! O sieh! der ganze Teich ist wie Feuer!

Henning.

Hm! das Wetter kühlt sich nur ab.

Sabine.

             Doch laß uns nun aufstehn.
Sieh den Dampf auf der Wies'! und es weht schon des Abends
                    so feuchtkalt!   140
Daß du mir morgen nicht singst, wie der heisere Küster sein Amen!

3. Selmas Geburtstag.

Sommer 1775.

Sag mir von Selmas Geburt, mein Genius, sag mir ein wenig;
Denn du warest dabei. Was sang ihr Engel für Zukunft?
Dunkel besinn' ich mich, die folgende Nacht war ein Glänzen,

Chor: Wir $\left({\text{Schnitter} \atop \text{Dirnen}}\right)$ tanzen Reihentanz,
       Und schrein mit frischem Mut:

Selmas Geburtstag. Lauenburger MA. 1776, S. 182; unter der Überschrift
„Das erste Gefühl" in die Gedichte 1802, I. 13 ganz umgearbeitet aufgenommen. Die
Singenden sind dort bloß als „Die eine" und „Die andere" bezeichnet. 1825 fehlt das
Gedicht wieder wie in der ersten Ausgabe 1783.

Wie vom Mond' oder Morgenrot, um mein Lager; ich warf mich,
5 Heiß vor banger Erwartung, und heißer als selbst in der Christnacht,
Hin und wieder, und wußte nicht, daß du mich umschwebtest.
Sag, was brachtest du mir von Selma für fröhliche Ahndung?
   Dämmernd brannte die Lamp' in der stillen Kammer, wo jetzo,
Mütterlich froh, im Himmel ihr Herz, mit Thränen und Lächeln,
10 Auf ihr Kind in der schwebenden Wiege die Wöchnerin blickte.
Um die schwebende Wiege, die kleine Schwester bewundernd,
Hüpften die kleinen Geschwistern, doch leis' auf den Zehen; denn flüsternd
Winkte die wiegende Amm', ihr Schwesterchen ja nicht zu stören,
Die von der langen mühsamen Reise des Storches ruhte.
15 Aber ein hellerer Schein, als der Lampe strahlt' auf den Windeln;
Denn, unsichtbar dem sterblichen Blick', umglänzten die Wiege
Boten Gottes, mit Palmen und Myrten und Blüten des Lebens.
Sulamith nahm anjetzt die myrtenumwundene Laute,
Selmas Beschützerin sie; und Thirza, die Freundin der Mutter,
20 Nahm die goldene Harf', umkränzt mit edenischen Palmen.
Und sie rauschten, und huben den wechselnden Wiegengesang an.

Thirza!

Schlummer' in Frieden, o Kind! Die leisesten Harfenlispel
  Säuseln in deinen Schlaf! Schlummer' in Frieden, o Kind!

Sulamith.

Träume von Wonne, mein Kind! Die zärtlichsten Lautentöne
25   Seufzen in deinen Traum! Träume von Wonne, mein Kind!

Thirza.

Laß die Haine des Lebens, von Halleluja durchwirbelt,
  Und das krystallne Geräusch, welches vom Thron sich ergießt!
Aus den Gefilden des Heils begleitet dich, Seele, die Tugend,
  Und erschafft dir allhie neue Gefilde des Heils!

Sulamith.

30 Laß die dämmernden Myrten, durchbebt von Seufzern der Laute,
  Und des rieselnden Bachs rosenumkränztes Gestad'!
Jenem Wonnegefild' entschwebt die himmlische Liebe,
  Und bereitet für dich wieder ein Wonnegefild'!

Thirza.

Seht ihr, Engel, die Wangen, die unter den Psalmen die Andacht
35   Oft verklärte? Wie gleich strahlet die Hülle dem Geist!

Sulamith.

Seht ihr, Engel, die Augen, die unter dem Lautengelispel
    Zärtlich blinkten? Wie hell strahlet die Seel' in dem Blick!

Thirza.

Deiner Mutter Erwählte, die Freude deiner Geschwistern,
    Ähnlich beiden, o Kind, lächle der Tugend im Schoß!

Sulamith.

Stiller Jünglinge Seufzer, die Schönste der schönen Gespielen,   40
    Und die Zärtlichste, Kind, tanze der Lieb' an der Hand!

Thirza.

Blüht, ihr Frühling', o blüht, daß unter Düften die Holde,
    Welche die Tugend ehrt, tanze der Lieb' an der Hand!

Sulamith.

Sproßt, ihr Myrten, zum Hain, daß in eurem Schallen die Fromme,
    Die der Liebe sich weiht, lächle der Tugend im Schoß!   45

Thirza.

Warum blüht ihr so hell, ihr Frühling'? Ist Selma die Holde,
    Die vom Abend beglänzt, eure Gedüfte durchwallt?
Warum bebt so ihr Busen? Was fleht ihr thränendes Auge?
    Schwebt vor der Ahndenden Blick ihres Erkornen Gestalt?

Sulamith.

Warum rauscht ihr so sanft, ihr Myrten? Wem neigt ihr die Wipfel?   50
    Kommt der Erkorne selbst, dessen Gestalt ihr erschien?
Eil! wo die Nachtigall singt, harrt deiner das zärtlichste Mädchen!
    Küß, ihr am Busen gesenkt, zitternd die Thränen hinweg.

Thirza.

Fleug zum Knaben, o du sein Seraph, und lispel' ihm Ahndung
    Von den Küssen des Traums, welchen die Lächelnde träumt!   55
Dann bewache sein Herz, daß einst, wann die Stunden ihm winken,
    Seiner Tugenden Preis würdig der ihrigen sei!

Sulamith.

Lehr ihn, wie ich sein Mädchen, in duftenden Nachtigallbüschen,
    Und im Dämmern des Monds, himmlischer Liebe Gefühl!

⁶⁰ Bring dann nach achtzehn Sommern den sehnenden Jüngling; und ewig,
Wie der Tugend, so flamm' ewig der Liebe sein Herz!

Beide.

Windet Kränze für Selma von Palmen und Myrten, ihr Engel!
Ewig flammet der Lieb', ewig der Tugend ihr Herz.

4. Die Bleicherin.

Januar 1776.

Ilse.

Guten Morgen, Sofie. Wo willst du hin mit dem Korbe?

Sofie.

Ich? Nach dem Garten am Bach. Ich habe hier Erbsen und Mangold,
Und holländische Winterkartoffeln; die will ich da pflanzen.
Aber was duckst du dich hinter dem Dorn?

Ilse.

Sacht', Dirn'! Ich behorche
⁵ Unsre Bleicherin dort. Sie sang schon wieder von Siegmund,
Ihr Leibstückchen und schwieg, wie die böse Nachtigall anfing.

Sofie.

Ei, sie hat es fürwahr gemacht, drum will sie's nicht singen.

Ilse.

Komm nur; ich wette, sie soll!

Sofie.

Ich muß ja pflanzen.

Ilse.

Ei, komm nur!

Sofie.

Ilse, du läufst wie der Geier. Ich kann mit dem Korbe nicht folgen.

Die Bleicherin. Hamburger MA. 1777, S. 15 f. Gedichte 1785, I, 40 ff. Da
heißen die drei Mädchen: Lene, Sofie und Anna, 1802 (II, 99) die erste wieder Else;
1825, II, 49. Bürger an Boie 9. Mai 1776: „Die Bleicherin ... ist ein gar allerliebstes
Stück, und gefällt mir unter den Voßischen Idyllen vor allen andern. Wie so gar herrlich weiß er doch das Detail seines Sujets, woran kein Mensch gedacht hätte, aufzudecken
und darzustellen! Wie weiß er sich der Meinungen und Begriffe des Volks zu bemächtigen!
Solche Stücke .... sind aus der wahren poetischen Schatzkammer, worin noch Schätze von
der Art zu Tausenden, so noch keiner hervorgezogen, aufbewahrt sein mögen." (Strodtmann,
Briefe von und an Bürger I, 308.) — 2. Mangold, ein Pflanzenname, bes. die Pflanze
beta vulgaris bei Linné (Weigand Deutsches Wörterbuch II, 22).

Ilse.

Holla, du Jungfer Braut! Sing' gleich dein Stückchen noch einmal! 10

Gertrut.

Nein! ich thu's nicht!

Ilse.
                  So will ich die roten Wangen dir bleichen

Gertrut.

Dirne, du Drauß! du verdirbst mir den schönen seidenen Halstuch,
Den mir Siegmund geschenkt! O weh! mir läuft's in den Busen!
Hu, wie kalt! Fi, schämst du dich nicht? Dort angelt ein Mannsmensch!

Sofie.

Willst du wohl singen? Dich soll! Komm, hilf mir den Eigensinn kitzeln. 15

Gertrut.

Mord! Gewalt!... Ja, ja! von Herzen gern will ich singen!...
Laßt mich nur erst Luft schöpfen!

Ilse.
                  Am Bach im Schatten der Pappel
Sitzen wir kühl, und drüben im alten Schloß ist ein Echo.

Gertrut.
            Bleich' am warmen Strahl der Sonnen,
            Leinwand, die ich selbst gesponnen   20
                  Von dem feinsten Knochenflachs.
            Dich besprengten Jungfernhände,
            Daß dein Glanz die Augen blende,
                  Weiß wie Schnee und Jungfernwachs.

            Bald als Laken und als Bühren   25
            Sollst du mir das Brautbett zieren
                  Unter Mai= und Rosenduft;
            Denn Johannis hat mein Treuer
            Ausgesetzt zur Hochzeitsfeier,
                  Wenn der Kuckuck nicht mehr ruft.   30

12. Drauß, Droos, niederd. Scheltwort, Teufel, verfluchtes Wesen (Brem. Wörterbuch
I, 257, vgl. Idyllen Nr. 8, Vers 52). — Tuch, Masculinum nach niederdeutschem Ge=
brauche. — 19. ff. Lied einer Bleicherin, im MA. mit Melodie von Weiß. — 21.
Knochenflachs, niederd., gehechelter Flachs, in Knoten d. h. zopfartig zusammengedreht,
in kolbiger Form. — 24. Jungfernwachs, das reine von allen fremden Teilen gesäuberte
und abgebleichte Wachs.

Wer mich freit, ihr lieben Lafen?
Siegmund Franke, braun von Backen,
　　Und so groß und stark und brav!
Er, der vorig's Jahr zum dritten
35　Seinen Kranz herabgeritten,
　　Und dies Jahr den Vogel traf!

Zwang er nicht sechs bärt'ge Werber?
„Nehm' Er Handgeld, oder sterb' Er!"
　　Fluchten sie, und zogen gar.
40　Knaps! zerstückt lag Kling' an Klinge:
All der Hagel; welche Sprünge
　　That mein Leutnant und Husar!

Unsers Schulzen zartes Heddchen,
Und das staat'sche Kammermädchen
45　Thun am Kirmeß so bequem,
Knixen, äugeln, Händedrücken,
Um sein Herzchen zu bestricken:
　　Doch es heißt: Mamsellchen, hem!

Bin denn ich von schlechterm Blute?
50　Keiner sagt im ganzen Gute
　　Hüfner Hanken Böses nach!
Störche wittern Schimpf und Schande;
Und schon seit dem großen Brande
　　Baut ein Storch auf unserm Dach.

55　Freilich geh' ich nicht geschnüret,
Noch gepudert und frisieret:
　　Dennoch laß ich mich wohl sehn;
Wenn ich weißgekleidet tanze,
Flink und rot, und unterm Kranze
60　Meine braunen Locken wehn.

Gertrut Hanken hat auch Mittel:
Hundertfunfzig alte Drittel,

---

35. Das Kranzreiten ist ein Spiel der jungen Bursche ungefähr bis ins achtzehnte Jahr,
das Vogelschießen der vollen Kerle. V. — 40. Knaps, vorwiegend niederd. — 44 staatisch,
niederd., Staat machend, stattlich.

Die mein Pate mir vermacht;
Hüll' und Füll' in Küch' und Keller,
Kessel, Grapen, Schüsseln, Teller;   65
All so blank, als ob es lacht!

Schemel, Tische, Stühl' und Bänke;
Koffer, Laden, Kleiderschränke,
Bis zum Platzen vollgepfropft!
Hembde, Laken und Salvetten,   70
Und vier aufgemachte Betten;
Eins davon mit Pflaum gestopft!

Da sollt ihr ein Flüstern hören,
Durch die Stühl' und auf den Chören,
Wenn den Kanzelsprung wir thun: 75
„Siegmund, Sohn vom Müller Franken,
Mit Maria Gertrut Hanken!
Wer was will, der spreche nun!"

Spielmann, dinge mehr Gesellen,
Daß uns hübsch die Ohren gellen,   80
Wenn ihr fiedelt, harst und pfeift!
Fangt nur früh an, euch zu üben;
Jeden Abend von Glock sieben,
Bis die Frau im Bette keift!

Schickt euch brav auf Deutsch, Tirolisch,   85
Englisch, Menuet und Polisch
Und den lieben Frauentanz!
Wenn um mich die Weiber ringen,
Laßt dann ja die Fiedeln klingen!
Dann ade, du Jungfernkranz!   90

---

65. Grapen, Topf oder Tiegel, aus Metall gegossen (Bremisches Wörterbuch II, 535).
— 70. Salvette, aus dem ital. salviétta. Serviette. — 75. den Kanzelsprung thun,
aufgeboten werden. V. — 86 Der polische Tanz, der nicht mit der ernsthaften Polonoise
zu verwechseln ist, geht bei Landleuten immer rundum in der raschen Bewegung der
Schulzischen Melodie zu: Sagt mir an, was schmunzelt ihr. V. — 87. Frauentanz,
der Kehraus, lange Tanz oder Rüttelreihn. Mitleidige Spielleute greifen hiebei ihre
Instrumente vorzüglich an, damit die tanzenden Jungfern das Schreien der unversehens
überfallenen Braut nicht hören, und den Frauen ihren Sieg allzuschwer machen. V.

Sofie.

Was doch die Hexe nicht kann! Wer sollt' es der Träumerin ansehn?

Ilse.

Stille Wasser sind tief, wie man spricht. Sie ist auch ein Glückskind!
Unterm Planeten Sol, im Maienmonde, des Sonntags,
Kam sie zur Welt, und ist recht zu Teufelskünsten geboren;
95 Laut Matthias Rohlfs und dem hundertjähr'gen Kalender.
Vorige Neujahrsnacht, Glock zwölf da ging sie dir rücklings,
Über den Kopf eine weiße Deck', als ein Spuk aus der Hausthür,
Und da sah sie beim Mond einen blanken Kranz auf dem Giebel.

Sofie.

Künftige Neujahrsnacht wird denn eine Wiege darauf stehn.

Ilse.

100 Nun wir haben doch beide das Glück, Brautjungfern zu werden?

Gertrut.

Gern! und Gevattern dazu, wenn das Ding mit der Wiege nur eintrifft

---

5. Die Elbfahrt.

Januar 1776.

Reinhold.

Find' ich Ihn endlich, mein Herr? Er weiß doch artig zu wählen.
Hier die Syrenenlaube! die Nachtigall dort in dem Wallnuß!
Unten am steilen Ufer die hangenden Apfelbäume,
Schön wie Bräut' am Altar, mit den rötlichen schimmernden Sträußen!
5 Und wie es segelt und rudert! Nun, sinnst du der Braut am Altar nach?

93. Sol, Sonne. — 95. Herr M. Rohlfs, Mathem. Buxtehud., stellt in seinem berühmten Türkenalmanach beim Maimonat dies Lebensprognostikon: „Ein Mägdlein in diesem
Monat geboren, wird von Natur scharfsinnig, aufrichtig, gutherzig, und zu allen dem weiblichen Geschlechte wohlanstehenden Künsten geschickt re." Den hundertjährigen Kalender kennt
ja wohl jedermann. V. — Die Elbfahrt. Hamburger MA. f. 1777, S. 154—163; in den
späteren Ausgaben steht nur der „Rundgesang auf dem Wasser", 1785, I, 283; 1802,
IV, 46; 1825 fehlt auch dieser. Der Anfang des Gedichtes in älterer Fassung steht von
Ernestinens Hand in Voßens Stammbuch; die beiden Unterredenden sind dort Miller
und Voß; das Gedicht bezieht sich auf die am 6. Mai 1775 mit Miller und den Hamburger
Freunden unternommene Fahrt auf der Elbe nach Nienstädten, einem Dorfe bei Altona,
von welcher Voß an Brückner berichtet: „Wir waren den ganzen Nachmittag in einem
Garten, der aus lauter Lindenalleen und Lauben besteht, wo ganze Banden Nachtigallen
sangen, und übersahen die Elbe, so weit das Auge reichen konnte, mit fliegenden Schiffen
bedeckt. Des Abends fuhren wir auf der Elbe zurück. Angenehmer hab' ich wenig Abende
zugebracht. Der Mond schien so hell am Himmel, und goß einen ganzen Bach von Strahlen
über den stillerwartenden Fluß aus. Die Winde seufzten leis im Segel, als wenn sie

Karl.

Nein, ich suchte nur Schirm vor dem Maienregen. Ich wäre,
Dächt' ich, schon groß genung, und in eurer Laube, da träuft es.

Reinhold.

Schalk, ich sah ja das M, das du unten im wellichten Sande
Sinnig schriebst, und schnell, wie ich kam, mit Erröten durchkreuztest.
Nicht so bang vor dem Maienschauer! Ein Dichter, und sahst nicht, [10]
Daß er in Büschen und Blumen die schlummernden Zephyre weckte,
Meta mit Duft zu begrüßen? Sie kömmt gewiß mit der Ebbe!

Karl.

Halte mich nicht für ängstlich. Mir Einsamen war die Gesellschaft
Nur zu rauschend, und Liebe sucht geheimre Schatten.

Reinhold.

Sieh, dort steht schon der Mond wie ein weißes Wölfchen. Er freut sich [15]
Wahrlich mit uns auf die Wasserfahrt. O sing mir noch einmal
Deinen Rundgesang, (die andern spielen Fortuna;)
Denn ich habe die erste Stroph', und irre noch öfters.

Karl.

Erst wird vorgespielt mit Hörnern und Flöten. Die Mägdlein
Füllen und kränzen indes den Pokal. Von Hörnern begleitet, [20]
Singst du dann und hältst den Pokal, dein Mädchen den Deckel.
Unter dem Chore klingen wir alle die Gläser zusammen.
Dann getrunken, geküßt, und gehorcht nach dem Echo vom Ufer!
Hierauf singet dein Mädchen von sanften Flöten begleitet;
Und so weiter. Nun sing! Ich will mit der Flöte dir helfen. [25]
Rücke näher heran, dort scheint dir die Sonn' auf den Zettel.

sagten: Ach das ist schön. Und wir Leute, wir fangen alles, was wir wußten, daß es
von beiden Ufern erhalte und alle Najaden lüstern wurden. Ich war den Tag sehr
heiter, denn ich hatte einen schönen Brief von Ernestine bekommen und ein Halsband,
das sie gewöhnlich bei ihrem weißen Kleid zu tragen pflegt." (Voß, Briefe I, 183.) Dem-
gemäß sieht in der älteren Faßung Miller, wie Voß ein E in den Sand zeichnet und
dieser antwortet B. 10 f. „Kennst du das Siegel hier und die Hand … Nein saß ja nicht
an, du! Sieh, und dies perlenmutterne Herz an seidenem Halsband hat sie mir, warm
vom Busen gefaßt, versiegelt. Sie trug es, Wenn sie im weißen Schmuck, mit röteren
Wangen und hellerm Lächeln im blauen Auge mit offenen Armen daherflog Und verjagte
mir's oft, der Schelm! Ich brauchte kein Sinnbild! Jetzo schickt sie's von selbst, der
Lode Gesellschaft zu leisten." Mitgeteilt von Johannes Crueger in Schnorrs Archiv XI,
451 f. Herbst giebt als Entstehungszeit Januar 1776 an; Voß verlegt den Rundgesang in
der Ausgabe 1802 nach Flensburg; dort hat er die Idylle für den Almanach umgearbeitet.

Erſter Jüngling.

Die Ruder weg! das Segel ab!
Sanft gleite unſer Boot
Den ſpiegelhellen Strom hinab,
Und ſchwimm auf Abendrot!
Sagt an: blinkt dies Gewäſſer,
Blinkt dieſer Rheinwein beſſer,
Den Schönen
Uns krönen?

Alle.

Ertöne ſtolz, o Rundgeſang,
Zum Kußgeräuſch und Gläſerklang!
Der Wein, der Wein blinkt beſſer!

Erſtes Mädchen.

Wir krönen euch zum frohen Mahl,
Mit Rosmarin und Raut'
Und frühen Roſen den Pokal,
Wie eine junge Braut!
Doch nippt auch kleine Rippe,
Die nüchtern Eure Lippe
Nur Küſſen
Entſchließen!

Alle.

Ertöne ſtolz, o Rundgeſang,
Zum Kußgeräuſch und Gläſerklang!
Nippt klein' und große Rippe!

Zweiter Jüngling.

Seht, lieblich ſtrahlt in unſerm Wein
Des Silbermondes Rund;
Doch lieblicher beſtrahlt ſein Schein
Der Mädchen feuchten Mund!
Auf! trinkt aus dem Pokale!
Saugt an der Lippen Strahle!
Trinkt, Brüder!
Küßt wieder!

27 ff. Rundgeſang, im MA. mit Melodie von Reiß. — 33 f. Den Schönen uns krönen, den ſchöne Mädchen uns bekränzen. — Schönen, die ſchwache Form, wo jetzt die ſtarke allgemein üblich iſt: ſchon 1785 änderte Voß: 'Im Dunkeln zu funkeln?' — 45. Entſchließen, alt für aufſchließen. V.

Alle.

Ertöne stolz, o Rundgesang,
Zum Kußgeräusch und Gläserklang!
  Trink, Mädchenmund, und strahle!

Zweites Mädchen.

Die Regel, daß man nippen muß,   60
  Gilt nicht vom Weine nur;
Sie gilt, ihr Herren, auch vom Kuß:
  Sonst bleibt die böse Spur.
    Als mir der Mund einst brannte,
    Hilf Gott, wie schalt die Tante!   65
      Seid weiser!
      Küßt leiser!

Alle.

Ertöne stolz, o Rundgesang,
Zum Kußgeräusch und Gläserklang!
  Was kümmert uns die Tante!   70

Dritter Jüngling.

Entlockte Philomele dir,
  Mein Kind, dies Seufzerlein?
Man sagt, die Liebe klag' aus ihr;
  Sie kann auch durstig sein.
    Weit reizender als jene   75
    Sind holder Mädchen Töne
      Beim Becher
      Dem Zecher!

Alle.

Ertöne stolz, o Rundgesang,
Zum Kußgeräusch und Gläserklang!   80
  Wein, Wein erhöht die Töne!

Drittes Mädchen.

Vom Eiland weht uns Blütenduft
  Auf leisen Winden zu;
Doch milder würzest du die Luft,
  Bekränzter Becher, du!   85

Was unkt im Schilf, ihr Rufer?
Was seufzt die Eich' am Ufer?
Was heulen
Die Eulen?

Alle.

90 Ertöne stolz, o Rundgesang,
Zum Kußgeräusch und Gläserklang!
Sie wittern Wein am Ufer!

Vierter Jüngling.

Ha! Brüder, seht! der Lachs und Stöhr,
Der Schellfisch mit den Schlei'n,
95 Ja selbst der Mond schwimmt hinterher
Und lechzt nach unserm Wein!
Teilt ihnen mit! Sie springen
Euch traun empor und singen
Auch Lieder
100 Wie Brüder!

Alle.

Ertöne stolz, o Rundgesang,
Zum Kußgeräusch und Gläserklang!
Ja, Mond und Fische springen!

Viertes Mädchen.

Was gaffst, du dort, den Bären an,
105 Und singst mit leisem Schall,
Und gähnst, und horchst nur auf den Hahn,
Nicht auf die Nachtigall?
Der Weise mag wohl schwärmen;
Nur Säufern folget Härmen!
110 Nicht müßig!
Sonst gieß' ich!

Alle.

Ertöne stolz, o Rundgesang,
Zum Kußgeräusch und Gläserklang!
Wir Weise mögen schwärmen!

---

94. Schleien ist die Mehrheit von dem Worte die Schleie, wofür andere der Schlei sagen. V.

Die Jünglinge.

Frisch auf! ihr Prager, blaset laut   115
    Dem Wiederhall am Strand!
Der Schiffer, der von ferne schaut,
    Erzählt's im Vaterland.

Die Mädchen.

Wir lernten auf der Reise
Ihr Schwelger, wie man weise   120

Die Jünglinge.

Genießet,

Die Mädchen.

Und küsset!

Alle.

Ertöne stolz, o Rundgesang,
    Zum Kußgeräusch und Gläserklang!
    Hier trinkt und küßt man weise!   125

Reinhold.

Gut! nun denk' ich's zu fassen! ... Mich deucht, dort hinter dem Dreimast
Schwebt was Rotes hervor! Jetzt dicht am Flügel der Windmühl'
Wo ich den Finger halte!

Karl.

Ich seh nicht gut in die Ferne;
Aber mir pocht das Herz vor Ahndung! O Lieber, dein Glas her!
Meta! sie ist's und ihr Bruder! Geschwind zu den Prager Studenten, 130
Daß sie vom Strand mit Musik das herrliche Mädchen begrüßen!

6. Der Bettler.

Frühjahr 1776.

Jürgen.

Woher, mein Herzenskind, so früh im Tau?
Die Morgenluft weht kalt, denn kaum bescheint
Die Sonne jenes Fichtenberges Wipfel.

Der Bettler. Hamburger M.A. 1777, S. 64. Erst in die Gedichte 1802 II, 143 aufs
genommen, 1825 fehlt es wieder. Nach dem Schema bei Herbst I, 330 im Frühjahr 1776
gedichtet; Voß verlegt es in der Ausgabe von 1802 fälschlich in das Jahr 1777; der beis
gesetzte Ort: Flensburg dürfte aber wohl richtig sein. Voß war im April 1776 bei seiner
Braut, zur Zeit als ihr Vater starb.

Mir starrt die Lippe noch; ich bin die Nacht
5 Fast in der Hürd' erfroren. Herzchen, komm'.
Und küß' mich wieder warm.

Marie.

Erfroren du?
Im Rosenmond'? Du Lämmchen ... Nun gleichviel,
Da ist ein Kuß.

Jürgen.

Dir sind die Augen rot!
Was fehlt dir, Kleine?

Marie.

Ach! mein Lieber, hör'!
10 Ich strickte gestern Abend in der Laub',
Und dacht', ich weiß nicht mehr an wen; da kam
Der alte lahme Ließ und bettelte.
Nur Dienstag, sagt' ich, kriegtet Ihr ein Brot,
Und heut ist's Donnerstag? Nicht unverschämt!
15 Ließ wollte sprechen; ich ward bös und schalt:
Gott helf' Euch weiter, Ließ! Der Krüger kann
Den Branntwein Euch umsonst wohl schenken! Geht! –
Hier sah ich seinen kahlen Wackelkopf,
Der von der untergeh'nden Sonne glänzt',
20 Und eine Thrän' hing an den grauen Wimpern.
Was ist Euch, Vater? sprecht? — „Ach, Jüngferchen,
Ich bettle für den lieben, alten Pfarrer,
Den sie uns abgesetzt! Er liegt im Wald
Beim Förster, welcher selbst nichts hat, und darbt!"
25 Gott! sprang ich auf, und hätte Ließen schier
Vor Angst umarmt, ich habe schwer gesündigt!
Und raffte Wurst und Schinken, Käs' und Brot,
Zuhauf und pfropft' ihm seinen Ränzel voll.
Nun, Vater, noch ein Schnaps? — „Nein, Jüngferchen,
30 Mein alter Kopf ist viel zu schwach für Schnaps!
Gott lohn's!" — und humpelt' auf der Krücke fort.

31. 1802 ist die Tendenz des Gedichtes schärfer herausgearbeitet:
Jürgen.
Leibhaft erkenn ich unsern Vater Ließ,
Der schon als Kriegsmann, sagt sein Kamerad,

Da hat mir nun die Nacht so schwer geträumt,
Daß mir mein Kissen naß von Thränen war;
Und wie's nur tagte, zog ich Wurzeln auf,
Die bring' ich ihm, nebst diesem jungen Hahn   35
Zum Grünen Jäger hin, damit er heut
Recht froh erwache.

Jürgen.

O mein trautes Herzchen!
Da leg die Schafkäs' auch in deinen Korb,
Und sag', heut' Abend bring' ich ihm ein Lamm.
Pfui, solch ein Mann stirbt Hungers, weil er nur,   40
Was Gott gesagt, nicht Menschensatzung, lehrt!
Kopfhänger ihr, ihr Wölf' in Schafsgestalt!
Doch Gott sei euer Richter! Tieß und du
Habt mich so weich gemacht, daß mir so ist,
Sonntag, will's Gott, zum Abendmahl zu gehn.   45

———

7. De Winterawend.

Ene Beerlander Idylle.

Sommer 1776.

Peter.

Gelt! et bedüdet mi Brömde, wenn sik mien Kater den Bart strikt?
Keerl un feen Ende! wat bringst du mi da voär Tügs up 'en Puckel!
Büst du, mit Gunsten, de Draaf? un kümst doch nich dörch 'en
Schorsteen?

In Feindes Landen lieber gab als nahm.
O Schmach! So arm, daß ihn der Bettler nährt,
Ist unser Pfarrer; und wir wußten's nicht!

Marie.

Da hat mir nun die Nacht so schwer geträumt:
Wie gut mit uns der liebe Pfarrer war
In Predigt, Kinderlehr' und Rat und Trost
Bei jedem Vorfall und am Krankenbett;
Wie lieb ihn alle hatten, alt und jung;
Und als er, falscher Meinung angeklagt
Durch Schleicher, endlich Amt und Brot verlor,
Wie alle flehten, alle jammerten,
Bis Folgsamkeit der Pfarrer selbst gebot.

De Winterawend. Hamburger MA. 1777, 176 verglichen mit dem Druckmanuskript in Voßens Nachlaß. Gedichte 1785 I, 50; 1802 II, 114; 1825 II, 59. Im Register des Musenalm. fügte Voß folgende Anmerkung hinzu: „In Niederdeutschland, wo der Musenalmanach am meisten gelesen wird, versteht man diese Idylle ohne Erklärung. Die Ober-

Krischan.

Kahm de Sabrach dadörch! Poz Wäder! wat brennt voär en Bägvür
5 Da in'n Kamien! Wo he da, as en Vagt, in den Lähnstohl vulensst!
Vauz! Hier bring if di Arbeid mit, du vrostige Peter:
Schier Haböken un Spilbohmholt to Läpel un Slewe.
Awer den Krüzbohrn hier mit de Krück, den schast du dagegen
Mi to'n hilligen Krist hübsch bunt utsnörkeln un beezen:
10 Voär en Mauschelgesicht, un achter en schuppigen Bischswanß.

Peter.

Set di dahl. Et is good, dat du kümst, mi Gesellschop to leesten.
Lat uns en bitjen trallaren; et is jo morgen doch Sündag.

Krischan.

Dwr! if bün so däger verklahmt! Et vrüst, dat be Elw' huhlt;
Un de Ostwind sust of voär dull! Wat schoäl wi denn singen?

teutschen können sie, wenn es ihnen der Mühe wert zu sein scheint, durch Hilfe des Bremischen Wörterbuchs verstehen lernen; oder sonst auch überschlagen, und bedenken, daß sie uns auch in ihren Schriften, die doch gleichwohl teutsch sein sollen, nicht wenig zu überschlagen geben. Theokrit schrieb, selbst an dem seinen ägyptischen Hofe, in der Sprache seines Volks; und als ein schöner Geist seine Syrakuserinnen mit ihrem Kauberwelsch auf= zog, bekam er die natürliche Antwort:

Πελοποννάσιοι λαλευμες·
Δωρισδεν δ'εξεςι, δοκω, τοις Δωριεεσσι.

Wir reden Peloponnesisch;
Doriern wird man doch wohl die Dorische Sprache verstatten.

Für unsre schönen Geister merke ich noch dieses an, daß Theokrits Hirten, worin sie das Vorbild zu Geßners und andrer Neuern arkadischen Schäfern zu finden belieben, in ihrer breiten Sprache oft solche unarkadische und eiernalterhafte Dinge sagen, die selbst unter dem Tone dieser Vierlander Idylle sein würden. Die Vierlander sind größtenteils wohl= habende und gesittete Leute; um desto eher man's mir zuglauben, daß ein Künstler, wie Peter, am Kamine saß: eine Bequemlichkeit, die er ganz nahe, auf den Gärten der Hamburger, gelernt haben konnte. Der Balladensänger mit der Handorgel, dem Krischan das Lied ablaufte, war ohne Zweifel ein Mecklenburger; denn ich erinnere mich, als Knabe ein ähnliches Volkslied gehört zu haben, das hier, vielleicht aus guten Ursachen zum Grunde gelegt ist." Bei den folgenden Anmerkungen ist neben Voßens eigenen Er= klärungen in den späteren Ausgaben das Bremische Wörterbuch benutzt worden. — 1. et bedüdet, es bedeutet. — mi, mir. — sit, sich. — strikt, streicht. — 2. Keerl un teen Ende! sagt man von einem, der unendliche Kraft und Verwegenheit zeigt: *μετω αοχετε*. Das ee in teen, beezen schwebt zwischen e und ei. V. — wat voär Tügs, was vor Zeug. Das oä bedeutet den Mittellaut zwischen ö und ä. V. — 3. Draate, Drache: aa neigt sich zum o. V. — un kümst doch nich dörch 'en Schorsteen, und kömmst doch nicht durch den Schornstein.

4. Sabrach, Satan. — Poz Wäder, Potz Wetter! — Bägvür, Fegefeuer. — 5. he, er. — Vagt, Vogt. — vulensst, faulenzt. — 7. Schier Haböken, ebnes Hage= büchenholz ohne Knorren und Äste. V. — to, zu. — Läpel, Löffel. — Slewe, Kellen. — 8. Krüzbohrn, Kreuzdorn. — Krücke, Krümmung (eigentlich: krummes, krummgewachsenes Stück Holz, vgl. Deutsches Wörterbuch V. 2426). — schast, sollst. — 10. Voär, vorne. achter, hinten. — 11. Set di dahl, setz dich nieder. — 12. en bitjen, ein bißchen. — trallaren, trallallen, lustig singen. V. — 13. däger, gänzlich. — verklahmen, erstarren. — vrejen, frieren. — be Elw', die Elbe. — huhlen, heulen, vgl. Bremisches Wörterbuch II. 667: Jbt is hier so koold, de Hunde schollen 'r hulen: es ist hier grimmig kalt. — 14. sufen, sausen; of, auch; dull, toll.

Peter.

Sing mi enmal dat puzige Leed, as du segst, van be Stadlüd, 15
Dat du körtlich den Leeberkeerl up 'en Hambörger Peermark
Mit dree Sößling betahlt heft. Denn, Krischan, nim mi 't nich oäwel:
Dien ohld Schillingsdöhnken van'n Lindworm dögt nich en Dreeling.

Krischan.

Geern! doch ümsünst is de bittere Dood! Mi koft et dree Sößling!

Peter.

Wift du den masernen Piepenkop, mit Tumpach beslagen? 20
Süh mal den Mohren van Ebenholt, wo natürlich he dasteit,
Mit sien knoäkerne Piep! O süh dat Witt' in de Ogen,
Un de striepige Scherv, un de roden pluzigen Lippen!
Gar den Tobaksbamp hew if beteekent! Gevallt he di, Krischan?

Krischan.

Top! Erst püfter dat Vür mal an; mi klappert de Tähn noch. 25

Peter.

Kater, schehr he sif vort! Wo he snurrt, un wo hoch he den Swanß drigt!
Krischan, achter di steit de Korv mit de Spöhn, un de Vürtang.
Nu sing to!

Krischan.

De Keerl, de mi 't sung, de späld' up en Orgel.
Groäl du de tweite Stimm; in den Schorfteen orgelt de Oftwind.

Wat ift doch voär en quadlich Ding, 30
In Wall un Muhr to läwen!

Drum hew if mi of vix un vlink
   Wol up dat Land begäwen.
Da läw if, läw if ganß gewiß
35   Vergnögter, as de Kaiser is.

In Hamborg is nich Rift noch Rau;
   Denn da rumort de Velten!
Dat spält da alles Vlinnekau,
   Un noch dato up Stelten.
40   Ja, wat man hört, man süht, man deit,
   Is Mismod un Verdreetlichkeit.

De Manns da sünd so karg un knap,
   Sünd ohle Pütjenkiekers;
De Sloätels gar to't Aetelschap
45   Versluten se, de Sliekers!
Un gegen Kind, Gesind' un Vru,
   Da geit et jümmer ba! un bu!

De Wiewerard is: lat upstahn,
   Un denn en bitjen quackeln,
50   Denn glick na Disch ut nawern gahn,
   To lumbern un to kakeln.
Se straken ehr leew Männken bloot,
   Un griepen sachtjen na den Hod.

Da wipsen se un schrapen ut,
55   De gladden Junggesellen,
Un weeten bi der Dammelbrud
   Sik so verleewt to stellen!
Se smären ehr up Fransch dat Muhl,
   Un deit se 't up, so satter'n Uhl.

---

32. vix, hurtig. — 33. begäwen, begeben. — 35. Vergnügter, Vergnügter. —
36. Rift, Raft. — Rau, Ruhe; ein Mittellaut zwischen au und o, diesem näher. V. —
37. de Velten (aus Valentin), der Teufel. — 38. spält, spielt. — 39. dato, dazu.
— Stelten, Stelzen. — 40. deit, thut. — 41. Mismod, Mißmut. — Verdreet=
lichkeit, Verdrießlichkeit. — 42. Manns, Männer. — knap, sparsam, geizig. — 43.
Pütjenkiekers, die in jeden Topf gucken. — 44 f. De Sloätels 2c. Die Schlüssel gar
zum Speiseschrant verschließen sie, die Schleicher. — 46. Vru, Frau. — 47. jümmer,
immer. — 48. Wiewer, Weiber. — 50. gliet, gleich — na Disch, nach Tisch. — ut
nawern gahn, oder auch bloß nawern, die Nachbarn besuchen. — 51. lumbern,
Lombre spielen. — 52. Se straken ehr 2c., sie streicheln ihr liebes Männchen bloß oder arm.
— 54. wipsen, herumflattern. — utschrapen, einen Kratzfuß machen. — 56. Dam=
melbrud, ein Mädchen, womit man nur tändelt. — 59. So satter'n Uhl, so saß
da eine Eule, es wird nichts daraus.

De Jumvern gahn so stram un stiev,   60
     Un süvten denn un hiemen;
Se snören sik dat lütje Liev,
     Dat se voär Angst beswiemen.
Woto nütt doch de Däwermod?
Denn kort un dick let of recht god!   65

Voärwahr if weer wol recht en Schuvt,
     Wenn if mi da leet drillen!
Ne! buten in de vrische Luvt,
     Da hört man nix van Grillen!
Da arbeid' if, un slap gesund,   70
Un ät un drink un juch mi rund!

Un ward mi mal de Kop to heet,
     So kan ist Greten klagen,
De ehren Hans to hoägen weet,
     Un is nicht so vertagen;   75
Denn wenn if smak, so buckt se bi;
Un dat is recht 'ne Saak voär mi!

Peter.

Nu dat is wahr! ... de Wies' is alleen mehr wehrt, as dree Sößling!
Man ut den Piepenkop kün of de Burmeister wol smöken!
Süh, wo he gniest! Ja he gelt bi unner Brödern dree Daler! 80

Krischan.

Hagel! wo will if nu passen! Spendeer mi mal englischen Petum,
Un 'ne Buddel Danziger Beer! Dräg roken de Heiden!

------

8. De Geldhapers.

Ene Veerlander Idylle.

Up den Weg na Wansbäk.

20—25. Februar 1777.

Steffen.

Oha! krieg wi nu Schatten! De Sünn de brennt ok gewaltig!
Dubbelten Koärn, wenn he dubber is, köhlt; man de Hoorner is Jusel!

Franß.

Wes nich so nährig, Ohl! Lösch dienen Dörst in Morellen.
Een Pund nümmer wat schält dat voär unser eenen? In Wansbäk
5 Finn wie unse Kwatern, un morgen graw wi dat Erz ut.

Steffen.

Ah! wat is da to erzen! Wat Väters gloäst bi den Alhoorn!
Unriep Erz, as de Harzer Keerl mit de Zitter di wiesmakt,
Brennt nich so blau; dat is Geld! Mi fählt man een Düwelsbanner,
Um mi den schwarten Köter to putjen, de jümmer de Tähn wiest.

Franß.

10 Mien Veerschillingskwatern is ok so god, as im Büdel!
Een Swien keek int Finster, un een ut't Finster: so drömb' it.
Dörtig Jahr bün if ohld! twee Swien! veer Ogen! elf Ruten!
(Een ging nemlich heidi, as if mal mit de Hüll na mien Wiev smeet.)
Denkst du doäsige Joost, dat solke Nummers verspälen?

Steffen.

15 Broder, da is mien Hand: wi gäwt uns beede de Hälfte!
Nödig deit et di ok; du verspälst noch Tinnen un Linnen
In de Lottree. Dien Wiev vertröstet de hungrigen Goären
Jümmer, dat Vader des Avends mit kloäternde Ficken to Hus kumt;

De Geldhapers. Hamburger M.A. 1778, S. 221 ff. Verglichen mit dem Druckmanuskript in Voßens Nachlaß; Gedichte 1785, I, 72; 1802, II, 151; 1825, II, 75. —
De Geldhapers, die Geldgierigen. — 2. Dubbelter Koärn, Doppelkümmel. —
dubber, echt, brav, stark. — Hoorner, durch das Dorf Horn gehn die Vierlander mit
Erdbeeren nach Wandsbek. V. — 3. Wes, sei. — nährig, sparsam. — 4. schälen,
einen Unterschied machen. — 5. Finn, finden. — graw, graben. — 6. Väters, Bessers.
— gloäsen, glimmen. — Alhoorn oder Ellorn, Hollunder. — 7. unriep, unreif. —
wiesmakt, weismacht. — 8. Düwelsbanner, Teufelsbanner. — 9. putjen, fort-
hetzen. — 10. Büdel, Beutel. — 11. Swien, Schwein. — keet, tuckte, von tieken. —
Finster, Fenster. — drömb', träumte. — 12. Dörtig, Dreißig. — Ruten, viereckte
Scheiben. V. — 13. heidi gahn, auf den Lauf gehn, verbrechen. — Hülle, Mütze. —
smeet, schmieß, von smieten. — 14. doäsig, dümmlich. — Joost, ein Mannsname,
Justus; gerne in Schimpfwörtern gebraucht. — solke, solche. — 16. Tinnen, Zinn. —
Linnen, Leinwand. — 17. Goären, kleine Kinder. — 18. kloätern, rasseln, klingen. —
Ficke, Tasche.

Awer Vader het nix, as Flöt' un lebbige Körwe.
Gelt! de Morellen in'n Korw gaht wedder hen voär den Insatt. 20

Franß.

Jäg voär dien eigen Doär! De Satan sit up 'et Lotto,
Un up 'en Schaz! Wat het di de spubbige Snieder al avlurt
Mit sien Mäkern, sien ohl Hurpur un Abrakadabra? ...
Holla! mi dünkt, da gaht de Trumpeten un Pauken in Wansbäk!

Steffen.

Minsch, de Wind is jo Süd, un wi sünt noch midden int Lustholt, 25
Achter de hogen wäligen Böken un Ellern un Ypern!
Un du hörst al dat Blasen? De Poggen unkt in den Fischdiek;
Oder di klingt of dat Ohr, wiel dien Wiev van de kloäternde Fick döhnt.
Nu wat sleist du den Boom?

Franß.
       So will if ehr Dönen betalen,
Wenn if roop: En Kwatern! un se segt: Leeg, schelmische Hunsfott! 30

Steffen.

Piept nu dat Voägelken so? Sünst weer dat en ewigen Brutbanß!
Trutjen achter, un Trutjen voär, as Duffert un Düwken!
Siet dat Lottreespil, läw ji, as Katten un Hund' um den Mählbree.

Franß.

Weest du den lustigen Swier, den de pucklige Maz mit dat Hackbrett
Lezt so kräftig karjölde, dat Jumvern und Wiewer recht frieschten? 35
Fang et mal an; et plegt anmodig int Gröne to klingen.

Jaapt nich so sehr
Mien leew Kompeer,
Na de verwünschten Deerens!

40   Se laat fast all
     So nett un drall,
Afsonderlich van fehrens!
Deels seet so fram un ehrbar ut;
Deels sünt so flink, as ene Brut,
45   Mit Degeln un mit Straken
De Keerls verleewt to maken.

Markt ju de List!
Im Anfang is't
Väl anners mit en Deeren,
50   As na de Tied,
Wenn se het friet;
Denn will de Droos regeeren!
Den eersten Morgen heet et: Fir!
Nim du de Schört, giw mi de Bür!
55   Sünst jag if ut de Plümen
Di up den Hönerwiemen!

Doot Dag un Nacht
Ut aller Macht,
Wat se befählt un käkelt;
60   Doch warter wat,
Bald düt bald dat,
Begnägelt un bemäkelt!
Da murrt un gnurrt dat Murmeldeert,
Se rümpt de Näs, un dreit den Steert;
65   Ja vaken krieg ji Knüffel
Mit ehren spißen Tüffel!

Drum gäwt Gehör,
Mien leew Kompeer!

41. drall, rasch, gedrungen. — 42. van fehrens, von weitem. — 43. Deels,
Teils. — fram, fromm. — 45. Degeln, liebäugeln, schmeicheln. — Straken, streicheln.
— 46. verleewt, verliebt. — 47. Markt ju, merkt ihr. — 50. Tied, Zeit. —
51. Wenn se het friet, wenn sie gefreit hat. — 52. Droos, ein unbestimmtes Scheltwort, das seine Bedeutung von den Beiwörtern empfängt. — 53. heet, heißt. —
54. Schört, Schürze — Bür, Hose. — 55. Plümen, Flaumfedern. — 56. Wiemen
oder Wiem, zusammengeschlagene Latten, zum Aufhängen des Rauchfleisches, oder worauf
die Hühner des Nachts sitzen; der Hühnerboden. V. — 59. käkeln, plaudern. —
60. warter, aus warb da, wird da. — 62. gnägeln, murren. — 64. Steert, Sterze,
Schweif. — 65. vaken, oft. — Knüffel, Schläge. — 66. Tüffel, Pantoffel.

Höbt ju voär solke Gäste!
Wo oft bedrügt   70
En rood Gesicht,
Brun Haar, un witte Böste!
Eerst sünt se aller Framheit vull:
De Brutnacht makt se splitterbull,
Den armen Mann to brüden!   75
Dat mag de Kukuk lieden!

Steffen.

Seegst du den sinnigen Minschen, de uns beluhrd', un wat upschrev,
Franß? Nu slikt he bi 't Water! De is di fast nich bi Sinnen!

Franß.

Steffen, mi falt wat in: De künn uns den Dünvel wol bannen.
Voär en Wochener dree verköfd' ik em witte Johannsbeern   80
Un en Rükel van Rosen. He wahnt da bi den Balbeber
Wilm, den oppersten Kollektör, de so ehrlich utsüht,
Un nich so snackt, as de annern! Da sat he achter int Lusthus.
Du! wat legen bi dar voär gefährliche Böker, vull luter
Uhlen= un Kreienföt! De verstunn he to düden! un gröter,   85
As de Postill mit meßingsche Buckeln, worut uns de Köster
Sündags wat doär de Brill voärdroänt, wenn de Preester den
Snoäw het.
Ja, de Gesell versäkert, he makt sülsst lustige Riemels,
Un be gift he in Druck, as dat snaaksche Ding van de Stablüd.
Gott vergäw mi de sware Sünd'! If löw, he kan heren!   90

Steffen.

Schall if em nagahn?

---

69. Höbt ju, hütet euch. — 72. Böste, Brüste. — 75. brüden, aufziehen. —
77. sinnig, vernünftig, bescheiden. — beluhren, belauschen. — upschrev, aufschrieb.
— 78. sliken, schleichen. — 80. verköfd', verkaufte. — 81. Rükel, Strauß. — Bal=
beber, Barbier. — 83. snacken, plaudern, schwätzen. — 84. Böker, Bücher. Diese
Stelle beruht auf einem Erlebnis, von welchem Voß am 18. Dezember 1776 seiner
Ernestine berichtet: „Neulich hatte ich einen sonderbaren Besuch. Ein Goldgräber erzählte
mir mit leiser Stimme, daß da und da ein Schatz sich läuterte, dessen Hebung man nicht
erfahren könnte: Da ich nun ein großer Gelehrter sei, und die Natur der Geister kennte,
möchte ich doch mit in ihre Gesellschaft treten. Er wollte sich's auch nicht ausreden lassen,
sondern meinte, daß ich mit meinen Künsten nur nicht recht heraus wollte; denn wozu
seien sonst die großen Bücher da? (Briefe I, 319.) — 85. Uhlen, Eulen. — Kreienföt,
Krähenfüße. — düden, deuten. — 86. Köster, Küster. — 87. droänen, zögernd, knarrend
sprechen. — Snoäw, Schnupfen. — 88. versäkert, versichert. — sülsst, selbst. —
Riemels, Verse, Reime. — 89. snaaksch, possierlich.

Franß.

Tööw! Wi wült eerst de Treckung mit anseen!

Steffen.

Wat voär rare Swanen upt blaue Water da fägelt!
Bliß! se slabbert den Düwelsbanner dat Brod ut de Fingern!
Rüdlich speigelt sik rechts dat gröne verguldete Lusthus,
95 Mit den naften Riesen; un linx de prächtige Sloßtoorn,
Mit en golden Markurjus, as vaken up 'en Tabak steit!

Franß.

Hör! de Trumpeten un Pauken! Juchhei! de Kwatern! Lat uns ilen!

Steffen.

Jemini! welk en Gewöhl van Kutschen un Lüd', an en Jahrmark!
Tööw! da wenkt en Mamsell na Morellen!

Franß.
                    Wat schehrt de Mamsell uns?

Steffen.

100 Franß, du staakst as en Hönerdeev! Poz Welt, wat voär Minschen!
Redden de Dänschen Husaren mit blanke Sabels! un bawen
Herren mit Prüken un Tressen! De Jung, de de Nummers herut langt,
Drigt en türkischen Turban un atlaßen Mantel! De König
Makt sik gewaltige Kosten, uns arme Lüd to berickern! ...
105 Wäder! de Nummers sünt jo nich recht!

Franß.
                    Dat weet doch de Kukuk! ....
Eerbärn, groot' Eerbärn! Morellen, söte Morellen!

91. Tööw! warte. — Treckung, Ziehung. — 93. slabbern, mit dem Schnabel
klappernd essen. — 95. Sloßtoorn, Schloßturm. — 99. wenkt, winkt. — 100. staaken,
mit großen Schritten einbergehn. — Hönerdeev, Hühnerdieb. — 101. Redden, unten.
— bawen, oben. — 102. Prüten, Perücken. — 104. berickern, bereichern. — 105.
söt, süß.

9. Das Ständchen.

Eine Junkeridylle.

Vollendet 3. März 1777.

Boie, mich stachelte heut im ängstlichen Traum mein Gelübde,
Dich, sobald ich fei'rte von meinem bedungenen Fuhrwerk,
In der Idyllenkarjole mit Phöbus hoher Erlaubnis
Über Arkadiens Schäfergefilde gen Helikons Lorbern,
Zu den grauen begrüßenden Helden und Sängern zu fahren,   5
Weiland Gönnern Virgils, als Varus, Pollio, Gallus,
Und des sicilischen Hirten durchlauchtem Besolder und Leibarzt.

Das Ständchen. Hamburger Musenalmanach 1778, S. 12—22, Gedichte 1785, I, 60;
1802, II, 128; 1825, II, 67. Ich teile hier den Anfang einer älteren Fassung aus den
Münchner Papieren mit:

Des Junkers Ständchen.

Schwer, wie ein zottichter Alp vollblühende Mädchen umklammert,
Drückt' im Angsttraum heute mich lallenden jenes Gelübde:
Dich, mein Boie, sobald ich von meiner bedungenen Arbeit
Feierte, auf der Idylle geflügeltem Roß in Parnassus
Lorberwald zu erhöhn, wo bekränzt, wie Arkadiens Schäfer
Jene verewigten Gönner mit Tanz und Gesang dich begrüßten:
Varus, Pollio, Gallus, der hochberühmte Mäcenas,
Und des sikulischen Hirten durchlauchtem Besolder und Leibarzt.
Aber Apoll hat den Pegasus jüngst an die Franzen verpachtet.
Dort mit Zuckerbrote genährt und süßem Muskatwein,
Springt er geschickt durch den Reif, und küßt mit manierlichem Büdling
Damen die Hand; und vom Äffchen umtanzt und der gaukelnden Meerkatz',
Hüpft er nach heller Schalmei, wie der aufgerichtete Tanzbär.
Und mir sandt' er der steifherwandelnden deutschen Begeist'rung
Esel, der noch schwerfälliger, als Silenus Lasttier,
Nach dem Hexametertanz des geflügelten griechischen Rosses
Ungelenk, mit plumb arbeitendem Trabe sich fortschleppt.
Hast du Lust zu dem Ritte, so striegle das Tierchen ein wenig,
Stutz ihm Ohren und Schweif, und schmück' es mit seidenem Hauptquast,
Demantschimmerndem Zügel, parisischer köstlich gestickter
Purpurschabrack', und vor allem, des Reimes Schellengetlingel;
Daß uns nicht das Getümmel der klatschenden Buben verfolge!
Grauer, wandle denn hin, und wichere züchtig dein Iha.
Junker Wenzel von Schmurlach, auf Schmurlachsbüttel und Hunzau,
Meiner schüchternen Muse Beförderer (denn er beurteilt'
Wesen und Tugend der Reim' und Hexameter eben so richtig,
Als nach den Schichten der Zähne des Gaul, und den Hirsch nach den Zacken
Seines Geweihs; auch kennt er die Monatschriften und jedes
Fliegende Blatt; und horcht, wie ein Kritiker, wenn man ihm vorliest,
Schlägt holblächelnd den Takt, und schüttelt und nickt mit dem Köpfchen:
Heda! ruft er dann, bringt dem Herrn ein Gläschen Madera?
Oder befehlen Sie lieber Krambambolie? Traun! er begeistert
Mehr als die Hippokren', und man weiß wohl, Dichter sind durstig!
Aber, mein Herr Poet, das Bedürfnis unsers Jahrhunderts,
Unieres Himmelsstrichs, erfordert mehr Witz als Empfindung!
Lehrgedicht und Epistel! Satire voll attisches Salzes!
Aber gereimt! Denn mein unwiderstreblich Gefühl ist
Mehr Beweis für den Reim, als wider ihn alles Vernünfteln
Jener Herrn, die die Traube nur lästern, weil sie zu hoch hängt!)
Wenzel von Schmurlach liebt die schöne Tochter des Försters.

Aber Apoll hat den Pegasus jüngst an die Franzen verpachtet,
Sieh! und schickt mir den trägen deutschen Herameteresel,
10 Steifer und schwerfälliger noch als Silenus Langohr,
Haft du Luft zu der Fahrt; so striegle das Tierchen ein wenig,
Stutz' ihm Ohren und Schweif; du pflegst ja das Ding zu verstehen?
Schmück es auch fein mit parisischen Quästen und Purpurschabracken
Und vor allem, mein Freund, mit des Reimes Schellengeklingel:
15 Daß uns nicht das Getümmel der klatschenden Buben verfolge!
Grauer, wandle denn hin, und wiehere züchtig dein Iha.
　　Junker Wenzel von Schnurlach auf Schnurlachsbüttel und Hunzau
Liebt mit aller hochadliger Gnade die Tochter des Försters,
Der samt ihr und den Söhnen, ein Schrecken des nächtlichen Wilddiebs,
20 Einsam im Walde wohnt; doch liebt er bis jetzo vergebens.
Einst, als die Jäger des Nachts bei der Mühlenschleuße des Otters
Balg' auslau'rten, schlich mein Junker behende zu Fietchen
In den Wald, und wimmerte so auf die Flinte gelehnet:
„Trautchen, wachst du noch oben beim qualmenden Lämpchen und
　　　　　　　　　　　　　　　　　strickest,
25 Oder nähst dir ein Hemd', und brummst, oft seufzend, dein Leibstück
Von der lieblichen (ach! durch mich nicht lieblichen) Kirmes?
Nickst du halbentkleidet am sinkenden Feuer des Herdes,
Bei dem heisern Gezirpe des Heimchens und stöhnest und schreiest
Leis im Traum, weil dein häßlicher Junker dich Sträubende herzet?
30 Oder, vertrieb dich das Sausen des Sturms und das Poltern des
　　　　　　　　　　　　　　　　　Kobolds,
Horchst du ängstlich im Bettchen, und hebt dein Busen die Decke?
Trautchen, ich bin kein Gespenst, bin dein armer häßlicher Junker!
Riegle die Thüre mir auf! Der Nordwind reißt mir den Haarzopf
Hin und her, in den Nüstern friert mir der Atem zu Eise,
35 Und von Bäumen und Dächern umstöbern mich schneidende Flocken!
O du, weiß wie Kaninchen, und schlank wie ein englisches Windspiel,
Aber auch scheu wie ein Wieselchen, wild wie die Katze des Waldes:
Scheint dir der arme Wenzel so ganz abscheulich von Ansehn?
Zwar von der Amme hink' ich ein wenig; aber ich hinke
40 Angenehm! ja so angenehm, wie du Mädchen lispelst,

---

30. Der Vers lahmt absichtlich durch drei gleiche Abteilungen des Gedankens: Zwar von der Amme | hink' ich ein wenig; | aber ich hinke —. (Gleichwohl hält er mit sanfter Verweilung den rhythmischen Abschnitt im dritten Takt nach hink' ich. Wo auch diese flüchtige Ruhe nicht stattfindet, da ist kein Herameter. V.

Wenn du im Sommer uns Himbeern bringst, und die blanken Dukaten,
Die ich für Schillinge gebe, mir sanfterrötend zurückschiebst!
Eben so angenehm! mein Student hat mich tanzen gelehret,
Und mein doppelter Höcker, der vorn und hinten hervorschwillt?
Mädchen, den Auswuchs drängender Kräfte verkennst du und tauschest, 45
Um die schwankende Erle den starken knotichten Eichbaum?
Manches Fräulein beäugelt mich gar an meinem Geburtstag'
In der funkelnden West' und den bläulichgepuderten Haarturm,
Hat sich schöner geschminkt, und seufzt, und wedelt den Fächer,
Wie ein Möpschen den Schwanz, dem Mandeltorte gezeigt wird! 50
Und wenn ich spaße, da sinkt man zurück, und schüttert den Busen
Lachend hervor, und nennt mich den kleinen lustigen Purzel
Aber ich bin nicht mehr der kleine lustige Purzel!
Mich erfreuet kein Seufzer, kein schalkhaft Lachen des Fräuleins!
Selbst der Doggen Gebell, ja selbst das Wiehern der Hengste 55
Ist mir ein Greul! Ich grämle stets, wie die alte Französin!
Riegle mir auf, du mein Herzensfräulein! Dein Vater und Bruder
Lauern dem Otter ja auf, wie ich dir! Ein Mäulchen, nur eines!
Zucker und Wein, Zitronen und Rack hab' ich hier in der Weidtasch',
Und vier seidene Tücher! Ach, Engel! ein einziges Mäulchen! 60
Werde doch Jungfer bei meiner Mama! Sie kennet die Liebe,
Sagt mein bärtiger Kutscher, und wird sehr gnädig dich halten!
Sieh den bäuchichten Pfaffen mit kupferner Nase, den läuten
Bald die Humpen zu Grab': er zecht mit meinem Papa jetzt.
Sieh, dann kriegt mein Student in deiner Schürze die Pfarre! 65
Frau Pastorin! bedenk! Fünfhundert Thaler des Jahres!
Ungerechnet die Brüche der Bauren und Dirnen, als Honig,
Eier und Gänseschmalz, Knackwürst' und geräucherte Zungen:
Daß sie dein Mann nicht zu arg abkanzle, wenn sie des Sonntags
Kegeln, ihr Korn einfahren, ihr Brautflachs jäten, und singen. 70
Ach! so zeige mir nur aus dem Fenster dein Antlitz! Ich sterbe
Hier am Fieber der Liebe! Ach hör', wie die Zähne mir klappern!
Und mein Gewehr ist mit Kugeln geladen! Wer weiß, was ich thue?
Wär' ich der Uhu dort, der im hohlen Gipfel des Ulmbaums
Heult! Ich flattert' ans Fenster, zerpickte das Glas mit dem Schnabel, 75
Und umflügelte dich, und ließe von dir mich erwürgen!

---

52. Purzel wird, wie im Niederf. Purrel, einer genannt, der, kurz und dick, mit
jeglichem Ende oben zu sein scheinet. Für daherpurzeln sagt man in gleichem Sinne
herboffeln, von Boffel, Kugel. V. — 59. Rack, Arrack. — 67. die Brüche, nach
dem niederd. bröte, Buße für Vergehen.

Oder, schonteſt du mein, ſo ſing' ich dir Ratten und Mäuſe!
Wenigſtens Mäuſe, mein Kind; denn Ratten möchten ſich wehren!
Könnt' ich die Geige nur ſtimmen, und ſchwiege der Büffel von
          Nordwind,
80 Der mein zärtlich Geſeufz' wegbrüllt! ſo ſäng' ich das Ständchen,
Das mein Student mir gemacht; das ſollte dich, Hexe, wohl rühren!
Nun, ich will es verſuchen; wo nicht, ſo brech' ich die Thür' ein!

     Schönſtes Wildpret dieſer Fluren,
        Fällt dich niemals Schuß und Netz?
85   Keuchend folg' ich deinen Spuren
        Mit Hallo und mit Gehetz!
     Laut wie Flintenſchüſſe knallen
        Seufzer, die mein Buſen löſt;
     Haſen, Füchſ' und Schweine fallen:
90   Aber du biſt kugelfeſt!

Tiras, was heulſt du da? Kuſch! Kann die Pez' Eſmol nicht vertragen?

     Deiner Augenſonnen Wälzen
        Brennt mich an, vom Kopf zum Zeh;
     Doch kann meine Brunſt nicht ſchmelzen
95   Deines Buſens Alpenſchnee!
     Ach mein Herz, ſo heiß wie Feuer,
        Nimm es, holde Jägerin;
     Hol mich der! wo ich nicht treuer,
        Als der treuſte Pudel bin!

100 Schweig, du Karnalj'! Ich ſchieße dir gleich den Rachen voll Kugeln!

     Fodre kleines, fodre großes;
        Du empfängſt es, Knall und Fall!
     Wohn' im Spiegelſaal des Schloſſes,
        Und verlaß den Hundeſtall!
105   Kind, bedenk die Augenweide
        Unſrer Bäll' und Aſſembleen;

<hr/>

83. Das Ständchen iſt, vorzüglich V. 92—95 im italieniſchen Geſchmack unſerer Lohenſteine, die jetzt wieder zu ſpuken anfängt. V. — 91. Peze, die Hündin, hier vom Hunde gebraucht.

In Geschmeide, Gold und Seide,
　　Vor den Spiegeln dich zu drehn!
Kind bedenk . . .
　　　Hier plätschert ein Guß aus der Jägerin Fenster.　　　110

Triefend enthumpelt der Junker, und murrt durchs Thal, wie ein Kater,
Den für sein nächtlich Gemau der Pantoffel der Zofe begrüßte.

---

10. Der Riesenhügel.

Spätherbst 1777.

Schäfer.

Wie der Satan da bellt! Hör', Wächter, ich sag' es noch einmal:
Steinigen thu' ich dich gleich, wo du ehrliche Reisende anpackst.

Tabuletkrämer.

Schäfer, kauft mir was ab: baumwollene Mützen und Kämme,
Messer, gewalkte Strümpf', Hemdsknöpf' und seidene Tücher!

Schäfer.

Krämer, mein Beutel ist lebig; die Schafe sind vorigen Winter　　　5
Über das nasse Heu mir sehr zu Balken gestiegen.

Tabuletkrämer.

Grabt den Hügel nur durch, da liegen verborgene Schätze.

Schäfer.

Grab' ihn der Kuckuck durch! Da stieg' ich selber zu Balken!

Tabuletkrämer.

Ei wie so?

Schäfer.

　　Da liegt ein totgezauberter Riese!
Seht Ihr da hinter dem Wald auf dem Berge das alte Gemäuer?　　　10
Dort war ehmals die Burg der berüchtigten Zauberin Hela,
Noch in der Heidenzeit, vor dem dreißigjährigen Kriege.
Unser Küster fand in der Jesuiterkapelle

Der Riesenhügel. Hamb. Musenalm. 1779, S. 23 ff. verglichen mit dem Druck-
manustripte; Gedichte 1785, I, 86; 1802, II, 171; 1825, II, 87. — 6. Ein Schäfer-
ausdruck für gestorben, weil man die abgezogenen Schafsfelle auf Balken ausbreitet. V.
— 12. Heidenzeit für katholische Zeit, aus der Volkssprache. Denn Andersdenkende
durch die Benennungen Heide, Unchrist, Ungläubiger, Ketzer, Atheist, anzuschwärzen, lernt
der niedrige Pöbel von dem höheren, der einfältige von dem gelehrten. V.

Neulich ein großes Buch mit Mönchenschrift an der Kette.

15 Euer Krämerlatein ist nichts, wenn man alle die Schnörkel
Sieht, mit Silber und Gold und bunten Farben gezeichnet!
Und der Zauberin Bann treibt einem die Haare zu Berge!
Mein Gevatter, der Küster, hat mir aus besonderer Freundschaft
Ihn für ein halb Schock Käs' und zwei Pfund Wolle verdolmetscht.

Tabulettkrämer.

20 Schäfer, bei Ja und Nein! die rote wollene Mütze
Kriegt Ihr für — zehn Groschen, (mir selber kostet sie zwölfe!)
Wenn Ihr den Bann der Hexe mir sagt.

Schäfer.

           Acht Groschen ist auch Geld!
Hab' ich doch über dem Zeuge mich seit verwichnem Martini
Fast von Sinnen gequält; und noch ist vieles mir Rotwelsch.

Tabulettkrämer.

25 Nun denn, weil Ihr's seid! Fühlt nur; sie ist so fest wie ein Leder.
Setzt sie nun auf, und bannt! Ihr Schäfer pfuscht doch gewöhnlich
Halb in die Hexerei!

Schäfer.

       Marsch, Wächter! Was riechst du am Packen!
Jage den Bock von der Saat, den schwarzen dort mit der Schelle!
Setzt Euch hier an die Buche; so lautet der Hexe Verwünschung:

30 Horch, die Glock' schlägt zwölf, und die Geister gehn aus den Gräbern!
Steig' auf die Zinne des Turms, Chrimhild, und sprenge die Asche
Vom neunjährigen roten Hahn, den der Spiegel verbrannt hat,
Schweigend gen Mitternacht, und mit verschleiertem Antlitz:
Daß laut heule der Sturm, und blutrot flunkre das Nordlicht!

35 Aber entflieh, eh' den Giebel die Eulen und Raben umflattern!
Hört den murmelnden Bann, ihr unterirdischen Geister,
Und der Trommel Geroll, die selbst von der Drude Velleda
Mystisch gezeichnet mit Schellengerassel den Sturm und den Donner
Aufweckt, Mond und Sonne verfinstert, die Sterne vom Himmel

---

27. Der Packen, großer Pack. — 30. Um Theokrits griechischer Zauberin zum Gegenstück eine altdeutsche zu geben, die über den Begriff einer lumpigen, dem Teufel ver-
pflichteten Bauobhexe erhöht wäre, ward dieses Gemälde, ohne bestimmtes Vorbild, aber
nach dunkeln Erinnerungen gehörter oder gelesener Märchen, zusammengesetzt. V. —
32. Der Basilist oder Schlangenkönig, dessen Blick tötet, erwächst aus dem Ei eines
neunjährigen Hahns. V. — 35. Raben und Eulen, die Begleitung feindlicher
Dämonen. V.

Reißt, und selbst den Archäus aus seiner hallenden Werkstatt 40
Unter der Erd', umrauscht von den Elementen, hervorruft.
Kommt denn, Gesindel, auch ihr, die schreckliche Rache zu fördern;
Kommt aus Sümpfen und Schachten und Heklas flammendem Abgrund;
Mit Arsenik und Pest und Schwefeldampfe beladen!
Barfuß, fliegend die Locken, im schwarzen haarnen Gewande, 45
Tunk' ich den Stab in Blut, und zeichne den Kreis auf den Estrich.
Hurra hurri keluzo peronkebat abrakadabra!

Ha! du trotziger Riese, der du mit entwurzelter Tanne
Heere von Rittern mähst, und Städte mit Bergen verschüttest,
Dann, wie die klauige Spinne, das Blut der Ermordeten aussaugst! 50
Auf, und gürte dich nun zum Kampf mit dem elenden Weibe,
Mit dem zertretenen Wurm, der aus dem Staube sich aufwühlt!
Trommel, trommle den Riesen zum Leichnam! Abrakadabra!

Blutrot schimmert am Fenster das Nordlicht, kreischend im Sturme
Dreht sich die Fahne, von fern tönt furchtbar Heulen und Krächzen. 55
Unglückselige, renne die Stiegen herunter, und rette
Dich in den Kreis: damit dich die fallende Sucht nicht ereile!
Trommel, trommle den Riesen zum Leichnam! Abrakadabra!

Fülle die Totenurne mit Salz und geläutertem Weingeist;
Zünd' ihn an mit der Kerze von Menschentalg. Nun querle 60
Segnend die blaue Flamm', und setz' den kristallenen Spiegel
Her, daß ich weide den Blick an des Riesen erblassendem Antlitz!
Trommel, trommle den Riesen zum Leichnam! Abrakadabra!

Guten Abend, mein Trauter, mein Wilibald! Graut dir im Felsen
Vor dem erschütternden Sturm, der die Ulmen und Eschen herabstürzt, 65
Und vor dem Leichengeruch und dem Schlangengezischen? Sei ruhig!
Dies sind Liebesseufzer der armen verlassenen Hela!
Trommel, trommle den Riesen zum Leichnam! Abrakadabra!

Aber so bleich! Wie im Fieber, so schauderst du! Eile, Geliebter,
Dich an Helas Lippen und klopfendem Busen zu wärmen, 70
Unter die Zaubermyrten, wo uns im Dufte des Nardus

---

40. Von dem allbeseelenden Archäus im Mittel der Erdkugel (um welche nach den
älteren Weltweisen alle Sternkreise sich drehn) werden die Grundstoffe des Wachstums
und des Lebens durch untergeordnete Geister entwickelt und ausgebildet. V. — 47. Abrakadabra, ein altes magisches Wort von so geheimer Kraft als der Name Abraxas, dessen
Buchstaben die Zahl 365 enthalten. Hier wird dieses Abrakadabra mit anderen Zauber-
worten in gräßlichen Tönen zu der Trommel angestimmt. V. — 61. Im Kristall-
spiegel glaubt man Abwesendes und Künftiges sehn zu können. V. — 71. Die Narde
wird aus einem ährentragendem Grase (Spica Nardi) in Ostindien gezogen, welches bei
Linnäus Andropogon Nardus heißt. V.

Oft die Nachtigall sang, und die kreisenden Sphären erklangen!
Trommel, trommle den Riesen zum Leichnam! Abrakadabra!
Liebst du denn Hela nicht mehr, mein Wilibald, seit du am Samstag,
75 Da du mich unverhofft in der Sternenwarte besuchtest,
Runzlich und zahnlos mich fandest und grau, triefäugig und kriechend?
Komm, und finde mich jetzt bei der Hochzeitfackel im Brautschmuck!
Trommel, trommle den Riesen zum Leichnam! Abrakadabra!
Schüre die Glut auf dem Rost, und brenne Cypressen und Zeben.
80 Keucherin! kannst du nicht blasen? Den Essig im kupfernen Tiegel
Koche darauf, und misch' ihn mit Donnernessel und Schierling,
Bilsen und Baldrian, Mondraute gesammelt im Neumond,
Mit Nachtschatten und Posist und Gräberwermut und Wolfsmilch.
Trommel, trommle den Riesen zum Leichnam! Abrakadabra!
85 Wilibald heiße dein Name, du menschlichgebildeter Alraun.
Chrimhild, bade das Männchen im siedenden Kräuterbade!
Und nun spieße das Herz des Basilisken ans Messer,
Rühr' es im Tiegel und murmle: So, Wilibald, schrumpfe dein Herz ein.
Trommel, trommle den Riesen zum Leichnam! Abrakadabra!
90 Gleich der beschworenen Natter, so krümmt sich im Staube der
Wütrich!
Hast du ein Rehchen zu viel am Abend geschmaust? Dein Odem
Dampft ja wie Ofenrauch aus dem zähnefletschenden Rachen;
Und dein Rütteln erschüttert den Fels. Nun erhebt es sich wütend,
Heult in den Sturm, stampft donnernd den Grund, und knirscht
und verflucht mich!
95 Trommel, trommle den Riesen zum Leichnam! Abrakadabra!
Seht, da reißt er den Gipfel des Felsens herunter, und schleudert
Grab' auf den Turm! Armseliger Wicht! Ein Wink mit dem Stabe;

---

74. Die in ewiger Jugend erscheinende Zauberin muß jeden Samstag in ihre wahre
Gestalt zurückkehren. V. — 79 ff. Der Zebenbaum (Juniperus Sabina) wird zu ver-
botenen Künsten so gemißbraucht, daß Matthiolus eine strenge Einsehung der Obrigkeit
verlangt. — Baldrian (Valeriana). Die große Nessel heißt auch Donnernessel,
weil sie, im Gewitter zum frischen Biere gelegt, das Sauern verhüten soll. — Mond-
raute, Mondkraut, Eisenbrech, weil seine Kraft die Hufeisen löset: Osmunda Lunaria.
Der Schaum auf den Kräutern ward in der alten Magie dem kräftigen Einflusse des
Mondes zugeschrieben, weshalb man Bezauberungen gern im Vollmonde vornahm. —
Posist, Bosist, ein runder, weißlicher Schwamm, der, wenn er trocknet, einen braunen
Staub ausschießt: Lycoperdon Bovista. — Die narkotischen Kräfte der Nachtschatten
(Solanum nigrum), die auch Saukraut heißen, und der Bilsen (Hyoscyamus, Sau-
bohne, Tollkraut), sind bekannt. V. — 85. Die Wurzel der Atropa Mandragora und,
in deren Ermangelung, der Bryonia wird vorgeblich unter Galgen mit Vorsicht gegraben,
zur Menschengestalt ausgebildet und als Alraun oder hilfreicher Hausgeist gebraucht.
Hier geschieht dem Wurzelmännlein, was der Hüne empfinden soll. V. — 96. Man zeigt in
vielen Gegenden Steine, die ein Riese, gewöhnlich nach einem Kirchturme, geworfen habe. V.

8 *

Und er zerschmettert dich selbst, oder hängt als ein Höcker am Monde.
Aber er liege dort, ein Märchen der Enkel, am Heerweg!
Trommel, trommle den Riesen zum Leichnam! Abrakadabra!   100
Kratze dich tief in die Erde, die schwarzen Beulen zu kühlen;
Spring' in die schwellende Weser! Ja schreit' in magischen Stiefeln,
Vor dir Tag und hinter dir Nacht, neun Meilen auf einmal!
Werde zum stürmenden Meer! Auf Regenbogen durchschieß' ich,
Schneller als du, die Nacht, und trinke das stürmende Meer aus. 105
Trommel, trommle den Riesen zum Leichnam! Abrakadabra!
Aber die Stunde verfliegt, die mir die Sterne beschieden.
Tunke den Stab in den Tiegel, und schreib' auf die Stirne des
                              Schädels:
Wilibald! Jetzo bestreich' ihn mit fressendem Scheidewasser,
Und durchsäg' ihn langsam, daß Wilibald langsam sterbe!   110
Trommel, trommle den Riesen zum Leichnam! Abrakadabra!
Ha! da liegt er mit schäumendem Maul, das Verderben der
                              Menschen!
Zuckend, die Augen verdreht, hochaufgeschwollen und kohlschwarz!
Stürze dich, Berg, auf das Aas: damit die Vögel und Hunde
Diese gräßliche Pest nicht über die Erde verbreiten.   115
Trommel, trommle die Geister zum Abgrund! Abrakadabra!

Tabulettkrämer.

Wetter, das ging ja scharf! Nun spukt doch vermutlich der Riese?

Schäfer.

Freilich spukt er! Er heult im Sturm, und wurzelt die Bäum' aus!

Tabulettkrämer.

Wankt denn auch nachts in der wüsten Burg die Zauberin Hela?

Schäfer.

Freilich wankt sie! Ich habe sie oft aus der Hürde bei Mondschein 120
Oben im schwarzen Mantel gesehn, und die Trommel gehöret.

Tabulettkrämer.

Aber der Stein?

103. Aus einem Märchen, das ich in der Kindheit hörte, behielt ich dieses: Ein
Zauberer, der vor einer Here entfloh, zog seine bezauberten Stiefeln an, sagte: Vor mir
Tag und hinter mir Nacht! und wandelte durch die Luft, neun Meilen mit jedem Schritt.
Als ihn dennoch die Here auf ihren Pantoffeln einholte, entschlüpfte er ihr, immer um-
sonst, in mancherlei Truggestalten und zuletzt als ein stürmisches Meer, welches die Here
austrant. V.

Schäfer.

Der liegt, wenn Ihr aus dem Walde hinausgeht,
Linker Hand; man sieht noch die Spur der gewaltigen Finger.

Tabuletkrämer.

Schäfer, Euch greift schon der Bart, und Ihr glaubt so kindische Possen?
25 Läßt Euch der Dudelsack und die Knütte noch müßig; so bittet
Euren Gevatter, für Käs' und Woll', aus besonderer Freundschaft
Euch das Märchen zu reimen, und singt es den Schafen und Hammeln.

11. Der Hagestolz.
1778.

Wilhelmine.

Freundin, wir horchen umsonst; dein Bruder hat sicher die Flöte
Weggelegt. Er blies das letzte mit vieler Empfindung,
Und doch liebt er nicht! ... Schlaf wohl und träume was Schönes!
Sieh da schimmert schon Licht aus dem Gartenhause der Tante
5 Durch die Ligusterhecke; sie schilt, wo ich länger verweile.

Maria.

Bleib noch, Minchen; sie kann mit ihrem Kater ja spielen.
Wollen wir dort bei der Weide, die in der Bille sich spiegelt,
Auf den Rasen uns setzen? der Mond scheint über dem Wasser.
Laß uns den Wechselgesang anstimmen, welchen wir neulich
10 In der Schasminenlaube für meinen Bruder gepfuschert.

Wilhelmine.

Meinst du? So brich mir den Lindenzweig. Die verzweifelten Mücken
Stechen mir selbst im Gehn durch die Strümpf'; es juckt wie der
Kuckuck!

Maria.

Decke den seidenen Tuch dir unter; der Rasen ist tauicht:
Sonst wird der weiße Rock mit grünen Flecken bezeichnet.
15 Hier ist der Zettel; nun stöhne zuerst, denn dich lehrte die Tante.

Der Hagestolz. Hamburger M.A. 1779, S. 165—175, in den Gedichten 1785,
I. 100 wenig geändert (die beiden Mädchen heißen hier Emilia und Meta); in den Gedichten 1802 II, 193 ist daraus ein ganz anderes aber fast unverständliches Gedicht „Die
büßenden Jungfrauen" geworden, das auch in die Ausgabe 1825 II, 100 übergegangen ist.
– 7. Bille, kleiner Fluß zwischen Holstein und Lauenburgischen, der bei Hamburg
in die Elbe fällt.

Wilhelmine.

Guck' um das Erbjenbeet, wenn etwa dein Bruder heranschleicht.

Maria.

Bravo! das Räuspern war schön! Mach' auch das Stöhnen natürlich!

Wilhelmine.

Lieblicher Flötenspieler, du tönst aus dem Fenster des Erkers,
Sanftbeschattet vom Laube des mondbeschimmerten Weinstocks,
Welches der West bewegt, die Blumenauen in Schlummer;   20
Aber du weckst aus dem Schlummer die Seelen büßender
                    Jungfrau'n,
Und in die Lispel des Schilfs und der Büsche fließet ihr Seufzer!
Schaue die hohlen Weiden, die hier in der Bille sich spiegeln:
Diese Weiden bewohnen wir armen büßenden Jungfrau'n.

Maria.

Denn wir brüsteten uns im Leben auf Schönheit und Reichtum, 25
Flugelten, tanzten und sangen, und gaben den Jünglingen Körbe.
Aber uns lassen's im Tode die Unterirdischen büßen!
Ach! wir schmachten hier stets in Ungewitter und Hitze,
Ohne Frucht, und spiegeln das grünversilberte Haupthaar:
Bis ein Eheverächter durch unsre nächtliche Warnung,   30
Oder ein flatterndes Mädchen vom Hagestolze bekehrt ist!

Wilhelmine.

Jüngling, erbarme dich du der Verzweifelnden! Kneipende Krebse
Wühlen um unsere Wurzel, und Wasserschlangen; im Bauche
Nisten uns Fledermäuse und ach! mutwillige Knaben
Schneiden sich Flöten von uns, und blasen spottend am Ufer! 35

Maria.

Höre die Warnung, mein Sohn! Wer jung die Liebe verachtet,
Diesem scheint im Alter nicht Mond noch Sonne; sein Leben
Schleicht trübselig dahin; der Schwester zärtliche Pflege
Wird ihm Gift, und Galle der Scherz des redlichen Freundes.
Seitwärts schielt er, wenn Braut und Bräutigam kosen; und poltert, 40
Daß man ihn stört, wenn die Kinder ihr Weihnacht jauchzend
                  ihm zeigen!

Wilhelmine.

Sorgsam pflegen und gängeln wir dich, wir büßenden Jungfrau'n!
Zwar wie Ammen, die sich aus Not zur Mutter verdingen,

Aber zugleich mit der Milch ihr Herz dem Säuglinge schenken.
15 Wann du, der Arbeit satt, aus dem Qualm Hamburgischer Schmäuse
Hier am Abende kömmst; dann wall ich auf Blumengedüften
Dir entgegen und flüstre: O Mann, dir fehlet die Männin!

Maria.

Wann du im wankenden Kahne die sonnige Bille beruderst,
Oder zum Angeln dich in die grünen Schilfe hineindrängst;
50 Schweb' ich als schöne Libelle, von blauen Libellen umliebelt,
Über die duftenden Mümmelken hin, beflattre des Rohres
Braune Kolben und flüstre: O Mann, dir fehlet die Männin!

Wilhelmine.

Wann du wie Jonas einst vor Verdruß in die Laube dich setzest,
Welche die türkische Bohne mit purpurnen Blüten umranket;
55 Und dich reckst, und pfeifend im Musenalmanach blätterst;
Siehe, dann hüpf' ich behend', als ein Laubfrosch, über den Kürbis,
Der dir schattet, und gucke mit goldgerändeten Äuglein
Freundlich dich an und lisple: O Mann, dir fehlet die Männin!

Maria.

Warum ruhest du oft halbträumend unter dem Birnbaum,
60 Welchen dein Vater am Tage, da dich die selige Mutter
Hier gebar, selbst impfte, und gleich dir Ludewig nannte,
Wünschend, daß deine Kinder hinfort der Früchte genössen?
Warum freuest da dich, wenn oben die Nachtigall flötet?
Oder was horchst du so katzenschlau, ob hinter der Hecke
65 Lachend ein Mädchen rauscht, wenn eine saftige Birne
Dir auf dem Rücken zerplatzt? O Mann, dir fehlet die Männin!

Wilhelmine.

Eile, die Männin zu suchen! Denn schon verzerrt sich dein Antlitz,
Wenn der leichte Barbier sein Messer zu schärfen versäumte,
Oder im heißen Geschwätz den Kinnbart gegen den Strich schabt.
70 Selbst dein Johann weissagt dir eine nahe Perücke,
Wenn er dein dünnes Haar mit Pomad' und Puder verkleistert.
Alter Knecht, wer sitzt denn im Schatten des dorrenden Taxus,
Dessen rötliche Stacheln die laurende Spinne durchwebet?

---

50. Libelle, die Jungfer, ein blaues Insekt. V. — 51. Mümmelken, Wasserlilien
Nymphaea. V. — 53. Jonas IV, 5.

Maria.

Siehe, schon necken dich, weniger scheu, leichtfertige Mädchen;
Nennen dich: Holder Galan! und zupfen dir schalkhaft die Spitzen   75
Unter dem Ärmel hervor; sie kitzeln dich abends im Winkel;
Und beim Schnipschnapschnur bist du der ewige Hahnrei.
Wehe dir, wenn du nun bald in weißer Perücke daherprangst!
Ach! dann prickeln sie dich mit Nadeln, heften am Rücken
Fratzengesichter, und spielen gar Ball mit deiner Perücke!   80

Wilhelmine.

Als du die Bienenbrut, die jüngst ausschwärmte, mit Klingeln
In den Hollunder triebst und, durch die Kappe gesichert,
Jetzt in den Stock einfaßtest; da flog ich, versteckt in dem Weisel,
Dir auf das Kinn; und mit einmal hing die Traube der Bienen,
Wie ein Rabbinerbart, an deiner Kappe herunter.   85
Kreischend standen die Mädchen von fern, und baten um Küsse;
Du verfolgtest sie nicht, und schabtest den summenden Bart ab.

Maria.

War denn das alles umsonst, ruchloser verstocktester Sünder,
Was wir Büßenden dir zuflüsterten: siehe, so komm' ich,
Weh dir! ein gräßlicher Alp, um Mitternacht dich zu drücken,   90
Bald als Katz' und Bär, und bald als runzliche Vettel;
Oder ich komm', als ein wilder Vampir, und sauge dein Blut aus,
Bis du hager und blaß mit wankendem Haupte herumschleichst!

Wilhelmine.

Hungern sollst du und dursten, dich schlaflos wälzen und rechnen,
Zittern vor deinem Schatten, und deine Schätze vergraben;   95
Und, bist du tot, als ein Hund die bläulichglühenden Thaler
Zähnebleckend bewachen; du sollst auf Sümpfen als Irrwisch
Flattern, Reisende narren und Milcherinnen erschrecken ...
Horch! was brummt da?

Maria.

O Minchen, er kömmt dort hinter den Erbsen
Ganz wie ein Bär vermummt auf allen Vieren gewackelt!   100

Wilhelmine.

Weh mir! er hat mich, der Bär, mit rauhen Tatzen umklammert!
Grüße die Tante von mir, und meld' ihr mein klägliches Ende!

---

77. Schnipschnapschnur, eine Art Kartenspiel. — 83. Der Weisel, die Bienen=
königin. — 98. Milcherin, Milchverkäuferin.

12. Der Abendschmaus.

Λεῖπμέ μοι ἐνέπε, Μοῦσα, πολύτροπα καὶ μάλα πολλά.

Matron.

Anfang 1778.

Pächter.

Führe den Schecken zu Stall', Hans Jürgen, und futtr' ihn mit Haber;
Laß ihn aber, bei Leib! abkühlen, eh' du ihn tränkest.

Frau.

Liebes Männchen, wo bleibst du so lang'? Ich harre so sehnlich
Unter dem grünen Dach der Kastanie! Küsse mich, Lieber!
5 Wie der Junge nach dir die Hände streckt, und dich anlacht!
Nimm ihn! Ich säugt' ihn eben, und sieh, wie der Schelm mich
benetzt hat!

Pächter.

Fritz, ich kriege dich, piek! Rotbackichter Bube, versteckst dich?
Komm! ich gebe dir auch was schönes! Höre, wie niedlich
Dieses Leierchen klimpert, und oben tanzen die Lämmlein.

Frau.

10 Fritzchen, bedanke dich hübsch, und streichel' ihn: Eia, Papachen!

Pächter.

Laß uns hineingehn, Frau; ich brenne vor Hitze. Der Himmel
Geb' uns doch die Nacht ein Gewitter, das liebe Korn zu erfrischen!

Der Abendschmaus. Hamb. MA. 1779, S. 100—114; Gedichte 1785, I, 112;
1802, II, 207 mit folg. Anmerkung: „Matrons Beschreibung eines athenischen Schmauses
bei Athenäus IV, 5 besteht meistens aus komisch verdrehten Versen Homers und anderer,
der Anfang ist dem der Odyssee nachgeäfft:
Sage mir, Muse, vom Schmause, der viel genähret und vielfach."

1825, II, 104. Über die Entstehung dieser Idylle erzählt Ernestine (Briefe II, 33): „Um
seinen Plan zu einer wohlbesetzten Tafel kunstmäßig auszuführen, brauchte er Weiberhilfe.
Mumsens hatten ihn im letzten Winter beredet, zu einer Reihe von Schmäusen mitzugehn, denn die reichen Hamburger rechneten sich einen solchen mitgebrachten Gast zur
Ehre, und Voß machte diese neue Erfahrung Freude. Nun erklärte er gegen die Mumsen,
jene Schmäuse könne er nicht unerwidert lassen; er wolle diese Herren und Damen auch
einmal anständig bewirten, sie müsse ihm dazu mit Rat und That behilflich sein und
zuvörderst einen Plan entwerfen, worin die Zahl und Ordnung der Schüsseln genau bezeichnet wären. Alle Gegenvorstellungen halfen nichts, Voß blieb bei seinem Vorsatz, und
sie fügte sich mit nicht willigem Herzen. Aber bei der Ausführung suchte die mütterlich
vorsorgende Freundin so sehr Sparsamkeit mit Anstand zu verbinden, daß Voß sie endlich
unter dem Siegel der Verschwiegenheit in sein Geheimnis einweihte, und so gab es denn
einen sehr lustigen Abend. Die Ideen zu dem Aufsatz wurden durch einen Besuch bei dem
geschicktesten Konditor noch erweitert, und dieser Mann hat, als ihm die Idylle gedruckt
mitgeteilt ward, ein der Beschreibung ziemlich nahes Wert zustande gebracht. Von dem
Hamburger Schmause ward in allen Zirkeln geredet, und keiner nahm dem Verfasser die
kleinen Satiren übel. Selbst Klopstock hatte solche Freude daran, daß er sie in mehreren
Gesellschaften vorlas."

Linſen und Wicken ſtehn wie verſengt. Doch mutig! mein Soldan
Fraß auf dem Wege Gras, auch ſchöpft die Sonne ſich Waſſer.

Frau.

Hier iſt die Mütze, mein Lieber, und dein alltäglicher Schlafrock; 15
Geſtern wuſch ich ihn rein, und flickte das Loch auf dem Ärmel.
Ilſabe, bringe den Stiefelknecht, und die gelben Pantoffeln,
Für den Herrn auch den Meerſchaumkopf, und die bleierne Doſe.
So, nun ſetze dich hier in den Lehnſtuhl nieder, und ſchmauche
Ehrbar dein Pfeiſchen Tobak, und erzähle mir etwas von Hamburg. 20
Ich will Fritzen indes einwindeln; er reibt ſich die Augen.

Pächter.

Ilſabe, Buttermilch! Du haſt doch heute gebuttert?
Nun, mein liebes Dortchen, die Pferde ſind glücklich verhandelt.
Iſabelle bezahlt Herr Dolling mit achtzig Dukaten;
Aber den Apfelſchimmel und Schweißfuchs, jeden mit funfzig. 25
Lange prüft' er ſie erſt; dann ſchrie er, die Hände mir ſchüttelnd:
„Herr, das ſind mir einmal Reitpferde, wie ich ſie wünſche!
Solche Klepper, mit edlem Pirmonterwaſſer vereinbart,
Und ein bißchen Diät, verſteht ſich! müſſen unfehlbar
Mich und mein kränkelndes Weibchen vom Hypochonder befreien! 30
Bleiben Sie doch heut' Abend; ich hab' eine kleine Geſellſchaft
Guter Freunde bei mir. Wir trinken alle den Brunnen
Draußen auf unſern Gärten; doch heute, ſehn Sie, iſt Poſttag.
Nur auf ein Butterbrot, Herr Pächter, und ein Gerichtlein
Gernegeſehn! Ich bin ſo ein Freund von der ländlichen Mahlzeit!“ 35
Ich erwiderte drauf mit weitausſcharrendem Bückling:
„Wenn Sie befehlen, mein Herr; ich bin Ihr gehorſamer Diener.“
Hierauf ging ich zu Hauſ', und ließ die Haare mir kräuſeln,
Putzte mit Wachs die Stiefeln, und rieb die ſilbernen Sporen,
Und ging endlich um acht zu Dollings Brunnengeſellſchaft. 40
Zwölf dickbäuchichte Herren und zwölf breithüftige Damen
Saßen, wie angenagelt, mit gierigen Augen am Spieltiſch.
Als ſie nach drittehalb Stunden die hohen Bete getilget,
Hieß mich der Wirt willkommen, und nötigt' uns alle zur Tafel.
Paarweiſ' rauſchten ſie hin, und ſtellten ſich rings um die Tafel, 45

---

13. **Soldan**, ältere Form von **Sultan.** — 41. Im Jahre 1778 trugen die Damen
bei uns kleinere Bügelröcke, **Poſchen** genannt, und ungeheure Haartürme mit Federn
W. 92. V (1802). — 43. **Bete**, der Strafſatz im Kartenſpiele.

Falteten blitzende Händ', und beteten, oder besahn sich;
Setzten dann, bückend und knirend, in bunter Reihe sich nieder.
    Längst der beladenen Tafel, von zwölf Wachskerzen erleuchtet,
Einer kristallenen Kron', und zwanzig spiegelnden Blakern,
50 Prangte das Wundergebäu des Zuckerbäckers, ein Aufsatz.
Wände von weißem Tragant, mit Spiegelsäulen gestützet,
Liefen an jeglicher Seit', und trugen grünende Reben
Von gesponnenem Glase, mit bräunlichen Trauben behangen;
Porzellanene Winzer mit Hippen schienen beschäftigt:
55 Einer gab von der Leiter die abgeschnittene Traube
Seiner Winzerin hin, die schmeichelnd ihr Körbchen emporhielt;
Mühsam trugen andre die Last zur schäumenden Kelter.
Oben stand im Gebüsch die alabasterne Trümmer
Einer gotischen Burg; inwendig, vom Flieder beschattet,
60 Schlief die zuckerne Hirtin auf Blumen; am spiegelnden Bache
Hütete Phylax die Ziegen und seidenflockigen Schäfchen;
Naschend kletterte fern am Traubengeländer ein Böcklein;
Aber die Winzerin faßt' ihm den Bart, und schlug ihn mit Ranken.
Unten schimmert' als See ein Spiegel, mit Binsen umkleistert
65 Und braunkolbigem Rohr: am Angeldrahte des Fischers
Zappelt' ein perlemutterner Barsch, und rings um die Hütte
Trockneten Reusen und Netze; die Fischerin unter der Pappel
Reichte dem nackten Kind' ein Muschelgehäuse zum Spielen.
Mitten blühte der Garten voll künstlichgezeichneter Beete;
70 Rechts war die Geißblattlaub', und links ein japanisches Lusthaus;
Bäume standen umher voll Kirschen, Äpfel und Birnen,
Aus kandiertem Anis; ein porzellaner Walfisch
Schnob den kristallenen Spring, der bogenweis' in des Beckens
Spiegel sich goß, und gefärbter Sand bedeckte die Gänge.
    Sechs Gerichte standen an jeglichem Ende der Tafel
Zierlich gestellt, die kalt, und jene bratelnd auf heißen
Silbergefaßten Scheiben von Marmor; neben dem Aufsatz
Standen französische Frücht' und Salate, Trabanten des Bratens
Schweigend atmeten wir; da neigte Madam sich und sagte:
80   „Meine Herren und Damen, Sie sehn hier alles mit einmal.
Nehmen Sie gütig vorlieb mit meiner geringen Bewirtung.“

---

49. Blaker, ein Wandleuchter mit einem Spiegel von Glas oder Metall. V. —
51. Tragant, ein weißliches Gummi. V. — 73. Spring, ein aufschießender Wasser-
strahl. V.

Sprach's, und zerschnitt den Fasan, mit indischen Vogelnestern,
Wie man erzählte, gewürzt und Azia. Hurtig verteilte
Diesen ein bunter Lakai rangmäßig den Damen und Herren.
Und ein anderer fragte, wer Pontak, sechziger Rheinwein,   85
Oder Burgunder befehle; und brachte jedem sein Fläschchen.
Jetzo gab ein Lakai uns reine Teller, und reichte
Junge Kalkuten herum, mit scharfem batavischem Soja.
Hierauf reichte dieser die weingesottenen Schmerlen;
Jener den Kabliau, mit Austerbrühe bereitet.   90
Aber eine Mamsell, die keuchend den Fächer bewegte,
Traf dem Lakai mit der Feder des babilonischen Haarturms
Grad' in das Aug', und ach! die Austern umschwammen ihr seidnes
Feuerfarbenes Kleid: da entstand ein gewaltiger Aufruhr.
Doch bald stillte diesen ein fett Spanferkel in Gallert.   95
Froher beäugelt selbst kein Naturaliensammler
Durch die Brille den Wurm im künstlichgeschliffenen Bernstein,
Als wir Gäste das Ferkel im helldurchsichtigen Gallert.
Drauf hob ächzend der Diener ein rundes Gebäude vor Dolling,
Hohl wie ein Kirchturmknopf, es hieß: Rebhühnerpastete.   100
Dolling versicherte hoch, sie sei vom berühmtesten Koche
Aus Bordeaux, und gestern mit Schiffer Markus gekommen.
Lüstern umschnüffelten oft die Matrosen des Schiffers Kajüte,
Aßen dann traurig ihr Pökelfleisch. Der schlafende Junge
Träumte von Ceilons Gerüchen, und schrie, als säß' er im Mastkorb: 105
Land! Auch rochen Delphine mit offenem Maul aus dem Wasser,
Und der getäuschte Pilot weissagte von nahen Gewittern.
Solch ein balsamischer Duft durchdrang die bräunliche Rinde!
Dolling löste behende den Deckel, schöpfte das Fett ab,
Und verteilte lächelnd die köstlichen Eingeweide.   110
Gierig besah sie der Arzt in dicker Wolkenperücke,
Der sich hinter dem Tuch zahnstocherte, schmeckte mit Anstand,
Und nun mummelt' er dumpf aus vollen käuenden Backen:

---

83. Azia, Abschia, Assija, auch Abschiar oder Assjar, besteht aus indischen mit Essig
oder Salzlake und scharfem Gewürz eingemachten Kräutern und Wurzeln, besonders aus
den jungen Wurzelschößlingen des Bambosrohrs in Kokos- oder Palmessig, Senf und
anderen Schärfen: wozür unsere Köche auch einheimische Gewächse nehmen. V. —
85. Pontak, französischer Wein (nach der gleichnamigen Stadt). — 88. Soja, eine kräftige
Tunke, die in Ostindien aus der gequollenen und in Gärung übergehenden Sojabohne,
Dolichos Soja, mit Salzlake und Gewürz, in Europa auch aus eingemachten Schwämmen,
bereitet wird. V. — !0. Der Kabliau oder Kabeljau, ein Fisch der Nordsee, zu dessen
Geschlechte der ostseeischen Dorsch gehört. V. — 107. Pilot, Steuermann. V. — 113.
mummeln, murmeln.

„Meine Herren und Damen, das nenn' ich vortreffliche Mischung!
115 Welch ein Geschmack in dem Fleische, den Nägelein, Schwämmen und
Trüffeln,
Pfeffer, Oliven, Muskat, Pistazien, Morcheln und Knoblauch!
Freilich erhitzt das Gewürz die jungen Weiber ein wenig;
Aber der Herr Gemahl geb' ihnen Salpeter und Weinstein."
Also sprach er; da scholl ein überlautes Gelächter.
120 Hierauf kam das Gemüs', als Bohnen, junge Karotten,
Erbsen und Blumenkohl mit Artischocken und Krebsen;
Frische Heringe, Lachs und Hummer begleiteten diese.
Hierauf gingen die Rund' ein braun und ein weißes Gemengsel:
Rüssel und Ohren vom Schwein, Hahnkämme, Zungen von Lämmern,
125 Kälberbrissel und Ochsengaum, mit Pingeln und Kapern.
Hierauf kam der Rücken des Rehbocks, welchen ein Förster
Vom Blocksberge gesandt. Ein erzgebirgischer Berghahn
Ging dann herum, als Führer des Ortolanengeschwaders;
Sein rotkammiger Kopf lag abgeschnitten am Rande.
130 Auch die Trabanten rückten heran: Tolläpfel, Oliven,
Weißlicher Kopfsalat, Endivien, Beete, Sardellen,
Überzuckertes Obst, und Gurken mit barschem Orego.
Jetzo verschob der Arzt die hitzende Wolkenperücke,
Trocknete Finger und Maul, und tiefausatmend begann er:
135 „Wahrlich! man kann doch viel der Gottesgaben genießen,
Wenn man sich Zeit läßt! Phh! Ich muß die Weste mir lösen!
Nun es lebe der Herr Wohlthäter und seine Gemahlin!"
Also sprach er; da klangen die vollen Gläser zusammen.
Aber höre, da kommen die Kühe schon von der Weide,
140 Drum verspar' ich dir die Beschreibung vom prächtigen Nachtisch:
Von den Torten, Makronen, von Quittenschnee und Meringeln,

---

115. Die Trüffel ist ein eßbarer Schwamm, der in Gestalt welscher Nüsse unter
der Erde wächst, und am strengen Geruch von kleinen Pudeln oder von Schweinen aus=
gespürt wird. V. — 116. Pistazie, der Kern aus der Nuß des morgenländischen Pistazien=
baums; man nennt sie auch grüne Pimpernuß. — Morchel, eine Art eßbarer Schwämme. V.
— 125. Kälberbrissel, Kalbsbröschen, Kalbsmilch, die weiche Brustdrüse der Kälber;
Niederf. Schweder und Midder. — Pinienkerne oder Piniolen, Piniolen, die Kerne
des Pinienbaums, einer südländischen Fichte. V. — 127. Der Birkhahn, von der Größe
eines Fasans, schwarz und weiß gesprenkt, mit roten Wimpern, nährt sich in Birken=
wäldern. V. — 128. Der Ortolan, auch Fettammer genannt, eine leckere Art Ammern. V.
— 131. Die Beete, die rote Rübe. — Die salzigen Sardellen des Mittelmeers, eine
Art kleiner Heringe, führen den Namen von der Insel Sardinien. V. — 132. Orego
nennen Holländer und Niedersachsen die tretische Doste, Origanum Creticum, die zu
Salaten und als Würze beim Einmachen dient. V. 141. Makronen und Meringeln,
verschiedene Arten von Zuckergebackenem. — Quittenschnee, zerriebene Quitten mit
Gewürz in geschlagenem Eiweiß. V.

Und von dem Himbeereise, woran mir Stümper die Zunge
Fast verfror; von den Pfirschen und Aprikosen aus Potsdam,
Von den Granaten, Melonen, des Ananas beißender Süße,
Und den levantischen Mandeln und cyprischen Traubenrosinen;   145
Auch von vergoldeten Gläsern mit alten bärtigen Köpfen;
Und von rotem Champagner, auf Sillerys Gute gekeltert,
Kaiserlichem Tokaier, und überköstlichem Kapwein;
Auch wie zuletzt die beiden Lakai'n an der Thüre das Trinkgeld
Bettelten. Aber ich muß im Hof' ein wenig herumgehn.   150
Singe den Kleinen in Schlaf, und dann laß Ilsabe wiegen,
Und bestelle für uns das Abendbrot in die Laube.

Frau.

Nimm denn auch gütig vorlieb mit meiner geringen Bewirtung!
Zuckererbsen in Schoten, und zwei gebratene Küchlein
Bring' ich nur, und schickst du dich gut, Erdbeeren zum Nachtisch.   155
Auch will ich Tafelmusik bei den Grillen und Fröschen bestellen,
Und bei dem Rosengebüsch und den Nachtviolen Gerüche.

Pächter.

Schön, mein Liebchen! Und dann, statt Kronenleuchter und Blaker,
Strahle der Abendstern und die wetterleuchtende Wolke.

13. Der bezauberte Teufel.

Eine orientalische Idylle.

März 1780.

Lurian.

Keuchst du schon, Bock? Nur langsam! Wir kommen frühe zum
Blocksberg.
Nach dem Siebengestirn ist erst in anderthalb Stunden
Mitternacht. Fleug höher, du Narr! Dir sengten nur eben

114. Der Ananas, gewöhnlicher femininum. — 147. Sillery, ein durch seinen Champagner berühmtes französisches Dorf im Marnedepartement; ob Voß wohl das Wort für den Namen des Fabrikanten gehalten hat? — Der bezauberte Teufel. Hamburger MA. 1781, S. 41 ff. vgl. mit dem Druckmanuskript. Ein Brouillon hat sich erhalten: „Die reisenden Teufel". Vgl. Voß an Boie März 1780: „Daß ich ... die Ohren steif halte, davon kann dich meine Teufelsidylle überzeugen." (Gedichte 1785 I. 140; 1802, II, 250 mit folgender Anmerkung: „Bei den kindlichen Völkern der Vorwelt waren den Dämonen guter und böser Natur auch dämonische Tiere, als Wagenpferde und Reitpferde (selbst die Hebräer nahmen sie an), göttliche Stiere, Eiel, Hofhunde, Widder und allerlei Geflügel zugesellt. Im Mittelalter wurden den Höllenmächten und ihren Verbündeten von den Pfaffen luftwandelnde Ziegenböcke, als Gegner der frommen Schafe, zum Reiten und Lasttragen, auch schwarze

Zwo Sternschnuppen den Bart; und in der arabischen Wüste
5 Taut es stark, mir trieft das Wasser schon von den Hörnern.
Horch, was heult da? Hinab! Du heule noch eins!

Puhr.
          Habuhu!

Lurian.

Für ein Uhugeheul ist die Stimme zu laut, und ein Teufel
Wimmert so leise nicht.

Puhr.
   Habuhu!

Lurian.
          Hinter dem Felsen?
Herzensbrüderchen Puhr! Du armer Teufel, du gleichst ja
10 Einem Dieb am Galgen, von Wind und Sonne gedörret!
Kaum bedeckt die enthaarte gerunzelte Haut dir die Knochen!
Sage, wer hat dir den Schwanz im Palmenbaume verkeilet?

Hunde und Katzen, Raben und Nachtvögel verliehen. Wahrscheinlich war der Blocksberg den ältesten Deutschen ein Olympus, wo in der Mainacht um den Obergott die Schutzgeister der verschiedenen Gauen sich einfanden und Segen für ihre Bezirke abholten. Durch schwärmerische Belehrer wurden nicht nur die griechischen Gottheiten für Teufel erklärt, sondern auch die altdeutschen Ideale der Tugend und Wohlthätigkeit, wie das Walvoll sie zu denken vermochte, bis auf wenige (z. B. die Frühlingsgöttin Ostra, die zum geistlichen Lebensaufgange sich deuten ließ), zu bösartigen Unholden herabgewürdigt. Da schon der Kirchenvater Klemens von Alexandria (almon. p. 22), noch mehr ein eisernder Laetanz (IV, 22), die sämtlichen Götter der Ungläubigen als böse Dämonen vorstellte, welcher Verunglimpfung selbst Milton (Par. lost. 1. 364—521) nicht widerstand, so erfolgte natürlich, daß man die graunvollsten und mißförmigsten Phantome der Volkssagen und Mysterien, noch scheuseliger entstellt, für die eigentümlichsten Erscheinungen der höllischen Geister ausgab. Satan selbst ward eine Fratze von Pluto; und in seinem Gefolge, welches Bida im Anfange der Christeis musert, wimmelten Gorgonen, Sphinxe, Centauren, Hydern, Chimären, Scyllen, Harpyen, hundertarmige Giganten und, die man Feldteufel benamte, Satyre mit Gehörn, Spitzohren, Zotten, Schwanz und Bockfüßen. Zugleich übertrug man auch den Teufeln das belatrische Gegautel der Empyra, die an einsamen Orten bald mit einem ebernen und einem Eselsfuß, bald als Pflanze oder Stein, als Kind, Schlange, Brummfliege und plötzlich wieder als schöne Frau spukte. Noch bei Tasso (IV, 4) in der Mitte der höllischen Ungeheuer mit Tierfüßen, Schlangenhaaren und unermeßlich ringelnden Schwänzen, thront der satanische Pluto, gegen welchen der Atlas ein Hügelchen ist, mit entsetzlichen Hörnern, funkelnden Augen, struppigem und auf die raube Brust fallendem Barte und einem blutigen Rachen, der wie ein Abgrund sich öffnet und schwarzen betäubenden Qualm mit Flodakuhle ausatmet. Ein solches Ungetüm durfte Milton sich selbst nicht mehr bieten; er behielt für seinen heroisch gerüsteten Satan nur die Riesengestalt (1, 195) samt den ursprünglichen Flügeln, die der böse Engel mit dem guten gemein hat, obgleich von unscheinbarerem Gefieder oder wohl gar, wie die Maler wissen, von garstigen Häuten, gleich den Fittigen der Fledermäuse. Durch Miltons deutschen Nachfolger wurden die Teufel ihrer heroischen Gestalt und Einkleidung, wie es scheint, der Flügel, deren die Todesengel doch sechs haben, ja selbst des Teufelsnamens entäußert. In so strengem Inkognito einherzuschleichen und immer ernsthaft zu thun, ist den schelmischen Poltergeistern ein unnatürlicher Zwang. Man lasse sie zwischendurch, so wie seit Jahrhunderten sie zu leiben und zu leben gewohnt sind, einen lustigen, nicht ganz übelgemeinten Schwank machen. Die Namen Lurian und Puhr sind aus der Volkssprache".
1825, 11 134.

Puhr.

Ach der verzweifelte Gaßner, der Taugenicht, bannte mich hieher,
Weil ich den Schatz in Kohlen verwandelte. Aber wie heißt du?

Lurian.

Kennst du Lurian nicht, dem Luther mit mönchischer Arglist, 15
Als ich ihn necken wollte, das Tintenfaß ins Gesicht warf?
Dies Pechpflaster bedeckt mein linkes geblendetes Auge.

Puhr.

Lurian? Ei wo ist denn dein böser Schaden am Hintern?
Weißt du? Wir suchten einst Händel am jüterbockischen Hufschmied,
Der nach dem Teufelsbild', an der Thüre mit Kohlen gezeichnet, 20
Glühende Stangen stieß. Des Abends im stürmischen Winter
Klopften wir an, und baten um Nachtquartier in der Esse.
Aber der Racker hielt vor das Schlüsselloch den bekreuzten
Kohlensack, den ihm Sankt Nepomuk hatte verehret.
Sorglos fuhren wir drein. Da legt' er uns auf den Amboß,
Und zerhaut' uns weidlich mit funfzigpfündigem Hammer.
Wären wir nicht, als Flöhe so klein, in die Nähte des Sackes
Hin und wieder gehüpft; er hätt' uns völlig zermalmet.
Als er den Sack aufschnürte, da floh ich behende von dannen;
Dich erwischt' er und setzte dein Hinterteil auf den Schleifstein, 30
Rief den Gesellen heraus, und hast du mich schleifen gesehen!
Bis du schrei'nd verspracheft, dein Leben nicht wieder zu kommen.
Lange humpelteft du und warst auch mag'rer als jetzo.

---

13. Gaßners, eines katholischen Pfaffen, wunderthätiger Unfug ward durch die
Leichtgläubigkeit eines angesehenen Protestanten berüchtigt. V. — 19. Ein bekanntes Volksmärchen vom Schmied im sächsischen Städtchen Jüterbock, dem weder Teufel noch Tod
etwas anhaben konnte. Den Tod, der ihn abholen wollte, lockte er auf einen geweihten
Birnbaum voll reifer Früchte, und nahm ihm, nach zerschlagener Hüfte, das Versprechen
ab, vor einer bestimmten Zeit nicht wieder zu kommen. V. — 33. 1785 bereits schob
Voß eine antikatholische Stelle ein. Vgl. den Brief an Schulz 21. Oktober 1784: „Ich bin
noch mit dem Ausfeilen meiner Gedichte beschäftigt. Der bezauberte Teufel hat Gnade
erhalten, und ist nun ganz manierlich gestriegelt und gebürstet, auch etwas in theologischen
Wissenschaften unterrichtet worden; aber es hat Mühe gekostet, die Bestie zu bändigen"
(Briefe II, 175 f.):

Lurian.

Traurig, o Freund, ist der Zeiten Erinnerung, welche du nennest:
Als der Papst mit der Höll' und des Himmels Schlüsseln nach Willkür
Schaltete. Ärgerlich war's für manchen sogar von uns Teufeln,
Wenn rechtgläubig Gesindel um Mönchentand in den Himmel
Frech aufstieg, und mit Hohn rechthandelnden Heiden und Ketzern
Nachsah, welche die Hölle hinabschlang. War's nicht verzeihlich,
Bruder Puhr, wenn zuweilen ein Lustiger aus der Verdammnis
Ewigem Feu'r und der Seelen Geschrei unwillig hinwegfloh,

Lurian.

Alles verändert sich, Freund. Sobald es meine Gesundheit
35 Zuließ, ging ich, mein Heil im Morgenland zu versuchen.
Hier verbannete mich aus einer besessenen Jungfrau
Von holdseliger Bildung ein abissinischer Bischof;
Und nun leb' ich im Kloster, und seg' als geistlicher Kobold
Nachts die Zellen der Mönche, den Feuerherd und die Kirche.
40 Dafür werd' ich geheilt, und gespeichert wie ein Kapäunchen;
Denn im Vertrau'n, es lebt sich ganz gemächlich im Kloster.
Nun was schnüffelst du, Puhr?

Puhr.

Mich daucht, ich rieche so etwas!
Sicherlich trägt dein Bock was Lecker's zum heutigen Picknick!

Lurian.

Und du hättest wohl Lust, die Leckerbißchen zu kosten?

Puhr.

45 Lurian, trautester Freund! seit funfzehn Monden genieß ich
Bloß Heuschrecken und Honig, der dort aus dem Felsen herabtrieft,
Oder Datteln vom Baum, und äußerst selten ein Wildpret,
Etwa ein Skorpiönchen, und eine magere Eider!
Ja ich verschmachtete gar in der stäubenden Dürre des Sommers,
50 Wenn nicht manchmal ein Smum mit giftigem Hauch mich erquickte!

Lurian.

Na, so wollen wir sehn, wie die Herren Fratres den Ranzen
Mir gespickt! und wann du mit Trank und Speise gelabt bist,

Um durch polterndem Spuk, Vorbrand und Totenerscheinung,
Zauberer oder Besessene, der Gläubigen Reich zu verwirren?
Aber seitdem die Schlüssel ein Engel des Lichts in den Abgrund
Warf, und die ewige Glut allmählich erlischt; nun sind wir
Alle so still, daß auch Priester schon zweifelten, ob wir noch leben.

Puhr.

Wäre dein Schwanz in der Klemme, die Predigt stimmte wohl anders!
Schwächer zwar, doch herrscht noch der Papst; und die winzigen Päpstlein
Hudeln bei tausenden uns mit nachgebildeten Schlüsseln:
Daß, so gern wir ruhten, die alte Fehde noch dauert."

38. Der Kobold, franz. Gobelin, ist ein Poltergeist, der für Herberge und Pflege
Hausdienste verrichtet und harmlose Possen ausübt. Niebuhr hörte auf seiner Reise nach
Diarbetir von einem Fegeteufel in dem armenischen Kloster Kara Klise. Der Bischof hatte
ihn aus einem Besessenen getrieben und dazu verdammt, daß er alle Nächte die Kirche,
die Wohnung der Geistlichen, die Küche und den Feuerherd reinigen und allen Unrat
hinwegschaffen mußte. Niebuhr Reiseb. II, 399. V. — 50. Smum heißt in den arabischen
Wüsten ein giftiger schnelltötender Wind. V.

Will ich versuchen dein Schwänzchen vom Zauberbaum zu befreien.
Hat auch der Papst den Gaßner für heilig erkläret?

Puhr.

Was wollt' er!

Lurian.

Gut! — Da koste das Stück von der Klapperschlange mit Schierling, 55
Und die gebratene Kröte mit einer Tunke von Asa.
Sieh, wie der Teufel schmackt, und die rauhen Ohren beweget!
Und wie die Nas' ihm schnaubt, und der Saft aus dem Maule herausläuft!
Hier sind Otterneier, in Hexenbutter geschmoret,
Fliegenschwämme mit Nasta, und junge fette Taranteln.   60
Aber du mußt auch trinken! Da willst du ein Schlückchen Tobaksöl?
Oder den Magenwein, den mein liebster Küper in Hamburg
Kunstgemäß mit Arsenik und Silberglette gewürzet?
Wetter! so setze doch ab! Du Esel säufst wie ein Postknecht!
Nun zum Nachtisch, Puhr, noch ein paar geräucherte Seelen.   65
Diese bewohnte vordem den geilsten Schwelger; mit Ablaß
Körnte der Pater sein Gut, und gab mir die Seele zum Räuchern.
Kitzelt sie nicht die Zunge mit scharfem ranzigem Wohlschmack?
Diese besaß im Leben ein Geizhals. Aber was kaust du?
Ist sie zu dürr und zähe? So wirf sie dem meckernden Bock hin!   70
Dieses war die Seele des windigsten deutschen Magisters,
Der das Völkchen mit dummem entscheidendem Bücherurteil
Narrete. Tunke sie reichlich in Phosphorus, gegen die Blähung!
Jetzo wisch dir das Maul; zum Anbiß kann das genug sein.
Bald wird Satanas dich auf dem Blocksberg besser bewirten.   75

Puhr.

Ha, das heiß ich geschmaust! Mein armes runzlichtes Bäuchlein,

---

53. **Zauberbaum:** ist vielleicht **Zauberbann zu lesen?** 1785 änderte Voß: „will ich versuchen, | Dich des gräßlichen Banns zu entledigen." — 54. Man erinnere sich des Bettlers in Rom, der vor wenigen Jahren heilig gesprochen ward. V. (1802) — 1802 lautet dieses Gespräch folgendermaßen: „Aber den Gaßner hat doch der Papst nicht etwa ge= heiliget?" **Puhr:** „Nein, der Gesell ist noch nicht lausig genug zum Heiligen." **Lurian:** „Lange zu sehr doch, daß ohne Ekel fürwahr kein rechtlicher Teufel ihn anpackt." — 56. **Asa Foetida,** Teufelsdreck, das stinkende Harz einer persischen Ferula. V. — 1802 setzt Voß unter anderm noch hinzu: „Schäumender Priestergall' und geläutertem Katzengeifer." — 61. Hier folgen im Man. ursprünglich noch drei Verse:

Oder willst du lieber den Spiritus, kräftig mit Käfern,
Und Bandwürmern und Schlangen und Mißgeburten gewürzet,
Den ich selbst aus den Gläsern des Klosterarztes gekapert?

57. **schmacken,** Nebenform zu **schmecken** in der Bedeutung: **schmatzen.** — 62. **Küper,** niederdeutsch, **Küfer.** — 63. **Silberglette,** hellgelbe Bleischlacke.

Jetzo bist du so rund und so glatt, und so lieblich zu klatschen.
Wäre mein Schwanz nur los, ich ginge selber in's Kloster!

Lurian.

Ei, den wollen wir lösen! Ich raubte dem koptischen Bischof
80 Neulich dies kleine Büchlein voll pharaonischer Schriften,
Welches er einst bei Sakara im steinernen Mumienkasten
Eines egyptischen Zauberers fand. Drin stehet ein Bannspruch,
Welcher jede Bezaubrung, nur nicht der Heiligen, aufhebt.
Aber mein rechtes Auge hat auch von der Tinte gelitten!
85 Streichle mein Rückenhaar mir aufwärts, während ich singe,
Daß die Funken mir leuchten! Ahirom tukimalidscho
Zalka kerutsch misrai — Du kratzest ja, Puhr, wie ein Kater!
Ziehe die Krallen doch ein! — Bedulemi puschak irolwin
Kirlekamatschka wenorch happuhring abrakadabra!

Puhr.

90 Heisa! ich hüpfe vor Freuden! Mein Schwanz ist frei! O du trauter
Lurian, laß dich umhalsen! Das Feuer der höllischen Wonne
Brennt mir aus Nas' und Maul! Wie königlich wedelt mein Schwänzchen!

Lurian.

Trillert der alte Narr, wie ein saugendes Lamm, mit dem Schwanze!
Komm und sitz auf den Bock; zum Fliegen bist du zu kraftlos.
95 Armer, du bist so leicht, wie die kupfernen Blasen am Luftschiff!
Aber schließe nur ja mit dem Hühnerfuße, der andre
Pferdehuf ist schwerer, und halte dich fest bei den Hörnern!
Hurtig schwinge dich, Bock, durch sausende Lüfte zum Blocksberg!

------

14. Die Kirschenpflückerin.

An Gleim.

März 1780.

Hedewig.

Seht doch, wie sinnig sie geht, die freundliche schöne Rebecka;
Wie sie die nickenden Ähren durch ausgebreitete Finger
Laufen läßt, und selbst den Regenbogen nicht ansieht,

80. Pharaonische Schriften nennt man in Ägypten die Hieroglyphen. Bei Sakara sind unterirdische Mumiengräber. V. — 95. das Luftschiff im 5. Gesange von Bodmers Noachide. — 97. Dem echten Teufel, ohne miltonische Neuerung, ist wesentlich der Pferdefuß, den er, auch als Kavalier erscheinend, unter dem Scharlachmantel hervorblicken läßt. Dies meint das Sprichwort: Der Teufel stelle sich, wie er wolle, so ragen ihm doch die Füße hervor. V. — Die Kirschenpflückerin. Hamburger MA. 1781, S. 18 verglichen.

Der von dem Buchenwalde zum blauen See sich ausdehnt.
Über der Schulter die Hark', und auf dem Arme das Körbchen,
Voll von blauen Tremsen darin, und Feuerblumen und Schwertel,
Rade, Vergißmeinnicht und düstereichen Kamillen,
Wär' ich ein Mann, und jung, ich könnte mich wahrlich verlieben.
Aber der Wangen Röte, mein Engel, ist mit Erlaubnis
Wohl nur Wiederschein von dem roten Futter des Strohhuts.

Rebecka.

Spötterin, sage, wo bist du? Dort unter den lomberschen Nüssen?
Oder im Lindenbaum, in der hohen künstlichen Laube?
Piep eins, Hedewig.

Hedewig.

Piep!

Rebecka.

O Himmel, sie sitzt, wie ein Eichhorn,
Oben im Kirschenbaum! Nun wart, ich will dich bezahlen.

Hedewig.

Gehe doch vorn durchs Haus; der Zaun ist zu hoch und zu dornicht.
Du zerdrückst mir den Hopfen, durchrankt mit blühender Winde.
Seht, wie die Katze klettert! Ha recht! da hängt ihr der Rock fest.
Nimm dich in acht, Rebecka; du brennst dir die Knie' in den Nesseln.

Rebecka.

Sei mir gegrüßt, mein Kind. Was vor herrliche spanische Kirschen
Hast du, so groß und so voll! Es glänzt recht gegen die Sonne.
Wirf mir ein Büschel herunter, den Durst zu löschen. Ich kehrte
Auf der Wiese mein Heu, und ein Regenschauer vertrieb mich.
Sonderbar! von der Brücke bis hier ist kein Tropfen gefallen

Hedewig.

Dirne, was hast du vor? Du Bösewicht, laß mir die Leiter!

Rebecka.

Sitze mir nun, wie einst der Tod im bezauberten Birnbaum!

mit dem Druckmanuskript: 1785, I, 129; 1802, II. 235; 1825, II, 125. Vgl. Voß an
Gleim 30. März 1780: „Sie haben mir so manche Freude gemacht, und ich weiß Ihnen
keine andere dagegen zu machen, als daß ich meine eben geborne Idylle, mein liebes
Töchterchen, nach Ihrem Namen nenne. Der gute Wille wird Ihnen wenigstens angenehm
sein." (Briefe II, 266) und an Boie im April 1780: „Meine Idylle, wovon ich dir letzt
schrieb (im März) ist fertig und gefällt mir sehr. Es ist ein Versuch, wie weit man die
Denkart der Landmädchen veredeln kann, ohne unnatürlich zu werden." (Briefe III, 149.)
6. Tremsen, blaue Kornblumen. V. — Schwertel, die Pflanze gladiolus. —
7. Rade, fleischfarbenes Kornnägelein, Agrostema Githago. V.

Bis du den Schabernack mir gebüßet, den du im Frühling
Auf der Bleiche des Nachts in der strohernen Hütte mir anthatst.
Gegen den Morgen schlief ich, und nach der bösen Gewohnheit,
Die ich als Kind von meiner geschwätzigen Patin geerbet,
30 Sprach ich im Traum. Da fragtest du mich: Hat Adolf, dein Bruder,
Seine Hedewig lieb? — Von Herzen! — Ist sie denn wirklich
Schön? — Ein Gesicht wie ein Apfel, und blaue schelmische Augen! —
Aber ihr Haar ist borstig und fuchsrot, wie man erzählet? —
Fui! kastanienbraun und lang und weicher als Seide! —
35 Liebst du nicht auch, Rebecka? — Vielleicht.   Wie heißt dein Ge-
                                                        liebter? —
O das sagt man nicht gern! Matthias heißt mein Geliebter. —
So betrogst du mich, Schelm; und wohl noch manches Geheimnis
Hätt' ich armes Ding dir erzählt: als Lustig mit einmal
Bellte. Da sprang ich hinaus, und suchte den Dieb bei der Leinwand.
40 Aber er schalt nur den Mond, der aus den Wolken hervorkam;
Und du lachtest und sprachst: Matthias heißt mein Geliebter!
Siehst du? ich weiß noch alles, und jetzo sollst du mir büßen.

Hedewig.

Sage, was soll ich denn thun, mein Engel?

Rebecka.

                                        Singe das Lied mir . . .
Hu! wie erschrak ich! Da fiel ein Königsapfel vom Baume.
45 Ist er schon mürb'? O weh! es sitzt eine Wespe darinnen! . .
Singe das Lied, das Adolf vom grünen Sumpfe gedichtet!
Neulich belauscht' ich ihn; es klang ganz artig im Maibusch.

Hedewig.

Nein wahrhaftig, Rebecka; ich werde mich selbst nicht besingen!
Lieber die ganze Nacht auf diesem Baume geharret!

Rebecka.

50 Gut; hier liegen ja Birnen und Äpfel im Grase.

Hedewig.

                                        Zum Kuckuck!
Dirne, du wirfst ja für toll. Heida! ein Puff auf den Rücken!
Au! noch einer am Fuß! Mir saust's um die Ohren wie Hagel!
Jammer, da purzelt der Korb mit allen Kirschen hinunter!
Friede! ich will ja singen, du unbarmherziger Wütrich!

Rebecka.

Willst du? mich baucht, die Gegend ist recht einladend zum Singen: 55
Oben im grünen Baume, die Nachtigall wählt ihn nicht schöner!
In dem rötlichen Glanz der untergehenden Sonne;
Und rings zirpen die Grillen, die Bienen sumsen im Schauer,
Frösche röcheln im Sumpf, und im Weizen locket die Wachtel.
Sing!

Hedewig.

Nun ja, wenn ich muß! Du sollst mich aber nicht ansehn, 60
Auch nicht lachen.

Rebecka.

Ich sammle indes die Kirschen. Nur hurtig!
Langes Quälen ist bitterer Tod. Wozu das Geräusper?

Hedewig.

Beschattet von der Pappelweide
    Am grünbeschilften Sumpf
Saß Hedewig im roten Kleide,   65
    Und strickt' am kleinen Strumpf;
Sie strickt', und sang mit süßem Ton
Ein Lied, ich weiß nicht mehr wovon.

Rebecka.

Schön! Nur ein wenig lauter; denn hier belauscht uns ja niemand.
Recht herzbrechende Stellen erlaub' ich dir leise zu singen.   70

Hedewig.

Da ging ich an dem Bach zu fischen
    Mit meiner Angel hin,
Und hörte hinter Erlenbüschen
    Die schöne Nachbarin.
Ich ließ die Angel an dem Bach,   75
Und ging dem lieben Mädchen nach.

So einsam, Mädchen! Darf ich stören?
    Hier sitzt man kühl und frisch. —
„O gern! Ich suchte Heidelbeeren
    In dieses Thals Gebüsch;   80
Allein die Mittagssonne sticht,
Auch lohnet es der Mühe nicht."

68. Das Lied im M.A. mit der Melodie von J. A. P. Schulz. Vgl. Hoffmann von Fallersleben. Nr. 90.

Ich setzte mich mit bangem Mute,
　　Mir lief's durch Mark und Bein;
85 Und neben meinem Fuße ruhte
　　Ihr Füßchen zart und klein,
Auf Gras und Blumen hingestreckt,
Und bis zum Zwickel nur bedeckt.

Wir zitterten wie Maienblätter,
90 　　Und wußten nicht warum;
Wir stammelten von Saat und Wetter,
　　Und saßen wieder stumm,
Und horchten auf die Melodien,
Die Kibitz und Rohrdommel schrien.

95 Jetzt kühner, stört' ich sie im Stricken,
　　Und nahm ihr Knaul vom Schoß;
Doch herzhaft schlug sie mit dem Sticken
　　Auf meine Finger los:
Und als sie hiermit nichts gewann,
100 Da setzte sie die Zähnchen an.

O sieh, wie durch das Laub, mein Liebchen,
　　Die Sonne dich bestrahlt,
Und bald den Mund, bald Wang' und Grübchen
　　Mit glüh'ndem Purpur malt!
105 Auf deinem Antlitz hüpft die Glut,
Wie Abendrot auf sanfter Flut.

Sie lächelte; ihr Busen strebte
　　Mit Ungestüm empor,
Und aus den heißen Lippen bebte
110 　　Ein leises Ach hervor.
Ich nahte mich, und Mund an Mund
Versiegelten wir unsern Bund.

　　　　　　　　　Rebecka.
Ist es nun aus?

　　　　　　　　　Hedewig.
　　Ja, Herre!

　　　　　　　　　Rebecka.
　　　　Ich meint', es wäre noch länger.
Nun so komm herunter, und küsse mich.

97. Der Sticken, Strickholz, Stricknadel.

Hedewig.

Freilich, das fehlt noch!
Wie das Gesicht mir glüht! Ich geh', und klag' es Matthias,   115
Daß er eben so glühend die roten Wangen dir küsse!

—

15. Der siebzigste Geburtstag.

An Bodmer.

1780.

Bei der Postille beschlich den alten christlichen Walter
Sanft der Mittagsschlummer in seinem geerbeten Lehnstuhl,
Mit braunnarbichtem Jucht voll schwellender Haare bepolstert.

Der siebzigste Geburtstag. Hamb. MA. f. 1781, S. 1–3 ff. Verglichen mit dem Druckmanuskript; Gedichte 1785, I, 163; 1802, II. 267; 1825, II, 145. — An Bodmer. Vgl. Voß an Gleim 18. Oktober 1780: „Bodmern habe ich eine Idylle, die ihm vermutlich lieb sein wird, zugeschrieben, damit er vor seinem seligen Ende sich noch überzeuge, daß man die Verdienste eines ehrwürdigen Greises nicht gleich zu verkennen brauche, wenn man über die Art, Homeren zu verdeutschen, anderer Meinung ist" (Briefe II. 269); Bodmer aber vergalt ihm diese Aufmerksamkeit schlecht und spottete in seinem letzten kritischen Gedicht: „Untergang der berühmten Namen" über die Idylle in folgenden Versen:
„Voß von Otterdorf scharrt mit Marie aus dem Ofen die Kohlen,
Wehet die Glut mit dem Balg und schimpfet hustend den Rauch aus,]
Langet die Kaffeemühl' herab vom Gesimse des Schornsteins,
Schüttet Bohnen darauf, und nimmt sie zwischen die Kniee,
Hält mit der Linken sie fest und dreht den Knopf in der Rechten;
Aber bald hält er mitten im Lauf die rasselnde Mühl' an,
Daß er Marien befehle, den Hund in den Holzstall zu sperren."
Wozu er die Anmerkung macht: „Er ihut dieses in den Hexametern, Der siebzigste Geburtstag betitelt, mit den nämlichen Versen; in des Tenier Manier, der blutige Kalbsköpfe, Nierenbraten und geschundene Hasen gemahlt hat. Wir erkennen hier Voßens geißelnden Sarkasme nicht, den der junge Cramer zum Hauptcharakter seiner Poesie machet." (Vier kritische Gedichte von Bodmer herausgeg. von Baechtold, Heilbronn 1883, S. 77 u. 88; Bernays, Homers Odyssee, Stuttgart 1881, S. XCV f.) Schon in der Ausgabe von 1785 ließ Voß die Widmung weg. — 1—3. lauten 1785:
Auf die Postille gebückt, zur Seite des wärmenden Ofens,
Saß der redliche Tamm seit vierzig Jahren des Dorfes
Organist, im geerbten und künstlichgebildeten Lehnstuhl,
Mit braunnarbichtem Jucht voll schwellender Haare bepolstert.
Oft die Hände gefaltet, und oft mit lauterem Murmeln
Las er die tröstenden Sprüch' und Ermahnungen. Aber allmählich
Starrte sein Blick, und er sank in erquickenden Mittagsschlummer.
Diese 7 Verse sind 1802 in 11 zerdehnt:
Auf die Postille gebückt, zur Seite des wärmenden Ofens,
Saß der redliche Tamm in dem Lehnstuhl, welcher mit Schnitzwerk,
Und braunnarbigem Jucht voll schwellender Haare, gezieret war:
Tamm, seit vierzig Jahren in Stolp, dem gesegneten Freidorf,
Organist, Schulmeister zugleich, und ehrsamer Küster;
Der fast allen im Dorf, bis auf wenige Greise der Vorzeit,
Einst Taufwasser gereicht, und Sitte gelehrt und Erkenntnis,
Dann zur Trauung gespielt, und hinweg schon manchen gesungen.
Oft nun faltend die Händ', und oft mit lauterem Murmeln,
Las er die tröstenden Sprüch' und Ermahnungen. Aber allmählich
Starrte sein Blick, und er sank in erquickenden Mittagsschlummer

Festlich prangte der Greis in gestreifter kalmankener Jacke:
5 Denn er feierte heute den siebzigsten frohen Geburtstag;
Und ihm hatte sein Sohn, der gelahrte Pastor in Marlitz,
Jüngst vier Flaschen gesandt voll alten balsamischen Rheinweins,
Und gelobt, wenn der Schnee in den hohlen Wegen es irgend
Zuließ', ihn zu besuchen mit seiner jungen Gemahlin.
10 Eine der Flaschen hatte der alte Mann bei der Mahlzeit
Ihres Siegels beraubt, und mit Mütterchen auf die Gesundheit
Ihres Sohnes geklingt, und seiner jungen Gemahlin,
Die er so gern noch sähe vor seinem seligen Ende!
Auf der Postille lag sein silberfarbenes Haupthaar,
15 Seine Brill' und die Mütze von violettenem Sammet,
Mit Fuchspelze verbrämt, und geschmückt mit goldener Trodbel.
Mütterchen hatte das Bett' und die Fenster mit reinen Gardinen
Ausgeziert, die Stube gefegt und mit Sande gestreuet,
Über den Tisch die rotgeblümte Decke gebreitet,
20 Und die bestäubten Blätter des Feigenbaumes gereinigt.
Auf dem Gesimse blinkten die zinnernen Teller und Schüsseln;
Und an den Pflöcken hingen ein paar stettinische Krüge,
Eine zierliche Ell', ein Mangelholz und ein Desem.
Auch den eichenen Schrank mit Engelköpfen und Schnörkeln,
25 Schraubenförmigen Füßen und Schlüsselschilden von Messing,
(Ihre selige Mutter, die Küsterin, kauft' ihn zum Brautschatz:)
Hatte sie abgestäubt und mit glänzendem Wachse gebonert.
Oben stand auf Stufen ein Hund und ein züngelnder Löwe,
Beide von Gips, Trinkgläser mit eingeschliffenen Bildern,
30 Zween Theetöpfe von Zinn, und irdene Tassen und Äpfel.

11. 1785: Fröhlich des Siegels — 19—23. lauten 1785:
Über den Tisch die Decke mit roten Blumen gebreitet,
Und die bestäubten Blätter des Feigenbaums an dem Fenster,
Auch der Winterlevkoj' und des Rosenbuisches gereinigt,
Samt dem grünenden Korb Maililien hinter dem Ofen.
Ringsum blinkten gescheu'rt die zinnernen Teller und Schüsseln,
Auf dem Gesimf', und es hingen ein Paar stettinische Krüge,
Blaugeblümt an den Pflöcken, die Feuerkieke*) von Messing,
Desem und Mangelholz, und die zierliche Elle von Nußbaum.
Aber das grüne Klavier, vom Greise gestimmt und besaitet,
Stand mit bebildertem Deckel, und schimmerte; unten befestigt
Hing ein Pedal, es lag auf dem Pult ein offnes Choralbuch.

— 23. Der Desem oder Besemer ist eine Art Wage in den Haushaltungen, die durch
eine mit Blei ausgegossene Kolbe, auf einem Seile schwebend, die Last gegenüber bestimmt. V. — 24. 1785: mit geflügelten Köpfen — 27. 1785: gebonet.

*) Kieke, ein blechernes Feuerstübchen für die Füße. V.

Jetzo erhob sie sich vom binsenbeflochtenen Spinnstuhl
Langsam, trippelte leis' auf knirrendem Sande zur Wanduhr
Hin, und knüpfte die Schnur des Schlaggewichts an den Nagel,
Daß den Greis nicht weckte das klingende Glas und der Kuckuck;
Sah dann hinaus, wie der Schnee in häufigen Flocken am Fenster ³⁵
Rieselte, und wie der Sturm in den hohen Eschen des Hofes
Rauscht', und verwehte die Spuren der hüpfenden Krähn an der
Scheune.
„Aber mein Sohn kommt doch, so wahr ich Elisabeth heiße!
(Flüsterte sie:) denn seht, wie die Katz' auf dem Tritte des Tisches
Schnurrt und ihr Pfötchen leckt, und Bart und Nacken sich putzet! ⁴⁰
Dies bedeutet ja Fremde, nach aller Vernünftigen Urteil!"
Sprach's, und setzte die Tassen mit zitternden Händen in Ordnung,
Füllte die Zuckerdos' und scheuchte die sumsenden Fliegen,
Die ihr Mann mit der Klappe verschont zur Wintergesellschaft;
Nahm zwo irdene Pfeifen, mit grünen Posen gezieret, ⁴⁵
Von dem Gesims' und legte Tobak auf den zinnernen Teller.
Jetzo ging sie und rief mit leiser heiserer Stimme
Aus der Gesindestube Marie vom rummelnden Spulrad:
„Scharre mir Kohlen, Marie, aus dem tiefen Ofen und lege
Kien und Torf hinein, und dürres büchenes Stammholz; ⁵⁰
Denn der alte Vater, du weißt es, klaget beständig
Über Frost, und sucht die Sonne sogar in der Ernte."

35—39. lauten 1785:
  Sah dann hinaus, wie des Schnees dichtstöbernde Flocken am Fenster
  Rieselten, und wie der zuckende Sturm in den Eschen des Hofes
  Rauscht', und verwehte die Spuren der hüpfenden*) Krähn an der Scheune.
  Und sie schüttelt' ihr Haupt, und flüsterte halb, was sie dachte:
    Lieber Gott, wie es stürmt, und der Schnee in den Gründen sich aufhäuft!
  Arme reisende Leute! Kein Mensch wohl jagte bei solchem
  Wetter den Hund aus der Thüre, wer seines Viehs sich erbarmet!
  Aber mein Sohn kommt doch zum Geburtstag! Gar zu besonders
  Wühlt mir das Herz! Und jetzt,
— 41. 1785: Das — 45. Aus Posen, Federspulen, macht man gefärbte Aufsätze der
Pfeifen. V. — 48. rummeln, niederd., dumpfes Getöse machen. — Nach Vers 48 folgt
1785 noch der Vers:
  Wo sie gehaspeltes Garn von der Wind' abspulte zum Weben:
— Nach Vers 50 folgen 1785 noch zwei Verse:
  Aber sacht, daß der Vater vom Mittagsschlummer nicht aufwacht!
  Sinkt das Feuer zu Glut, dann schiebe den knorrigen Klotz nach.
— 51. 1785: das wissen wir. — Nach V. 52 folgt 1785 der Vers:
  Auch die Kinderchen hätten ein warmes Stübchen wohl nötig.

*) Die Krähe, die sonst ernsthaft schreitet, wird im Schnee zu hüpfen genötigt;
womit man sprichwörtlich einen komischen Gang vergleicht. V.

Also sprach sie; da scharrte Marie aus dem Ofen die Kohlen,
Legte Feu'rung hinein, und weckte die Glut mit dem Blasbalg,
55 Hustend, und schimpfte den Rauch und wischte die thränenden Augen.
Aber Mütterchen brannt' am Feuerherd' in der Pfanne
Emsig die Kaffeebohnen, und rührte sie oft mit dem Löffel;
Knatternd bräunten sie sich, und schwitzten balsamisches Öl aus.
Und sie langte die Mühle herab vom Gesimse des Schornsteins,
60 Schüttete Bohnen darauf, und nahm sie zwischen die Kniee,
Hielt mit der Linken sie fest, und drehte den Knopf mit der Rechten;
Sammelte auch haushältrisch die hüpfenden Bohnen vom Schoße,
Und goß auf das Papier den grobgemahlenen Kaffee.
Aber nun hielt sie mitten im Lauf die rasselnde Mühl' an:
65 „Eile, Marie, und sperre den wachsamen Hund in den Holzstall,
Steig' auf den Taubenschlag und sieh, ob der Schlitten nicht ankommt."
Also sprach sie; da eilte die fleißige Magd aus der Küche,
Lockte mit schimmlichem Brote den treuen Monarch in den Holzstall,
Krampte die Thüre zu und ließ ihn kratzen und winseln;
70 Stieg auf den Taubenschlag und pustete, rieb sich die Hände;
Steckte sie unter die Schürz' und schlug sich über die Schultern.
Jetzo sah sie im Nebel des fliegenden Schnees, wie der Schlitten
Dicht vor dem Dorfe vom Berg' herklingelte, stieg von der Leiter
Eilend herab und brachte der alten Mutter die Botschaft.
75 Aber mit bebenden Knieen enteilte die Mutter; ihr Herz schlug

---

55. Es scheint mir charakteristisch, daß im ersten Entwurfe die Mutter selbst es ist, die
den Buchenklotz in den Ofen steckt und mürrisch den Rauch tadelt. — 57—58. lauten 1785:
> Über der Glut den Kaffee, und rührt' ihn mit hölzernem Löffel!
> Knatternd schwitzten die Bohnen, und bräunten sich; während ein dicker
> Dustender Qualm aufstieg, der Küch' und die Diele durchräuchernd.
— 61. 1785: Hielt mit der Linken den Rumpf, — 62. 1785: Sammelt' auch oft —
63. 1785: Goß dann auf graues Papier — Nach B. 61 folgt 1785 noch ein Vers:
> Wandte sich gegen Marie, die den Ofen schloß, und gebot ihr:
— Nach B. 65 werden 1785 fünf Zeilen eingeschoben:
> Daß wenn der Schlitten kommt, sein Gebell den Vater nicht wecke.
> Aber versäumt auch Thoms, vor dunkler Nacht von dem Fischer
> Unsere Karpfen zu holen? Aus Vorsicht bring' ihm den Beutel.
> Wenn er auch etwas Holz, die Gans am Spieße zu braten,
> Splitterte! Bring' ihm das Beil, und bedeut' ihn. Dann im Vorbeigehn
Nach B. 67 folgt 1785 noch der Vers:
> Nahm von der rußichten Wand das Beil und den maschigen Beutel,
Nach B. 69 folgen 1758 noch zwei Verse:
> Lief durch den Schnee in die Scheune, wo Thoms mit gewaltiger Arbeit
> Häckerling schnitt, denn ihn fror! und bedeutet ihn: eilte dann weiter,
— 70. pusten, blasen; die breitere Aussprache ist pausten. V. — 75. 1785: Hastig enteilte die Mutter mit bebenden

Ängstlich, ihr Othem war kurz, und im Laufen entflog ihr Pantoffel.
Näher und näher kam das Klatschen der Peitsch' und das Klingeln;
Und nun schwebte der Schlitten herein durch die Pforte des Hofes,
Hielt an der Thür'; und es schnoben, beschneit und dampfend, die
    Pferde.
Mütterchen eilte hinzu, und rief: „Willkommen! Willkommen!" 80
Küßt' und umarmte den lieben Sohn, der zuerst aus dem Schlitten
Sprang, und half der Tochter aus ihrem zottigen Fußsack,
Löst' ihr die sammtne Kapuz' und küßte sie; Thränen der Freude
Liefen von ihrem Gesicht auf die schönen Wangen der Tochter.
„Aber wo bleibt mein Vater? Er ist doch gesund am Geburtstag?" 85
Fragte der Sohn; da tuschte die Mutter mit winkenden Händen:
„Still! er schläft! Nun laßt die beschneiten Mäntel euch abziehn;
Und dann weck' ihn mit Küssen, du liebe trauteste Tochter!
Armes Kind, das Gesicht ist dir recht rot von dem Ostwind!
Aber die Stub' ist warm; und gleich soll der Kaffee bereit sein." 90
    Also sprach sie und hängt' an gedrechselte Pflöcke die Mäntel,
Öffnete leise die Klink' und ließ die Kinder hineingehn.
Aber die junge Frau mit schönem lächelndem Antlitz
Hüpfte hinzu und küßte des Greises Wange. Erschrocken
Sah er empor und hing in seiner Kinder Umarmung. 95

––––––

16. Fragment einer Fischeridylle.

Düsterrot, wie bei Nacht ein Hirtenfeuer dem Wandrer
Fernher glänzt, erhub sich der volle Mond von dem Hügel
Zwischen gestaltetem blauem Gewölk und bestrahlte des Stübchens
Netzbehangene Wand mit dem scheibichten Bilde des Fensters.

77. 1782 in zwei Verse zerdehnt:
    Jene ging zu der Pfort' und öffnete. Näher und näher
    Kam das Gekling', und das Klatschen der Peitsch', und der Pferde Getrampel;
— 80. 1785: Mütterchen eilte hinzu: Willkommen! rief sie, Willkommen! — 84. 1785:
Rannen — 86. 1785: da tuschte mit winkenden Händen die Mutter. — tuschen, zum
Schweigen ermahnen, eigentlich durch ein leises: Tusch! Dann auch durch andere Worte
und Gebärden. V. — 87. 1785: beschneieten — 89. 1785: ganz rot — 95. Voß wollte
noch zwei Verse anfügen, die er dann wieder strich:
    Bebend, der Stimme beraubt, und eins nach dem andern mit mildem
    Staunendem Blick anstarrend, voll unaussprechlicher Inbrunst.
— Fragment einer Fischeridylle. Sämtliche poetische Werke, Leipzig 1835, S. 351 ff.
mit folgender Anmerkung: „Dieses Fragment stammt wahrscheinlich aus den Zeiten des
Otterndorfer Lebens. Der Verfasser hat eher mit Wohlgefallen über dasselbe geredet, und
ist an dem Vorsatze es zu vollenden, wohl nur durch störende Umstände gehindert worden."

5 Siehe, da knarrte die Thür', und der Hund mit begrüßendem Winseln
Sprang um den Greis, der langsam den triefenden Kescher hereintrug.
Aber zum Sohn, der das Netz ausbesserte, sagte der Vater:
„Konrad, so früh aus der Stadt? Nicht wahr, du schnapptest nach
  Kühlung,
Als du den Karren voll Barsch' auf dem sandichten Wege dahinschobst?
10 So wie der Fisch an der Fläche des spiegelhellen Gewässers?
Eben hab' ich ein gutes Gericht dreipfündige Karpfen,
Auch handbreite Karauschen, im Egelpfühle gekessert,
Und in die Kiste gesetzt, die das Kirchspiel neulich dem Pfarrer
Unten im Bache geschenkt; die Dingerchen sprangen so lustig!
15 Aber die Köchin verlangt noch Hechtlein, den Abt zu bewirten,
Welche, blau mit den Schuppen gekocht, in die Schwänze sich beißen;
Auch ein Gericht Seekrebse. Die Geistlichen essen nicht wenig!“
Also redend, stellte der Greis in den Winkel den Kescher,
Setzte sich dann tiefatmend in seinen gedrechselten Armstuhl.
20 Aber der Jüngling gab dem Vater lachend zur Antwort:
„Wären umsonst die Herren so quabbelich? Vater, der Wind weht
Wohl Sandberge zusammen, allein nicht Bäuche zum Trommeln!
Aber damit uns der Abt auch den Fischfang satt und behaglich
Segne, so laßt mich gehn. Vielleicht sind einige Hechtlein
25 Heut' in die Reusen geschlüpft, die wir gestern am Holm in das
  Schilfrohr
Legten; auch fang' ich leicht ein Gericht Seekrebse beim Kienlicht.“
Ihm antwortete drauf der silberhaarige Vater:
„Besser, mein Sohn, wenn du früh im Morgenrot zu den Reusen
Dort am berüchtigten Holm hinrudertest. Siehe, die Nacht ist
30 Niemands Freund, und ich fürchte, daß dort ein Gewitter heraufzieht.
Diesen Sommer verfloß das siebente Jahr, und schon dreimal
Heulte des Nachts der See und foderte brüllend sein Opfer.
Aber geh, wenn du willst, und fang' uns Krebse beim Kienlicht.“
Sprach's, da legte der Sohn den zerrissenen Flügel des Netzes
35 Über den Stuhl, wo er saß, und die zierliche Nadel von Spillbaum;
Deckte das Haupt und nahm aus dem schön gemauerten Wandloch
Feuersteine, Zunder und Stahl und geschwefelte Spänlein,
Legt' es schnell in den Korb, auch ein Bund gespaltenes Kienes

6. Kescher, Käscher, Ketscher, sackförmiges Netz an einer Stange, Fische aus dem
Kasten zu langen, zu tragen, zu fischen; Fischhamen, vgl. Deutsches Wörterbuch V, 248.

Aus der Küch', und hängt' um die Achsel ihn; eilt aus der Hausthür'
Hin durchs Dorf in das Feld und erreichte das buschige Seethal. 40
Schon umhüllte der Mond das Gewölk, das am sternigen Himmel
Schwarz aufstieg, und verbarg den schlängelnden Pfad durch das
Vorholz.
Fernher zuckte der Wind und wirbelte, sauste dann lauter
Durch das Gebüsch; es murmelten dumpf hinrollende Donner
Hinter dem zackigen Strahl, und schauerlich rauschten die Wogen 45
Links am Gestad'; es krähte der Nachtrab' über den See hin.
Kaltes Graun durchströmte dem Jünglinge Schulter und Rückgrat;
Und ihn schreckten des Wahns unfreundliche Gaukelgestalten
Mit dem Gerassel des Laubs und des Eichstamms glimmendem Moder.
Aber er schalt sein Herz, und eingedenk des Berufes,   50
Ging er getrost und sang in des Donners hallenden Jubel.
Denn es umschwebte sein Haupt nur ein duftiger Rand des Gewölkes,
Welchem sparsame Tropfen entrieselten; aber das Dunkel
Wälzte sich jenseit des See's auf der feurigen Bahn der Gewitter
Gegen den Wind, und es flammte zum Abendsterne die Leuchtung. 55
Jetzo erreicht' er die Bucht am Kanal des oberen Teiches,
Den ein hölzerner Mönch einspündete, doch wenn das Wasser
Schwoll aus geöffnetem Schlund', in den See sich strudelnd herabgoß.
Längs dem mulmigen Borde des Hügels schwang sich der Holzweg
Rings um die stille Bucht und das Ufergebüsch, wo der Jüngling 60
Kehrend vom Holm, den Kahn an umfluteter Erle befestigt.
Und er ging zu des rechten Gestads windstiller Umwaldung,
Daß den Kien nicht der Schatten des wogenden trüben Gewässers
Hemmte, den Grund zu erhellen. Es träufelten, wie er hinabging,
Schauernd im leiseren Wehn, die überhangenden Bäume.   65
Eilend schlug er sich Feuer und zündete Kien an des Schwefels
Blauer Flamm' und stieg, die Schenkel entblößt in die Seebucht,
Die fern lodernde Blitze beschimmerten; aber das Kienlicht
Zitterte hell auf dem kiesichten Grund des seichten Gewässers;
Und neugierige Krebs' umkrochen ihn hieher und dorther.   70
Plötzlich erhub sich am Holm dies dumpfe Geheul aus dem Wasser:
„Steigt aus dem grausen Morast, wo die laichende Kröte nur nistet,
Und gelbsleckichte Molch' und der Wasserschlangen Geringel,
Und wo der Otter, geschreckt von der Fischjagd, schnaubend zurückfährt!

57. Mönch, Zapfen. — 59. mulmig, aus lockerer, weicher Erde.

75 Steigt empor aus den Schlünden des See's, lichtscheues Gesindel;
Und wie entkettete Hund' durchstöbert ihn, ob sich im Dunkeln
Etwa das Opfer genaht für die zürnende Elfin des Abgrunds!"
Also erscholl's. Da fuhren die Seeunholb' aus dem Strudel
Brausend empor und hüpften im plätschernden Tanz nach dem Reigen.

17. Die Heumad.
1784.
Lene.

Lieblicher pfeifst du im Ernst, als Hänflinge. Bartel, man spricht doch
Wohl ein freundliches Wort, wenn man ehrbare Jungfern vorbeigeht.

Bartel.

Guten Abend, mein Lenchen! Ich sah nach der Röte des Abends,
Die uns morgen zum Heun anmutiges Wetter verkündigt.
5 Meister Schmied hat die Sense mir neu geöhrt und gehärtet;
Heute beim Mähn zersprang sie wie Glas am verborgenen Feldstein.

Lene.

Armer Bartel, was sagst du! Ich habe mich über des Feuers
Glanz im Dunkeln gefreut, und des Hammers Gepink auf dem Amboß;
Auch wie bellend der Hund im hohlen Rade den Blasbalg
10 Trieb, wenn des Meisters Ruf ihn ermunterte. Kommt doch ein Unglück
Selten allein! Du kehrst, wie ein triefender Pudel, vom Grasmähn
Durchgeregnet zurück, und dazu mit zerbrochener Sense.

Bartel.

Schien nicht die Sonne so hell in der tauigen Kühle des Morgens?
Und beim frohen Gezwitscher der Vögelein schwangen wir mutig
15 Unsere blinkende Sens', und jubelten. Aber da jetzo
Höher die Sonne stieg, und minderer Tau an den Kräutern
Flimmerte; da von der Reus' und dem Krebskorb singend der Fischer
Wiederkehrt', und wir oft vom buschichten Walle der Koppel
Sehnend den Weg nach dem Dorfe hinaufsahn, ob es nicht endlich
20 Stäubt', und weiß ihr Dirnen mit Harken kämt und der Frühkost:

Die Heumad. Hamb. M.A. 1785, S. 174. Der Brouillon ist erhalten; nur das Lied in Reinschrift. Gedichte 1785, I, 175 mit der Widmung: An Brückner; 1802, II, 234; 1825, II, 154. — 4. Heuen, Heu bereiten. Heumad, das Heumähen, auch die Wiese zum Heuen, die Matte; tonsa vallis. V. — 5. In dem Öhre der Sense ist der Stil befestigt. V. — 14. Man: lauten. — 16. Man.: minder der.

Ach da umwölkte sich plötzlich die Luft, und mit wirbelndem Sturmwind
Krachte der Donnerschlag, und ein überschwänglicher Regen
Prasselte, welcher in Bächen die Schwade durchströmt und vom Ulmbaum,
Wo wir uns niedergeduckt, in großen Tropfen herabgoß.

Lene.

Siehst du? Ein andermal höhne den Rat der Wetterprophetin! 25
Gestern schweiften die Schwalben so dicht auf der Fläche des Wassers,
Als ich vom grünen Pfuhle die Enten trieb; und die Schweine
Warfen Stroh mit dem Rüssel umher; es wühlte der Maulwurf
Überall in den Beeten, auch rieselte Ruß aus dem Schornstein.

Bartel.

Richtig. Auch stachen die Fliegen so schlimm, und das hüpfende Tierlein; 30
Selbst mein Alart lag winselnd, und schuppte sich. Aber fürs erste,
Dachten wir, scheint ja die Sonne; und regnet es, lassen wir's regnen.

Lene.

Ja, anmutiges Wetter zum Heun verspricht uns der schöne
Goldene Rand um den Himmel, von ruhigen Wolken umschimmert,
Und hellfunkelnden Sternen. Ich sagt' es gleich, da die Hühner 35
Heut aus dem Regen so eilig sich retteten unter das Schauer,
Und auf dem Wasser die Tropfen nicht bubbelten. Eben nur kam ich
Heim von den Küh'n, und trug auf buntem Kranze das Melkfaß.
O wie schön war das Feld im roten Scheine des Abends,
Der die bebenden Tropfen beschimmerte! Ringsum der Äcker 40
Mancherlei Grün; hier Roggen, der gelblich über die Scheitel
Wallete; dort Buchweizen mit Blumen gesprengt; und die wilden
Rosenbüsch' in den Hecken, mit blühendem Flieder und Geisblatt.
Tief am waldichten Ufer das schwarze Gewölk, wo die Leuchtung
Über den spiegelnden Teich hinloderte; plätschernde Fische 45
Hüpften empor in der Bucht, die ein Kranz von grünendem Schilfrohr
Und breitblättrigen Blumen verschönerte, weißen und gelben.
Fröhlich schaut' ich umher, und atmete Kühlung und Felddust,
Oder Gerüche des Heus, das, in Schwaden verstreut, und in Schobern,
Weithin die Luft durchwürzt', und sang mit den Grillen und Wachteln. 50

---

23. Das Schwab (Mehrheit die Schwade), die Reihe des gemähten Grases oder
Getreides, auch der Raum, den der Schwung der Sense durchmißt. Die Schwade ist die
Grütze aus dem Samen des Schwadengrases. V. — 31. Alart, Nebenform zu alert,
franz. flint, munter, vgl. über ähnliche Hundenamen die Anm. zu Idylle Nr. 2, Vers 7. —
37. bubbeln, Blasen werfen. V.

Bartel, finge mir doch das Heulied, welches ihr neulich
Vom Schulmeister gelernt; den Ausgang weiß ich nur dunkel.

Bartel.

Haft du die Zeichen der Luft, Wahrsagerin, richtig gedeutet;
Dann ist jetzo die Stunde zum Schlafengehn, nicht zum Singen.
55 Draußen tönt es auch besser, wenn laut im Geschwirre der Sensen
Fleißiger Männer Gesang mit dem Jubel harkender Mägdlein
Rings von den Hügeln umher und dem waldichten Ufer zurückhallt.

Lene.

Nun, mein trauter Bartel, ich bitte dich. Siehe, der Abend
Ist ja so frisch und still; kaum regt sich das Laub auf den Bäumen:
60 Außer die Pappel am murmelnden Bach, die bei jeglichem Lüftlein
Bis zum Wipfel hinauf die silbernen Blätter beweget.
Seitwärts schimmert der Blitz durch den Birnbaum; und von den Höfen
Schallt der gehämmerten Sensen Geräusch, wie der Glocken Gebeier,
Uns ein fröhliches Fest zu verkündigen. Schäme dich, Bartel,
65 Daß du die Linde noch nicht gerühmt hast, welche die Bank hier
Mit gelbblühenden Ästen voll süßer Düfte beschattet.

Bartel.

Mädchen, du bist ja heute so angenehm und so freundlich!
Röter glühn dir die Wangen, und freudiger lachen die Äuglein,
Spielend, mit holdem Trotz; wie beim Erntegelag, wenn man ringsum
70 Flüstert: Wie artig sie tanzt! und du nichts zu hören dich anstellst.
Schäme dich nicht, mein Lenchen; ich freue mich auch zu der Heumad.
Streichle mein Kinn noch einmal, und küsse mich. Küsse der Mägdlein
Sind dem Gesang, was Regen und Sonnenschein den Gewächsen.

Lene.

Laß mich los! Man schläft unruhiger, wenn man des Abends
75 Jungfern küßt; am Morgen erfrischt ein Kuß bei der Arbeit.

Bartel.

Also morgen beim Heum, wenn keiner es sieht: wie am Montag
Hinter den bläulichen Weiden, mit glänzendgrünen gemenget,
Welche rings des Stendels Violenbraun, und die lichtrot=
Glühende Schar Pechnelken umblüht, und gelblicher Bocksbart.

---

78. Stendel, Orchis. V. — 79. Pechnelke, rote Klebnelke, Lychnis Viscaria. V.
— Bocksbart, Tragopogon. V.

Weißt du wohl, wie du schriest, und nachher von Schlangen er=
　　　　　　　　　　　　　　　zähltest?　　　　　　　　　　80
Rot noch glühte vor Angst dein Gesicht; doch lachten die Mägdlein.

　　　　　　　　　　　　Lene.

Singe doch endlich das Lied, du Tröbeler; oder ich gehe!

　　　　　　　　　　　　Bartel.

Sacht! da schlag' indessen die Sense dazu mit dem Schlüssel.
Ohne den Klang der Sens' ist ein Heulied wahrlich ein Unding.

　　　　Im blanken Hembe gehn　　　　　　85
　　Wir Bursche kühl, und mähn!
　　Wie unsre Sense blinket,
　　Rauscht hohes Gras, und sinket
　　In Schwade lang und schön.

　　　　Verbirg', o Wolkenkranz,　　　　　90
　　Die schwüle Sonne ganz,
　　Die flüchtig Thal und Hügel,
　　Wie ein gewandter Spiegel,
　　Durchstrahlt mit irrem Glanz.

　　　　Doch regne nicht; denn traun!　　　95
　　Fruchtschwanger blühn die Aun!
　　Dort ragt der Halm und nicket;
　　Der braune Kohl dort blicket
　　Krauskönfig übern Zaun.

　　　　Drum, liebe Wolke, laß　　　　　100
　　In Ruh ihr falbes Gras,
　　Mit Harken in den Händen,
　　Die flinken Mägdlein wenden;
　　Und regne sie nicht naß.

　　　　Auf! Mäher, tummelt euch!　　　　105
　　Mäht vorwärts, gleich und gleich!
　　Was schärfst du dort die Sense,
　　Und spähest wilde Gänse
　　Und Enten auf dem Teich?

110   Schau unsrer Mägdlein Schwarm,
Die mit entblößtem Arm
Des trocknen Heues Wellen
Gehäuft in Schober stellen,
Von Sonn' und Arbeit warm.

115   Wer faul ist, Gras zu mähn,
Soll uns und ihnen schön
Das Heu mit Gabelstangen
Zur Bodenluke langen,
Und unsre Kurzweil sehn.

120   Nur noch den Winkel hier!
Dann ruhen sie und wir
In süßem Duft am Schober,
Und leeren unsre Kober,
Und trinken kühles Bier.

125   Dicht ruhn wir und vertraut,
Juchhein und lachen laut;
Der Rosenbusch und Flieder
Wallt blühend auf uns nieder,
Die Grille zirpt im Kraut.

Lene.

130 Bartel, du singst nicht übel; gewiß du nährtest dich reichlich,
   Wenn du von Dorf zu Dorf mit Gesang und Zither umhergingst.

Bartel.

Wenigstens schenke mir heute das Röselein, das dir am Busen
Wallt! . . O das Blümchen ist warm, und riecht noch einmal so
              kräftig.
Gute Nacht. Nein, ich muß es, ich muß das liebliche Mündlein
135 Dir heut Abend noch küssen! Wohlan, du Närrchen, die Hand weg.

---

123. Kober, Tragkorb für Eßvorräte.

18. Philemon und Baucis.

Nach Kallimachus und Ovid frei bearbeitet.

1785.

Fernher kommst du, o Fremdling, in Phrygien, daß du des Tempels
Wundergeschichte nicht kennst, die weit umher so berühmt ist.
Setze dich hier auf Moos, und begnüge dich, daß sie ein Kuhhirt
Von einfältigem Sinn dir verkündige. Jeglichen Neumond
Opfert der Priester im Hain, und erzählt dem Volke das Wunder. 5

Dieser See war einst, wie er sagt, die fruchtbarste Gegend
Phrygiens, reich an Herden, und reich an mancherlei Feldfrucht,
Reich an Öl und Wein und Honige; jetzt, wie du siehest,
Nur vom Kiebitz und Taucher umstreift, und dem fischenden Reiger.
Jupiter wandelte hier und Merkur in sterblicher Bildung, 10
Prüfend den Übermut und die Frömmigkeit jenes Geschlechtes.
Müden Fremdlingen gleich, begrüßten sie jeglichen Landhof,
Der die gesegnete Flur durchschimmerte, flehend um Brosam,
Oder kühlende Milch, und ein Obdach gegen den Nachtsturm:
Aber bei allen umsonst. Hier hemmten sie Schlösser und Riegel, 15
Dort ein geiziger Vogt; dort schmähte der Wirt aus dem Fenster,
Oder die Magd, und drohte den Hund von der Kette zu lösen.

Endlich sahn sie ein Häuschen, bedeckt mit Halmen und Schilfrohr,
Vorn von Bäumen umgrünt: wo der Greis Philemon und Baucis
Wohnte, sein redliches Weib, an Alter ihm gleich und Gesinnung. 20
Hier durchlebten sie beide die blühenden Jahre der Jugend,
Hier beschlich sie das Alter: mit wenigem lebten sie sparsam,
Fleißig und immer vergnügt, in unverleugneter Armut.
Kinder fehlten allein den Glücklichen; aber sie trugen
Demutsvoll, was der Rat der guten Götter verhänget. 25
Fragen durft' auch keiner nach Herrschaft oder Gesinde;
Zwei war das ganze Haus: sie befahlen zugleich und gehorchten.

Als sich der Donnerer jetzt der kleinen Hütte genahet,
Und gebückt mit dem Sohn in die niedrige Thüre hineintrat,

Philemon und Baucis. Hamb. MA. 1786, S. 44. Man. in München. Gedichte
17:5, S. 3 ff.; 1802, II, 308 mit folgender Anmerkung: „Aus Ovids Verwandlungen
VIII, 617 (deutsch XXXVII. 67) ist diese rührende Geschichte bekannt, die, wie Heinsius
sagt, schon Kallimachus in den Ursachen (αιτια) ausführte. Ähnliches Inhalts war die
Geschichte des nemeischen Hirten Molorchus, der dem einkehrenden Herkules den einzigen
Widder vorsetzen wollte: diese berichtet Probus bei Virgil Georgicis III, 19 aus jenem
Gedichte des Kallimachus. Die meist komischen Nachahmungen der Neueren hat Hagedorn
bei den seinigen aufgezählt. Seitdem zeichnete sich aus Höltys Romanze „Töffel und Käthe",
welche verbessert in der neuen Ausgabe seiner Gedichte erscheinen wird;" (vgl. Bd. II)
1825, II. 168. — 9. Reiger, im Hochdeutschen jetzt gewöhnlich Reiher.

30 Hieß sie freundlich der Greis auf gestelletem Sessel sich ausruhn,
Den mit grobem Gewebe die emsige Baucis bedeckte.
Hierauf geht sie zum Herd, und die glimmende Asche zerwühlend,
Weckt sie das gestrige Feuer, und nährt es mit Laub und gedörrter
Tannenrind', und bläst es mit keuchendem Atem in Flammen;
35 Trägt dann vom Boden gespaltenen Kien und trockenes Reisig,
Knickt' es entzwei, und umlegt das Kesselchen über dem Dreifuß,
Samt dem irdenen Topfe, der hohl auf Ziegeln gestellt war;
Rupft dann die Blätter des Kohls, den ihr Mann im sumpfigen Garten
Sammelte. Jener hebt den geräucherten Rücken des Schweines
40 Mit zweizackiger Gaffel herab von der rußichten Latte;
Und nachdem er sein Messer auf sandiger Schwelle gewetzet,
Schneidet er sparsam ein Stück vom durchwachsenen langgeschonten
Schulterspeck, und wirft's in des Kessels brodelnde Wallung.
Unterdes verkürzten der freundliche Wirt und die Wirtin
45 Ihren Gästen die Zeit mit Gespräch und mancher Erzählung:
Von des ärmlichen Gütchens Ertrag', und den üppigen Nachbarn,
Von der einzigen Kuh und den Zickelchen; dann wie der Maulwurf
Heuer im Garten gehaust, und die Raup' und der schädliche Erdfloh;
Auch wie die schwüle Sonn' und die streifigen Wolken am Himmel
50 Sicherlich Regen und Sturm andeuteten; wären die Gäste
Klug, so verweilten sie hier und nähmen vorlieb, wie sie's fänden.
Neben dem Herde hing mit dem Öhr' am hölzernen Nagel
Eine buchene Wanne, die Baucis reinlich gescheuert.
Diese trägt sie jetzt vor die Fremdlinge, gießet des Topfes
55 Siedendes Wasser hinein, auf Ehrenpreis und Kamillen,
Mischt dann Kühlung des Bachs zum dampfenden, oft mit den Fingern
Prüfend: das laue Bad empfängt die Füße der Götter.
Drinnen im Kämmerlein hatte der gute Greis sich ein Lager
Von dicklaubichten Zweigen gehäuft und duftendem Kalmus,
60 Über ein weidnes Gestell, das er selbst im Winter geflochten.
Dieses umhüllen sie jetzt mit Teppichen, die sie gewöhnlich
Nur zum festlichen Mahl ausbreiteten; aber auch diese
Waren schlecht und veraltet, der weidenen Flechte nicht unwert.
Hierauf lagern die Götter sich hin, von dem Greise genötigt.
65 Emsig trägt und zitternd die Alte den Tisch aus dem Winkel;
Aber der Tisch, wie sehr sie ihn stellt' auf dem höckrichten Estrich,

---

40. Gaffel, niederd. große Gabel. — 55. Ehrenpreis (Veronica) und Kamillen
sammeln die Landleute zu heilsamen Fußbädern. V.

Wackelte; unter den Fuß, der zu kurz war, steckt sie ein Scherblein.
Jetzo bestreut sie die Tafel mit Ringelblumen und Nelken,
Duftender Münz' und Meliss', und Majoran und Lavendel;
Setzt dann Oliven darauf, und eingemachte Kornellen,   70
Rettiche, barschen Käs' und Endivien, Reize des Hungers,
Und gewandt in der Asche, die weichgesottenen Eier:
Alles auf irdnem Geschirr; und ein zierliches Körbchen voll lockres
Frischgebackenes Brots. Auch kommt ein künstlichgeformter
Alter Familienkrug, mit jährigem Moste gefüllet,   75
Und drei buchene Becher, (die Alten tranken gemeinsam,)
Bunt geschnitzt, die Höhlung mit gelbem Wachse gefirnißt.
    Aber die emsige Baucis entfernte sich oft aus der Kammer,
Und besorgte den Herd hausmütterlich, schürend das Feuer,
Oder den Kohl aufregend. Doch jetzo, da sie von neuem   80
Blasend aus heißer Kell' ihn kostete, fand sie ihn völlig
Gar, und hob ihn vom Feuer, und trug in dampfender Schüssel
Ihn zu den Gästen hinein, und nötigte. Fröhliches Mutes
Langten die Himmlischen zu, und rühmten das köstliche Gastmahl.
    Als sie ihr Herz nun mit Speise gesättiget, bringt sie den Nachtisch.   85
Lieblich prangt in Körben die Haselnuß und die Wallnuß;
Lieblich die süße Feige, vermischt mit runzlichen Datteln;
Weiße Trauben zu roten gesellt, auf geringeltem Weinlaub;
Eine Melon'; und Pflaumen, mit zarter Bläue beduftet;
Birnen, saftig und gelb; und purpurstreifige Äpfel.   90
Mitten steht ein Teller mit würzigem Scheibenhonig,
Welcher aus weißen Zellen hervorquillt. Aber vor allem
Schmückt das ländliche Mahl des alten redlichen Paares
Heiterer Blick, und ein Herz, das nicht karg mitteilet noch ungern.
    Jetzo bemerkt der Greis, daß, wie oft er den Fremdlingen einschenkt,   95
Doch der Wein nicht versiegt, und der Krug sich immer von neuem
Selbst anfüllt; auch dünkt ihm, der Wein sei besser, denn anfangs.
Staunend sagt ers der Gattin ins Ohr; mit erschrockenem Antlitz
Heben sie bleich und zitternd die Händ', und flehn zu den Gästen:
    „Seid uns gnädig, ihr Götter! verzeiht der armen Bewirtung!"   100
Flehn's, und springen empor, die einzige Gans, die ihr Häuschen
Nächtlich vor Dieben bewacht, den himmlischen Gästen zu opfern.
Aber es flattert die schreiende Gans mit gehobenem Fittich

---

71. barsch, scharf, beißend.

Weit vor den Alten voraus, die schwer arbeitend und langsam
105 Wanken, die Arme gestreckt, und entflieht von Winkel zu Winkel.
Endlich ereilt sie den Sitz der Unsterblichen; jene verbieten
Ihren Tod, und der Donnerer spricht mit freundlicher Hoheit:
   „Götter sind wir, und kommen, Gericht des Todes zu halten
Über die schwelgende Rotte der Frevler. Aber damit nicht
110 Ihr Unschuldige sterbt mit den Schuldigen; rettet euch eilend
Dort auf das hohe Gebirg', und entflieht aus dem Thal des Verderbens!"
   Spricht's, und geht mit dem Sohne voran; ihm folgen die Alten,
Zitternd, auf Stäbe gestützt, und klimmen den langen Abhang
Mühsam hinauf. Doch jetzo so weit vom Hügel entfernet,
115 Als ein gefiederter Pfeil von des Jünglings Bogen geschnellt wird,
Hören sie Sturmgeheul mit dem Hall dumpfschmetternder Donner
Unten im Thal; sie wenden den Blick, und sehn voll Entsetzens
Ringsum Flur und Häuser versenkt in wogende Fluten.
Ihre Hütte nur steht auf grün hinschlängelndem Vorland',
120 Einsam, von Wogen umrauscht; und friedlich dampfet der Schornstein.
Aber indem sie erstaunt, und der Nachbarn Schicksal bejammernd,
Hinschaun; wandelt die Hütte zum Tempel sich: Säulen von Marmor
Tragen das goldene Dach, und ruhn auf marmornen Stufen.
Betend streckt Philemon die Händ', und die zitternde Baucis.
125 Aber Jupiter spricht mit gütig lächelndem Antlitz:
   „Sage mir, redlicher Greis, und o Weib des redlichen Mannes
Würdig, wie lohnen wir euch's, daß ihr so freundlich uns aufnahmt?"
   Also der Donnergott. Philemon redet mit Baucis
Weniges, öffnet den Himmlischen drauf den gemeinsamen Ratschluß:
130   „Würdigt uns, Priester zu sein in eurem heiligen Tempel,
Ihr allgütigen Götter. Und weil wir in friedlicher Eintracht
Stets mit einander gelebt, so flehen wir, nehmt uns in Einer
Stunde hinweg, und keiner begrabe weinend den andern!"
   Also beteten sie; und Jupiter winkte Gewährung,
135 Führte sie dann zum Tempel hinab, und verschwand mit dem Sohne,
Schnell wie ein Wetterstrahl, in die fernhindonnernden Wolken.
   Lange noch lebten sie beid' in des vielgefeierten Tempels
Schattenhain, und pflegten des Heiligtums und des Altars
Priesterlich. Jetzo gebückt von hohem Alter und schneeweiß,
140 Saßen sie einst vertraulich auf einem moosigen Steine,
Hand in Hand, an dem See, und bewunderten freudig der Sonne
Leuchtenden Untergang, des heiteren Tages Verkünder,

Unter entzücktem Gespräch. Da erfüllte sie herzliche Sehnsucht,
Unterzugehn wie die Sonne, zu jenem verklärteren Aufgang
Ihnen daucht', als sänken sie jetzt in sanften Schlummer,   145
Wie er in schwüler Stunde den Wanderer unter des Bächleins
Duftenden Erlen beschleicht. Doch schnell, in der süßen Betäubung
Sahn sie bestürzt, wie sie beid' als sprossende Bäum' in den Boden
Wurzelten, Baucis als Linde, bei ihr als Eiche Philemon.
Als sie nun in dem ängstlichen Traum, die laubichten Arme   150
Gegen einander gestreckt, sich mit Inbrunst: „Teuerste Baucis,
Lebe wohl!" zuriefen, und: „Lebe wohl, mein Philemon!"
War's, als erwachten sie schnell; und sie wandelten, Jüngling und Jungfrau,
Schöner als Sterbliche sind, durch himmlisch blühende Thäler.
Aber Merkur, in Gestalt des bewirteten Gastes erscheinend,   155
Führte sie, Hand in Hand, zu der seligen Geister Versammlung.
     Dort, o Fremdling, grünen die heiligen Bäum' an dem Ufer
Seit Jahrhunderten schon, umhängt mit duftenden Kränzen.
Und wer dem Schatten sich naht, dem schauert entzückende Sehnsucht
Wohlzuthun durch das Herz, und heißes Vertraun zu den Göttern.   160
Pflücke dir jetzt von den Blumen des Thals; und hast du voll Ehrfurcht
Deine Kränze geweiht, dann folge mir unter mein Strohdach
Dort an der waldigen Bucht, wo des Herdes Flamm' in der Dämmrung
Lieblich glänzt, und der Rauch am funkelnden Himmel emporwallt.

---

19. Die Erleichterten.

9.—16. März 1800.

Herr.

Heute gefällst du mir sehr, Hausmütterchen. Zierlich und einfach
Ist dein Ehrengewand; und klar, wie der sonnige Himmel
Blinkt durch das Laub, so lacht dein schelmisches Aug' aus dem Hütlein,
Als ob tanzen du möchtest im ländlichen Reihen der Ernter.

Frau.

Heute gefällst mir auch du, Hausväterchen. Gar zu behaglich   5
Bläsest du wirbelndes Knastergewölk am levantischen Kaffee

Die Erleichterten. Idyllen, Königsberg 1801, S. 45 (Gedichte 1802, II, 45) verglichen mit dem ersten Entwurf und mit dem Druckmanuskript. 1825, II, 16. Die Idylle
steht in beiden Ausgaben zwischen den Leibeigenen und den Freigelassenen, so daß eine
Trilogie beabsichtigt ist.

Unter dem luftigen Grün der Akazia. Wenn ich das Kinn dir
Streichelte, fröhlicher Laune verschenktest du Gold und Juwelen.

Herr.

Fröhlicher Laun' ist heute sogar mein sparsamer Meier,
10 Der den gesegneten Schmaus nicht mißgönnt unserer Dorfschaft,
Für die gesegnete Ernte. Du glaubst nicht, Frau, wie gedrängt ist
Hochauf Boden und Fach von unendlicher Fülle des Segens;
Dort von duftendem Heu, von saftigem Klee und Lucerne;
Dort von Ackergewächs in üppigen Ähren und Schoten,
15 Welches, wie reich es gemandelt im Feld', auf der Tenne nun scheffelt;
Daß kaum Räume dem Stroh und dem Korn kaum Speicher genug sind.
Rings noch freut sich der Stoppel ein Schwarm glattleibiger Rinder,
Und der gefallenen Körner die häusliche Gans mit dem Feldhuhn,
Und vor dem Wanderer rauscht ein gefeistetes Taubengewimmel.

Frau.

20 Ja, und besuche der Milch vollströmende Kammer, wie ringsum
Stehn fettrahmige Satten, wie schwer eintragen die Mägdlein
Käs', holländischem gleich, auf strotzenden Borden geschichtet,
Und in Tonnen gedrängt die bestellete Butter für Hamburg;
Früh auch tanzet und spät der butternde Rappe den Rundtanz.

Herr.

25 Nicht zu vergessen die Menge des lautersten Jungfernhonigs,
Den mein treuer Johann, der geschäftige, selber erzielet:
Uns einladende Kost, und dem Dorf anlockendes Beispiel!

Frau.

Nicht zu vergessen den Flachs in zierlich gedreheten Knocken,
Der, von der treuen Maria nach schottischer Weise gehechelt,
30 Feine Gewebe mir schafft, und Lust zu spinnen den Jungfrau'n;
Auch nicht ganz zu vergessen die köstlichen Nelken des Gärtners!

---

7. Akazia, die amerikanische, die wir häufig anpflanzen: Robinia Pseudo-Acacia. V.
— 15. Mandel, eine Hocke von fünfzehn Garben. Gut mandelt und scheffelt das
Getreide im ländlichen Sprichwort, wenn es an Stroh und Korn ergiebig ist. V. —
21. Satte, anderswo Sette, ein Napf von Thon, Glas oder Holz, worin man die Milch
zum Rahmen, d. i. zum Ansetzen des Rahms oder der Sahne hinstellt. V. — 24. In
größeren Holländereien wird die Maschine zum Buttern von einem Pferde gedreht. V.
— 25—30. Hier geben einmal die Bedienten ein Beispiel durch Arbeitsamkeit und
Bildung; vgl. B. 10. Durch die schottische Behandlung wird in Trolleburg auf
Fühnen (vielleicht auch in Holstein) ungleich mehr und feiner Flachs aus dem Werge
gehechelt, als durch die gewöhnliche. V.

Herr.

Frau, und die köstlichen Früchte der Pflanzungen, Kern= und Steinobst;
Nur daß einige Birnen der Frost in der Blüte getötet!
Schaue, wie rot und gelb es daherscheint über die Mauer.
Ja (so mild war Sonne mit zeitigem Regen gemäßigt!)   35
Würziger kochte der Saft in Pfirsichen und Aprikosen;
Würziger duftet vom Beet die Melon', und verachtet die Fenster;
Selber die Traub' an den Wänden verheißt südländischen Nektar.

Frau.

O wir Gesegneten Gottes! Zum Wohlthun ruft uns die Wohlthat!
Und, mein trautester Mann, zur Gerechtigkeit!

Herr.

                Was so bewegt nun, 40
Mein gutherziges Kind, und so feierlich? Rede, was meinst du?

Frau.

Gleich wird in festlichem Zug mit Musik ankommen die Dorfschaft,
Welche für Saat und Ernt' arbeitete, auch (was den Frondienst
Mehrt) für des sämtlichen Gutes Verschönerung. Froh ist der Anblick,
Wann nach langem Geschäft sich erlustigen Männer und Weiber, 45
Stattlich im Feiergewand' und jeglicher Sorge vergessend;
Wann mit prunkendem Kranze der Segensernte daherziehn,
Sens' und Hark' in der Hand, lautjubelnde Mäher und Jungfrau'n,
Hüfener samt dem Gesind', und ältliche Leute des Taglohns.
Doch mir regt sich geheim Wehmut und herzliches Mitleid; 50
Denn die Feiernden sind — Leibeigene!

Herr.

                Wie man sich ausdrückt.
Nicht Leibeigene, Frau, Gutspflichtige nennt sie ein jeder,
Wer schon waltet mit Fug, und wer sich schämet des Unfugs.

---

43 f. was den Frondienst mehrt, f. V. 98. — 52. Daß man in neueren Zeiten
den Vorwurf, leibeigene Sklaven zu halten, mit Unwillen ableugnet und nur dienst=
pflichtige Gutsangehörige von beschränkter Freiheit, deren sorgloses Leben selbst freien
Landleuten erwünscht scheinen könne, zu besitzen vorgiebt, ist freilich ein Vorzeichen er=
wachender Menschlichkeit. Aber durch diese Milderung des Ausdrucks täuschten im Jahr
1763 die pommerschen Landstände sich selbst und ihren König, als sie dem Befehl, die
Leibeigenschaft aufzuheben, durch die Vorstellung auswichen: „ihr Bauer sei nicht leibeigen,
sondern gutspflichtig durch alten Vertrag, wobei er sich besser als bei völliger Freiheit
stehe." Siehe De Balthasar Tract. de hominibus propriis — in Pomerania p. 348
und Hegewisch über Leibeigenschaft S. 78—85. Die Leibeigenen selbst nennen ihren Zu=
stand Sklaverei, nicht aus der Buchsprache; und Freibauern verachten sie. V.

Frau.

Was nicht taugt, durch Worte beschönigen, sei unerlaubt uns!
55 Trautester, wem sein Herr Arbeit aufleget nach Willkür;
Wem er den kärglichen Lohn nach Willkür setzet und schmälert,
Geld sei's oder Gewächs, sei's Kornland oder ein Kohlhof;
Wen er nach Willkür straft, für den Krieg aushebet nach Willkür;
Wen er mit Zwang von Gewerbe, mit Zwang von Verehlichung abhält;
60 Wen sein Herr an die Scholle befestiget, ohne der Scholl' ihm
Einiges Recht zu gesehn, als Lastvieh achtend und Werkzeug;
Wessen Kraft und Geschick an Leib und Seele der Herr sich
Eignete; wer die Ersparnis verheimlichen muß vor dem Fronherrn:
Trautester Mann, der ist Leibeigener, nenn' ihn auch anders!

Herr.

65 Solche Gewalt doch üben in unseren Tagen gewiß nur
Wenige. Dank der Vernunft und der edleren Menschenerziehung,
Auch des gefürchteten Rufs lautstrafendem Tadel und Abscheu!

55—64. Den Gutsbesitzern in Schleswig und Holstein ward im Jahr 1796 von ihrem Ausschusse diese Darstellung der Leibeigenschaft vorgelegt: „Der Leibeigene ist ein Mensch, welcher das Grundstück, auf dem er geboren ist, nicht verlassen, seine Fähigkeiten nur der Bestimmung seines Herrn gemäß gebrauchen darf und seine Arbeitskräfte zum Nutzen desselben anzuwenden verpflichtet ist; wogegen dieser für seinen notdürftigen Unterhalt zu sorgen verbunden ist. Der Besitzer eines Grundstücks kann die dazu gehörigen Menschen 1) willkürlich zu allen Arten der ländlichen Arbeit gebrauchen; 2) ihren Lohn an Geld, Naturalien oder Land willkürlich bestimmen; 3) eheliche Verbindungen unter ihnen verhindern; 4) sie willkürlich züchtigen; 5) die vom Landesherrn geforderten Landesausschußleute willkürlich ausheben. Außer dem notdürftigen Unterhalt der Leibeigenen liegt ihm noch ob: daß er ihr rechtmäßiges Eigentum ihnen nicht nehme, sie an Sonn= und Festtagen nicht zur Arbeit gebrauche und für Unterricht im Christentum sorge." Aktenstücke zur Geschichte der Aufhebung der Leibeigenschaft in Schleswig und Holstein, S. 22—23. Der edle Verfasser dieser Aufsätze, Graf Christian Rantzau, findet die Fortdauer eines solchen Verhältnisses S. 24 „den natürlichen und positiven Rechten zuwider", und fodert S. 11 „als Pflicht des Menschen und des Staatsbürgers, daß man den unterdrückten und ganz zum Ackerwerkzeug herabgewürdigten Bauernstand wiederum hebe und beglücke". V. — 60. „Wenn man behauptet, daß gewisse Menschen von einem gewissen Boden unzertrennlich sein, so möchten diejenigen, welche diesen Boden kultivieren, den Satz umlehren und behaupten, diese Unzertrennlichkeit bestehe darin, daß der Boden denen gehöre, welche ihn bauen. Nach diesem Grundsatz verfuhr Friedrich II., als er im Jahre 1742 den Bauren in Schlesien das Eigentum der von ihnen bebaueten Ländereien gab und zugleich ihr Lastgeld auf 2 Rthlr. bestimmte. Auch in Westphalen, wo die Leibeigenschaft noch ziemlich allgemein ist, ist mit der glebae adscriptio ein jus ad glebam verknüpft." Aktenst. S. 45. V. — 63. Die Ersparnis, das Spargut eines Sklaven, bei den Römern peculium genannt: quod illo unciatim vix de demenso suo, suum defraudans genium, comparsit miser. „Der Leibeigene (wie in den Aktenstücken S. 7 gesagt wird) darf zwar aus dem Überschuß des Ertrags seines Landes oder seiner Arbeit sich ein Vermögen (ein Peculium) ersparen. Allein da es dem Herrn freisteht, ihn von seiner Hufe auf eine schlechtere, aus seiner Wohnung in eine verfallene zu setzen, und da die Verpflichtung des Herrn zur Unterstützung eines Leibeigenen erst dann ihren Anfang nimmt, wenn der letztere dazu selbst unvermögend ist; so beruht die Erhaltung seines Vermögens auf dem guten Willen seines Herrn oder auf der Verheimlichung seines Schatzes." V. — 67. In den Aktenstücken S. 33 wird den Gutsherren freiwillige Entsagung des barbarischen Unfugs empfohlen. „Denn die Stimmung unseres Zeitalters heischt diesen Schritt, und

Daß man es darf, ist traurig. Mir selbst oft kehrte das Herz sich,
Neben dem prächtigen Hof' in öden Behausungen sparsam
Menschen zu sehn, wie entmenscht durch so unmenschliche Herrschaft: 70
Wildlinge, bleich und zerlumpt, und wie Ackergaule verhagert,
Welche träg' aus dem Dunst unsauberer Katen sich schleppend,
Offenen Munds anstarren den Fragenden, selber den Weg nicht
Wissen zum ferneren Dorf, auch wohl mißleiten durch Bosheit;
Und, da der Herr sie mit Fleiß in Züchtlingsschulen verwahrlost, 75
Ähnlich dem Vieh an dumpfem Begriff; nur daß sie den Hunger
Durch sinnreicheren Raub oft bändigen oder davongehn.
Daß die Entmenschenden doch sich erinnerten, eigener Vorteil
Nötige, wohl zu nähren und blank zu erhalten das Lastvieh!

Frau.

Nein, so durchaus ratlosem, erbarmungswürdigem Völklein   80
Gleichen die Unsrigen nicht. Beut jenen ein Feld und Entlassung:
Laut wehklagen sie dir, vor Angst noch herberen Hungers.
Unsere, wieder zu Menschen erneut durch menschliche Sorgfalt,
Rasch in gemildertem Fron, und vergnügt des gegönnten Erwerbes,
Lernten vertraun sich selber und uns — und begehren die Freiheit! 85

Herr.

Freiheit, zwar mit Vernunft, ist göttliches Recht und beseligt.
Fesselung, selbst an das Brot, macht Sklavische; mehr an den Erdkloß,

---

die Klugheit rät uns, ihn zu beschleunigen." Und S. 88 melden sie selbst dem Könige:
„Zwar hat die allgemeine Stimme, besonders aber der Gutsbesitzer selbst, zu diesem
Schritte die erste Veranlassung gegeben." Biedermänner, verstärkt die Stimme der Vernunft, damit auch anderswo Menschlichkeit erweckt werde! V.
69. „Die Leibeigenschaft beschränkt die Bevölkerung auf eine gewisse, zum Anbau
eines Guts nach altem Schlendrian hergebrachterweise erforderliche Zahl." Aktenst. S. 27. V.
— 71. „Es dringt sich die traurige Bemerkung auf, daß, im ganzen genommen, unsere Leibeigenen schlechter genährt sind und schlechter wohnen als freie Landleute, die einen
gleich ergiebigen Boden bearbeiten." Aktenst. S. 29. V. — 75. „Die Entwickelung der
Fähigkeiten des Leibeigenen, der Grad seiner sittlichen Bildung, hangen von dem
Willen des Gutsherrn ab, in dessen Händen die Wahl der Mittel und die Art ihrer Anwendung sich ausschließlich befindet." Aktenst. S. 26. V. — 77. „Es ist auffallend, wie
allgemein verbreitet die Furcht vor dem Entweichen der Freigelassenen, vorzüglich
in Hinsicht auf den Landausschuß, ist." Aktenst. S. 72. Auch die pommersche Ritterschaft
äußerte: „wenn der Bauer Freiheit bekäme, so würde das junge unverständige Volk,
weil es dort nicht, wie in Sachsen, was Eignes zu verlieren habe, alsbald davonziehen."
Balthas. P. 355. Hegew. S. 85. V. — 81. Feld und Entlassung auf harte Bedingungen anzunehmen, sträubt sich der Leibeigene mit Recht. Noch mehr Entlassung
ohne Feld, wodurch der Hüfner zum Tagelöhner herabsinkt. In den Aktenstücken
S. 15 wird es Härte genannt, auf diese Art dem Leibeigenen „das Geschenk der Freiheit zu verbittern" und S. 55 „eine Freiheit aufdringen zu wollen, zu deren Genuß
ihn vorheriger Druck unfähig gemacht habe". Die Rede ist von der Freiheit eines Bettlers.
Ein mecklenburgischer Edelmann ward als Begünstiger der Baurenfreiheit öffentlich gerühmt; er hatte einige für Geld entlassen und ein paar Verdorbene und Unvermögende,
die ihm zur Last waren, weggejagt. V.

Der nicht Brot, kaum Futter bei Pferdarbeiten gewähret.
Frei muß werden, sobald zu Vernunft er gelangte, der Mitmensch!
90 Längst auch hab' ich das Werk mit bedachtsamem Fleiße gefördert;
Daß reif würd' und dem Volk nicht unwohlthätig die Wohlthat.

Frau.

Lohne dir Gott und dein Herz! Nur verzeuch nicht länger die Wohlthat
Würdigen, oder vielmehr die Gerechtigkeit!

Herr.

Frisch mit der Wahrheit!
Mag sie auch immer den Schalk demütigen!

Frau.

— Denn für das Unrecht,
95 Daß in früherer Zeit und späterer, freie Besteller
Räub'rische List und Gewalt ankettete; daß sie zu Frondienst
Kind und Geschlecht mißbrauchte' als Gekettete vor der Geburt schon;
Daß in verfeinerter Zeit noch lastender immer die Arbeit
Anwuchs, immer der Lohn sich schmälerte: — Mann, für das Unrecht
100 Seit Jahrhunderten legt die Gerechtigkeit vollen Ersatz auf!
Wer für Ersatz annimmt ein Gehöft' auf billigen Erbzins
Und wie für Wohlthat dankt, wird Menschlichkeit üben und Großmut,
Nicht dem gefälligen Herrn das Vergeh'n anrechnend der Väter.

Herr.

Horch'! Eda blasen sie schon, wo das Ohr nicht täuschet, am Pfarrhof;
105 Auch vollstimmiger tönt die Musik. Lang' übten geheim sich
Jäger, Lakai und Gärtner im Dorf. Was den Pfarrer doch aufhält? —

93. „Man darf die Aufhebung der Leibeigenschaft nicht als ein Werk der Wohlthätigkeit betrachten. Es ist Erfüllung einer Pflicht, die seit Jahrhunderten vernachläßiget ward."
Attenst. S. 31. V. — 95. „Die Leibeigenschaft ist ein eingeschlichener Mißbrauch, von dem
unser ältestes Gesetzbuch, der Sachsenspiegel, mit Abscheu redet; worin es heißt, Tit. III, 42:
Nach rechter Wahrheit zu sagen, hat er in Eigenschaft von Gezwange und Gefängnis und
von unrechter Gewalt (nach der lateinischen Übersetzung: per captivitates injustas, com-
minutiones et injurias, oder wie man sonst zu sprechen pflegt, vi, clam et precario),
seinen Ursprung, den man Alters in unrechte Gewohnheit gezogen, und nun vor Recht
halten will." Attenst. S. 34. Ein Beispiel neuerer Unterdrückung wird S. 5 angeführt,
wo Bauren, die noch im siebzehnten Jahrhundert frei waren und, nachdem sie wiederholt
über Gewalt Klage geführt und keinen Ausspruch erlangt hatten, im Anfange des acht-
zehnten für Leibeigene gehalten wurden V. — 98. Hegewisch sagt S. 91 seines Schreibens
über die Leibeigenschaft: das barbarische Mittelalter habe die ursprünglich leibliche Knechtschaft in harte Leibeigenschaft verwandelt; diese aber sei (wie er umständlich zeigt) in den
letzten Zeiten der Verfeinerung noch unendlich härter und drückender geworden Das selbige
wird in den Altenstücken S. 32 behauptet, und von Hans Rantzau in der bei Id. II, 2, 18
erwähnten Schrift S. 7 mit Stärke gerügt. V. — 100. „Die Gerechtigkeit gebietet uns,
unsern Leibeigenen für das Jahrhunderte hindurch erlittene Unrecht möglichsten Ersatz zu
gewähren; die Menschlichkeit fodert uns auf, für ihr Fortkommen zu sorgen." Attenst. S. 36. V.

Edles Weib, ich verschmähe die Ausred' eiteles Haders;
Denn ich denke wie du und empfand Unwillen von jeher:
Wenn habsüchtig ein Mann mit dem Trug aufopfernder Wohlthat
Wucherte, sich auszissernd den Vorteil, jenen den Nachteil;   110
Wenn er den höchsten Gewinn des künftig verbesserten Gutes
Schätzte voraus, um zu ernten, was einst ein anderer säet;
Und nicht nur dem Ersatze, den Recht und Billigkeit auflegt,
Karg sich entzog, nein, selbst armseliger Schmerzenvergütung:
Ärgerlich traun, wenn im Knappen ein Filz Aufopferung schautrug!   115
Weib, ich verlange durchaus wohlhabende Sassen des Erbhofs,
Wo es sich regt und gedeiht, wie um tüchtige Pächter in England
Und um der Marsch Anbauer, die jeglichem keck in's Gesicht schaun!

Frau.

Amen, es sei! O wie selig, gesellt wohlthätigen Geistern,
Schweben wir einst herüber und sehn Paradiese, wo Fluch war;   120
Hören genannt vom Hirten und Ackerer unsere Namen,
Feurig in Red' und Gesang' und in segnender Mütter Erzählung;
Hören am Freiheitsfest sie genannt vom Pfarrer mit Andacht,
Leise mit Thränen genannt von dem weither denkenden Greise;
Und umschwebende Seelen Entlassener winken uns lächelnd,   125
Dort uns Tochter und Sohn, dort Enkelin zeigend und Enkel,
Die im erneueten Erdparadies gottähnlicher aufblühn!
Aber geeilt, mein Guter, bevor wir beide dahingehn,
Wo nicht folgt ein Besitz, als redlicher Thaten Bewußtsein!
Schauerlich, hätten wir halb nur gethan, und nach täuschendem Labsal 130
Marterte hier von neuem ein unbarmherziger Fronherr!

Herr.

Tröste dich, Frau, dafür ist gesorgt; bald öffnet sich Ausgang.
Kinder versagte ja Gott; laß uns nach anderen umschaun,
Die uns einmal nachweinen und stehn an unserem Grabe!

103—115. „Zur Erfüllung dieser moralischen Verbindlichkeit bedarf es keiner Aufs
opferung. Wir vermehren und sichern vielmehr den Ertrag unserer Güter, indem wir
durch Entsagung des größten möglichen Gewinns das Glück so vieler Familien erkaufen."
Aktenst. S. 36. Ebend. S. 42: „Durch die Vererbpachtung wird, ohne Schmälerung der
Gutseinkünfte, ein beträchtlicher barer Überschuß für den Gutsherrn gewonnen; wogegen
die beiden vorigen Methoden (Zeitpacht mit Fron und ohne Fron, um den höchstmöglichen
Gewinn künftiger Verbesserungen sich vorzubehalten) einen ansehnlichen Geldvorschuß erfordern." Der Verf. erinnert S. 44: „daß nur die Habsucht den Gedanken eingeben könne,
da ernten zu wollen, wo man nicht gesäet hat;" und S. 17: „daß, wenn dieses Voraus-
schätzen künftig möglicher Verbesserung gelten sollte, man überhaupt Unrecht heben würde,
ohne dergleichen Vorbehalt Land gegen Geld zu veräußern." V.

Frau.

135 Guter Mann, dein Schälchen ist kalt. Du redest so heftig!
O, da säuselt vom Dach mein Mohrenköpfchen und bettelt!

Herr.

Schenkst du noch einmal voll? Mich daucht, in der wärmenden Kappe
Heckt die Kanne von selbst wie der Segenskrug des Elias.
Freund Papagei, was maust Er den Zucker da? Klaps auf den
Schnabel!
140 Aber wo bleibt mein Pfarrer mit Frau und lieblichen Töchtern,
Da sie ja immer so gern die Freud' ansahen des Aufzugs?

Frau.

Wunder, da kömmt mein Pfarrer mit Frau und lieblichen Töchtern
Dicht an dem Kranz in das Thor; und der Schule verständiger
Lehrer;
Auch, ihr Blatt in der Hand, tonkundige Knaben und Mägdlein;
145 Wohl ein besonderes Lied ehrt heute die gnädige Herrschaft!
Braut und Bräutigam vorn mit dem Kranz, wie geputzt für die
Trauung!
Hinten im dörflichen Prunk ein unabsehbarer Aufzug,
Schlagend die Sens' und die Harke zum kräftigen Marsche der Bläser!
Schau', wie die Sonne die Flitter bestrahlt, wie die Bänder umherwehn!
150 Noch kein End'! Eindringen, wie schwärmende Bienen, die Kindlein!
Und, ach Gott, auf der Krücke der Greis, den ein Vogt in der
Jugend
Lahm gebläut! Sehn will er vergnügt, wie die Welt sich verändert!
Jetzo schweigt die Musik; zum Gesang nun stellet sich alles!
Mann, was bedeutet es doch?

Herr.

O du Heuchlerin, thu' mir befremdet!
155 Kinderchen, seid willkommen! Wie feierlich bringt ihr den Kranz heut!

Braut und Bräutigam.

Die Scheun' ist vollgedrängt von Garben,
Die wir durch Pflug und Sens' erwarben,
Denn Gott belohnt den Fleiß.

---

156 ff. Das Lied ist früher entstanden als die Idylle, denn es ist bereits im Hamburger MA. 1796, S. 176 ff. unter der Überschrift: „Gesang der Leibeigenen beim Erntekranz. Den Edleren des Adels gewidmet", mit Melodie von J. A. P. Schulz und mit folgender Anmerkung gedruckt: „Eben erschallt die Nachricht, daß die Versammlung des Schleswig-

Hier bringen wir im Festgesange
Den Ährenkranz mit Sensenklange   160
Und trocknen uns den Schweiß.

        Chor.

Doch ach, wir sind leibeigen!
Nur leichter ward das Joch!
Die Herrschaft, fromm und gut, wie kann sie's sehn und schweigen?
Wir sind ja Menschen doch!   165

      Zwei Binderinnen.

Für uns auch banden wir die Garbe!
Daß weder Vieh noch Mensch hier darbe,
   Ist unsers Herrn Gebot.
Im Mißjahr selbst ein milder Speiser,
Erbaut und schützt er Ställ' und Häuser,   170
   Und steuert aller Not.

        Chor.

Doch ach, wir sind leibeigen!
Nur leichter ward das Joch!
Die Herrschaft, fromm und gut, wie kann sie's sehn und schweigen?
Wir sind ja Menschen doch!   175

      Zwei Mäher.

Nicht sklavend mehr, wie Pferd' und Rinder,
Sind wir des guten Vaters Kinder
   Und lernten menschlich sein.
Hier jammert niemand ungerichtet;
Vernunft und Liebe heilt und züchtet   180
   Uns Kinder, groß und klein.

        Chor.

Doch ach, wir sind leibeigen!
Nur leichter ward das Joch!
Die Herrschaft, fromm und gut, wie kann sie's sehn und schweigen?
Wir sind ja Menschen doch!   185

Holsteinischen Adels in Kiel, auf einen Antrag vom König, die allmähliche, aber nahe,
Aufhebung der Leibeigenschaft, verbunden mit menschlicher Erziehung, und einem
möglichen Ersatz für jene seit Jahrhunderten gemißbrauchten und gemißhandelten Unglücklichen, einmütig beschlossen habe. In entarteten Halbmenschen das Ebenbild Gottes, Vernunft und Sittlichkeit, herzustellen, und dadurch allgemeine Glückseligkeit und Vaterlands-
liebe zu erwecken: ist ein Entschluß, der sich selbst belohnen, und Nacheiferer finden wird"
(wiederholt im „Genius der Zeit", Okt. 1795, S. 235 ff.).

Knabe und Mädchen.

Geübt wird hier in Gottes Tugend
Und Häuslichkeit die frohe Jugend,
Sie schreibt und rechnet schon.
Der Knabe pflegt des Obstes Schule,
190 Das Mädchen Nadel, Knütt' und Spule;
Auch klingt Gesang und Ton.

Chor.

Doch ach, wir sind leibeigen!
Nur leichter ward das Joch!
Die Herrschaft, fromm und gut, wie kann sie's sehn und schweigen?
195 Wir sind ja Menschen doch!

Mäher und Binderin.

Nicht fühllos achten wir des Segens;
Wir freun uns Sonnenscheins und Regens,
Des Regenbogens auch.
Gesegnet sei des Dorfs Berater!
200 So ruft dein Volk, und nennt dich Vater,
Vergnügt bei Kohl und Lauch.

Chor.

Doch ach, wir sind leibeigen!
Nur leichter ward das Joch!
Die Herrschaft, fromm und gut, wie kann sie's sehn und schweigen?
205 Wir sind ja Menschen doch!

Zwei Mäher.

Nicht brauchst du durch des Zwangs Gewalten
An deiner Scholl' uns fest zu halten;
Wir lieben unsern Herrn.
Du hörst des jungen Freiers Bitte;
210 Von Kindern wimmelt jede Hütte;
Denn alles dient dir gern.

Chor.

Doch ach, wir sind leibeigen!
Nur leichter ward das Joch!
Die Herrschaft, fromm und gut, wie kann sie's sehn und schweigen?
215 Wir sind ja Menschen doch!

Mäher und Binderin.

Wohl waren deiner Väter Väter
An uns sehr guter Thaten Thäter;
   Der Dank war Leibesfron!
Doch haben wir bald abverdienet?
Wird doch selbst Missethat gesühnet,   220
   Du, guter Väter Sohn!

Chor.

Doch ach, wir sind leibeigen!
   Nur leichter ward das Joch!
Die Herrschaft, fromm und gut, wie kann sie's sehn und schweigen?
   Wir sind ja Menschen doch!   225

Pfarrer und Tochter.

Der Vater aller lieh zur Gabe
Dir volles Maß der Lebenshabe,
   Um vielen wohlzuthun!
Bald wirst auch du, nicht mehr genießend,
Nicht mehr der Brüder Gram versüßend,   230
   Bei deinen Vätern ruhn.

Chor.

Doch ach, wir sind leibeigen!
   Nur leichter ward das Joch!
Die Herrschaft, fromm und gut, wie kann sie's sehn und schweigen?
   Wir sind ja Menschen doch!   235

Ein junges Paar.

Dann stehen wir am Grab' und weinen,
Wir Mann und Weib, im Arm die Kleinen!
   Dann herrscht ein neuer Herr!
Wer schenkt uns, daß er ruhig sterbe,
Wer schenkt uns Freiheit und ein Erbe?   240
   Wer löst die Ketten? Wer?

Chor.

Doch ach, wir sind leibeigen!
   Nur leichter ward das Joch!
Die Herrschaft, fromm und gut, wie kann sie's sehn und schweigen?
   Wir sind ja Menschen doch!   245

Herr.

Kinder, ihr habt mich innig bewegt; und die Stimme verjagt mir.
Viel, ach, habt ihr geduldet des schwer heimsuchenden Schicksals,
Finstere Jahre hindurch, ihr selbst und euere Väter!
Besseres sandt' euch Gott; noch besseres wird er euch senden.
²⁵⁰ Bleibt nur bieder und fromm und empfangt gutherzig die Gutthat!
Heut' mit einander an Gott, der das Jahr hoch segnete, denkend,
Wollen wir uns hochfestlich belustigen. Morgen erscheint mir,
Hüfener samt dem Gesind' und ältliche Leute des Taglohns,
Auch, der des geistlichen Wohls und des leiblichen waltet, der Pfarrer:
²⁵⁵ Daß wir vereint abwägen, was längst ich Schweigender aussann.
Freiheit geb' ich zurück, und nährenden Acker in Erbpacht.
Uns nicht falle die Pacht, nein euch, als unseren Kindern:
Teils für der Kirch' und die Schule Verbesserung; teils für die Armut;
Teils für die Waldanpflanzung, die einst abwehre den Winter
²⁶⁰ Und freitobenden Sturm, und teils für andres Gemeinwohl.
Unserem Pfarrer zugleich, dem würdigen, geb' ich die Hufe
Wieder umsonst, die, zu Gelde gesetzt, hinschwand in der Teurung.
Schwinget den Hut in Musik und rauscht mit der Erntegerätschaft!

—————

---

259. Der holsteinische Gutsherr darf nach Belieben die Wälder ausrotten, wodurch
Sturm und Kälte in gleichem Maße vermehrt, als die Möglichkeit der Erwärmung vermindert wird. V.

Oden und Elegieen.

1. Die Rückkehr.

1771.

Von dem täuschenden Wahn erwacht,
  Geb ich itzo des Nords Fittichen zu verwehn
Die verschmähete Liebe hin.

Die Mänade, vom Hauch Evans getrieben, rast
  Nicht mit brausendem Thyrsus so,
So die Pythia nicht, wenn das Orakel ihr
  Im arbeitenden Busen kocht,
Als der raset, auf den Amor den Köcher leert.

  Hat die Liebe der Grajer Wut
10 Nicht zehn Sommer entflammt? Hat sie nicht Ilions
  Goldne Türme gestürzet, und
Des dardanischen Volks Heldengeschlecht erwürgt? —
  Ha! wie hat mich die Glut verzehrt!

Ha! wie hat sie das Mark meines Gebeins verbrannt,
15 Und die schwindende Haut geschrumpft!
Wie ward öfters mein Stolz tief in den Staub gebeugt,
  Wenn ich meiner Gebieterin
Mir verschlossene Thür nächtlich belagerte,
  Und nicht Regen, nicht schneidenden

Die Rückkehr. Gött. MA. 1772, S. 122 ff. unterzeichnet Vß., im Register nur V.;
fehlt in allen Ausgaben der Gedichte; wieder abgedruckt bei Herbst I, 268; Manuskript in
Voßens Nachlaß unter der Überschrift „Die Besserung"; eine zweite ältere Fassung
ebendaselbst: „Wider die Liebe." Dieses Gedicht war eines von jenen, welches Voß am
8. Juli 1771 an Kästner sandte. Boie nahm es erst nach mehrfacher Kritik und mit einigen
Besserungen in den Almanach auf. Vgl. Voß an Boie 4. Februar 1772: „Sie würden
lachen, wenn ich Ihnen erzählte, mit welcher genügsamen Miene meine Muse ihr Werkchen
gedruckt sahe und welchen Stolz sie über das Fünfzigteil ihrer Autorschaft empfand. Mein
Stück war das erste, was ich aufsuchte, und mehr wie jemals gefiel es mir. Es hat Ihnen
auch wirklich so viele Verbesserungen zu danken, daß es, mir wenigstens — unmöglich
ganz mißfallen kann." Ich verzeichne daher die Lesarten des älteren Manuskriptes. —
2. jetzo dem zornschnaubenden Boreas — 3. verspottete — 4. Hauch Libers begeistert, ras
— 7. kocht, das jüngere Manuskript: pocht. — 8. Als, wenn Paphiens Gift wild durch
die Adern schäumt. — 11. zertrümmert, und — 18. verriegelte

Hagel achtete, noch stürmender Winde Wut!   20
   Jetzt entzückt mich kein Mädchen mehr,
   Jetzt kein tändelnder Kampf, noch ein ersiegter Kuß;
   Jetzt entzückt die catonische,
Hohe Weisheit mich nur, welche der Liebe lacht,
   Und, in Schlüssen verloren, mit   25
Stolzgerunzelter Stirn lockende Nymphen sieht.
   Doch, ach Phyllis! was schielt mein Blick
Nach der blendenden Brust, wenn sie den Schleier hebt?
   Was verfolgt dich mein Fuß, wenn du
Unter Blumen entschläfst, oder im finstern Hain,   30
   Oder, wenn du errötend in
Kühle Fluten den Reiz marmorner Glieder tauchst?

---

2. Der Winter.
An Herrn P[astor] Br[ückner].
1771.

Reif im Haupthaar, den Bart voller Eis, taumelt der
Alte Winter anitzt aus der benachteten
Höhle Grönlands hervor, rufet, erbost umher
Schauend, Boreas weitstreifenden Brüdern, und
Schirrt das wilde Gespann lärmend am Deichsel des   5
Schwarzen Wagens. Und bald wird er im Donnersturm
Durch den Äther daher stürzen, mit Flocken und
Scharfen Schloßen bewehrt. Dann flieh, Autumnus! Dann
Flieh, Pomona! Und du, sanfter Lyäus, der
Obotritiens Flur herbere Trauben bräunt!   10
Flieht des Rasenden Grimm, welcher den heulenden
Forst entwurzelt, den Fels spaltet, und lustige

---

24 ff. welche die Mädchen, wie Feuerspeiende Drachen flieht, Und, die Stirne gefurcht, einsam bei nächtlicher Lampe grübelt, und adlerkühn Das frohlockende Heer flammender Sonnen grüßt. — 28. Brust unter krystall'nem Flor? — 30. In dem Veilchenthal schläfst, oder — 31. Du in kühlende — 32. Silberfluten — Der Winter. Gött. MA. 1773, S. 199 ff. unterzeichnet: Rß.; völlig umgearbeitet Gedichte 1802, III, 6; 1825, III, 3; älteres Man. in Boßens Nachlaß: „An Hrn. Pastor Brückner." Es wurde am 4. Februar 1772 an Boie gesandt, der ihm am 4. März mittellt, es habe Gleimen außerordentlich gefallen. Der deutsche Merkur (1773, Februar, S. 181) tadelt das Gedicht: „Man darf bei jeder Gelegenheit es wieder und wieder predigen, daß poetische Bilder und Ausdrücke noch lange keine Poesie ausmachen; daß es auf den darunter liegenden Gedanken ankömmt, ob dieser von allem Schmuck entblößt, gesagt zu werden verdiene, und daß er, wenn er in der größten Einfalt sich zeigt, am schönsten ist." — 10. Obotritien vgl. Nr. 6, 19.

Berg' erschüttert! Verkriecht, tief in der Terra Schoß,
Euch, ihr Nymphen des Quells, welcher, versteinert, bald
15 Zwischen Blumen nicht mehr murmelnd sich schlängeln wird,
Und du, brausender Belt, decke, mit stählernem
Harnisch, dich vor der Wut grauser Orkane zu!
   Aber, Knaben, itzt eilt, eilt, mit geschliffner Art,
In die Wälder; zerstückt wolkenberührende
20 Bäum', und führt sie auf lautknarrender Axe zu
Meinem Br[ückner]! Und ihr, Götter des Feuerherds,
Milde Laren, o schützt, schützt ihn, mit flammender
Eiche, vor der Gewalt drohender Stürme, die
Uns beschneiete Dach brüllen: wenn er, entzückt,
25 Am Kamine, sein Lied, gleich dem harmonischen
Schwan der Sprea, beginnt, oder den trägen Lauf
Der verlängerten Nacht mit den Gesängen spornt,
Die uns Gellert gelehrt, und der helvetische
Schäfer! Horchend umschließt ihn der entzückte Kreis
30 Und Dorine, die sanftlächelnd die Augen bei
Chloens Körbchen verschlägt, und bei dem blutenden
Abel zärtlichen Tau über die glühende
Wange tröpfelt; doch bald, nickend von Schlummer, das
Lied der kämpfenden Hand tändelnd entdreht, und dann
35 Ihm mit schalkhaften Hauch plötzlich die Lampe löscht.

3. An einen Pfeifenkopf.

1771?

O fons Bandusiae!
Hor.

Du, aus Meerschaum gezeugt, bräunlicher Pfeifenkopf,
Mit der Pflanze gefüllt, welche Tabago nährt;
   Dieses Band sei dir heilig,
    Das mit purpurnen Wellen spielt;

26. Schwan der Sprea, Ramler. — 28 f. der helvetische Schäfer, Salomon
Geßner. — 31. Chloens Körbchen, von Gellert — der blutende Abel, Geßners
Idylle „Der Tod Abels". — An einen Pfeifenkopf. Gött. M.A. 1773, S. 106 unterzeichnet Bß.; Gedichte 1802, III, 9 „An einen Meerschaumkopf" mit der Anmerkung: „Eine
scherzhafte Nachahmung von Horazens: O fons Bandusiae (Od. III, 13). Den Stoff gab
die Phantasie, nichts Wirkliches"; fehlt 1825. Zwei ältere Fassungen im Boßischen Nachlaß;
vgl. Boß an Brückner 17. Juni 1772: „Ramler hat gegen meine Ode an den Pfeifenkopf verteidigt. Das bewog mich auf eine Verbesserung zu denken, die ich Ihnen hierbei
sende. Jetzt hat sie das Glück auch Boie zu gefallen, und unsre Gesellschaft hat sie auch
gebilligt" (Briefe 1, 84). — 2. Ältestes Man.: „Würdig angefüllt mit Knaster Birginiens".

Und gewebt war, den Schnee einer beseelten Brust
Sanft zu röten! Umsonst! Denn der geliebteste
　　Schmuck der Schönen soll künftig
　　　　An dem würdigen Rohre wehn.

Du vertreibest den Gram, der aus verdüsterten
Lüften brauset, du hauchst pythische Sprüche der　　　　　　10
　　Brust des forschenden Sehers
　　　　Und die Weisheit der Götter ein.

Deine Glorie strahlt fernen Jahrhunderten;
Denn ich singe dein Rohr, und das Medusenhaupt,
　　Das aus silbernem Rachen　　　　　　　　　　　15
　　　　Die balsamische Lohe sprüht.

4. Auf Michaelis' Tod.

Oktober 1772.

Durchbraust des Herbstthals Öde gewaltiger,
Ihr kältern Wind'! Und die du mit schwarzem Schau'r
　　Mich überdeckst, o Espe, säusle
　　　　Lauter herab mit verwehtem Laube!

Entsteigt den Gräbern, schlummernde Geister, schwebt,　　　5
In weißer Hülle, wimmernd und totenbleich
　　Um meine Klagen, bis der Frühe
　　　　Dämmerung euch zu der Gruft zurückscheucht!

Ach Michaelis! — Stürze die Wang' hinab,
Du Thränenstrom! — Im Schweigen des Grabs auch du,　　10
　　Mein Michaelis? — Patrioten
　　　　Weinen, und Boie zerfließt in Thränen.

13 ff. Die letzte Strophe lautet im ältesten Manuskript:
　　　　　Enkel zählen auch dich ewigen Pfeifen zu
　　　　　Denn ich singe dein Rohr, singe den Deckel von
　　　　　　Feinem Silber, durch welchen
　　　　　　　Der balsamische Rauch aufwallt.
— Auf Michaelis' Tod. Ältere Fassung des folgenden Gedichtes, nach dem Manuskripte
aus Voßens Nachlaß; die vorletzte Strophe teilte Redlich aus dem Bundesbuche mit in Zachers
Zeitschrift IV, 124; vgl. Herbst II, 2, 233. Der Halberstädter Dichter Joh. Benj. Michaelis
(geb. 31. Dezember 1746) starb am 30 September 1772.

Ha! Tod, du schwarzer Mörder! Wie viele traf
Dein Schlachtschwert schon der blühendsten Hoffnungen
    Im deutschen Eichenhain! Auch diesen
      Würgtest du, welcher begann, und groß war?

Mein armes Deutschland! Der, mit geweihtem Spiel,
Empfindung deinen Töchtern und Jugend sang,
    Der nie mit Gift den Strom des Wohlklangs
      Tückisch vermischte — der stirbt, ein Jüngling!

Der, mit dem heitern Lächeln des Phrygiers,
Ein Sittenlehrer horchender Knaben war,
    Der kühn den Frevel mit gehobner
      Geißel verfolgte — der stirbt, ein Jüngling! —

Doch unwert dieses Jünglinges warst du, Land,
Das seines Volkes Ehre verkennt, voll Durst
    Nach Arouets Geklingel lechzet,
      Daniens Königen Klopstocks Lied gönnt.

Drum trockne, Boie, trockne die Thränen ab,
Denn unwert dieses Jünglinges war dies Land!
    Ihn rief zur Sternenburg Jehovah,
      Dort in der Strahlenden Chor zu jauchzen!

5. Michaelis.
Herbst 1773.

Jehovahs Wagschal' klang; und nicht würdig war
Des edlen Jünglings dieses entnervte Volk,
    Das Wielands Buhlgesängen horchet,
      Daniens Königen Klopstocks Lied schenkt!

In Edens Lichtkranz strahlt der Verklärte jetzt,
Nennt Engel Brüder, Vater den Ewigen;
    Denn keinem Lotterbuben frönen
      Konnt' er, noch betteln im Fürstenvorsaal!

———

Michaelis. Göttinger M.A. 1775, S. 20 mit der Jahreszahl 1772; fehlt in allen
Ausgaben; vgl. das vorige Gedicht. Nach Redlich (Zachers Zf. IV, 124) stammt diese
Umarbeitung, mit der Pointe gegen Wieland, aus dem Herbst 1773.

6. An Esmarch.

Oktober 1772.

Wie ein nahender Sturm hinter der Wolke, droht
Schon von ferne der Tag, welcher mit eh'rner Faust
　　Dich, mein redlicher E[smarch],
　　　　Meinen Armen entreißen wird!

Ach! dann schützt uns die Glut unserer Liebe nicht,　　　5
Nicht die selige Lust, welche wir kosteten,
　　Wenn vertraulich die Lenzflur
　　　　Aus dem Wirbel der Stadt uns rief;

Oder, wenn uns die Nacht bei dem circëischen
Päan, oder beim Sang brittischer Barden fand,　　　10
　　Und beim holden Geflüster,
　　　　Wo sich Herzen begegneten!

Gestern sah ich ein Paar Tauben in jenem Ulm;
Sie umflügelten sich, kos'ten und schnäbelten:
　　Dennoch stürzte der Habicht　　　15
　　　　Auf das Weibchen — der Witwer girrt!

Zu der Küste zurück tapferer Angeln reißt
Dich das stäubende Rad: über ein kleines trau'rt
　　An der Warne dein Bester,
　　　　Und wohin ihn das Glück verweht!　　　20

Wenn du dort, an der Hand deiner Emilia,
Einst beim Schimmer des Monds Nachtigallstimmen horchst;
　　Dann sprich seufzend: Geliebte,
　　　　So geliebet, wie jetzt von dir,

An Esmarch. Gött. MA. 1774, S. 99: An E**; Gedichte 1802, III, 16, fehlt 1825.
— 9 f. Ein circëischer Päan ist ein pindarischer Siegshymnus, von Circe, einer
Quelle bei Thebe, der Geburtsstadt Pindars. — 13—16. Vgl. Voß an Brückner 24. Februar
1773: „Aber sollte das Gleichnis mit den Tauben nicht spielend sein? Heyne tadelte es.
Ich wollt's wegstreichen, aber der Bund verbot's. Und dann bin ich gegen Heynes Geschmack
sehr mißtrauisch geworden. Er hat mehr studierten als natürlichen, und unsre Sprache
kennt er gar nicht" (Herbst I, 73). Später gab Voß seinem Gegner darin doch recht und
strich die Strophe in den Gedichten 1802. — 17. Die Angeln, deren zahlreichere Vorfahren nach England gingen, bewohnen ein fruchtbares Ländchen an der Schlei. V. —
19. Warne, Fluß im Meclenburgischen. In den Gedichten 1802 lautet diese Stelle
so: „bald in dem Vaterland Obotritischer Männer Denk ich schöner Vergangenheit" mit der
Anmerkung: „Obotriten, vormals ein wendisches Volk in Meclenburg".

Horcht' ich vormals und Voß' Nachtigallstimmen oft!
Ach! jetzt höret er dich, Nachtigall, nicht! Jetzt trau'rt
An der Warne mein Bester,
Und wohin ihn das Glück verweht!

7. An einen jungen Britten.

In der Nacht vom 30. zum 31. Oktober 1772.

Edler Jüngling des Volks, welchem Gerechtigkeit
Den gefürchteten Thron nah an den Wolken gab,
Dessen Ruhm in dem Flug strotzender Segel fern,
     Laut im Donner der Schlacht ertönt.

Fortgetrieben vom Sturm hoher Gedanken, kamst,
Auf der Woge des Meers, du nach Germanien.
Auszuspähen, wo noch heimisch die Tugend sei,
     Die der Angel dem Britten gab.

An einen jungen Britten. Wandsbecker Bote 1772, Nr. 200 (15. Dezember) unter=
zeichnet: (Göttingen, den 1. November 1772; nach einem Einzeldrucke. (Wiederholt im Almanach)
der deutschen Musen 1774, S. 219 und Genius der Zeit XIX, März 1800, S. 216.) Gedichte
1802, III, 14 „An John André" gänzlich umgearbeitet; 1825, III, 6. Vgl. an Brückner 3. No=
vember 1772: „Das Gedicht an den Engländer André ist aus vollem Herzen gekommen. Er war
gleich lange mit mir hier, der liebenswürdige und edelste Jüngling und einer meiner besten
Freunde. Als Lieutenant ward er unvermutet zurückgefordert, weil sein Regiment nach Amerika
geht. Den 1. November frühe mußte er schon gehen, und Freitags [30. Oktober] Abend er=
fuhr ich's erst. Ich war bei Boie allein. Da hätten Sie doch wohl ein Gedicht gemacht,
sagte Boie, wenn Sie's eher gewußt hätten. Ich antwortete, daß es vielleicht noch ge=
schehen könnte. Er lachte. Darauf ging ich zu Hölty und fand eben Hahn bei ihm. Ich
that den Vorschlag, auf ein nahgelegenes Gartenhaus zu gehn, den Kaffee dort zu trinken,
und jeder ein Gedicht zu machen. Es ward angenommen, und um halb neun gingen wir
aus. Erst machten wir uns recht vergnügt, und darauf ging jeder für sich in verschiedenen
Gängen, und dichtete beim Scheine des Mondes. Um 7 Uhr Morgens kehrten wir zurück
mit Beute beladen, und machten unserem Boie, der noch seinen Kaffee trank, eine herz=
liche Freude. Mein Gedicht an André gefiel, und ward gleich nach Dieterich geschickt."
(Briefe I, 95). Später erzählt Voß, daß das Gedicht allgemeinen Beifall bei Kästnern,
Heynen, Federn und vielen Frauenzimmern und andern erhalten habe. Prof. Feder „um=
armte mich auf öffentlichem Konzerte für mein schönes Gedicht, wie er sagte, und setzte
hinzu, daß es ihn von vielen Gedichten am meisten gerühret hätte". Die gleichzeitig ent=
standenen Gedichte der beiden anderen Freunde waren Höltys Gedicht an Daphnes Kanarien=
vogel und Hahns Erinnerung: Brich o Mond dein Gewölt (Voß in der Vorrede zu Höltys
Gedichten 1801, S. XXXIII, vgl. Bd. II). Über André's späteres Schicksal berichtet die An=
merkung in Gedichten 1802: Dieser liebenswürdige Engländer ward in Amerika bei einer
geheimen Sendung an den verräterischen General Arnold gefangen und hingerichtet
[2. Oktober 1780]. Der König ehrte sein Andenken durch ein Monument in der Westminster=
Abtei." Vgl. auch Weinhold, Schönborns Aufzeichnungen über Erlebtes S. 68 und Lichten=
bergs Werke 4, 308 ff., wo André einer der vortrefflichsten Menschen, rechtschaffen im
höchsten Grad, von einer fast jungfräulichen Bescheidenheit, einem lebhaften Gefühl für
das Schöne und einem durchdringenden Verstande genannt. Voßens Ode an ihn aber aufs
Schärfste durchgehechelt wird.

Kehre jetzo zurück, Edelster deines Volks,
Zu dem wartenden Kreis ähnlicher Jünglinge,   10
Zu dem wartenden Kreis rosichter Mädchen, der
    Dir wetteifernd die Arme beut!

Und gieb Botschaft von dem, was du gesehen hast;
Daß noch immer bei uns heimisch die Tugend ist,
Die der Angel euch gab, daß noch die Jünglinge   15
    Treue, Keuschheit die Mädchen ziert;

Daß der heilige Rat unserer Greise noch
Alte Redlichkeit übt, unserer Männer Arm
Noch, mit blitzendem Schwert, Freiheit und Vaterland,
    Und den himmlischen Glauben schützt;   20

Daß in jeglicher Kunst unsere Meister groß,
Ohne Prahlen es sind: Oeser und Rode, mit
Kühnem Pinsel, erschafft; mächtig in Tönen noch
    Mancher Händel das Herz berauscht;

Daß nur Tugend, die Glut zärtlicher Unschuld nur,   25
Unsrer Barden Gesang füllet, und Ramlers und
Klopstocks göttlicher Schwung zu den Olympiern
    Die bezauberten Seelen reißt!

Dann erzähl' auch, wie stark Freundschaft bei Deutschen ist,
Wie ein thränender Schwarm stumm dich geleitete,   30
Doch vor allem dein [Voß], ewig der deinige!
    Trostlos weinend dich scheiden sah!

8. Tobacksode.

Nullam, Vare, sacra vite prius severis arborem, etc.

Winter 1772.

Rolf, beim schäumenden Kelch, oder beim Trank, den die Levante
                                        bräunt,
Laß von Knastergewölk unsere Stirn bläulich umwirbelt sein!

22. Adam Friedrich Oeser (1717—1799), Direktor der Zeichenakademie in Leipzig.
— Bernhard Rode, Maler in Berlin. — Tobacksode. Wandsbecker Bote, 1774, Nr. 89
(4. Juni) anonym, wiederholt Göttinger MA. 1775, 63: „An Rolf" Gedichte 1802, III, 23
ganz umgearbeitet; fehlt 1825. Ursprünglich an Wehrs gerichtet, im Bunde 27. Februar
1773 vorgelesen. Vgl. Redlich, Beiträge S. 47. Älteres Man. „An Herrn W." in Boßens
Nachlaß. Parodie von Horat. Oden I, 18.

Zeus, im Opfergeduft, lächelte nie froher, als wir, umdampft
Von Virginischem Kraut, welches dein Wink, holder Tobackus, schuf!
5 Furcht noch Kargheit des Großoheims die Stirn, darbender Jüng=
    ling, dir?
Träumst du, stützend das Haupt, noch die Gestalt spröder Geliebten nur?
Strahlt nicht plötzlich dein Blick? Jauchzest du nicht hohen Triumph=
    gesang?
Aber wehe! wer stets stygischen Schwall wie ein Vollan verspricht!
In die Tiefe des Meers stürzte der Gott rohe Matrosen oft,
10 Wenn aus gendendem Rohr Feuer zum Sitz laurender Donner schlich.
Auf zum Messer der Schlacht taumelt der Kreis schwelgender Indier
Von dem dampfenden Topf, schwelget an Blut menschlicher Leichname.
Nein, Tobackus! dein Brandopfer entweih' üppiger Frevel nie!
Rolf! leichtsinniger Rolf! horche dem Freund! wirf die gigantischen
15 Meerschaumköpfe hinweg, welche mit Pest tückisch das schwindelnde
Hirn umhüllen! denn schnell flattert der Scherz mit dem geläuterten
Witz von hinnen; ihm hinkt gaukelnd der Spaß lauter Kathedern, hinkt
Schieler Doppelsinn nach, daß dir beschämt Dora die Hand entzieht,
Und des englischen Huts schirmenden Flur tiefer heruntersenkt.

9. An Teuthart.

Dezember 1772.

Schlag' lauter deine Saiten an,
    Du Sohn des Vaterlands!
        Und sing dem Britten Trotz, und Hohn
        Dem Gallier!

Viel sind der Enkel Hermanns noch,
    Sind bieder, edel, gut,
        Und unsers hohen Stolzes wert,
        Wert unsers Bunds!

3. Opfergeduft, bei Lucian (de sacrif.), bliden die Götter durch Oeffnungen des Himmels herab, ob sie irgendwo Feuer sehn, und aufwallenden Opferduft, den sie als süßen Geruch einatmen. V. — 5. Wohl eine Anspielung auf Wehrs' uns unbekannte Familienverhältnisse. — 10. geuden, als Simplex selten, verschwenden. — 17. Im MA.: der Spaß feiler Kathedern. — An Teuthart. In dem Briefe an Brückner 6. Dezember 1772, Briefe I, 114: am Tage vorher im Bunde vorgelesen; an Friedr. Leop. Stolberg mit besonderm Bezuge auf sein Gedicht „Die Freiheit" (vgl. Bd. II) gedichtet; erst 1802 gedruckt, vgl. das folgende Gedicht.

Haſt du's gehört, wie heiß, wie laut
   Er Freiheit! Freiheit! rief?
      Wie feil die goldne Feſſel ihm   10
     Des Höflings klirrt?

O ſag's dem Britten an, ſag's an
   Dem ſchielen Gallier,
      Wie Stolberg Freiheit! rief; wie ihm   15
     Die Feſſel klirrt!

Sag's allen ihren Sängern kühn,
   Wer Freiheit! Freiheit! rief,
      Und allen ihren Feldherrn kühn,
     Wer Freiheit! rief.   20

Ach! Nah' ich mich dem edlen Mann?
   Ich zittr'! Umarm' ich ihn,
      Den Freiheitsrufer? Ich? den Mann,
     Den Klopſtock liebt?

Ich thu's, und ſag's umarmend ihm,   25
   Nicht fein, nach Franzenbrauch,
      Nein; frei und deutſch: dich liebt mein Herz,
     Und iſt dein wert!

----

10. Stolberg, der Freiheitsſänger.
1772.

Rauſcht, Saiten, rauſcht im Jubelton;
   Ich denke Vaterland!
Noch ſproßt von Hermanns Stamme Saat,
   Und höhnt den Sturm!

Noch ragt um Manas Heiligtum,   5
   Der Anwachs, ſchlank und ſtolz,
Die Schattenäſte weit geſtreckt,
   Und hoch das Haupt.

Noch wuchert, Volkerhalter, dir
   Hellgrünes Eichenlaub,   10

Stolberg, der Freiheitsſänger. Gedichte 1802, III, 23 verglichen mit dem
Druckmanuſkripte, fehlt 1825. Umarbeitung des vorigen.

Und dir, o frommer Bardenchor,
    Der jenen sang!

Im dunklen Obdach ruft und singt
    Einst Hirt und Ackermann;
15 Es koset Jüngling dort und Braut;
    Die Mutter säugt!

Antworte Stolbergs hohem Ruf:
    Freiheit und Vaterland!
Antworte dreifach, Wiederhall,
20   Dem hehren Ruf!

Es schauert durch den öden Hain
    Geheimnißvolle Kraft;
Teuts Riesenbaum ergrünt am Stumpf,
    Und säuselt auf!

Ach! nah' ich Hermanns edlem Sohn?
    Ich staun'! Umarm' ich ihn,
Den Freiheitsrufer? ich den Mann,
    Den Teut erkor?

Ich geh', und sag' umarmend ihm,
    Nicht fein, nach Höflingsbrauch;
Nein, grad' und deutsch: dich liebt mein Herz,
    Und ist dein wert!

11. Deutschland.

An Friedrich Leopold Graf zu Stolberg.

In der Nacht vom 4. zum 5. Dezember 1772.

    _ _ ‿, _ ‿ ‿ _ ‿ _
    _ ‿ _ ‿, _ ‿ ‿ _ ‿ _
    ‿ _ ‿ _   _ ‿ _
        _ / _ ‿ ‿ _ ‿ _

Was fliegst du, Stolz des Deutschen, zur Sternenhöh',
Und blickest lächelnd nieder auf alles Volk,
    Vom Aufgang bis zum Niedergange,
        Welchem du König' und Feldherrn sandtest?

23. Teut oder Tuiston, ein fabelhafter Stammvater, wie Tanus, Achäos,
Ion und ähnliche. V. — Deutschland. Gött. M.A. 1771, S. 185 ff.; am 5. De=
zember unter dem Titel: „Mein Vaterland" im Bunde vorgelesen und in dieser

Hörst du der Sklavenkette Gerassel nicht,
Die uns der Franke (Fluch dir, o Mönch, der ihn
   Den Großen pries!) um unsern Nacken
     Warf, als, mit triefendem Stahl der Herrschsucht,

Er, Gottes Sache lügend, ein frommes Volk
Samt seinen Priestern schlachtet', und Wittekind,   10
   Statt Wodans unsichtbarer Gottheit,
     Wurmigen Götzen Geruch zu streun zwang?

Nicht deutsches Herzens; Vater der Knechte dort,
Thuiskons Abart! kroch er zum stolzen Stuhl
   Des Pfaffen Roms, und schenkt', o Hermann,   15
     Deine Cherusker dem Bann des Wütrichs!

Nicht deutsches Herzens; Erbe des Julischen
Tyrannenthrones, gab er zur Armengift
   Den Freiheitssang altdeutscher Tugend,
     Welchem die Adler in Winfeld sanken!   20

Jetzt starb die Freiheit unter Despotenfuß;
Vernunft und Tugend floh vor dem Geierblick
   Der feisten Mönch'; entmannte Harfen
     Frönten dem Wahn und dem goldnen Laster!

O weine, Stolberg! Weine! Sie rasselt noch   25
Des Franken Kette! Wenige mochte nur,
   Von Gott zum Heiland ausgerüstet,
     Luther dem schimpflichen Joch entreißen!

älteren Fassung, von welcher eine Abschrift in Voßens Nachlaß sich erhalten hat, am 6. Dezember an Brückner gesandt mit den Worten: „Hier haben Sie noch ein Vaterlands-lied, das in der Nacht vom Freitag auf den Sonnabend entstand, und mir von jedem Bundesbruder einen Kuß verdient hat. In der unseligen Briefsammlung des seligen Klotz [herausgeg. von Hagen, 1. Teil Halle 1773] steht einer von Weiße, der mich zu dem Zorn brachte. Der Witzling, denn Dichter ist er nicht, sagt darin, daß er in seiner Bibliothek der schönen Wissenschaften darum Klopstock nicht frei beurteilen möchte, weil er sein Freund wäre. Will der Maulwurf den Adler tadeln, daß sein Flug zur Sonne nicht nach der Regel sei?" (Briefe I, 120.) Gedichte 1802, III, 29; 1825, III. 8.

11. Tac. de Mor. Germ. 8. V. — 17 f. Karl der Große nahm den Titel eines römischen Kaisers (eines Nachfolgers des Julius Cäsar) vom Papste an. Der selbige ver-fügte, daß seine nachgelassenen Bücher, worunter eine Sammlung von Bardenliedern war, zum besten der Armen verkauft werden sollten. V. — 20. In Winfeld ward Varus besiegt. V. — 26 f. lauten in der ersten Fassung: Wenige konnte nur Selbst Luther, Klopstock selbst, ein Heiland! Von dem belastenden Joch erretten.

Ruf' nicht dem Britten, daß er in strahlender
30 Urväter Heimat spähe der Tugend Sitz!
      Still trau'rt ein kleiner Rest des Samens,
          Welchen der Rachen des Angeln führte!

Nach Wollust schnaubt der lodernde Jüngling jetzt;
Der Mann nach Gold; in lauer Gebüsche Nacht
      Lustwandeln freche Mädchenchöre,
          Schmachtend in Galliens reichsten Tönen.

O dichtet ihnen, Sänger Germanias,
Ein neues Buhllied! Singet den Horchenden
      Des Rosenbetts geheime Zauber,
40   Oder die taumelnden Lustgelage!

Ein lautes Händeklatschen erwartet euch! —
Ihr wollt nicht? Weiht der Tugend das ernste Spiel? —
      Ha! flieht, und sucht im fernen Norden
          Eurem verkannten Gesange Hörer!

45 Vertilgt auf ewig seist du, o Schauernacht,
Da ich Jehovahs Dienste die Harfe schwur!
      Vertilgt, ihr Thränen, so ich einsam
          An den unsterblichen Malen weinte!

Der, mit des Seraphs Stimme, Messias, dich
50 Den Söhnen Teuts sang; siehe, den lohnt der Frost
      Des ungeschlachten Volks, den lohnen
          Hämische Winke des stummen Neides!

12. An einen Flötenspieler.

18. Dezember 1772.

Der du mein Herz entführtest,
Als deinem allmachtvollen Hauch
Der Flöte Ton
Im leisen Schmachten sich verlor;

---

41. M.A.: verbannten. — 50 f. In der ersten Fassung tritt die Beziehung auf Weiße mehr hervor: den lohnt der Spott des ungeschlachten Volks, den lohnt das Schimpfliche Schonen des Afterfreundes! — An einen Flötenspieler. Wandsbecker Bote 1774, Nr. 54 (5. April) nach einem Einzeldruck; wiederholt Hamburger M.A. 1777, 174: „An den Hoboenspieler Barth"; Gedichte 1802, I, 83: „An einen Virtuosen", fehlt 1825, vgl. Voß an Brückner

Dann schnell durch tausend Irren   5
Zum höchsten, hellen Gipfel stieg,
Und silberrein,
Wie Philomele, trillerte.

O! mehr hast du gesieget,
Als jene fabelhafte Schar,   10
Die Fels und Wald
Hyän' und Tiger fühlen hieß,

Das eitle Flittermädchen
Vergaß bei dir des Fächerspiels,
Des losen Winks,   15
Und aller ihrer Mädchenkunst.

Des klügelnden Geflüsters
Vergaß das bunte Stutzerchen,
Vergaß es selbst,
Daß du ein deutscher Meister warst.   20

13. Bundsgesang.
Dezember 1772.

Prahlt nur, Sänger Lutetiens!
Gleichet euren Gesang selber (so ziemt es sich!)
    Der unsterblichen Grazie
Des Dircäers, und trotzt jenem, der Latiums
    Freiheitsmörder vergötterte!   5
Warum solltet ihr's nicht? Habt ihr die Hoffnungen
    Eurer Könige, welche zur
Kurzweil scharenweis euch fütterten, nicht erfüllt?

---

24. Februar 1773: „Das Gedicht an Barth sang ich den Abend, als ich ganz berauscht von der Kunst dieses Virtuosen aus dem Konzert kam. Boie hatte es ihm angezeigt, und, von dem Grafen Witgenstein überredet, drucken lassen! (Briefe I, 131 vgl. Redlich, Beiträge 45.) Am 19. Dezember wurde es im Bunde vorgelesen (Mitteilung des Herrn Dir. Klußmann aus dem Protokollbuche). Christ. Samuel Barth, ein Schüler von Joh. Seb. Bach, 1735—1809.

Bundsgesang. Dieses Gedicht, von welchem Herbst nur ein dürftiges Fragment vorlag (I, 283), wird hier zum erstenmal nach dem Voßischen Man. mitgeteilt. Es wurde am 29. Dezember 1772 im Bunde vorgelesen; aus dem Bundesbuche ist das betreffende Blatt (S. 61·62) herausgerissen. Manches daraus wurde wörtlich in die Ode: „An die Herrn Franzosen" Nr. 16 hinübergenommen.

Scholl nicht tausendmal euer Lied

10 Aus den Schlünden des Ruhms? Haucht' es nicht tausendmal
Wilde Gluten dem Jünglinge,
Und der heiligen Brust blühender Mädchen ein?
Billig werft ihr den Seitenblick
Spöttisch über den Rhein, in das barbarische

15 Land, wo Roßbach und Höchstädt noch
Vom unmenschlichen Mord feinerer Franzen raucht!
Billig schimpft ihr das rauhe Lied,
(Ach! kein Mädchen und kein witziger Höfling liebt's!)
Das, in holpernden Tönen, Gott,

20 Dieses Märchen! und ha! Freiheit und Vaterland
Und altvätrische Tugend singt! —
Doch laß ab, o Gesang! Spotte der Tändler nicht!
Unbesorgt um den trägen Strauß,
Der, dem Äther zu schwer, segelnde Schwingen dem
Wind' ausspreitend, den Sand durchscharrt,
Stürmt der Adler voll Stolz leuchtenden Sonnen zu!
Tritt, gerüstet mit Kühnheit, auf,
Und frag' jegliches Volk unter dem Himmel, frag',
Welcher einzig noch Antwort hat,

30 Selbst den Britten, ob er habe der Jünglinge,
Die, von Fürsten unangefeu'rt,
Hasser goldenen Lohns, Hasser weitstrahlender
Pöbelehren, mit hohem Schwur
Alles Leben nur dir, Tugendgesang, geweiht!

35 Der allwissend in unser Herz
Schaute, warum, o Gott, schwieg in der Rechten dir
Der heimsuchende Donnerstrahl?
Warum leuchtete sanftlächelnd dein Antlitz uns,
Daß der Mond in dem Wiederschein

40 Und der sternende Pol' lächelt', und ehrfurchtsvoll
Jedes feiernde Lüftchen sank?
Meine Brüder, Triumph! Uns hat gesegnet Gott!
Kommt, umarmt mich, und reicht den Kranz
Mir des heiligen Laubs, welches uns schattete!

45 Uns gesegnet hat Gott! O kommt,
Meine Miller, am Arm eures geliebten Hahn!
Und du, welchem die zärtliche

Wollustthräne den Blick trübet, o Hölty, komm!
Seht den klopfenden Busen hier,
Stolbergs Biedergeschlecht! Sieh ihn, mein Boie, du!   50
Freiheit klopft er und Vaterland!
Du, das strahlende Ziel nächtlicher Wachen und
Thränenblinkender Stunden, wie
Flammt dir einzig mein Herz, Vaterland! Vaterland!
Ach, wie ring' ich, wie ring' ich, bald   55
Wert des jauchzenden Danks deines erwählten Stamms,
Und, Bastarde Thuiskons, und
Schiele Nachbarn, zu sein eures Geknirsches wert!

---

14. An den Mond.

Im Jänner 1773.

```
 _   _ _ _   ⏑ ⏑ _ ⏑ _ _
 _   _ _ _   ⏑ ⏑ _ ⏑ _ _
 _   _ _ _   ⏑ ⏑ _ ⏑ _ _
         _ ⏑ _ _
```

Ach, vergebens lächelst du mir vom blauen
Himmel, lieber Mond! Wie in Herbstgewittern,
Ist voll düstern Kummers mein Geist, voll trüber
     Zähren mein Auge!

Dreimal gingst du strahlenlos durch den Äther,   5
Dreimal neubestrahlt; und kein einzig Lüftchen
Sagt mir armen Jüngling, was fern mein trauter
     Brückner beginnet!

An den Mond. Erste Fassung des Gedichtes „Besorgnis" (Gedichte 1802, III, 58 f., fehlt 1825) nach dem Manuskript in München. Ich lasse die Umarbeitung zum Vergleiche hier folgen:

     Nein, umsonst liebkoset, o Mond, dein Antlitz
     Durch der Wand Weinlaub, das die Abendkühlung
     Sanft bewegt! Nicht heitere Lust, du weckest
         Düstere Wehmut!

     Schon durchliefst dreimal mit gelöschter Fackel
     Du die Bahn, dreimal in erneutem Vollglanz;
     Und mir trug kein Lüftchen von meinem Brückner
         Gruß und Verkündung!

     Hat ihn Trübsinn etwa geschweigt, und Krankheit?
     Oder ach! (schnell hülle Gewölk dein Antlitz!)
     Schimmerst du, falschlächelnder Mond, auf seinen
         Ragenden Grabstein?

Seelenangst und brennende Fieber martern
10   Ihn vielleicht zur Stunde, vielleicht, o Himmel!
Scheinest du, falschlächelnder Mond, auf seinen
     Nagenden Grabstein!

15. An Klopstock.
3. April 1773.

Tritt hin, mein Lied! Tritt mutig vors Angesicht
Des Zioniten! Zittre, wer Frevler ist!
   Du, keines Knecht, selbst sein nicht! weihtest
     Frühe dich Gott und dem Vaterlande!

In hoher Wolke feiert den Ewigen
Der Ruf des Donners; aber ihn feiert auch
   Des Halmes Grille, die dem Schnitter
     Fröhlichkeit singt und der jungen Hirtin.

Hat nicht Eloa seinen Gesang geehrt?
10   Sprecht, Edens Wonnen, welch' ihm der Seraph schuf!
   Und er, von seinem Tabor, sollte
     Stolz auf den Jünglingsgesang herabschaun?

Mann Gottes, wahrlich! kannst es nicht! kannst mein Herz
Nicht so betrüben! Schmeichler umarmte mich
15   Mein Bruder? rief mir falschen Beifall?
     Mädchen, du weintest mir Heuchelthränen?

Still, meine Seele! Wahrlich! er kann es nicht!
Und wenn sein Antlitz Segen mir lächelte?
20   „Getrost, mein Sohn! du singst der Eiche
     Würdiger einst, und der Palme Zions!"

An Klopstock. Göttinger M.A. 1775, 212; Gedichte 1802, III. 50; fehlt 1825; vgl. Voß an Brückner 18. April 1773: „Vorige Woche sind die Grafen Stolberg nach Altona zu ihrer Mutter gereist. Wir haben ihnen ein Buch voll Gedichte geschrieben, das sie Klopstock bringen, und der soll jetzt urteilen, wer Genius hat und wer nicht. Ich habe bei der Gelegenheit die Ode an Klopstock gemacht, die ich dir mitschicke." Im Voßischen Nachlasse findet sich eine frühere Fassung dieses Gedichtes, welcher die folgenden Varianten angehören. — 3 f. Du, klein und schwach, trostst keinem Ausland, Eiferst für Gott und Thuiskons Erbe! — 7 f. Die kleine Grille, die dem Erndter Munterung zirpt und dem Schnittermädchen. — 10. Edens Träume, — 11 f. Und er, ein Stolzer, sollte grausam Schmähn die Gesänge des deutschen Jünglings? — 16. Heuchlerthränen? — 18. Und wenn der Schauer lächelnd mich segnete: — 19 f. Die Eiche kränzt bei Klopstock den Dichter vaterländischer Empfindungen, die Palme Zions den Sänger der Religion. V. — 20. und des Palmenkranzes?

O dann, ihr Brüder, schwur ich mit euch dem Herrn!
Dann kniet' ich einsamweinend, als Knabe schon,
  Vor meinem Gott, und fleht' um Weisheit;
    Und mich umschwoll's, wie Gesang des Himmels!

Dann räch' ich, Unschuld, dich mit Jehovahs Kraft   25
An Satans Priestern! an den Verrätern dich
  Mein Vaterland! des Pöbels Hohnruf
    Trotzend, und trotzend dem Wink des Wütrichs!

16. An die Herrn Franzosen.
3. Juni 1773.

Nehmt die Zither, und rühmt, mutiges Halls, Söhne Lutetias,
Selber, also gebührt's! euren Gesang durch die erstaunte Welt!
Trotzt dem dorischen Schwung, welcher, im Ölschatten, Olympias
Reigen flügelt', und trotzt jenem, der Roms Wütrich gen Himmel riß!
Herrlich habt ihr erfüllt Ludewigs Wunsch! Nicht der lombardischen 5
Pickelheringe Kunst rüttelte so, so des Monarchen Wanst
Nicht der lustigste Schwank Roquelaurs selbst, als, wenn dem Atmenden
Most und Nymphen ihr sängt! Taumelnder noch tobt und centaurischer
Euch der Höflinge Tanz! Heißeres Bluts, birgt es die Schminke gleich,
Stürzen Mädchen im Flug tief in die Nacht flüsternder Myrten sich! 10
Billig schielet ihr Grimm über den Rhein in das abscheuliche
Land, wo Höchstädt vom Mord, Roßbach vom Mord seiner Fran=
                  zosen raucht!

21.   O dann erhob ich, Brüder, zu einem Schwur
        Die Hand! Dann lag ich weinend als Knabe schon
        Vor Gott im Staub, und flehte kindlich,
        Mich mit der Freudigkeit Öl zu salben!
— 28. dem Schwert des Wütrichs! — An die Herrn Franzosen Göttinger MA.
1774, 167, vorgelesen im Bunde am 3. Juni 1773, Gedichte 1802, III, 41, „Die Erotiker" mit
der Anmerkung: „Gegen damalige Parteisucht, die für Poesie und Weisheit allein sinnliche
Ergötzungen in leichtfließenden Reimen ausrief und die anders denkenden anseindete,"
fehlt 1825; vgl. Voß an Brückner 17. Oktober 1773 unmittelbar nach dem Erscheinen des
MA.: „Mein Gedicht an die Franzosen macht viel Aufsehens. In Hannover, doch nur
unter den Höflingen, und hier, doch nur unter den Stutzern, nimmt man's sehr übel,
daß ein junger Mensch sich's herausnimmt, eine ganze Nation anzuschnauzen. Wie?
und warum? das wittert keiner von den Herrn. Wenige möchten auch mal die Ode ver=
stehn, wenn sie darum befragt würden" (Briefe 1, 148), sogar Vater Voß fragte 25. Januar
1774 den Sohn: „sage mir aber, was haben dir die armen Franzosen gethan, du wirst
sie gewiß noch über den Rhein wieder locken" (Herbst 1, 294). — 1. Söhne Lutetias,
Pariser. V. — 5 f. Lombardische Pickelheringe, die italienischen Schauspieler in Paris.
— 7. Roquelaure, entweder der durch f. Humor beliebte Vertraute Heinrichs IV.
Antoine Baron v. R., 1543—1625, oder Jean Gustav Baptiste, Herzog von R.,
1617—1683, dessen geistreiche Scherze unter dem Titel Momus français, Köln 1727, ge=
sammelt wurden.

Billig schimpft ihr den witzlosen Gesang, welcher mit rauhem Schall,
  Gott, dies Märchen! und ha! Freiheitsgewäsch tönet, und Vaterland!
15 Selbst die Ersten des Volks — selbst der Barbar, dessen geschliffnes
                Schwert
So unmenschlich euch schlug, schmähet den Kranz, welchen die
            Sprache Teuts
Seinen Siegen umwand, bettelt um den, der an der Marne sproßt!

Holder Amor, den oft, leider! der Ernst meines teutonischen
  Lieds scheuchte; (wo nicht jetzt du im Arm deines Poeten schläfst,
20 Nicht der Schmetterlingsjagd Mattung, im Tau süßer Aurikeln, kühlst;)
Schau der bittersten Reu' Thränen, und gieb, gieb mir des goldenen
  Bogens Saite, daß kühn folge mein Spiel Galliens Harmonie!
Dann, o Grazien, tanzt, fälschlichverhüllt, nach dem Parisertakt,
  Tanzt zu meinem Gesang! schüttet den Kelch fünfmalgeläuterten
25 Nektars über ihn aus, daß mit Begier schöpfe des Jünglings Brust
Meinen zaubernden Trank; daß, ob vor Scham glühend die Schöne sich
  Mit dem Fächer beschirmt, hinter dem Schirm lüstern sie lächele!
O der Freuden! Auch mir lächelt, auch mir, Sänger Lutetias!
Eine Schöne, das Haar gallischgetürmt, blitzend von Edelstein,
30 Und die Wange mit Schönfleckchen besä't! Mich! in dem zärtlichsten
  Nasenton von Paris lockt mich ihr Mund, ha! zu dem Wonnekuß!

17. Elegie.
An zwei Schwestern.
September 1773.

Liebe Mädchen, was quält ihr mit trostverlangender Klage
  Mein zu fühlbares Herz?
Wäre Trost bei mir? — dort sitzt ja noch immer mein B[oie],
  Stumm, mit geheftetem Blick!

15. Barbar, Gleim verteidigte Friedrich den Großen, auf den diese Stelle gemünzt
ist, in einem matten Epigramm, das in Dohms Encyklop. Journal, 9. St., S. 186 erschien,
vgl. Herbst 1, 294. Später suchte sie Voß zu kommentieren und schrieb an Gleim (9. Mai
1776): „Kurz vorher, dünkt mich, war ironisch gesagt, daß unsre seinen Nachbarn mit
Recht unser Volk barbarisch, unsre Sprache raub und unsern Gesang witzlos nennten,
weil er Gott (dies Märchen) und Freiheit und Vaterland sänge. Selbst unsre Fürsten
wären ihrer Meinung, selbst der Barbar (der die seinen Franzosen bei Roßbach so
unmenschlich schlug) verachtete die Siegeshymnen seiner Teutschen, und suchte bei
Galliens Dichtern Unsterblichkeit. Barbar kann also auf dieser Stelle keinen andern
Sinn haben, als Sieger" (Herbst 1, 176). — 24 f. fünfmalgeläuterten Nektars.
Horaz (I. Od. 13) spricht von der Entweihung des Kusses, „dem Cypria Hold ein Fünftel
gemischt eigenes Nektarsaftes." — Elegie. Gött. Muj. 1774, S. 107 ff. nach einem Einzeldrucke; Gedichte 1802, III. 60: „Die entschlafene Margaretha. An Elisa und Ernestine."

Ach! mir blutet ja selbst, zwar nicht um die Schwester, mir blutet 5
　Um die Freundin mein Herz!
Du, o Blume des Himmels, du, überschwenglich von jeder
　Weiblichen Tugend bestrahlt!
Gottes Wohlgefallen! und meine Freundin! du starbest,
　Niemals erblicket von mir? – 10
Ach! nun weiß ich, warum in den seligen Stunden des Tiefsinns,
　Wenn, am vertrauten Klavier,
Ganz mein schwärmender Geist in dem Himmel des ersten Erblickens,
　In dem geflügelten Gruß,
Und in den Labyrinthen der Wonnegespräche vertieft war; 15
　Unter der eilenden Hand
Dann triumphierendes Jauchzen die goldenen Saiten durchrauschte,
　Wie ein wallendes Meer:
Ach! nun weiß ich, warum so oft der irrende Finger
　Im wehklagenden Ton 20
Sich verlor, ein Seufzer sich hob, und stillbethränet
　Hing am Monde mein Blick!
Himmlische Freundin, wenn einst, mit deinem Bruder, ein Frühling
　Hin, wo du schlummerst, mich führt;
Und du am heitern Abend, um deinen grünenden Hügel, 25
　Oder im schattigen Gang,
Welchen du liebtest, mit irrem Schritt, und gebrochnen Reden,
　Deine Geliebten erblickst:
Wird nicht dann, (vergönn' es ihr, Gott!) ein plötzliches Säuseln,
　Oder ein fliegender Glanz, 30
Meiner schaudernden Seele verkünden, daß unter Jehovahs
　Palmen die Freundschaft noch daur't?
Ja! sie dauret! Was braucht's Erscheinung? Die edlere Freundschaft
　Wandelt zur Ewigkeit mit!
O streut rötliche Blumen, ihr zärtlichen Schwestern und Brüder, 35
　Blumen der Lieb' auf ihr Grab;

mit der Anmerkung: „Sie war Boies älteste Schwester, des Vaters innigste Freundin,
und den jüngeren Schwestern mütterliche Erzieherin", fehlt 1825. Vgl. Voß an Ernestine
18. September 1773: „Da haben Sie alles, was ich Ihnen bei diesem traurigen Ver-
hängnisse zum Troste sagen konnte. Die Muse hat wenig Anteil daran, es ist alles aus
dem Herzen gekommen. Boie hat für gut befunden, in einigen Exemplaren Ihren Namen
drucken zu lassen. Mir dürfen Sie also keine Vorwürfe darüber machen. In den übrigen
heißt die Überschrift bloß: 'Elegie an zwei Schwestern', und statt Boie in der Mitte steht
B**. Nie hab ich ein Gedicht mit mehr Anteil gemacht. Wie selig bin ich, wenn über
ihm noch dereinst die Thränen der späten Erinnerung fließen. Thränen der Erinnerung
sind voll himmlischer Wollust für den, der sie weint, und die höchste Belohnung für den,
der sie erregen konnte." (Briefe I, 220 f.)

Eine Blume der Freundschaft für mich, die in trauriger Ferne
    Selber ich streuen nicht kann!
Aber weint nicht so laut, ihr zärtlichen Schwestern und Brüder!
10   Streut, nur schluchzend, sie hin!
Dann entweicht in die Laube, von stillen Sternen behorchet,
    Und vom seufzenden West!
Und klagt leise Klage, daß nicht des leidenden Vaters
    Starrende Melancholei
45 Ihr von neuem erweckt; daß nicht die lindernde Zähre
    Jener, die mütterlich traurt,
Wieder versiege; noch laut und händeringend der Witwer
    Fodre sein Weib und sein Kind!
Geht zu ihnen, o Mädchen, und sagt, mit thränendem Lächeln:
50 Gott, der die Tugend belohnt,
Rief an dem Tage des Segens, an welchem er Klopstock sandte,
    Sie zu dem himmlischen Fest!
Jetzo lehrt sie, umrauscht von duftenden Bäumen des Lebens,
    (Sonst nur der Engel Geschäft!)
55 Ihre morgenrötliche Tochter die Keime der Weisheit,
    Und den gelallten Psalm!
Oftmal pflückt sie auch Blumen für uns, und forscht von dem Seraph,
    Der sie zur Freundin erkor,
Ob's noch lange daure? Dann rinnt die selige Wehmut
60 Ihr auf den werdenden Kranz!

18. An Goethe.

September 1773.

Der du edel entbranntst, wo hochgelahrte
    Diener Justinians Banditen zogen,
      Die in Roms Labyrinthen
      Würgen das Recht der Vernunft;

51. Sie starb den 2. Julius [Klopstocks Geburtstag]. V. — An Goethe. Diese Ode,
welche am 25. September 1773 im Bunde vorgelesen wurde, aber in den Bundesbüchern
fehlt, wurde mit dem Datum 2. Oktober 1773 unter den Eutiner Papieren von Herbst
aufgefunden und in seinem Voß II, 1, 269 zum ersten Male veröffentlicht; dort wurde zugleich Redlichs Vermutung mitgeteilt, daß die Ode durch die mit M. unterzeichnete Recension
des Götz im Teutschen Merkur September 1773 (3, 3. 267—287) veranlaßt, resp. gegen
dieselbe gerichtet sei. Auch unter den Münchner Papieren befindet sich eine Abschrift hinter
der „Elegie am Abend nach der 12. Septembernacht". — 1—4. Goethe war im Götz gegen
die Juristen, denen Kaiser Justianus ihr Corpus Juris geschrieben hat, edel entbrannt.

Freier Goethe, du darfst die goldne Fessel,
Aus des Griechen Gesang geschmiedet, höhnen!
Shakespeare durft' es und Klopstock,
Söhne, gleich ihm, der Natur!

Mag doch Heinrichs Homer, im trägen Mohnkranz,
Mag der große Corneill', am Aristarchen=　　　　10
Throne knieend, das Klatschen
Staunender Leutlein erflehn!

Deutsch und eisern wie Götz, sprich Hohn den Schurken —
Mit der Fessel im Arm! Des Sumpfes Schreier
Schmäht der Leu zu zerstampfen,　　　　15
Wandelt durch Wälder und herrscht!

19. An die Dichter.

1773?

```
_ = _ ᴗ _ ᴗ _ , = _ ᴗ _ _
_ ᴗ _ ᴗ ᴗ _ , = _ ᴗ _ _
_ = _ ᴗ ᴗ _
_ ᴗ ᴗ = ᴗ ᴗ _
```

Dichter, deren Gesang Nachwelten richten,
Weh euch einst, wo der Spruch des Afterrichters,
Und sein murmelnder Nachhall
Unter dem Pöbel, euch weilt!

Voß spielt auf die Unterredung des Bischofs mit Clearius (I. Akt. 4. Scene) und auf die
Erzählung von dem Assessor Savupi, dem verfluchten schwarzen Italiener, während der
Bauernhochzeit (II. Akt. 10. Scene) an. Vgl. Gerland in den Jahrbüchern für klass.
Philologie Bd. 111 (1875) S. 355 f.
9. Heinrichs Homer, Voltaire als Verfasser der Henriade. — 13. Schurken, vgl.
Brückner an Voß 3. November 1773: „Womit verdienen Leute, die nicht Deines Ge=
schmackes in der Poesie sind, gleich den Namen Schurken? Die zweite Strophe und die
dritte sind in meinen Augen überaus schön; die letzte las ich jedesmal 5—6 mal nach
einander und kann sie nicht genug lesen: Gedanken, Ausdruck, Klang, alles, alles dünkt
mir unverbesserlich! Excipe den Schurken." (Herbst, Voß I, 336.) Mit Beziehung darauf
schreibt Stolberg 11. Dezember 1773: „Die Ode an Goethe gefällt mir vorzüglich. Ich bin
kein Antichurkianer. Ich sehe zwar wohl das Nasengerümpf des Publici, aber das Publikum
muß sich zu unserm Tone gewöhnen, ist er doch der Ton der Natur! Wir wollen dem viel=
öhrichten vielzüngichten Ungeheuer nicht opfern. Es erhebe sich bis zu uns oder wir wollen
lieber von niemand als Bundesbrüdern gelesen werden. Aber wir können uns vielmehr
auf die Wagschale der Nachwelt verlassen. Die Nachwelt ist immer gerecht." — 14 ff. Des
Sumpfes Schreier ꝛc. Diese Verse benutzte Voß wörtlich in der Ode „An die Dichter",
vgl. das folgende Gedicht. — An die Dichter. Hamburger MA. 1777, S. 93; Gedichte
1802, III, 16: „Zuruf", um eine Strophe vermehrt, mit der Anmerkung: „Eine der schöneren
Strophen, die Klopstock aus griechischen Versen bildete. Der Auftakt nach dem choriambischen
Abschnitt der beiden Hendekasilben ist in der Regel kurz; ich wählte die gewichtvollere
Länge." Fehlt 1825.

Stolz durch Geniuskraft, blickt Hohn dem Dünkling,
Und den Knechten des Knechts! Des Sumpfes Schreier
Schmäht der Leu zu zerstampfen;
Wandelt durch Wälder, und herrscht!

20. Ahndung.

25. October 1773.

Freundlicher Mond, du gießest milden Schimmer
Auf mein goldnes Klavier, und winkest lächelnd,
Mit des seelenschmelzenden Glück: Willkommen!
Dich zu begrüßen.

Aber mir sagt der tiefe bange Seufzer,
Daß mit Thränen der Sehnsucht meine Selma
Jetzt dich anblickt: freundlicher Mond, ich kann dich
Jetzt nicht begrüßen!

21. An Selma.

29. October 1773.

Spräche Hesperus nach, Selma, wie oft er mich
Am gedämpften Klavier trocknen die Augen sah,
Wenn von Händel und Hasse
Mir wehmütiger Trost erklang;

O du schontest fürwahr deines bekümmerten
Freundes, bärgst mir den Wunsch, welcher um mich, um mich!
In den Irren des Tiefsinns
Dir den zitternden Busen hob.

Ahndung. Gött. M A. 1775, S. 177, verglichen mit dem Druckman. Ein anderes
(datiertes) Man. in Voßens Nachlaß mit der Überschrift: „An den Mond"; am 12. Dezember
1773 an Ernestine gesandt: „Im Mondschein" mit der Bemerkung: Hier haben Sie das
Gedicht, das ich vorigesmal nicht Zeit hatte abzuschreiben" (Briefe I, 228); Gedichte 1802,
III, 73; fehlt 1825. — 3. Glucks Melodie für die Klopstockische Ode: „Willkommen, o silberner
Mond" steht im Göttinger MA. von 1775. — An Selma, in einem Briefe aus dem
November 1773 an Ernestine gesandt mit den Worten: „Ich las eben in Thomsons Herbst,
als mir Ihr Bruder mit einer lächelnden Miene Ihren Brief brachte. Noch voll von
Thomsons Begeisterung und, noch mehr, von Ihrem schönen Briefe begeistert, machte ich
denselben Tag diese Ode." Diese Fassung ist in den Briefen I, 221 gedruckt und hier
wiederholt. Der erste Entwurf, vom 29. Oktober 1773 datiert, befindet sich unter den
Münchener Papieren. Am 18. Dezember 1776 schreibt er an die Braut, daß er diese Ode
für den künftigen Almanach zu verändern angefangen habe; die Publikation unterblieb
aber bis zur Gedichtsammlung von 1785, vgl. das folgende Gedicht. — 3. J. A. P. Hasse,
berühmter Kompositeur 1699—1783.

Ist gleich redlich mein Herz, schwingt sich empor mein Geist
Zu dem strahlenden Kranz edler Unsterblichkeit;   10
     Dennoch bin ich nicht deines
        Wunsches, beste der Mädchen, wert!

Dir zur Seit', im Gedüft blühender Schatten dort,
Jede Schöne des Mais, mit dem verschönernden,
     Selbst durch Selma verschönten,   15
        Kleist, zu atmen, verbeut mein Loos!

Wie der Saiten Musik vor dem beseelteren
Ach! der Sängerin schweigt; schwinge mir Lieb und Lenz,
     Wenn dein rosiger Mund mir
        Spräche himmlischen Harfenlaut!   20

Tritt mit jenem Gesicht, wenn du den heitern Blick
In dein Innerstes senkst, vor den Allmächtigen:
     Bald erfüllt sind die Träume,
        Die dorthin mich beflügelten.

An dem rötlichen Baum, wo du im Abendglanz
Philomelen behorchst, und an die Schwester denkst,
     Naht urplötzlich dein Bruder,
        Und ein Fremder an seiner Hand.

Selma! wenn dir alsdann schnelle Vergessenheit
Deiner leichteren Tracht, wenn dir der Wange Glut,   30
     Und des klopfenden Herzens
        Ahndung sagte, daß ich es sei!

---

22. An Selma.
Umgearbeitet 1785.

Du jungfräulicher Geist, gleich den Vollendeten
Schon im Staube verklärt: schmachtet umsonst mein Blick,
     Deiner Herrlichkeit Abglanz,
        Jene Blütengestalt, zu schaun?

Ach! so ward mir zur Qual dieses phantastische
Herz, das geniuskühn Zaubergebilde schafft,
     Dann in nichtiger Sehnsucht
        Nach dem fliehenden Traume strebt!

An Selma. Gedichte 1785, I, 255; 1802, III, 70 „Die Einladung. An Selma."
fehlt 1825. Umarbeitung des vorhergehenden Gedichtes.

Traum? Den göttlichen Traum bildet' ihr Seraph mir!
10   Ihren ahndenden Wunsch hüllt' er in Morgenglanz,
    Bracht' in Düften des Schlummers
      Dann die heilige Bildung mir!

Uns, zur Liebe geweiht, ach! zu der innigsten
Seelenliebe geweiht: warum bestrahlt der Mond,
15   Still die Wolken durchwandelnd,
      Uns durch Hügel und Thal getrennt?

Oft beseeltest du uns, Liebe; doch unerkannt
Schien dein Odem uns bald säuselnder Frühlingshauch,
    Bald ein Nachtigallseufzer,
20   Bald Erfrischung der Sommernacht.

Liebend pflückten wir oft tauige Rosen uns,
Oft Violen zum Strauß, schwebten in Blütenduft
    Mit Gesang, wie die Vögel
      Durch den schimmernden Äther, hin.

Liebend hörten wir oft murmeln den Erlenbach,
Sahn aufsteigen den Mond, schwinden das Abendrot,
    Voll süßschwärmender Wehmut,
      Dachten Tod und Unsterblichkeit.

Schon im himmlischen Thal, wo wir, noch Seelen nur,
30   Träumten, spielten wir stets unter demselben Strauch,
    Pflückten einerlei Blumen,
      Horchten einerlei Harmonieen.

Ach! wann dämmerst du einst? Eile, geflügelter!
Selma seufzet dir auch! Eile, du Wonnetag,
    Der zu meiner Geliebten
      Über Hügel und Thal mich führt!

Selma, wenn dir alsdann schnelle Vergessenheit
Deiner leichteren Tracht, wenn dir der Wangen Glut,
    Und des klopfenden Herzens
40   Ahndung sagte, daß ich es sei!

23. Elegie am Abend nach der zwölften Septembernacht, 1773.

Ende Oktober oder Anfang November 1773.

Schweig, getreues Klavier! Dein sympathetischer Seufzer
　Weckt den starren Gram, der mir die Seele zerreißt;
Wie der irrende düstre Mond, der weinende Himmel,
　Und der Espe Geräusch über dem Grabe der Braut.
Selbst am Busen des Freundes ist jetzt kein Trost! Mich entreißen 　5
　Mußt' ich! Auch du, mein Hahn, ließest mich trostlos entfliehn?
Traurige, traurige Nacht! du schwarze Botin des Schicksals!
　Deines Gerichts Last drückt, schwer wie ein Fels, mich herab!
Drei auf einmal raubte dein Wink dem seligsten Bunde:
　Meine Stolberg', euch), zärtlichster Clauswitz, und dich! 　10
Ach! dem seligsten festesten Bund'! und drei auf einmal!
　Und so schleunig! so fern! ach! und auf immer so fern!
Und doch lächeltest du, als dort mit dem Schimmer des Mondes
　Uns in der Eichen Graun heiliger Schauer ergriff,
Daß wir dem Vaterlande, der Tugend und Freundschaft schwuren! 　15
　Wahrlich! ein edler Schwur, nicht ungesegnet von Gott!
Tretet heran, und zeugt mir's, ihr Tage des goldenen Alters,
　Oft bei Liedern und Milch unter dem blühenden Baum,
Oft in den Lauben des Sommers bei blinkenden Kirschen und Erdbeern,
　Und dem rheinischen geistflügelnden Nektar, gefei'rt! 　20
Zeug' es, o stille Nacht, die dem mühlenrauschenden Garten,
　Nach den Gluten des Tags, Schimmer und Kühlungen troff,
Als durch Balsamviolen und rote Johannsbeerhecken,
　Mit verschlungenem Arm, Weisheit und lachender Scherz,
Süß wie Mädchengeflüster in Nachtigallhainen, uns führte, 　25
　Und ich leiser empfand, daß ich dich, Selma, nie sah!
Tritt heran, im lyrischen Tanz, mit der Palme Sionas
　Und Amaranthen umrauscht, Tag, der den Sänger gebar,

Elegie. Hamb. MA. 1778, S. 73 ff. verglichen mit dem Druckmanuskript. Auch ein älteres Manuskript hat sich in München erhalten, aus dem ich unten eine größere Stelle mitteile. In der Nacht des 12. Septembers, der zugleich der Geburtstag des Bundes war, wurde das Abschiedsfest der Stolberge auf Voßens Stube gefeiert, das der Dichter hier schildert. Stolberg schreibt nach Empfang der Elegie aus Kopenhagen 16. November 1773: „Wie hat mich Ihre Elegie mit den zärtlichsten, wehmütigsten Empfindungen des Schmerzes und der Dankbarkeit und der weinenden Freude durchdrungen! O mein Voß! mein Voß! ich empfinde zu viel, ich kann es nicht aussprechen, wie lieb mir diese Elegie ist. Welche Thränen hat sie mich vergießen machen! Welche Thränen wird sie mich vergießen machen!" Vgl. Herbst, Voß II, 1, 259; fehlt in allen Ausgaben der Gedichte.

Gottes und seines Messias und Deutschlands heiligen Sänger!
30 Brüder, und unsern Freund! kränzt euch mit Rosen das Haupt!
Kränzt der Freiheit und Tugend Altar! und Flammen und Dolche,
Gegen den Frevler gezückt, halle der Opfergesang!
Und — doch entflieht, Gestalten der seligen Abende! Nimmer
Schaut ihr die Frohen hinfort um den vertrauten Kamin!
35 Still und schwermutsvoll traur't künftig die öde Versammlung;
Furchtsam jeder, woher dieses Verstummen, zu spähn.
Und entsprießen uns seltne Freuden, so sind es nur Blumen
Von dem Grabe der Braut, an der Gespielinnen Brust.
O! wie trog uns die Hoffnung, du Stifterin unsers Bundes,
40 Zwölfte Septembernacht, feierlich dich zu empfahn!
Dich, die Scheitel umrauscht von der Eiche duftender Jugend,
Mit des stolzen Triumphs lautem Getön zu empfahn!
Feierlich bist du empfangen! Dir tönte Millers Triumphlied:
„Über den Sternen vereint fester die Ewigkeit uns!"
45 Auch rauscht' Eichengeräusch, die Umarmung war heiß, und Thränen
Mischten zu Thränen sich! Thränen, der Freude gestürzt! . . . .
Miller! du bist mein Freund; doch du hast übel gehandelt,
Daß du dein Taumellied wieder von neuem begannst!
Sahest du nicht, wie schnell mein Leopold mir um den Hals fiel?
50 Wie der leise Ton zittert' und stockt', und schwieg?
Dich, dich klaget es an, das schreckliche lange Verstummen!
Dich der gebrochne Laut: Lieben, nun ist es Zeit!
Dich der lautere Jammer, die Eile, das Streben, das Ringen,
Und die mit schwimmendem Blick flehende, reißende Flucht!
55 Alle hätt' ich noch einmal, wie Clauswitz, umarmt, und feurig,
Schnell sie geküßt, und fest, fest an das Herz mir gedrückt!
Aber sie flohn! Bald stehn sie betäubt an Daniens Grenzen.
Schaun noch lange zurück, weinen und fliegen hinweg!

41. Das Abschiedslied an Esmarch im 76er Musenalmanach [vgl. Bd. 11] ward mit
einigen Veränderungen gesungen. V. — Die Verse 57—78 lauten in der älteren Fassung
folgendermaßen:
  Doch du weintest ja selbst; sollt' ich noch mehr dich betrüben?
    Ach! ich sah's, wie verwirrt du ihm zeigtest den Mond. —
  Nun, sie sind hin! Bald stehn sie betäubt an Germaniens Grenze,
    Schaun noch einmal zurück, weinen, und fliegen hinweg.
  Bald empfängt sie das Land, was schon so viele beherbergt,
    Deren nicht würdig du, kaltes Germanien, warst!
  Danien schenkst du Dichter, und Weis', und Herrscher, und Feldherrn:
    Schau umher, was sie sind, welche du selber noch hast! —
  Ja, seid stolz, ihr Brüder! Kein Volk hat Jüngling' erzogen,
    Die fürs Vaterland so sich verschworen, wie wir!

Und so entfliegen sie alle, vom schicksalschwangeren Wetter
   Hiehin und dorthin, wie Spreu, unter die Himmel gestürmt! 60
Wende den thränenden Blick, mein Esmarch! er thränt nicht um
             Stolberg!
Nur sechs Abende noch drückst du mir sprachlos die Hand!
Hölty, du zögerst hier, des Liebenden ängstliches Zögern!
Ach! du lauschest nicht mehr Nachtigalltönen mit uns,
Angeblinkt vom grünlichen Schimmer der purpurnen Sonne 65
   Hinter den Saaten! Der Lenz raubt dich und Cramer und Hahn!
Dann noch ein banger Sommer voll Sehnsuchtsthränen; und alle,
   Alle sind ferne von mir, trösten durch Briefe den Freund.
Eile, mein Boie, von Albions Flur! Was entweihest du Klopstocks
   Psalter vor jenen, die noch Ossians Harfe verschmähn? 70
Bürger, ich komme nicht mehr von lachenden Freunden begleitet,
   Einsam komm' ich und still unter dein ländliches Dach.
Sprich mir, du liebst sie ja auch, mein Bürger! von unsern Geliebten!
   Oder ich halt' es nicht aus, eile zu Brückner zurück!
Trostlos wank' ich Verlaßner um jed' einst selige Stätte, 75
   Setze mich thränenvoll, wo mein Geliebter einst saß,
Klag' in wehender Nacht an der herbstlichen Eiche des Bundes:
   Ach! dort stand der Mond! Dort entbrannte der Stern!
Hier umarmten wir uns und jauchzten! Der hangende Zweig hier
   Kränzt' in Stolbergs Nacht noch den versammelten Bund! 80
Weinend sink' ich dann auf die kalte Trümmer des Rasens;
   Und das sterbende Laub rieselt herunter auf mich . . .
Ach! die Thräne versiegt im müden starrenden Auge,
   Und der Wächter der Stadt kündet den nahenden Tag.
Führt mich, o Morgenträume, zu Edens blühenden Lauben, 85
   Wo die Ewigkeit uns fester und fester vereint!

  Klopstock liebt uns; und bald verdient ist jegliches Auslands
    Grimm; und, Teuts Bastard, dein ohnmächtig Geknirsch!
  Aber sehet ihr nicht das schicksalschwangere Wetter
    Schwarz aufsteigen, das bald weit auseinander uns stürmt?
  Dein mich fliehender nasser Blick, mein redlicher Esmarch,
    Fließt nicht um Stolberg nur, fließt um was anderes noch.
  Hölty, du zögerst noch hier! Ein kurzes ängstliches Zögern!
    Ach! im Frühling, mein Hahn! — Hölty! und Cramer! — und du! —
  Dann noch ein kleiner Sommer voll Sehnsuchtsthränen; und alle
    Alle sind ferne von mir, trösten durch Briefe den Freund.

24. An M[ademoiselle] E[lise] B[oie].

Den 17. Dezember 1773.

Vom Hosannageton harfender Seraphim
Schlich, ihr freundliches Kind im Arm,
Deine Schwester sich oft sinnig zur Palmennacht
Am krystallenen Wasserfall.

Denn nur Kunde des Grams brachte der Engel mit,
(Einst ihr Genius, jetzt ihr Freund,)
Von dem heimischen Stern, wo ihr Gewand von Staub,
Unter Thränen und Schluchzen, sank.

10   Aber eilendes Flugs kehrte von seiner Fahrt
Freudestrahlend der Seraph jetzt:
„Friede! Friede mit dir! Gott hat den Donnersturm
Umgeschaffen zu leisem Wehn.

Seltner weinet und still deiner Verlaßnen Schmerz
Um dein abendlich Espengrab;
15   Und es wälzet nicht mehr laute Verzweifelung
Deinen Mann durch das Graun der Nacht.

Deine Schwester im Arm, sah ich den Glücklichen
Mondumdämmert. Sie flüsterten,
Nannten dich, und gemach blinkte der Thränentau,
20   Doch auf lächelnde Wangen, hin.

Und er grüßte sie Braut!" — Wonneverklärung steigt
Ihr ins Antlitz; sie herzt ihr Kind,
Hebt zum sonnigen Thron Gottes ihr Aug', und kniet
Händefaltend: die Kleine staunt.

25   „Halleluja! du hast Großes an mir gethan,
Gott Jehovah! dir jauchzt mein Dank!
Alle Thränen, auch die, welche die Liebe weint,
Trocknest du der Vollendeten!

An M. E. B[oie]. Der Deutsche, sonst Wandsbecker Bote 1773, Dienstags, den 22. Dezember nach einem Einzeldrucke; wiederholt Lauenburger MA. 1776, S. 78 „An Elisa"; fehlt in allen Ausgaben der Werke. Es ist das im November gedichtete Hochzeitsgedicht an Elise Boie, die am 17. Dezember ihren Schwager, den Buchhändler Jessen heiratete. Ihre Schwester war am 2. Juli dieses Jahres gestorben. — 1. MA.: feiernder Seraphim.

Freude schenkest du ihm, den ich im Kummer ließ,
    Meinem Teuren, für den ich starb!   30
Gleiches Herzens mit mir schuffst du Elisa, Gott!
    Lieben wird sie, wie ich, den Mann!

Halleluja! — Doch du, Seraph, zerreiß den Kranz,
    Den ich meinen Geliebten flocht!
Froher Enkel Geschlecht werden sie schaun, bevor,   35
    Hand in Hand, sie der Bote bringt!"

—

25. Die künftige Geliebte.

12. December 1773.

```
 – – ◡ ,  ◡ ◡ – – ,        – ,
◡ ◡ – – ,  ◡ ◡ –  ,  ◡ ◡ – ,
    ◡ ◡ – ◡ ,  ◡ ◡ – – ,
      ◡ ◡ – ◡ ,  ◡ ◡ – ⌣ .
```

Ist es Mitleid, Philomela, daß dein Lied
Aus dem Maiduft, den der Fruchtbaum dir umwölft,
    Wie ein Grablied melancholisch,
       Durch die Dämmrung sich ergießt?

Wie ein Geist, schwebt in der Dämmrung die Gestalt,   5
Die im Nachttraum und des Tags Traum mir erscheint;
    Und mein Ohr lauscht nach dem Seufzer,
       Der so atmend ihr entbebt!

O mein Seraph, wo voll Tiefsinn den Gesang
Philomelas in dem Maiduft sie behorcht,   10
    Da erschein' ihr in der Dämmrung,
       Wie dein Freund, bleich und bethränt!

———————

36. Bezieht sich auf die Margarethen gewidmete Elegie an zwei Schwestern im Gött. MA. 1774, S. 200 (vgl. oben Nr. 17). V. — Die künftige Geliebte. Gött. MA. 1775, S. 129; unter der Überschrift „An die Nachtigall" 12. Dezember 1773 an Ernestine gesandt (Briefe I, 229); ein gleichlautendes Man. in Boßens Nachlaß; Gedichte 1802, III, 53: „Sehnsucht" mit folgender Anmerkung: „Die Strophe, eine Nachahmung der horazischen Miserarum est neque amori, besteht aus steigenden Jonikern, deren Schlußlänge mit einer schwebenden Kürze oder Mittelzeit vertauscht werden darf, und Anapästen"; fehlt 1825.

26. An Selma.
Um Mitternacht.
13. Januar 1774.

Du seraphischer Geist! Heiliger Gotteshauch!
Wird mein sterblicher Blick nimmer gewürdiget,
    Deiner Herrlichkeit Abglanz,
      Jene Himmelsgestalt, zu schaun?

5   O so wandelte Fluch, als ich geboren ward!
Nacht, so keimten in dir ländervergiftende
    Schandgesäng', und ein König
      Sann der Freiheit die Fessel aus!

So gab Gott mir im Zorn dieses phantastische
10   Herz, das geniuskühn zaubernde Träume schafft,
    Dann abgöttische Thränen
      Vor dem eignen Geschöpfe weint! —

Traum war, täuschender Traum, dieser erhabne Blick?
Dieses Beben der Brust? dieser edenische
15   Frühling lächelnder Wangen?
      Ganz der himmlischen Seele Bild?

Nein! so wahr er im Sturm freudiger Schauer mich
Drauf, durch Sphärengesang, unter die Blüten riß,
    Wo in goldenen Schalen
20   Mir Unsterblichkeit funkelte:

Diesen göttlichen Traum schuf mir ihr Genius!
Ihren ahndenden Wunsch hüllt er in Morgenglanz,
    Bracht' in Schlummergewölken
      Dann die heilige Bildung mir!

25   Uns, zur Liebe bestimmt, ach! zu der feurigsten
Reinsten Liebe bestimmt! warum, o Selma, schrieb
    Dort ein schwarzes Verhängnis
      Unsre Trennung mit Sternenschrift?

An Selma. Göttinger M.A. 1775, 147 verglichen mit dem Entwurfe und dem Druckmanuskript; vgl. Voß an Brückner 15. August 1774: „Ich hab' Ernestinen geliebt, eh' ich
sie gesehn. In den Almanach wird ein Gedicht kommen, die Frucht einer sehr melancho-
lischen Winternacht, das ich nicht eher im Bunde bekannt machen wollte, eh' ich wußte,
ob Ahndung auch täusche.“ Gedichte 1802, III. 78; fehlt 1825. — 28. Sternenschrift,
nach der alten Meinung, daß die Stellung der Wandelsterne unser Schicksal andeute. V.

Ach! ich fühl' es, sie seufzt! Eile, geflügelter!
Selma seufzet dir auch! Eile, beglückter Tag,　　　　　30
　　Der in Thränen der Liebe
　　　　Meinem zitternden Arm sie schenkt!

Flamme Gottes, du strahlst, Liebe! der Sonne gleich,
Auf des Todes Gefild Leben und Schönheit aus!
　　Gleich dem Liede Sionas,　　　　　35
　　　　Stürmst du Seelen zu Gott empor!

Oft durchbebtest du mich, Liebe! doch unerkannt,
Schien dein Odem mir jetzt Balsam der Sommernacht,
　　Jetzt ein Säuseln des Frühlings,
　　　　Jetzt ein Seufzen der Nachtigall!　　　　　40

Schon im schattigen Thal, wo wir, noch Seelen nur,
Träumten, spielten wir stets unter demselben Strauch,
　　Pflückten einerlei Blumen,
　　　　Horchten einerlei Harmonie.

Doch die Seraphim, einst unserer Pilgerschaft　　　　　45
Zu Geleitern gesellt, senkten den Psalterton
　　Oft zum Lispel der Wehmut,
　　　　Blickten seitwärts, und weineten.

Jetzo weinen auch wir! Dumpfere Trauer bebt
Diese Saiten herab! Denn in der Mitternacht　　　　　50
　　Leisem Hauche begegnen
　　　　Sympathetische Seufzer sich!

----

27. Elegie.

Sommer 1776.

Denkt mein Mädchen an mich? Balsamischer duftet der Garten
　　Nach dem Regen, und Glanz träufelt am grüneren Busch.
Gottes Wolke schaut, nach entlasteter Fülle, gegürtet
　　Mit dem Bogen der Huld, freundlich zurück in das Thal,

Elegie. Hamburger MA. 1777, S. 122 f., verglichen mit dem Druckman., in älterer Fassung aus Voßens Stammbuch und mit deutlicherem Bezug auf Ernestine mitgeteilt von Johannes Crueger in Schnorrs Archiv für Litt. XI, 452; Gedichte 1785, I, 213: „An Selma"; 1802, III, 88: „Die Trennung"; fehlt 1825.

5 Wo der gescheuchte Reigen der Kinder aus Weiden hervortanzt,
   Und, das Wunder zu spähn, jauchzend den Hügel erklimmt.
Aber ich hefte den Blick auf die schäumenden Wogen der Schleuse,
   Gleite sanft, wie im Traum, gegen die reißende Flut,
Und mein horchendes Ohr hört leise, wie Mädchenstimmen,
10   Und ein banges Ach, tief in des Stromes Geräusch.
Denkt mein Mädchen an mich, und schwebt mit dem lieben Gedanken,
   In Gedüften verhüllt, etwa ihr Engel um mich?
O so beschwör' ich dich bei des Mädchens reinster Empfindung,
   Die ihr mit Engelwonn' Augen und Wangen verklärt,
15 Ihrer heiligsten Thräne, die je in goldener Schale
   Zu Jehovens Altar, freudiger Eile, du trugst:
Zeig mir die holde Gestalt der Auserwählten, die jetzo,
   Fern, voll trüberes Grams, ihren Geliebten beweint!
Irrt sie im bunten Thale, von frohen Gespielen genötigt,
20   Stumm, den grünen Hut über die Augen gesenkt?
Pflückt ohn' Absicht Blumen, und springt itzt behende zur Blüte
   Jenes Hollunders, der einst unsere Küsse verbarg;
Oder zum Quell, den in hohler Hand sie bei Mondenschimmer
   Einst zu trinken mir bot? Spielet sie zögernd im Quell,
25 Unachtsam des Getändels um sie; und lispelt vergebens
   Ihr die Freundin ins Ohr: Mädchen, du bist ja so still?
Oder sitzt sie einsam im grünen Dunkel der Laube,
   Auf der Stelle, wo einst mir an dem Herzen sie lag? ...
Die ihr heimlich umher von der Schöne des Mädchens flüstert,
30   Weht mir den Rosenbusch, freundliche Weste zurück;
Daß ich das Antlitz schaue der Herrlichen, und in der Schönheit
   Strahlenmeer sich hinab stürze mein schauernder Geist!
Ach! sie trauert, die Schönste der Mädchen, und lehnet die Stirne,
   Hingesenkt auf die Hand, an den gebogenen Ast!
35 Thränen netzen die Hand und die glühende Wange; sie seufzet,
   Nennt mich bei Namen, und schwer zittert ihr Busen empor!
Selma, Selma, weine nicht so! Du weinest um mich zwar;
   Aber es bricht mir das Herz, Beste, dich weinen zu sehn!
Der im edenischen Myrtengedüft einst unsere Seelen,
40   Ach so ähnlich! erschuf, und uns mit segnendem Hauch
Ein zur Liebe weiht', und den zärtlichsten Engeln vertraute,
   Dann so wunderbar hier beide vereinigte, Gott,
Unser Vater, beschied, nicht zürnend, uns Zähren der Trennung;

Bald vereiniget uns wieder ein ewiger Bund! . . .
Still! sie atmet leis'; auf die müdegeweinten Wimper   45
   Gießt mein Genius ihr duftigen Schlummer herab,
Und umleuchtet ihr Haupt mit Träumen vom winkenden Brautkranz,
   Und dem Reigengesang hoffender Bräute der Flur.
Atemlos horcht sie dem Lied' und (o sie fühlt, daß ich weine!)
   Meinem vor Lieb' und Lust trunkenen stammelnden Laut.   50
Seht! sie bebt, und wie Abendrot auf träuselnden Rosen,
   Schimmert ein Lächeln sanft über ihr nasses Gesicht.

---

28. An Friedrich Leopold Grafen zu Stolberg.
1780.

Stolberg, über der Stadt am schiffbaren Busen der Ostsee,
Wo du, mich einst zur Seite der Braut im Schatten des Frühlings
Grüßend, des Liebenden Glück durch Freundschaft glücklicher machtest:
Kränzt den Bord, der vor Alters die höheren Fluten zurückzwang,
Hoch und verwachsen, ein Wald voll Kühlung und ahndender Schauer.   5
Allda ruht' ich vom sinnenden Gang', am beschatteten Bergquell,
Horchend der lockenden Wachtel im grünlichen Rauche der Ähren,
Und dem Wogengeräusch, und dem fernher säuselnden Südwind.
Über mir wehten mit änderndem Grün die verschlungenen Buchen;
Und es strahlte verstohlen ein flüchtiger Schimmer der Sonne,   10
Jetzt auf den finstern Quell, und jetzt auf die blinkende Stechpalm',
Jetzo mir blendend aufs Lied des grauen ionischen Sängers.
Aber mit Einmal, siehe! da leuchtet' es: Hain und Gefilde
Schwanden in Licht; es erscholl, wie von tausend Nachtigallchören;
Und ein Gedüft, wie der Rosen, doch duftender, atmete ringsum.   15
Und nun trat aus dem Licht ein Unsterblicher: seine Gestalt war
Morgenglanz, sein Gewand ein feurigwallender Nordschein.
Zitternd verhüllt' ich mein Antlitz; allein der Unsterbliche nahm mich
Sanft bei der Hand, und Wonne durchschauerte meine Gebeine.
Und er begann zu reden, und sprach mit melodischer Stimme: 20

An Friedrich Leopold Grafen zu Stolberg. Widmung der ersten Odysseeübersetzung Hamburg 1781, verglichen mit dem Druckman.; Gedichte 1785, I, 1⁄2: „Die
Weihe" unter die Idyllen eingereiht, 1802, III, 99: „Die Weihe, Hymnus" das zweite
Buch der „Oden und Elegieen" eröffnend; 1825, III, 13. — 1. Die Stadt ist Flensburg.
— 11. Stechpalme, Hülse, Hulst: Ilex Aquifolium. V.

Fürchte nicht, o Jüngling, den Maioniden Homeros,
Welchen du Einsamer oft mit herzlicher lauter Entzückung
Nanntest! Ich komme zu dir, nicht aus dem stygischen Abgrund;
Denn kein Aïdes herrscht, kein Minos richtet die Toten
25 Drunten in ewiger Nacht: ich komm' aus dem lichten Gefilde,
Wo auch mein Gesang zum Vater aller emporsteigt.
Als mit himmlischer Harfe der isaïdische Seher
Gott den unsichtbaren im Allerheiligsten feirte,
Sang ich mit irdischer Harfe den schwacherleuchteten Völkern
30 Stammelnd den sichtbaren Gott im Heiligtume der Schöpfung;
Und, gleich Davids, lohnte der Vater mein kindliches Stammeln.
Sorgsam pflückte mein Lied die Blume jeglicher Tugend,
Wie sie am schwächeren Strahle der göttlichen Wahrheit entblühte:
Unschuld, goldene Treu und Einfalt; dankende Ehrfurcht
35 Vor der Natur und der Kunst wohlthätigen Kräften, der Urkraft
Genien! flammende Liebe des Vaterlandes, der Eltern,
Und des Gemahls und des Herrn; und menschenerhaltende Kühnheit.
Diese schimmernden Blumen, erfrischt vom Taue des Himmels,
Gab ich, in Kränze geflochten, der jungen ionischen Sprache.
40 Denn zur Priesterin weiht' ich die keusche heilige Jungfrau
Im Orakel der hohen Natur: daß sie täglich mit Nektar
Sprengend die sternenhellen und töneduftenden Kränze,
Aus dem Getön weissagte; und Völker von Morgen und Abend
Beteten an die Natur, des Unendlichen sichtbare Gottheit.
45 Aber nun stürmte der Schwarm des barbarischen Wahns und der
                                                        Dummheit
Wütend daher, und zerschlug den Altar, und vertilgte der Kränze
Viele; die Priesterin floh mit den übrigen kaum in des Felsens
Kluft, und starb. Und siehe! die Kränze meines Gesanges,
Unerfrischt vom Nektar der Jungfrau, dufteten welkend
50 Leiseren Laut, gleich fernverhallenden Harfentönen.
Oft zwar stieg in die Kluft ein Beschwörer, vom Geiste der Jungfrau
Nektar zu heischen; allein sie erschien, ein täuschendes Unbild,
Und antwortete nicht dem ungeheiligten Schwätzer.
Auch stieg manche hinab der lebenden Sprachen, der toten
55 Priesterin Kränze zu rauben; doch schnell verschwanden die Kränze
Unter der Buhlerin Hand: dann pflückte sie heimische Blumen,
Ähnlich jenen, und flocht weissagende Kränze; mit Opfern
Strömte das Volk in den Tempel, und horchte der Afterprophetin.

Sohn der edleren Sprache Teutonia, die mit der jüngern
Schwester Jonia einst auf thrazischen Bergen um Orpheus   60
Spielte, von einerlei Kost der Nektartraube genähret;
Dann im Bardenhain, mit dem keuschen Volke der Freiheit,
Frei und keusch, die Gespielen verachtete, welche des Auslands
Klirrende Fessel trugen, von jedem Sieger geschändet:
Deine göttliche Mutter Teutonia, welche mein Klopstock   65
Von Siona geführt, mit Engelpalmen und Blumen
Vom edenischen Strome bekränzt' und zur Seherin Gottes
Weihete: sie nur verdient der Natur weissagende Kränze.
Auf! und heilige dich, daß du, ihr würdiger Herold,
Einen der Kränze, besprengt mit erfrischendem Nektar, heraufbringst.   70
Fleuch der Ehre vergoldeten Saal, des schlauen Gewinstes
Lärmenden Markt, und die Gärten der Üppigkeit, wo sie in bunter
Muschelgrotte ruht, und an der geschnittenen Laubwand.
Suche den einsamen Nachtigallhain, den rosenumblühten
Murmelnden Bach, und den See, mit Abendröte bepurpert,
Und im reifenden Korne den haselbeschatteten Rasen;
Oder den glatten Kristall des Winterstroms, die Gebüsche
Blühend von duftigem Reif, und in hellfrierenden Nächten
Funkelnde Schneegefilde, von Mond und Sternen erleuchtet.
Siehe da wird mein Geist dich umschweben mit lispelnder Ahndung,   80
Dich die stille Pracht der Natur und ihre Gesetze
Lehren, und meiner Sprache Geheimnisse: daß in der Felskluft
Freundlich erscheinend dir die Jungfrau reiche den Nektar.
Furchtbar ist, o Jüngling, die Laufbahn, welche du wandelst;
Aber zittere nicht: denn siehe! dich leitet Homeros!   85
Wie von der Sonne geführt am goldenen Bande, die Erde
Tanzet den wirbelnden Tanz; im Schmuck der Blumen und Früchte
Lächelt sie jetzt, und singt mit tausend Stimmen; doch jetzo
Hüllt sie ihr Antlitz in Wolken, umheult von Orkanen, des Weltmeers
Steigender Flur, und dem Feuer, das hinströmt; aber sie wandelt   90
Ruhig fort, und segnet mit Licht und Wärme die Völker:
Also wandle auch du, vom Kusse der Braut erheitert,
Und dem Lallen des Sohns am Busen des lächelnden Weibes;
Oder gehüllt in Schmerz, wann dir dein redlicher Vater
Starb, und die einzige Schwester, die frischaufblühende Rose!   95
Dreißig Monden daure die heilige Weihe; dann steige
Kühn und demutsvoll in die schaudrichte Höhle des Felsens.

Unerschreckt vom Gekrächze der Raben, die dich umflattern,
Flehe der Priesterin Geist, empfang' in goldener Schale
100 Ihren sprudelnden Nektar, und sprenge den Kranz, der Odysseus
Tugenden tönt; den andern gebührt ein anderer Herold.
Diesen trag' in der hohen Teutonia Tempel. Der Welt nicht,
Aber der Nachwelt Dank sei dir Lohn, und über den Sternen
Unter Palmen ein Sitz zur Seite deines Homeros.
105 Also sprach er. Da ward mir, als ob mein Leben in Schlummer
Sanft hinflösse. Ein Meer von Morgenrot umrauschte
Wiegend meinen Geist mit tönenden Harmonieen.
Als ich endlich gestärkt der sanftumwallenden Kühlung
Schaudernd entstieg; da erwacht' ich, und siehe! Hain und Gefilde
110 Grünten wie vor; allein die niedergesunkene Sonne
Schien mir unter den Zweigen mit rötlichem Schimmer ins Antlitz.
Freudig und ernstvoll ging ich durch tauende Roggengefilde
Heim, und erreichte bald die kleine Pforte der Mauer,
Wo mir Ernestine mit ausgebreiteten Armen
115 Lächelnd entgegensprang, und zürnete, daß sie so lange
Mir umsonst in der Laube die süßen Kirschen gesparet.
„Aber du siehst ja so bleich, mein Lieber? Sage, was fehlt dir?"
Sprach sie und sah mich an. Allein ich wandte des Tages
Brennende Hitze vor, und sagte nicht, was geschehn war.

29. An Göckingk.
1780.

‒ ◡ ‒ ◡   ‒   ‒ ◡ ‒ ᴗ

Welche Hexe, geübt, zur Walpurgsgala
Meister Satans auf Bock und Ofengabel
Hinzureiten; vor Lust aus ihrem Nachttopf
Ungewitter zu gießen; Flöh' und Wanzen,
Mäus' und Ratzen in unbekreuzte Häuser
Frommer Leute zu bannen; Saatenfelder
Kahl zu heren; und nachts die Kuh des Nachbars
Durch den Ständer zu melken, daß die Viehmagd
Voll Verwunderung Blut statt Milch herauszerrt:

An Göckingk Hamburger MA. 1781, S. 154, verglichen mit dem Druckman., Ge=
dichte 1785, I, 310; 1802, III, 10.; „An Göckingk, den Mitherausgeber der Blumenlese",
fehlt 1825.

Welch triefäugichtes, schieles, ausgestäuptes,   10
Längst für Galgen und Rad und Strang und Holzstoß
Reifgewordenes Weib erfand das Posthorn,
Welches mächtiger noch an Zaubertönen,
Als des Hamelschen Ratzenfängers Pfeife,
Allen dichtrischen Aberwitz und Unsinn,   15
Der im heiligen römschen Reich nur aufkeimt,
Mir herbannt! Denn so oft des Schreckenhornes
Taratantara tönt; kömmt Ode, Volkslied,
Epigramm und Idyll', Epistel, Fabel,
Elegie und Ballad', und aller Mißwachs,   20
Der auf sandiger Heid', in kalten Sümpfen,
Oder brennendem Miste wild hervorschoß:
Kommt im Sturme dahergesaust, und wuchert
Durch die Beete des schönen Blumengartens,
Wo, ermüdet von Arbeit, Deutschlands Männer   25
Und rotwangichte Frau'n in lauer Dämmrung
Atmend unter Gesang und Lachen wandeln.
Gäte, raufe mit mir das geile Unkraut!
Hurtig, Göckingk, du rechts; ich gäte linksum!   30
Hier die Quecke von Trink= und Liebesliedern,
Dort elegischen Wermut, Odentollwurz,
Und Saudisteln des Minn'= und Bardensanges,
Taube Nesseln des Epigramms, und langen
Epistolischen Hühnerschwarm, des Volkslieds   35
Posist, und der Balladen Teufelsabbiß!
Hurtig! nicht in den Steig, dort hintern Dornbusch
Hingeschleudert den ekelhaften Unrat,
Aufgehäuft und verbrannt mit Pech und Schwefel!
Ha! dann stehen wir fern mit Hopfenstangen,   40
Abgewandt, und die Nase fest zuhaltend,
Stehn, und schüren die Glut; indes der dicke

14. Bei Hameln wird ein Berg gezeigt, in welchen ein Rattenfänger mit der Pfeife die Bürgerkinder gelockt, und unter der Erde nach Siebenbürgen geführt haben soll. V. — 28. gäten, neben jäten häufig. — 30. Quecke, ein wucherndes Gras, Triticum repens. V. — 31. Tollwurz, Wolfswurz, Aconitum. V. — 32. Saudistel, Gänsedistel, Hasenkohl; Sonchus. V. — 33. Taube Nessel, Totennessel, Lamium. V. — 34. Hühnerschwarm, gewöhnlicher Hühnerdarm (wie Voß auch seit 1785 schrieb), Hühnerbiß, Meier, Meierich, Alsine: der Ausdruck Hühnerschwarm scheint namentlich in Hamburg gebräuchlich zu sein (Deutsches Wörterbuch IV, 2, Sp. 1881). — 35. Posist, ein Angelschwamm mit bräunlichem Staube; Lycoperdon Bovista. V. — Teufelsabbiß, von der Gestalt der Wurzel: Scabiosa succisa. V.

Pestaushauchende schwarze Qualm hoch aufsteigt,
Der noch stinkender, als Tobias Fischdampf,
Alle Teufel verscheucht, und, weht ein Teilchen
45 Ihr ins Maul, die verwünschte Hexe kitzelt,
Daß sie hustend die schwarze Seel' herauswürgt!
Aber, Freund, in den Winkeln laß des Unkrauts
Etwas stehen; damit die Säu' und Esel,
Die, ihanend und grunzend, nachts umhergehn,
50 Und voll kritischer Wut durch Zäune brechen,
Nicht aus Mangel an Fraß die Blumenbeete
Uns durchmäkeln mit Schnauz und dickem Rüssel!

30. An Friedrich Leopold Grafen zu Stolberg.

Frühjahr 1782.

Bist du es, junges Gefühl der Gesundheit, oder des Frühlings
Schaffender Hauch, der so wild meine Gebeine durchtobt?
Oder entreißt zu den Sternen die Freude mich: daß mein erstaunter
Geist im Ätherglanz über den Wolken sich sonnt?
5 Schone mit deinem Becher; ihn hat der Grazien Sänger
Gleim mit der Zauberkraft seiner Begeistrung geweiht!
Schone, schon', o Weib, mit dem Nektartranke des Rheines!
Kaum noch duldet mein Geist dieser Entzückungen Sturm!
Bäum' und Gebüsche voll Blüten umtaumeln mich rings; die Narcisse,
10 Tulp' und Päonie tanzt unter Violen umher!
Lämmer im Schatten der Weid', und die Mühle mit kreisenden Flügeln,
Gleitende Kähne des Stroms, Herden auf sonniger Au:
Alles flattert im Schimmer umher; und die Laube, von hellem
Dämmernden Grüne gewebt, zittert und hüllt sich in Glanz.

An Friedrich Leopold Grafen zu Stolberg. Hamburger M.A. 1783, S. 136,
Einzeldruck unter den Voßischen Papieren in München. Auch der Entwurf. Gedichte 1785 I,
218; 1802, III, 114 ganz umgearbeitet unter dem Titel: „Das Brautfest". 1825, III, 19.
Stolbergs Hochzeit fand am 11. Juni 1782 statt. Voß erzählt in seiner Selbstbiographie:
„Frei von Fieber und wie verjüngt sang ich für Stolberg das Hochzeitgedicht, welches
schwärmt im Vorgefühle der Seligkeit, mit ihm und Agnes ein geistigeres Leben in Eutins
iruchtwallendem Seethal zu beginnen" (Briefe II, 79) und Ernestine sagt im Alter: „Gar
schöne Tage waren es, als Voß in dieser heiteren Stimmung das Hochzeitsgedicht an
Stolberg machte" (Briefe III, 1, 10). — Statt der Verse 11 und 12 stehen im Entwurfe folgende vier:

Unsern mutigen Knaben, den rollenden Wagen umjauchzend;
Dort der gleitende Kahn auf dem beschimmerten Strom;
Dort die rasselnde Mühle mit sanft umkreisenden Flügeln,
Hier die trinkende Kuh; drüben das saugende Lamm:

Himmel! erhellte den Blick mir ein Genius? Siehe, wie lieblich 15
    Kränzt, um die Wasser Eutins, Fruchtbarkeit Hügel und Thal!
Siehe, wie Stolbergs Braut, geschmückt mit der Blume der Schönheit,
    Dort in dem glänzenden Saal unter den Feiernden schwebt!
Eine Hirtin der Flur, und im Hause des Fürsten bewundert;
    Stolz wie der Tanne Wuchs, mild wie die Rose des Thals. 20
Sonnenschein ist ihr Lächeln, und Frühlingsodem die Rede
    Ihres Mundes, ihr Laut holder wie Nachtigallton.
Schauernd in trunkener Fülle der Seligkeit, stehet mein Stolberg,
    Steht der Unsterbliche dort, heftet den flammenden Blick,
Ungestört von der Freunde, der Freundinnen und der Geschwistern 25
    Winkendem lachendem Spott, ach! auf die Einzige hin.
Sinke doch, Sonn', und erhebe dich, Mond; mitkundige Sterne,
    Schimmert, o schimmert doch bald freundlich ins stille Gemach,
Wo gleich blendendem Schnee das heilige Lager emporschwillt,
    Unter des Baldachins rauschender Seide versteckt! 30
Winket den eingedenken Gemahlinnen, daß sie die Jungfrau
    Mit triumphierendem Lärm führen ins Ehegemach!
Staunend folgt sie der Fackel, die hold errötende Jungfrau,
    Mädchenhaft, ihr Herz banger Erwartungen voll.
Also erbebt und staunet die grünliche Tochter des Zeisigs, 35
    Welche die Schwingen zuerst atmenden Lüften vertraut:
Aus dem wärmenden Nest in des Schleedorns grünem Gekräusel
    Flatterte voll Vorwitz oftmal das mutige Kind,
Wenn nach Speise die Mutter umherflog, zwitschernd zum nahen
    Rötlichen Erdbeerbeet' oder Syringengebüsch; 40
Aber jetzt, im Getümmel der mutzujauchzenden Freundschaft,
    Wagt sie, vom Scheusal hier, dort vom Geklingel geschreckt,
Durch umsäuselnde Lüfte den Flug zu dem glänzenden Kirschbaum,
    Zittert und kostet von fern seine balsamische Frucht.
Also wankt zu der Kammer die Jungfrau: süße Verwirrung 45
    Hebt ihr die Brust, und fliegt zuckend durch Mark und Gebein;
Eile den jauchzenden nach! Was zauderst du? eile, mein Stolberg!
    Deiner Braut ist der Kranz schon von den Locken geraubt!
Eile, geneuß die hehre, die feierlichste der Stunden,
    Welche die himmlische Lieb' ihren Geweihten schenkt: 50
Wann dein siegender Arm sie umfaßt, und die schüchterne Jungfrau,
    Die sich lange nicht mehr sträubte, von neuem sich sträubt;

16. Im Einzeldrucke: Wallt des eutinischen See's hüglichtes Weizengefild!

Wann der entfliehende Atem, der raschere Puls, und der volle
  Hingeheftete Blick, und die umströmende Nacht,
55 Wann der bräutliche Kuß auf bebender Lippe, der leise
  Stammelnde Laut, und ihr, Thränen der seligen, ach!
Überseligen Wonn', in die Tiefen der Seele hinabruft:
  Trautester, Trauteste, du! leben und sterben mit dir!
Siehe, des Himmels Segen umströmen euch: Töchter und Söhne
60   Blühen, edel wie du, schön wie die Mutter, empor!
Schöner und edler als ihr! ein Garten Gottes! Der Nachwelt
  Bieten sie, Palmen am Bach, Stärkung und schattendes Kühl!
Aber noch strahlt am Himmel die Sonn', im goldenen Lager
  Schlummert Hesperus noch, keuchend noch ackert der Stier.
65 Noch ertönt der Freunde, der Freundinnen und der Geschwistern
  Jubelgetön; noch klingt, voll des hungarischen Weins,
Heller Kristall, o Braut und Bräutigam, eure Gesundheit,
  Wünscht euch höhnend noch nicht eine geruhige Nacht.
Wehe mir! Berg' und Thäler und braune Wildnisse sondern,
70   Und der rauschende Strom, uns, o Geliebte, von euch!
Sonst frohlockten und klingten auch wir! kein froherer Glückwunsch
  Tönt' in das Jubelgetön, und in den Klang des Kristalls!
Dennoch freun wir uns hier einsiedlerisch! Blumen des Frühlings,
  Kränzen uns: Braut ist mein Weib wieder, und Bräutigam ich!
75 Aber nicht lange mehr schaun wir, o ländliche Hütten der Freiheit,
  Euch, von Eschen umgrünt, durch die Gefilde verstreut;
Eurer Ähren trotzigen Wuchs, und der blühenden Rapsaat
  Gelbe Flur, von grünschilfichten Graben gestreift.
Bald verlassen wir segnend dies oceangrenzende Blachfeld,
80   Welches der kühne Fleiß brausenden Wogen geraubt.
Oftmals fodert die Elbe, begleitet vom herbstlichen Nachtsturm,
  Mit hochbrandender Flut, zornig ihr altes Gebiet:
Schreiend fliegen die Möven ins Land; des jammernden Pflügers
  Rosse mit Säcken voll Schutt eilen zum hallenden Teich;
85 Und von den donnernden Schleußen geschreckt, entfliehet die Medem,
  Strudelnd und hochgedrängt, heim in ihr mütterlich Moor,
Wo mit Kähnen ins Haus der arme Bewohner des Sietlands

---

71. klingten, das Wort klingen für tönen hat klang, geklungen; für tönen
lassen, klingte, geklingt. V. — 77. Die Rapsaat, welche Rüböl giebt, heißt anderswo
Rübsen, Raps; Brassica Napus. V. — 79. oceangrenzend, der Name Ocean wird
vom äußeren Weltmeere, nie von einem eingeschlossenen Meere, gebraucht. V. — 85. Die
Medem oder Mäme fließt durch das Hadelsche Sietland, welches zu früh eingedeicht
wurde, in das Hochland, und Otterndorf vorbei durch eine Schleuse in die Elbe. V.

Rubert, zum flammenden Torf auf dem erhobenen Herd.
Ach! bald eilen wir hin in Eutins fruchtwallendes Seethal,
  Über den rauschenden Strom. Thäler und Berge dahin: 90
Wo der Wald uns schattet, wo frische Quellen uns sprudeln,
  Und am Bache den Mai singend die Nachtigall grüßt,
Und, o Wonne! wo ihr die lieblichsten Gäng' uns umherführt.
Stolberg, du und dein Weib! Aber schon weniger schlank,
Ruht sie oft; dann blickest du lächelnd sie an; sie errötet   95
  Nicht ungern, und küßt dir von der Lippe den Scherz.

31. An Graf Holmer.
Sommer 1783.

Wie der Sänger des Hains in dem Käsicht, unter dem Maibusch,
  Welchen die Tochter des Herrn sorgsam im Topfe gepflegt,
Um mit früherem Laube des Lieblings Haus zu beschatten,
  Froher des Sonnenscheins, hüpft und melodischer singt:
Klösterlich schwermutsvoll im Ofendunst an dem Fenster,
  Welches von Nachtfrost blinkt', oder von Hagel und Sturm
Rasselte, saß er bisher mit struppigter Schwinge, des Sommers
  Eingedenk, da er frei Wälder und Auen durchflog;
Aber nun hüpft er und singt vor dem offenen Fenster des Gartens,
  Froher des Sonnenscheins, unter dem schimmernden Grün,   10
Daß vor dem hellen Gesange die Jungfrau lächelnd am Nähpult
  Sich ihr gellendes Ohr schirmet, und Ruh' ihm gebeut:
Also freut sich der Dichter, der, lange verscheucht, sein ungrüntes
  Einsames Gartenhaus endlich in Friede bewohnt,
Und aus traulicher Kammer, von Mond und Sonne beleuchtet,   15
  Garten und Insel und See, Hügel und Wälder umschaut.
Immer durchschwärmt sein Blick die Gegenden: oft wie die Biene,
  Welche Blumen umirrt, und bei den süßeren weilt;

89. Im Einzeldrucke: hin zum eutinischen Weizengefilde. — 91 f. Den Marschleuten
fehlen Wälder, Quellen und Nachtigallen; und was ein Bach sei, mußte ich dort (in
Otterndorf) so umständlich erklären, wie hier (in Eutin) was die Alten unter Berg,
Wald, Strom, Insel verstehen. V. (1802). — An Graf Holmer. Hamburger MA. 1784,
S. 197; Druckmanuskript und erster Entwurf in München; Gedichte 1785, I, 229; 1802,
III, 123 mit der Anmerkung: „Ein weissagender Wunsch, der erfüllt werden sollte"; 1825,
III, 25. Als Fr. L. Stolberg im Juni 1783 Eutin verließ, strebte Voß dahin, daß dessen
Haus für ihn als Amtswohnung erworben werde, und suchte seinem Anliegen bei dem
Minister durch diese Elegie mehr Nachdruck zu geben. Daß Voß das Gedicht vor der Ent-
scheidung im MA. abdrucken ließ, mißbilligte der Minister (Herbst I, 2, 12).

Stürmend oft und entzückt, wie der Adler Zeus, da er Nektar
20 Und Ambrosia einst aus der elysischen Flur
Brachte, dem Knaben zur Kost, der, ein künftiger Herrscher des
        Donners,
Unter der Grott' im Glanz seiner Unsterblichkeit schlief.
Heil mir! ich zittre vor Wonn'! Ist es Wirklichkeit oder Erscheinung?
Meine Stimme, wie hell! fließet von selbst in Gesang!
25 Welchen unsterblichen Namen verkündet der Welt und der Nachwelt
Mein Gesang? Wer schuf diese Gefild' um mich her?
Bin ich dem Markt' entflohn, und dem ringsumrasselten Rathaus?
Schreckt mich nicht mehr des Gerichts, oder der Gilden Tumult?
Nicht der Senatorschmaus, der, vom drängenden Pöbel bewundert,
30 Laut in den Wiegengesang, über der Wöchnerin, tobt?
Nicht anwohnender Schergen Besuch, noch des Bürgergehorsams
Nächtlicher Lärm? nicht mehr kreischender Buben Gewühl,
Zankender Kauf und Verkauf, und des Fuhrmanns Fluch, und der
        Räder
Rollen, die knallende Peitsch', oder der Hunde Gebell?
35 Noch der Gräuel des Marktes, der gotische Pranger, des Galgens
Bruder! zum Schaugepräng' hoch auf den Hügel gepflanzt?
Jetzo stört mich nur etwa die Nachtigall fern am bebüschten
See, die Schwalb' am Gesimf', oder das purpurne Licht,
Welches durch wankende Rosen und Pfirsiche sanft in die Fenster
40 Meines Kämmerleins schlüpft, und aus dem Traume mich weckt.
Oder, wandl' ich durch Blumen, von duftender Blüte beschattet,
Denkend einher, dann umsumst etwa ein Bienchen mein Haupt;
Oder die Taube vom Dach umsäuselt mich; oder ein Sperling
Schwirrt aus dem Kirschenbaum, schwirrt aus den Erbsen empor.
45 Oft auch, wann ich, beschirmt vor dem Mittag, unter dem Fruchtbaum
Lieg', und starrend mein Blick Würmer im Grase verfolgt,
Schreckt mich ein fallender Apfel zur Seit', und der grünliche
        Laubfrosch,
Der im Johannsbeerbusch quakend den Regen erseufzt.

---

19. der Adler Zeus. Nach der Dichterin Märo (Athen. XI, 12) ward Zeus als
Kind in einer Kretischen Grotte ernährt; Tauben brachten ihm, wie schon bei Homer
(Odyss. XII, 162), Ambrosia vom Oteanos her, und ein Adler Nektar aus einem Felsen. V.
— 20. Euripides sagt (Hippol. 749), daß am Atlas in der seligen Insel Elysion die
Ambrosiaquelle war. V. — 27. Voß bewohnte seit Ende Februar 1783 ein Stockwerk im
Rathause am Marktplatz von Eutin. Unter all den im Gedichte erwähnten Unbilden hatten
Voß und seine Familie wirklich zu leiden (vgl. Herbst 1 2, 11 f.).

Oder wenn ich am plätschernden See, in der Linden Umschattung,
  Sinnend die Wellen zähl', oder den östlichen Blitz   50
Und den farbigen Bogen bewundere, der in des Wassers
  Zitterndem Spiegel sich krümmt, und das zerstreute Gewölf;
Springt oft plötzlich ein Schwarm von Gründlingen hinter der Wolke
  Fliehendem Schatten empor, schimmernd im sonnigen Glanz;
Oder es rauscht unvermutet der Regen durchs Laub, daß ich triefend   55
  Heim zu dem Weiblein entflieh, welches am Fenster mich höhnt.
Freundliche hehre Natur, du lächelst Weisheit und Einfalt,
  Freien Sinn, und zur That Kraft und Entschluß in das Herz!
Wen dein lächelnder Blick zum vertrauteren Liebling geweiht hat,
  Eilet gern aus dem Dunst und dem Gerassel der Stadt,   60
Eilt in die grünen Gefild', und atmet auf, und empfindet
  Menschlicher, neben des Hains luftigem Bache gestreckt.
Aber wenn sein Schicksal in dumpfige Mauren ihn kerkert,
  Pflanzt er sich, wie er kann, irgend ein Gärtchen zum Trost;
Myrte, Zitron' und Rose, die Balsamin' und der Goldlack,   65
  Und süßduftendes Kraut, schmücken sein Fenstergesims;
Eine blühende Lind' und Kastanie, nicht von des Gärtners
  Bildender Scheere gestutzt; oder umrankender Wein,
Der, voll junger Trauben, sein schwebendes Laub an der Wohnung
  Sonnige Fenster geschmiegt, säuselt ihm Kühlung und Ruh.   70
Kränz', o Viol' und Narzisse, mein Haar! Des Gefildes Bewohner
  Bin ich, und nicht der Stadt! Schauere Blüten herab,
Heiliger Baum, der oft mit Begeisterung meinen geliebten
  Stolberg einsam umrauscht'; oft uns vereinigte hier,
Ihn und Agnes und mich, beschattete: wann, von der Freundschaft   75
  Und der schönen Natur himmlischem Nektar entflammt,
Unsere Seelengespräche den Edelsten unter den Fürsten
  Segneten! Heiliger Baum, schauere Blüten herab!
Feiernd denk' ich Sein, des Edelsten, der nach der Arbeit
  Hier zu ruhn mir vergönnt; feiernd, o Holmer, auch dein: 80
Denn du sahst das Getümmel um mich, und brachtest die Botschaft
  Unserm Vater, der uns gerne wie Kinder erfreut!

— —

65. Lack oder Goldlack, die gefüllte hochgelbe Viole; Cheiranthus Cheiri. V. —
79. Sein, des Edelsten, der Herzog Friedrich August.

32. An meine Ernestine.

1784.

Frage nicht, was mir fehle, du Schmeichlerin; atm' ich doch ringsum
    Düfte des sprossenden Laubs, höre die Nachtigall rings,
Und betracht' im Abend die wolkigen Riesengestalten,
    Welche mit Purpur den Leib gürten, mit Golde das Haupt.
5 Siehe, mein Geist entschwebt zu den Heldenseelen der Vorwelt,
    Da man das Große noch groß achtete, Kleines noch klein;
Da sich der Mensch noch seiner erinnerte, daß er verständig
    Sei, ein empfindender Geist, nicht ein gefräßiger Bauch;
Und auch liebliche Blumen der Menschlichkeit emsig gewartet
10   Blüheten, nicht allein Futter für Menschen und Vieh.
Lebt' ich in jener Zeit, da Homer den starken Achilleus,
    Und des duldenden Manns Tugend und Weisheit besang:
Mühsam wandert' ich fern aus den hyperborischen Wäldern,
    Wie zum krotonischen Greis' Abaris, hin zu Homer.
15 Nicht unkundig des Liedes, denn hell in den Hainen Apollons
    Tönt' auch unser Gesang, würd' ich sein Reisegenoß.
Singend zögen wir bald in Jonien, bald in den Inseln,
    Bald durch Hellas umher, und das arkadische Thal;
Sähn noch ungefälscht die Natur, und des goldenen Alters
20   Sitte, da gern ein Gott oder ein Engel erschien;
Unschuld, Treu' und Thaten der ungefesselten Menschheit
    Sähn wir, und streuten zur That edleren Samen umher.
Gleich willkommen im Hirtengeheg' und Palaste des Königs,
    Beim nachbarlichen Schmaus' oder bei Festen des Volks,
25 Wären wir überall wie daheim, und nähmen mit Hauskost,
    Milch und Früchten vorlieb, lieber mit rötlichem Wein.
Stattlich säßen wir beide mit Lorbeer gekränzt; und der Jungfraun
    Schönste, noch schöner vom Tanz, setzte sich traulich zu uns,
Rühmte hold den Gesang, und betastete klimpernd die Saiten,
30   Füllte dann unser Gefäß nötigend wieder mit Wein.

An meine Ernestine. Gedichte 1785, 1, 238 (verglichen mit dem Manuskripte);
1802, III, 133: „Der Abendgang. An Ernestine." (Es ist dies der alte Titel, der schon
im Manuskript ursprünglich stand.) 1825, III, 30. — 13. Die Griechen, wenigstens bald
nach Homer, dachten sich die Küste des Oceans von Spanien bis Deutschland (denn weiter
gegen Norden glaubten sie kein Land,) von Hyperboreern bewohnt. Diese lebten unter
Bäumen von Baumfrüchten, schuldlos und Lieblinge Apollons. Abaris, ein hyperborischer
Priester, besuchte den weisen Pythagoras in Kroton. V.

So wie wir Thäler und Höhn durchwanderten, hörten wir ringsum
    Unserer Lieder Klang: hier von dem Jäger im Forst,
Dort beim Pflug' und der Sense, vom Fischer am See, und der Hirtin;
    Unter den Linden des Dorfs lallten die Kinder sie nach;
Und Arbeiter am Weg' und Wanderer zeigten mit Fingern,   35
    Nickten und grüßten uns zu, namentlich, und wie bekannt.
Aber kehrten wir müd' am Mittag' oder am Abend
    In ein friedsames Dorf; schnell, wie der Ruf sich ergeußt,
Wenn ein Mann mit Orgel und bildender Lampe daherkommt,
    Jubelt' es nah und fern: freut euch, die Sänger sind da!   40
Fröhlich käm' aus der Thüre die Tochter unseres Gastfreunds,
    Klatscht' in die Händ', und eilt' ihren Gespielinnen zu:
Seht doch, Vater Homer, und der hyperborische Fremdling!
    Mädchen, sein junger Gesell, welcher so angenehm küßt!
Auch nicht ganz zu verachten ist sein Gesang, wenn er anfängt;   45
    Bei Apollon-Homers Liebe vergißt man ihn zwar!
Herzlich grüßt' uns der Wirt, und stellte die Stäb' in den Winkel,
    Macht' uns bequem, und trüg' emsig Erfrischungen auf.
Wenn wir dann spät mit Gesang die horchende Menge belustigt,
    Und der ermüdete Greis oft auf die Harfe genickt,   50
Von mutwilligen Mädchen verhöhnt; dann führte die Jungfrau
    Leuchtend uns beide zur Ruh in das bekannte Gemach.
Also wanderten wir in den schönen Tagen des Sommers
    Singend von Stadt zu Stadt, singend von Dorfe zu Dorf.
Aber käme der Herbst, der die Weg' und grünenden Rasen   55
    Überschwemmt, und das Laub schattigen Bäumen entreißt;
Klüglich zögen wir beide, bevor der Stolpernden Antlitz
    Schnee und Hagel zerschlüg', heim in das Winterquartier.
Wenn die Flur noch besponnen mit regenbogigem Schimmer
    Lachte, wenn gelb und rot streifte das falbe Gebüsch,   60
Und für den neuen Gesang der lesende Winzer uns Trauben
    Schenkte, der Bauer am Weg' allerlei Früchte des Baums:
Ruhig kehrten wir dann von der Wallfahrt wieder gen Smyrna,
    Und bezögen vergnügt unser gemächliches Haus,
Wo wir den Winter hindurch schulmeisterten, so wie gewöhnlich;   65
    Spinnen hatten indes Bänk' und Katheder umwebt.
Aber sobald die Viol' aus zerronnenem Schnee, an dem Abhang
    Blühete, fröhlich das Lamm blökte durchs grünende Thal,

39. bildender Lampe, Zauberlampe oder -Laterne.

Und holdselige Mädchen im Sonnenschein und im Mondschein
70   Gern ausgingen aufs Feld: ach in der festlichen Zeit,
   Wenn sich des Dorfs Schulmeister beklagt, daß die Jugend ihm
                                wegbleibt,
   Und beim Balle vergißt, was sie so mühsam gelernt:
Siehe dann bliesen wir lustig den Winterstaub von den Harfen,
   Schüttelten uns, und hinaus ging' es, wie vorigen Lenz.
75 O wie bange geseufzt! Komm, küsse mich, Liebchen; ich bin ja
   Gerne geboren für dich, bleibe ja gerne bei dir.
Weg mit dem Traum! Dann wäre mein Liebchen allein in der Einöd'
   Ohne mich; und den Mund, welcher so herzlich mich küßt,
   Drückte mit plumpem Schmatz ein wirklicher Titeljustizrat,
80   Oder ein pustender dickbäuchichter Dorfpredikant,
   Der vom alten Homer im Vorbeigehn etwa gehört hat,
   Daß er als blinder Heid' itzo beim Teufel sich wärmt.

---

33. An Agnes Gräfin zu Stolberg.

1784.

Ob wir dein noch gedenken, du Freundliche? Ja, es umschwebet
   Deine süße Gestalt, ach der Entfernten, uns stets.
Hier und dort, wo wir gehn: in der blauen Stub' und der gelben,
   Wo dein Kanapee stand, wo du im Sopha geruht;
5 Oder im grünen Gemach, wo wir nachts vom Lager im Mondlicht
   Blühender Rosen uns freu'n, die wir ins Fenster gebeugt;
Zwischen den Blumenbeeten an rosendurchschimmerter Fruchtwand,
   Wo uns zuletzt des Aprils wärmende Sonne beschien;
Unten im Dunkel der Laube, wo Silberrosen mit Erdbeern
10   Und Maililien blühn, die du so emsig gepflegt,
Wo wir unter die Schatten der Lind' und des zarten Liguster
   Geisblattranken gepflanzt, wie du uns scheidend befahlst!
Und auf der traulichen Bank des beschatteten Agneswerders,
   Also nannten wir ihn, gegen die Insel des Sees:

---

79. Ein Justizrat ist wirklich Justizrat, denn der Staat sagt, daß er's wirklich sei: aber darum noch kein wirklicher Justizrat. Ein wirklicher Justizrat hingegen ist zwar wirklich, weil der Staat es sagt, wirklicher Justizrat. Aber beide haben, als solche, wirklich auch nicht das geringste mit der wirklichen Justiz zu schaffen. V. — An Agnes Gräfin zu Stolberg. Gedichte 1785, I. 247; Druckmanustript und ein Fragment des ersten Entwurfes in München; Gedichte 1802, III. 145: „An Agnes"; 1825, III. 37. — 13. Der Agneswerder, eine Baumlaube im Winkel unseres Gartens, an der Westseite des Sees. V.

Wo du fröhlich mit uns in des Sommers Schwüle den Seewind 15
　　Atmetest, unter des Rohrsperlinges hellem Gesang;
Oft die schwebende Mewe betrachtetest, lachend des Freundes,
　　Welchen der weiße Schein mähender Männer betrog;
Oder in sonniger Flut des Fischleins Spiele belauschtest,
　　Welches aus falbem Moos perlend die Fläche durchglitt, 20
Aber schnell vor dem Schatten der blumigen Mümmelchenblätter
　　Stutzte, da weit in den See kräuselnd ein Wind sie erhob;
Ach an dem lieblichen Orte, wohin du im Schimmer des Abends
　　Noch zu guter Letzt schweigend am Arme mir gingst,
Dort noch einmal den See im Glanz vielfarbiger Wolken 25
　　Sahst, und des grünen Gesträuchs zitternde Schemen umher,
Lächelnd riefst: „O wie schön! Vergeßt nicht meiner, ihr Lieben!"
　　Und an des Freundes Brust schluchzend dein Antlitz verbargst:
Überall gedenken wir dein, und erzählen uns wieder,
　　Was du gesagt und gethan, sinnen und senken den Blick! 30
Wallte nicht jüngst dein Herz von zärtlicher Freud' und Wehmut,
　　Daß dir heller der Tag schimmerte, grüner die Flur?
Wir Verlassenen feierten der trautesten Freundin Gedächtnis,
　　Deren süße Gestalt uns, wo wir gehen, umschwebt.
Dort am buschigen Ufer des kleinen Sees, wo wir ehmals
　　Froher gingen mit euch, gingen wir Einsamen froh;
Sahn, wie des Dorfes Schar mit Karst und Schaufel den Rasen
　　Ebnete, künftig das Grab deiner Bewohner, Eutin:
Wo auch unser Gebein zur Seite des schlummernden Sohnes
　　Ruhen wird, an des Sees vögelumschwirrtem Geräusch; 40
Und im Gespräche von Tod und Trennungen, pflückten wir emsig
　　Blaue Vergißmeinnicht unten am sumpfigen Bord;
Wandelten heim, und reihten die Blumen rings in der Schale:
　　Und mit Wasser erfrischt, hob sich ein blühender Kranz.
Diesen trugen wir froh in den schönen Saal mit der Aussicht 45
　　Über Garten und See, welchen dein Bildnis verschönt;
Stellten, mit herzlichem Gruße, den blauen Kranz vor dein Bildnis,
　　Und betrachteten stumm, Agnes, dein holdes Gesicht,
Lange betrachteten wir's: und von inniger Lieb' und Wehmut
　　Bebend, umarmten wir uns heftig mit bräutlichem Kuß. 50

---

21. **Mümmelchen** heißt die weiße und gelbe Wasserlilie, Nixblume; welches auch **Mümmel** andeutet: Nymphaea.

Ob wir dein noch gedenken, du Freundliche: straf' ihr, o Stolberg,
    Für dies schalkhafte Wort küssend den lächelnden Mund:
Wie, wenn sie, schöner von Freud', auf den blühenden Säugling
                hinabblickt,
    Der, mit dem Busentuch spielend, in Schlummer sich lallt;
55 Und dann mütterlichstolz, voll unaussprechlicher Anmut
    Seitwärts schielend, dich fragt: „Trautester, hast du mich lieb?"

34. Die Sängerin.

1786.

_ ◡ _ ◡ ◡ _,   _ ◡ ◡ _,   _ ◡ ◡ _ ◡ _

Leiser scholl mein Gesang in des Klaviers schmachtenden Silberton
Denn das Mädchen erhub, übergelehnt, hellere Melodie:
Daß ihr Busen dem Flor schüchtern entwallt', und mit der Rose Duft
Warm ihr rosiger Mund gegen die Wang' Äther mir atmete.
5 Glut durchströmte die Wang', und in der Brust pochte mein Herz empor;
Und mir stockte die Stimm', unter der Hand stammelte Mißgetön.
Auch des Mädchens Gesang stammelte hold. Trunken von Seligkeit
Bebt' ich näher; und ach! unter dem Kuß zuckte der Rosenmund.

35. An den Genius.

1788.

_ ◡ _ ◡ ◡ _,   _ ◡ ◡ _ ◡ _
_ ◡ _ ◡ ◡ _,   _ ◡ ◡ _ ◡ _
   _ ◡ _ ◡ ◡ _ ◡
   _ ◡ _ ◡ ◡ _ ◡ _

Aufschwung edles Gesangs winkest du freundlich mir
Oftmals, oder mit Zorn, stürmischer Genius.
   Doch in Thränen des Unmuts
   Blickt mein Auge zur Wolkenbahn;

Die Sängerin. Hamb. MA. 1788, S. 194; Gedichte 1795, II, 153; Gedichte 1802, III, 151 mit der Anmerkung: „Ein Versuch, ob dies liebliche Silbenmaß die neuere Musik durch bequeme Abteilungen anlocken würde"; fehlt 1825. — An den Genius. Gedichte 1802, III, 157, vgl. mit dem Druckmanuskripte, in welchem ein Zettel von Voßens Hand folgenden Inhalts liegt: „Der Verfasser war damals, bei 32 wöchentlichen Amtsstunden in sieben Sprachen und ich weiß nicht, in wie vielen Wissenschaften, gleichwohl noch 300 Rth. nebenher zu erwerben genötigt. Weil er auch seinem inneren Berufe nicht ganz entsagen wollte, so verließ ihn endlich Gesundheit und heitrer Mut." 1825, III, 40.

Denn mich bindet der Staub! Ob an der Fessel zwar   5
Ich, unkundig des Frons, schüttele; bald erschlafft
    Noch glanzloser der Fittich,
       Der zum Himmel empor sich schwang.

Ach! das feurige Roß, einst in Olympias
Rennbahn nicht ungelobt, und in der Reiterschlacht,   10
    Nun zum Joche gebändigt,
       Last zu schleppen, und Feld zu baun,

Wenn's auf magerer Au', rastend einmal vom Dienst,
Hört Trompetengetön, streckt es den Hals und horcht
    Wiehernd, senket das Haupt dann   15
       Mit vorwallender Mähn' herab.

Gieb, Mäcenas, ein Amt deinem Virgilius,
Deinem Flaccus ein Amt, Gönner der Wissenschaft:
    Daß sie Mantuas Anwachs
       Kunstreich ziehn, und Venusias,   20

Gleich der emsigen Lohnspinnerin kaum die Not
Wegarbeitend; und dann fodere freudigen
    Wettgesang mit Homeros,
       Wettgesang mit den Lesbiern:

Der, nach ernstem Geschäft, dir, in melodischem   25
Tonfall, lieblichen Schlaf riesele, der vielleicht
    Nutzbar werde der Nachwelt
       Zum dolmetschenden Unterricht!

Des wird ewiger Ruhm, Gönner der Wissenschaft,
Dir im Buche der Zeit! ja die Verherrlichung   30
    Weckt Nacheiferer künftig,
       Die mit hellerem Sinn verstehn:

17 f. Virgil war nahe bei Mantua, und Horaz in Venusia geboren; die Erhaltung
beider danken wir dem Mäcenas, dessen Namen man so oft mißbrauchte, daß Klopstock die
Unterscheidung der Mäcene von Mäcenaten vorschlug. V. — 21. Das Bild der
Lohnspinnerin ist homerisch, Jl. XII, 433:
    Gleich: wie die Wage steht, wenn ein Weib, lohnspinnend und redlich,
    Abwägt Woll' und Gewicht, und die Schalen beid' in gerader
    Schwebung hält, für die Kinder den ärmlichen Lohn zu gewinnen." V.
— 24. Lesbier waren Alcäus und Sappho. V. — 25. lieblichen Schlaf riesele,
Seneca meldet (ep. 114), daß der schlaflose Mäcenas durch das Geräusch ferner Musik und
murmelnder Wasserfälle sich ein Schlümmerchen erkünstelt habe. V.

> Nicht ohn' alles Verdienst sei der Kastalia
> Weisheitsquelle, gelehrt, Mühlen zu drehn, die Brot,
35   Brot uns schaffen und Brennöl,
> Und was menschliches Wohl erheischt.

36. Die erneute Menschheit.

2. November 1791.

```
_ ⏑ _ _ _ ⏑ ⏑ _ ⏑ _ ⏑
_ ⏑ _ _ _ ⏑ ⏑ _ ⏑ _ ⏑
_ ⏑ _ _ _ ⏑ ⏑ _ ⏑ _ ⏑
      _ ⏑ ⏑ _ ⏑
```

Stille herrsch', Andacht, und der Seel' Erhebung,
Rings umher! Fern sei, was befleckt von Sünd' ist,
Was dem Staub anhaftet, zu klein der Menschheit
    Höherem Aufschwung!

Dem die Weltkreis' all in den Sonnenhimmeln
Staub sind; dem Weltjahre wie Augenblicke;
Dem, gesamt aufstrebend, der Geister Tiefsinn
    Nur ein Gedank' ist;

Dessen Macht kein Maß der Erschaffnen ausmißt;
10   Dessen fernhin dämmerndes Licht Begeist'rung
Kaum erreicht, hochfliegend: den Geist der Geister!
    Betet ihn an! Gott!

Nicht der Lipp' Anbetung ist wert der Gottheit,
Nicht Gepräng' abbüßendes Tempeldienstes,
15   Nicht Gelübd', noch Faste; nur That geklärter
    Menschlichkeit ehrt ihn!

---

33. Kastalia, eine begeisternde Quelle an Apollons delphischem Oratel. V. —
Die erneute Menschheit. Hamburger M.A. 1796, S. 12, mit Melodie von J. F. Reichardt,
Man. in München. Gedichte 1802, III, 161; 1825, III, 42. — 5. Die Weltkreise
in den Sonnenhimmeln sind die in Kreisen sich bewegenden Weltkörper der unzähligen
Sonnensisteme. V. — 6. Ein Weltjahr, großes Weltjahr oder Himmelsjahr, wird der
verschieden bestimmte Zeitraum genannt, in welchem alle Gestirne und Planeten in ihren
Umläufen denselbigen Stand am Himmel wieder einnehmen. V. — 11. Geist der Geister,
weil von Gott, als dem unendlichen Weltgeiste, alle Geister der Erschaffenen gleichsam aus-
flossen. Nach der Bibel: in ihm leben, weben und sind wir. V. — 14. Opfer und
Gelübde und alle äußere Wertheiligkeit fand ungenügend der Weisere schon in Davids
Zeitalter und ioderte ein reines Herz; er, der größer als David war, entlastete uns der
Priestersazungen, und erklärte Gottes Gebot für erfüllt durch Liebe, die allein dem
Allliebenden uns näher bringt. V. — 15. Die Faste ist jezt gebräuchlicher im
Plural: die Fasten.

Dich allein, Abglanz von der Gottheit Urlicht,
Menschlichkeit! Dich sah der entzückte Denker,
Bebt' in Wollust, rang, wie zur Braut der Jüngling,
    Ach! und umschloß dich!   20

Flog mit dir aufwärts, und vernahm in Demut
Näher Gott! — Allvater, erbarm' dich unser!
Fleht' er auf: Allvater, unendlich groß, un=
    endlicher Güte!

Flehn auch wir: Allvater, erbarm' dich ihrer,   25
(Als sie thun's unkundig!) die: Gott der Heerschar!
Uns nur Gott! aufrufen, der Rache Zorn dir
    Löschend in Sühnblut!

Gott, sie nahn lobsingend, vom Blut der Brüder
Wild, die fromm dir dienten den Dienst der Heimat,   30
Anders nur dich, Großer, den Engeln selbst Viel=
    namiger! nennend!

Höchstes Gut allstets, und des Guten Geber!
Ihm, der Raubwild jagt in der Eichelwaldung;
Ihm, der Feind' abwehrt mit Geschoß und Harnisch,   35
    Froh des Gemeinwohls:

Oder ihm, des Seel', in das All sich schwingend,
Mit der Grundursachen Gewicht und Maße,
Harmonie wahrnimmt, aus Verblühn Erschaffung,
    Leben aus Tode!   40

Ob wie tot auch starre der Geist der Menschheit,
Durch der Willkür Zwang und gebotnen Wahnsinn;
Doch erringt siegreich auch der Geist der Menschheit
    Neue Belebung.

---

33. Höchstes Gut ist Gott jedem nach dem Maße seiner Begriffe. Die Äthiopen,
sagt Xenophanes (Clemens Str. VII), bilden die Götter schwarz und stumpfnasig, die
Thraker blond und blauäugig; und an Gesinnung scheinen sie den Barbaren raubtier=
ähnlich und wild, den Hellenen sanfter, aber doch leidenschaftlich. Ja die Rinder, fügt er
hinzu (Str. V), wenn sie könnten, würden sie Rindern gleich, die Löwen als Löwen, und
die Rosse als Rosse darstellen. Nach dieser Bemerkung verehrte einen andern Zeus der
Grieche des rohesten Altertums, einen anderen der milde Homer, und einen ganz anderen
der tiefsinnige Heraklit, da er seinen Begriff des alleinigen weisen Gottes dem herrschenden
Namen Zeus übertrug.   V.

45   Zwar er schlief Jahrhunderte, dumpf in Fesseln,
Todesschlaf, seit himmelempor die Freiheit
Vor den Zwingherrn floh und des Götzenpriesters
     Laurendem Bannstrahl.

     Luther kam: auf schauert' im Schlaf der Geist ihm,
50   Blickt' umher, schloß wieder das Aug' in Ohnmacht,
Und vernahm leis ahndend den Laut aus Trümmern
     Attischer Weisheit.

     Bald, wie Glut fortglimmt in der Asch', am Windhauch
Fünkchen hellt, rot wird, und in Feuerflammen
55   Licht und Wärm' ausgießt: so erhub der Menschheit
     Schlummernder Geist sich,

     Lebensfroh! Hin sank die verjährte Fessel,
Sank der Bannaltar, und die Burg des Zwingherrn;
Rege Kraft, Schönheit, und des Volks Gemeinsinn,
60   Blühten mit Heil auf!

       ˙ ⸺

37. Der Winterschmaus.

29.—30. Dezember 1799.

    ‒ ⏑⏑ ‒ ⏑⏑ ‒, ‒ ⏑ ⏑ ‒ | ‒ ⏑ ‒ ⏑ ‒ ⏑̆
    ⏑̆ ‒ ⏑ ‒ ‒ ⏑ ‒ ⏑ ‒ ⏑̆
    ‒ ⏑⏑ ‒ ⏑⏑ ‒, ⏑⏑ ‒ ⏑ ⏑ | ‒ ⏑ ‒ ⏑ ‒ ⏑̆
    ⏑̆ ‒ ⏑ ‒ ‒ ‒ ⏑ ‒ ⏑̆

Schneidender Ostorkan aus Sibirien saust am Doppelfenster;
    Bepackt mit Feurung knarrt im Frost die Lastfuhr.
Weder den Schnee durchklingelt ein Schlittener, noch umschwebt
             ein Läufer
Mit Stahl der Eisbahn blankgefegten Marmor.

51 f. Laut aus Trümmern attischer Weisheit. Aus den Denkmälern der weisen Alten ging hellere Kenntnis des Ewigwahren, bestimmteres Gefühl für das Erbrecht des göttlichen Ebenbildes hervor, und wirkte allmähliche Milderung der Barbarei, wohlthätig für Volk und Fürsten. V. — Der Winterschmaus. Taschenbuch für 1801, herausgeg. von Friedrich Gentz, Jean Paul und J. H. Voß. Braunschweig S. 91, der erste Entwurf und ein späteres Man. in München; Gedichte 1802, III, 182 mit folgender Anmerkung: „Der erste und dritte Vers besteht aus vier Takten eines bukolischen Hexameters mit einem Taktylus im vierten, worauf, statt des gewöhnlichen Ausgangs, drei Trochäen, oder zuletzt ein Spondeus folgen; der zweite ist, wie der vierte, ein unvollendeter Trimeter von drei Doppeliamben. Weil der Takt vier Zeilen enthält, so wird die Länge der Trochäen und Jamben dreizeitig. Nach jedem Verse wird etwas gehalten." 1825, III, 49. 3. Schlittener, eigentlich ein Schlittenmann, wie Kärrner, Gärtner. V.

Einzelne traben im Sturm, wie gesittiget; auch das arme Mägdlein ⁵
    Knirrt rasches Fußtritts, Haub' und Mantel haltend.
Selbst im Stalle der Hahn traurt klösterlich, krähet kaum, und duldet,
    Gelockt zum Futter, Kräh' als Gast und Sperling.

Stolberg, trotz dem Orkan, wie er wintere, komm in falber Wildschur,
    Dem Bärenturban dicken Dampf entatmend;   10
Keck in Bließ und Karosse begleite dich unsre Frau Sophia,
    Und deine Jungfrau'n, eingemummt in Rauchwerk.

Lenz hier wärmt das Gemach, und Heiterkeit. Lenz umgrünt das Fenster,
    Und höhnt des Frostes blumenhaft Gegaukel.
Lenz in dem Käfige singt der Kanarier, froh des krausen Kohles, ¹⁵
    Woran Krystall in heller Sonn' ihm funkelt.

Froh, wie in blühender Bäum' Umdämmerung, klingt der Feiergläser
    Geläut mit Glückwunsch um die Hirtentafel.
Manches Gesangs Nachhall aus Jonia, mancher Laut vom Tibris,
    Wo junger Frühling ewig blüht, umweht uns,   20

Mit herzengendes Grams Aufheiterung. Eine Ros' auch spiegelt
    In deinem Kelchglas purpurrot ihr Antlitz,
Die mein kosendes Weib sanft pflegete. Horch sie duftet lispelnd:
    „Schnell rollt das Schicksal; blüht mir auch im Winter!"

---

38. Warnung.
An Stolberg.
8.—9. August 1880.

```
_ ᵕ _ _ _ ᵕ ᵕ _ ᵕ _ _
_ ᵕ _ _ _ ᵕ ᵕ _ ᵕ _ _
_ ᵕ _ _ _ ᵕ ᵕ _ ᵕ _ _
_ ᵕ ᵕ _ _
```

Freies Sinns Aufhellung gespäht und Wahrheit,
    Sonder Scheu, ob Papst und Tyrann durch Machtspruch
Geistesflug einzwäng'; und geübt mit reiner
       Seele, was recht ist!

---

9. Wildschur, ein auswendig rauher Wolfspelz. V. — Warnung. Gedichte 18 2,
III, 235 (vgl. mit dem Truckman.); fehlt 1825. Nach Ernestinens Erzählung in den Tagen
gedichtet, nachdem er durch Katharina Stolberg den Übertritt ihres Bruders erfahren
hatte. Die Ode hatte den Zweck, Stolberg zum ernsten Gespräch über die Kinder zu

5 Das allein schafft heiteren Blick zur Gottheit:
Das allein Gleichmut, wenn im Strom des Lebens
Sanft der Kahn fortwallt, wenn gebäumt von Sturmwind
    Toset die Brandung;

Das allein auch glättet am trüben Ausfluß
10 Durch den Meerschwall Bahn zu dem stillen Eiland,
Wo uns Freund', Urväter und Weib' aus allem
    Volke begrüßen.

Keine Ruh', Einschläferung nur mit Angsttraum,
Schafft dir Mönchsablaß um Verdienst des andern,
15 Augendrehn, Räuchwerk und Kastein, und Bannspruch
    Plärrendes Anflehns.

Du zum Licht zwangloser Vernunft von Luther
Miterkämpst, du Forscher der Offenbarung,
Du im Anhauch griechischer Luft gehobner
20   Adler der Freiheit!

Du verkennst Erbtugend und Schwung zum Äther?
Und, o Schmach! demütigest dich in grauser
Hildebrand' unmenschlichen Fron, dich dumpfem
    Glauben verpflichtend,

25 Pfaffenknecht? Ab schwörest du Licht und Wahrheit?
Am Altarschmaus dann des gebacknen Gottes
Schnaubst du dem, was Menschen vom Tier erhebet,
    Haß und Verfolgung?

Hör', o Stolberg; Worte von Gott verkünd' ich
30 Alter Freund. Mißtraue der Priestersatzung,
Wenn den Abgott auch der Sirene Zauber-
    Stimme beschönigt!

stimmen. „Wir glaubten, Stolbergs Gefühl würde sein: hätt' ich den Schritt nicht schon
gethan, ich besönne mich noch; wenigstens will ich den evangelischen Kindern freie Wahl
lassen." Am Morgen nach Stolbergs Ankunft in Eutin übersandte ihm Voß die Ode
(Briefe III, 1, 131 f.).
    23. Hildebrand war der frühere Name des Papstes Gregor VII., hier als Gattungs-
name für despotische Geistliche.

Schau', wie dort aufstarrender Pfaffen Chortanz
Um des Abgotts Opferaltar einherhinkt:
„Gott, allein uns Gott! o gesegn' allein uns,   35
    Fluche den andern!

Unser Schrein, ach! unsre Gelübd' erhör' uns,
Unsres Leibs Blutströme! das Blut Verklärter,
Die für uns abbüßten!" Umsonst! denn ohrlos
    Schläft er, und herzlos!   40

Fleuch, o fleuch, Stolberg, wie des Turbanträgers
Und des knoblauchduftigen Rabbis Messer,
Fleuch gebetabkugelnder Glatzenpfäfflein
    Tand und Bethörung!

---

39. Der Rebensproß.

2. Febr. 1802.

⏑ – ⏑ – ⏑ – ⏑ ⏑ – ⏑ –
⏑ – ⏑ – ⏑ – ⏑ ⏑ – ⏑ –
⏑ – ⏑ – ⏑ ⏑ – ⏑ – ⏑
– ⏑ ⏑ – ⏑ ⏑ – ⏑ – ⏑

Fruchtschwer an Lesbos sonnigen Höhn erwuchs
Ein hehrer Weinstock, welcher Ambrosia,
    Voll Hochgefühls und Hochgesanges,
    Zeitigte, durch Dionysos Obhut,

Der rohen Tiersinn zähmte zu Menschlichkeit.   5
Anstaunenswürdig, mitten im Tempelhain,
    Dichtlaubig, schwer von reifem Purpur,
    Stand der ambrosische Lebensweinbaum.

33 f. Wie um Baals Opferaltar die Pfaffen hinkten und sich kasteiten und schrieen, aber der Götze weder antwortete noch aufmerkte, wird 1. Kön. 18 erzählt. Abgott und Götze bedeuten unwürdige Vorstellungen von Gott. V. — Der Rebensproß. Gedichte 1802, III, 279, den Schluß dieses Bandes, sowie der „Oden und Elegieen" bildend (vgl. mit dem Druckman.) 1825, III, 85. — 1. Lesbos, in der äolischen Insel Lesbos, vorzüglich um die Stadt Methymna, wuchs ein köstlicher Wein, der einem Dichter bei Athenäus (I, p. 29) nicht wie Wein, sondern wie Ambrosia, zu schmecken schien. V. — 4. Dionysos oder Bacchus veredelte durch Anbau, und gab lyrische Begeisterung V.

Hier trank Arion schmelzenden Zauberhall,
10   Mit Nymph' und Satyr schwärmend im Hain; es trank
     Sturmlauten Freiheitsschwung Alkäos,
        Brautmelodieen die entzückte Sappho.

Zwar ach! verhallt sind ihre Gesäng' in Nacht:
  Doch weht' in Flaccus lebende Harmonie
15   Nachhall; und sanft um tote Rollen
       Tönt in den Schlacken Vesuvs ihr Lispel.

Mir trug Lyäos, mir der begeisternden
  Weinrebe Sprößling; als, dem Verstürmten gleich
     Auf ödem Eiland, ich mit Sehnsucht
20   Wandte den Blick zur Hellenenheimat.

Schamhaft erglühend, nahm ich den heiligen
  Rebschoß, und hegt' ihn, nahe dem Nordgestirn,
     Abwehrend Luft und Ungeschlachtheit,
       Unter dem Glas in erkargter Sonne.

Vom Trieb der Gottheit, siehe, beschleuniget,
  Stieg Rankenwaldung übergewölbt, mich bald
     Mit Blüte, bald mit grünem Herling,
       Bald mit geröteter Traub' umschwebend.

Im süßen Anhauch träum' ich, der Zeit entflohn,
30   Wettkampf mit altertümlichem Hochgesang.
     Wer lauter ist, der koste freundlich,
       Ob die Ambrosiafrucht gereift sei.

---

9 ff. Arion, Alkäos und Sappho waren Lesbier. V. — 15. tote Rollen, die
durch den Vesuv verschütteten Bücherrollen, die zum Teil ausgegraben, aber vernachlässigt
wurden. V. — 17 ff. Diese vier Strophen hat Goethe an den Schluß seiner berühmten
Rezension gestellt. — 27. Herling, unreife Traube aus später Blüte.

Oden und Lieder.

1. Auf die Ausgießung des h. Geistes.

1769.

Der Wald voll Cedern Gottes zittert!
Es braust des Jordans hohle Flut!
Der Sturm zerreißt die Wolken und erschüttert
Jerusalem mit jäher Wut! —

5   Willkommen, seligster der Tage,
Verheißen von Jehovens Sohn
Den Jüngern, daß nicht ihre Seele zage,
Wenn ihr des Todes Schrecken drohn!

    Der Geist wird auf sie ausgegossen,
10   Und ihre Blödigkeit entflieht;
Die Lippe, von des Geistes Glanz umflossen,
Tönt Gottes Preis: die Zunge glüht.

    Es hört die Sprache seines Landes
Erstaunt der Kreter, Araber,
15   Der braune Bürger des Cyrenersandes,
Der Grajer und Ausonier.

    Bald fliegt ihr Name zu den Sternen,
Wenn ihrer Stimme, fürchterlich
Durch Gotteskraft, sich Ottern schnell entfernen,
20   Und Satans schwarze Scharen sich,

Auf die Ausgießung des h. Geistes. Wandsbecker Bote 1775, Nr. 8.) (6. Juni);
Gedichte, 1802, IV, 3 „Am Pfingstfest" stark umgearbeitet; fehlt 1825. — 15. Cyrene,
die Hauptstadt des afrikanischen Gebietes Cyrenaica, im Osten der größern Syrtenbucht. V.
— 16. Grajer, Grieche. V. — Ausonier, Italer. V. — 17. Bald fliegt ihr Name
zu den Sternen, ihr Ruhm verbreitet sich bis zu den Enden des Erdkreises, wo die
Gestirne auf und unter zu gehen scheinen. V.

Und Seuchen in Gehennas Klüfte
Sich stürzen; wenn, durch Gottes Schutz
Gestärkt, sie Becher voll von Pontus Gifte
Verhöhnen, und des Wütrichs Trutz! —

O Gott, bin ich in deines Sohnes   25
Geheimnisvolles Blut getaucht,
Das ewig an den Stufen deines Thrones
Im schauerhaften Dunkel raucht:

So höre itzt mein gläubig Flehen!
Mit Feuer taufe meinen Geist,   30
Das ihn im Sturm zu jenen lichten Höhen
Vom Greuel dieses Staubes reißt!

Daß er mit Rüstungen des Äthers
Bewehrt, gestärkt durch deine Macht,
Den ganzen Trupp des höllischen Verräters   35
Zurückschreck' in die alte Nacht;

Und frei vom Kummer, der hienieden
Ihn oft in dunkle Schatten hüllt,
Die lautre Quelle trinke, die dem Müden
In Edens Palmen Labsal quillt!   40

---

2. An die Freunde.

1770.

Hört, ihr Brüder, wie erbittert
Eurus durch die Wolken brüllt,
Donnernd jeden Wald zersplittert,
Jedes Thal mit Schloßen füllt.

---

30. **Mit Feuer.** Ich taufe euch mit Wasser, sagt Johannes bei Lukas 3, 16; es kommt aber ein Stärkerer nach mir, der wird euch mit dem heiligen Geist und mit Feuer taufen. V. — 31. **Sturm**, Elias fuhr im Wetter gen Himmel. V. — **An die Freunde.** Das Gedicht ist unter den Münchner Papieren in doppelter Fassung vorhanden. Ich teile die jüngere reifere Redaktion mit und füge aus der älteren einige bemerkenswerte Varianten bei. Es erschien erst, vollständig umgearbeitet, in dem „Taschenbuch für 1801, herausgeg. von Genz, Jean Paul und Voß. Braunschweig", S. 116 unter der Überschrift: „Das Herbstgelag 1770" und wurde auch in die Gedichte 1802, IV, 11 aufgenommen; 1825 fehlt es. — 2. **Eurus**, der Ostwind. V.

Laßt, mit schwarzer Stirn, das Wetter
Über unsre Häupter ziehn;
Bacchus und die Liebesgötter
Sollen doch vor uns nicht fliehn.

Da! Bekränzt mit Rosmarine
10   Euer jugendliches Haar.
Weg mit dieser finstern Miene
Bis zum hohen Stufenjahr!

Trinkt den perlenden Lyäen
An dem Rheinstrom eingetonnt!
15   Oder jenen, auf den Höhen
Von Hungarien besonnt!

Wie der volle Römer klinget,
Den des Epheus Rauschen krönt!
Ha! ihr glühet! Ha! ihr singet!
20   Wie die Dithyrambe tönt!

Evan! Ha! Dein Taumelbecher
Braust in allen Adern schon.
Auf! und tanzt, ihr trunknen Zecher!
Rasend nach der Saiten Ton!

Wem wird Phyllis sich bekränzen,
Und mit leichten-Füßen, schön
Wie Cytherens, sich in Tänzen
Albions mäandrisch drehn?

Wessen sanftem Drucke ziehet
30   Sie verschämt die Hand zurück?
Welchem frechen Räuber glühet
Zärtlich ihr erzürnter Blick?

---

12. Der entsprechende Vers lautet in der älteren Fassung: „Bis ihr erst der Heuschreck
gleicht." — 13 ff. Die entsprechende Strophe lautet in der älteren Fassung:

Wein her! Von dem besten Weine,
Den der wilde Ungar säuft,
Und von jenem, der am Rheine
Auf den Sonnenhügeln reift!

— 25 ff. lauten in der älteren Fassung ganz einfach:

Phyllis schmückt mit einem Kranze
Jetzo nur ihr dunkles Haar;
Bald fliegt sie mit in dem Tanze
Unter der berauschten Schaar.

— 29. Hier folgen in der älteren Fassung noch zwei Strophen.

3. Trinklied.

August 1772.

Trinkt, Brüder, der Reben
Entflammten Saft!
Er würzet das Leben,
Und schenkt uns Kraft!
Die Wassertrinker, die keuchen,
Sehn wie Gespenster und Leichen;
Und werden mit mürrischem Gram bestraft!

Schleicht heute nicht blasser
Der Mond dahin?
Er trank zu viel Wasser;   10
Das bleichet ihn!
Hätt' er Burgunder zu trinken;
Er würd' euch trefflicher blinken,
Er würde wie unsere Wangen glühn!

Was quaken die Frösche   15
In jenem Sumpf?
Wird nicht ihr Gewäsche
Vom Wasser dumpf?
Laßt sie im Rebensaft schwimmen;
Ich schwör's, in unsere Stimmen   20
Tönt gellend dem Bacchus auch ihr Triumph!

4. Die beiden Schwestern bei der Rose.

1772.

Laß sie stehn,
Schwesterchen,
Diese junge Rose!
Siehst du nicht,
Daß sie sticht?   5
Laß sie, kleine Lose!

Trinklied. Gött. MA. 1774, S. 116 unterzeichnet X. Man. in Voßens Nachlaß:
„Trinklied. Gesungen in einer Sommermondnacht"; Gedichte 1802, IV, 16, fehlt 1825. —
Die beiden Schwestern bei der Rose. Göttinger MA. 1773, S. 170, unterz. Vß.;
Gedichte 1802, IV, 19: „Das Mädchen bei der Rose"; fehlt 1825.

Unbeglückt
Wer sie pflückt
Vom bedornten Stamme!
10   Tief ins Herz
Dringt der Schmerz
Von Cytherens Flamme.

Als sie mir
Damon hier
15   Vor die Brust gestecket;
Mädchen, ah!
Was ward da
Schnell in mir erwecket!

Voller Glut
20   War mein Blut;
Zitternd alle Glieder!
Nimmermehr
Findet er
Mich so fühlend wieder.

25   Weißt du nicht
Das Gerücht,
Wie die Ros' entsprossen?
Aus der Qual,
Die einmal
30   Eos' Aug' entflossen.

Morgens früh
Eilte sie
Von dem trägen Gatten;
Tröpfelte
35   Zärtliche
Thränen auf die Matten.

Wonniglich
Zeigte sich

30. Eos, Aurora. V.

Da die Blume Florens;
Purpurrot,
Wie das Rot
Auf der Wang' Aurorens.

40

Wer sie bricht,
Der kann nicht
Amors Pfeil' entfliehen.
Drum hat ihr,
(Warnung dir!)
Zeus den Dorn verliehen.

45

5. Nachtgedanken eines Jünglings.

Oktober 1772.

Schließt euch endlich, Augenlieder!
Voll Gedanken wälz' ich mich,
Und der Mond sinkt schon hernieder;
Östlich wieder
Zeigt die frühe Röte sich!

5

Still, du klopfend Herz! Sie wehrte
Drohend ihren Mund mir ja! —
Doch als mich ihr Drohn nicht störte,
Ach, was lehrte
Mich ihr schamrot Lächeln da!

10

6. Nachtgedanken eines Mädchens.

(Nach der Sappho.)

Oktober 1772.

Der Mond und die Siebensterne
Sind unter, und Mitternacht ist's!
Vorbei ist die Stund'! Ich Arme
Muß aber alleine liegen!

Nachtgedanken eines Jünglings. Göttinger MA. 1774, S. 39, unterz.: X.,
Man. ohne Überschrift im Nachlasse, Gedichte 1802, IV, 18: „Nachtgedanken"; fehlt 1825.
Ein Gegenstück zu dem folgenden. — Nachtgedanken eines Mädchens. Gött. MA.
1774, S. 41 unterz. X; Gedichte 1802, IV, 287 in der Anm. zu dem vorigen Liede in
wörtlicher Übersetzung mitgeteilt, fehlt 1825.

7. An Miller.

November 1772.

Mein allerliebster Miller,
Wer hat dich Ton und Triller
   So silberrein gelehrt,
Daß nur auf dich die Schöne,
5   Und nimmer auf die Töne
   Des armen Bruders hört?

Singst du nur ganz gewöhnlich;
Wie zauberst du! Wie sehnlich
   Errötet dir das Kind!
10   Sie fängt sich an zu fächeln,
Und spricht, mit scheuem Lächeln:
   Ei! wie Sie lose sind!

Doch wenn der Obotrite
Sich noch so sehr bemühte,
15   Ein Mienchen zu erflehn;
So spricht das Mädchen schimpfend,
Die kleine Nase rümpfend:
   Das kann kein Mensch verstehn!

O lehre mich Selinden
20   Doch endlich überwinden,
   Die unerbittlich ist!
Sie soll mit zwanzig Küssen
Dich einst bezahlen müssen!
   Doch wenn du sittsam bist.

An Miller. Lauenburger M.A. 1776, 47; Gedichte 1802, IV, 22 f.; fehlt 1825; vgl.
Voß an Brückner 6. Dezember 1772: „Hier haben Sie noch eine Schnurre an Miller, die
vorigen Sonnabend (30. November) vorgelesen ward, und worauf Miller gestern eine
Antwort brachte." (Briefe I, 118.) Eine ältere Abschrift auch in München. Millers Ge=
dicht siehe Bd. II. — 15. Mienchen, der M.A. schreibt Minchen, was wohl Deminutivum
zu Miene ist (Deutsches Wörterbuch VI Sp. 2172) und hier prägnant für freundliche
Miene gebraucht wird. In der früheren Fassung lautet der Vers: „Um gleiche Liederchen",
1802: „Um schmalen Minnelohn".

8. Minnelied.

7. April 1773.

Der Holdseligen
   Sonder Wank
Sing' ich fröhlichen
   Minnesang:
Denn die Reine,   5
Die ich meine,
Giebt mir lieblichen Habedank.

Ach! bin inniglich
   Minnewund!
Gar zu minniglich   10
   Dankt ihr Mund;
Lacht so grüßlich,
Und so kußlich,
Daß mir's bebt in des Herzens Grund!

Gleich der sonnigen   15
   Veilchenau,
Glänzt der wonnigen
   Augen Blau;
Frisch und ründchen
Ist ihr Mündchen,   20
Wie die knospende Ros' im Tau.

Ihrer Wängelein
   Lichtes Rot
Hat kein Engelein,
   So mir Gott!   25
Eia! säß' ich
Unablässig
Bei der Preißlichen bis zum Tod.

Minnelied. Gött. MA. 1774, S. 203 f. unterz. S.; Man. in München; Gedichte 1795, II, 151; 1802, IV, 24; fehlt 1825. Vgl. Voß an Brückner 18. April 1773: Ich wünsche, daß Dir mein Minnelied gefalle. Ich weiß sonst wohl, daß ich eigentlich kein Liederdichter werden kann. Dies war aber ein plötzlicher Einfall, da mich die allerliebsten Minnelieder des von der Vogelweide und des von Lichtenstein entzündeten ... Die ungewöhnlichen Wörter sind alle minnesängerisch, ausgenommen sonnigen, wonnigen und ründchen, welche ich gewagt habe. (Briefe I, 137.) Volksweise; Melodieen von K. M. von Weber und Lindpaintner, die verbreitetste von Karl Spazier 1790; vgl. Hoffmann von Fallersleben Nr. 155. — 5. rein, tabellos. V. — 6. meinen, begehren. V. — 12. grüßlich, einladend. V. — 25. Die alte Beteurung So mir Gott! oder So helfe

9. Frühlingslied meines sel. Urältervaters.

(Läßt sich im Falle der Not auch im Oktober singen.)

Frühling 1773.

Juchhei! Juchhei!
Schaut an, wie Mai
Die trüben Lüfte kläret,
Und Wald und Au
5   Mit buntem Schau
Und Vogelsange hehret.

Juchhei! Juchhei!
Jetzt hehret Mai
Auch meine Kunigunde,
10   Giebt lichtern Schein
Den Wängelein
Und dem durchlauchten Munde!

Viel blauer ist
Zu dieser Frist
15   Der Glanz der lieben Äuglein!
Der Stimme Schall —
Biß still, o Nachtigall,
In deinen Zweiglein!

Ahi! Ahi!
20   Mir lachte nie
So minniglich die Hehre!
Gar sanft mir's thut!
Bin baßgemut,
Dann ob ich Kaiser wäre!

25   Solch Ehrenkleid
Von Weiblichkeit

mir Gott! verlor, wie alle dergleichen Formeln, durch häufigen Gebrauch ihr Feierliches. Im Schleswigschen wird So min für So helpe God miner Seele! zum bloßen Ausfüllen, kaum als Verstärkung, gebraucht. V.

Frühlingslied ꝛc. Wandsb. Bote 1773, Nr. 156 (29. September) unterzeichnet: S.; wiederholt Hamburger M.A. 1777, 68: „Frühlinglied meines seligen Urältervaters Marquard Ahorn" unterzeichnet: [Balthasar Kaspar] Ahorn; Gedichte 18.2, IV, 29: „Minnelied im Mai" ganz umgearbeitet; fehlt 1825; am 16. Mai 1773 an Ernestine geschickt. Man unter den Voßpapieren in München. — 2. Mai, Frühling, die Zeit des Wachsens. V. — 6. hehren, verherrlichen; von hehr, majestätisch, voll freudiger Kraft, χυδεῖ γαίων. — 17. Biß, sei.

Thät Gott nie Frauen geben!
Wem nicht behagt
Die reine Magd,
Muß gar von Sinnen leben!   30

---

10. Die Schlummernde.

31. März 1774.

Eingewiegt von Nachtigallentönen
Schlummert sie, die Königin der Schönen!
Frischer blüht der Thron der Königin;
Weste wehn ihr Opferdüfte hin.

Lächle sanft! Mit hohen Engelmienen   5
Ist die That des Tages dir erschienen.
Strecke froh die schönen Händ' empor!
Denn sie hält dir ihre Palme vor.

Aber, war's ein zitterndes Verlangen?
Lächelt Lieb' auf diesen Rosenwangen?   10
Und war ich's, der dir, o Lächelnde
Thränenvoll vorüberschwebte?

O so schweigt, ihr Nachtigallenchöre,
Daß kein Laut den schönen Traum zerstöre!
Oder wählt den Laut, durch den besiegt,   15
Näher stets das blöde Weibchen fliegt.

---

29. Für unbefleckte Jungfrau steht reine Magd noch in einem Kirchenliede. V. (1802.)
— Die Schlummernde. Wandsbecker Bote 1774, Nr. 166 (26. April) anonym, wieder=
holt Göttinger MA. 1775, S. 33 mit Melodie von C. P. E. Bach; Gedichte 1785, I, 264;
1802, IV, 32; 1825, III, 89; vgl. Voß an Brückner von Hamburg 2. April 1774: „eine
Nacht mit dem folgenden halben Tage bin ich bei Claudius in Wandsbeck gewesen. Während
er und seine Frau kommunizierten, trug er mir auf, unterdes sein Kind zu wiegen, und
etwas für den Boten zu machen. Beides hab ich erfüllt. Aus der Idee, Gotters Amöna
[Lied in einer Sommernacht gesungen, Göttinger MA. 1770, S. 67] zu ändern, entstand
ein neues Lied. Du wirst es im Boten finden." (Briefe I, 158. Redlich, Beiträge 46.)

11. Selma.

17. Dezember 1774.

Sie liebt! Mich liebt die Auserwählte!
  Ein Engel kam von ihr
Im Abendlispel, und erzählte
  Die leisen Seufzer mir!

5 Für mich, o Selma! bebt im Stillen
  Dein Herz voll süßer Qual;
Und schöne Sehnsuchtsthränen hüllen
  Der blauen Augen Strahl!

Leih mir, o Blitz, die Flammenflügel,
10   Leih, Sturm, die Schwingen mir!
Hin, über Strom und Thal und Hügel,
  Flieg' ich entzückt zu ihr!
Und heulte Tod aus tausend Flüssen,
  Von tausend Felsen Tod;
15 Ich will, ich will die Thränen küssen,
  Und fliege durch den Tod!

12. Trinklied für Freie.

23. Dez. 1774.

Mit Eichenlaub den Hut bekränzt!
Wohlauf! und trinkt den Wein,
Der duftend uns entgegenglänzt!
Ihn sandte Vater Rhein!

5 Ist einem noch die Knechtschaft wert,
Und zittert ihm die Hand,
Zu heben Kolbe, Lanz' und Schwert,
Wenn's gilt fürs Vaterland:

Selma. Lauenburger MA. 1776, S. 225, mit Melodie von C. P. E. Bach, verglichen mit dem (datierten) Druckman. Ein anderes Man. auf demselben Blatt mit der Idylle: Der Morgen: „Selma. (vor dem 20. Dezember gesungen.)" Gedichte 1785, I, 271; 1802, IV, 39, fehlt 1825. — Trinklied für Freie. Lauenb. Muf. 1776, S. 107 ff. verglichen mit dem (datierten) Druckman.; Gedichte 1785, I, 266; 1802, IV, 34; 1825, III, 90. In den neunziger Jahren hat Voß dieses Gedicht zeitgemäß umgearbeitet und es in den neuen Strophen seiner Vorlage, Gleims Kriegsliedern eines preußischen Grenadiers, noch ähnlicher gemacht. Diese Strophen hat Herbst 11, 258 aus den Eutiner Papieren nach einer Abschrift mitgeteilt. Die Überschrift lautet dort: „Für die Franken am Rhein"; Voßens eigene Handschrift befindet sich in München: „Für die Freien am Rhein." — 1. Eichenlaub, den Römern war Eichenlaub ein Kranz der Bürgererhaltung; wir denken dabei altbiedern Sinn. V. — 7. Kolbe, oder Rohr, wird die Flinte, von einem Hauptteile genannt. V.

Weg mit dem Schurken, weg von hier!
Er kriech' um Schranzenbrot,   10
Und sauf' um Fürsten sich zum Tier,
Und bub', und lästre Gott!

Und putze seinem Herrn die Schuh,
Und führe seinem Herrn
Sein Weib und seine Tochter zu;   15
Und trage Band und Stern!

Für uns, für uns ist diese Nacht!
Für uns der edle Trank!
Man keltert' ihn, als Frankreichs Macht
In Höchstädts Thälern sank.   20

Drum, Brüder, auf! den Hut bekränzt!
Und trinkt, und trinkt den Wein,
Der duftend uns entgegenglänzt!
Uns sandt' ihn Vater Rhein!

Uns rötet hohe Freiheitsglut!   25
Uns zittert nicht die Hand!
Wir scheuten nicht des Vaters Blut,
Geböt's das Vaterland!

Uns, uns gehöret Hermann an,
Und Tell, der Schweizerheld!   30
Und jeder freie deutsche Mann!
Wer hat den Sand gezählt?

Uns weckte längst der Bräutigam
Mit wildem Jammerlaut!
Des Fürsten frecher Kuppler nahm   35
Ihm seine junge Braut.

Uns winselte bei stiller Nacht
Der Witwe Trauerton!
Der Raubsucht und des Haders Schlacht
Erschlug ihr Mann und Sohn.   40

12. buben, lästern; aber auch huren (vgl. Deutsches Wörterbuch II, 462). —
20. Bei Höchstädt, in der Gegend des Dorfs Blindheim in Bayern, wurden im Jahr
1704 die Franzosen von Deutschen und Engländern geschlagen. V.

Uns ächzte, nah dem Hungertod,
Der Waise bleicher Mund!
Man nahm ihr letztes hartes Brot,
Und gab's des Fürsten Hund!

45   Zur Rach' erwacht! zur Rach' erwacht
Der freie deutsche Mann!
Trompet' und Trommel, ruft zur Schlacht!
Weht, Fahnen, weht voran!

Ob uns ein Meer entgegenrollt;
50   Hinein! sie sind entmannt,
Die Knecht'! und streiten nur um Sold,
Und nicht fürs Vaterland!

Hinein! das Meer ist uns ein Spott!
Und singt mit stolzem Klang:
55   „Ein' feste Burg ist unser Gott!"
Und Klopstocks Schlachtgesang!

Der Engel Gottes schwebt daher
Auf Wolken Pulverdampf,
Schaut zornig in der Feinde Heer,
60   Und schreckt sie aus dem Kampf!

Sie fliehn! Der Fluch der Länder fährt
Mit Blitzen, ihnen nach!
Und ihre Rücken kerbt das Schwert
Mit feiger Wunden Schmach!

65   Auf roten Wogen wälzt der Rhein
Die Sklavenäser fort,
Und speit sie aus, und schluckt sie ein,
Und jauchzt am Ufer fort!

Der Rebenberg am Leichenthal
70   Tränkt seinen Most mit Blut!
Dann trinken wir beim Freudenmahl,
Triumph! Tyrannenblut!

— — —

56. Klopstocks Schlachtgesang: „Wie erscholl der Gang des lauten Heeres" hat
eine kriegerische Melodie von Gluck. V.

13. An den Geist meines Vaters Johann Friedrich Boie.

April 1776.

Hörst du noch von deinem Sternensitze,
Spähst dein Blick, gewöhnt an Sonnenblitze,
Noch in diesem Grabthal' unsre Thränen,
     Unser starres Sehnen?

Oder flüsterst du, noch jetzt der Wächter   5
Deiner Gattin, deiner Söhn' und Töchter,
Flüsterst du, als Schutzgeist, unsrer Seele
     Göttliche Befehle?

Schwebst du hier auf diesen Balsamlüften
Die geheim der Nachtviol' entdüften,   10
Wie einst deinem Leben stille Güte,
     Eh es, ach! verblühte?

O! so wahr du schaust, an den ich glaube!
Zürne nicht, o Vater, mit dem Staube,
Wo ich dich — wo wir, nicht ohne Zagen,   15
     Unsern Vater klagen!

Leucht' in unsre finstern Sinnen Klarheit,
Und geleite sie zur hohen Wahrheit,
Welcher du durch Todesgram nachstrebtest,
     Und, vor Wonne, bebtest!   20

Daß auch sie, bei ihrer Fackel Strahle,
Durch des Todes düstre Schreckenthale,
Hin, wo Engelhalleluja schallen,
     Unerschrocken wallen;

Und um dich, auf goldnen Blumenauen,   25
Deine hellen Freund' und Kinder schauen,
Und den Lebenshain mit Ros' umrötet,
     Den für uns ihr sätet!

Unsrer Mutter thränenlose Trauer,
Und des besten Mädchens bange Schauer,   30
Ach! sie foltern, foltern noch am wehsten!
     Und ich kann nicht trösten!

An den Geist 2c. Hamburger M.A. 1777, S. 41 f.; Gedichte 1802, IV, 62 ff. stark
überarbeitet; fehlt 1825.

14. Der Sklave.

Juli 1776.

Das beißere Geschrei nach Freiheit ... macht
auf alle Menschen, die ihren Kohl in Frieden bauen
und wenig auf die Regierung achtgeben, worunter sie
ihn bauen, einen höchst widrigen Effekt.
Wieland.

Bei meinem lieben Topf voll Reis
Verschmaus' ich, Sklav des großen Deys,
  Der Freiheit Last und Kummer.
Von Ketten lieblich eingeklirrt,
Schlaf' ich, bis früh die Peitsche schwirrt,
  Der Arbeit süßen Schlummer.

Zwar schnaubt mein Dey: Du Christenhund!
Und geißelt mir den Rücken wund,
  Und sieht aus wie der Teufel:
10 Doch jeder hat so seinen Tick;
Und ich verwette mein Genick,
  Gut meint er's ohne Zweifel!

Wenn ihr nur seinen Tick nicht reizt,
Und ihm so vor der Nase kreuzt,
15 Maltesische Verschwörer!
Der Christen Freiheit rächet ihr?
Bei Machmuds Bart! das fühlen wir!
  Ihr seid nur Friedensstörer!

Quecksilber hat der Narr im Kopf,
20 Der nicht mit Lust bei deinem Topf,
  Korsarenvater, bleibet!
Du bist ja Herr, und wir sind Knecht!
Das wollte Gott und Völkerrecht!
  Ein Meuter, wer sich sträubet!

Der Sklave. Hamburger MA. 1777, S. 81; Gedichte 1785, I, 288; 1802, IV, 5.
„Der zufriedene Sklave"; 1825, III, 95. Das Motto ist Wielands Rezension des Lauenburger Musenalmanachs (der Teutsche Merkur 1776 Januar, S. 87) entnommen. Die ge-
tadelten Stücke sind die Idyllen: „Die Leibeigenschaft" und das „Trinklied für Freie".
1802 verwies Voß das Citat in die Anmerkung und schickte ihm folgende Worte voraus:
„Ein sehr biederer, nur etwas zu sehr von Eindrücken des Augenblicks abhängiger Mann
hatte mein öffentliches, gewiß bald nachher bereuete Urteil gefällt." — 10. Tick, leise Berührung, kitzliche Stelle, Eigensinn. V. — 24. Hier folgt 1785 noch die Strophe:
Daß mondbeherrschend der Planet
Sich um die Herrschersonne dreht,

Das Vaterland? Was Vaterland!
Der Topf, der Topf ist Vaterland!
Das übrige sind Fratzen!
Da sollt' ich mich dem wilden Meer
Und Sturm vertraun, und hinterher
Um Brot die Ohren kratzen!   30

Bei meinem lieben Topf voll Reis,
Genieß' ich, Sklav des großen Deys,
Hans Ohnesorgens Freuden!
Und wenn ich einst bei Laune bin,
So geh' ich zu dem Mufti hin,   35
Und lasse mich beschneiden!

———————

15. Reigen.
3. September 1776.

Sagt mir an, was schmunzelt ihr?
Schiebt ihr's auf das Kirmesbier,
Daß ich so vor Freuden krähe,
Und auf einem Bein mich drehe?
Schurken um und um!

Kömmt die schmucke Binderin
Euch denn gar nicht in den Sinn,
Die mich wirft mit Haselnüssen,
Und dann schreit: Ich will nicht küssen!
Nu, so schert euch zum . . !   10

Diesen Strauß und diesen Ring
Schenkte mir das kleine Ding!
Seht, sie horcht! Komm her, mein Engel!
Tanz einmal mit deinem Bengel!
Dudel didel dum!   15

Was ist's, als Recht des Stärkern?
Rings herrscht ja dies Naturgesetz,
Mit Klau und Zahn, mit Schwert und Netz,
Mit Maultorb, Zaum und Kerkern!

Wozu Voß 1882 die Anmerkung macht: „Der Ehrenmann war nicht ohne Bildung aus
damaligen Flugblättern."

Reigen. Hamburger M.A. 1778, S. 120 f. mit Melodie von Weiß; eine andere von
Schulz; vgl. Hoffmann von Fallersleben Nr. 751; Gedichte 1785, I, 293; 1802, IV, 55;
1825, III, 16. — 14. Bengel, ein junger angeschossener Bursch, in der Landsprache noch nicht
unedel; sonst auch ein Schößling, ein Knittel, auch der, womit man die Pressen anzieht. V.

Fiedler, fiedelt nicht so lahm!
Wir sind Braut und Bräutigam!
Fiedelt frisch! ich mach' es richtig!
Und bestreicht den Bogen tüchtig
20   Mit Kalfonium!

Schwäbisch muß hübsch lustig gehn,
Daß die Röcke hinten wehn!
Wart', ich werd' euch mal koranzen!
Meint ihr Trödler, Bären tanzen
25   Hier am Seil herum?

Heisa lustig! nun komm her!
Unten, oben, kreuz und quer,
Laß uns Arm in Arm verschränken,
Und an unsern Brauttanz denken;
30   Heisa! rund herum!

16. An Luther.

4. März 1777.

Entschwebe, wie ein goldner Duft,
Mann Gottes, deiner stillen Gruft,
Und schaure Gram durch ihr Gebein,
Die deine stille Gruft entweihn!

21. Statt Schwäbisch setzte Voß später „Polisch" und fügte die Anmerkung hinzu:
„Polisch nennt der deutsche Bauer die lebhafte Bewegung solcher Tanzstücke, wo immer
rundum getanzt wird, daß man vor Staub nicht sehen kann, und wovon die ernsthafte
Polonoise völlig verschieden ist. So meldet Schulz, durch dessen Melodie dieser Reigen
erst ward, was er sein sollte." — 23. koranzen, abgerben, durchprügeln. V. — Voßens
etymol. Ableitung von Kor, Leder und renzen, wild bewegen, zerarbeiten, ist zu drollig,
um nicht erwähnt zu werden; das Grimmsche Wörterbuch leitet es von carentia ab
V. Sp. 2733 f. — 30. 1785 folgt noch eine Strophe:
    Ha! wie schön das Hackbrett summt
    Und der alte Brummbaß brummt!
    Ha! wie drehn sich rings ohn' Ende
    Hüt' und Hauben, Thür' und Wände!
    Dudeldidel dudeldidel dum!
    Dudeldidel dum dum dum!
Vom 1802 die Anmerkung: „Hackbrett, ein gewöhnliches Instrument wandernder Dorf-
virtuosen." — An Luther. Hamburger M.A. 1778, S. 180 ff. (Gedichte 1785, I, 206:
1802, IV, 58; 1825, III, 88. Vgl. Voß an Ernestine 4. März 1777: „Mir glüht das Gesicht
noch; denn ich habe eben einen Gesang an Vater Luther gemacht, den ich Dir, so wie er
aus dem Herzen strömte, aufschreiben will. Ich denke, es soll den Pfaffen in Hamburg
schwer werden, wider diesen Stachel zu löden. In der Zeitung dürfte ich so starke Sachen
nicht sagen, und gelindere würden nichts fruchten; aber der Almanach hat völlige Druck-
freiheit. Dies Gedicht fiel mir heut' im Bette ein, und da konnte ich doch unmöglich das
Feuer des Genius ungenutzt verlodern lassen." (Briefe I, 331.) — 3. schaure, 1785 und
später: schaudre.

Ermattet von dem Drachenkampf
Mit Priestern in der Höllen Dampf,
Sogst du an Katharinens Brust
Dir junge Kraft und Heldenlust.

Sie tränkte dich mit Rebentrank;
Und freudig tönte dein Gesang:　　　　　　10
„Dem Papst und allen Teufeln Spott!
Ein' feste Burg ist unser Gott!"

Da zischelt nun die Afterbrut:
„Weh, Brüder, weh! wir sind sein Blut!
Schleicht rücklings hin zu seiner Ruh,　　　　　　15
Und deckt die Scham des Vaters zu!"

Ihr Männer Deutschlands, kühn und frei
Durch ihn von Pfaffentyrannei!
Ihr laßt mit lästerndem Gestöhn
Die Heuchler Luthers Asche schmähn?　　　　　　20

Wer ist, der nicht beim Kraftgesang
Des Weisen auf zu Thaten sprang,
Dem nicht die Seele sonnenhoch,
Ein Adler mit dem Adler, flog?

Wem schafft nicht Gottes edler Wein　　　　　　25
Aus Donnerwolken Sonnenschein,
Und reißt der Lebensgeister Tanz
Zum Tugendkampf und Siegeskranz?

Was labt den Frommen in der Zeit
Mit Ahndung höhrer Seligkeit,　　　　　　30
Als Mädchenblick und Mädchenkuß,
Des Weibes heiliger Genuß?

Schweig, Gleißner, dich befrag' ich nicht!
Dir bleibt dies ewig ein Gedicht,
Wie dem, der Lastern Lieder zollt,　　　　　　35
Dem Hurer, und dem Trunkenbold!

Doch jeder Christ und gute Mann
Stimmt laut mit dir, o Vater, an:
„Wer nicht liebt Weib, Wein und Gesang,
Der bleibt ein Narr sein Lebelang!"

40

17. Selma.

März 1777.

Eil', o Mai, mit deinem Brautgesange!
Eil' und röte meines Mädchens Wange,
Und die Rose für den Hochzeitkranz?
Alles taumelt; mir versiegt der Oden;
Unter meinem Fuße brennt der Boden!
Eil'! ich überfliege deinen Glanz!

Unsre Seelen schuf im Myrtenthale
Gott aus Einem morgenroten Strahle;
Ähnlich sich, wie Wechselmelodieen;
Wie zwei Küsse, nach einander strebend,
Die auf heißen Lippen, wonnebebend,
Zucken, und zu Einem Kusse glühn!

10

18. Die Laube.

1777.

Mit des Jubels Donnerschlägen
Gab die Wolke Gottes Segen;
Und der Fluren Opferduft
Wallet lieblich durch die Luft.

---

40. Im Winter 1776 und 1777 wurden die Bemühungen vieler in allen Ständen hervorragenden Hamburger, bei. des Hauptpastors Friederici, mir die zweite Lehrstelle am Johanneum zu verschaffen, von dem Senior und zwei andern Hauptpastoren durch mehrere geheime Mittel, und zuletzt öffentlich in der Wahlversammlung dadurch vereitelt, daß, nach Friedericis einnehmender Anrede, der Senior unter den Wahlherren in meinem Musenalmanach [Hamb. M.A. 1777, S. 107: „Gesundheit"] Luthers bekannten Sinnspruch: Wer nicht liebt Weib —: mit vorgeworfener Verunglimpfung des ehrwürdigen Glaubensvaters, herumgehen ließ. V (1802). — Selma. Hamburger M.A. 1778, S. 51 mit Melodie von C. P. E. Bach. Gedichte 1785, I, 299; 1802, IV, 61 „Der Bräutigam"; fehlt 1825. — Die Laube. Hamburger M.A. 1778, S. 134 f. verglichen mit dem Druckmanuskr.; Gedichte 1785, I. 300 f.; 1802, IV. 65 f; 1825, III. 99.

Und die Wolke steht, umzogen   5
Von des Friedens hellem Bogen,
    Unter dem die Flamme spielt,
    Der des Tages Glut gekühlt.

Und die Sonn' am blauen Himmel,
Rings umschwebt von Glanzgewimmel!   10
    Und das grüne Weizenthal,
    Überströmt vom mildern Strahl!

Wie mit Brautgeschmeide, funkeln
Mohne, Rosen und Ranunkeln;
    Bienen suchen Honigseim,   15
    Sumsen goldgeflügelt heim!

Alle Kreaturen loben,
Wachteln unten, Lerchen oben,
    Und die Herd' am Bache springt,
    Und der frohe Bauer singt!   20

Und da wandelt Ernestine
Forschend durch des Gartens Grüne,
    Achtet nichts, erblickt mich hier
    In der Laub', und fliegt zu mir!

19. Erinnerung.

Mai 1778.

Durch grüne Linden blinkt die Abendröte;
Der Duft des Grases, das die Sense mähte,
    Haucht lieblich her vom Erlenbach;
Vom Apfelbaum wehn junge Blüten nieder;
Und Freundin Nachtigall seufzt ihre Lieder,
    Und meine Seele hallt sie nach.

6. Von des Friedens hellem Bogen, der Regenbogen schien den Griechen
im Herbst aus Heiterkeit Unwetter zu verkündigen, und nach der Regenzeit im Frühlinge
aus Unwetter Heiterkeit. Weil sie aber alle Vorzeichen der Natur zugleich für Andeutungen
des Schicksals nahmen, so erwarteten sie auch von den Regenbogen nach Heiterkeit Krieg,
nach Unwetter Frieden. Mit gleichen Vorstellungen, wie ich glaube, erklärten die
Noachiden den nach der Sündflut erscheinenden Regenbogen für ein Friedenszeichen.
An einen Streitbogen zu denken, den der befriedigte Donnerer unter sein Himmelszelt
aufgehängt habe: das Bild ist zu ungeheuer, und, weil der Bogen ja noch immer gespannt wäre, auch zweckwidrig. V. — 22. durch des Gartens Grüne, die Grüne
für das weniger edle das Grün (wie Bläue und Blau, Kühle und Kühl) sagt auch der
Landmann und der Jäger von der grünen Saat. V. — Erinnerung. Hamburger MA.
1779, S. 64, verglichen mit dem Druckman.; Gedichte 1785, I, 302; 18.2, IV, 67; fehlt 1825.

Du mein Begleiter sonst, doch jetzo ferne!
Mein Hölty, sahst du mich von jenem Sterne,
   Und schwebtest in Gedüst herab?
10   O tröste, tröste mich im linden Wehen!
Du hofftest mich im Leben noch zu sehen;
   Du sahst mich nicht, und sankst ins Grab!

20. Tischlied.

1780.

Gesund und frohes Mutes,
Genießen wir des Gutes,
  Das uns der große Vater schenkt.
O preist ihn, Brüder, preiset,
Den Vater, der uns speiset,
  Und mit des Weines Freude tränkt!

Er ruft herab: Es werde!
Und Segen schwellt die Erde,
  Der Fruchtbaum und der Acker sprießt;
10 Es lebt und webt in Triften,
In Wassern und in Lüften,
  Und Milch und Wein und Honig fließt.

Dann sammeln alle Völker:
Der Pferd'- und Renntiermelker
15 Am kalten Pol, von Schnee umstürmt;
Der Schnitter edler Halme;
Der Wilde, welchen Palme
  Und Brotbaum vor der Sonne schirmt.

Tischlied. Hamburger M.A. 1781, S. 68 (verglichen mit dem ersten Entwurfe) mit Melodie von C. P. E. Bach; eine andere von Schulz, vgl. Hoffmann von Fallersleben Nr. 376; Gedichte 1785, I. 307; 1802, IV, 68 mit folgender Anmerkung: „Dem Beifall mehrerer Wohldenkenden, die nicht Menschenliebe und Hoffnung künftiges Glückes auf ihre Genossen einschränken, verdanke ich einige Vorschläge zu Verbesserungen dieses Liedes. Man will lieber: mit frohem Mute, und das Gute (Vers 1 und 2). Man wünscht die Aufzählung der Sammelnden, besonders die Melker (V. 14), hinweg. Jenes wäre der gemeinere Ausdruck für den edleren, den das Lied fodere; das Gut aber in höherem Sinne, als man ihm zutrauen will, ist nicht nur biblisch, sondern sogar alltäglich: s. Adelung. Die Aufzählung, schmeichle ich mir, mißfiel bloß durch die Melker, welches Wort man irrig für ein niedersächsisches hielt. Oder soll aus einem Andachtsliede jede nicht dogmatische Kenntnis, auch wenn sie sich selbst erklärt, verbannt werden? Daß der Tater sein Pferd, der Lappländer sein Renntier melkt; daß der Heerwagen oder der Bär um den Pol sich dreht; daß in den Südländern die Palme und ein brottragender Baum Nahrung und Schirm geben: weiß oder begreift, sobald er es hört, auch der Bauerknabe." 1825, III. 100.

Gott aber schaut vom Himmel
Ihr freudiges Gewimmel   20
Vom Aufgang bis zum Niedergang:
Denn seine Kinder sammeln,
Und ihr vereintes Stammeln
Tönt ihm in tausend Sprachen Dank.

Lobsinget seinem Namen,   25
Und strebt ihm nachzuahmen,
Ihm, dessen Gnad' ihr nie ermeßt:
Der alle Welten segnet,
Auf Gut' und Böse regnet
Und seine Sonne scheinen läßt!   30

Mit herzlichem Erbarmen
Reicht eure Hand den Armen,
Wes Volks und Glaubens sie auch sein!
Wir sind, nicht mehr nicht minder,
Sind alle Gottes Kinder,   35
Und sollen uns wie Brüder freun!

21. Mailied eines Mädchens.

Mai 1781.

Seht den Himmel, wie heiter!
Laub und Blumen und Kräuter
Schmücken Felder und Hain;
Balsam atmen die Weste;
Und im schattigen Neste   5
Girren brütende Vögelein.

28. Alle Welten sind in diesem Zusammenhange alle Länder der Welt. Christus
sagt Matth. V, 45: Gott läßt seine Sonne aufgehen über die Bösen und über die Guten,
und läßt regnen über Gerechte und Ungerechte. V. — 33. Wes Volk und Glaubens,
anstatt welches, aus Luthers Sprache. V. — Mailied. Hamb. MA. 1782, S. 43 mit
Melodie von Schulz; vgl. Voß an Boie im Mai 1781: „Gödingk ist auf Reisen, und ich
armer Habakuk muß auch noch den Almanach besorgen. Aus Not hab' ich ein Mailied
herausgedruckt." Gedichte 1785, I, 313; 1802, IV, 71; 1825, III, 102. Vgl. Hoffmann
von Fallersleben Nr. 782.

Über grünliche Kiesel
Rollt der Quelle Geriesel
Purpurblinkenden Schaum;
10   Und die Nachtigall flötet;
Und vom Abend gerötet,
Wiegt sich spiegelnd der Blütenbaum.

Kommt, Gespielen, und springet,
Wie die Nachtigall singet;
15   Denn sie singet zum Tanz!
O geschwinder, geschwinder!
Rundherum, wie die Kinder!
Ringel Ringelein Rosenkranz!

Alles tanzet vor Freude:
20   Dort das Reh in der Heide,
Hier das Lämmchen im Thal,
Vögel hier im Gebüsche,
Dort im Teiche die Fische,
Tausend Mücken im Sonnenstrahl.

25   Ha! wie pocht's mir so bange!
Ha! wie glüht mir die Wange!
Mädchen, bin ich nicht schön?
Hüpf' ich nicht wie ein Kräusel,
Daß mir unterm Gesäusel
30   Meines Kranzes die Locken wehn?

Frei und ohne Gesetze,
Hüpf' ich noch um die Netze,
Die Cupido mir stellt:
All sein schmeichelndes Bübeln,
35   All sein Kosen und Liebeln,
Hat noch nimmer mein Herz beschnellt!

Traun! der seligen Triebe!
Wann ein Mädchen vor Liebe

18. Ringel Ringelein Rosenkranz, ist der Anfang eines Kinderliedes, nach welchem in die Runde getanzt wird. V. — 36. beschnellen, betrügen, täuschen.

Und Empfindsamkeit stirbt,
Nach dem Monde nur blicket,   40
Nur Vergißmeinnicht pflücket,
Und mit nächtlichen Heimchen zirpt!

22. Das Milchmädchen.

1781.

Mädchen, nehmt die Eimer schnell,
  Habt ihr ausgemolken!
Seht, die Sterne blinken hell,
Und der Vollmond guckt so grell
  Aus den krausen Wolken!   5

Lieg' und wiederfäu' in Ruh'
  Dein gesundes Futter!
Alles, gute fromme Kuh,
Milch und Käse schenkest du,
  Rahm und süße Butter!   10

Ruhig läuten durch das Feld
  Dumpfe Rinderglocken;
Und der Hund im Dorfe bellt,
Und der Schlag der Wachtel gellt
  Im betauten Roggen!   15

Mädchen, singt mit frohem Schall;
  Wer nicht singt, den grauet!
Hört den schönen Wiederhall
Dort im Wald' und Erlenthal,
  Wo der Hase brauet!   20

Töchterlein, nimm dich in acht,
  Komm mir bald zu Hause!
Sagt die Mutter: in der Nacht
Schwärmt des Teufels wilde Jagd
  Mit des Sturms Gesause!

---

33. Die Empfindsamkeit, die damals mit Mond, Vergißmeinnicht und Heimchen tändelte, hat noch ihre Liebhaber. V. (1802). — Das Milchmädchen. Hamburger MA. 1782, S. 116; Gedichte 1785, I, 316; 1802, IV, 74; 1825, III, 103. Melodie von C. P. E. Bach im MA., auch von Schulz, vgl. Hoffmann von Fallersleben Nr. 634. — 20. Der Hase brauet, sagt man vom niedrigen Nebel der Wiesen. V. — 24. wilde Jagd, wütendes Heer. V.

Ein gehörnter schwarzer Mann
   Kommt oft hulter pulter!
Guckt mit glühndem Aug' dich an,
Kneipt dich mit der Krall', und dann
30   Hockt er auf die Schulter!

Mädchen, wandelt früh und spät,
   Trotz den klugen Müttern!
Wer auf guten Wegen geht,
Und auf Kreuze sich versteht,
35   Darf vor Spuk nicht zittern!

Zwar mich faßt ein Bösewicht
   Manchmal um den Nacken:
Aber rot ist sein Gesicht,
Und mit Krallen kneipt er nicht
40   Freundlich meine Backen!

Dieser heißt, das Ohr gespitzt!
   Wilhelm und so ferner:
Zwar sein blaues Auge blitzt;
Aber, wenigstens bis itzt,
45   Trägt er keine Hörner!

23. Rundgesang.
1782.

Freund, ich achte nicht des Mahles,
   Reich an Speis' und Trank,
Nicht des rheinischen Pokales,
   Ohne Sang und Klang!
Ladet man nur stumme Gäste,
Daß man ihre Leiber mäste?
   Großen Dank! großen Dank!

Rundgesang. Hamburger MA 1783, S. 92; vgl. mit dem Entwurf: Gedichte 1785, I. 322; 1802, IV, 77: „Rundgesang beim Rheinwein"; 1825, III. 105. Melodie von Schulz im MA.; „in der Studentenwelt der neueren Zeit ist sehr beliebt die Melodie von Immanuel Friedrich Knapp", vgl. Hoffmann von Fallersleben Nr. 351.

Alle.

Unser Wirt liebt frohe Gäste!
    Klingt, klingt, klingt!
Singt, o Freunde, singt!   10

Bravo! Gerne bin ich zünftig
    In der edlen Zunft,
Wo man vor dem Trunk vernünftig
    Anklingt und triumpht!
Ihr mit eurer dummen Zeitung,   15
Eurer Staats= und Wetterdeutung,
    Lernt Vernunft! lernt Vernunft!

Alle.

Fort mit Staats= und Wetterdeutung!
    Klingt, klingt, klingt!
Singt, o Freunde, singt!   20

Unter Schloß und Siegel ältert
    Hier die Fülle Weins,
Mild und feuerreich, gekeltert
    Auf den Höhn des Rheins!
Und wie gern giebt seinen Gästen
Unser liebe Wirt den besten!
    Trinkt noch eins! trinkt noch eins!

Alle.

Unser Wirt giebt gern den besten!
    Klingt, klingt, klingt!
Singt, o Freunde, singt!   30

Auf das Wohlsein aller Thoren!
    Gold und Band und Stern,
Fette Bäuch' und Köpf' und Ohren,
    Gönn' ich ihnen gern!
Nur vom frohen Rundgesange,   35
Und gefüllter Gläser Klange,
    Fort, ihr Herrn! fort, ihr Herrn!

---

21. ältert, alt werden heißt altern und ältern, in Luthers Sprache auch alten;
wovon die Verkleinerung älteln. V. — 32 ff. Der folgende Spott trifft weder Stände,
noch einzelne Männer; sondern überhaupt den rohen Welt= und Geschäftsmann, den Dünkel
der stets Lehrenden, niemals Lernenden, das wüste Gebrüll am Parnaß, den hämischen
Spaßmacher. V.

Alle.

Fort vom frohen Sang' und Klange!
    Klingt, klingt, klingt!
40   Singt, o Freunde, singt!

Unsern Weisen der Katheder
    Gönn' ich ihren Baß,
Ihre wohlgeschnittne Feder,
    Und ihr Tintenfaß!
45   Unsern Kraft= und Bänkeldichtern
Dürre Kehlen, und ein nüchtern
    Wasserglas! Wasserglas!

Alle.

Dürr sei ihre Kehl' und nüchtern!
    Klingt, klingt, klingt!
50   Singt, o Freunde, singt!

Ausgezischt und ausgedudelt
    Jeden Witzkumpan,
Der nur geckt und neckt und sprudelt,
    Mit gefletschtem Zahn!
Nicht zum Menschen, nein! zum Affen
Hat dich Gott der Herr erschaffen,
    Pavian! Pavian!

Alle.

Auf das Wohlsein aller Affen!
    Klingt, klingt, klingt!
60   Singt, o Freunde, singt!

Ha! wir glühn! Laßt eure Fächer,
    Mägdlein, Kühlung wehn!
Selbst die Mägdlein glühn beim Becher
    Noch einmal so schön!
65   Trinkend wird beherzt der Blöde;
Trinkend läßt sich auch die Spröde
    Leicht erflehn! leicht erflehn!

---

57. Pavian, ein großer Affe, der auf Menschengestalt eben so gerechte Ansprüche hat, als ein zu gewissen Fertigkeiten abgerichtetes Menschlein auf Menschlichkeit. V.

Alle.

Trinkt euch Mut und küßt die Spröde!
Klingt, klingt, klingt!
Singt, o Freunde, singt!   70

Heil dir, Rheinwein! Deutsche Tugend,
     Sohn des Vaterlands,
Flammt in dir, Gesundheit, Jugend,
     Kuß, Gesang und Tanz!
Trinkt, von Seligkeit erschüttert,   75
Trinkt und jauchzet! Ringsum zittert
     Himmelsglanz! Himmelsglanz!

Alle.

Ringsum glänzt der Saal und zittert!
Klingt, klingt, klingt!
Singt, o Freunde, singt!   80

---

24. Trost am Grabe.

Februar 1783.

Trockne deines Jammers Thränen,
Heitre deinen Blick;
Denn es bringt kein banges Sehnen
Ihn, der starb, zurück.
Ach, die holde Stimm' und Rede,   5
Und der Lieblichkeiten jede,
Und sein freundliches Gesicht
Ruht im Grab', und kehret nicht.

---

71 f. Den Wein lobt Panyasis [Verfasser einer *Ἡράκλεια*]:
     Wein ist, sowie das Feuer, den Staubbewohnenden Wohlthat,
     Gute, des Wehs Abwehr, und allem Gesang' ein Begleiter:
     Drin ist festlicher Freud' und Herrlichkeit heiliges Anteil,
     Drin auch bildendes Tanzes, und drin holdseliger Liebe!
— Trost am Grabe. Hamb. MA. 1784, S. 53, mit Melodie von Schulz; Man. in
München; Gedichte 1785, I, 327; 1² 2, IV, 83; 1825, III, 108. Der älteste Sohn Friedrich
Leopold war gleich nach der Ankunft in Eutin 25. Oktober 1782 gestorben. Über die Ent-
stehungszeit vgl. Briefe III, 1, 19. — 8. kehren, in rückgängiger Bedeutung, wie heim-
kehren, zurückkehren. V.

Gleich des Feldes Blumen schwindet
10   Alles Fleisch umher;
Trauernd sucht der Freund, und findet
Seinen Freund nicht mehr:
Vor dem welken Greis' am Stabe
Sinkt der Jüngling und der Knabe,
15   Vor der Mutter sinkt ins Grab
Oft die junge Braut hinab.

Gleich des Feldes Blumen werde
Alles Fleisch verstäubt!
Nur der Erdenleib wird Erde;
20   Sein Bewohner bleibt!
Ja du lebst, Geliebter, lebest
Über Sternen, oder schwebest
Mitleidsvoll um deinen Freund,
Der an deinem Grabe weint!

Diese Kräfte, dieses Trachten
Zur Vollkommenheit,
Dieses Vorgefühl, dies Schmachten
Nach Unsterblichkeit:
Dieser Geist, der Welten denket,
30   Würde mit ins Grab gesenket?
Und geschaffen hätte Gott
Dieses alles nur zum Spott?

Nein, nicht spottend, nicht vergebens
Schufst du, Gott, dein Bild;
Lieb' und Weisheit hat des Lebens
Geist in Staub gehüllt.
Diese Hülle wird zertrümmert,
Und die freie Seele schimmert
Zu der höhern Geister Chor
40   Immer herrlicher empor.

---

17. **Gleich des Feldes Blumen.** Nach Jesaias XL, 6 (vgl. 1. Petr. I, 24):
Alles Fleisch ist von Gras, und alle Herrlichkeit des Menschen, wie Blumen auf dem
Felde. V.

Auf! von Moder und Verwesung,
Blick' hinauf, mein Geist,
Wo im Friedensthal Genesung
Alles Jammers sleußt:
Wo nicht Krieg, Erdbeben, Fluten,　　　　　　45
Hunger, Pest und wilde Gluten,
Wo nicht Trennung mehr noch Tod
Liebenden Geliebten droht!

Ach des Wonnetags, der wieder
Ewig Freund und Freund,　　　　　　50
Eltern, Kinder, Schwestern, Brüder,
Mann und Weib vereint:
Wann, gelehrt von Himmelsweisen,
Wir des Vaters Liebe preisen,
Der aus Irrtum, Schmach und Gram　　　　　　55
Uns in seine Ruhe nahm!

Bald vielleicht, ach bald verschwunden
Ist auch meine Zeit,
Und die letzte meiner Stunden
Kömmt vielleicht schon heut'!　　　　　　60
O laßt Gottes Weg' uns wandeln,
Immer gut und redlich handeln:
Daß wir, wenn der Vater ruft,
Freudig sinken in die Gruft!

---

25. Frühlingsliebe.

Ostern 1783.

Die Lerche sang, die Sonne schien,
Es färbte sich die Wiese grün,
Und braungeschwollne Keime
Verschönten Büsch' und Bäume:

---

11. Verwesung, ein mildernder Ausdruck, der, wie das alte Verwerbung und tabes, nur das Aufhören des Wesens, Wachsens, Werdens, bezeichnet. V. — Frühlingsliebe. Hamb. MA. 1784, S. 12, mit Melodie von Schulz. Entwurf und späteres Man. in München. Gedichte 1785, I, 533; 1802, IV, 37; 1825, III, 110; Ostern 1783 in Flensburg gedichtet. Vgl. Briefe III, 1, 25.

Da pflückt' ich am bedornten See
Zum Strauß ihr, unter spätem Schnee,
Blau, rot und weißen Güldenklee.
    Das Mägdlein nahm des Busens Zier,
Und nickte freundlich Dank dafür.

10   Nur einzeln grünten noch im Hain
Die Buchen und die jungen Mai'n;
Und Kresse wankt' in hellen
Umblümten Wiesenquellen:
Auf kühlem Moose, weich und prall,
15   Am Buchbaum, horchten wir dem Schall
Des Quelles und der Nachtigall.
    Sie pflückte Moos, wo wir geruht,
Und kränzte sich den Schäferhut.

    Wir gingen atmend, Arm in Arm,
20   Am Frühlingsabend, still und warm,
Im Schatten grüner Schlehen
Uns Veilchen zu erspähen:
Rot schien der Himmel und das Meer;
Mit einmal strahlte, groß und hehr,
Der liebe volle Mond daher.
    Das Mägdlein stand und ging und stand,
Und drückte sprachlos mir die Hand.

    Rotwangicht, leichtgekleidet saß
Sie neben mir auf Klee und Gras,
30   Wo ringsum helle Blüten
Der Apfelbäume glühten:
Ich schwieg; das Zittern meiner Hand,
Und mein bethränter Blick gestand
Dem Mägdlein, was mein Herz empfand.
35   Sie schwieg, und aller Wonn' Erguß
Durchströmt' uns beid' im ersten Kuß.

---

7. Güldenklee, Leberblumen, Hepatica, wovon die wild wachsende einfache Art
in drei Farben, an sonnigen, vor kalten Winden geschützten Anhöhen um Eutin, schon
im Februar und März, manchmal schon im Januar sich findet. V. — 11. Maien.
Birken. V. — 12. Kresse, Brunnkresse, Wasserkresse, Sisymbrium Nasturtium. V. —
14. prall, elastisch V. — 21. Schlehen, für Schlehdorne: poetisch, oder, wie es jetzo
heißt, undeutsch. V (1802).

26. Der Kuß.

1784

Du Kleine, willst du gehen?
Du bist ein Kind!
Wie wolltest du verstehen,
Was Küsse sind?
Du warst vor wenig Wochen
Ein Knöspchen bloß;
Nun thut, kaum ausgebrochen,
Das Rößlein groß!

Weil deine Wange röter
Als Äpfel blüht,   10
Der Augen Blau wie Äther
Im Frühling glüht;
Weil deinen Schleier hebet,
Ich weiß nicht was,
Das auf und nieder bebet: 15
Das meinst du, das?

Weil kraus wie Rebenringel
Dein Haupthaar wallt,
Und hell wie eine Klingel
Dein Stimmchen schallt;   20
Weil leicht, und wie gewehet,
Ohn' Unterlaß
Dein schlanker Wuchs sich drehet:
Das meinst du, das?

Ich sahe voll Gedanken   25
Durch junges Grün
In blauer Luft die blanken
Gewölkchen ziehn;
Da warfst du mich, du Bübin,
Mit feuchtem Strauß,   30
Und flohst wie eine Diebin
Ins Gartenhaus.

Der Kuß. Hamburger MA. 1785, S. 80, Entwurf und Man. in München; Gedichte
1785, I, 336; 1802, II. 90; 1825, III. 112. — 17. Rebenringel, statt des wunderlichen
Wortes Rebgäblein. V.

Nun sitz' und schrei im Winkel,
Und ungeküßt,
35   Bis du den Mädchendünkel
Rein abgebüßt!
Ach gar zu rührend bittet
Dein Lächeln mich!
So komm, doch fein gesittet,
40   Und sträube dich!

27. Neujahrslied.

1784.

Des Jahres letzte Stunde
Ertönt mit ernstem Schlag:
Trinkt, Brüder, in die Runde,
Und wünscht ihm Segen nach.
5   Zu jenen grauen Jahren
Entfliegt es, welche waren;
Es brachte Freud' und Kummer viel,
Und führt' uns näher an das Ziel.

Chor.
Ja, Freud' und Kummer bracht' es viel,
10   Und führt' uns näher an das Ziel.

In stetem Wechsel kreiset
Die flügelschnelle Zeit:
Sie blühet, altert, greiset,
Und wird Vergessenheit;
15   Kaum stammeln dunkle Schriften
Auf ihren morschen Grüften.
Und Schönheit, Reichtum, Ehr' und Macht
Sinkt mit der Zeit in öde Nacht.

Chor.
Und Schönheit, Reichtum, Ehr' und Macht
20   Sinkt mit der Zeit in öde Nacht.

Neujahrslied. Journal von und für Deutschland 1784, Dezember (Manuskr. in München); Gedichte 1785, I, 339; 1802, IV, 95: „Empfang des Neujahrs"; 1825, III, 113; Melodie von Schulz beim ersten Drucke, dann von Anton André, vgl. Hoffmann von Fallersleben Nr. 186. — 15. dunkle Schriften auf dem Grabe der Zeit sind Gedichte und Denkmäler alter Thaten, Gebräuche, Meinungen.

Sind wir noch alle lebend,
Wer heute vor dem Jahr,
In Lebensfülle strebend,
Mit Freunden fröhlich war?
Ach, mancher ist geschieden,   25
Und liegt und schläft in Frieden!
Klingt an, und wünschet Ruh hinab,
In unsrer Freunde stilles Grab.

Chor.
Klingt an, und wünschet Ruh hinab,
In unser Freunde stilles Grab.   30

Wer weiß, wie mancher modert
Ums Jahr, versenkt ins Grab!
Unangemeldet fodert
Der Tod die Menschen ab.
Trotz lauem Frühlingswetter   35
Wehn oft verwelkte Blätter.
Wer von uns nachbleibt, wünscht dem Freund
Im stillen Grabe Ruh, und weint.

Chor.
Wer nachbleibt, wünscht dem lieben Freund
Im stillen Grabe Ruh, und weint.   40

Der gute Mann nur schließet
Die Augen ruhig zu;
Mit frohem Traum versüßet
Ihm Gott des Grabes Ruh.
Er schlummert kurzen Schlummer   45
Nach dieses Lebens Kummer;
Dann weckt ihn Gott, von Glanz erhellt,
Zur Wonne seiner bessern Welt.

Chor.
Dann weckt uns Gott, von Glanz erhellt,
Zur Wonne seiner bessern Welt.   50

Auf, Brüder, frohes Mutes,
Auch wenn uns Trennung droht!
Wer gut ist, findet gutes
Im Leben und im Tod!

55   Dort sammeln wir uns wieder,
      Und singen Wonnelieder!
      Klingt an, und: Gut sein immerdar!
      Sei unser Wunsch zum neuen Jahr!
               Chor.
      Gut sein, ja gut sein immerdar!
60   Zum lieben frohen neuen Jahr!

           28. Der Landmann.
                   1784.

      Ihr Städter, sucht ihr Freude,
      So kommt aufs Land heraus.
      Seht, Garten, Feld und Weide
      Umgrünt hier jedes Haus.
5   Kein reicher Mann verbauet
      Uns Mond und Sonnenschein;
      Und abends überschauet
      Man jedes Sternelein.

      Wenn früh des Dorfes Wecker
10   Aus leichtem Schlaf uns kräht,
      Durchjauchzt man rasch die Äcker
      Mit blankem Feldgerät.
      Das Weib indes treibt singend
      Die Milchküh' aus dem Stall:
15   Laut folgen sie und springend
      Des Hirtenhornes Schall.

      Wir sehn, wie Gott den Segen
      Aus milden Händen streut:
      Wie Frühlingssonn' und Regen
20   Uns Wald und Flur erneut;
      Uns blühn des Gartens Bäume;
      Uns wallt das grüne Korn;
      Uns schwärmt nach Honigseime
      Die Bien' um Blum' und Born.

Der Landmann. Gedichte 1785, I, 343; Entwurf in München; 1802, IV, 106:
„Bauernglück." 1825, III, 116, Mel. von J. A. P. Kunzen und Schulz, vgl. Hoffmann
von Fallersleben Nr. 535.

Uns singt das Böglein Lieder; 　　　　　25
Uns rauscht die blaue Flut;
Uns schwirrt des Hofs Gefieder,
Umpiept von junger Brut;
Uns blöken rings und brüllen
Die Herden durch die Au'n; 　　　　　　30
Uns tanzt das schlanke Füllen,
Und gaffet übern Zaun.

Die Arbeit aber würzet
Dem Landmann seine Kost,
Und Mut und Freude kürzet 　　　　　　35
Die Müh' in Hitz' und Frost.
Sein Weib begrüßt ihn schmeichelnd,
Wenn er vom Felde kehrt,
Und, seine Kindlein streichelnd,
Sich setzt am hellen Herd. 　　　　　　40

Die Bursch' und Mägde strotzen
Bon Jugendreiz und Mark;
Ja selbst die Greise trotzen
Dem Alter, frisch und stark.
Und heißt der Tod uns wandern; 　　　　45
Wir gehn, wie über Feld,
Aus einer Welt zur andern
Und schönern Gotteswelt.

Ihr armen Städter trauert
Und kränkelt in der Stadt, 　　　　　　50
Die euch wie eingemauert
In dumpfe Kerker hat.
O wollt ihr Freude schauen;
So wandelt Hand in Hand,
Ihr Männer und ihr Frauen, 　　　　　　55
Und kommt zu uns aufs Land.

———————

29. Heureigen.

1785.

Wenn kühl der Morgen atmet, gehn
Wir schon auf grüner Au,
Mit rotbeglänzter Sens', und mähn
Die Wies' im blanken Tau.
Wir Mäher, dalderaldei!
Wir mähen Blumen und Heu!
Juchhei!

Die Lerche singt aus blauer Luft,
Die Grasemück' im Klee,
Und dumpf dazu als Brummbaß ruft
Rohrdommel fern am See.
Wir Mäher, dalderaldei!
Wir mähn in Schwade das Heu!
Juchhei!

Und scheint die liebe Sonne warm,
Dann kommt der Mägdlein Schar,
Den Rock geschürzt, mit bloßem Arm,
Strohhüt' auf glattem Haar.
Die Mägdlein, dalderaldei!
Sie harken Blumen und Heu!
Juchhei!

Der Bursch, umweht vom Duft des Heus,
Winkt oft den Mägdlein zu,
Und streicht die Sens', und wischt den Schweiß,
Und seufzt: Ach, harktest du!
Die Mägdlein, dalderaldei!
Sie häufen Schober von Heu!
Juchhei!

Ist weit hinab die Wiese kahl,
Dann lagern wir uns frisch
In bunter Reih' zum frohen Mahl,
Am blüh'nden Dorngebüsch.

Heureigen. Hamb. MA. 1786, S. 20 mit zwei Melodieen, einer Volksmelodie und einer von Schulz, vgl. Hoffmann von Fallersleben Nr. 940. Gedichte 1795, II, 118; 1802, IV, 110; 1825, III, 118. Entwurf in München.

Die Mägdlein, dalderaldei!
Ruhn gern selbander im Heu!
Juchhei!   35

    Bepackt wird dann der Wagen ganz,
Daß Achs' und Leiter knackt;
Die schönste Dirn' im Blumenkranz
Wird oben drauf gepackt.
Hell kreischt sie, dalderaldei!   40
Gewiegt von duftendem Heu!
Juchhei!

    Zur Bodenluk' hereingebracht
Wird dann die Last des Heus,
Und brav geschäfert und gelacht;   45
Denn Schäfern spornt den Fleiß.
Am Giebel, dalderaldei!
Stehn wir, und rasseln im Heu!
Juchhei!

    Zuletzt beim Schmaus' und Reigen tönt   50
Schalmein= und Fiedelklang:
Da tanzt man, daß der Boden dröhnt
Den ganzen Abend lang;
Und schläft dann, dalderaldei!
Wir Bursche schlafen im Heu!   55
Juchhei!

———

30. Im Grünen.
1787.

    Willkommen im Grünen!
Der Himmel ist blau,
Und blumig die Au!
Der Lenz ist erschienen!
Er spiegelt sich hell   5
Am luftigen Quell
Im Grünen!

43. Luke, die Öffnung des oberen Heubodens. V. — Im Grünen. Hamb. MA. 1788, S. 142 mit Melodie von Schulz (vgl. Hoffmann von Fallersleben Nr. 999); Man. in München; Gedichte 1795, II, 122; 1802, IV, 114; 1825, III, 120.

Willkommen im Grünen!
Das Vögelchen springt
Auf Sprossen, und singt:
Der Lenz ist erschienen!
Ihm säuselt der West
Ums heimliche Nest
Im Grünen!

Willkommen im Grünen!
Aus knorrigem Spalt
Der Eichen erschallt
Das Sumsen der Bienen;
Flink tragen sie heim
Den würzigen Seim
Im Grünen!

Willkommen im Grünen!
Es blöket im Thal
Das Lämmchen, vom Strahl
Der Sonne beschienen;
Das fleckige Reh
Durchhüpfet den Klee
Im Grünen!

Willkommen im Grünen!
Hier labt uns der Most,
Bei ländlicher Kost;
Und Weiblein bedienen!
Hier ruhen wir weich
Am plätschernden Teich
Im Grünen!

Willkommen im Grünen!
Wir schenken aufs Wohl
Der Weiblein uns voll,
Und äugeln mit ihnen!
Am flimmernden Strahl
Klingt hell der Pokal
Im Grünen!

Willkommen im Grünen!
Hier darf man, vertraut
Gelagert im Kraut,   45
Zum Kuß sich erkühnen!
Es wallet vor Lust
Auch Weiblein die Brust
Im Grünen!

Willkommen im Grünen!   50
Ein Kranz von Gezweig
Und Blüten wird euch
Die Strafende sühnen:
Die sprödeste Frau
Nimmt's nicht so genau
Im Grünen!

---

31. Rundgesang für die Treuen des Zirkels.

7. April 1787.

Wir trinken, kühl umschattet,
Den Rebensaft;
Und Seel' an Seele gattet
Magnetenkraft!
Rundum, wie Klett' an Klette,
Schlingt fest die Zauberkette!
Ach unterm Mond ist mancherlei,
Wovon nichts träumt die Träumerei
Filosofei!

Rundgesang für die Treuen des Zirkels. Hamb. MA. 1788, S. 37 mit Melodie
von Schulz; Entwurf in München, datiert den 7. April 1787: „Rundgesang für edle Seelen."
Gedichte 1795, II, 126 und 1802, IV, 118: „Rundgesang für die Schnellgläubigen"; in der
letzteren Ausgabe sind die sechs ersten Zeilen jeder Strophe „Der Meister", die drei letzten
„Die Jünger" überschrieben. Die Anmerkung dazu sagt: „Das mystische Possenspiel mit den
Wunderkräften des tierischen Magnetismus, und die Rolle, die ein auf Schnell-
gläubigkeit stolzer Mann seiner nicht unwürdig achtete, sind in so frischem Andenken, daß man die treue Darstellung in diesem Liede, mit den eigensten Kunstausdrücken,
auch ohne Nachweisung erkennen wird. Die Belege findet man in der Berlinischen
Monatsschrift." 1825, III, 122. Vgl. Voß an Gleim 21. September 1787: „Mit einem
magnetischen und maurerischen Rundgesange werde ich mir Feinde machen. Aber wer
kann das alles bedenken, wenn man etwas Heilsames zu thun glaubt! Sie werden mir
gewiß darum nicht böse, daß ich den Aberglauben nach dem Maße meiner Kräfte bestreiten
helfe" (Briefe II, 284). — 8. Im Entwurfe ist der Refrain nur zweizeilig:
Ach unterm Mond ist mancherlei
Wovon nichts träumt Filosofei!

10   Magnetisch braust im Glase
      Der Wein, und perlt,
      Von schwindelnder Ekstase
      Wie ungequerlt!
      Schlürft ein; und süßer Wirbel
15   Durchdröhn' uns bis zur Zirbel!
      Ach unterm Mond ist mancherlei,
      Wovon nichts träumt die Träumerei
      Filosofei!

      Das Wasser selbst macht trunken
20   Von Seligkeit,
      Hat Glaubenshand den Funken
      Hineingestreut;
      Doch weiht sie Wein, dann höht er
      Wie Blitz den Geist zum Äther!
      Ach unterm Mond ist mancherlei,
      Wovon nichts träumt die Träumerei
      Filosofei!

      Frech magst du schrein und lästern,
      Du Atheist!
30   Trotzt, Brüder, trotzt, ihr Schwestern,
      Dem Antichrist!
      Wir hegen Lieb' und Glauben,
      Einfältig gleich den Tauben!
      Ach unterm Mond ist mancherlei,
35   Wovon nichts träumt die Träumerei
      Filosofei!

      Schmäht's immer hyperbolisch,
      Ihr Herrn, und klafft!
      Uns dünkt sie apostolisch,
40   Die Wunderkraft!
      Wir sind, wie echte Beter,
      In Demut Wunderthäter!

---

15. Die Zirbeldrüse im Gehirn scheint vielen der Seele Sitz oder Zwinger. V. —
20. Atheist, mit den Lieblosungen Unchrist, Atheist wird von den schnellgläubigen
Taubenseelen jeder beehrt, wer nicht alles Angemutete ohne Bedenken nachglauben kann. V.
— 38. klaffen, gewöhnlicher kläffen.

Ach unterm Mond ist mancherlei,
Wovon nichts träumt die Träumerei
Filosofei!   45

Ihr träumt; wir sehn in Klarheit!
Dank, Meßmer, dir!
Wir sehn mit Gaßner Wahrheit,
Und Pünsegür!
Wir traun auf deine Bude,   50
Cagliostro, ew'ger Jude!
Ach unterm Mond ist mancherlei,
Wovon nichts träumt die Träumerei
Filosofei!

Zeugt's, Schwestern, sanft betrabbelt
Um Hüft' und Brust,
Wie hold ihr zuckt und rabbelt
Vor Seelenlust!
Wie drängt euch wahrzusagen
Der sechste Sinn im Magen!   60
Ach unterm Mond ist mancherlei,
Wovon nichts träumt die Träumerei
Filosofei!

Ihr guckt euch bis zum Zwinger
Der Seel' hinein,   65
Und lest mit zartem Finger,
Nur nicht Latein;
Ihr heilt, und meßt die Dauer,
Und blinzt durch Thür' und Mauer!
Ach unterm Mond ist mancherlei,   70
Wovon nichts träumt die Träumerei
Filosofei!

Ha, schaut! wie Regenbogen,
Blüht Zauberglanz,
Magnetisch hergezogen,   75
Um unsern Kranz!

---

43. **Pünsegür**, Armand Marie Jacques de Chastenet Marquis de P., heute weniger bekannt als die andern drei neben ihm genannten, war einer der thätigsten Förderer des tierischen Magnetismus in Frankreich (1752—1825). — 57. **Er rabbelt, rappelt**, oder **es rappelt bei ihm**, heißt es von einem, der in Hitze vernunftlos handelt und spricht. V.

Trinkt aus, ihr Glaubensjünger!
Und auf den Mund den Finger!
  Ach unterm Mond ist mancherlei,
  Wovon nichts träumt die Träumerei
80 Filosofei!

32. Das Landmädchen.

1787.

An meines Vaters Hügel,
Da steht ein schöner Baum:
Gern singt das Waldgeflügel
An meines Vaters Hügel,
Und singt mir manchen Traum.

  Man ruht auf weichem Rasen,
  Von Zitterglanz erhellt;
  Die Schaf' und Lämmer grasen;
  Man ruht auf weichem Rasen,
10 Und überschaut das Feld.

In grüngewölbtem Laube,
Die Sonne schien so warm!
Belauscht' ich meine Taube,
In grüngewölbtem Laube,
15 Und froher Würmchen Schwarm

  Da kam er mit Erröten
  Durch hohes Gras daher;
  Ich hatt' ihn nicht gebeten:
  Da kam er mit Erröten,
20 Gewiß von ohngefähr.

Vertraulich sank er nieder
Zu mir auf weiches Gras.
Mir ward so eng das Mieder!
Vertraulich sank er nieder,
Und sprach, ich weiß nicht was.

Das Landmädchen. Hamburger M.A. 1788, S. 166, Entwurf in München; Gedichte 1795, II, 131; 1802, IV. 125; 1825, III, 125; Melodieen von J. F. Reichardt und Schulz, vgl. Hoffmann von Fallersleben Nr. 48.

Er wäre gern geblieben;
Allein ich hieß ihn gehn.
Mich däucht, er sprach von Lieben:
Er wäre gern geblieben,
Und schmeichelte so schön.   30

    Wie öd' ist mir seit gestern
Die Stell' im weichen Gras!
Erzählt was, liebe Schwestern!
Wie öd' ist mir seit gestern
Die Stelle, wo er saß!   35

33. Freundschaftsbund.

1787.

Im Hut der Freiheit stimmet an
Voll Ernst der Freundschaft Lied!
Der ist, bei Gott! kein Ehrenmann,
Dem hier sein Herz nicht glüht!
Die Freundschaft stärkt in Freud' und Not,   5
Und folgt durch Leben und durch Tod!

Erbarmend sah des Lebens Müh
Der Menschen Vater, schwieg,
Erschuf die Freundschaft, wog; und sieh,
Des Elends Schale stieg.   10
Da sprach der Vater: Es ist gut!
Und alles Leben hauchte Mut.

Wohlthun und Wohl empfangen, lehrt
Ein allgemeiner Bund.
Im Kerker ist die Spinn' uns wert,   15
Auf öder Flur ein Hund,

31 ff. Die letzte Strophe lautet im Entwurfe:
    O ratet mir! Seit gestern,
    Wie öd' ist jener Ort!
    Ihr kennt die Lieb', ihr Schwestern!
    O ratet mir! Seit gestern
    Ist meine Ruhe fort!

— Freundschaftsbund. Hamburger MA. 1788, S. 197, Entwurf und Druckman. in
München; Gedichte 1795, II, 134; 1802, IV, 128; 1825, III, 126; Melodie von Schulz, vgl.
Hoffmann von Fallersleben Nr. 545.

Ein Hühnchen, das gerufen kam,
Und Brot aus unsern Händen nahm.

Doch selig, teilt ein Menschenherz,
Verständig, gut und treu,
Voll Mitgefühls in Freud' und Schmerz,
Des Lebens Mancherlei:
Ein Freund, der sanft mit Rate nützt,
Und abends traulich bei uns sitzt!

Ach ohne Freund ist öd' und stumm
Das schönste Vaterland!
Doch blühen heißt Elysium
Ein Freund aus dürrem Sand!
Er schmaust mit uns auf grobem Zwilch,
Und würzt durch Liebe Frucht und Milch.

Einmütig hält auf Recht und Pflicht,
Und handelt, Freund und Freund;
Doch trägt man gern, und quält sich nicht,
Was jeder glaubt und meint.
Der zieht den Duft der Rose vor,
Der andre liebt den Nelkenflor.

Gedank' und That, und Ehr' und Glück
Vertraut man ohne Hehl;
Auch Schwachheit schaut des Freundes Blick:
Ihn irrt kein leichter Fehl.
Selbst herber Gram an Freundesbrust
Verweint sich bald in süße Lust.

Ein Herz und eine Seele sei
Mit seinem Freund der Freund:
Liebreich und wahrhaft, mild und frei,
In Fern' und Tod vereint!
Einst bringt, wer früher starb, in Glanz
Dem Brudergeist den Palmenkranz!

31—36. Zu dieser Strophe macht Voß 1802 die Anmerkung: „Freunde sehen nur auf
redliche Gesinnungen und Thaten und ertragen abweichende Meinungen so ruhig, als wenn
dem einen mehr die Rose, dem andern mehr die Nelke, beiden doch immer Wohlgeruch
und Schönheit gefällt. Wohl dem, der einen so milddenkenden Freund hatte und hat"

Entblößt das Haupt, ihr Freund', und weiht
Der Freundschaft diesen Trank!   50
Ihr toten Freunde, hört den Eid,
Einstimmend zum Gesang;
Und tröstet armer Fürsten Los,
Die nie des Freundes Arm umschloß!

Wir schütteln herzlich uns die Hand,   55
Und teilen Freud' und Not!
Sei dieser Kuß der Freundschaft Pfand
Durch Leben und durch Tod!
Wie David seinen Jonathan,
Und Voß dich, Stolberg, liebgewann!   60

---

34. Tafellied.

1787.

Odi profanum vulgus et arceo.
Horat.

Wie hehr im Glase blinket
Der königliche Wein!
Wie strömt sein Duft! O trinket,
Und laßt uns fröhlich sein!
Doch fälscht ein Nebenhasser
Den Feuertrank mit Wasser;
Frisch!
Trommelt auf den Tisch!
Frisch!
Trommelt auf den Tisch!   10
Und reicht ihm klares Wasser!

---

59. 60. Schon 17.5 änderte Voß diese beiden Verse:
„Nichts soll und kann uns je entzwein!
Mein Freund ist mein, und ich bin sein!"

-- Tafellied. Hamb. M.A. 1788, S. 177, vgl. mit dem Druckmanustr. und mit dem
Entwurf; Gedichte 1795, II, 138 und 1802, IV, 132 mit dem Zusatze: „für die Freimaurer";
in letzterer Ausgabe mit folgender Anmerkung: „Um viele gutmütige Genossen des Maurer-
ordens gegen die Arglist der geheimen Oberen, denen unter dem Schirme der fremdartige
Fuß hervorragt, altbrüderlich zu verwahren, nahm ich die Symbole, die auf hierarchisches
Blendwerk und blinden Gehorsam ausgehn, als harmlose Gebräuche eines frohen und zu
Menschenliebe und Wohlthun gestimmten Trinkgelags. Die guten Brüder, die hier profane
Entweihung argwöhnten, mögen sich ungestört ihrer Spürgabe und Glaubseligkeit erfreun.
Auch über diesen Alfanz giebt, wem daran liegt, die Berl. Monatsschrift Auskunft." 1825,
III, 128. Mel. von Karl Spazier, Schulz und Zelter. Das „Trommellied" nennt es Zelter
im Briefwechsel mit Goethe I. 388. 315, vgl. Hoffmann von Fallersleben Nr. 961.

Der edle Wein erweitert
Des edlen Mannes Herz,
Erhellt den Geist, und läutert
Des Wortes Ernst und Scherz.
Will jemand einen Sparren
Zu viel ins Dach uns narren;
Frisch!
Trommelt auf den Tisch!
    Frisch!
Trommelt auf den Tisch!
Und laßt ihm seinen Sparren!

Es strahlt, wie Gottes Sonne,
Die Wahrheit allgemein;
Nicht Kirche, Log' und Tonne
Des Denkers schließt sie ein.
Wenn etwa Schälk' im Dunkeln
Von eigner Wahrheit munkeln;
Frisch!
Trommelt auf den Tisch!
    Frisch!
Trommelt auf den Tisch!
Und lacht der Schälk' im Dunkeln!

Kocht thöricht Gold im Tiegel,
Und blast den Diamant;
Raubt Salomonis Siegel,
Der Geister Graun, und bannt!
Doch wird zum Trank der Jugend
Gebraut der Sterne Tugend;
Frisch!
Trommelt auf den Tisch!
    Frisch!
Trommelt auf den Tisch!
Nur Wein ist Trank der Jugend!

---

25 f. Des Denkers Tonne, das große irdene Faß des Diogenes. V. — 35. Den
Diamant blasen, durch Ausblasen vergrößern. V. — 38. 39. Aus der Sterne Tugend
oder Kraft, die sie in Gewächse und Metalle ausströmen, wird ein verjüngender Trank
gezogen, der einst ein vorwitziges Kammermädchen durch unmäßigen Genuß in eine herum-
hüpfende Lilliputerin verwandelte. V.

Wer Messe liebt zu plärren   45
Am hellen Fronaltar,
Der spiel' auch Tempelherren
In weißem Amtstalar!
Doch trennt man uns vom Bunde
Der feuchten Tafelrunde;   50
Frisch!
Trommelt auf den Tisch!
    Frisch!
Trommelt auf den Tisch!
Und fei'rt die Tafelrunde!   55

Beim Trunk gehört ein König,
(So war's in alter Zeit!)
Der, trinkt ein Gast zu wenig,
Ihm Dreimaldrei gebeut!
Doch raunt man von Sankt Petern,   60
Und unbekannten Vätern;
Frisch!
Trommelt auf den Tisch!
    Frisch!
Trommelt auf den Tisch!   65
Trotz unbekannten Vätern!

Wir zechen gern in Frieden,
Und glauben, was man kann!
Im Osten auch und Süden
Wohnt mancher Biedermann,
Doch rühmt ein Schalk uns Kloster,   70
Tonsur und Paternoster;
Frisch!
Trommelt auf den Tisch!
    Frisch!   75
Trommelt auf den Tisch!
Und schickt ihn heim ins Kloster!

---

50. Die Ritter der T a b l e r o n d e waren tapfere Trinker und Kämpfer, aber nicht
Halbmönche. V.

Auf! füllt das Glas, ihr Lieben,
Und trinkt den lieben Wein;
80   Sei's Dreimaldrei, sei's Sieben,
Die bös', auch Dreimalneun!
Doch sperrt ein Schalk den Schnabel
Zu Pfaffentrug und Fabel;
Frisch!
85   Trommelt auf den Tisch!
     Frisch!
Trommelt auf den Tisch!
Und schlagt ihm auf den Schnabel!

35. Beim Flachsbrechen.
1787.

Plauderinnen, regt euch stracks!
Brecht den Flachs,
Daß die Schebe springe,
Und der Brechen Wechselklang
5   Mit Gesang
Fern das Dorf durchdringe!

Herbstlich rauscht im Fliederstrauch
Kalter Hauch,
Und der Nachttau feuchtet!
10   Dennoch brecht mit bloßem Arm,
Brecht euch warm,
Weil der Mond uns leuchtet!

Brich, du armer Flachs! dir droht
Müh und Not,
15   Mehr denn je du träumtest,
Als du grün im Sonnenschein,
Junger Lein,
Blaue Blumen keimtest!

---

80. Ungrade Zahlen, vorzüglich die des ersten Zehends, waren, als lebendige und fortwachsende, in allen Mysterien geehrt. V. — Beim Flachsbrechen. Hamburger MA. 1788, 190, verglichen mit dem Druckmanuskript und dem Entwurfe. Gedichte 1795, II, 143; 1802, IV, 138; 1825, III, 132. Mel. von Schulz, vgl. Hoffmann von Fallersleben Nr. 735. — 3. Schebe, Flachsstengelsplitter. — 4. Die Breche, Werkzeug zum Brechen des Flachses.

Ach, die harte Raufe hat
Gleich zur Saat   20
Dir die Boll' entrissen,
Wochenlang dann auf der Au
Sonn' und Tau
Röstend dich zerbissen!

Nun zerquetschen wir in Hast   25
Dir den Bast,
Den die Schwinge reinigt;
Von der bösen Hechel itzt,
Scharfgespitzt,
Wirst du durchgepeinigt!   30

Doch dann prangst du glatt und schön;
Und wir drehn
Dich in saubre Knocken:
Und getrillt mit flinkem Fuß,
Feucht vom Kuß,
Läufst du uns vom Rocken!

Schnell durch Spul' und Haspel eilt,
Schön geknäult,
Drauf dein Garn zur Webe:
Daß die Leinwand, scharf gebeucht,   40
Und gebleicht,
Hemd' und Laken gebe.

Brich, o brich, du armer Flachs!
Weiß, wie Wachs,
Prangst du angeschmieget,   45
Wann beim Bräutigam die Braut,
Warm und traut,
Einst im Bette lieget!

---

21. Bolle, Samenknopf des Flachses. — 40. beuchen, durch Lauge weichen.

36. Dröscherlied.

1787.

Klip und klap!
Dröschet auf und ab!
Hochgehäuft zum Dache
Liegt das Korn im Fache;
Und ein Schober steht
Vor der Scheun' erhöht.

Klip und klap!
Dröschet auf und ab!
Weizen, Gerst' und Roggen
Stand in langen Hocken;
Daß die Achse fast
Brach von Segenslast.

Klip und klap!
Dröschet auf und ab!
Unsre Händ' erstreben
Menschenkraft und Leben;
Daß von Freude satt
Jauchze Dorf und Stadt.

Klip und klap!
Dröschet auf und ab!
Von der Worfeldiele
Eilt das Korn zur Mühle;
Lustig huckeback
Eilet Sack auf Sack.

Klip und klap!
Dröschet auf und ab!
Wiehert, Roß', im Stalle!
Hier ist Korn für alle!
Fetter Haber sei
Dank für eure Treu!

Dröscherlied. Hamburger M.A. 1789, S. 82, mit Mel. von Schulz, vgl. Hoffmann von Fallersleben Nr. 594; verglichen mit dem Druckmanustript und mit dem Entwurfe; Gedichte 1795, II, 146; 1802, IV, 146; 1825, III, 137. — 10. Die Hocke, niederdeutsch, Haufen im Felde aufgestellter Garben.

Klip und klap!
Dröschet auf und ab!
Ihr, für Milch und Butter,
Schwelgt, ihr Küh', im Futter!
Wiederkäut, und froh　　　　　　35
Brummt im warmen Stroh!

Klip und klap!
Dröschet auf und ab!
Sperling, Kräh' und Henne,
Hüpft getrost zur Tenne!　　　　40
Gnug hat Gott bescheert,
Der die Vögel nährt!

37. Die Spinnerin.
1787.

Ich armes Mädchen!
Mein Spinnerädchen
Will gar nicht gehn,
Seitdem der Fremde
In weißem Hembe　　　　　　5
Uns half beim Weizenmähn!

Denn bald so sinnig,
Bald schlotternd spinn' ich
In wildem Trab,
Bald schnurrt das Rädchen,　　　10
Bald läuft das Fädchen
Vom vollen Rocken ab.

Die Spinnerin. Hamburger MA. 1780, S. 129, verglichen mit dem Druckman.
und dem Entwurf. (Gedichte 1795, II, 149; 1802, IV, 141; 1825, III, 138. Mel. von
Schulz im MA.; vgl. Hoffmann von Fallersleben Nr. 457. — Auch diesem Liedchen hat
Sappho, deren göttliche Gesänge vielleicht unter den herkulanischen Rollen umsonst Rettung
erwarten, durch ein kleines Fragment den Ton gestimmt:
　　　„Lieb Mütterlein, ich kann nicht
　　　An dem Webestuhl dir rasseln!
　　　Mein Herz gewann dem Jüngling
　　　Die Gewalt der schlanken Kypris!" V.

Noch denk' ich immer
Der Sense Schimmer,
15   Den blanken Hut,
Und wie wir beide
An gelber Weide
So sanft im Klee geruht.

38. Der Freier.

1789.

Das Mägdlein, braun von Aug' und Haar,
Kam über Feld gegangen;
Die Abendröte schien so klar,
Und Nachtigallen sangen.
Ich sah und hörte sie allein.
Dalderi daldera, das Mägdelein
Soll mein Herzliebchen sein!

Ein Röckchen trug sie, dünn und kurz,
Und leichtgeschnürt ihr Mieder;
10   Es weht' ihr Haar, es weht' ihr Schurz
Im Weste hin und wieder;
Die Strümpfe schienen weiß und fein.
Dalderi daldera, das Mägdelein
Soll mein Herzliebchen sein!

15   Die bunte Kuh, gelockt mit Gras,
Kam her vom Anger trabend;
Und als das Mägdlein melkend saß,
Da bot ich guten Abend,
Und sah durchs Busentuch hinein.
20   Dalderi daldera, das Mägdelein
Soll mein Herzliebchen sein!

Der Freier. Hamburger M.A. 1790, S. 131, mit zwei Mel. von Schulz, vgl. Hoffmann von Fallersleben Nr. 128; vgl. mit dem Entwurfe und dem Druckmanuskript. Gedichte 1795, II, 163; 1802, IV, 162; 1825, III, 114.

Sie nickte mir mit holdem Gruß;
Da ward mir wohl und bange,
Und herzhaft drückt' ich einen Kuß
Auf ihre rote Wange,　　　　　　　　　　　　　25
So rot, so rot wie Abendschein.
Dalderi baldera, das Mägdelein
Soll mein Herzliebchen sein!

Ich half ihr über Steg und Zaun
Die Milch zu Hause bringen,　　　　　　　　　　30
Und gegen Ungetüm und Graun
Ein Schäferliedchen singen;
Denn dunkel war's im Buchenhain.
Dalderi baldera, das Mägdelein
Soll mein Herzliebchen sein!　　　　　　　　　　35

Die Mutter schalt: So spät bei Nacht?
Da stand sie ach! so schämig.
Sacht, sprach ich, gute Mutter, sacht!
Das Töchterlein, das nehm' ich!
Nur freundlich, Mutter, willigt ein!　　　　　　40
Dalderi baldera, das Mägdelein
Soll mein Herzliebchen sein!

---

39. Mailied.
1789.

O der schöne Maienmond!
Wann in Thal und Höhen
Blütenbäume wehen,
Und im Nest der Vogel wohnt!
O der schöne Maienmond!　　　　　　　　　　5
Herrlich schöner Maienmond!

---

31. Ungetüm, Unwesen, ein gemildeter Ausdruck für Gespenst. V. — 37. schämig,
verschämt, im gemeinen Leben. V. — Mailied. Hamburger MA. 1790, S. 175, vgl.
mit dem Druckmanuskript und dem Entwurfe. Gedichte 1795, II, 166; 1802, IV, 165
mit der Anmerkung: „Ein englisches Lied in freier Nachahmung". 1825, III, 145. Mel. von
Schulz im MA.; eine andere von Friedrich Kuhlau, vgl. Hoffmann von Fallersleben Nr. 709.

O wie prangt die schöne Welt!
Bräunlich sproßt die Eiche
An umgrüntem Teiche,
Graulich wogt das Roggenfeld!
O wie prangt die schöne Welt!
Herrlich prangt die schöne Welt!

O wie frisch die Morgenluft!
Blumen, Laub und Kräuter,
Blank von Tau und heiter,
Trinken Sonn', und atmen Duft!
O wie frisch die Morgenluft!
Herrlich frisch die Morgenluft!

O wie jauchzt der Freude Klang!
Lamm und Kalb im Grünen,
Nachtigall und Bienen,
Flötenton und Reihngesang!
O wie jauchzt der Freude Klang!
Herrlich jauchzt der Freude Klang!

O wie labt's, im Traum zu ruhn!
Wo durch Kies und Erlen
Leise Wellen perlen,
Und die Fischchen fröhlich thun!
O wie labt's, im Traum zu ruhn!
Herrlich labt's, im Traum zu ruhn!

O wie lacht des Mädchens Blick!
Voll von Milch den Eimer,
Singt sie wach den Träumer,
Wird geküßt, und strebt zurück!
O wie lacht des Mädchens Blick!
Herrlich lacht des Mädchens Blick!

---

14 ff. Blumen ... atmen Duft, man weiß, daß die Gewächse im Sonnenschein eine wohlthätige balsamische Luft entwickeln, im Schatten eine unheilsame. V.

O der holde Mädchentrug!
Feuerrot die Wange,
Zupft sie lange, lange
Am verschobnen Busentuch!
O der holde Mädchentrug!   40
Herrlich holder Mädchentrug!

———

40. An den Genius der Menschlichkeit.

31. März 1790.

Hinweg, wer kühn ins Heiligtum,
Unreines Herzens, drang!
Des Weins Erschaffer, ihm zum Ruhm
Ertönt der Hochgesang!
Es bebt der Saal in Götterglanz!   5
Heil, Heil dir! guter Geist,
Der uns, entwöhnt des niedern Tands,
Durch Sturm und Wolken reißt!

Du hast die Menschen zum Genuß
Des Lebens erst geweiht,   10
O namenreicher Genius
Der edlern Menschlichkeit.
Du lehrst, als Noah, als Osir,
Die rohe Wildnis bau'n;
Preis dir, Jao! Bacchus, dir!   15
Erschallt's von grünen Au'n.

Nach Beer' und Eichel, ungeschlacht,
Durchbrach der Mensch den Wald,
Kaum schlau zum Fischfang und zur Jagd,
Und haust' in Kluft und Spalt.   20

An den Genius der Menschlichkeit. Hamburger MA. 1791, S. 61 mit Melodie
von Reichardt; Entwurf datiert 31. März 1790 in München; ebenso das Druckmanuskript;
Gedichte 1795, S. 169; 1802, IV, 168; 1825, III, 147. Als Einleitungsgedicht vor den
ersten Band der Antisymbolik 1824 gestellt. — 13 ff. Als Urheber des Anbaus und der
daraus folgenden Sittlichkeit wurden von den Ägyptern Osiris, von den Griechen
Bacchus verehrt. In den Mysterien erhielt der zum Naturgott umgedeutete Bacchus
auch den Namen des hebräischen Jehova, in Jao verwandelt, dessen Anbeter Noah zuerst
Reben gepflanzt hatte. V. — 17. Eichel, die erste Kost der Menschen waren Baumfrüchte,
die im Altgriechischen überhaupt Eicheln genannt wurden. V.

Sein Weib und Kind durchheult' um ihn
Den Sturm, ohn' Hüll' und Glut;
Oft naht' ein Feind, vom Hunger kühn,
O Graun! und schwelgt' in Blut.

Dein Lenz erschien: die Wilde traf
Ein Lamm gesäugt am Bach!
Sie reichte Klee dem frommen Schaf,
Und blökend folgt' es nach.
Mit Herd' und Hund durchschweifte man
Forthin die öde Welt;
Die Hirtin melkt' und sang und spann,
Und wirtlich raucht' ihr Zelt.

Schon milder, trennte schmerzhaft sich
Vom schönen Thal die Schar,
Und ach vom Freund, der nachbarlich
Ihr Trost und Umgang war.
Da pflanztest du des Landes Frucht
Ins schöne Thal hinein:
Getreid' und Obst in reicher Zucht,
Und Honig, Öl und Wein.

Die Ordnung schmückte Dorf und Stadt,
Vom schönen Volk umblüht,
Die Kunst mit Meißel, Schnur und Rad,
Der Weisheit Red' und Lied.
Vom Staube lehrte himmelwärts
Religion entfliehn,
Und wonnevoll vernahm das Herz
Der Sphären Harmonien.

O weh ihm, wessen Hand ein Glied
Der Kette frech zerreißt,
Die sanft empor zur Gottheit zieht
Des Göttersohnes Geist!
Ein Tier des Feldes, wühlt er nur
Nach schnöder Sättigung;
Ihn labte nie dein Reiz, Natur,
Ihn nie des Liedes Schwung!

49. weh ihm..., dem Verächter dessen, was nicht nährt. V.

Heil, Heil! erhabner Genius
Der edlern Menschlichkeit,
Der Sinn' und Herzen zum Genuß
Urreiner Schöne weiht!
Dir schwören wir beim Feiertrank   60
Von neuem Biedermut;
Und laut ertönt's im Hochgesang:
Seid menschlich, froh und gut!

41. Die Dorfjugend.
1. April 1790.

Horch, der Küster beiert,
Mädchen, weiß und zart:
Morgen wird gefeiert,
Denk' ich, Himmelfahrt.
Dann ist keine Schule,
Dann wird Rad und Spule
Samt dem Zeichentuch verwahrt.

Glatt im Sonntagsjäckchen
Mußt du morgen sein,
Buntgewirkt das Röckchen,   10
Tuch und Schürze fein;
Und die blanke Mütze
Samt den Schnallen blitze,
Wie du gehst, im Sonnenschein.

Längs dem Kirchengange   15
Gafft dich alles an:
Seht die schmucke Lange!
Seht, sie wächst heran!
Selbst der Pfarrer bücket
Fromm das Haupt, und blicket,   20
Was sein Auge blicken kann.

Die Dorfjugend. Hamburger M.A. 1791, S. 94 (verglichen mit dem Druck-Manuskript), mit Melodie von Schulz; vgl. Hoffmann von Fallersleben Nr. 445; Gedichte 1795, II, 175; 1802, IV, 176; 1825, III, 1/1. — 1. beiern, zum Feste läuten, indem man die ruhende Glocke mit dem Klöpfel im Takt anschlägt. V. — 7. Das Zeichentuch ist ein grobdrätiges Haartuch, in welches die Nähschülerinnen mit gefärbtem Garne die Anfangsbuchstaben zum Zeichnen der Leinwand, samt Kronen und Laubwerk, auch wohl Adam und Eva am Apfelbaume, zu zeichnen geübt werden. V.

Aber ich, dein Lieber,
Ist das Wetter schön,
Werde gegenüber
Auch im Schmucke stehn,
Und bei Saitenklange,
Predigt und Gesange,
Dich nur hören, dich nur sehn.

Nachmittags dann holen,
30 Liebchen, du und ich,
Sträußer von Violen,
Kränz' aus Möserich;
Und wo grün von Zweigen
Junge Mai'n sich neigen,
Lagert man am Hügel sich.

Schön in Strauß und Kranze,
Schön wie eine Braut,
Folgst du mir zum Tanze
Sittsam und vertraut:
40 Da wird frisch gesungen
Und herumgesprungen,
Nach des blinden Fiedlers Laut.

Mit Gekreisch und Juchen
Schwärmt des Dorfs Gewühl
45 Dann um Nüß' und Kuchen
Und ein Pfänderspiel.
Aber, kleine Dirne,
Gieb mir acht, ich zürne,
Küssest du mir allzu viel!

---

31. Sträußer, man sagt Sträußer und Sträuße, jenes gewöhnlicher. V. —
32. Möserich oder Meserich, in Niedersachsen Möösch, anderswo Megerkraut, Wald-
meister, Sternleberkraut (von laben), Herzfreude, bei den Botanikern Asperula odorata,
ist ein wohlriechendes Kraut; woraus die Landleute vor Johannis Kränze zum Aufhängen
in den Wohnungen flechten, und zum Geschenk anbieten. V. — 43. Juchen, Juch aus-
rufen; der Zufall hat jauchzen, vom breiten Jauch! zu dem edleren Worte gemacht. V.

42. Schäferin Hannchen.

1. Mai 1790.

Ich bin nur Schäferin Hannchen,
Nicht häßlich und nicht schön;
Doch schwerlich tausch' ich mit manchen,
Die stolz ihr Köpfchen drehn.
Laß manche prunken und scheinen: 5
Ich schmücke mich nur leicht
Mit selbstgesponnenen Leinen,
Geblümt und hell gebleicht.

Wann Tau am Grase noch blitzet,
Treib' ich, weil Hurtig bellt,   10
Vom Halmenhute beschützet,
Des Vaters Herd' ins Feld.
Die Schäfchen blöken und grasen,
Wo Klee und Quendel blüht:
Ich strick' auf schattigem Rasen,   15
Und sing' ein Schäferlied.

Am Mittag deck' ich zum Mahle
Den Rasen, weich und fein,
Mit Spillbaumlöffel und Schale,
Und schmause ganz allein.   20
Die Mutter füllte die Taschen
Mit reifer Gartenfrucht,
Und Felderdbeeren zum Naschen
Glühn ringsher ungesucht.

Von Kräutern, Büschen und Bäumen   25
Ertönet um und um
Gesang der Vögel und Heimen,
Des Bienenvolks Gesumm.

Schäferin Hannchen. Hamburger MA. 1791, S. 14; Gedichte 1795, II. 178;
1802, 11, 180; 1825, III, 153; Mel. von Schulz; vgl. Hoffmann von Fallersleben Nr. 467.
Entwurf, datiert: 1. Mai 1790, in München. — 11. Entwurf: Sonnenhute. — 14. Quendel,
wilder Thymian. V. — 19. Spillbaum, Spindelbaum, Zweckholz, heißt der Euonymus
Europaeus, weil sein hartes gelbliches Holz zu Spindeln oder Spillen und zu Schusters-
zwecken gebraucht wird. V. — 27. Heime, Heimchen, eigentlich Hausgrille, oft auch die
Grashüpferin. V.

Oft flecht' ich Blumen zum Kranze,
Und spiegle mich als Braut
Am Quell im zitternden Glanze,
Und sinn', und lache laut.

Auch macht mein Lämmchen mir Freude:
Es folgt mir, wie am Band,
Empfängt die blumige Weide,
Und lecket mir die Hand.
Doch wird ein Nestchen gefunden
Im dichtbelaubten Strauch,
Dann seufz' ich: Einsame Stunden!
O baut' ich selber auch!

Wie manchen Abend, wie manchen
Sieht Robert übern Zaun,
Und grüßt so freundlich: Mein Hannchen,
Schlaf wohl, laß dir nicht graun!
Errötend treib' ich die Schafe,
Und blicke vor mich hin;
Dann ist er Schäfer im Schlafe,
Und ich bin Schäferin.

43. Die Spinnerin.

Sommer 1791.

Ich saß und spann vor meiner Thür:
Da kam ein junger Mann gegangen.
Sein braunes Auge lachte mir,
Und röter glühten seine Wangen.
Ich sah vom Rocken auf, und sann,
Und saß verschämt, und spann und spann

Gar freundlich bot er guten Tag,
Und trat mit holder Scheu mir näher.
Mir ward so angst; der Faden brach;

Die Spinnerin. Hamburger M.A. 1792, S. 108. Gedichte 1795, II, 208; 1802,
III, 184 mit der Anmerkung: „Aus einem bekannten englischen Liebe verändert". 1825,
III, 154. Es klingt an deutsche Volkslieder an. Goethe scheint durch dieses Gedicht zu
seinem Gedicht „Die Spinnerin" angeregt zu sein, das im Jahre 1795 entstand. Vgl.
Kürschners Disch. Nat=Litt., Bd. 82, 135 f.; Melodieen von Schulz und C. F G. Schwencke
im M.A.; eine andere von August Harder 1803, vgl. Hoffmann von Fallersleben Nr. 508.

Das Herz im Busen schlug mir höher.   10
Betroffen knüpft' ich wieder an,
Und saß verschämt, und spann und spann.

Liebkosend drückt' er mir die Hand,
Und schwur, daß keine Hand ihr gleiche,
Die schönste nicht im ganzen Land,   15
An Schwanenweiß' und Rund' und Weiche.
Wie sehr dies Lob mein Herz gewann;
Ich saß verschämt, und spann und spann.

Er lehnt' auf meinen Stuhl den Arm,
Und rühmte sehr das feine Fädchen.   20
Sein naher Mund, so rot und warm,
Wie zärtlich haucht' er: Süßes Mädchen!
Wie blickte mich sein Auge an!
Ich saß verschämt, und spann und spann.

Indes an meiner Wange her   25
Sein schönes Angesicht sich bückte,
Begegnet' ihm von ohngefähr
Mein Haupt, das sanft im Spinnen nickte;
Da küßte mich der schöne Mann.
Ich saß verschämt, und spann und spann.   30

Mit großem Ernst verwies ich's ihm;
Doch ward er kühner stets und freier,
Umarmte mich voll Ungestüm,
Und küßte mich so rot wie Feuer.
O sagt mir, Schwestern, sagt mir an:
War's möglich, daß ich weiter spann?

————

44. Danksagung.
1791.

Füllt an die Gläser, füllt bis oben,
Und leert auf Einen Zug sie aus!
Wir wollen unsre Wirtin loben
Für ihren schönen Abendschmaus!

Danksagung. Hamburger MA. 1792, S. 169, verglichen mit dem Druckmanuskript; Gedichte 1795, II, 211; 1802, IV, 187 mit der Anmerkung: „Für einen heiteren Abend bei dem Weltwanderer Niebuhr, meinem Landsmanne aus Hadeln". 1825, III, 156.

Sie hat, durch kluge Sorg' und Mühe,
Mit Fleisch und Fisch und mancher Brühe
Gar köstlich uns den Leib gespeist,
Mit Freundlichkeiten Herz und Geist!

Noch heller angeklingt, noch heller!
Und trinkt den hellen Klang zugleich!
Den besten Ehrenwein im Keller,
Und helle Gläser gab sie euch!
Laßt laut des Dankes Tön' erschallen
Für Trank und Speise; doch vor allen
Für Ein erlesnes Schaugericht; —
Der Wirtin heitres Angesicht!

45. Rundgesang beim Bischof.

25. Juli 1792.

Herr Wirt, die Gläser voll geschenket,
Als tugendsamer Wirt!
Es weidet nicht allein, es tränket
Die Herd' ein guter Hirt,
Bald stockt die Red' im dürren Halse,
Von Braten, Fisch und Heringssalse,
Wo nicht gefeuchtet wird.

Alle.

Heil, Heil! da verkläret das Mahl
Mit purpurnem Strahl
Der Ambrosia Bruder Episkopal!

Rundgesang. Hamburger MA. 1793, S. 43, verglichen mit dem Entwurfe und dem Druckmanuskript; Gedichte 1795, II, 212; 1802, IV, 191 mit der Anmerkung: „Eine erlesene Gesellschaft in Kopenhagen, wozu Schulz und Baggesen gehörten, versammelte sich wöchentlich nach der Reihe zu einem einfachen Mahle mit Heringssalat und Bischof, und nannte sich feierlich die Episkopalgesellschaft. An einem fröhlichen Abend ward beliebt, mich Abwesenden zum Ehrenmitgliede zu ernennen und mir die Stellung eines Episkopalliedes, wie Baggesen schon einige gesungen hatte, zur Pflicht zu machen. Es traf in die Zeit, da noch viele der Guten mit heiteren Erwartungen nach Frankreich blickten." Vgl. Voß an Schulz 25. Juli 1792: „Eben hat mir mein Genius, ich hoffe der gute, das längst versprochene Bischofslied für die ehrwürdige Episkopalgesellschaft eingegeben. Willst Du das Ehrenamt übernehmen, es mit einer sauberen Melodie ausgestattet in das pomeranzenduftende Heiligtum einzuführen?" (Briefe II, 188; Schulzens Melodie steht im MA.) Gedichte 1825, III, 159. — 6. Salse, im Altdeutschen eine salzige oder scharfe Tunke. V.

In aufgestülpter Kumme dunkelt
Die laue Purpurflut;
Die Kelle winkt, und ringsher funkelt
In Gläsern trübe Glut.
Holdlächelnd herrscht an ihrer Quelle   15
Die Wirtin mit erhobner Kelle,
Und spendet Kraft und Mut.

            Alle.

Heil, Heil! wie verkläret das Mahl
Mit purpurnem Strahl
Der Ambrosia Bruder Episkopal!   20

Die Götter sahn aus lichter Höhe
Die Erdensöhn' erschlafft,
Und sannen mitleidsvoll dem Wehe
Zum Labsal neuen Saft.
Geh hin, mein Sohn, rief Zeus Alciden,   25
Und nimm vom Hain der Hesperiden
Des goldnen Apfels Kraft.

            Alle.

Heil, Heil! da verklärte das Mahl
Mit purpurnem Strahl
Der Ambrosia Bruder Episkopal!   30

Zum Atlas ging der Menschen Heiland,
Vom Geist des Vaters voll,
Wo nah' im Ocean ein Eiland
Den Göttern Nahrung quoll;

---

25 ff. Alcides hieß Herkules vom Großvater Alcäus. Er, nach der Sage Amphitryons, aber nach der Wahrheit Jupiters Sohn, reinigte als Heiland (so nennt
Luther jeden Heilbringer) die Welt von Tyrannen und Ungeheuern und verpflanzte nach
Griechenland aus den Gärten der Hesperiden am Atlas die der Juno zum Brautgeschenk von der Erde hervorgebrachten goldenen Apfel, auch hesperische und
citrische, jetzt Pomeranzen genannt, welche der Drache Ladon bewachte. Gegenüber
im westlichen Oceanus lag das Eiland (nach einigen mehrere) der Seligen, Elysion,
wo die Ambrosia quoll, die täglich den Göttern von einem Adler oder von Tauben
gebracht wurde. Durch die westliche, aus Pyrenäen und Alpen gefabelte Bergkette des
Atipäus ward der Nordwind gehemmt, daß der allhier einheimische Westwind seine volle
befruchtende Kraft hatte; Homers Odyss. IV, 567: „Ewig wehn die Gesäuel des leis anatmenden Westes, die der Oceanos sendet, die Menschen sanft zu kühlen". Unter den
Symbolen der Bacchusfeier, die auf Menschenveredlung deuteten, waren nach
einem Fragmente des Orpheus (Gesn. XVII.): „Apfel auch, golden und schön, von melodischen Hesperiden". Auch wurden diese Goldäpfel oder Pomeranzen Apfel des Dionysos
genannt, und nach einigen hatte er selbst sie aus dem Westlande geholt. V.

35   Und sah an hellbelaubten Ästen,
Wie, sanft gewiegt von lauen Westen,
Das Gold der Äpfel schwoll.

Alle.

Heil, Heil! da verklärte das Mahl
Mit purpurnem Strahl
40   Der Ambrosia Bruder Episkopal!

Er schlug den blaugeschuppten Wächter,
Der graß den Baum umwand;
Und singend reichten Hespers Töchter
Die Goldfrucht seiner Hand,
45   Die trug er heim zu Bacchus Feier,
Der Bändiger der Ungeheuer,
Und stärkte Griechenland.

Alle.

Heil, Heil! da verklärte das Mahl
Mit purpurnem Strahl
50   Der Ambrosia Bruder Episkopal!

Lyäus nahm die Frucht, und zwängte
Den Saft in Pramnerwein;
Die schönste der Mänaden mengte
Hymettus' Honig ein.
Und wer ihn trank, ward hohes Mutes,
Und rang, durch Schönes nur und Gutes
Die Menschen zu erfreun.

Alle.

Heil, Heil! wie verklärte das Mahl
Mit purpurnem Strahl
55   Der Ambrosia Bruder Episkopal!

Wie frischem Morgentau entsprošte
Ein edleres Geschlecht,
Und strebte, stark vom Göttermoste,

---

52. Der pramnische Wein war dunkelrot und herbe. V. — 54. Auf dem attischen
Gebirge Hymettus, wo der edle Thymian häufig wuchs, gewann man den vorzüglichsten
Honig, der die Stelle des späteren Rohrhonigs oder Zuckers vertrat. V. — 56. Schön
und gut, war die Losung der Griechen, besonders in Athen; bei uns, Unschön, aber
einträglich! selbst unter den Weisheitspflegern. V (1802.)

Für Wahrheit und für Recht.
Bald huben sich Timoleone;　　　　　　　　　65
Vom Arm der Brutus und Katone
Ward Herrschertrotz gerächt.

Alle.

Heil, Heil! wie verklärte das Mahl
Mit purpurnem Strahl
Der Ambrosia Bruder Episkopal!　　　　　　　70

Auch wir, der Obhut Söhne, feiern
Der Obhut Weihetrank,
Und schwören Haß den Ungeheuern,
An Leib und Seele krank!
In seiner Räuberhöhl' erblasse　　　　　　　75
Der Heuchler und der stolze Sasse
Dem heiligen Gesang!

Alle.

Heil, Heil! wie verkläret das Mahl
Mit purpurnem Strahl
Der Ambrosia Bruder Episkopal!　　　　　　　80

---

46. Rauschlied.

Nach dem Dänischen von Baggesen.

1793.

Um zu sein, wie sich's gebührt,
　　Freunde, muß man trinken;
Drum die Bole rasch geleert,
　　Das ist mein Bedünken.
Bruder! trau dein Lebelang　　　　　　　　　5
　　Auf den Kerngedanken:
Sang und Klang, besonders Trank
　　Will nicht Maß noch Schranken.

65. Timoleon, ein edler Korinther, befreite Syrakus von der willkürlichen Gewalt des jüngeren Dionysius. V. — 66. Kato von Utita und M. Brutus erlagen einem ähnlichen Versuche gegen Cäsar und seine Nachfolger. V. — 71. Obhut, Aufsicht auf Recht und Unrecht, ist der Sinn des griechischen Wortes, wovon der Bischof den Namen hat. V. — Rauschlied. Hamburger MA. 1794, S. 95 unterzeichnet: Baggesen und Voß; fehlt in den Ausgaben.

Einig sind wir, wie es scheint;
    Nüchtern muß man bleiben!
Aber das Recept, mein Freund,
    Will ich dir verschreiben;
Tief ist, leider! sieh nur zu,
    Schon der Punsch gesunken,
Trunken ich, und trunken du,
    Wir sind alle trunken.

Flog dir etwa übers Glas
    Der Verstand ganz leise,
Und du trägst doch gern so was
    In dem Hirngehäuse;
Eh du suchest kreuz und quer
    Mußt du wissen, Lieber!
Welche Richtung ohngefähr
    Flog er wohl hinüber?

Meiner war mir eben auch
    Aus dem Kopf entwichen;
Doch ich fand den kleinen Gauch
    Bald auf seinen Schlichen;
Hört den weisen Rat nun an:
    Wo ich meinen hole,
Hol' auch seinen jedermann, —
    Tief am Grund der Bole.

Ausgetrunken! eingeschenkt!
    Flink nach alter Regel!
Ha! im Winkel dort versenkt!
    Seht die losen Vögel!
Greift sie, greift! Viktoria!
    Tralle, ralle, ralle!
Punsch ist weg, Verstand ist da,
    Nüchtern sind wir alle.

47. Der zufriedne Greis.

Ein Nachbar von Gleims Hüttchen.

17. November 1794.

Ich sitze gern im Kühlen
Auf meiner Knüppelbank,
Und seh' im Winde wühlen
Das Roggenfeld entlang.
Dann flecht' ich Stühl' und Körbe,
Und sing', und denke wohl:
Bald sagt des Holzes Kerbe,
Die vierte Stieg' ist voll.

Wie unvermerkt doch schlendert
Die liebe Zeit dahin!   10
Gar viel hat sich verändert,
Seit ich im Dorfe bin.
So manches Jugendspielers
Gedenk' ich: Ach der war!
Der Sohn des Nebenschülers   15
Hat auch schon graues Haar.

Wer hören mag, der höret
Mich oft von alter Zeit:
Wer da und dort verkehret,
Wer dies und das verneut.   20
Ich weiß des Krams nicht minder,
Als unsers Kirchturms Knopf;
Das Neue nur, ihr Kinder,
Behalt' ich nicht im Kopf.

Der zufriedne Greis. Genius der Zeit, drittes Stück März 1795, S. 341; Gedichte 1795, II, 258, verglichen mit dem Druckmanuskript und dem Entwurfe; 1802, IV, 254
mit der Anmerkung: „Gleims Hüttchen ist eine nur für Freunde gedruckte Sammlung des
reinsten Menschengefühls" (gedruckt in Gleims Werken 7. Band); 1825, III, 189; Melodie
von Reichardt, vgl. Hoffmann von Fallersleben Nr. 511. — 2. Eine Knüppelbank vor
Gleims Gartenhause, worauf ich zuerst sitzen mußte, gab Anlaß zu diesem Liede. V. —
7 f. Die Großväter auf dem Lande zählten ihre Jahre nach Stiegen, die sie in ein
Kerbholz schnitten. V. — 22. In den Knopf eines Kirchturms legt man die bei
jeder Ausbesserung fortzuführende Chronit des Orts, samt allerlei Merkwürdigkeiten. Ein
alter Landprediger im Preußischen, den ich 1794 besuchte, schrieb gerade über Friedrichs,
auch für die Religion, wohlthätige Regierung und über die folgenden Besorgnisse der Licht-
freunde, einen bescheidenen Aufsatz, um ihn dem Turmknopfe anzuvertrauen. V.

25
>   Ich mag's auch nicht behalten,
> Ob's abschreckt oder körnt;
> Ich habe längst am Alten
> Mein Sprüchlein ausgelernt:
> Der Mensch im Anfang launet,

30
> Und findet manches hart;
> Er wird's gewohnt, und staunet,
> Wie gut es endlich ward.

>   Du wirk', ohn' umzugaffen,
> Und übe deine Pflicht.

35
> Will Gott was Neues schaffen,
> So widerstrebe nicht.
> Wie seltsam er oft bessert,
> Er übersieht uns weit:
> Was klein war, wird vergrößert,

40
> Das Große wird zerstreut.

>   Fürwahr im Himmel waltet,
> Der wohl zu walten weiß;
> Der Alte, der nie altet,
> Der lenkt der Dinge Gleis.

45
> Gewitter, Sturm und Regen
> Erheitern Luft- und Flur.
> Bebt nicht vor Donnerschlägen;
> Der Alte bessert nur.

>   Jetzt naht er manchem Volke

50
> Mit Strafgericht und Graus,
> Und donnert aus der Wolke;
> Getrost! er bessert aus.
> Drum laß ich ohne Kummer
> Es gehen, wie es geht:
> Als ob in halbem Schlummer
> Um mich der Schatten weht.

---

26. körnen oder kernen, auch kirren, durch Atzung anlocken, nicht bloß durch Fruchtkorn. V. — 29. launen, wie das sächsische lunen, üble Gemütsstimmung zeigen. V.

48. Weihe der Schönheit.
20. November 1794.

Die Schönheit ist des Guten Hülle;
Der Schönheit wollen wir uns freun,
Und bei der schönen Gaben Fülle
Nicht Menschen nur, auch menschlich sein.
Du, Blume, sollst uns kränzen;　　　　　　5
Du, edler Wein, uns glänzen!
Schenk ein, o Mädchen! Schall, o Chor!
Das schöne Mädchen singt uns vor!
　　　Chor. Du Blume 2c.

Ich schenk' in hellgeschliffne Becher　　　10
Euch gern den edlen Feiertrank;
Als weise Trinker, nicht als Zecher,
Genießt ihr menschlich mit Gesang.
Die Seele schweb' erhaben
Zum Geber aller Gaben,　　　　　　15
Der uns dies schöne Paradies
Mit Menschensinn bewohnen hieß!
　　　Chor. Die Seele 2c.

In tausendfacher Schönheit pranget
Nicht Blume nur, auch Blütenbaum,　　　20
Auch Frucht und Traube; daß verlanget
Der Geist, und nicht allein der Gaum.
Es blühe nicht vergebens
Die Blum' auch unsers Lebens!
Des Blattes schöne Raupe kreucht,　　　25
Entschläft, wird schöner Sylph', und steigt!
　　　Chor. Es blühe 2c.

Wo ist er, der uns Menschen wieder
Als Waldgeschlecht nur weiden heißt,
Ohn' einmal aufzuschaun, wer nieder　　　30
Vom schönen Baum die Eichel geußt?

Weihe der Schönheit. Die Horen, Jahrgang 1795, fünftes Stück, S. 135 ff., mit der Melodie von J. F. Reichardt, vgl. mit dem Entwurfe und einem späteren Man. Gedichte 1802, IV, 262; 1825, III, 192. — 26. Sylphen sind Luftgeisterchen der neueren Phantasie; der Schmetterling war den griechischen Künstlern ein Bild der Unsterblichkeit, und die menschliche Seele selbst ward, als Psyche, mit Schmetterlingsflügeln vorgestellt: Buonaroti nei Vetri, p. 118. V.

Sein Herz erfreute nimmer
Der Blume Duft und Schimmer;
Sein Ohr, zu fühllos für Gesang,
Vernahm nur Goldes- und Schellenklang!
  Chor. Sein Herz 2c.

Die Harmonie gemeßner Rede
Rief Waldgeschlecht, zu baun das Feld;
Die Harmonie entschied die Fehde
40 Dem Volk, in Dorf und Stadt gesellt.
Durch Lieder lehrt' Erfahrung,
Und Gottes Offenbarung;
In Liedern trug der fromme Chor
Der Erstlingsopfer Dank empor.
45   Chor. Durch Lieder 2c.

Der Menschenrede Reiz und Klarheit
Erhob des Denkers kühnern Flug:
Von Wahrheit flog er auf zu Wahrheit,
Und sah herab auf Wahn und Trug.
50 Doch niemals lockt' er Hörer,
Der hohen Weisheit Lehrer;
Ward nicht in schöner Rede Bild
Ihr Götterstrahl sanft eingehüllt.
   Chor. Doch niemals 2c.

55 Der Weise lehrt das Herz der Menge
Sich edler Menschlichkeit erfreun;
Ihm ward's, durch Red' und durch Gesänge
Ein Volkverschönerer zu sein.
Wenn gleich, durch Zwang gelähmet,
60 Sein armes Volk sich grämet;
Durch ihn an Geist und Sinn geklärt,
Erhebt sich's einst, der Freiheit wert.
   Chor. Wenn gleich 2c.

Nicht frönet, niedres Geizes Diener,
65 Der freie Geist, nur Brot zu baun;
Geweiht der Schönheit, strebt er kühner
Aus unsrer Sklavenzeiten Graun.

Ihm tanzt der Musen Reihen
Mit Grazien im Freien;
Und hoch entzückt, ein Grieche schon,   70
Bemerkt er weder Dank noch Hohn.

Chor. Ihm tanzt rc.

49. Abendlied.
22. November 1794.

Das Tagewerk ist abgethan.
Gieb, Vater, deinen Segen!
Nun dürfen wir der Ruhe nahn;
Wir thaten nach Vermögen.
Die holde Nacht umhüllt die Welt,   5
Und Stille herrscht in Dorf und Feld.

Ohn' Ende kreist der Rundelauf
Der eitlen Lebenssorgen;
Den Müden nimmt der Abend auf,
Ihn weckt der andre Morgen.   10
Man trachtet, hofft, genießt, wird satt;
Groß sieht's, wer wünscht, und klein, wer hat.

Aus Lieb' hat uns der Vater Schweiß
Und Arbeit auferleget.
Des Leibes Wohl gedeiht durch Fleiß;   15
Der Geist auch wird erreget,
Und strebt aus eitler Sorgen Tand
Empor zu Gott, der ihn gesandt.

Wann du getreu vollendet hast,
Wozu dich Gott bestellte;   20
Behaglich fühlst du dann die Rast
Vom Thun in Hitz' und Kälte.
Am Himmel blinkt der Abendstern,
Und zeigt noch beßre Rast von fern.

Abendlied. Vossischer MA. 1800 (Neustrelitz), S. 122, verglichen mit dem Entwurf und dem Druckmanuskript. In dem separat ausgegebenen Hefte: „Musik zum Vossischen Musenalmanach für 1800 gehörig" S. 11 steht eine Melodie von Zelter; Hoffmann von Fallersleben Nr. 131. Gedichte 1802, IV, 270; 1825, III, 196.

Auf Halm und Blume läßt geheim
Der Vater Labsal tauen;
Mit lassem Kniee wandert heim
Der Mensch aus kühlen Auen;
Ihn bettet Gott zu süßer Ruh',
30   Und zieht des Dunkels Vorhang zu.

Er aber sorgt indes und wacht
Für uns mit Vatergnade,
Daß nicht ein Unfall wo bei Nacht
An Leib und Gut uns schade.
35   Wir ruhn uns selber unbewußt,
Und wachen auf voll Kraft und Lust.

So ruhn wir, naht das Stündlein einst,
Im Rasenbett der Erde.
Was sinnest du am Grab und weinst!
40   Gott ruft auch hier sein Werde!
Bald neugeschaffen stehn wir auf,
Und heben an den neuen Lauf.

50. Entschlossenheit.
21. November 1794.

Vorwärts, mein Geist, den schroffen Pfad
Nicht träg umhergeschauet!
Dort oben winkt die Ruhestatt!
Wohlauf, dir selbst vertrauet!
Dich, Gottes Odem, du Verstand,
In Staub gehüllt, hat Gottes Hand
So wunderbar gebauet!

Nicht ziemt dir's, edler Himmelssohn,
An eitlem Schein zu haften!
10   Dein würdig, tritt in Staub mit Hohn
Die niedern Leidenschaften:
Und ob sie rechts und links nach Stolz,
Nach Sinnlichkeit, nach Durst des Golds,
Die Freunde dir entrafften!

Entschlossenheit. Hamburger MA. 1796, S. 10ᵇ, verglichen mit dem ersten Entwurfe und einem späteren Manuskripte; Gedichte 1802, IV, 278; 1825, III, 200.

Dir, Wahrheit und Gerechtigkeit,   15
Dir schwör' ich Treu auf immer!
Vergebens lockt die Welt und dräut,
Mit ihrem Trug und Schimmer!
Sei noch so schlimm Gefahr und Not,
Verachtung selbst, ja schnöder Tod: 20
Unredlich sein ist schlimmer!

Wir müssen, müssen vorwärts gehn,
Wie Wahn und Trug auch toben!
Uns hat, zum Himmel aufzusehn,
Gott selbst das Haupt erhoben!   25
Drum wank' und fall' es links und rechts:
Wir sind unsterbliches Geschlechts;
Das Vaterland ist oben!

Ach, unsrer Heimat eingedenk,
Laßt uns doch gehn wie Brüder,   30
In Lieb', ohn' Eifer und Gezänk,
Im Klange froher Lieder!
Du kränktest mich aus Mißverstand;
Komm, Lieber, reiche mir die Hand,
Und thu' es niemals wieder!

51. An Stolberg.
24. November 1774.

Hier unterm Baume weht's so kühl,
Und frisch ist dieser Wein.
Hier schau' ich weit des Sees Gewühl,
Und meiner kleinen Fische Spiel,
Und sinne ganz allein.

An Stolberg. Gedichte 17:5, II, 262, verglichen mit dem Druckmanuskripte und dem Entwurfe; 1802, IV, 281 (am Schlusse dieses Bandes), fehlt 1825. Ernestine hat uns die Entstehung dieses Gedichtes ausführlich erzählt. (Gerne habe er von der Hoffnung gesprochen, daß die herrlichen Agneszeiten wiederkehren könnten, und der Gedanke, daß die Erfüllung möglich sei, habe ihn stets wehmütig heiter gemacht. In einer solchen Stunde sei das Lied entstanden. Er fand Ernestinen an Stolberg schreibend (den wöchentlichen Bericht über seine Knaben), als er herunterkam, es ihr vorzulesen. „Er versuchte zu lesen, aber er war in zu großer Gemütsbewegung; die Stimme versagte ihm; 'Du sollst es ihm mitschicken, sagte er nach einem gerührten Gespräch, vielleicht hat es jetzt einige Wirkung'. Die Antwort kam schnell, denn Stolberg war schon in Hamburg, aber des Liedes ward nicht erwähnt." (Briefe III, 1, 84 f.)

Jch nipp' aus meinem Feierglas,
Von altem Feierklang,
Und sinne dies und sinne das:
Wer hier vor Jahren bei mir saß,
10 Und traulich sprach und sang.

Sie hieß die Freundin Agnes hier;
Dort heißt sie anders nun.
Ach sanft und ruhig sprachen wir!
Man pflegt' auf ein Gespräch mit ihr,
Wie selig schon, zu ruhn!

Wer nahet da so rasches Tritts?
Komm her zu meinem Wein!
Komm her, du lieber alter Fritz!
Wir wollen hier auf Agnes' Sitz
20 Den alten Bund erneun!

52. Der Herbstgang.

26. November 1794.

Die Bäume stehn der Frucht entladen,
Und gelbes Laub verweht ins Thal;
Das Stoppelfeld in Schimmerfaden
Erglänzt am niedern Mittagsstrahl.
Es kreist der Vögel Schwarm und ziehet;
Das Vieh verlangt zum Stall und fliehet
Die magern Au'n, vom Reise fahl.

O, geh' am sanften Scheidetage
Des Jahrs zu guter Letzt hinaus;
10 Und nenn' ihn Sommertag und trage

6. Feierglas, die Freundin hatte vier Feiergläser geschenkt, welche selten gebraucht, und in der Haussprache die vier Evangelisten genannt wurden. V. — 19. Das
mit Blumen bepflanzte Seeufer wurde von Voß Agneswerder genannt und in einem
eigenen Liede besungen. — Der Herbstgang. Taschenbuch von J. G. Jacobi und seinen
Freunden für 1796 (Königsberg und Leipzig) S. 179 ff.; das Taschenbuch ist nach Jahres-
zeiten und Monaten eingeteilt; unser Gedicht steht unter dem Monate Oktober; verglichen
mit dem Entwurfe: Gedichte 1802, V, 7 mit dem Zusatz: „Für Christian Rudolf Boie"
und mit der Anmerkung: „Mein Schwager und Amtsgenoß Boie, der mir Rat, Freude und
Trost war, verblühete langsam an einer schmerzhaften Krankheit. Den Abschiedswinter
strebte ich durch Gesang zu erheitern; in der letzten Nacht dankte er, tröstete und schied,
wie einer, der auf wenige Tage verreist." 1825, III. 201.

Den letzten, schwer gefundnen Strauß.
Bald steigt Gewölf, und schwarz dahinter
Der Sturm und sein Genoß, der Winter,
Und hüllt in Flocken Feld und Haus.

Ein weiser Mann, ihr Lieben, haschet   15
Die Freuden im Vorüberfliehn,
Empfängt, was kommt, unüberraschet,
Und pflückt die Blumen, weil sie blühn.
Und sind die Blumen auch verschwunden;
So steht am Winterherd' umwunden   20
Sein Festpokal mit Immergrün.

Noch trocken führt durch Thal und Hügel
Der längst vertraute Sommerpfad.
Nur rötlich hängt am Wasserspiegel
Der Baum, den grün ihr neulich saht.   25
Doch grünt der Kamp von Winterkorne;
Doch grünt, beim Rot der Hagedorne
Und Spillbeer'n, unsre Lagerstatt!

So still an warmer Sonne liegend,
Sehn wir das bunte Feld hinan,   30
Und dort, auf schwarzer Brache pflügend,
Mit Lustgepfeif', den Ackermann;
Die Krähn in frischer Furche schwärmen
Dem Pfluge nach und schrein und lärmen,
Und dampfend zieht das Gaulgespann.   35

Natur, wie schön in jedem Kleide!
Auch noch im Sterbekleid wie schön!
Sie mischt in Wehmut sanfte Freude
Und lächelt thränend noch im Gehn.
Du, welkes Laub, das niederschauert,   40
Du, Blümchen, lispelst: Nicht getrauert!
Wir werden schöner auferstehn!

---

26. Kamp bedeutet in Niedersachsen ein befriedigtes, mit einem Graben oder Zaune eingefaßtes Stück Feldes. V. — 28. Spillbeeren, die roten Beeren des Spillbaums, Pfaffenhütlein genannt. V.

53. Die Kartoffelernte.

30. November 1794.

Kindlein, sammelt mit Gesang
Der Kartoffeln Überschwang!
Ob wir voll bis oben schütten
Alle Mulden, Körb' und Bütten;
Noch ist immer kein Vergang!

Wo man nur den Bulten hebt,
Schaut, wie voll es lebt und webt!
O die schöngekerbten Knollen,
Weiß und rot, und dick geschwollen!
Immer mehr, je mehr man gräbt!

Nicht umsonst in bunter Schau
Blüht' es rötlich, weiß und blau!
Ward gejätet, ward gehäufet:
Kindlein, Gottes Segen reifet!
Rief ich oft, und traf's genau!

Einst vom Himmel schaute Gott
Auf der Armen bittre Not:
Nahe ging's ihm; und was that er
Uns zum Trost; der gute Vater?
Regnet' er uns Mannabrot?

Nein, ein Mann ward ausgesandt,
Der die neue Welt erfand!
Reiche nennen's Land des Goldes:
Doch der Arme nennt's sein holdes
Nährendes Kartoffelland!

Die Kartoffelernte. Vossischer M.A. 1800, S. 51 verglichen mit dem Entwurfe;
Gedichte 1802, V, 28 mit folgender Anmerkung: „Wenn der Geschichtschreiber mit dem Ernst
eines Tacitus bemerken kann, Amerikas Entdeckung sei für Europa durch Gold schädlich
geworden, nützlich durch die Kartoffel, die Erhalterin vieler Tausende; so ist ein Ernte-
lied für diese Lebensfrucht, das Geschenk der kolombonischen Ceres', wie ein deutscher
Virgil sie nennen möchte, gewiß kein unwürdiger Gegenstand der ländlichen Poesie.
Ob die Behandlung von Urteil und Gefühl zeuge, das werden andere entscheiden."
Über Schlegels Rezension, gegen welche diese Anmerkung gerichtet ist, vgl. die Einleitung;
1825, III, 209. — 2. Überschwang sagt Luther für Überfluß. V. — 1. Bütte, Butte,
Bottich, eine Art Tonne. V. — 5. Vom alten Vergang, welches im Niedersächsischen
noch lebt, haben wir vergänglich. V. — 6. Der Bult oder Bulten ist die auf-
gebäufte Erde um die Kartoffelpflanze samt den knollichten Wurzeln. V.

Nur ein Knöllchen eingesteckt,
Und mit Erde zugedeckt!
Unten treibt dann Gott sein Wesen!
Kaum sind Hände gnug zum Lesen,
Wie es unten wühlt und heckt!   30

Was ist nun für Sorge noch?
Klar im irdnen Napf und hoch,
Dampft Kartoffelschmaus für alle!
Unsre Milchkuh auch im Stalle
Nimmt ihr Teil, und brummt am Trog!   35

Aber, Kindlein, hört! ihr sollt
Nicht verschmähn das liebe Gold!
Habt ihr Gold, ihr könnt bei Haufen
Schöne Saatkartoffeln kaufen,
Grad' aus Holland, wenn ihr wollt!   40

54. Vor dem Braten.

30. November 1794.

Sehr willkommen, lieber Hase,
Sehr willkommen bist du heut;
Nimmer duckst du mehr im Grase;
Alle wir mit vollem Glase
Läuten dir das Grabgeläut!   5

Dein schon harrt die große Gabel,
Und das große Messer dein!
Bald zerhackt dich's, wie ein Sabel,
Bösewicht! und unsern Schnabel
Soll dein saftig Fleisch erfreun!   10

---

30. hecken, überhaupt sich fortpflanzen. V. — Vor dem Braten. Hamburger M A.
1796, S. 75 f. mit Melodie von Reichardt; Gedichte 1802, V, 31: „Das Wildrecht". Die
beigefügte Anmerkung ist eine Antwort auf Schlegels Rezension (vgl. die Einleitung): „Um
den Hasen war es wohl weniger zu thun, als um etwas anderes, das manchem in
der Hasenlaune entging"; fehlt 1825. — 6. Die zweite Strophe ist in den Gedichten
gestrichen.

Ha! dich fing der gute Bauer,
Dem du oft den Kohl geraubt.
Abends stand er auf der Lauer:
Komm nur! sprach er; meinst du, Schlauer,
15   Was dem Reh, sei dir erlaubt?

Hirsch' und Rehe können grasen,
Wo nur was zu grasen ist;
Wenn sie auch mein Korn durchrasen!
Anders, wenn ein Schelm von Hasen
20   Mir den Winterkohl zerfrißt!

Endlich hält dich schlauen Rammler
Fest am Hinterlauf die Schnur!
Ah, du wackrer Kräutersammler,
Streckst die Löffel? Sei kein Dammler!
25   Du mußt her! Ja quiecke nur!

Drohn auch Brüch' und Nackenschläge,
Wenn dich hier der Förster spürt;
Was er droht, hat gute Wege!
Stähl' er selbst mir im Gehege,
30   Traun er würde selbst geschnürt!

55. Der Klausner.

7. Dezember 1794.

Auf meinem stillen Rasen
Mir Launen einzublasen;
Den Meister will ich sehn!
Zwar giebt es große Blasemeister;
Doch selbst der Sultan böser Geister
Würd' hier umsonst die Backen blähn,

16. Der Hirsch graset, für weidet, ist Jägersprache. V. — 21. Rammler, der männliche Hase. V. — 22. Lauf, Fuß. V. — 24. Löffel, das äußere Ohr des Hasen; s. Adelung. V. — 24. dammeln, possenhaft tändeln. V. — 25. quieden, quäden, quacken, sind Nachahmungen des Tons. V. — 26. Brüche aus Bröte, Geldstrafe. V. — Nackenschlag, böse Nachrede. V. — Der Klausner. Genius der Zeit, April 1795, S. 388, vgl. mit dem Entwurfe; Gedichte 1795, II, 253; 1802, V, 95; 1825, III, 226.

Am Rasen steht die Klause;
Da bin ich gern zu Hause
Mit meiner Klausnerin.
Wann wir Gemüs' und Blumen warten;   10
Dann sehn wir aus dem kleinen Garten
Nicht leicht in Nachbargärten hin.

Geheim im Tannenschreine
Des Klausners steht die kleine,
Gar kleine Bücherei.   15
Beschaut sie nicht! Der alten Lieben
Ist gar zu wenig nachgeblieben;
Und Neues ist gewöhnlich neu.

Da sitz' ich mitten drunter,
So wohlgemut und munter,   20
Als wär' es Griechenland.
Oft ward ich wild vom Ton der Alten,
Daß seltsam mir die Saiten hallten;
Doch fragt' ich nimmer, wer's verstand.

Macht etwa mich verstummen   25
Der Brummflieg' arges Brummen,
Das keinen wohl ergötzt;
Sehr ungern lang' ich nach der Klappe:
Wenn ich am Fenster sie ertappe,
So wird sie sanft hinausgesetzt.   30

Die Bien' hat ihren Stachel,
Die Ähre spitzt die Achel,
Die Rose hebt den Dorn.
Allein nur Abwehr ward beschieden;
Was guter Art ist, liebt den Frieden,   35
Und hasset Übermut und Zorn.

---

15. Bücherei und Liberei nannte man ehemals eine Bibliothek. V. — 24. 1802
wird hier folgende Strophe eingefügt:

    Wie heut, so ging's vor Jahren,*)
    Als neu die Alten waren;
    Wie heut, wird's immer gehn.
    Die Großen wissen alles besser;
    Doch auch die Kleinen werden größer,
    Und lernen allgemach verstehn.

— 32. Achel (Agen) heißt eine Spitze des Barts an den Ähren. V.

*) z. B. im Zeitalter der Horaze und Virgile. V.

Nur wenig Abendfreunde
Sind meine Klausgemeinde,
Gar treu und glaubenfest.
40 Der Glaube heißt: der Wahrheit Höhen
Mit Aug' und Herz emporzuspähen,
So weit die Höh' uns spähen läßt.

Nie eifern wir, noch zanken;
Wir tauschen nur Gedanken,
45 Und tauschen all' uns reich.
Hat einer auch besondre Kreise;
Wir ehren sie. Zum Ziel der Reise
Führt mancher Weg, gekrümmt und gleich.

56. Der Geist Gottes.

12. Dezember 1794.

Was lauscheft du, o Volk der Alemannen,
Den Aufern: „Hier, hier webet Gottes Geist,
Der Ulm' und Eich' entwurzelt, und die Tannen
Mit Donnerhall vom Felsabhange reißt!"
Du hörst sein Wehn; doch weißt du nicht, von wannen,
Und nicht, wohin der Strom des Windes fleußt.
Mit linder Macht der Menschheit Knosp' entfaltend,
Fährt Gottes Geist, umbildend und gestaltend.

Der Geist Gottes. Hamb. MA. 1796, S. 3 ff. verglichen mit dem Entwurfe in
Voßens Nachlaß; Gedichte 1802, V, 72 mit der Anmerkung: „Das Zeitalter verschönerter
Menschlichkeit, wie es einst in Griechenland und Italien blühte, wird nicht durch stürmische
Gewalt des Naturgeistes, sondern durch göttlicher Begeisterung stille und geordnete Kraft
entwickelt". 1825, III, 223. A. W. Schlegel sagt über dieses Gedicht (Werke X. 333): „Den
Almanach von 1796 eröffnet ein philosophischer Gesang von Voß, 'Der Geist Gottes', mit
Nachdruck und Würde. Die große und vorzüglich in unserm Zeitalter zu oft vergessene
Wahrheit, daß sich das Göttliche im Menschen niemals durch eine brausende und zer=
störende Wirksamkeit ankündigt, daß es vielmehr seine Einflüsse still und mild, wie durch
einen geheimen Zauber verbreitet, und anfangs von der Menge mißkannt, sich endlich in
siegender Verklärung darstellt, ist der Inhalt dieses ernsten, männlichen Liedes. Für etwas
so Unsinnliches konnte nicht leicht ein schöneres Bild ersonnen werden, als die Geschichte
des Propheten, dem Gott nicht im Sturm, nicht im Erdbeben, nicht im Feuer, aber im
sanften stillen Sausen erschien. Sie ist nicht bloß am Ende als erklärendes Gleichnis
herbeigerufen, sondern vom Anfang an in die Darstellung des Gedankens verwebt, doch
ohne daß der Dichter es bis zur eigentlichen Allegorie getrieben hätte, welche dem
Embleme nur ein scheinbares, dem verschleierten Sinne ein mittelbares Leben läßt, und
für die lyrische Begeisterung zu kalt ist. Bild und Gedanke behaupten hier noch in der
innigsten Verschmelzung ihre gegenseitigen Rechte: der Gedanke eignet sich jenes als seinen
Körper an, und wird dagegen die Seele des Bildes. Daß dieses seinem Ursprunge und

Oft leis anschwellend, oft unangekündet,
Durchwallt sein Segenshauch die öde Flur: 10
Gesang und Red' entspringt dem Schlaf, und windet
Den schönen Kranz der Menschheit und Natur.
Urkraft, Verhalt und Zweck, tief ausgegründet,
Umschlingt der Anmut leichtgeknüpfte Schnur.
Viel angestaunt, von wenigen bewundert,   15
Erscheint dem Volk sein goldenes Jahrhundert.

Es starrt die Meng' in dumpfiger Erkaltung,
Wie wenn der Geist auch atmet, und wie mild.
Erschlaffung däucht des Menschensinns Entfaltung;
Man wähnt Natur, was roh sich hebt und wild.   20
Dem eitler Tand, dem schnöde Mißgestaltung,
Erscheint der Anmut reizendes Gebild.
Die heiligen Begeisterungen funkeln
Der Nachwelt erst, wie helle Stern' im Dunkeln.

Mir nachschaun wirst du dort im Felsenspalte: 25
So sprach der Geist: verhülle dein Gesicht!
Schnell braust' ein Sturm, Erdbeben kracht', es hallte
Der Donnerstrahl, doch Gottes Geist war's nicht.
In sanft durchschauerndem Gesäusel wallte
Der Geist einher: der Seher trat ans Licht,   30
Und sah, wie fern die Herrlichkeit entschwebend
Verschimmerte; stumm sah er nach, und bebend.

Gegenstande nach einen Schimmer von Heiligkeit um sich hat, macht die Wahl noch
glücklicher; denn nun durfte der Ehrfurcht gebietende Ton des Sehers angestimmt werden.
Das Gedicht könnte vollendet heißen, wenn es hier und da leichtere Wendungen des Ausdrucks, überhaupt mehr Klarheit im Vortrage hätte, und wenn nicht die häufig, allem
Ansehen nach absichtlich, eingemischten Spondeen den harmonischen Fluß des Silbenmaßes,
der schönen italienischen Stanze, die ganz vorzüglich reine Jamben zu fordern scheint,
unterbräche. Auch einige Reime von allzu fühlbarem Gewicht (z. B. Erkaltung, Entfaltung,
Mißgestaltung) tragen vielleicht dazu bei, die einschmeidelnde Rundung vermissen zu lassen,
die bei einem so kleinen Ganzen doppelt nötig ist." Als Erwiderung auf den letzten
Passus ist die Anmerkung in der Ausgabe 1802 zu betrachten: „Der achtzeiligen Stanze
gab ich die Anordnung, die meinem Ohre die gefälligste und prachtvollste schien: sie forderт
Vielkönigkeit der Hebungen, besonders der Reime." — 1. Die Allemannen oder Ale-
mannen bezwang Caracalla, als einen deutlichen, aber vom germanischen verschiedenen
Völkerbund. Bei den Nachkommen der Römer heißen so die sämtlichen Deutschen. V.
15. Angestaunt, mit Befremdung; bewundert, mit Einsicht und Gefühl. V. —
24. Erst nach dem Tode erscheint der Nachwelt, wie ein Homer, Sophokles, Theokrit,
Virgil, Horaz, so auch ein Shakespeare, Milton, Lessing, in völligem Glanz. — 25 ff.
Das letzte Bild ist aus zwei Erscheinungen der Herrlichkeit Gottes, vor Moses
(Exod. XXXIII, 18—23) und vor Elia (1. Kön. 19, 11—13), zusammengesetzt.

57. Dithyrambe.

15. Dezember 1794.

```
_ ' _ , ⌣ ⌣ _
    _ ' ⌣ ⌣ _ ⌣ ⌣ _
  ⌣ _  _ , ⌣ ⌣ _
  ⌣ _ ⌣ ' _ ⌣ ⌣ _ _
 ⌣ ⌣ _ ⌣ ⌣ _
  ⌣ ⌣ _ ⌣ ⌣ ⌣ _
_ ⌣ _ ⌣ ⌣ _ ⌣ ⌣ _ ⌣
```

Wenn des Kapweins Glut im Krystall mir flammt;
Dann betracht' ich vergnügt ihn, und nippe!
Wenn ein Weiblein sorgt für das Schenkenamt;
O dann schwebt mir die Seel' auf der Lippe!
Denn sie mahnet mich an;
Und ich trinke, was ich kann,
Die Begeisterung der Traub'-Aganippe!

Dann erblühst du, Erd', ein Elysium!
Dann bestirnt sich ein anderer Himmel!
10   Wie von Honig schwärmt's und von Most ringsum,
Und von heiligem Rankengewimmel!
Mich berauschet ein Duft
Der Ambrosia; mir ruft
Der Silen und die Najad' im Getümmel!

15   O wie braust ihr Erz und der Epheustab,
Zu dem Taumel des Evoegrußes!
Ich enttauml' im Sturm die Gebirg' hinab,
Und mich freut des verwegnen Entschlusses!
Wie entzückt, o Silen!
20   Die Mänade mich so schön
Zu der Wonne des ambrosischen Kusses!

Dithyrambe. Hamburger M.A. 1796, S. 94; Gedichte 1802, V, 85, mit der Anmerkung: „Dithyrambus, für feuriges Trinklied nach griechischen Vorstellungen; da Bacchus, als Veredler und Beseliger, wie mit Entzückung der Seligkeit, gefeiert ward, und in dem Taumel das bacchische Gefolge von Silenen, Saturn und Najaden unter die feiernden Bacchanten und Mänaden sich zu mischen schien." 1825, III, 225. — 7. Aganippe, eine begeisternde Quelle am Helikon, dem böotischen Musenberg. V. — 11. Ranten, Reben und Epheu. V. — 15. Erz, eherne Becken zum Taktschlagen bei der wilden Musit von phrygischen Rohren und Handtrommeln. V. — Epheustab, Thyrsus. V. — 16. Evoe oder Euö! war das bacchische Juch! V. — 18. Aus ich freue mich dessen und mich freut das, machte der Dithyrambiter ein drittes (nicht für den Briefstil) mich freut dessen nach der Ähnlichteit von mich gereut und

58. Friedensreigen.

9. Januar 1795.

$$\smile \smile - \smile - \smile \smile - \smile$$
$$\smile \smile - \smile \smile - \smile -$$
$$\smile \smile - \smile - \smile \smile - \smile$$
$$\smile \smile - \smile \smile - \smile -$$
$$\smile \smile - \smile - \smile \smile - \smile$$
$$\smile \smile - \smile - \smile \smile - \smile$$
$$\smile \smile - \smile -$$
$$\smile \smile - \smile -$$
$$\smile \smile - \smile \smile - \smile \smile - \smile -$$

Mit Gesang und Tanz sei gefeiert,
O du Tag, und o Nacht, auch du!
Denn er kömmt, der Fried', und erneuert
Die Gefild' uns mit Heil und Ruh!
Von der Grenze kehrt, wer gestritten,
Mit der Eichen Laub' in die Hütten!
O wie eilt ihr Gang
In der Trommeln Klang,
In der Hörner Getön und dem Siegsgesang!

anderen, wenn es nicht schon Lessing im Nathan Z 170 gemacht hätte. V. — 21. Die durchaus anapästisch auffahrende Bewegung, anfangs durch langsamen Gang gemäßigt, wird gegen das Ende allmählich stürmischer. V.

Friedensreigen. Hamburger MA. 1796, S. 140, verglichen mit dem gleichlautenden Entwurfe; Gedichte 1802, V, 178 mit folgender Anmerkung: „Zu dem mutigen Aufschwung des Anapästes gesellt sich des Jambus männlicher Schritt, durch den sanfteren Amphibrach gemäßigt. Die durchschallende Nachahmung des Trommeltakts erfordert häufige Abschnitte." 1825, IV, 26. Diesem Gedichte hat Schlegel in seiner Rezension des Musenalmanachs (Jenaische Allg. Lit. Ztg. 1797, Werke X, 331) eine begeisterte Analyse gewidmet, die gewiß jedermann gerne hier lesen wird: Dieser Hymnus oder Chorgesang sei würdig, daß die veredelte Menschheit eines freien Volkes ihre Triumphe am schönsten aller Feste damit feire. „Wir werden freudig überrascht und entzückt durch die Harmonie beinah unvereinbarer Eigenschaften: wir sehen hier trunkne Taumel der Begeisterung neben der wolkenlosen Heiterkeit eines besonnenen, in sich gesammelten Geistes; das Augenblickliche erregter Gefühle, und die Selbständigkeit einer überschwenglichen, ewig gültigen Idee: die Wahrheit des Individuellen und das überlegne Ansehen des Allgemeinen; Hoheit in schlichter Einfalt; ein leichtes lebendiges Volkslied und ein Kunstwert im größten Stil. Der Staat, von dem das hier (Vers 46—50) Gerühmte in seiner ganzen Stärke gälte, ist schwerlich vorhanden; eine selbstische Politik nennt ihn ein Hirngespinst, was auch die Geschichte großes und herrliches in diesem Fache aufzuweisen haben mag; aber vermöge einer unabweislichen Forderung der Vernunft soll die Gemeinschaft der Menschen unaufhörlich vervollkommnet werden: und dies ist es, was dem aufgestellten Ideale Bestand und Realität giebt. Dem Dichter wird das Vorrecht zu Teil, die Aufgaben unsers Daseins durch seine holden Täuschungen zu lösen, und was seinem Wesen nach zu hoch über der irdischen Atmosphäre schwebt, im Bilde auf den festen Boden der Erde herabzuloden. Das einzig schöne Lied, von dem wir reden, erfüllt einen so würdigen Beruf in seltnem Grade; es nimmt alle Seiten unsrer Natur gleich unwiderstehlich in Anspruch. Die Vorstellung von mutig besiegten Schwierigkeiten regt das sinnliche Leben auf; der Phantasie wird der Pomp eines großen Volksfestes vorgeführt; das Herz erweitert sich im frohen Mitgefühl verbrüderter Tausende; und die Vernunft selbst darf die richtende Wage aus der Hand legen und die Erscheinung ihrer vollbrachten Entwürfe mit unbedingtem Beifall begrüßen. Die ganz eigne rhythmische Kunst, die bei diesem Gedichte aufgewandt ist,

10 Wer daheim in Angst sich gegrämet,
O hinaus, und begrüßt das Heer,
Mit der Lieb' Umarmung, und nehmet
Das Gepäck und das Mordgewehr!
Ja er lebt, dein Sohn, du Betrübter!
15 Ja er lebt, o Braut, dein Geliebter!
Ja der Vater lebt!
Wie er sehnend strebt
Nach der Kindelein Schwarm, und vor Freude bebt!

Sei gegrüßt in heiligen Narben,
20 Mit Triumph uns gegrüßt, o Held!
Mit Triumph auch grüßt sie, die starben
Für Gemein' und Altar im Feld!
Doch verschont, unrühmliche Zähren,
Die geweihte Gruft zu entehren!
25 Es belohnt, o Waif',
Und o Witw' und Greis,
Es belohnt die Gemein' euch mit Kost und Preis!

Wie umzog uns schwarz das Gewitter
Der Verschwornen zu Fuß und Roß:
30 Der Tyrannen Schwarm, und der Ritter,
Ein unzählbarer Mietlingstroß!

---

würde eine umständliche Zergliederung verdienen. Wir wissen uns nicht zu erinnern, daß in unsrer Sprache je ein so reicher Wechsel melodischer Wendungen und Schwünge, nach dem Vorbilde der alten Lyrik erfunden und geordnet, durch den Reiz des Reimes gehoben worden wäre. Der Anapäst ist der herrschende Fuß. Gereimte anapästische Verse sind bei uns zwar nicht selten: entweder ungemischt, bloß mit einem iambischen Vorschlage, oder willkürlich mit Jamben abwechselnd. Hier ist dagegen beides anders; die Stellen, wo der Jambus eintritt, sind bestimmt, und jeder Vers hebt mit einem Anapäst an. Dies hat große Schwierigkeiten, weil nach dem Bau unsrer Sprache selten zwei Kürzen vor einer Länge hergehen. Es ist aber auch sehr wichtig, damit der Anapäst seine ganze Kraft als pes acer et animosus beweise. In der Mitte des Verses laufen die Füße in einander, man kann beliebig nach Daktylen oder Anapästen einteilen: hat aber das Ohr erst einmal durch die doppelte Anakrusie den Eindruck des anapästischen Aufsprungs empfangen, so wird es auch das folgende mit eben diesem Fuße messen. Der nachher meistens am Ende des Verses eintretende Jambus mäßigt den Ungestüm des Anapästes zum festen Gange; auch der viermal eingemischte dritte Päon (◡ ◡ _ ◡) hat bei seiner Flüchtigkeit etwas gefällig Milderndes. Die ganze Strophe, die sich ungeachtet ihres Umfanges gleich beim ersten Hören dem Sinne einprägt, schließt sich auf die befriedigendste Art, sowohl durch den Rhythmus als durch den einfachen männlichen Reim. Sie bedurfte einen Komponisten, der die musikalische Rhythmik der poetischen unterzuordnen verstand, und sich begnügte, die vorgezeichnete Weise durch angemessene Modulationen auszuführen, und sie hat ihn schon an Zelter in Berlin gefunden. (S. zwölf Lieder von Zelter. Berlin.)"

Doch ein Hauch verweht das Getümmel;
Und es strahlt die Sonn' an dem Himmel.
Nun beginnt der Tanz
In dem Eichenkranz   35
Um der Freiheit Altar und des Vaterlands!

Nun erhebt euch, frei der Befehdung,
Die Gewerb', und das Land zu baun:
Daß erblühn von Fleiß aus Veröbung
Der Verbrüderten Berg' und Au'n.   40
Dem Gebornen pflanzt und dem Gatten;
Und der Säugling spiel' in dem Schatten!
Kein Bezwinger schwächt
Uns Gesetz und Recht;
Es gebeut uns kein Herr, es gehorcht kein Knecht!   45

O du Vaterland der Gemeine,
Die für all' und für einen wirbt,
Wo für aller Wohl auch der eine
Mit Entschlossenheit lebt und stirbt!
Wir Vereinten schwören dir wieder,   50
Zu beharren frei und wie Brüder!
Ja mit Herz und Hand
Sei geknüpft das Band
Für Gemein' und Altar, o du Vaterland!

---

59. Sängerlohn.
15. Januar 1795.
Einer.

Ein neues Lied, ihr wackern Brüder,
Erschall am Becher froh umher!
Zu altem Weine neue Lieder
Begehrte Pindar und Homer!
Ein altes Lied, zu oft gesungen,   5
Entfliegt gedankenlos den Zungen;
Und Geist und Seele bleiben leer!

Sängerlohn. Die Horen, Jahrgang 1795, fünftes Stück, S. 138 (verglichen mit
dem Entwurfe); Gedichte 1802, V. 150; 1825, IV, 31. — 3. Zu altem Weine, Pindar
sagt (Ol. IX, 73): „Lobe du alten Wein und Blumen neuerer Gesänge." Und Homer Odyss.
I, 352: „Denn es ehrt den Gesang das lauteste Lob der Menschen, Welcher den Hörenden
rings der neueste immer ertönet." V.

Alle.

Das waren Griechen!
Wir Deutschen siechen
Am Neid, am Neid!
Gehaßt wird neue Trefflichkeit!

Einer.

Von Künstlern nur ward Kunst gerichtet:
Ob wahr in Farbe, Stein, Metall
Gebildet sei, ob wahr gedichtet
In Wort, Gesang und Tanz und Schall.
Ich lerne nicht von euch, Athener;
Ihr lernt von mir! so strafte jener;
Und Beifall klatscht' ihm überall.

Alle.

Das waren Griechen!
Wir Deutschen siechen
Am Neid, am Neid!
Hier meistert jeder lang und breit!

Einer.

Zum Götterfest, zur Siegesfeier,
Zum Mahle ward Gesang gesellt.
Der frohe Weise sang zur Leier,
Zur Leier sang der frohe Held!
Gesang war Spiel und Rat der Jugend;
Gesang erweckte Männertugend
In Land und Meer, in Haus und Feld.

Alle.

Das waren Griechen!
Wir Deutsche siechen
Am Neid, am Neid!
Uns heißt Gesang Verderb der Zeit!

---

16 f. Euripides war's, der den tadelnden Athenern von der Bühne zurief: Ihr kamt nicht zu lehren hierher, sondern zu lernen. V. — 23 f. Zum Götterfest, Hymnen, Dithyramben, Tragödien; zur Siegesfeier, Chorgesänge; zum Mahle, Rhapsodieen, Skolien, Oden. V. — 27. der Jugend, die Dichter wurden in den Schulen erklärt; ihr Geist nicht der Buchstab. V.

Einer.

Der Geist, durch Eintracht edler Künste,
Ward nicht gelehrt nur, auch ergötzt.   35
Was edler schuf, nicht was Gewinste
Des Leibes brachte, ward geschätzt.
Des weisen Sängers holden Tönen,
Zum Dank des Guten und des Schönen,
War Ehr' und hoher Lohn gesetzt.   40

Alle.

Das waren Griechen!
Wir Deutschen siechen
Am Neid, am Neid!
Nur Klang des Geldes nützt und freut!

Einer.

Der weise Sänger kam erfreulich   45
Des Hauses Vätern und des Lands;
Vor Göttern selber saß er heilig
Auf hellem Stuhl, im Lorbeerkranz.
Der Himmel Stolz, des Volkes Ehre,
Gewann er Tempel und Altäre,   50
Verherrlicht zum Heroenglanz.

---

35. Gelehrt und ergötzt, wie Horaz sagt: „Jegliche Stimme gewann, wer Nützliches mischte zum Holden, Wann er den Leser zugleich aufheiterte und ihn ermahnte." —
36—40. Schon Horaz blickte von den erhabenen Griechen auf seine nach Erwerb wühlenden
Landsleute herab:

    „Euch hat, Griechen, den Geist, euch hat den gerundeten Ausdruck
    Freundlich die Muse verliehn, da ihr Ruhm, nichts weiter, ergeiztet.
    Aber der römische Knabe, geübt in unendlicher Rechnung,
    Kann durch Brüch' ein Ganzes zerstreun in die Hunderte. —
    — — Hat so anrostende Sorge des Sparguts
    Einmal die Seelen getränkt; was hoffen wir Werke der Dichtkunst,
    Würdig des Cedernöls, und gehegt im cypressenen Kästlein?" V.

— 45. Der Sänger, weil er, mit demselbigen zu reden, „zum Angenehmen gesellete Lehre
des Lebens", kam erfreulich dem Hausvater und dem Volksgebieter, in den hellesten
Zeiten Griechenlands und im aufdämmernden Lichte vor Homer. Odyss. XVII, 382:

    „Denn wer geht doch hinaus, die Fremdlinge selber berufend,
    Andere, als sie allein, die gemeinsame Künste verstehen:
    Als den Seher, den heilenden Arzt, und den Meister des Baues,
    Oder den göttlichen Sänger, der uns durch Lieder erfreut?
    Diese beruft ein jeder, so weit die Erbe bewohnt ist." V.

— 47 ff Mit welcher Ehre ein Pindar, sogar im Tempel des pythischen Apollon, geehrt
wurde, wie eines Sophokles, Euripides, Epicharmus sich Vaterstadt und Vaterland und
jeder Grieche und Griechengenoß erfreute; wie man das Andenken der melodischen Menschen-
veredler durch Bildsäulen, Grabmäler, Tempel feierte und einige, gleich den entwildern-
den Sängern des Heroenalters, zu Halbgöttern erhob: das weiß man entweder oder verlangt es nicht zu wissen. V.

Alle.

Das waren Griechen!
Wir Deutschen siechen
Am Reid, am Reid!
55 Kaum loben wir noch Grabgeläut.

---

60. Die Dichtkunst.

2. Febr. 1795.

Nicht schämet euch zu singen,
Ob Dünkel höhnt und grollt!
Noch goldner ist, als Gold,
Gesang von edlen Dingen!
Gesang ward anvertraut,
Den starren Geist zu lindern
Uns armen Menschenkindern
Ein holder Ammenlaut.

Wer war's, der dich, Hellene,
10 Zur Menschlichkeit so hoch
Vom Wildling auferzog?
Des Mäoniden Töne!
Wer schuf dich, Römer, fein?
Wer weckte Wälsch' und Franken
15 Und Angeln zu Gedanken?
Des Liedes Muf' allein!

Durch fremder Lieder Halle
Entwacht in Deutschland kaum
Ein Häuslein dumpfem Traum:
20 Tief träumen noch fast alle.

Die Dichtkunst. Die Horen. Jahrgang 1795. 7. Stück, S. 77 f. Gedichte 1802,
V, 210 mit der Anmerkung: „Bei allen Völkern begann die Zeit, da sie Menschen zu
sein inne wurden, mit Poesie und Anbau der Sprache. Daß es bei uns anders sei, und
warum, wissen die Gelehrten zu erklären". 1825, IV, 30. — 2. höhnt und grollt,
jenes laut, dies in hämischer Andeutung. V. — 3. goldner als Gold, ein Ausdruck
der Sappho. V. — 9. Hellene, Grieche. V. — 12. Der Mäonide, Homer. V. —
14 f. Franken und Angeln, die Eroberer in Frankreich und England. V.

Der wähnt vom Mutterschoß
Sich edler, der verengelt;
Der lallt und spielt gegängelt,
Der kaum der Windeln los.

Wo späht ein freier Späher?　　　　　25
Gefesselt lahmt Vernunft
Durch Machtgebot und Zunft
Der Herrscherling' und Seher.
Was Ehre sei, was gut,
Was schön und herzerhebend:　　　　30
Der Ausspruch hänget schwebend
An Wahn und Übermut.

O Dichter, lehrt die Menge,
Verachtend Groll und Hohn,
Durch süßen Ammenton　　　　　　35
Begeisterter Gesänge!
Bald flieht von Herz und Ohr
Des Ungefühles Nebel;
Der hoch und niedre Pöbel
Vernimmt und staunt empor.　　　　40

61. Huldigung.
15. März 1795.

Oben glänzt des Himmels Bläue,
Weit umher die schöne Flur.
In des großen Tempels Freie
Schwör ich Treue,
Gottes Abglanz, dir, Natur!　　　　5

22. Der wähnt sich verengelt, d. i. über Menschentugenden, wovon auch die er-
habensten nur glänzende Laster sind, demütig erhöht zu Engelreinheit, durch unverstandene
Meinungen, die man zu meinen meint. V. — 23 f. Die Rede ist von den großen Kindern
der neueren Erziehungskunde, welche nur Brotkünste und Bierkünste der Bestimmung
des Menschen gemäß achten und gleich den kleinen Kindern alles in den Mund stecken. V.
— 29 f. Ehre heißt Schimmer vor der Welt; gut, was Vorteil bringt; schön, das
neumodische; herzerhebend, wobei sich das Herz kehren sollte. V. — Huldigung.
Hamburger MA. f. 1788, S. 42 mit Melodie von J. F. Reichardt (vgl. Hoffmann von
Fallersleben Nr. 732); Gedichte 1802, V, 262 mit der Anmerkung: „Alle Völker haben
im kindlichen Alter die Gottheit als willkürliche Gewalt, im gereisteren als weise Liebe
verehrt." 1825, IV, 61.

Brich, o Geist, des Wahnes Schranken,
Wo dich Ort geengt und Zeit!
Auf zu Gott entfleuch mit franken
Lichtgedanken,
Endlos durch Unendlichkeit!

Schau, wie hehr und wunderprächtig
Alles strahlt, so hoch du drangst!
Vater, gut und weis' und mächtig,
O wie dächt' ich
Dein mit Schwermut, dein mit Angst?

Aller Wesen Stimm' erhebet:
Gott ist Gott! in hellem Chor.
Wo ein Staub sich regt und lebet,
Alles strebet
Zu der Geister Wonn' empor.

Allem Volk ins Herz geschrieben
Ward sein ewiges Gebot:
Reine Menschlichkeit zu üben;
Ach zu lieben
Gott in uns, im Bruder Gott!

Überall ertönt von allen
Fromme Sehnsucht, frommer Dank,
Gott vernimmt mit Wohlgefallen
Dort das Lallen,
Dort gereiften Lobgesang.

Wunderbar durch Glanz und Trübe
Wird der Geist uns angefacht.
Ob der Staub um uns zerstiebe;
Gottes Liebe
Läutert auch durch Todesnacht!

62. An einen Verirrenden, der geprüft zu haben vorgab.

11.—12. August 1800.

Das Licht der Überzeugung
Ist heitres Forschens Lohn.
Doch schwüle Herzensneigung
Heißt dir Religion.

Wann strebtest du zur Klarheit
Ätherischer Vernunft?
Du nahmst für Gottes Wahrheit
Gebot der Priesterzunft.

Wann schiedest du mit Strenge
Das Wesen von Gestalt?   10
Was weiland Pfaffenmenge
Durch Trotz entschied, das galt.

Das galt, was ward seit gestern:
Vernunft, das Heiligtum
Der Ewigkeit, zu lästern,   15
War dir Verdienst und Ruhm.

Du dunkeltest, du flochtest
Des blinden Glaubens Seil;
Du, Kind der Satzung, pochtest,
Wie auf alleinig Heil.   20

Wer deine Himmelsleiter
Nicht stieg, dem fluchtest du,
Wo nicht der Husse Scheiter,
Doch Ketzernamen zu.

Der frei des Priesterfrones   25
Uns schuf, und lehrte: Liebt!
Das Wort des Menschensohnes,
Wie hast du's ausgeübt?

An einen Verirrenden. Gedichte 1802, V, 290 ff., verglichen mit dem Entwurfe und dem Druckmanuskript (bildet den Schluß dieses Bandes), fehlt 1825. An Stolberg gerichtet. — 23. der Husse Scheiter, selbst diesen gräßlichen Mord nur zu tadeln, wird von einigen Papisten, die eine Zeitlang Menschlichkeit heuchelten, zum Vorwurfe gemacht, und Protestanten! V.

Trat Zweifel dir entgegen;
Nie standst du ihm getrost,
Anringend nach Vermögen:
Du bebtest und entflohst.

Kehr um, du sinkst noch tiefer,
Kehr um, verlockter Freund,
Als Forscher und als Prüfer,
Zu dem, der um dich weint!

63. Trinklied.

5.—6. Januar 1801

Hätt' ich einen Mutterpfennig
     Notabene, nicht zu klein;
Ein paar Fläschen leicht gewänn' ich,
     Notabene, voll von Wein.
Fröhlich blieb' ich dann und wach,
Notabene, bis zum Tag.

Fröhlich blieb' ich wohl noch morgen,
     Notabene, bei dem Wein;
Wollte mir der Kellner borgen,
     Notabene, sonder Schein.
Wer so fortblieb' ewiglich,
Notabene, das bin ich.

Wüchsen nur von selbst die Kleider,
     Notabene, mir ein Rock;
Oder knufte nicht der Schneider,
     Notabene, wie ein Bock:
Stracks bin ich vollkommen froh;
Notabene, nun so so.

Küßte mich ein lustig Mädchen,
     Notabene, hübsch und jung;

Trinklied. Gedichte 1802, VI, 47 f., verglichen mit dem Druckmanuscript; 1827,
III, 91. Musik von Zelter, vgl. Hoffmann von Fallersleben Nr. 401.

Dreht es mir zu Lieb' ein Rädchen,
   Notabene, flink im Sprung:
O ich böt ihr gleich die Hand,
   Notabene, drin ein Band.

Neckte mich ein holdes Weiblein,   25
   Notabene, reich und alt;
Freien wollt' ich solch ein Täublein,
   Notabene, stürb' es bald.
O ich küßt' ohn' Unterlaß,
   Notabene, dieses Glas.   30

Wein und Mädchen sind ein Segen,
   Notabene, wohlgepaart;
Und der Pfennig schafft Vermögen,
   Notabene, wenn man spart.
Darum lieb' ich immer treu,   35
   Notabene, diese drei.

— — — — — —

64. Der traurende Freund.

8. Februar 1801.

Dennoch lieb' ich, wenn auch unerwidert
Meine Lieb' in Thränen sich verweint!
Ach wir waren innig einst verbrüdert,
Und, wie Gold, so lauter schien mein Freund!
Zeugin schien selbst Wahrheit unserm Bunde,   5
Selbst Gerechtigkeit Erhalterin;
So vereinigt, wie mit Hand und Munde,
So vereinigt wähnt' ich uns an Sinn!

Goldne Freundschaft, wo du mit der Wahrheit
Und Gerechtigkeit die Erde flohst;   10
Send' in lieblich nachgefälschter Klarheit
Nur dein Bild mir Schmachtenden zum Trost!

Der traurende Freund. Taschenbuch für das Jahr 1802. Herausgegeben von
Johann Georg Jacobi (Hamburg, Perthes), S. 181, verglichen mit dem Entwurfe und
dem Druckmanuskript; Gedichte 1802, VI, 65 f.; 1825, IV, 99. Nach Ernestinens Bericht
(Briefe III 2, 7) weckten ihn zu diesem Liede alte Erinnerungen an Stolberg. — 9 f. In
einem fernen Weltalter, oder, wie andere sangen, schon in dem ehernen verließ die Gerechtigkeit mit den verwandten Tugenden die Erde: das bezeugen Aratus und Ovidius;
Hesiodus sagt von unserm eisernen Geschlecht, Lb. 189:

Mag der Freund durch Kälte mich betrüben;
Eigner Wärme soll mein Herz sich freun!
15 Mehr beseligt's, ungeliebt zu lieben,
Als geliebt kein Liebender zu sein.

65. Der Wohllaut.

16.—18. Januar 1801.

Perlenhell von Taugefunkel
Stand dein ganzer Mai, o Flora;
Hell wie Purpur, sank Aurora
Sanft in Dunkel
Zum Ocean.
Lunas Scheib' in klarer Ründung
Wallt' aus Silberduft zum Äther;

Nicht, wer die Wahrheit schwört, wird begünstiget, noch wer gerecht ist,
Oder wer gut; nein mehr den Übelthäter, den schnöden
Freveler ehren sie hoch. Nicht Recht noch Mäßigung trägt man
Noch in der Hand; es verletzt der böse den edleren Mann auch,
Krumme Wort' aussprechend mit Trug, und Falsches beschwört er.
Scheelsucht folgt den Menschen, den unglückseligen allen,
Schadenfroh, mißlautig, und grollt mit neidischem Antlitz.
Endlich empor zum Olympos vom weitumwanderten Erdreich,
Leib' in weiße Gewande den schönen Leib sich verhüllend,
Gehn von den Menschen hinweg in der ewigen Götter Versammlung
Scham und heilige Scheu; und zurück bleibt trauriges Elend
Für die sterblichen Menschen, und nicht ist Rettung dem Unheil. V.

Der Wohllaut. (Gedichte 1802, VI st ff. (verglichen mit dem Druckmanuscript) mit
folgender Anmerkung: „In dieser Ode . . . . wagte ich einen Versuch, ob unsere Sprache in
Metastasios' Versart zugleich seine schmeichelnde Vieltönigkeit erreichen könnte. Der Wohllaut fordert, daß schöne und mannigfaltige Votale mit hinlänglichen, nicht übertäubenden
Konsonanten, ohne Anhäufung einer Art, am wenigsten der hauchenden und der zischen-
den, sowohl in gehobenen als gesenkten Silben aushallen. Sorglos behandelt, wird die
Sprache der zu lange barbarischen Teutschen leicht eintönig durch wiederkehrende e, i, ü
und durch gleichförmige Endungen mit ", von welchen die Endung en am zudringlichsten ist;
noch leichter wird sie rauh durch zu viele und hartanstoßende Konsonanten. Aber selbst der
Grieche und der Römer vermied Anhäufung von Gebrumm und Gepiep und widerlichen Mit-
lautern, auch begegnende Härten, wie φρικτἐ φαλλετα, stirps stringitur; selbst der
melodische, fast weichliche Italiener muß, wo es Wohllang gilt, einem beträchtlichen Teile
seiner Sprache ausweichen. Wenn also ein Teutscher Mißtöne, wie „jetzt sprach", „wälzt
Ströme", „ich mich nicht richtig" heraus zu würgen sich erlaubt: so hat er, wie groß auch
seine übrigen Verdienste sein mögen, das Recht verloren, sich über seine Sprache zu be-
schweren, oder ihre Gebrechen zu beschönigen." Als Melodie schlägt Voß die von Schulz
zu Metastasios' Canzonetta l'estate vor, deren Versmaß er in dem Gedicht gewählt hatte.
1825, IV. 100. — 2. Flora, eine italische Göttin alles Blühenden, deren Fest im Ausgang des Aprils und Anfang des Mais gefeiert ward; man deutete sie zu einer griechischen
Nymphe Chloris und gab ihr zum Gemahl den Zephyros, dessen Anhauch Frühling schafft. V.
— 3. Aurora, die griechische Eos, bringt mit der Morgenröte das Tageslicht, und nachdem
sie den Sonnengott Helios durch den Himmel begleitet hat, beschließt sie den Tag mit
der Abendröte. V. — 5. Der Ocean ward als ein Strom oder als ein strömendes Meer
um die vom Himmelsgewölbe bedeckte Erdscheibe gedacht; aus ihm stiegen Eos und Helios
im Osten empor und senkten sich im Westen in ein Fahrzeug, welches sie um den nörd-
lichen Rand zum Ausgange zurücktrug. V.

Und wir schauten, voll erhöhter
Vorempfindung,
Die stille Bahn.   10

Leis aus lichter Wolke hallen
Hörten wir's, als säng' Amphion,
Wie, wann lächelt Zeus Kronion,
Lenze wallen
Auf Thal' und Höh'n.   15
    Ihr Romanen, ihr Achaier,
Ihr im Glanze sangt harmonisch;
Mäonidisch und maronisch
Klang die Leier
In lindem Wehn.   20

„Heil! die alte Nacht veraltet
(Rief's herab) in deutscher Wildnis!
Bald erblüht, nach Hellas' Bildnis
Umgestaltet,
Die Barbarflur!   25
    Träger Unzier Herrschaft endigt,
Durch Apollon und Lyäos;
Ferne schon am Nord-Rhipäos
Wird gebändigt
Der Bär und Ur!   30

Für Gesetz und Ordnung fügsam,
Strebt der franke Geist nach Wahrheit;
Und die Red' in holder Klarheit
Hallet biegsam
Apollons Hall!   35

---

12. Amphion, ein thebischer Hirtensänger, dessen Gesang Steine rührte. V. —
13. Zeus, des Kronos Sohn, Herrscher der Luft. V. — 16. Romanen, die edlere
Form, für Römer. V. — Achaier, die homerischen Griechen. V. — 18. Mäonidisch,
homerisch. V. — maronisch, virgilisch. V. — 25. Barbar und Barbar wird beides
gesagt. V. — 27. Lyäos, der Löser, ein Beiname des Bacchus, der durch Anpflanzung
und Sittlichkeit die Menschen veredelte und begeisterte. V. — 28. Rhipäos, eine Bergkette der fabelhaften Geographie, die vom Westen Europas durch die dunkel bekannten
Pyrenäen, Alpen, Hercynien, bis Nordost sich erstreckte. V. — 30. In den hercynischen
Bergwäldern fand man Ure oder Auerochsen. V. — 32. frank, frei und, wie Leising
es braucht, freimütig. V.

Bald vereint sich Kraft und Schöne
Bald mit Wohllaut Wohlbewegung;
Jedem Schwung' und jeder Regung
Folgt der Töne
40   Gemeßner Fall!

Bald durch Deutschland tönt gewaltig
Deine Melodie, Homeros!
Bald nicht sparsam blüht ein Heros,
Mannigfaltig
45   An Red' und That!
     Deutschen Ton' horcht endlich gerne
Wälsch' und Frank, Verächter weiland!
Auch das stolze Britteneiland
Horch' und lerne
50   Hellenenpfad!

Wie des Wohlklangs Kind Jona
Kraft und Anmut einst getönet:
Also sing' itzt unverhöhnet,
O Teutona,
   Dem Helikon!" —
     Lehr', Apollon, lehr' uns Lieder;
Deines Wohlklangs ward uns wenig!
Flechten wir; und siebentönig
Schwebte nieder
60   Ein Barbiton.

— — — ·· —

66. Nachgesang für die Enkel.
28. Dezember 1800.

Der uns das Lied gesungen hat,
Der war ein frommer Sänger.

37. Wohlbewegung, welche der Grieche Eurythmie nannte, ist ein schönes Verhältnis abgezählter Längen und Kürzen; wogegen der Wohllaut nur gefällige Mischung
der Vokale und Konsonanten verlangt. Beide vereint, und (so weit es möglich ist) des
Gedankens heftigerem Schwunge oder sanfterer Regung angeschmiegt, geben lebendigen Ausdruck, durch harmonischer Töne wohl zugemessenen Fall. Hier nicht zu
viel noch zu wenig thun, lernt im Innersten der Kunst nur der Liebling der Natur. V.
43. Heros, ein Vorzüglicher, ein Göttlicher. V. — 51. Jona, die Göttin der
ionischen Sprache, die zuerst unter den griechischen Mundarten sich ausbildete. V. —
54. Teutona, die deutsche Sprachgöttin. V. — 60. Barbiton oder Barbitos, ein
vollkommneres Saitenspiel des lyrischen Zeitalters. V. — Nachgesang für die Enkel.
(Gedichte 1802, IV, 1 als Schlußgedicht der „Oden und Lieder" mit der Anmerkung: „Am

Er ging der alten Meister Pfad,
Ein unverdroßner Jünger:
Stets eingedenk des späten Ruhms,
Genannt zu sein des Altertums,
Des schönen, Wiederbringer.   5

    Sein altes Liedlein: Gut und Schön!
Gab Sinn und Kraft den Matten,
Und hob den Geist zu edlern Höh'n,   10
Als Übermut der Satten.
O manches gleißt hier unterm Mond,
Was kaum des Seitenblicks sich lohnt:
Froh lebt der Weis' im Schatten.

    Im Schirm der Musengrotte dort,   15
Und dort des schönen Baumes,
Erweitern Lied und frohes Wort
Sein Leben enges Raumes.
Und schloß er dann die Augen zu,
So freut er sich in holder Ruh   20
Des hehren Morgentraumes.

    Der Singer sang uns Freude gern,
Ein immer wohlgemuter.
Am Nachtigallgebüsche fern,
Im Pappelschatten ruht er.
Nicht grünet unbesucht sein Grab;
Das Mägdlein bricht ein Blümchen ab,
Und saget sanft: Du Guter!

Schlusse mehrerer Volkslieder empfehlen die Verfasser ihr Andenken. Ich wage es, die treuherzige Sitte zu erneuern." Verglichen mit dem Druckmanuskript. 1825, IV, 109. Ich habe dem Gedichte den Platz am Schlusse dieser Abteilung gelassen, obgleich es vor den drei vorausgehenden entstanden ist. — 13. Was kaum des Seitenblicks sich lohnt, nach der bekannten Redensart, es lohnt sich der Mühe, oder es lohnt der Mühe, wo der Dativ sich hinzugedacht wird. Eben so mit verlohnt, in etwas niedrigerem Tone. Adelung und, welches mich wundert, Klopstock (Gramm Gespr. 205) mißdeuten der Mühe als Dativ, und sich wahrscheinlich als Accusativ; uneingedent, daß in der älteren Sprache, woraus die Formel sich erhielt, lohnen, Lohn geben, den Dativ der Person oder den als solche gedachten Eigenschaft erfordere und daß unser neueres für die Mühe, wegen der Mühe ehmals in vielen Redensarten (z. B. mit danken) durch den bloßen Genitiv der Mühe, wie im Griechischen, ausgedrückt wurde. Mit Recht sagt also der sprachkundige Lessing in der Minna: „Die Dienste der Großen sind gefährlich und lohnen der Mühe, des Zwanges, der Erniedrigung nicht, die sie kosten". V. — 21. Morgentraumes, nach der Meinung des griechischen Volks sind die helleren Morgenträume Vorahnungen, hier des höheren Tages, zu welchem wir erwachen. V. — 25. Die Ruhestätte der Eutiner ist in einer schönen Gegend am Gebüsche des kleinen Sees. V.

Vermischte Gedichte.

1. Schwergereimte Ode an einen schwerreimenden Dichter.

Anf. Febr. 1773.

— Non ego te meis
Chartis inornatum silebo,
Totve tuos patiar labores
Impune, LOLLI, carpere lividas
Obliviones.

Horat. IV. Od. 9.

Getrieben von der alten Reimsucht,
Irrst du umher, und brummst voll Angst,
Gleich einem Bär, der Honigseim sucht,
Bis du den neuen Reim erlangst.

Bald siehst du Hilfe bei dem Aga
Der Schar am Aganippeborn,
Und bald hofierst du Deutschlands Braga
Mit deinem Auerochsenhorn.

Itzt fei'rt die Lyra Zeus im Erzschild,
10 Wie er erhebt die Flammenfaust,
Und aus Gewittern niederwärts schilt,
Daß Berg und Wald und Fels zergraust;

Dein Bardenschrei schreit itzt vom Harzwald
Ins Wutgeheul des Weserstroms,
15 Der von dem Blute Varus' schwarz wallt,
Ins Angstgeheul der Hügel Roms;

Schwergereimte Ode 2c., Wandsbecker Bote 1774, Nr. 35 (8. März) anonym, wiederholt Göttinger M.A. 1775, 8: „Schwergereimte Ode. An Reimbold", verglichen mit dem Druckmanustript des Musenalmanachs. Vgl. Voß an Brückner, 21. Februar 1773: „Cramer hat ein Gedicht an Bürger gemacht, das ich für sein bestes halte (vgl. Bd. II). Weil er sich Mühe gegeben, viele außerordentliche Reime darin zu gebrauchen, so verfiel ich auf die Grille, ein Gedicht an ihn in lauter bisher ungebrauchten Reimen zu machen. Boie gefiel es und half Reime mit suchen. Daraus ist das Gedicht an Cramer entstanden der, wie er sagt, sich mehr darüber freut, als wenn Klopstock eins an ihn gemacht" (Briefe I, 126); ganz überarbeitet, Gedichte 1785, I, 258; 1802, VI, 105; 1825, IV, 113. — 8. Auerochsenhorn, das Horn des Ur (Anmerkung im Wandsbecker Boten).

Itzt bitterst du dein Lied mit Wermut,
Und ächzest, wie vom Turm der Kauz,
Wie Türk voll angeborner Schwermut,
Mondaufheult mit erhobner Schnauz.   20

Allein was marterst du und grillst dich?
Der Ruhm, wonach du ringst, ist Luft,
Ist Seifenblase, steiget schwülstig,
Schwimmt fort, und schimmert, und zerpufft!

Lies die Dramaturgie von Lessing: 25
Ist er auf Dichternamen stolz?
Poetenruhm glänzt nur wie Messing;
Brotweisheit hat den Wert des Golds!

Wenn nun begeistert du gewaltsam
Die Feder käust, den Boden stampfst,   30
Die Augen drehst, und unaufhaltsam
Aus offnem Schlund die Glut verdampfst;

Und jetzt nach langer langer Arbeit
Ein Päan sich herausgewürgt,
Der Trotz der ganzen Musenschar beut,   35
Dem schamrot Pindar selbst sich birgt:

Was hast du denn, als Kopf- und Bauchweh,
Und Aschgesicht und schwindelnd Hirn?
Ja Daum und Finger thut dir auch weh,
Und macht dich gleich dem Kranich girrn!   40

Mit schiefem Geifermaul umquackt dich
Das Froschgeschwätz der krit'schen Zunft,
Und jeder kahle Hundsfott plackt dich
Und zeiht dein Lied der Unvernunft.

Drum jag die Musen all zum Satan,   45
Ein Raub der glühnden Bärentatz,
Und nimm, o Quarquar, meinen Rat an,
Der baß dir thun wird, dann Horaz.

19. Türk, des Dichters Hund (Anm. im Wandsbecker Boten).

50
Zeuch aus den Flausrock deiner Trangsal,
Und putze dich, und eile flugs
Zum kerzerhellten bunten Klangsaal,
Durchtönt von Erz und Darm und Bux!

Dort geiget heut der große Lolli.
(Wem schwand nicht schnell der schwarze Harm,
55
Der Ohren Lollis Dur und Moll lieh?)
Ganz himmlisch hallt sein Fiedeldarm!

Ich hört' ihn gestern, wie entsetzlich
Sein Instrument mit zwanzig stritt;
Potz Stern! Was für ein Lärm! Doch plötzlich
60
Ging's Solo: Dudel! Didel! zht!!!

Nur wähle dir zuvor ein Mägdlein
Am Arme, rosig, wie der Lenz,
Und führe sie, als Jungfernknechtlein,
Zum Sitz mit tiefem Reverenz.

65
Sowie der Pope vor Sankt Niklas,
Steh dann, und gaff' auf ihren Pelz,
(Bei seinem Schwellen wird kein Blick laß!)
Auch neig' dich flüsternd: Wie gefällt's?

Hat Lolli sein Konzert vollbracht, und
70
Des Mädchens Herz erweicht wie Wachs;
Dann führ sie durch die düstre Nacht, und
Allein zurück, doch nicht zu stracks.

Man sagt, ein Mädchen sei kein' Eidechs,
Sie fühle, gleich dem Jüngling, Feu'r;
75
(Nur schalkheitsvolle Heuchelei deck's;)
Im Dunkeln sei ihr Kuß nicht teu'r!

———————

52. Bux, gewöhnlicher Buchs, die aus Buchsbaumholz verfertigten Instrumente. —
53. Antonio Lolli, geb. zu Bergamo 1728 (nach anderen 1733), gest. 1802, berühmter
Violinist, der durch Bizarrerie in Spiel und Komposition auf seinen Konzertreisen in
Teutschland und England großes Aufsehen erregte.

2. Schwergereimte Ode.

Statt der Vorrede.

An Voß.

Januar 1776.

Was stehst du Spötter da, und pausbackst
Schwerreimend? Lehroden her?
Gieb acht, daß man dich nicht hinausbart,
Für dein satyrisches Geplärr.

Nur selten liebt den losen Jokus
Apolls erhabner Tubaist;
Noch minder hält von Hokuspokus
Des ernsten Wodans Urhornist.

Verlaß den stachelvollen Jambos,
Womit du's Dichterchor bestreitst,   10
Und leg was besser's auf den Ambos,
Das keines Barden Galle reizt!

Denn mehr als je herrscht jetzt das Faustrecht,
Mit Sense, Mistfork, Axt und Spieß
Auf dem Parnaß; besonders braust recht   15
Die Knotenkeule der Genies.

Auf! weihe dich dem Dienst der Cypris,
Und preise mit galantem Ton,
Was seit der Schöpfung der und die pries,
Das Tändelspiel mit ihrem Sohn.   20

Und male deines Liedes Hirtin
Mit bloßer Brust und hochgeschürzt,
Und sein von Welt, wodurch Frau Wirtin
Oft ungewürzte Suppen würzt;

Schön, wie die Leserin von Tischbein: 25
Doch merk! ein Möpschen statt des Buchs!

Schwergereimte Ode, Hamburger MA. 1777, S. 1 f., unterzeichnet „Ahorn", im
Register „Balthasar Kaspar Ahorn"; ganz umgearbeitet, Gedichte 1785 I, 277; 1802,
VI, 117; fehlt 1825. — 5. Jokus, der Gott des Scherzes. V. — 9. Jambos, der berühmte
Satyrist, Archilochus, schrieb in Jamben. V. — 25. Ein Gemälde des Cassel'schen Hofmalers,
welches er der von Klopstock gestifteten Lesegesellschaft in Hamburg geschenkt hat. Ein
schönes griechisch gekleidetes Mädchen scheint, vom Lesen warm, die letzten Worte gegen die
Versammlung auszusprechen. Klopstocks Ode, Teone, liegt vor ihr aufgeschlagen. V.

Ihr Haar ein Mehltalgturm! mit Fischbein
Umpanzert ihr Insektenwuchs!

    Sing, wie ihr Hirn von Punsch und Witz dampft,
30 Wie sie im Rausch des Horngetöns
Den Taumeltanz bacchantisch mit stampft,
Und dann noch endlich dies und jens.

    Von solchem Singsang, fein und sinnreich,
Druck' in den Almanach was rechts!
35 Er macht ihn zehnmal mehr gewinnreich,
Als all dein Ächzen und Gekrächz.

    Von Nova Zembla bis Gibraltar,
Von Jura bis nach Astrakan,
Singt man daraus an Venus' Altar,
40 Und subskribiert nach Klopstocks Plan.

    Ihn kauft Murr, Hasenfuß und Grützkopf,
Strohjunker, Schranz' und Bürgerochs,
Sogar der Seelenkäufer Spitzkopf;
Kurz, Ketzer, Jud' und Orthodox.

45 Ihn kleidet der verlaffte Fähndrich
Für seine Dam' in Gold und Mohr,
Und packert, wie ein geiler Entrich
Ihr deine süßen Zoten vor.

    Sanft hinterm Fächer grinzt das Fräulein,
50 Errötet — nicht, und schnüffelt schnipp'isch:
„Herr Voß traktiert uns zwar wie Säulein,
Doch wie er's thut, die Art ist hübsch.“

    Der Herold der Journalenfama
Posaunt das Werklein deines Geists;
55 Selbst des Katheders Dalailama,
Des Kot die Burschen fressen, preist's.

---

36. Ächzen und Gekrächz, schreibe ich für „Ächzen und Geächz“ im MA.;
1785: „Vaterlandsgeträchz“, 1802: „teutonisches Geträchz“. — 47. vadern, besser vatern,
schnattern. — 55. Dalailama, oder der große Lama heißt der Fürst und Papst der
Tibetaner, der so heilig gehalten wird, daß man seinen Kot frißt, zu Pulver reibt, gegen
Krankheiten umhängt ꝛc. V.

Haſt du von dieſen Leuten Kundſchaft?
Am Pindus ſtand, lorbeerumgrünt,
Vordem ein Stall für Phöbus' Hundſchaft,
Die ihm als Hirten einſt gedient.   60

Klang vom Gebirg der Muſen Paian,
Gleich Händels oder Bachs Muſik;
So ging im Stall ein Zeterſchrei an
Von grimmigbellender Kritik.

Wenn unter Marſyas' Anführung   65
Ein Faunenchor dann aufpfiff; hu!
Wie laut heult' ihm, voll tiefer Rührung,
Die Kuppel ihren Beifall zu!

Oft brannte ſchon der Zorn Apollos;
Er nahm die bleigefüllte Knut',   70
Und ſchlug aufs Rabenaas für toll los;
Der ganze Hundsſtall ſchwamm in Blut.

Doch alles ſchien ihm zu gelind', und
Verwandelt ward das Rabenaas.
Profeſſormäßig ſtellt' ein Windhund   75
Sich auf die Hinterbein', und las:

„Sehr wertgeſchätzte Herrn! Das wichtigſt'
Und erſte Prolegomenon
Iſt nun wohl die baldmöglichſtrichtigſt=
e ... hauf! ... Pränumeration."   80

Dann thut er wie Apolls Prophet dick,
Paukt auf ſein Pult, und zeiget, bauz!
„Des Dichters Leitſtern ſei Äſthetik!"
Und beſpaßvogelts und beſauts.

Ein alter hagrer Mops voll Griesgram   85
Bleibt noch von Kopf und Pfot' ein Mops,

61. Paian, nach der Römer Ausſprache Päan, ein Loblied. V. — 80. e ..., welcher
Stärke wäre unſre Frau Mutterſprache fähig, wenn ſie unſre Gelehrten öfter durch ihre
klaſſiſchen Mäuler gehen ließen. V. — hauf! ..., räuſpernd; und das folgende Wort
mit Nachdruck. V. — 84. Wer mir dieſen hinkenden Vers aufmutzt, der weiß nichts vom
homeriſchen Kunſtgriff, den Gang des Verſes nach dem Inhalt zu verändern. V.

Bleibt noch den Werken des Genies gram;
Und wird Ausrufer Schimpfs und Lobs.

Schimpf bellt er beim Gesang des Orpheus;
Wer sein bierschenkenhaft Gelei'r,
Fir, wie der Musikant im Dorf, weiß,
Dem lobheult Mops wie all der Gei'r!

Die Gänsespul' in rascher Hundspfot',
Krizkrazt im Hui er sein Journal.
Daher kriegt' er den Namen Hundsfott;
Jetzt braucht man noch das Beiwort, kahl.

3. Der englische Homer.

Frühjahr 1777.

Mit sicherm Zügel, still und hehr,
Lenkt auf der Himmelsbahn der Göttersohn Homer
Die Sonnenroß' Apolls, und überstrahlet milde
Mit Lebenskraft und Reiz elysische Gefilde.
Da hüpft, neumodisch angethan,
Herr Pope leicht daher, ersucht den Wundermann,
Ihm seine Staatskaroß ein wenig abzutreten:
Und lächelnd weicht Homer dem schmächtigen Poeten
Er hängt den Rossen Schellen an,
Setzt breit sich auf den Sonnenwagen,
Dem reichen Brittenvolk eins vorzujagen,
Und knallt galant: Mit Ungestüm

Der englische Homer, Deutsches Museum, drittes Stück. März 1778. S. 239.
Anonym. Gleichlautendes Man. mit X unters. unter den Münchner Papieren; Gedichte
1785, I. 351; 1802, VI. 123 mit der Anmerkung: „Pope hat den Homer nicht im eigen-
tümlichen Ton übersetzt, sondern nach dem Modegeschmad seines Zeitalters umgestimmt";
fehlt 1825. Auf dieses Epigramm bezieht sich Lichtenberg, wenn er gegen Voß sagt: „Auf seine
und seiner Compagnie Tadel bin ich stolz, denn ich weiß, es ist schlechterdings unmöglich, dem
eigentlichen Mann von Geschmad zu gefallen, so lange man Leuten gefällt, die sich unter-
standen, den Pope einen Klatscher zu nennen, sie, wovon ein ganzer Kongreß nicht im
Stande wäre, mit vereinter Kraft, eine einzige poetische Epistel hervorzubringen, ja
nicht zehn Zeilen einer solchen Epistel" (Vermischte Schriften 1844, 4, 265 vgl. 5, 35).
Daß das Gedicht nicht auch wie das Epigramm mit derselben Überschrift (Nr. 2) zuerst auf
Bürger gemünzt gewesen sein könne, was Herbst (Voß 1, 302) annehmen wollte, hat Bernays
treffend hervorgehoben (Homers Odyssee, Stuttgart 1881, S. LXIV). — 11. Man. zuerst:
Den reichen Myladys und Lords.

Entkollern dem ſchmächtigen Manne die ſtolzen unſterblichen Rappen,
Hoch über den Sirius hin; und tief, tief unter ihm
Herrſcht Grönlands Winternacht, Geheul und Zähneklappen.   15

4. Trinklied.

1789.

Der weiſe Diogenes war
Liebhaber ambroſiſcher Klarheit,
Und ſang in der zechenden Schar:
Trinkt, Brüder! im Wein iſt die Wahrheit!
Und kam er betrunken vom Schmaus,
Dann wählte der Alte, ſo heißt es,
Ein lediges Oxhoft zum Haus,
Und freute ſich atmend des Geiſtes.

5. Der Flausrock.

27. April 1790.

Ein Regenſturm mit Schnee und Schloßen
Zog düſter über Land und Meer,
Daß traufengleich die Dächer goſſen;
Die Küh' im Felde brüllten ſehr.
Frau Käthe, die zwar niemals zanket,   5
Sprach haſtig: Geh doch, lieber Mann,
Geh hin, eh' Bläßchen uns erkranket,
Und zieh' den alten Flausrock an.

Die beſte Kuh iſt unſer Bläßchen;
Und höre, wie ſie kläglich brüllt!   10
Sie hat uns ſchon manch liebes Fäßchen
Mit Milch und Butter angefüllt.
Entſetzlich tobt des Sturms Geſauſe!

---

13. Man. zuerſt: „Herrn" ſtatt „Manne". — Trinklied. Hamburger M.A. 1790,
S. 86, unterzeichnet: Z. Gedichte 1802, VI, 142: „Der Trinker" mit der Anmerkung:
„Den Einfall entlehnte ich aus einem engliſchen Trinkliebe, welches mir übrigens nicht
gefiel"; fehlt 1825. — 7. Bei dem Oxhoft denke der Gelehrte ein irdenes Faß oder ver-
geſſe die Gelehrſamkeit. V. — Der Flausrock. Hamburger M.A. 1791, S. 185 verglichen
mit dem (datierten) Entwurfe und mit dem Druckmanuſtripte; Gedichte 1795, II, 187; 1802,
VI, 161, 1825, IV, 134 mit dem Zuſatze: „Nach dem Altengliſchen". Nach dem Gedichte
„Take thy old cloak about thee" in den Reliques of ancient english poetry.
London and Francfort MDCCXC I, 196 (vgl. Herrigs Archiv XXIV, 212).

Geh hin, mein lieber guter Mann,
15   Und hole Bläßchen mir zu Hauſe,
     Und zieh' den alten Flausrock an. —

     „Mein Flausrock dient' in Sturm und Regen,
     So lang' er neu und wollig war.
     Doch jetzo hält er ſchwerlich gegen;
20   Ich trag' ihn ſchon an dreißig Jahr.
     Frau, laß uns nicht ſo nährig geizen.
     Wer weiß, wie bald man ſterben kann!
     Bedenk, für Eine Tonne Weizen
     Schafft ſich ein neuer Flausrock an." —

25   Für ſo viel Weizen trug zur Feier
     Der Herzog Ulrich ſeinen Rock,
     Und murrte doch, er ſei zu teuer,
     Und ſchalt den Schneider einen Bock.
     Der fromme Herr war Fürſt im Lande,
30   Und du biſt ein gemeiner Mann.
     Der Hochmut führt in Sünd' und Schande!
     Drum zieh' den alten Flausrock an. —

     „Nicht prunken will ich, liebes Käthchen,
     Nur warm durch Sturm und Regen gehn.
     Schon zählen läßt ſich jedes Drähtchen,
     Ja Fäſerchen und Fetzen wehn.
     Sieh' Roberts, Wilms und Bartels Kleider;
     Wann gehen die ſo lumpicht, wann?
     Doch Werkeltag und Sonntag leider
40   Zieh' ich den alten Flausrock an!" —

     Der Flausrock, däucht mir, iſt noch billig;
     Ich hab' ihn geſtern erſt geflickt.
     Du weißt, wie ſorgſam ich und willig
     Dich ſtets gepfleget und geſchmückt.
45   Du findeſt hier ein warmes Stübchen,
     Und eine warme Suppe dann.

17 f. Im Entwurfe dem engliſchen Original näher: Mein Flausrod war ein Rod zur
Feier, Da er noch neu vom Schneider war; Jetzt gilt er dir kaum einen Dreier: My
cloake it was a very good cloake It hath been alwayes true to the weare, But
now it is not worth a groat; I have had it four and forty yeare. — 26. Der
Herzog Ulrich, im Engliſchen: King Stephen.

So geh' denn hin, mein wackres Bübchen,
Und zieh' den alten Flausrock an. —

„Ein jedes Land hat ſeine Weiſe,
Und ſeine Hülf' ein jedes Korn.　　　　　　　50
Die Wirtſchaft, Frau, kömmt aus dem Gleiſe,
Verliert der Mann erſt Zaum und Sporn!
In Sturm und Regen übernachte
Das Bläßchen, wo es will und kann!
Denn nimmer, ob ſie auch verſchmachte,　　　　55
Zieh' ich den alten Flausrock an!" —

Mein Herzensmann, ſeit dreißig Jahren
Hab' ich in Fried' und Einigkeit
Mit dir viel Freud' und Leid erfahren,
Und dich mit manchem Kind' erfreut.　　　　　60
Zum Segen zog ich alle ſieben
Mit Wachen und Gebet heran.
Nun, Männchen, laß dich immer lieben,
Und zieh' den alten Flausrock an. —

Frau Käthe, die zwar niemals zanket,　　　　　65
Mag gern des Wortes ſich erfreun;
Auch wird's mit Ruhe mir verdanket,
Laß' ich nur fünf gerade ſein.
Stillſchweigend ſtand ich auf vom Sitze,
Ein wohlgezogner Ehemann,　　　　　　　70
Verſchob aufs eine Ohr die Mütze,
Und zog den alten Flausrock an.

---

6. Junker Nord.
Ein Gegenſtück zu Virgils Pollio.
Juli 1793.

Sing höheren Geſang, o ländliche Kamöne.
Nicht jeder liebt die Flur und ſanfte Flötentöne.

Junker Nord. Hamburger M.A. 1794, S. 190 mit folgender Anmerkung: „Ver=
gleiche Gays Etloge: The birth of the Squire; in imitation of the Pollio of Virgil.
In England ſind die Beſſeren des Adels längſt gewohnt, über die Thorheiten der rohen
Junkerſchaft mitzulachen. Auch in Deutſchland giebt es der Beſſeren"; vgl. mit dem Druckman;

Ein Lied, des Junkers wert, ein Lied voll Saft und Mark,
Ein edles Waldhornſtück durchſchmettere den Park.

5 Horch! von dem Schindelturm ſummt ſchwellend durch die Himmel
Zu Stadt und Dörfern rings ein feierlich Gebimmel.
Horch! zwölffach ruft vom Hof metallner Böller Knall
Und gellendes Juchhein dem fernen Wiederhall.
Unruhig fragt das Dorf, was doch der Lärm bedeutet,
10 Warum ſo raſch aufs Schloß der Adel fährt und reitet.
Freud' über Freud'! ertönt's; der Storch hat dieſe Nacht
Für unſers Junkers Frau ein Jünkerchen gebracht!
    Traur', armes Waldgeſchlecht! Ihr Rehe, Schwein' und Hirſche,
Trau'rt rudelweiſ'; euch droht die mörderlichſte Birſche!
15 O Haſ' und Häſin, trau'rt! Ein ſchrecklich Kind erwuchs!
Vor ſeinem Rohr' entrinnt kein Otter und kein Fuchs!
Umſchreit, ihr Vögelſchwärm', und hackt mit Klau' und Schnabel
Ihn, der euch Mord gebracht, den Unglücksſtorch der Fabel!
Euch ſchützt vor Beiz' und Schuß kein Schluf des Moors und Walds;
20 Dich, Trappe, nicht der Flug, dich, Birkhahn, nicht die Balz!
    Noch harmlos ruht und fromm der ſanftgewiegte Junker:
Sein Wappen ziert die Deck', im Glanz der goldnen Klunker;
Es wehrt dem Ungetüm der Baſen Kreuz und Spruch;
Die Nichten ſehn das Bild des Vaters Zug vor Zug.
25 Der Vettern Waidgelag ſtößt an mit vollem Glaſe;
Rheinwein und engliſch Bier bepurpert jede Naſe.
Windſpiel und Dogg' und Brack und Dachs= und Hühnerhund
Hüpft wedelnd um die Wieg', und leckt ihm Hand und Mund.
Unſichtbar überſchwebt das Dach der wilde Jäger

Gedichte 1795, II. 71 unter den Jdyllen 1802, IV, 166. Voß an Rudolf Boie, Meldorf,
18. Juli 1793: „Mein Junker Kord iſt fertig, 144 Verſe in Alexandrinern, körnig und
leicht, ſogar für adliche Köpfe (Herbſt I, 2, 133). Voß an Schulz, Meldorf, den 21. Juli
1793: „Ich habe hier eine gereimte Junkeridylle gemacht, die den Junkern wie engliſcher
Senf in der Naſ' kribbeln wird. Jetzt oder niemals muß die große Angelegenheit Europas
(was gehn uns die Pariſer an?) unter allerlei Form und Geſtalt verhandelt werden. Die
ſtolzen Bezwinger werden bald ihre Ohnmacht einſehn und den ungleichen Streit auf=
geben.“ — 1. Kamöne, Muſe, Göttin der Begeiſterung. V.
1. Park, Gehege; in beſonderer Bedeutung ein umſchloſſenes Luſtgehölz mit ab=
wechſelnden Raſen und Gewäſſern, das hier der natürlichen Flur entgegenſteht. V. —
6. Gebimmel, ein Geläut mit kleinen Glocken. V. — 7. Böller, kleine Kanonen. V. —
14. Birſche, das Schießen mit Jagdflinten, die Jagd. Das alte birſen, ſchießen, ward
von Armbrüſten gebraucht. V. — 19. Beize, mit Jagd mit abgerichteten Falken und
Habichten. V. — Schluf, Schlupfwinkel. V. — 20. Balz, in gröberer Ausſprache Pfalz,
die Brunſt der größeren Vögel, beſonders der Auer= und Birkhühner. V. — 21. harmlos,
wer keinen Harm fühlt, und wer keinen bringt, unſchädlich; hier beides. V. — 22. Klunker,
Quaſt, Troddel, mit dem Nebenbegriff des Ungeheuren. V. — 23. Ungetüm, Sput,
heimtückiſcher Geiſt. V. — 25. Waidgelag, Jägergeſellſchaft. V. — 27. Brack, ein
Leithund, der am Seile ſpürt. V.

Auf trübem Nebelgaul, und wird des Kindleins Pfleger.   30
Bald horcht's, und lächelt still, auf Hifthorn und Geblaff,
Zielt an der Amme Bruſt, und lallt: Aport und Paff!
Bald lernt es namentlich der Hunde Trupp zu locken;
Mit hölzernem Gewehr, Wildpret und Jägerbocken
Spielt's Jagd; und ſelbſt der Mund des gütigen Papas   35
Pfeift ihm dazu ein Stück auf ſeinem Pulvermaß.
Wohl dir, holdſelig Kind! Dir ſprießet Gerſt' und Hopfen
Auf väterlicher Flur, zu braunen Balſamtropfen;
Dir trägt die Biene Met zu ſtarker Morgenkoſt;
Aus eignem Garten quillt würzhafter Apfelmoſt!   40
     Wann, als Huſar, der Knab' ein Steckenpferdchen tummelt,
Den kleinen Tiras ſchlägt, und auf der Trommel rummelt;
Behaglich hört er dann vom Oheim und Papa
Gar manchen Jugendſchwank, und atmet ſtaunend Ah!
Selbſt führt der Vater ihn durchs große Tafelzimmer,   45
Und zeigt rings an der Wand der Wappen bunte Schimmer,
In Stahl und Knebelbart der Ahnenbilder Reih',
Und über jedem Bild' ein ſtattlich Hirſchgeweih.
Schau, ruft er, Junker Kord, ſchau jenen Sechzehnender!
Den ſchoß ich dir als Burſch für unſern Bratenwender!   50
Noch ſeh' ich, wie voll Angſt durch Heid' und Bach er lechzt,
Mit Schweiß die Fährte färbt, und hin ſein Leben ächzt!
Als Burſch erlegt' ich auch, ohn' einen Schuß der Büchſe,
Mit bloßem Peitſchenhieb, den ſchlaueſten der Füchſe!
Wie Donnerwetter ging's! Mir ſtürzten in den Sand   55
Drei Klepper: dennoch ward der Bau ihm kurz verrannt!
Wie aber ſprang mit mir der Wallach über Hecken
Und Zäum' und Graben hin! Wie bäumt' er wild vor Schrecken,
Als ich den Wehrwolf mit geerbtem Silber ſchoß,
Und ſchnell ein altes Weib aus Lumpen Blut vergoß!   60
     Was weinſt du, zärtlichſte der Mütter? Trotz den Thränchen,
Lernt Schreib= und Leſekunſt, vier Stunden Tags, dein Söhnchen.

---

31. Hifthorn, ein gerades Horn, aus welchem der Jäger Hieſe als Jagdzeichen
ſtößt. V. — Geblaff, Hundegebell. — 34. Jägerbode, Jägerpuppe. V. —
42. Tiras, der Name eines Hühnerhunds. V. — 52. Schweiß, ein Jagdausdruck für
Blut. V. — Fährte, Spur. V. — 56. Bau, das Fuchsloch. V. — Kleppen wird noch
im Bremiſchen vom ſchnellen Laufe geſagt; alſo Klepper, Renner. V. — 57 ff. Die Jäger
glauben, daß alte Hexen und Zauberer, wofür man ſelten andere als arme zerlumpte
Leute anſieht, in Wehrwölfe verwandelt herumlaufen und ſtehlen, aber, wenn ſie ein
Schuß mit Erbſilber trifft, in ihre Menſchengeſtalt zurückkehren. V.

Doch ist sein Kandidat nicht unnütz ganz und gar:
Er tanzt und sicht mit Kord, und kräuselt ihm das Haar.
65 Auch weiß der Mensch, ein Wust von Wissenschaften ziere
Nur Bürgervolk zur Not, doch schänd' er Kavaliere.
Was macht ein junger Herr mit Griechisch und Latein?
Sollt' er der klügste Sproß des alten Stammbaums sein?
     Eh' noch sein flaumig Kinn der Diener eingeseifet,
70 Wird er ein voller Kerl, im Jägerkrug gereifet,
Spielt deutsches Solo, schnapst, schiebt Kegel, schmaucht Tabak,
Und leert auf Einen Zug sein Reifglas Kniesenak.
Beherzt nun schäfert er um Gouvernant' und Zofe,
Nicht knabenhaft, und bald um jede Magd im Hofe.
75 Doch hält ihn Lenens Reiz, hochstämmig, rot von Mund,
Mit derbem Backenpaar, von Brust und Hüfte rund.
Heuboden, Garten, Wald, ihr wißt, warum die Schürze
Sich so zur Ungebühr dem armen Lenchen kürze.
Sei lustig, gutes Ding! Zwar keist die gnäd'ge Frau,
80 Zwar stehst du büßend bald im Kirchengang zur Schau;
Allein was achtest du des Zischelns und des Hohnes?
Die Herrschaft ingeheim freut sich des wackern Sohnes;
Auch nimmt der Kandidat voll Unterthänigkeit
     In deiner Schürz' einmal die Pfarre hocherfreut.
85   O Kord, zum zwanzigsten Geburtstag nun erwachsen,
Des jungen Adels Kron' im Doppelreich der Sachsen,
Verherrlichst du den Glanz des nahen Hofs, und wirst
Jagdjunker, dreist und keck. Verdienste lohnt der Fürst.
In silberhellem Grün, mit reger Hunde Koppeln,
90 Trabst du zur Martinsjagd durch Auen, Forst' und Stoppeln.

Wie hallt Gebell und Horn! wie schnaufen Roß und Mann!
Wie scheucht der Dörfer Volk das Wild bergab bergan!
Doch hebt sein adlich Herz auch mildere Bewegung:
Er schirmt mit List und Mut verrufnes Wildes Hegung,
Wenn gleich der Bauer laut zum Landesvater klagt.   95
Zur Strafe wird dem Schelm sein Brotkornfeld zerjagt.
Ihm huldigten fürwahr Vestalinnen und Nonnen,
Durch liebenswürdige Zudringlichkeit gewonnen.
Zwar Weiber kosten viel, und der Papa ist knapp;
Doch mahne Jud' und Christ! er lacht, und handelt ab.   100
Zur Wette spornt er einst den feurigen Polacken,
Sprengt tollkühn übers Heck, und stürzet. Weh! es knacken
Zwei Rippen ihm morsch ab! Möcht' er gerettet sein!
Er ist's! um bald als Herr sein Völkchen zu erfreun.

    Seht da! Frau Lenens Mann, der Ausbund der Pastöre,   105
Kommt sporenstreichs vom Gut auf der bespritzten Mähre:
„Ihr Vater, Herr Baron!" — Ist endlich abgeschnurrt? —
„Am Schlag!" — Nun, gute Nacht! So hat er ausgefnurrt.

    Leibeigne, jung und alt, mit Jubel und mit Segen
Hüpft eurem Herrn mit Spiel und Sensenklang entgegen!   110
Der wird voll Eifers sich erbarmen eurer Mühn,
Und eure Kinder fromm und wirtschaftlich erziehn!
Streut Blumen auf den Weg, singt, Mädchen, singet munter,
Und schlagt die Harf' im Takt! Er winkt vom Hengst herunter
Euch Küsse! Jäger, blast! Ihr Hund', erhebt das Maul,   115
Und grüßt mit festlichem, vielstimmigem Gejaul!
    Die ganze Bauerschaft mit aufgereckten Ohren
Schwört Ihm, des gnädigen Barons Hochwohlgeboren,
Erb= und Gerichtesherrn der alten Baronei,
Nach vorgeles'ner Schrift des Fronvogts, Pflicht und Treu.   120
Bankett und Ball empfängt die Adlichen der Gegend,
Mit Prunk und Völlerei die groben Sinne pflegend.
Im Kreis der Spötter sitzt der muntre Schwarzrock auch,
Antwortet bibelfest, und sättiget den Bauch.

102. Das Heck, eine Gatterthüre, die in eingekoppelten Feldern den Fahrweg hemmt. V.
— 105. Ausbund, was von den Waaren als Muster auswärts gebunden ist. V. —
Pastöre, im Scherz für Pastoren. V. — 107. In Niedersachsen wird abschurren, mit
scharrendem Geräusch abgehn, und in die Grube fahren, spottweise gesagt. V. — 115.
gnädig, ein Titel. V. — Hochwohlgeboren, für Hochwohlgeborenheit. V. — 120.
Fronvogt, hier ein harter Justitiarius, der nur Pflichten des Fröners und keine
Pflichten des Fronherrn kennt. V.

125 Jauchzt, froher Ahndung voll, jauchzt, Unterthan und Pächter!
Stimmt ins Gekreisch, ins laut aufschallende Gelächter
Der Damen und der Herrn! Vom Jägerchor wird jetzt
Ein matter Fuchs geprellt, ein Marder tot gehetzt!
Schon herrscht er ritterlich, uralter Straßenräuber
130 Unausgeartet Kind, ein stolzer Menschentreiber!
Sein Prachtschloß überschaut nur Hütten rings von Stroh;
In weiter Segensflur ist er, der eine, froh!
Ihm wird durch Fron und Zwang geerntet und gebuttert,
Und, fast dem Zugvieh gleich, sein Menschenvieh gefuttert.
135 Fällt einst ein Mißjahr ein; er lau'rt, und schüttet auf:
Je dürftiger der Mann, je wuchrischer der Kauf.
Von Brennen und von Braun, von Handwerk und Gewerbe,
Strotzt sein freiherrlich Gut, ob nahrlos auch ersterbe
Die hartbeschatzte Stadt: er schützt in alter Kraft
140 Freiheit von Zoll und Schoß, als Recht der Ritterschaft.
Der Bau'r und Bürger wird Canaill' und Pack betitelt,
Und seinem Anwachs früh die Menschheit ausgeknittelt:
Schulmeister, spricht er, macht die Buben nicht zu klug!
Ein wenig Christentum und Lesen ist genug!
145 Beim Pfeischen schwatzt mit ihm von Korn= und Pferdeschacher
Sein Pfäfflein, und beseufzt der neuen Büchermacher
Gottlosigkeit. Verdammt zum Galgen und zum Rad
Wird dann durch beider Spruch Freigeist und Demokrat!
Der welken Stadtmamsell abtrünnig, wählt er endlich
150 Ein Fräulein sich zur Dam', halb höfisch und halb ländlich.
Bald sieht ihr junge Zucht, dem edlen Vater gleich;
Spielt nicht des Kutschers Tück' ihm einen Kuckucksstreich.

---

128. Das Fuchsprellen, eine Weidmannslust, da ein Fuchs auf einem straff an=
gezogenen Tuche, wie Sancho Pansa, in die Höhe geschnellt wird. Vergleiche die kernhafte
Beschreibung in Adelungs Wörterbuch. V. — 129. uralter Straßenräuber, siehe des
Freiherrn von Horix Ehre des Bürgerstandes nach den Reichsrechten. Wien 1791, § 13—21.
— 130. Ein Menschentreiber, nach dem Ausdruck der Bibel, darf jedenfalls wohl
heißen, welcher Menschen mit so grausamer Willkür, wie bei Jb. 19,35 gezeigt wird, zu
behandeln, übers Herz bringen kann. V. — 137 ff. Brennen und Braun . . . Recht
der Ritterschaft, siehe die Vorstellung der sächsischen Städte im Junius des Schles=
wigschen Journals. 1793. V. — 141. Canaill' und Pack, Kernausdrücke des Standes,
der großenteils nur auf äußere Feinheit Ansprüche macht. V. — 143. „Der Bauer
muß nicht zu klug werden" ist schon sprichwörtlicher Grundsatz der meisten Fron=
herren. V — 148. Freigeist, ein altes Schimpfwort für den, der nicht jedem angemu=
teten Glauben seine Vernunft unterwirft. V. — Demokrat, ein neues Schimpfwort für
den, der nicht alles Hergebrachte für unverbesserlich hält. V.

7. Grabschrift unseres Haushahns.

1794

An diesem Baume ruht
Der Haushahn, treu und gut.
Er führt' ins achte Jahr
Der lieben Hennen Schar.
Als wackrer Ehemann,   5
Rührt' er kein Krümchen an,
Was wir ihm vorgebrockt,
Bis er die Fraun gelockt.
Nun strotzet er nicht mehr
Im Hofe stolz umher,   10
Und jagt aus seinem Ort
Des Nachbars Hühner fort.
Nun schützt er nicht vor Graun
In Sturm und Nacht die Fraun.
Nun wecket uns nicht früh   15
Sein helles Kikeri.
Vor Alter blind und taub,
Sank er zuletzt in Staub.
Sein Kamm, so schön und rot,
Hing nieder, bleich vom Tod.   20
Hier gruben wir ihn ein,
Wir Kinder, groß und klein,
Und sagten wehmutsvoll:
Du guter Hahn, schlaf wohl!

---

8. Bußlied eines Romantikers.

Ende 1801.

Alles, was mit Qual und Zoren
Wir gedudelt, geht verloren;
Hat's auch kein Prophet beschworen.

Grabschrift unseres Haushahns. Hamburger MA. 1795, S. 113 f.; Gedichte 1802,
IV, 183: „Auf unsern Haushahn"; fehlt 1825. — Bußlied eines Romantikers, Morgenblatt für gebildete Stände, Nr. 12, Donnerstag, 14. Januar 1808, mit einer scharfen Vorbemerkung: „Für die Romantiker". „Die folgende Parodie eines verdeutschten Mönchsliedes,
welches nicht durch Poesie, sondern wie die meisten der Art, durch frommen Inhalt, berühmte Musik und feierliche Aufführung Ansehen gewann, ist die Frucht einer heitern Stunde,
worin der Verfasser vor sieben Jahren die neu erschienene Verdeutschung mit unwillkürlichen

Welch ein Graun wird ſein und Zagen,
5   Prüft der Richter ernſt mit Fragen
Kleine ſo wie große Klagen!

Hinpoſaunt mit Schreckentone,
Gehen wir zum Richterthrone,
Wer mit Geiſt gereimt, und ohne.

10   Auch mich Armen wird man ſehen
Mit den Sündern auferſtehen,
Zur Verantwortung zu gehen.

Veränderungen vorlas. Es war die Zeit, da ein Schwarm junger Kräftlinge, wozu ein paar Männer ſich herabließen, nicht nur unſere edelſten Dichter, jene tapfern Anbauer und Ver= herrlicher des deutſchen Geiſtes, ſondern ſogar die großen, ſeit Jahrtauſenden bewunderten Klaſſiker, mit Verkleinerung und Hohn zu behandeln ſich unterfing, und jeden, wer Gnade wünſchte, öffentlich zur Teilnahme des Bundes einlud. Den reinen Naturformen, in welchen des Altertums freier Genius ſich verklärt darſtellt, wurden die unförmigen Vermummungen des dumpfen, von Hierarchen und Damen abhängigen Rittergeiſtes, — der beſeelten Geſtalt des Urſchönen, des zur Göttlichkeit geſteigerten Menſchlichen ward Ihres Ideals düſteres Phantom, dem Klaſſiſchen das wilde Romantiſche, dem Antiken das Moderne, ja wenn ſie noch ſchamloſer ſich ausſprachen, dem Irdiſchen Ihr Geiſtiges, dem Heidniſchen Ihr Chriſt= katholiſches vorgezogen und in den klingelnden Tonweiſen der Fibelare und Meiſterſänger erhöht.... Weil man dem nachgegaukelten Beitſtanze ein baldiges Ende zutrauete, ſo blieb dieſe Parodie, die zum Beſprechen des Unweſens dienen konnte, in der Schreibtafel zurück. Jetzt, da das ſeltſame Bundesfieber noch anſteckender um ſich greift, und mitunter einen feinſinnigen Jüngling in den Tanz fortrafft, manchem es bedachtſame Freunde für zu= träglich erklärt, daß man den Befallenen dies wenigſtens unſchädliche Heilmittel nicht vor= enthalte, Jhnen, die mit inniger Religion und Andacht ihre Sprünge zu machen vorgeben, empfehle ſich dieſe Gabe des Morgenblattes zur nüchternen Morgenandacht. Für den geiſt= reichen Verdeutſcher des Mönchsliedes kann der wohlmeinende Scherz keiner Mißdeutung fähig ſein. Er ſelbſt, wiſſen wir, hat Ekel an den erkünſtelten Verzuckungen jener aben= teuerlichen Romantiker. Woſern er, der das Höchſte der Kunſt, das Klaſſiſche, bei Alten und Neueren, bei Homer und Arioſt, bei Sophokles und Shakeſpeare, bei Pindar und Klopſtock zu würdigen verſteht, jemals die Verächter des Klaſſiſchen in Laune oder Sorg= loſigkeit zu begünſtigen ſchien; ſo wird er, was ihm entfuhr, mit ſo mutigem Biederſinne, wie ſein Urteil über den deutſchen Homer, dem einwohnenden Gotte getreu, zurücknehmen.“ Der Aufſatz und das Gedicht ſind wieder abgedruckt in den „Kritiſchen Blättern“ I Stutt= gart 1828 S. 577 f., das Gedicht allein in den Gedichten 1825, IV, 167. Das parodierte Gedicht, welches Voß ſeiner Parodie unverändert, nur mit den beiden eingeklammerten s in Vers 1 und 52 gegenüberſtellte, iſt die Überſetzung einer lateiniſchen Hymne von A. W. Schlegel, zuerſt erſchienen im „Muſen-Almanach für das Jahr 1802“, herausgeg. von A. W. Schlegel und Tieck, S. 217 ff. (Schlegels ſämtl. Werke III, 191). Es lautet:

Vom jüngſten Gericht.
Jenen Tag, den Tag des Zoren(s),
Geht die Welt in Brand verloren,
Wie Propheten hoch beſchworen.

Welch ein Graun wird ſein und Zagen,
5   Wenn der Richter kommt, mit Fragen
Streng zu prüfen alle Klagen!

Die Poſaun' im Wundertone,
Wo auch wer im Grabe wohne,
Rufet alle her zum Throne.

10   Tod, Natur mit Staunen ſehen
Dann die Kreatur erſtehen,
Zur Verantwortung zu gehen.

Manches Büchlein wird entfalten,
Wie wir, feind den hohen Alten,
Hier modern=romantisch lallten.   15

Ohn' Erbarmen wird gerichtet,
Was wir, gleich als wär's gedichtet,
Firlefanzisch aufgeschichtet.

Ach, was werd' ich Armer sagen,
Wann der Kunst Geweihte klagen,   20
Und wir Süd=Kunstmacher zagen?

Gnade, ruf' ich, Herr, mir Knaben!
Frei ja gabst du deine Gaben;
Konntest du mich auch nicht laben?

Thatst du (woll' es, Herr, erwägen!)   25
Je ein Wunder meinetwegen,
Mein Gemüt mit Kraft zu pflegen?

Trotz dem Angstschweiß meines Strebens,
Nachzuäffen Geist des Lebens;
Alle Mühe war vergebens!   30

Richter der gerechten Rache,
Nachsicht üb' in meiner Sache,
Wenn ich, wie ich kann, es mache.

Und ein Buch wird sich entfalten,
So das Ganze wird enthalten,
Ob der Welt Gericht zu halten.   15

Wann der Richter also richtet,
Wird, was heimlich war, berichtet,
Ungerochen nichts geschlichtet.

Ach, was werd' ich Armer sagen?
Wer beschirmt mich vor den Klagen,   20
Da Gerechte selber zagen?

König, furchtbar, hoch erhaben,
Frei sind deiner Gnade Gaben:
Woll auch mich mit ihnen laben!

Milder Jesu, woll' erwägen,   25
Daß du kamest meinetwegen,
Um mein Heil alsdann zu hegen!

Ich war Ziel ja deines Strebens,
Kreuzestod der Preis des Lebens;
So viel Müh sei nicht vergebens!   30

Richter der gerechten Rache,
Nachsicht üb' in meiner Sache,
Eh zum letzten ich erwache.

Scham und Reue muß ich dulden;
Tief erröt' ich ob den Schulden,
Wie ein Kreuzer unter Gulden.

Hab' ich reimend mich verschrieen,
Du, der Schächern selbst verziehen,
Laß es gehn für Melodieen!

40 Achte nicht mein Schrei'n so teuer,
Daß ich darum, o du Treuer,
Brennen sollt' in ewgem Feuer.

Zu den Schafen laß mich kommen,
Von den stößigen, nicht frommen,
45 Bundesböcken ausgenommen.

Wird auch Feuer ohne Schonung
Meinen Reimen zur Belohnung,
Nimm doch mich in deine Wohnung.

Herz, zerknirscht im tiefsten Grunde,
50 Auf' Ade dem Schwärmerbunde,
Daß ich zu Vernunft gesunde!

Wer gesündigt hat mit Zoren,
Muß dort ewig, ewig schmoren.

35 Reuig muß ich Angst erdulden,
Tief errötend vor den Schulden:
Sieh mich Flehnden, Gott, mit Hulden.

Du, der lossprach einst Marien,
Und dem Schächer selbst verziehen,
Hast mir Hoffnung auch verliehen.

40 Mein Gebet gilt nicht so teuer;
Aber laß mich, o du Treuer,
Nicht vergehn in ewgem Feuer.

Zu den Schafen laß mich kommen,
Fern den Böcken, angenommen
45 Dir zur Rechten bei den Frommen.

Wenn Verworfnen ohne Schonung
Flammenpein wird zur Belohnung,
Auf mich in des Segens Wohnung.

Herz, zerknirscht im tiefsten Grunde,
50 Bete, daß ich noch gesunde,
Sorge für die letzte Stunde!

Thränen bringt der Tag des Zoren(s),
Wo aus Staub wird neu geboren

Aber mich, trotz meinen Schulden,
Nimm ins Paradies mit Hulden.
Gieb mir Armen ewge Ruh,
Sei es auch — mit Kotzebu!

---

9. An Goethe.

März 1808.

Auch du, der, ſinnreich durch Athenes Schenkung,
Sein Flügelroß, wenn's unfügſam ſich bäumet,
Und Funken ſchnaubt, mit Kunſt und Milde zäumet,
Zum Hemmen niemals, nur zu freier Lenkung:
　Du haſt, nicht abhold künſtelnder Beſchränkung,　　　　5
Zwei Vierling' und zwei Dreiling' uns gereimet?
Wiewohl man hier Kernholz verhaut, hier leinet,
Den Geiſt mit Stümmlung lähmend und Verrenkung?
　Laß, Freund, die Unform alter Trouvaduren,
Die einſt vor Barbarn, halb galant, halb myſtiſch,　　　10
Ableierten ihr klingelndes Sonetto;
　Und lächle mit, wo äſſiſche Naturen
Mit rohem Sang' und Klingklang' afterchriſtiſch,
Als Lumpenpilgrim, wallen nach Loretto.

Zum Gericht der Menſch voll Schulden.
Darum ſieh ihn, Gott, mit Hulden;　　　　　　　　　55
　Jeſu, milder Herrſcher du,
　Gieb den Todten ew'ge Ruh!

An Goethe, Morgenblatt 1808, 8. März, Nr. 58, wieder abgedruckt in der „Be-
ſtätigung der Stolbergiſchen Umtriebe" (Stuttgart 1820) S. 115; Gedichte 1825, IV, S. 170.
Im Morgenblatte vom 4. Januar 1807, Nr. 4 hatte Haug, einer der Redaktoren, Goethes
Gedicht „Das Sonett" (vgl. Kürſchners Dtſch. Nat.-Litt. Bd. 83, S. 321) aus der noch nicht
ausgegebenen erſten Lieferung der Cottaſchen Ausgabe mit polemiſchen Worten abdrucken
laſſen. Dieſer Polemik ſchließt ſich Voß, der alte Feind dieſer Dichtungsart, nach mehr
als einem Jahre durch obiges Gedicht an. Goethe gab öffentlich keine Antwort; in Briefen
an Zelter und Cotta aber verhehlte er ſeinen Unwillen nicht; vgl. an erſteren 22. Juni 1808:
„Wenn ihnen das Voßiſche Sonett zuwider iſt, ſo ſtimmen wir auch in dieſem Punkte
völlig überein. Wir haben ſchon in Deutſchland mehrmals den Fall gehabt, daß ſehr ſchöne
Talente ſich zuletzt in den Pedantismus verloren. Und dieſem geht es nun auch ſo. Für
lauter Proſodie iſt ihm die Poeſie ganz entſchwunden." (Briefw. mit Zelter I, 326 f.; Welti,
Geſchichte des Sonettes in der deutſchen Dichtung, Lpz. 1884, S. 192 f.) — 5. Beſchränkung,
vgl. bei Goethe V. 4: Denn eben die Beſchränkung läßt ſich lieben. — 6 f. gereimet:
leimet, bei Goethe V. 11, 14 reimen: leimen. — 7. Kernholz, Goethe V. 13: „Ich
ſchneide ſonſt ſo gern aus ganzem Holze?"

10. Klingſonate.
1808.

I. Grave.

Mit
Prall=
Hall
Sprüht
Süd=
Tral=
Lal=
Lied.

Kling=
Klang
Singt;
Sing=
Sang
Klingt.

II. Scherzando.

Aus Moor=
Gewimmel
Und Schimmel
Hervor
Dringt, Chor,
Dein Bimmel=
Getümmel
Ins Ohr.
O höre
Mein kleines
Sonett.
Auf Ehre!
Klingt deines
So nett?

Klingſonate, Jenaiſche Allgemeine Literatur-Zeitung Nr. 131, den 1. Junius 1808, am Schluſſe der abſprechenden Rezenſion über Bürgers Sonette: „Aber wenn ich der An= wendung des Bürgerſchen Wortes: Er ſpricht vom Sonett wie der Fuchs von den Trauben! mich entziehn, und meinen Beweiſen Gehör ſchaffen will; ſo muß ich ſchon ſelbſt einmal den feſſelnden Schellen mich hergeben. Wohlan! es gelte, daß, wie von Kunſt nur der Künſtler, von Kunſtmacherei nur der Kunſtmacher urteilen dürfe. Hört denn, anbächtige Kunſtjüngerlein, was ihr noch nie hörtet, den Wunderklang meiner überkünſt= lichen Klingſonate." (Vgl. Kürſchners Dtſch. Nat=Litt. Band 78, S. LXVIII f.) Der Auf= ſatz und das Gedicht ſind abgedruckt in den „Kritiſchen Blättern" 1, 502 ff.; das letztere allein in den Gedichten 1825, IV, 170 f.

III. Maestoso.

Was singelt ihr und klingelt im Sonetto,
Als hätt' im Flug' euch grade von Toskana   30
Geführt zur heimatlichen Tramontana
Ein kindlich Englein, zart wie Amoretto?
Auf, Klingler, hört von mir ein andres detto!
Klangvoll entsteigt mir echtem Sohn von Mana
Geläut der pomphaft hallenden Kampana,   35
Das summend wallt zum Elfenminuetto!
Mein Haupt, des Singers! krönt mir Ros' und Lilie
Des Rhythmos und des Wohlklangs holde Charis,
Achtlos, o Kindlein, eures Larifaris!
Euch kühl' ein Kranz hellgrüner Peterfilie!   40
Von schwülem Anhauch ward euch das Gemüt heiß,
Und fiebert, ach! in unheilbarem Südschweiß!

11. Overbecks zweiundsechzigstem Geburtstage.

21. August 1817.

Der du in rosiger Wolk' hertrugst den ätherischen Sprößling
    Overbeck, zu erfreun viele mit That und Gesang,
Genius, höre den Preis für den liebenden Gatten und Vater,
    Für den Besorger der Stadt, und für den redlichen Freund.
Laß noch lang' ihn walten im Sinn der erhabenen Hansa,   5
    Daß das Gemeinwohl neu blühe mit Schul' und Altar.
Und wenn der Greis schwanhell mit Gesang heimschwebet zum Äther;
    Mich, den verbrüderten Geist, führe mein Genius mit.

---

31. Tramontana, Nordwind. — Overbecks zweiundsechzigstem Geburtstage. Einzeldruck, 1. Bl., datiert Lübeck, 21. August 1817, verglichen mit dem Druck
manuskript. Sämtliche poetische Werke 1835, S. 279. Voß befand sich damals auf der Reise
in Overbecks Hause zu Lübeck. Ihre Freundschaft datierte aus der Göttinger Zeit. Über
Christian Adolf Overbeck (1755—1821) vgl. Kürschners Dtsch. Nat.-Litt. Band 135.

Epigramme.

1. Verschiedner Stolz.

1778.

Still, ohne Pracht; doch sicher, daß man's merke:
So schreiten Prinz und Dogg' einher in ihrer Stärke.
In Seid' und Schellen prunkt und bellt und flucht mit Zeter
Der Junker und sein Köter.

2. Der englische Homer.

4. Juni 1782.

Wär' ich Homer gewesen, ich hätte das, flüsterte Pope
Vater Homeren ins Ohr, sicherlich also gesagt.
Sicherlich hätt' ich es selber gesagt, wär' ich Pope gewesen:
Flüsterte Vater Homer Popen ins Ohr und verschwand.

———————

3. Sittenspruch.

1784.

Wer hastig alles glaubt, was ein Verleumder spricht,
Ist Dummkopf oder Bösewicht.

4. Stand und Würde.

1784.

Der adlige Rat.

Mein Vater war ein Reichsbaron
Und Ihrer war, ich meine . . ?

Verschiedner Stolz, Hamburger M.A. 1779, S. 35 unterzeichnet X.; Gedichte 1785, 1, 353; 1802, VI, 261; 1825, IV, 176. — Der englische Homer, Hamburger M.A. 1783, S. 47. Gedichte 1785, I, 358; 1802, VI, 269; 1825, IV, 177. Auf Bürgers Iliasübersetzung gemünzt, die Voß als „unhomerische Parodie" zu bezeichnen pflegte (Briefe III 1, 154); denn statt „Pope stand ursprünglich Bürger", vgl. Herbst 1, 302. Der Titel nach Klopstocks Epigramm in den Hamburgischen Neuen Zeitungen 1771, vergl. Kürschners Deutsche Nat.-Litt. Bd. 47, S. 281. — Sittenspruch, Hamburger M.A. 1784, S. 198, unterzeichnet X.; 1785, I, 359: „Der Leichtgläubige", 1802, VI, 270: „Der Schnellgläubige" 1825, IV, 178. — 1. ein Verleumder, 1802: Schalt und Wunder-thäter. — Stand und Würde, Hamburger M.A. 1785, S. 75; Gedichte 1785, 1, 361; 1802, VI, 270; 1825, IV, 178.

Der bürgerliche Rat.

So niedrig, daß, mein Herr Baron,
Ich glaube, wären Sie sein Sohn,
Sie hüteten die Schweine.

---

5. Grabschrift eines Knaben.

1787

Rötlich hing die Blüte; da hauchte sie leise der Tod an:
Und an des Himmels Strahl zeitiget schwellende Frucht.

---

6. Arm und Reich.

1791.

Arm ist auch bei wenigem nicht, wer nach der Natur lebt;
Wer nach Meinungen lebt, ist auch bei vielem nicht reich.

---

7. Schicksal der Schriften.

1795.

Wer auf gemeiner Bahn gemeine Werke treibet:
Leicht macht er's allen recht;
Gemacht in kurzem hat er's schlecht.
Wer neue Bahnen wählt, kühn denkt und edel schreibet:
Leicht macht er's allen schlecht;   5
Gemacht in kurzem hat er's recht.

---

8. Auf einen wortreichen Nachschreiber.

1798.

Schreibend schreibt er im Schreiben geschriebene Schriften, der
Schreiber!

Grabschrift eines Knaben, Hamburger MA. 1788, S. 210; Gedichte 1802,
VI, 278; fehlt 1825. — Arm und Reich, Hamburger MA. 1795, S. 89; Gedichte 1795,
II, 298; 1802, VI, 312; fehlt 1825. — Schicksal der Schriften, Hamburger MA.
1796, S. 8; Gedichte 1802, VI, 314; 1825, IV, 187. — Auf einen wortreichen Nach-
schreiber, Voßischer MA. auf 1800, S. 163; Gedichte 1802, VI, 330; 1825, IV, 1. 2.

9. Buchstab und Geist.

1798.

Lebend erlös' und sterbend der göttliche Sohn der Maria
Vom buchstäblichen Tod durch den beseelenden Geist.
Kreuziget! schrien die Knechte der Satzungen. Kehrtest du wieder,
O du Erlöser vom Tod: Kreuziget! schrieen sie noch.

10. Der Volksbeifall.

1801.

Als nach neuer Musik das versammelte Volk im Theater
Laut mit Geklatsch ringsher jubelte Preis und Triumph;
Trat der Chorag' unwillig hervor: Was, Männer, geschah hier?
Sicher ein arges Vergehn, weil es so vielen behagt!

———••———

Buchstab und Geist, Vossischer M.A. auf 1800, S. 40; Gedichte 1802, VI, 331 1825, IV, 193. — Der Volksbeifall, Gedichte 180 , VI, 338 (am Schlusse dieser Ausgabe); 1825, IV, 1.5. — Nach einer Erzählung des Athenäus XIV, 7. V.

Wortregister.

bidbäuchicht 213, 80.
Trauß 88, 12.
bröschen 277, 2.
Trittel (e. Münze) 74, 30.
f. buden 87, 4
buden (ohne sich) 304, 3.
bubeln 57, 584.
büsienber 72, 33.
bunteln (geistig) 318, 17.
Dünkling 189, 19, 5.
durchgepeinigt 276, 30.
durchmäteln 205, 52.

E.

ebenisch 197, 14.
Ehrenschilling 75, 34.
Eichelwalbung 218, 34.
Eichengeräusch 193, 45.
einbummen 52, 421.
eingellirrt 241, 4.
eingemummt 220, 12.
eingetonnt 224, 14.
einhallen 64. 781.
eintragen 7, 92.
einschmettern 68, 907.
einschünden 142, 57.
einwindeln 122, 21.
eisernalterhaft 99 Anm.
empfahn 59, 621. 193, 42.
Engelwonne 199, 14.
entfollern 334, 13.
entschließen (f.aufschl.) 93,45.
entschwellen 17, 391.
entwallen 44, 179.
erblöbet 8, 111.
Erblugend 221, 21.
Erbenleib 255, 19.
er broich 56, 511.
ergeußt 212, 38.
f. erheben 10, 164.
erheben 67, 864.
Erlenbach 191, 25.
Erlenthal 250, 19.
Erntegelag 145, 69.
Ernter 152, 4.
Eichengrab 195, 14.

F.

fallenbe Sucht 114, 57.
Faste 217, 15.
Feierglas 301, 6.
Feiertrant 246, 11.
Feldluft 19, 154.
fernhinbonnernd (Wolke) 151, 136.
Feitgebeier 73, 3.
Festiamarie 34, 252.
feuchten 22, 552.
Feuertiefe 137 Anm.
Feuerstübchen 137 Anm.
Feuerumarmung 71, 20.
Fiebelbarm 329, 56.
Filosofei 266, 9.
furlesantisch 341, 18.

Flammenfauft 327, 10.
Flammenflügel 237, 11, 9.
Flammenluß 72, 50.
flammig 67, 878.
Flechte 149, 63.
fleußt 307, 6.
flitternb 27, 57.
floren 44, 182.
flügeln 184, 4.
flunkren(v.Norblicht)113,34.
Flur 175, 19.
fobern 141, 32. 260, 33.
fobren 111, 101.
Fontansche 77, 88.
Franzenbrauch 176, 26.
Frauentanz 90, 87.
Freiheitsmörder 180, 13, 5.
Freiheitsrufer 176, 23.
Freie, die 316, 3
Fronaltar 274, 46.
Froschgeschwätz 328, 42.
fruchtschwanger 116, 96.
fruchtwallenb 205 Anm.
Fürstenvorsaal 171, 8.
futtern 121, 1.

G.

gaffen 262, 32.
Gaifel 149, 40.
gängeln 118, 12.
gar 13, 275.
gatten etw. an etw. 266, 3.
gebäumt 221, 7.
gebetabkugelnb 222, 43.
gebeucht (v. Leinwand) 276, 40.
Geblaf 338, 31.
geden 253, 53.
Gebüt 9, 162.
gefeistet 153, 19.
gesittiget 220, 5.
Geslister 53, 7. 3 v. u.
geflügelt 12, 236.
gehürbet 31, 163.
Gejaul 310, 116.
Geisermaul 328, 41.
geistflügelnb 192, 20.
Geklätsch 58, 613.
geknäult 276, 38.
gefränzt 13, 257.
gelben 17, 385.
gemein (f. gemeinsam) 18, 411.
Gemengsel 125, 123.
gen 212, 63.
geniußkühn 160, 6.
genung 72, 35.
Gevint 143, 8.
gerädnet 42, 138.
Geräufper 134, 62.
geriefelt 25, 14.
geschlant 31, 169.
geschränkt 44, 193.
gespeichert 129, 40.
gesprengt 114, 42.

Gesproß 43, 151.
gesülpt 20, 463.
gestürmt 64, 801.
Gesurr 43, 165.
Geschwiftern (Plur.) 85, 12.
getübert 74, 7.
geuben 175, 10.
geußt 296, 31.
Glanzgewimmel 246, 10.
glattleibig 153, 17.
Glatzenpfäfflein 222, 43.
gleichherzig 44, 198.
Göttermoft 291, 63.
Grabthal 240, 3.
grauenb 64, 771.
grämlen 110, 56.
Grapen 90, 65.
graulich 281, 10.
f. grillen 328, 21.
graß 291, 42.
Grüne, die 246. 22.
grüngewölbt 269, 11.

H.

Hadbrett 243 Anm.
Hagestolz 118, 31.
Halmenhut 286, 11.
handschlagenb (Lob) 53, 457.
hangen 38, 14. 65, 808.
Harfenlispel 85, 22.
hartbeschatzt 341, 139.
Hasel, die 10, 181.
haselbeschattet 202, 76.
Hechel 276, 28.
Hed 340, 102.
heden (v. Kartoffeln) 304, 30.
Heerweg 116, 99.
Heime (Heimchen) 21, 503. 286, 27.
heimlich 43, 165.
heitern 254, 2.
Heitre 24, 590.
hellburchsichtig 124, 98.
hellen 25, 3.
heranbeten 73, 55.
Heuchelthränen 183, 16.
heuen 143, 4.
heuer 149, 48.
Heumab 143 Nr. 17.
Heringssalse 289, 6.
Herrscherling 316, 28.
herschlängelnb (Bach) 8, 130.
Herzensfräulein 110, 57.
himmelempor 219, 46.
hinausbaren 330, 3.
hinposaunt 343, 7.
hinschälern 53, 441.
Hirngehäuse 293, 20.
hitzenb 125, 133.
Hochaltriger 3, 2. 3 v. u.
hochbrandenb 207, 82.
hochgebrannt 207, 86.
hochgewipfelt 19, 8. 3 v. u.
hochwalbig 38, 10.
Hoden 277, 10.

23*

Inhaltsverzeichnis.